le Temps retrouvé

GW00601214

MÉMOIRES
DE LA
COMTESSE
DE BOIGNE
NÉE D'OSMOND

RÉCITS D'UNE TANTE

Édition présentée et annotée par
JEAN-CLAUDE BERCHET

I
Du règne de Louis XVI à 1820

MERCURE DE FRANCE

INTRODUCTION

Dans la très abondante littérature de souvenirs que nous a laissée une époque fertile en mémorialistes de toute sorte, fascinée qu'elle était par le spectacle de ses propres métamorphoses, les *Mémoires* de la comtesse de Boigne occupent une place un peu particulière, ne serait-ce que par la dimension très étendue de leur panorama qui va des dernières années de la monarchie absolue jusqu'au lendemain de la révolution de 1848. Sans doute leur réputation est-elle assez justifiée par la diversité de leur matière, par la richesse de leur information, comme par la qualité exceptionnelle de leur style. Quiconque essaie de faire revivre les principales figures de ces quelque soixante ans de notre histoire rencontre à chaque pas madame de Boigne, trop heureux de pouvoir invoquer sa caution pour esquisser une silhouette, raconter un potin, voire éclairer tel épisode un peu obscur de la vie politique de la Restauration ou de la monarchie de Juillet. Mais cette réputation ne va pas sans équivoque ni inconvénient. Depuis la première publication de ses *Mémoires* en 1907, la comtesse de Boigne est devenue un personnage quasi mythique. Elle passe — on sait très bien pourquoi: c'est qu'elle est sans pitié et qu'elle a beaucoup de talent — pour le caustique avocat du diable de tous les procès en canonisation, politiques ou littéraires, de ses contemporains ; le plus illustre cas soumis au scalpel de son esprit étant celui de Chateaubriand. Parmi les sylphides de son émigration londonienne, celui-ci avait vu passer « madame de Boigne, aimable, spirituelle, remplie de talents, extrêmement jolie et la plus jeune de toutes » ; il ajoute : « Elle écrit maintenant et ses talents reproduiront à merveille ce qu'elle a vu. » (*Mémoires d'outre-tombe*, XI, 2.)

Le vieil enchanteur ne croyait pas si bien dire ! Son hommage appuyé doit être interprété comme une de ces incantations propitiatoires au moyen desquelles on tente, mais en vain, de se concilier par avance des puissances maléfiques. Et il est vrai que la malicieuse égérie du chancelier Pasquier ne sera pas tendre envers le grand écrivain. Toujours cités, mais plus rarement lus, ses propres *Mémoires* ont donc fini par incarner un parti pris de critique acerbe que les thuriféraires se plaisent à qualifier de clairvoyance sereine, tandis que les autres préfèrent y voir une forme de rosserie distinguée. Tous arriveraient à nous faire oublier que *cette méchante langue de madame de Boigne* fut aussi une personne attachante, complexe et même un peu secrète, chez qui « la raison se mêlait au cœur sans l'étouffer, sans pourtant lui laisser prendre le dessus ». Nous pouvons lire ce jugement équilibré dans le bel article nécrologique que Sainte-Beuve, au lendemain de sa mort, lui consacra dans *le Constitutionnel* du 18 mai 1866.

Le personnage officiel est bien connu. La fille aînée du marquis d'Osmond, de très vieille noblesse normande, est née à Versailles le 19 février 1781, et morte à Paris le 6 mai 1866. C'est à Londres où sa famille, ruinée par la Révolution, avait émigré, que la jeune et déjà fière Adèle, dont les caprices de petite fille avaient amusé la famille royale et dont la studieuse adolescence venait de se terminer dans un coin retiré de la campagne anglaise, fit le 11 juin 1798 le mariage de raison qui, sans la rendre heureuse, devait lui assurer un confortable avenir matériel en lui imposant un nom qu'elle allait désormais porter comme une croix. Bientôt séparée de son mari qu'elle ne revit plus que de loin en loin, mais avec qui elle finira par avoir des relations plus détendues, elle passa quelques années encore en Angleterre dans les cercles de la haute émigration, puis regagna la France à la fin de 1804. Jusqu'à la chute de Napoléon, on la compte parmi les membres de la petite coterie royaliste que le pouvoir impérial tolérait dès lors qu'elle ne frondait pas trop. C'est alors que madame de Boigne élargit le cercle de ses amitiés, encore très exclusivement aristocratiques, du côté de madame de Staël ou de madame Récamier, et qu'elle rencontre Chateaubriand. Mais c'est naturellement la Restauration qui devait lui procurer une situation mondaine de premier plan. Après avoir accompagné son père dans ses ambassades à Turin (1814-1816), puis à Londres (1816-1818), la comtesse de Boigne se fixe à Paris : installation définitive cette fois, entrecoupée à la belle saison de séjours dans sa propriété de Châtenay, puis, à partir des années 1840, dans sa maison de Trouville. Avant 1830, elle règne sur une société déjà composite où des personnes du grand monde (le sien) se mêlent à des diplomates étrangers comme Pozzo di Borgo, ou à des hommes politiques de tendance ministérielle ou même doctrinaire. Par la suite, elle admettra aussi volontiers chez elle des hommes de lettres plus ou moins distingués, comme Mérimée ou Sainte-Beuve. C'est dire que sous la monarchie de Juillet, malgré ses liens avec la famille royale (la reine

Marie-Amélie est une ancienne amie de son enfance errante), elle verra son salon perdre un peu de son éclat. Commence alors pour la comtesse de Boigne, qui a passé la cinquantaine, une vieillesse plus crépusculaire, endeuillée par des chagrins de famille, mais aussi soutenue par de fidèles amitiés, au premier rang desquelles se trouve le baron Pasquier, devenu en 1837 chancelier de France. C'est alors aussi que pour se désennuyer, elle commence à rédiger ses souvenirs, qu'elle présente comme une distraction de vieille dame simplement soucieuse de laisser à ses héritiers «un vieux fauteuil de plus», et qu'elle intitulera à cause de cela : *Récits d'une tante*.

Entre le portrait exécuté par Isabey vers 1810 et la photographie prise par Nadar en 1864, quel a été le chemin parcouru? Un salon pour les contemporains, des Mémoires pour la postérité... Quelle femme pouvons-nous entrevoir derrière ces apparences?

De son enfance à Versailles dans la familiarité presque quotidienne de Mesdames, filles de Louis XV et tantes du roi, madame de Boigne ne nous cache rien. Cette partie inaugurale de son récit, nourrie par les souvenirs de sa mère, témoigne du goût, déjà sensible sous le règne de Louis-Philippe, pour les grandeurs disparues de la monarchie, et pour le XVIIIe siècle en général. Elle révèle aussi la profondeur inaltérable de son orgueil aristocratique, qui aurait inspiré à madame Récamier ce joli mot: «Madame de Boigne ne reconnaît que deux familles, celle du Bon Dieu et les Osmond.» Ce préjugé de caste, les témoignages sont unanimes à le lui attribuer, même parmi ses proches. Elle évoque elle-même une scène que lui fit un jour Pasquier à ce propos, et avoue qu'il «y avait bien aussi un peu de vérité» dans cette «tirade» (voir t. II, p. 621). Mais si elle a puisé dans son appartenance à une antique race une énergie sans cesse renouvelée, ce sentiment mal entendu fut aussi la cause du grand échec de son existence : son mariage. À ce sujet, madame de Boigne revendique le droit à la discrétion : «Je ne raconterai pas le roman de ma vie», prévient-elle son lecteur à venir. Nous sommes aujourd'hui bien renseignés sur ce triste épisode, qui transforma une blonde jeune fille de dix-sept ans, romanesque et sensible, en une femme sans illusions. Le plus grave reproche qu'elle adresse, dès les premières semaines de leur union, à son mari est de lui avoir caché la vérité. Il est vrai qu'en 1798 le général de Boigne a un long passé, sur lequel il a laissé planer un certain mystère. Ce que les Osmond pouvaient savoir c'est qu'il rapportait des Indes une immense fortune, que malgré ses quarante-sept ans c'était un homme usé physiquement (quoique destiné à vivre encore trente-deux ans), qu'enfin, sans être un butor, il était étranger au raffinement de manières de la vieille société européenne. Ce qu'ils ignoraient c'est que son père, bourgeois de Chambéry, se nommait Leborgne ; qu'il avait ramené en Europe une princesse indigène qui lui avait donné deux enfants, tous installés par ses soins dans les environs de Londres ; qu'enfin, le 1er janvier 1798, il avait obtenu du gouvernement anglais un décret de naturalisation sous le nom de Bennet de Boigne.

Madame de Boigne ne dissimule en aucune manière qu'elle accepta les offres qu'on lui faisait à seule fin de sauver ses chers parents de la misère. On est dès lors tenté de voir dans ce reproche de tromperie un simple alibi. Elle se juge suffisamment excusée par sa franchise lorsqu'elle affirme ne pas avoir caché à son futur époux ses sentiments ou plutôt son absence de sentiment. Mais, pourrait-on se demander, que croyait-elle donc apporter dans cette union ? Poser cette question, c'est mettre le doigt sur le malentendu qui, à leur insu, les séparait. Aux yeux des Osmond, une alliance avec leur maison avait un si haut prix qu'elle justifiait à elle seule bien des sacrifices chez un homme qu'ils considéraient comme un de ces nouveaux riches dont une tradition déjà bien établie dans la noblesse française voulait qu'ils fussent trop heureux de payer de quelques millions un peu de sang bleu. C'était se méprendre absolument sur le caractère et les intentions du général de Boigne. Il était bien un *self-made man*; mais il avait gagné sa fortune dans un pays lointain en conduisant des armées, non pas dans les spéculations financières ou la traite des nègres. On imagine aisément ce qu'il recherchait. Mercenaire fatigué, il souhaitait fonder une famille et mener enfin une existence normale; il comptait probablement sur la situation mondaine de sa femme pour lui faciliter cette réintégration dans la société européenne, mais il attendait surtout de celle-ci la seule chose qui lui avait manqué jusqu'alors: une compagne agréable, un foyer. Ses habitudes de colonial ne pouvaient guère lui faire prendre en considération les trente ans qui les séparaient. Il se crut capable de vaincre avec le temps les répugnances de la jeune fille envers laquelle il avait éprouvé très vite la tendresse éblouie du solitaire aguerri pour la figure angélique qui lui fait découvrir le monde du sentiment. Il se laissa sans défiance envahir par un flot de sentimentalité qu'elle ne pouvait que trouver ridicule et qui ne se dissipa jamais complètement. Quelques années avant sa mort il écrivait encore avec complaisance: «Devenant amoureux pour la première fois, je me livrai entièrement à cette pure et sincère émotion. Hélas! Comment aurais-je pu prévoir que celle qui aurait dû faire mon bonheur deviendrait pour moi une source de chagrin...» En somme c'était pour mettre fin à sa solitude que le général de Boigne épousait une femme qui croyait lui avoir assez donné en recevant son nom, et qui avait en tête un mariage de convenance où chacun serait libre de ses mouvements ; association qui, naturelle dans son milieu, ne pouvait que paraître monstrueuse à son mari. Si bien que ce fut très vite la catastrophe. On épargnera au lecteur le détail des récriminations mutuelles, des séparations suivies de tentatives pour reprendre la vie commune, des interventions plus ou moins bien intentionnées des proches qui marquèrent les premières années de cette union. Il suffit de savoir que dès 1802 le général de Boigne laisse sa femme en Angleterre, et qu'après avoir en vain essayé de la faire venir à Chambéry, où il avait luxueusement aménagé pour elle le château de Buissonrond, il se résigna à ne plus la voir que de loin en loin, lorsqu'elle séjournerait à Coppet ou à Aix-les-Bains. Pour madame de Boigne, cette épreuve ne fut pas moins terrible et la laissa meurtrie pour toujours : « À quoi bon, écrit-elle à son père le 21 novembre 1799, vous montrer les blessures de ce misérable cœur que rien ne peut cicatriser ; à quoi bon vous dire que je suis au désespoir... oui, mon cœur est brisé. » C'est à force de vouloir surmonter cette épreuve qu'elle est devenue cette femme hautaine, qui semble vouloir sans cesse oublier une jeunesse dont on ne lui a pas permis de jouir et accabler de ses railleries toutes les illusions du sentiment.

Dans cette âme dévastée a subsisté néanmoins une affection indéracinable : la piété filiale. C'est en effet le marquis son père qui a toujours occupé dans le cœur de madame de Boigne la première place. Sans doute y a-t-il à la fin du XVIIIe siècle des exemples de jeunes femmes mal mariées, avides de reporter sur un père chéri une tendresse qui ne trouve pas à se satisfaire ailleurs ; il suffit de songer

à madame de Beaumont ou à madame de Staël.
Mais ce sentiment fut chez madame de Boigne particulièrement fort. Dès sa petite enfance elle vécut
auprès de ses parents, ce qui était alors une exception. Les nécessités de l'exil renforcèrent cette intimité. Son père se chargea personnellement de son
éducation et ne tarda pas à lui apparaître comme le
parangon de toutes les vertus, la somme de toutes
les qualités, un idéal absolu. Elle se plaît à se regarder comme son ouvrage et à unir dans une même
reconnaissance auteur de ses jours et éveilleur de
son esprit. Cette tendresse excessive fut à la fois
la cause de son mariage (il fallait lui venir en
aide) mais aussi la cause de la faillite de ce mariage
(elle ne pouvait aimer un autre homme). C'est ce
qu'avait fini par voir le général de Boigne. «Comprenez, lui écrivait-elle dans les premiers temps de
leur union, que mon père est tout pour moi! Ne
croyez pas que je puisse jamais vous aimer comme
j'aime mon père. Mon père sera toujours mon seul
confident.» Osmond faisait partie en 1789 du groupe
des aristocrates éclairés qui, sans partager les idées
libérales, voulaient raffermir la monarchie en la
réformant. C'est à lui qu'elle doit sa solide culture,
son goût pour les spéculations abstraites, sa passion
de la politique. Sans espoir de maternité, sans liaisons connues, c'est à son petit cercle familial que
madame de Boigne doit de réaliser malgré tout un
certain équilibre affectif. Elle va y trouver des ressources suffisantes pour exercer ses capacités de
dévouement et pour se faire une existence à la fois
brillante et indépendante. Au moment où la Restauration rouvre au père la carrière des honneurs, la fille
est prête à en profiter pour prendre dans la société
de Londres, puis de Paris, une place éminente.

Dans son personnage de maîtresse de maison accomplie, à table comme au salon, la comtesse de Boigne apparaît alors, et c'est ce qui donne un intérêt particulier à ses *Mémoires*, comme une incarnation parfaite du faubourg Saint-Germain. Non pas celui que Balzac idéalise souvent sous la forme altière de déesses couvertes de pierreries dans un Olympe semé de fleurs rares, mais celui, plus austère, que représente Stendhal dans *le Rouge et le noir* lorsqu'il évoque la «maison» du marquis de La Mole. Une urbanité exquise, un esprit délié, un sens aiguisé du ridicule, une relative sécheresse de cœur, une intolérance sociale absolue caractérisent ce personnage de grande dame, dans lequel il faut sans doute faire la part du «rôle de composition». Car dès qu'elle se retrouve dans un cercle plus intime, madame de Boigne sait déposer les armes pour dispenser avec moins de retenue «cet esprit solide et charmant, cette malice pleine de raison, la parfaite distinction de ses manières et jusqu'à cette légère nuance de dédain qui rendait sa bienveillance un peu exclusive, et son suffrage plus flatteur» (madame Récamier).

Le paradoxe est que cette femme qui est un pur produit du noble faubourg est loin de partager ses positions politiques, même si, jusqu'en 1814, elle a passé sa vie dans un milieu très hostile au gouvernement républicain, puis impérial. Une des singularités des *Récits d'une tante* consiste dans la peinture sans indulgence de la mouvance ultraroyaliste de la Restauration. Elle y a bien entendu ses entrées, et partage dans une certaine mesure les préjugés des ultras. Mais elle est assez lucide pour ne pas tomber dans leur aveuglement ou leur sottise; elle ne cesse au contraire de stigmatiser des illusions que reprennent à leur compte, elle le constate avec inquiétude, puis avec épouvante, les princes de la branche aînée. Aussi accueillit-elle avec soulagement la révolution de Juillet, qui ne pouvait être à ses yeux qu'un changement de personne : Orléans certes, mais Bourbon quand même. Néanmoins, Guizot a raison de le souligner, le salon de madame de Boigne ne fut pas, avant 1830, un lieu de totale opposition, pas plus qu'il ne fut ensuite boudé par les légitimistes. Il demeura sinon un terrain neutre, du moins un lieu de rencontre et de médiation possibles. Comme le note Sainte-Beuve : « Elle eut la sagesse de comprendre qu'il fallait concéder quelque chose au temps ; elle garda tous ses anciens amis, ses préférences intimes, mais elle renouvela peu à peu son salon. De nouveaux arrivants s'y plurent et apprirent à la connaître. » C'est du reste au nom des intérêts supérieurs de la couronne qu'elle a toujours signalé les risques de retour à un absolutisme cagot qu'elle juge inadapté à la France du XIXᵉ siècle. Elle a toujours aimé opposer la raison à la folie, Louis XVIII au pavillon de Marsan, Richelieu à Polignac : en un mot, le sens « patriotique » du bien public à ce qu'elle ne cesse de dénoncer comme « esprit de parti ». Si elle est étrangère à la « mystique » de la Congrégation, c'est qu'elle est étrangère à toute mystique ; elle ne se réclame que du bon sens.

Il lui en aura fallu beaucoup pour arriver à démêler les fils enchevêtrés de cette époque de transition où la France inaugure son régime parlementaire, associé à une vie de cour encore brillante, elle-même contemporaine de la révolution romantique. Pour mener à bien cette entreprise, et sans jamais prétendre usurper le rôle des historiens, la comtesse de Boigne dispose des armes décisives que sont une information de première main et une intelligence de premier ordre. Elle cultive en effet des relations personnelles, directes ou indirectes, avec presque tous les acteurs de quelque importance qui ont occupé la scène publique de 1815 à 1840. «Elle savait d'original bien des choses», constate Sainte-Beuve, orfèvre en la matière. Son salon contrôle en effet les avenues du pouvoir comme il enregistre tous les potins de la capitale. Néanmoins, être bien informé ne suffit pas toujours. Encore faut-il savoir choisir et utiliser ses informations : les classer, les analyser, les reproduire enfin avec exactitude sans altérer la vérité. La lucidité de la mémorialiste est ici servie par un style qui nous étonne encore aujourd'hui par sa netteté, sa précision, voire son humour : «Elle disait toujours bien parfaitement, observe encore Sainte-Beuve, en termes élégants et justes : il n'y avait pas d'à peu près avec elle.» Cette adéquation rare entre les mots et les choses, cette synthèse paradoxale entre une plume incisive et une idéologie du juste milieu font pour nous la valeur des *Récits d'une tante*. Certes ils visent une objectivité impartiale, mais sous la sérénité de surface affleure presque toujours la pointe de la causticité. Discrétion, sens des nuances, compassion même pour les vaincus ou les victimes, sont au rendez-vous ; mais ils vont de pair avec la clairvoyance brutale, les sous-entendus féroces, le tour épigrammatique. Le rôle qu'a choisi madame de Boigne, non sans mauvaise foi, est celui de la «vérité» : il consiste à démonter le jeu des autres, à dégonfler les baudruches, à dissiper les écrans de fumée du flou artistique ; bref, à répéter sans se lasser : le roi est nu !

La grande obsession de madame de Boigne c'est de ne pas être (de nouveau) dupe de la vie ; voilà pourquoi elle se défie, du chic, de la fantaisie, du tempérament artiste, en un mot de ce qu'elle diagnostique avec assez de perspicacité chez un Chateaubriand. Elle y oppose un idéal de convenance sociale dont la grandeur ne saurait résider que dans une acceptation courageuse des limites et des compromis nécessaires. Entre le rêve de bonheur indéfini qui a bercé le XVIIIe siècle et le pessimisme dépité de la fin du XIXe, nous avons là une sagesse où viennent confluer les courants jansénistes (Molé) et protestants (Guizot) du moralisme typique de la grande bourgeoisie libérale française. Ce que madame de Boigne dénonce sans relâche comme esprit de parti, c'est au fond la bêtise de sa classe, incapable de comprendre que sa suprématie ne saurait prendre appui que sur une vision lucide du possible. La tâche essentielle, à ses yeux, est donc de clore le siècle des Révolutions, de reconstruire un «ordre social». Pour que la «société» puisse continuer, il faut en exclure les fanatiques ou les illuminés (les ultras par exemple). C'est ainsi non pas *malgré*, mais *par le canal de* ses préjugés de caste qu'elle est parvenue à la notion de «juste milieu». Aussi ses *Mémoires* traduisent-ils à la fois une expérience vécue (une vieille dame qui a perdu ses illusions) et une philosophie politique (questions que se pose une aristocrate libérale sur les chances de survie de sa caste).

Tel est probablement le sens de son effacement personnel. Si madame de Boigne ne se confie guère, c'est qu'elle identifie complètement sa personne à une classe sociale pour laquelle les seules valeurs sont le sentiment du possible en politique, du convenable dans la vie privée. Elle va plus loin : elle étend à la totalité du champ historique une vision purement mondaine, et c'est en quoi elle préfigure toute une pente du génie de Proust. Voilà qui implique une perspective doublement réductrice : réduction de cette histoire à des individus, mais aussi réduction de ces individus à leur signification sociale, chacun ne tirant son existence que du réseau complexe des relations familiales ou mondaines dans lequel il est enfermé. On entre alors dans un univers symbolique où les valeurs réelles sont remplacées par des valeurs imaginaires, puisque le mode de survie de la noblesse consiste précisément à devenir le fantasme de la bourgeoisie : madame de Boigne ou la naissance du snobisme...

Proust fut un des premiers lecteurs des *Mémoires* de la comtesse de Boigne, et salua leur publication dans un article du *Figaro* (20 mars 1907) qu'il avait précisément songé à intituler : « Le snobisme et la postérité ». Dans un long passage, coupé par la rédaction du journal, il réfléchissait à la relation nouvelle que le XXe siècle avait établie entre histoire et actualité, rêvant à cette « archéologie du frivole » produite par la science contemporaine qui allait jusqu'à livrer au public moderne le nom des lévriers tenus en laisse, il y a des millénaires, par les piqueurs des chasses pharaoniques. Puis il se demandait « ce qu'avaient pu être, en général, de leur vivant, ces femmes auteurs de Mémoires où elles étourdissent la postérité frivole du fracas de leur élégance ». C'étaient souvent, dit-il, des « personnes très bien nées, mais, on ne sait pourquoi, peu recherchées ». Il en arrivait à la conclusion que ces « chameaux » ne peuvent nous éblouir *a posteriori* que parce qu'elles ont, parfois contre leur gré, sacrifié la réalité de la vie mondaine à la représentation de celle-ci. Madame de Boigne ne fut peut-être ni une femme à la mode, ni même une femme « élégante ». Mais c'est précisément parce que, recevant chez elle des écrivains ou des critiques, des diplomates, voire des ministres, elle est devenue, selon les critères du snobisme 1900, une sorte de « bas bleu », mise au ban du « gratin », que ses *Mémoires* nous passionnent aujourd'hui. Elle a en effet des choses plus intéressantes à raconter, pour nous, que les plus exquises créatures de mondanité, reines éphémères promises à un oubli absolu. Proche dans le temps, madame de Boigne restitue en outre à la vie présente sa perspective historique, mais sans solution de continuité. C'est comme un album de famille que Marcel Proust serait convié à feuilleter : « J'avais vu bien souvent au bal, quand j'étais adolescent, sa nièce, la vieille duchesse de Maillé [...]. Et je me souviens que mes parents ont bien souvent dîné avec le neveu [en réalité le petit-neveu] de madame de Boigne [...], pour qui elle a écrit ces Mémoires et dont j'ai retrouvé la photographie dans leurs papiers avec beaucoup de lettres qu'il leur avait adressées. » De sorte que ces souvenirs « rejoignent par un lien déjà presque immatériel les souvenirs que madame de Boigne avait gardés et nous content des premières fêtes auxquelles elle assista : tout cela tissant une trame de frivolités, poétique pourtant, parce qu'elle finit en étoffe de songe, pont léger jeté du présent jusqu'à un passé déjà lointain » (*Essais et articles*, Bibliothèque de la Pléiade, 1971, p. 532 et 924-929).

Proust avait entrevu chez la comtesse de Boigne des préoccupations qu'il allait lui-même développer dans *À la recherche du temps perdu*, jusque dans le détail de certaines variations sur les noms de famille qui le fascinaient (par exemple la mystérieuse métamorphose qui transforme un Noailles en prince de Poix ou en duc de Mouchy). Mais sa dette envers elle est plus précise, et plus étendue. Il faut savoir en effet qu'au cours des années 1907-1909, la découverte par Proust de ses *Mémoires* alla de pair avec une relecture attentive de Sainte-Beuve qui, du reste, avait été un habitué du salon de la comtesse. Aussi est-ce, en quelque sorte, de la conjonction entre la grande dame des *Récits d'une tante* et le critique des *Lundis* ou de *Chateaubriand et son groupe littéraire*, qu'est né, dans *la Recherche*, le personnage de madame de Villeparisis, qui a pour principale fonction romanesque de prêter au «système» honni de celui-ci la «voix» à peine caricaturale de celle-là.

Il suffit de relire quelques passages du roman de Proust[1] pour se convaincre de la ressemblance entre

---

1. «En entendant souvent exprimer avec franchise des opinions avancées — pas jusqu'au socialisme cependant, qui était la bête noire de Mme de Villeparisis...

«Mme de Villeparisis, interrogée par moi sur Chateaubriand, sur Balzac, sur Victor Hugo, tous reçus jadis par ses parents et entrevus par elle-même, riait de mon admiration, racontait sur eux des traits piquants comme elle venait de faire sur des grands seigneurs ou des hommes politiques, et jugeait sévèrement ces écrivains, précisément parce qu'ils avaient manqué de cette modestie, de cet effacement de soi, de cet art sobre [...] qui fait plus que tout le ridicule de la grandiloquence, de cet à-propos, de ces qualités de modération et de jugement et de simplicité, auxquelles on lui avait appris qu'atteint la vraie valeur [...]

«J'avais remarqué à Balbec que le génie de certains grands artistes restait incompris de Mme de Villeparisis, et qu'elle ne savait que les railler finement, et donner à son incompréhension une forme spirituelle et gracieuse. Mais cet esprit et cette grâce, au degré où ils étaient poussés chez elle, devenaient eux-mêmes [...] de véritables qualités artistiques. Or de telles qualités exercent sur toute situation mondaine une action morbide élective [...] Ce que les artistes appellent intelligence semble prétention pure à la société élégante [...] Un bas bleu, Mme de Villeparisis en avait peut-être été un dans sa prime jeunesse [...]

«Sans doute, au même moment où Mme Leroi, selon une expression chère à Mme Swann, "coupait" la marquise, celle-ci pouvait chercher à se consoler en se rappelant qu'un jour la reine Marie-Amélie lui avait dit "je vous aime comme une fille".

«[...] Au jugement de Mme Leroi, le salon de Mme de Villeparisis était un salon de troisième ordre; et Mme de Villeparisis souffrait du jugement de Mme Leroi. Mais personne ne sait plus guère aujourd'hui qui était Mme Leroi [...] et c'est le salon de Mme de Villeparisis, où fréquentait la reine de Suède, où avaient fréquenté le duc de Broglie, Thiers, Montalembert, Mgr Dupanloup, qui serait considéré comme un des plus brillants du XIXe siècle.»

la «vieille dame riche et titrée» que le narrateur rencontre à Balbec et celle qui faisait écrire à Sainte-Beuve le 25 juillet 1847: «Je suis revenu hier de Châtenay où j'ai passé huit jours en tête à tête avec madame de Boigne, en compagnie du chancelier, et fort agréablement: j'ai beaucoup causé du temps passé.» Malgré un mauvais mariage, du reste oublié, la marquise de Villeparisis demeure une Guermantes. C'est la *tante* de Charlus et de Saint-Loup, qui incrimine sa «mauvaise langue». Elle a son sigisbée, en la personne de Norpois; on connaît les liens intimes qui unirent, la cinquantaine venue, le chancelier Pasquier et la comtesse de Boigne, au point de laisser soupçonner un mariage secret. Comme son modèle, madame de Villeparisis a un salon, à vrai dire bien «déclassé» puisque Bloch y est admis (comme dans une sorte du musée). Elle aussi rédige des Mémoires, comme sa sœur madame de Beausergent.

Mais avec la marquise de Villeparisis, Proust ne se contente pas de créer, sur le modèle de la comtesse de Boigne, un personnage de roman qui aurait sa vie propre; il se sert de lui comme porte-parole. En effet, dans les deux longues séquences où elle apparaît (la promenade en voiture des *Jeunes filles en fleurs* et la matinée de *Guermantes* I), madame de Villeparisis développe aussi, sur la littérature et les écrivains, des vues très «personnelles» que le narrateur présente comme ce qu'il y a de plus opposé à son idéal esthétique. Or, les propos de la marquise ne font que reprendre, sur le mode du pastiche cher à Proust, les idées maîtresses de la critique beuvienne, telles du moins qu'il les exposera dans le *Contre Sainte-Beuve*. Mais celles-ci sont à leur tour une sorte de décalque du jugement que madame de Boigne avait par avance prononcé dans ses propres *Mémoires* sur les écrivains qu'elle avait elle-même fréquentés, en particulier Chateaubriand. Sa vision réductrice de la littérature implique une méconnaissance profonde de ce que Diderot a été le premier à nous apprendre dans *le Neveu de Rameau*, à savoir que ce ne sont pas des qualités humaines, encore moins des vertus qui produisent les artistes supérieurs, mais un égotisme forcené qui leur est nécessaire pour instrumentaliser la vie afin de créer une œuvre. C'est une chose que madame de Boigne est incapable de comprendre, malgré son intelligence, nous faisant ainsi sentir ce qui constitue peut-être une limite propre au genre des Mémoires, dès lors qu'ils ne se situent pas « outre-tombe ». Comme tous les « témoignages », le sien porte sur le temps aveugle et sourd du vécu : ce qu'elle a vu ou entendu, même dans le cadre élargi de la bonne société parisienne du XIXe siècle, lui donne une réelle expérience du monde, mais réduite à la surface des relations mondaines, précisément. La méfiance instinctive qu'elle témoigne envers ce qu'elle appelle la « race » des génies, renvoie à une incompatibilité plus générale : ils sont *infréquentables* ! Reste que pour observer la bonne compagnie, la comtesse de Boigne est insurpassable : cela suffit à notre plaisir.

Jean-Claude Berchet, 1999

Les Mémoires *de la comtesse de Boigne ont paru pour la première fois en 1907-1908 chez Plon, dans des conditions particulières. Le petit-neveu de madame de Boigne, son légataire universel, en avait remis le manuscrit pour une simple consultation à son ami Charles Nicoullaud. Celui-ci en tira parti pour des ouvrages historiques, puis, après le décès du marquis d'Osmond en 1904, se jugea autorisé à publier le texte qu'il possédait. Pour ménager certaines susceptibilités, il pratiqua des coupures, il est vrai peu nombreuses, atténua certaines expressions, remplaça par des lettres plusieurs noms propres. Malgré ces précautions les héritiers de madame de Boigne intentèrent un procès, dont le jugement rendu le 28 juillet 1909, confirmé en appel le 28 février 1911 et ratifié définitivement par un arrêt de la Cour de cassation du 26 février 1919, prévoyait le retrait des exemplaires mis en vente et la restitution du manuscrit. Celui-ci fut confié aux éditions Émile-Paul qui firent paraître en 1921-1923 une deuxième édition des* Mémoires de la comtesse de Boigne *qui reproduisait les divisions originales en parties, cette fois, « sans suppressions ni modifications du texte ». C'est évidemment cette édition, la seule intégrale, et dont un deuxième tirage a paru en 1924-1925, que nous reproduisons ici. — J.-C.B.*

RÉCITS D'UNE TANTE

Je n'avais jamais pensé à donner un nom à ces pages décousues lorsque le relieur auquel je venais de les confier s'informa de ce qu'il devait inscrire sur le dos du volume. Je ne sus que répondre. Mémoires, *cela est bien solennel ;* Souvenirs, *madame de Caylus a rendu ce titre difficile à soutenir et de récentes publications l'ont grandement souillé.* « J'y songerai » *répondis-je. Préoccupée de cette idée, je rêvai pendant la nuit qu'on demandait à mon neveu quels étaient ces deux volumes à agrafes.* « Ce sont des récits de ma tante. » *Va pour les* récits de ma tante, *m'écriai-je, en m'éveillant ; et voilà comment ce livre a été baptisé :* Récits d'une tante.

AU LECTEUR, S'IL Y EN A

Au commencement de 1835, j'ai éprouvé un malheur affreux ; une enfant de quatorze ans que j'élevais depuis douze années, que j'aimais maternellement, a péri victime d'un horrible accident. La moindre précaution l'aurait évité ; les plus tendres soins n'ont pas su le prévenir. Je ne me relèverai jamais d'un coup si cruel. À la suite de cette catas-

trophe, les plus tristes heures de mes tristes journées étaient celles que j'avais été accoutumée à employer au développement d'une intelligence précoce
dont j'espérais bientôt soutenir l'affaiblissement de
la mienne.

Quelques mois après l'événement, en devisant
avec un ami dont la bonté et l'esprit s'occupaient à
panser les plaies de mon cœur, je lui racontai un
détail sur les anciennes étiquettes de Versailles :
«Vous devriez écrire ces choses-là, me dit-il ; les traditions se perdent, et je vous assure qu'elles acquièrent déjà un intérêt de curiosité.» Le besoin de vivre
dans le passé, quand le présent est sans joie et l'avenir sans espérance, donna du poids à ce conseil.
J'essayai, pour tromper mes regrets, de me donner
cette tâche pendant les pénibles moments naguère
si doucement employés ; parfois il m'a fallu piocher
contre ma douleur sans la pouvoir soulever ; parfois
aussi j'y ai trouvé quelque distraction. Les cahiers
qui suivent sont le résultat de ces efforts : ils ont eu
pour but de donner le change à des pensées que je
pouvais mal supporter.

Mon premier projet, si tant est que j'en eusse un,
était uniquement de retracer ce que j'avais entendu
raconter à mes parents sur leur jeunesse et la
Cour de Versailles. L'oisiveté, l'inutilité de ma vie
actuelle m'ont engagée à continuer le récit de souvenirs plus récents ; j'ai parlé de moi, trop peut-être,
certainement plus que je n'aurais voulu ; mais il a
fallu que ma vie servît comme de fil à mes discours
et montrât comment j'ai pu savoir ce que je raconte.

Il y avait déjà bien du papier griffonné, d'une
façon à peu près illisible, lorsqu'une personne au
goût de laquelle j'ai confiance m'a fait une sorte de
violence pour en prendre connaissance : elle m'a
fortement engagée à en faire faire une copie et à la
revoir. Pour la copie, c'était facile ; quant à la *revoir*,

c'est tout à fait inutile ; je ne sais pas écrire ; à mon âge je n'apprendrai pas le métier et, si je voulais essayer de rédiger des phrases, je perdrais le seul mérite auquel ces pages puissent aspirer, celui d'être écrites sans aucune espèce de prétention et tout à fait de premier jet. S'il m'avait fallu faire une recherche quelconque ailleurs que dans ma mémoire, j'y aurais bien vite renoncé ; je n'ai voulu qu'une distraction et non pas un travail.

Si donc mes neveux jettent jamais un coup d'œil sur ces écritures, ils ne doivent pas s'attendre à trouver *un livre*, mais seulement une causerie de vieille femme, un ravaudage de salon ; je n'y mets pas plus d'importance qu'à un ouvrage de tapisserie. Je me suis successivement servie de ma plume pour laisser reposer mon aiguille et de mon aiguille pour reposer ma plume, et mon manuscrit arrivera à mes héritiers comme un vieux fauteuil de plus.

N'ayant consulté aucun document, il y a probablement beaucoup d'erreurs de dates, de lieux, peut-être même de faits ; je n'affirme rien si ce n'est que je crois sincèrement tout ce que je dis. Je professe peu de confiance dans une impartialité absolue, mais je pense qu'on peut prétendre à une parfaite sincérité : on est *vrai* quand on dit ce qu'on croit.

En recherchant le passé, j'ai trouvé qu'il y avait toujours du bien à dire des plus mauvaises gens et du mal des meilleurs ; j'ai tâché de ne pas faire la part d'après mes affections ; je conviens que cela est assez difficile ; si je n'y ai pas réussi, je puis assurer en avoir eu l'intention.

Les temps devenant plus calmes, peut-être sera-t-il assez curieux d'observer comment, dans ceux où j'ai vécu, la force des circonstances m'a toujours entraînée à être une personne de parti, tandis que, par instinct, par goût et par raisonnement, j'avais horreur de l'esprit de parti et que je jugeais assez sainement des fautes et des ridicules où il conduit.

J'espère que mes neveux seront à l'abri de cette fausse situation : je le souhaite pour eux, pour mon pays, pour le monde qui aurait bien besoin d'un peu de repos. Quant à moi, j'en jouirai probablement depuis longtemps avant que l'oisiveté de quelque matinée pluvieuse ou de quelque longue soirée d'automne porte peut-être quelqu'un à ouvrir ce volume destiné à la bibliothèque de Pontchartrain.

Châtenay. — Mai 1843.

Nota de 1860. — La mort, la cruelle mort a changé toutes mes prévisions. Ce manuscrit sera déposé dans la bibliothèque du château d'Osmond, département de l'Orne, lieu du berceau de mes ancêtres et de ma sépulture.

À MON NEVEU

RAINULPHE D'OSMOND

« I pray you when you shall these deeds relate
« Speak of me as I am : nothing extenuate
« Nor set down aught in malice. »

Othello, SHAKESPEARE.

De si grands événements ont occupé la vie de la génération qui vous a précédé et l'ont tellement absorbée que les traditions de famille seraient perdues dans ce vaste océan si quelque vieille femme comme moi ne recherchait dans ses souvenirs d'enfance à les reproduire.

Je vais tâcher d'en réunir quelques-uns à votre usage, mon cher neveu.

PREMIÈRE PARTIE

VERSAILLES

CHAPITRE I

Gianoni, dans son *Histoire de Naples*[1], vous apprendra la plus brillante des prétentions de votre famille; Moreri[2] vous expliquera les droits que vous avez à vous croire descendant de ces heureux aventuriers normands, conquérants de la Pouille, droits aussi bien fondés que sont la plupart de ces antiques prétentions de famille. La cathédrale de Salisbury renferme les restes d'un de ses archevêques, saint Osmond, auquel nous rattachons aussi des souvenirs, et le comté de Sommerset a pour armes le vol qui forme les vôtres[3] et qu'il tient de son seigneur Osmond, compatriote de Guillaume le Conquérant.

1. Parue en 1723 sous le titre : *Dell' Istoria civile del regno di Napoli Libri XL, scritti da Pietro Giannone* ; traduite en 1742 (La Haye, 4 vol. in-4°).
2. La 1re édition du *Dictionnaire historique* de Louis Moreri date de 1674. Il fut plusieurs fois réimprimé jusqu'à sa forme définitive, 10 vol. in fol., 1759 (article Osmond au tome VIII, pp. 130-131). Ce sont des lettres patentes du mois de mars 1719 qui érigèrent en marquisat un ensemble de terres sises dans le diocèse de Lisieux au bénéfice de René-Henri Osmond.
3. Écartelé de gueules, au vol d'hermine et d'argent, à trois fasces d'azur (cf. Grand Armorial de France, t. V, p. 193).

Ces armes furent données par le duc de Normandie à son gouverneur, Osmond, qui l'avait enlevé aux vengeances de Louis d'Outremer.

La branche anglaise est éteinte depuis longtemps, mais le nom est resté familier au pays et se retrouve perpétuellement dans les poètes et les romans. La branche normande s'est appauvrie par les partages égaux ; les aînés des trois dernières générations qui ont précédé celle de mon père n'ont eu que des filles, et même en si grand nombre qu'elles ont fait de très misérables alliances. Aussi une de mes grand-tantes, chanoinesse de Remiremont, répondit-elle à monsieur de Sainte-Croix, mari de sa sœur, qui lui demandait si elle n'avait jamais regretté de ne s'être point mariée : « Non, mon frère, mesdemoiselles d'Osmond sont en habitude de faire de trop mauvais mariages. » Voilà tout ce que je vous dirai de notre famille.

Si, à l'époque où vous entrerez dans le monde, vous attachez quelque prix à ces souvenirs nobiliaires, vous retrouverez plus facilement des traces de ces temps éloignés que des détails intimes de ce qui s'est passé depuis une centaine d'années. D'ailleurs, je ne suis pas très habile moi-même à ces récits. Je n'ai jamais attaché un grand prix aux avantages de la naissance ; ils ne m'ont point été contestés comme fille ; je n'y ai aucun droit comme femme, et peut-être cette situation toute nette m'a empêchée de m'en occuper autant que beaucoup d'autres. Je ne veux donc vous raconter que les détails qui me reviendront à la mémoire, sur ce que j'ai su ou vu personnellement, sans prétendre y mettre une grande suite, et seulement comme des anecdotes qui acquerront de l'intérêt pour vous par mes rapports avec les personnages mis en jeu : ce sera une sorte de ravaudage dont la sincérité fera tout le prix.

Mon grand-père était marin. Fort jeune encore, il commandait pendant la guerre de 1746 une corvette, et fut chargé d'escorter un convoi de Rochefort à Brest. Une tempête effroyable dispersa les bâtiments et envoya le sien de relâche à la Martinique, où il arriva fort désemparé. Mon grand-père trouva la colonie en grande liesse, en festins, en illuminations. Dès qu'il débarqua, on lui demanda s'il apportait des dépêches pour Son Altesse :

« Quelle altesse ?

— Le duc de Modène.

— Je n'en ai pas entendu parler. »

On vint le chercher de la part de Son Altesse ; il fut conduit dans l'appartement que le commandant avait cédé à un très bel homme, chamarré d'ordres et de cordons, ayant des formes très imposantes : « Comment se fait-il, chevalier d'Osmond, que vous n'ayez pas de dépêches pour moi ? Votre vaisseau n'est donc pas celui qu'on doit m'expédier ? » Mon grand-père expliqua qu'il était parti de Rochefort avec la destination de Brest et la circonstance de son arrivée à la Martinique.

Le prince, alors, le combla de bontés et lui intima l'ordre de repartir sur-le-champ avec ses dépêches. La corvette n'était pas en état de reprendre la mer ; heureusement, il se trouvait une petite goélette dans le port. Le prince en donna le commandement à mon grand-père, l'autorisa à abandonner sa corvette et, lui montrant une lettre par laquelle il chargeait monsieur de Maurepas de le nommer capitaine de vaisseau, il lui expliqua qu'il était, *par alliance*, cousin germain du Roi. Il lui cédait ses états de Modène, ce qui était un grand secret ; en échange, on lui offrait la souveraineté de l'île de la Martinique ; il n'avait voulu y consentir qu'après avoir pris connaissance de sa nouvelle résidence ; il en était fort content et il expédiait mon grand-père avec la ratification du traité, attendu à Versailles avec une si vive impatience que le porteur de cette bonne nouvelle pouvait aspirer à toutes sortes de faveurs. En conséquence, il ajouta, par post-scriptum à sa lettre, la demande de la croix de Saint-Louis en outre de la nomination de capitaine de haut bord pour le chevalier d'Osmond. Mon grand-père lui parla d'un vaisseau dont le capitaine devait être changé :

« Ce vaisseau vous plaît-il ?

— Assurément.

— Eh bien, je vous en donne le commandement. Je vais écrire à Maurepas que j'en fais une condition. »

Du reste, le duc de Modène était entouré d'une Cour et d'une Maison qu'il avait amenées avec lui : grand chambellan, grand écuyer, valet de chambre, etc. Toute la colonie, depuis le gouverneur jusqu'au moindre nègre, était à ses ordres ; et mon grand-père, qui avait commencé par être fort incrédule au moment de son arrivée, finit par être convaincu qu'un homme qui donnait des grades et des croix était un véritable souverain. Il partit, forçant de voiles au risque de se noyer, fit une traversée extrêmement rapide, se jeta dans un canot dès qu'il vit la terre, monta un bidet de poste et arriva sans un moment de repos chez monsieur de Maurepas, à Versailles[1]. Trouvant le ministre sorti, il ne voulut pas quitter l'hôtel sans l'avoir vu : on le plaça dans un cabinet pour attendre. Un vieux valet de chambre, intéressé par son agitation et sa charmante figure, lui fit donner quelque chose à manger ; il dévora, puis la fatigue et la jeunesse l'emportèrent, il s'assit dans un fauteuil et s'endormit profondément.

---

1. Le comte de Maurepas (1701-1781) était encore ministre de la Marine. Il fut renvoyé sur la demande de Mme de Pompadour le 24 avril 1749.

Le ministre rentra. Personne ne songea au chevalier d'Osmond. En déshabillant son maître le soir, le valet de chambre lui parla de ce jeune officier de marine si empressé de le voir. Monsieur de Maurepas n'en avait aucune nouvelle. On s'informe, on le cherche et on le trouve dormant sur son fauteuil. Il se réveille en sursaut, s'approche du ministre, lui remet un gros paquet.

« Monseigneur, voilà le traité signé.

Quel traité ?

— Celui de la Martinique.

— De la Martinique ?

— C'est le prince de Modène qui m'a expédié.

— Le prince de Modène ? ah ! je commence à comprendre ; allez vous coucher, achevez votre nuit et revenez demain matin. »

Le ministre rit fort du rêve du jeune officier qui le continuait même en lui parlant ; mais, à mesure qu'il lisait ces étranges dépêches, il crut rêver à son tour ; toutes les autorités de l'île étaient sous la même illusion et le *prince* lui-même avait écrit le plus sérieusement du monde sous son caractère emprunté. La lettre qu'il avait montrée à mon grand-père était dans le paquet.

Le lendemain matin, monsieur de Maurepas le reçut avec une grande bonté, lui apprit que son duc de Modène était un aventurier qui, probablement, avait voulu se débarrasser de lui. Il était, au reste, peu extraordinaire qu'un jeune homme eût partagé une opinion si bien établie dans la colonie ; il l'absolvait donc du tort d'avoir quitté sa corvette. Le vaisseau auquel Son Altesse l'avait promu était déjà donné, mais, eu égard à la recommandation de *son cousin germain*, et plus encore parce qu'il était un fort bon officier, le Roi lui donnait le commandement d'une frégate à bord de laquelle monsieur de Maurepas espérait qu'il mériterait bientôt la croix.

Mon grand-père, tout honteux et bien dégrisé de ses rêves de fortune, s'en retourna à Brest, fort content pourtant de s'être si bien tiré de l'abandon de sa corvette. Quant au duc de Modène, il s'était tellement lié dans ses honneurs usurpés qu'il ne put s'évader ; il fut arrêté à la Martinique, reconnu pour escroc et envoyé aux galères[1].

Quelques années plus tard, mon grand-père, ayant été à Saint-Domingue, y épousa une mademoiselle de La Garenne, un peu son alliée (leurs deux mères étaient des demoiselles de Pardieu) et qui passait pour énormément riche. Elle avait, en effet, de superbes habitations, mais si grevées de dettes et en si mauvais état qu'il fallut que mon grand-père quittât le service et s'établît dans la colonie pour

1. C'est en 1748, alors que les colonies étaient bloquées par la flotte anglaise, qu'on vit débarquer à la Martinique un distingué jeune homme se faisant appeler le comte de Tarnaud. Bien accueilli par la société créole, ce bizarre aventurier laissa entendre qu'il était le prince héréditaire de Modène, frère de la duchesse de Penthièvre. Il est vrai que c'est le fondé de pouvoir des Penthièvre (possesseurs de biens considérables dans les îles) qui «fournissait les fonds nécessaires à ses fastueuses dépenses et à ses débauches au milieu desquelles il ne perdait pourtant ni sa dignité ni ses nobles manières». (C'est le digne historien de la Martinique, M. Sidney Daney, qui parle). Quoi qu'il en soit il se concilia les bonnes grâces des jésuites de Saint-Pierre, où il forma une véritable cour, recevant même des plaintes contre la conduite du gouverneur général marquis de Caylus, qui demeurait dans une prudente expectative à Fort-Royal. Au bout de six mois, on reçut enfin de France ordre de se saisir du «Prince de Modène». Mais il avait quitté les Antilles, débarqué au Portugal, puis annoncé son intention de voyager incognito pour se rendre à la cour de France. Reçu presque officiellement par les autorités, faisant de nombreuses aumônes, il fut arrêté à Séville ; trois jours après, le 6 novembre 1748, il trouvait le moyen de tromper par un déguisement une garde de trente hommes, avant de se réfugier dans un couvent de dominicains. Il fut à la fin repris, jugé puis déporté en Afrique sans plus jamais faire parler de lui.

chercher à y remettre quelque ordre. Diverses circonstances malheureuses l'y retinrent et il n'en est jamais sorti. Dans le courant de quelques années, il expédia successivement en Europe six garçons ; le dernier envoi fut malheureux. L'enfant, assis sur un câble roulé sur le pont, fut lancé à la mer dans une manœuvre qui nécessitait l'emploi de ce câble et s'y noya.

Les cinq autres étaient arrivés à leur destination. Le premier était mon père, le marquis d'Osmond [1], puis venait l'évêque de Nancy [2], puis le vicomte d'Osmond [3], puis l'abbé d'Osmond, massacré à Saint-Domingue pendant la Révolution, puis enfin le chevalier d'Osmond, qui périt lieutenant de vaisseau dans la guerre d'Amérique.

Tous ces enfants étaient reçus paternellement par un frère de mon grand-père, alors comte de Lyon et bientôt après évêque de Comminges. L'aîné de cette génération, le comte d'Osmond, n'avait selon l'usage de la famille que des filles de sa femme, mademoiselle de Terre, et, selon l'usage aussi, ces filles se marièrent très mal. Elles achevèrent d'enlever au nom d'Osmond tout l'antique patrimoine de la

1. René-Eustache (1751-1838) épousa en 1778 Mlle Dillon. Bientôt colonel du Régiment Barrois-Infanterie, il entra dans la diplomatie en 1788. Ministre à La Haye en 1789, nommé ambassadeur à Pétersbourg en remplacement du comte de Ségur (1790), il démissionna sans avoir occupé son poste (après Varennes). Il rejoignit sa famille émigrée en 1792. Revenu en France sous Napoléon, il fut nommé par Louis XVIII pair de France, ambassadeur à Turin (1814-1815) puis à Londres (novembre 1815-janvier 1819).
2. Eustache-Antoine (1754-1823), évêque de Comminges en 1788, de Nancy en 1805, enfin archevêque de Florence en 1810. Ce fut lui qui, rallié sous le Consulat, fit radier son frère de la liste des émigrés.
3. Joseph-Eustache (1756-1839), officier dans les armées contre-révolutionnaires. Commandeur de Saint-Louis.

famille, entre autres le Ménil-Froger et Médavy qui lui appartenaient depuis l'an mil et tant.

Ce comte d'Osmond était chambellan de monseigneur le duc d'Orléans, le grand-père du roi Louis-Philippe, et dans la plus grande intimité du Palais-Royal, surtout de la mère du Roi qui le traitait avec une affection toute filiale[1]. Les mémoires du temps le citent pour ses distractions, ce qui n'empêchait pas qu'il ne fût très aimable, de bonne compagnie et fort serviable. J'aurai occasion d'en reparler. Je viens de dire qu'il était chambellan du grand-père du Roi ; il ne l'aurait pas été du fils, voici pourquoi : ce sont de ces détails de Cour qui paraissent déjà ridicules à notre génération, mais dont la tradition se perd et qui, par cela même, acquièrent un intérêt de curiosité.

Le roi Louis XV avait conservé à monseigneur le duc d'Orléans, désigné sous le nom du *gros duc d'Orléans*, petit-fils du Régent, le rang de premier Prince du sang auquel il n'avait plus de droit ; mais, comme il n'y avait dans la branche aînée que des fils du Dauphin prenant le rang de Fils de France, on avait accordé cette faveur au duc d'Orléans. Or, la Maison honorifique du *premier Prince du sang* était nommée et payée par le Roi et les gens de qualité ne faisaient aucune difficulté d'y entrer. Chez les autres Princes du sang, le premier gentilhomme et le premier écuyer étaient seuls nommés et payés par le Roi : un homme de la Cour ne pouvait accepter que ces places auprès d'eux.

À la mort du gros duc d'Orléans, son fils sollicita vivement la continuation du rang de premier Prince du sang. La naissance des enfants de monseigneur le comte d'Artois se trouvait un motif de refus et, la

---

1. Louise-Marie-Adélaïde de Bourbon-Penthièvre (1753-1821), duchesse de Chartres jusqu'en 1785.

Cour étant peu disposée à faire ce que souhaitait monsieur le duc d'Orléans, il ne put réussir. Il aurait donc été forcé de chercher des commensaux dans une autre classe que celle de son père et cette circonstance le décida, sous prétexte de réforme, à ne point nommer sa Maison et à rompre toute espèce de représentation ; elle n'a pas peu contribué à la mauvaise humeur qui l'a jeté dans les malheurs où il a trouvé une mort trop méritée.

Je reviens à notre famille. Mon grand-père avait aussi une sœur qui résidait avec son frère, l'évêque de Comminges, à Allan, dans les Pyrénées. Elle y épousa un monsieur de Cardaillac, homme fort considéré dans le pays, propriétaire d'un très joli château et portant un nom aussi ancien que ces montagnes. Il est éteint maintenant et ce n'est pas la faute de notre tante, car, en trois années de mariage, elle avait eu sept enfants : deux, deux, et trois. L'évêque de Comminges était à Paris lors de cette dernière couche et, au moment où il en apprit la nouvelle, une femme qui se trouvait présente lui dit : « Monseigneur, écrivez vite qu'on vous garde le plus beau. » Cette même madame de Cardaillac dégringola du haut en bas d'un précipice, entraînée par la chute d'une charrette chargée de pierres de taille ; elle arriva au fond dans cette étrange compagnie. On la croyait en morceaux. Elle en fut quitte pour une fracture de la jambe et a eu encore plusieurs enfants depuis.

Mon père et mes oncles furent élevés avec le plus grand soin et sous les yeux de l'évêque de Comminges ; le meilleur collège de Paris les reçut. Ils y étaient sous la surveillance personnelle d'un précepteur, homme de beaucoup d'esprit, mais qui, pour toute instruction, leur administrait des coups de pied dans le ventre. Le résultat fut que, lorsque, à quatorze ans, on mit un uniforme sur le corps de mon père, il eut enfin le courage d'annoncer à l'évêque que, depuis six ans, il était parfaitement malheureux et ne savait rien du tout. Cette révélation profita à ses frères ; quant à lui, on lui fit enfourcher un bidet de poste et on l'envoya rejoindre son régiment à Metz. Heureusement il ne prit pas goût à la vie de café, et, pendant les premières années passées dans les garnisons, il fit tout seul cette éducation que l'évêque croyait pieusement aussi excellente qu'elle était dispendieuse.

Ayant atteint l'âge de dix-neuf ans, son père lui envoya de Saint-Domingue un cadeau de deux mille écus, en dehors de sa pension, pour s'amuser pendant le premier semestre qu'il devait passer à son goût et, par conséquent, à Paris. Le jeune homme employa cet argent à se rendre à Nantes et à y prendre son passage sur le premier bâtiment qu'il trouva pour donner ses moments de liberté à son père et faire connaissance avec lui, car il avait quitté Saint-Domingue depuis l'âge de trois ans. Cet aimable empressement acheva de le mettre en pleine possession du cœur paternel, et le père et le fils se sont toujours adorés. Quant à ma grand-mère, c'était une franche créole pour laquelle ses enfants n'ont jamais eu qu'une affection de devoir.

Plusieurs années s'écoulèrent ; mon père suivit sa carrière militaire, passant ses hivers à Paris chez son oncle et dans la société très intime du Palais-Royal où il était traité, à cause du comte d'Osmond, comme un enfant de la maison. Il fut nommé lieutenant-colonel du régiment d'Orléans aussitôt que son âge permit qu'il profitât de la bienveillance du prince, et madame de Montesson, déjà mariée à monseigneur le duc d'Orléans [1], le comblait de bon-

---

1. Leur mariage secret date de 1773. Depuis 1759 le duc était veuf de Louise-Henriette de Bourbon-Conti. La marquise de Montesson, née du Crest de Saint-Aubin, était la tante de Mme de Genlis.

tés. Il donnait toujours une grande partie du temps
dont il pouvait disposer à l'évêque de Comminges ;
il l'accompagna aux eaux de Barèges (en 1776). Ils
y rencontrèrent madame et mademoiselle Dillon,
dont l'évêque devint presque aussi amoureux que
son neveu. Il engagea ces dames à venir à Allan,
château situé dans les Pyrénées et résidence des
évêques de Comminges, où il voulait absolument
que le mariage fût célébré tout de suite, afin que sa
jolie nièce vînt faire les honneurs de sa maison, et
s'établît dès l'hiver même à Paris. Mais mon père ne
voulut pas se marier sans le consentement du sien,
et la cérémonie fut remise au printemps.

Il me faut maintenant parler de la famille de ma
mère[1]. Monsieur Robert Dillon, des Dillon de Ros-
comon, était un gentilhomme irlandais catholique,
possesseur d'une jolie fortune ; pour l'augmenter, et
dans la nullité où étaient condamnés les catholiques, un sien frère fut chargé de la faire valoir
dans le négoce. Monsieur R. Dillon avait épousé une
riche héritière dont il eut une seule fille, lady Swinburne. Devenu veuf, il épousa miss Dicconson, la
plus jeune de trois sœurs, belles comme des anges,
que leur père, gouverneur du prince de Galles, fils
de Jacques II, avait élevées à Saint-Germain. Lors
du mariage, leurs parents étaient rentrés en Angleterre et établis chez eux en Lancashire, dans une
très belle terre.

---

1. De cette branche cadette représentée par Robert Dillon
(1710-1764), sont issus en particulier : *Mary* (1746-1782) qui
épousa le marquis de Lavie (1747-1812) président à mortier
du Parlement de Bordeaux, député de la noblesse puis
membre du Conseil des Cinq-Cents. *Édouard* (1750-1839),
comte de Dillon en 1770, dit le beau Dillon (v. note 1, p. 192).
Éléonore (1753-1831) mère de Mme de Boigne ; *Franck* (1764-
1837) officier dans la brigade irlandaise, maréchal de camp en
1815.

Monsieur Dillon et sa charmante épouse se fixèrent en Worcestershire, et c'est là où ma mère et six enfants aînés sont nés. Mais le frère, chargé des affaires en Irlande, vint à mourir et on s'aperçut qu'il les avait très mal gérées. Monsieur Dillon fut obligé de s'en occuper lui-même. Les plus importantes étaient avec Bordeaux: il se décida à s'y rendre et emmena sa famille; il s'y plut; sa femme, élevée en France, la préférait à l'Angleterre. Il prit une belle maison à Bordeaux, acheta une terre aux environs et y menait la vie d'un homme riche, lorsqu'un jour, en sortant de table, il porta la main à sa tête en s'écriant: «Ah! ma pauvre femme, mes pauvres enfants!», et il expira.

Son exclamation était bien justifiée. Il laissait madame Dillon, âgée de trente-deux ans, grosse de son treizième enfant, dans un pays étranger, sans un seul parent, sans aucune liaison intime que l'excessive jalousie de son mari n'aurait guère tolérée. Cet isolement excita l'intérêt, lui suscita des protecteurs. Ses affaires, dont elle n'avait aucune notion, furent éclaircies, et, pour résultat, on découvrit que monsieur Dillon vivait sur des capitaux qui touchaient à leur fin et qu'elle restait avec treize enfants et pour tout bien une petite terre, à trois lieues de Bordeaux, qui pouvait valoir quatre mille livres de rente.

Madame Dillon était encore belle comme un ange, très aimable et très sage; ses enfants étaient aussi d'une beauté frappante; toute cette nichée d'amours intéressa. On s'occupa d'une famille si abandonnée. Tout le monde voulut venir à son secours: tant il y a, que, sans avoir jamais quitté ses tourelles de Terrefort, ma grand-mère y soutint noblesse et trouva le secret d'élever treize enfants, de les établir dans des positions qui promettaient d'être très brillantes, lorsque la Révolution arrêta toutes les carrières. À l'époque dont je parle, il ne lui restait plus qu'une fille à marier ; elle était belle et aimable, mais elle n'avait pas un sol de fortune.

La noce de mon père étant fixée au printemps, l'évêque partit pour Paris. À peine arrivé, et ne se trouvant plus sous le charme de l'enchanteresse, on n'eut pas de peine à lui faire comprendre que ce mariage n'avait pas le sens commun, que mon père devait profiter de son nom et de sa position pour faire un mariage d'argent. Il n'avait pas de fortune en Europe ; celle des colonies était précaire et, les partages y étant égaux, il n'aurait jamais un revenu suffisant pour épouser une femme qui n'avait rien ; l'évêque, en les recevant chez lui, ne leur donnait qu'un secours temporaire ; mademoiselle Dillon, d'ailleurs, pouvait être une bonne demoiselle, mais ne procurait aucune alliance dans le pays. Le comte d'Osmond surtout, qui était très fier de son neveu et le croyait appelé à tout, s'élevait fort contre ce qu'il appelait *lui mettre la corde au col*.

L'évêque fut assez facilement ramené à partager ces idées. Sur ces entrefaites, survint la réponse de Saint-Domingue, toute approbative. Mon père, qui n'était pas dans la confidence de ce qui se passait, arriva de sa garnison pour prendre les derniers ordres de son oncle avant de se rendre à Bordeaux. Il apprit que l'évêque avait changé d'avis et ne voulait plus entendre parler de ce mariage ; il avait déjà cessé d'écrire à Terrefort. Il y eut une scène fort vive entre mon père et l'évêque qui lui dit que le jeune ménage ne devait plus s'attendre à trouver un asile chez lui.

Mon père informa le sien de ce changement survenu dans les dispositions de son oncle, et écrivit à mademoiselle Dillon la situation où il se trouvait. Elle prit sur elle de rompre entièrement toute relation, lui rendit sa parole, retira la sienne, et puis se prit à vouloir en mourir de chagrin, en véritable héroïne de roman. Mon père avait été un peu blessé d'une décision contre laquelle il n'osait guère s'élever, les avantages qu'il avait à offrir étant fort diminués par la mauvaise humeur de l'évêque. Mais, ayant appris par hasard l'état de désespoir de mademoiselle Dillon qu'on croyait mourante, il rendit plus de justice à la noblesse des sentiments qui avaient dirigé sa conduite. Il reçut la réponse de son père : elle était aussi tendre qu'il pouvait la désirer ; il lui confirmait son approbation, lui disait d'accomplir son mariage puisque son bonheur y était attaché, et lui promettait de fournir aux besoins de son ménage, dût-il être obligé de faire les plus grands sacrifices. Il lui annonçait l'expédition de barriques de sucre estimées vingt mille francs pour les premiers frais d'établissement.

Armé de cette lettre, mon père partit à franc étrier, força toutes les consignes, arriva jusqu'à mademoiselle Dillon, et, huit jours après, elle était sa femme.

Aussitôt qu'elle fut complètement rétablie, il la ramena à Paris ; l'évêque refusait toujours de les voir. Le comte d'Osmond, qui avait apporté les plus fortes objections à ce mariage, du moment qu'il fut fait, ne fut plus occupé qu'à en diminuer les inconvénients. Il présenta ma mère au Palais-Royal, comme il aurait pu faire de sa belle-fille, et elle y fut bientôt impatronisée. Madame de Montesson s'en engoua, et aurait voulu qu'elle fût attachée à madame la duchesse de Chartres, mais le comte d'Osmond s'y refusa formellement. Il ne lui convenait pas que la femme de son neveu fût dame d'une princesse qui n'était pas *famille royale* ; et, d'ailleurs, il s'apercevait que madame de Montesson voulait l'accaparer et il ne lui voulait pas l'attitude de complaisante auprès d'elle.

L'archevêque de Narbonne (Dillon[1]) avait été un
peu choqué des objections faites par les d'Osmond à
un mariage avec une fille de son nom, qu'il reconnaissait pour proche parente. Il se porta aussi protecteur actif des nouveaux époux, les attira à la
campagne chez lui, dans une terre en Picardie,
nommée Hautefontaine, où il menait une vie beaucoup plus amusante qu'épiscopale. Ma mère y eut
les plus grands succès ; elle était extrêmement belle,
avait très grand air, même un peu dédaigneux et
elle savait se laisser adorer à perfection ; au reste,
toutes ces adorations, elle les rapportait à mon
père, objet d'une passion qui l'a accompagné dans
toute sa vivacité jusqu'au tombeau. L'arrivée de
cette belle personne et tout le romanesque attaché à
son mariage fit un petit événement à la Cour dans
un temps où il n'y en avait guère de grands ; elle fut
présentée par madame de Fleury qui, comme mademoiselle de Montmorency, était parente de mon
père et par madame Dillon, nièce de l'archevêque.
Elle fut extrêmement admirée.

Peu de mois après, par l'influence réunie de l'archevêque de Narbonne et du comte d'Osmond, ma
mère fut nommée dame de madame Adélaïde, fille
de Louis XV. Madame la duchesse de Chartres ne
sut aucunement mauvais gré au comte d'Osmond
de cet arrangement ; mais madame de Montesson
s'en tint pour fort offensée, et en est restée presque
brouillée avec mes parents, et surtout avec le
comte d'Osmond, dont l'intimité avec madame la
duchesse de Chartres ne fut que plus grande. C'était

---

1. Arthur Dillon, archevêque de Toulouse puis de Narbonne,
était fils du comte Arthur Dillon (1670-1733) colonel du Royal-
Irlandais, chef de la branche aînée des Dillon. Commandeur
du Saint-Esprit, il fut membre des premières assemblées révolutionnaires.

un sentiment tout paternel sur lequel personne n'a jamais glosé, quoique monsieur le duc de Chartres l'appelât en plaisantant *le mari de ma femme*. Il est mort au commencement de la Révolution, malheureusement pour cette princesse à laquelle il aurait probablement épargné bien des malheurs et des fautes. Je me le rappelle comme un grand homme maigre, l'air fort noble, et portant des vestes très riches couvertes de tabac. Je l'aimais beaucoup, quoiqu'il me préférât mon frère et qu'il me remplît toujours les yeux de tabac quand il se baissait pour m'embrasser ; aussi j'avais soin de les fermer tout en accourant à lui, ce qui l'amusait beaucoup.

Mon père avait une très grande répugnance au séjour de la Cour ; ainsi que tous les gens qui n'en ont pas l'habitude, il s'y trouvait dépaysé et tout à fait à son désavantage. Il était alors un homme extrêmement agréable de formes, remarquablement aimable, fort bon militaire, aimant beaucoup son métier et adoré dans son régiment. Ma mère avait le goût des princes et l'instinct de la Cour ; sa place la forçait à aller passer une semaine sur trois à Versailles. Cette séparation de mon père leur était fort pénible à tous deux, et la modicité de leur fortune rendait ce double ménage onéreux.

Ma mère décida mon père à s'établir tout à fait à Versailles ; cela était raisonnable dans leur position, mais peu usuel lorsqu'on n'avait pas de grandes charges. Mon père m'a souvent dit que rien ne lui avait plus coûté dans sa vie, et que c'était le plus grand sacrifice qu'il eût fait à ma mère. Il est certain que ses goûts, ses habitudes, sa haute raison, son indépendance de caractère s'accommodaient peu du métier de courtisan. Mais, sous Louis XVI, il était, sauf quelques formes d'étiquette, très facile à faire, et l'honnête homme en lui dominait tellement

le Roi qu'il appréciait bien vite les qualités semblables aux siennes.

C'est bientôt après l'installation de mes parents à
Versailles que je vins au monde[1]. Ma mère était déjà
accouchée d'un enfant mort, de sorte que je fus
accueillie avec des transports de joie et qu'on me
pardonna d'être fille. Je ne fus pas emmaillotée,
comme c'était encore l'usage, mais vêtue à l'anglaise et nourrie par ma mère au milieu de Versailles. J'y devins bien promptement la poupée des
princes et de la Cour, d'autant plus que j'étais fort
gentille et qu'un enfant, dans ce temps-là, était un
animal aussi rare dans un salon qu'ils y sont communs et despotes aujourd'hui.

Mon père se fit des habitudes à Versailles et finit
par se réconcilier à la vie qu'on y menait.

Le samedi soir et le dimanche c'était tout à fait la
Cour, avec toute sa représentation. La foule y abon-
dait. Tous les ministres, tout ce qu'on appelait *les
charges*, c'est-à-dire le premier capitaine des gardes
de service, le premier gentilhomme de la chambre
de service, le grand écuyer, la gouvernante des
Enfants de France et la surintendante de la Maison
de la Reine, donnaient à souper le samedi et à dîner

---

1. Voici son acte de baptême, extrait du registre de 1781 de
la paroisse Saint-Louis à Versailles :

« L'an mil sept cent quatre-vingt-un, le vingt février, Char-
lotte-Éléonore-Louise-Adélaïde, née hier, fille légitime de haut
et puissant seigneur Mgr Eustache-René d'Osmond mestre de
camp de cavalerie du régiment d'Orléans, et de haute et puissante dame Éléonore Dillon, a été baptisée par nous soussigné
curé de cette paroisse. Le parein messire Charles-Antoine-
Gabriel d'Osmond, évêque de Comminges, représenté par
messire Jean-Joseph-Eustache d'Osmond, clerc du diocèse de
Comminges ; la mareine haute et puissante dame Marie-Louise-
Mauricette-Élisabeth de Montmorency-Luxembourg épouse de
haut et puissant seigneur Mgr le marquis de Montmorency-
Laval, lesquels et le père, ont signé avec nous. »

le dimanche. Les arrivants de Paris y étaient priés. Les personnes qui avaient des maisons se les enlevaient presque.

Il y avait aussi une table d'honneur servie aux frais du Roi au grand commun, mais aucun homme de la Cour n'aurait voulu y paraître ; et si, par un grand hasard, on n'avait été prié dans aucune des maisons que j'ai citées, on aurait plutôt mangé un poulet de chez le rôtisseur que d'aller s'asseoir à cette table regardée comme secondaire, quoique originairement elle eût été instituée pour les seigneurs de la Cour et que, jusque vers le milieu du règne de Louis XV, on y allât sans difficulté. Mais alors les charges ne tenaient pas maison et dînaient à la table du grand commun. Maintenant, elle était occupée par les titulaires de places qui constituaient une sorte de subalternité et qui classaient dans une position d'où il était impossible de sortir tant qu'on était à la Cour : c'étaient ceux qui recevaient des ordres de personnes n'ayant pas le titre de *Grand*. Ainsi, le gentilhomme ordinaire de la chambre, prenant les ordres du premier gentilhomme, était très subalterne, tandis que le premier écuyer, prenant les ordres du *grand* écuyer, était un homme de la Cour ; mais les écuyers, qui recevaient l'ordre de lui, rentraient dans la classe subalterne qui formait une ligne de démarcation impossible à franchir. Rien n'en donnait la facilité, à ce point, par exemple, que monsieur de Grailly, étant écuyer, trouvait toutes les portes des gens de la Cour fermées.

Ces habitants secondaires du château de Versailles y avaient une coterie à part dont madame d'Angivillers, la femme de l'intendant des bâtiments, était l'impératrice[1]. Leur société était fort agréable,

1. Le salon de la comtesse Charles d'Angivillers, née de Laborde (1735-1808), fut le plus brillant du temps de Louis XVI (voir les *Mémoires* de Marmontel).

fort éclairée; on s'y amusait extrêmement, mais un homme de la Cour n'aurait pas pu y aller habituellement. Mon père l'avait souvent regretté. On y rencontrait les artistes, les savants, les hommes de lettres, enfin toutes les personnes, non courtisans, que leurs affaires ou leurs plaisirs attiraient à Versailles.

Monsieur le prince de Poix[1], amoureux d'une femme de chambre de la Reine (c'étaient de très belles dames de la plus haute bourgeoisie), se mit à aller souvent dans cette société, sous prétexte que sa place de gouverneur de Versailles le forçait à des rapports fréquents avec l'intendant d'Angivillers. Cela fut trouvé fort mauvais, mais cependant quelques jeunes gens s'y glissèrent avec lui; ils en rapportèrent des notions très satisfaisantes sur les grâces des femmes et l'amabilité des hommes. Cela aurait probablement fait planche. Les femmes de la Cour y apportaient une vive et colère opposition.

Lorsque mes parents s'établirent à Versailles, les officiers des gardes du corps y étaient en seconde ligne. On les appelait les *messieurs bleus*[2]. Depuis fort peu de temps, ils portaient l'uniforme, et je crois même que les capitaines des gardes n'en avaient pas encore avant la Révolution. Ils étaient en habit habillé, et ne se distinguaient que par une grande canne noire à pomme d'ivoire. La reine Marie-Antoinette fit venir les officiers des gardes du corps à ses bals, et, par là, changea leur situation; cependant ils ne dînaient jamais avec la famille royale. Ainsi, je me rappelle très bien qu'à Bellevue, chez Mesdames, l'officier des gardes du corps de service

---

1. Philippe de Noailles (1752-1819) fils du maréchal duc de Mouchy.
2. À cause de la couleur de leur uniforme: habit bleu sur veste et culotte rouges, galonnés d'argent.

ne dînait pas à la table des princesses. Cela était tellement de rigueur que monsieur de Béon, mari d'une des dames de madame Adélaïde, dînait à la deuxième table lorsqu'il était de service, et, le lendemain, venait s'asseoir à côté de sa femme, à la table des princesses. Mais c'était une innovation, et ce manque à l'étiquette avait été une grande concession des bonnes princesses. Ce qui est encore plus extraordinaire, c'est que les évêques se trouvaient dans le même prédicament, et ne mangeaient ni avec le Roi, ni avec les princes de la famille royale. On ne m'a jamais expliqué les motifs de cette exclusion.

Parmi les étiquettes, il y en avait une avec laquelle mon père n'a jamais pu se réconcilier et que je lui ai entendu souvent raconter, c'était la manière dont on était invité à ce qu'on appelait le *souper dans les cabinets*. Ces soupers se composaient de la famille royale et d'une trentaine de personnes priées. Ils se donnaient dans l'intérieur du Roi, dans des appartements si peu vastes qu'on couvrait le billard de planches pour y poser le buffet, et que le Roi était forcé de hâter sa partie pour faire place au service.

Les femmes étaient averties le matin ou la veille; elles portaient un costume antique, tombé en désuétude pour toute autre circonstance, la robe à plis et les barbes tombantes[1]. Elles se rendaient à la petite salle de comédie où une banquette leur était réservée. Après le spectacle, elles suivaient le Roi et la famille royale dans les cabinets.

Pour les hommes, leur sort était moins doux. Il y avait deux banquettes vis-à-vis celle des femmes invitées. Les courtisans qui aspiraient à être priés s'y plaçaient. Pendant le spectacle, le Roi, qui était seul

---

1. Ces longues bandes de dentelle noire, arrangées dans la coiffure, formaient une des pièces essentielles du costume de cour.

dans sa loge, dirigeait une grosse lorgnette d'opéra sur ces bancs, et on le voyait écrire au crayon un certain nombre de noms. Les seigneurs qui avaient occupé ces banquettes (cela s'appelait se présenter pour les cabinets) se réunissaient dans une salle qui précédait les cabinets. Bientôt après, un huissier, un bougeoir à la main et tenant le petit papier écrit par le Roi, entrouvrait la porte et proclamait un nom ; l'heureux élu faisait la révérence aux autres et entrait dans le saint des saints. La porte se rouvrait, on en appelait un autre et ainsi de suite jusqu'à ce que la liste fût épuisée. Cette fois, l'huissier repoussait la porte avec une violence d'étiquette. À ce bruit, chacun savait que ses espérances étaient trompées et s'en allait toujours un peu honteux, quoiqu'on sût bien d'avance qu'il y aurait bien plus de candidats que d'appelés. Ma mère m'a dit qu'elle avait été des années à déterminer mon père à aller s'asseoir sur ces banquettes et, quoique à la fin il y allât de temps en temps et qu'il fût assez souvent nommé, cependant cela lui était toujours extrêmement désagréable. Il a vu tel homme venir dix ans de suite de Paris tout exprès pour entendre cette porte se refermer avec fracas sur ses prétentions, sans que jamais elle se soit ouverte pour lui. Trop de persévérance impatientait peut-être le Roi, ou bien il s'habituait à voir ces figures sans les prier, comme les princes s'accoutument facilement à toujours adresser la même question aux mêmes personnes.

Les bals de la Reine étaient bien entendus[1] ; les

---

1. Ils avaient lieu tous les mercredis depuis le début de janvier jusqu'à celui du carême, dans une ancienne salle de spectacle à laquelle on ajoutait des pavillons de bois mobiles. La salle de bal était entourée par une galerie qui laissait la liberté de circuler sans nuire à la danse, et qui permettait à des personnes non présentées mais admises dans les loges, de regarder le spectacle.

personnes présentées étaient prévenues qu'ils avaient
lieu ; venait qui voulait, et beaucoup de gens voulaient parce qu'ils étaient charmants. Ils étaient
donnés dans des maisons de bois qu'on établissait
sur la terrasse de Versailles et qui y restaient pendant tout le carnaval ; mais ces bals aussi, malgré la
grâce charmante de la Reine, étaient une occasion
d'impopularité pour la Cour.

L'accroissement des fortunes dans la classe intermédiaire y avait amené toutes les formes et toutes
les habitudes de la meilleure compagnie, et, malgré
l'absurde ordonnance qui obligeait de faire des
preuves de noblesse pour être officier, tout ce qui
avait de la fortune et de l'éducation entrait au service. La noblesse et la finance vivaient donc en intimité et en camaraderie en garnison et dans toutes
les sociétés de Paris ; les bals de Versailles rame-
naient la ligne de démarcation de la façon la plus
tranchée. Monsieur de Lusson, jeune homme d'une
charmante figure, immensément riche, bon officier,
vivant habituellement dans la meilleure compagnie,
eut l'imprudence d'aller à un de ces bals ; on l'en
chassa avec une telle dureté que, désespéré du ridicule dont il restait couvert dans un temps où le ridicule était le pire des maux, il se tua en arrivant à
Paris. Cela parut tout simple aux gens de la Cour,
mais odieux à la haute bourgeoisie.

La finance n'a pas seule fourni des victimes aux
bals de la Reine. Monsieur de Chabannes, d'une
illustre naissance, beau, jeune, riche, presque à la
mode, y faisant son début, eut la gaucherie de se
laisser glisser en dansant et la niaiserie de s'écrier :
Jésus Maria, en tombant. Jamais il ne put se relever
de cette chute ; le sobriquet lui en est resté à toujours ; il en était désespéré. Il a été faire la guerre en
Amérique, s'y est assez distingué, mais il est revenu
Jésus Maria comme il y était allé. Aussi le duc de

Guines disait-il à ses filles le jour de leur présentation à la Cour : « Souvenez-vous que, dans ce pays-ci, les vices sont sans conséquences, mais qu'un ridicule tue. »

Monsieur de Lafayette ne succomba pourtant pas sous l'épithète de *Gilles le Grand* que monsieur de Choiseul lui avait décernée à son retour d'Amérique. Il inspira, au contraire, tant d'enthousiasme que la société se chargea de lui préparer des succès auprès de madame de Simiane à laquelle il avait rendu des hommages avant son départ. Elle passait pour la plus jolie femme de France, et n'avait jamais eu d'aventure. Tout le monde la jeta dans les bras de monsieur de Lafayette, tellement que, peu de jours après son retour, se trouvant ensemble dans une loge à Versailles pendant qu'on chantait un air de je ne sais quel opéra : « L'amour sous les lauriers ne trouve pas de cruelles », on leur en fit l'application d'une façon qui montrait clairement la sympathie et l'approbation de ce public privilégié.

J'ai entendu raconter à ma mère que sa sœur, la présidente de Lavie, étant venue faire un voyage à Paris, elle lui avait procuré une banquette pour voir en bayeuse le bal de la Reine ; elle causait avec elle ; la Reine s'approcha et lui demanda quelle était cette belle personne :

« C'est ma sœur, madame.

— A-t-elle vu les salles ?

— Non, madame, elle est en bayeuse, elle n'est pas présentée.

— Il faut les lui montrer, je vais emmener le Roi. »

Et, en effet, avec sa gracieuse bonté, elle prit le Roi sous le bras et l'emmena dans les autres pièces pendant que ma tante visitait la salle de bal. La Reine avait l'intention d'être fort obligeante, mais le président de Lavie prit la chose tout autrement. Il était d'une race fort antique, très entiché de sa noblesse, un fort gros personnage à Bordeaux où un président au Parlement jouait un grand rôle ; il fut indigné qu'il fallût que le Roi et la Reine sortissent d'un salon pour que sa femme y entrât. Il retourna à Bordeaux plus frondeur qu'il n'en était parti ; il fut nommé député et se montra très révolutionnaire ; l'humiliation de la noblesse de Cour lui souriait.

Les vanités blessées ont fait plus d'ennemis qu'on ne croit.

L'étiquette adoptée pour les fêtes extraordinaires et les voyages nous paraîtrait insoutenable aujourd'hui. On venait s'inscrire, cela s'appelait ainsi, c'est-à-dire qu'hommes et femmes se rendaient chez le premier gentilhomme de la chambre. On y écrivait son nom de sa propre main : sur cette liste se faisait le choix des invitations, en éliminant ceux qui ne devaient pas être priés, de façon que la non-invitation avait la disgrâce d'un refus. Madame la Dauphine aurait voulu faire revivre cette étiquette pendant la Restauration, pour les spectacles, assez rares, de la Cour. Mais cela n'a jamais pu reprendre, et personne n'a voulu s'astreindre à aller inscrire son nom avec la chance d'obtenir un refus. On trouvait beaucoup moins désagréable de n'être pas prié que d'être repoussé.

Pour les voyages, les usages variaient selon les résidences. À Rambouillet, où le Roi n'allait que pour peu de jours et seulement avec des hommes, on était reçu comme chez un riche particulier, parfaitement servi et défrayé de tout. À Trianon, où la Reine n'a fait aussi que de rares et courts voyages[1], avec très peu de monde, c'était de même. À Marly, on était

---

1. Par voyages il faut entendre des séjours prolongés. La reine allait naturellement très souvent passer la journée à Trianon.

logé, meublé et nourri. Les invités à résidence étaient distribués à diverses tables, tenues par les princes et princesses dans leurs pavillons respectifs, aux frais du Roi. Ensuite on se rendait au grand salon, où c'était tout à fait la Cour.

À Fontainebleau, les invités n'obtenaient qu'un appartement avec les quatre murailles; il fallait s'y procurer meubles, linge, etc., et s'ingénier pour y vivre. À la vérité, comme tous les ministres et toutes les charges y avaient leurs maisons, et que les princes tenaient une table pour les personnes qui les accompagnaient, on trouvait facilement à se faire prier à dîner et à souper. Mais personne ne s'inquiétait de vous que pour le logement. Quand le château était plein, et une très grande partie était en si mauvais état qu'elle était inhabitable, les invités ou plutôt les admis, car on s'était fait inscrire, étaient distribués dans la ville; leur nom était écrit à la craie sur la porte, comme à une étape.

Je ne sais si ces logements étaient payés, mais les avantages que ces voyages rapportaient à Fontainebleau étaient assez grands pour que les habitants ne se plaignissent pas de cette servitude. Tout le monde sait que nulle part la Cour de France ne se montrait plus magnifique qu'à Fontainebleau. C'était sur son petit théâtre que se donnaient les premières représentations les plus soignées[1], et il était presque admis que les intrigues ministérielles se dénouaient à Fontainebleau pour continuer apparemment l'existence historique de cette belle résidence. Le dernier voyage a eu lieu en 1787[2]. Malgré l'inhospitalité apparente qui les accompagnait, ils coûtaient

1. C'est là que fut sifflée la tragédie de Marie-Joseph Chénier: *Azémire*.
2. En réalité, automne 1786. C'est toujours en cette saison que la cour allait à Fontainebleau, pour profiter de la chasse.

très cher à la Couronne ; et le Roi, toujours prêt à sacrifier ses propres goûts, quoique ce séjour lui fût très agréable, y renonça. Il était plus aimable à Fontainebleau qu'ailleurs ; il y faisait plus de frais.

Cet excellent prince avait grand-peine à vaincre une timidité d'esprit, jointe à des formes d'une liberté grossière, fruit des habitudes de son enfance, qui lui donnait de grands désavantages auprès de ceux qui ne voyaient en lui que cette rude écorce. Avec la meilleure intention d'être obligeant pour quelqu'un, il s'avançait sur lui jusqu'à le faire reculer à la muraille ; si rien ne lui venait à dire, et cela arrivait souvent, il faisait un gros éclat de rire, tournait sur les talons et s'en allait. Le patient de cette scène publique en souffrait toujours, et, s'il n'était pas habitué de la Cour, sortait furieux et persuadé que le Roi avait voulu lui faire une espèce d'insulte. Dans l'intimité, le Roi se plaignait amèrement de la façon dont il avait été élevé. Il disait que le seul homme pour qui il éprouvât de la haine était le duc de La Vauguyon[1], et il citait à l'appui de ce sentiment des traits de basses courtisaneries adressées à ses frères et à lui, qui justifiaient ce sentiment. Monsieur avait moins de répugnance pour la mémoire du duc de La Vauguyon.

Monsieur le comte d'Artois partageait celle du Roi. Il était par son heureux caractère, par ses grâces, peut-être même par sa légèreté le benjamin de toute la famille ; il faisait sottise sur sottise ; le Roi le tançait, lui pardonnait, et payait ses dettes. Hélas ! celle qu'il ne pouvait pas combler, c'est la déconsidération qu'il amassait sur sa propre tête et sur celle de la Reine !

Le Roi ne jouait jamais qu'au trictrac et aux petits écus ; il disait à un gros joueur qui faisait un jour

---

1. Gouverneur des trois fils du Dauphin.

sa partie : « Je conçois que vous jouiez gros jeu, si cela vous amuse ; vous, vous jouez de l'argent qui vous appartient, mais, moi, je jouerais l'argent des autres. » Et, pendant qu'il tenait des propos de cette nature, monsieur le comte d'Artois et la Reine jouaient un jeu si énorme qu'ils étaient obligés d'admettre dans leur société intime tous les gens tarés de l'Europe pour trouver à faire leur partie. C'est de cette malheureuse habitude, car ce n'était une passion ni pour l'un ni pour l'autre, que sont venues toutes les calomnies qui ont abreuvé la vie de notre malheureuse Reine de tant de chagrins, même avant que les malheurs historiques eussent commencé pour elle.

Qui aurait osé accuser la reine de France de se vendre pour un collier, si on ne l'avait pas vue autour d'une table chargée d'or et aspirant à en gagner à ses sujets ? Sans doute, elle y attachait au fond peu de prix ; mais, quand on joue, on veut gagner et il est impossible d'éviter l'extérieur de l'âpreté. D'ailleurs, les princes, accoutumés à ce que tout leur cède, sont presque toujours mauvais joueurs, et c'est une raison de plus pour eux d'éviter le gros jeu. Mais, si la Reine n'aimait pas le jeu, pourquoi jouait-elle ? Ah ! c'est qu'elle avait une autre passion, celle de la mode. Elle se parait pour être à la mode, elle faisait des dettes pour être à la mode, elle jouait pour être à la mode, elle était esprit fort pour être à la mode, elle était coquette pour être à la mode. Être la jolie femme la plus à la mode lui paraissait le titre le plus désirable ; et ce travers, indigne d'une grande reine, a été la seule cause des torts qu'on a si cruellement exagérés.

La Reine voulait être entourée de tout ce que la Cour offrait de jeunes gens les plus agréables ; elle acceptait les hommages qu'ils offraient à la femme, bien plus volontiers que ceux adressés à la souveraine. Il en résultait que le jeune homme futile était traité avec plus de faveur et de distinction que l'homme grave et utile au pays. L'envie et la jalousie étaient alertes à calomnier ces inconséquences. La plus coupable, sans doute, était la permission que la Reine donnait à cette troupe de jeunes imprudents de lui parler légèrement du Roi, et de faire sur ses formes grossières des plaisanteries auxquelles elle-même avait le tort réel de prendre part.

Le trop grand désir de plaire l'entraînait aussi dans des fautes d'un autre genre qui lui faisaient des ennemis. Elle avait un très grand crédit, elle était bien aise qu'on le sût, et elle aimait à en user ; mais elle n'entrait jamais sérieusement dans les affaires, et ce crédit n'était exploité que comme un moyen de succès dans la société. Elle voulait disposer des places, et elle avait la mauvaise habitude de promettre la même à plusieurs personnes. Il n'y avait guère de régiment dont le colonel ne fût nommé sur la demande de la Reine, mais, comme elle s'était engagée pour la première vacance à dix familles, elle faisait neuf mécontents et trop souvent un ingrat. Quant aux histoires que les libelles ont racontées sur *ses amours*, ce sont des calomnies. Mes parents, bien à portée de voir et de savoir ce qui se passait dans l'intérieur, m'ont toujours dit que cela n'avait aucun fondement.

La Reine n'a eu qu'un grand sentiment et, peut-être, une faiblesse. Monsieur le comte de Fersen, suédois, beau comme un ange et fort distingué sous tous les rapports, vint à la Cour de France. La Reine fut coquette pour lui comme pour tous les étrangers, car ils étaient *à la mode* ; il devint sincèrement et passionnément amoureux ; elle en fut certainement touchée, mais résista à son goût et le força à s'éloigner. Il partit pour l'Amérique, y resta deux années pendant lesquelles il fut si malade qu'il revint à Versailles, vieilli de dix ans et ayant presque perdu la beauté de sa figure. On croit que ce changement toucha la Reine ; quelle qu'en fût la raison, il n'était guère douteux pour les intimes qu'elle n'eût cédé à la passion de monsieur de Fersen.

Il a justifié ce sacrifice par un dévouement sans bornes, une affection aussi sincère que respectueuse et discrète ; il ne respirait que pour elle, et toutes les habitudes de sa vie étaient calculées de façon à la compromettre le moins possible. Aussi cette liaison, quoique devinée, n'a jamais donné de scandale. Si les amis de la Reine avaient été aussi discrets et aussi désintéressés que monsieur de Fersen, la vie de cette malheureuse princesse aurait été moins calomniée.

Madame de Polignac [1] lui a été bien plus fatale. Ce n'est pas que ce fût une méchante personne, mais elle était indolente et peu spirituelle ; elle intriguait par faiblesse. Elle était sous la domination de sa belle-sœur, la comtesse Diane, ambitieuse, avide autant que désordonnée dans ses mœurs, qui voulait accaparer toutes les faveurs pour elle et pour sa famille, et, tyrannisée par son amant, le comte de Vaudreuil [2], homme aussi léger qu'immoral, et qui, par le moyen de la Reine, mettait le trésor public au pillage pour lui et les compagnons de ses désordres. Il faisait des scènes à madame de Polignac quand ses demandes souffraient quelque retard. La Reine trouvait la favorite en larmes et s'occupait sur-le-champ

1. Née Yolande de Polastron, la duchesse de Polignac fut la grande favorite de Marie-Antoinette. Son mari le comte Jules fut nommé Premier Écuyer, puis créé duc-héréditaire en 1780, tandis que sa femme devenait en 1782 Gouvernante des Enfants de France. Elle mourut à Vienne en 1793.
2. Joseph-Hyacinthe, comte de Vaudreuil (1740-1817), maréchal de camp en 1780, très lié, grâce à Mme de Polignac, au comte d'Artois, qu'il accompagna au siège de Gibraltar en 1782, puis en Angleterre pendant la Révolution.

de les tarir. Quant à ce qui regardait sa propre fortune, madame de Polignac se bornait, sans rien demander, à accepter nonchalamment les faveurs préparées par les intrigues de la comtesse Diane, et la pauvre Reine vantait son désintéressement. Elle y croyait, et l'aimait sincèrement; l'abandon de la confiance, de son côté, avait été sans limite pendant quelques années.

La nomination de monsieur de Calonne y avait mis quelque restriction; il était de l'intimité de madame de Polignac, et la Reine ne voulait pas qu'un membre du conseil du Roi fût pris dans ce sanhédrin. Elle s'en était expliquée hautement, mais la coterie, préférant à tout l'agrément d'avoir un contrôleur général à sa disposition, fit valoir auprès de monsieur le comte d'Artois les facilités que lui-même y trouverait. Et ce fut par son moyen que monsieur de Calonne fut nommé, malgré la répugnance de la Reine. Elle en conserva du mécontentement; cela la refroidit pour madame de Polignac, et tous les empressements de monsieur de Calonne échouèrent à se concilier ses bontés. Cependant, il lui répondait un jour où elle lui adressait une demande : « Si ce que la Reine désire est possible, c'est fait; si c'est impossible, cela se fera. » En dépit de paroles si *gouvernementales*, la Reine n'a jamais pardonné.

S'il avait des inconvénients, ce désir de plaire n'était pas sans quelques avantages; il rendait la Reine charmante; dès qu'elle pouvait oublier le rôle de *femme à la mode* qui l'absorbait, elle était pleine de grâces et de dignité. Il aurait été facile d'en faire une princesse accomplie, si quelqu'un avait eu le courage de lui parler raison. Mais ses entours vérifiaient le mot du poète anglais :

All who approach them, their own ends pursue.

Dans l'intérieur de sa famille, la Reine était très aimée et très aimable, et n'était occupée qu'à raccommoder les petites tracasseries qui s'y élevaient. Elle était, hélas! trop la confidente des sottises de monsieur le comte d'Artois et lui procurait l'indulgence du Roi qui, tout à fait sous son charme, l'aurait adorée, si *la mode* lui avait permis de le souffrir.

Monsieur, courtisan ambitieux et sournois, n'aimait point la Reine. Il prévoyait que, le jour où elle deviendrait moins futile, elle s'emparerait de l'espèce d'importance sérieuse à laquelle il aspirait, et il craignait de se compromettre en en montrant trop clairement le désir. Il vivait assez en dehors des affaires, tout en se préparant la réputation d'un homme capable de s'en mêler utilement.

Monsieur le comte d'Artois débutait alors à cette fatale destinée qui devait perdre sa famille et son pays. Il n'avait que les goûts et les travers des jeunes gens de son temps, mais il les montrait sur un théâtre assez élevé pour les rendre visibles à la foule ; et la valeur, cette ressource banale des hommes du monde, ne les couvrait pas assez.

Au siège de Gibraltar, où il avait eu la fantaisie d'assister, il avait eu une attitude déplorable, au point que le général qui y commandait avait pris le parti de faire prévenir dans les batteries anglaises, et l'on ne tirait pas quand le prince visitait les travaux. On a dit que c'était à son insu, mais ces choses-là se savent toujours quand on ne préfère pas les ignorer. Je sais qu'on fit des reproches à monsieur de Maillebois ; il répondit : « Mais cela valait encore mieux que la grimace qu'il faisait le premier jour. » La ridicule parade de son duel avec monsieur le duc de Bourbon fut une nouvelle preuve d'une disposition que le reste de sa conduite n'a que trop confirmée[1].

---

1. Cette affaire est en réalité antérieure. C'est le 3 mars 1778

Madame[1], femme de Monsieur, avait beaucoup d'esprit et une certaine grâce dans les manières, malgré une très remarquable laideur. Elle avait, pendant les premières années, fait très bon ménage avec Monsieur. Mais, depuis qu'il s'était attaché à madame de Balbi[2], il n'allait presque plus chez Madame, et elle s'en consolait dans l'intimité de ses femmes de chambre, et, ose-t-on le dire, par la boisson portée au point que le public pouvait s'en apercevoir.

(jour de Mardi-gras) que le comte d'Artois se laissa entraîner dans un bal à une violente altercation avec la duchesse de Bourbon à propos de Mme de Canillac, sa maîtresse du moment. La duchesse avait en effet affiché un ironique dédain pour une ancienne dame de compagnie qu'elle avait chassée de sa maison parce qu'elle voyait en elle une rivale. Le prince ayant fini par la frapper de son masque, ce fut un beau scandale. Le roi ne put éviter un duel entre son frère et le duc de Bourbon. Les deux princes escortés de leurs capitaines des gardes croisèrent le fer dans une allée du bois de Boulogne pour un combat symbolique qui se termina par une accolade des deux champions.

1. Marie-Joséphine de Savoie avait épousé le comte de Provence le 16 mai 1771. La seule passion de sa vie semble avoir été une intrigante, nommée Mme de Gourbillon. Elle mourut en Angleterre assez misérablement (1753-1810).

2. Née en 1758 Anne de Caumont avait épousé un gentilhomme italien qui, après lui avoir donné son nom, fut enfermé dans un asile (1779) où il mourut cinquante-quatre ans plus tard. La comtesse de Balbi, remarquée par Madame, ne tarda pas à devenir la maîtresse en titre (sinon en fait) de Monsieur. Dans les années 80, c'est elle qui fait les honneurs de la résidence parisienne du prince, le Petit Luxembourg. Elle encore qui, avec le comte d'Avaray, organise sa fuite au mois de juin 1791. Elle partagea un moment son exil mais ne le suivit pas à Turin. Demeurée à Bruxelles, un mystérieux voyage à Rotterdam la fit soupçonner de vouloir cacher une grossesse et provoqua leur rupture définitive en 1794. Passée alors en Angleterre, puis rentrée en France, elle consacra le reste de sa vie au jeu.

Sa sœur, madame la comtesse d'Artois[1], était encore beaucoup plus laide et parfaitement sotte, maussade et disgracieuse. C'est auprès des gardes du corps qu'elle allait chercher des consolations des légèretés de son mari. Une grossesse qui parut un peu suspecte, et dont le résultat fut une fille qui mourut en bas âge, décida monsieur le comte d'Artois à ne plus donner prétexte à l'augmentation de sa famille, déjà composée de deux princes.

Malgré cette précaution, une nouvelle grossesse de madame la comtesse d'Artois la força de faire sa confidence à la Reine, pour qu'elle sollicitât l'indulgence du Roi et du prince. La Reine, fort agitée de cette commission, fit venir le comte d'Artois, s'enferma avec lui, et commença une grande circonlocution avant d'arriver au fait. Son beau-frère était debout devant elle, son chapeau à la main. Quand il sut ce dont il s'agissait, il le jeta par terre, mit ses deux poings sur ses hanches pour rire plus à son aise, en s'écriant :

« Ah ! le pauvre homme, le pauvre homme, que je le plains ; il est assez puni.

— Ma foi, reprit la Reine, puisque vous le prenez comme cela, je regrette bien les battements de cœur avec lesquels je vous attendais ; venez trouver le Roi et lui dire que vous pardonnez à la comtesse d'Artois.

— Ah ! pour cela, de grand cœur. Ah ! le pauvre homme, le pauvre homme. »

Le Roi fut plus sévère, et le coupable présumé fut envoyé servir aux colonies. Mais, comme le disait madame Adélaïde à ma mère, en lui racontant cette histoire le lendemain : « Mais, ma chère, il faudrait y envoyer toutes les compagnies. » Madame la comtesse d'Artois alla aux eaux, je crois ; en tout cas, il ne fut pas question de l'enfant.

---

1. Marie-Thérèse de Savoie (1756-1806).

Madame Élisabeth[1] ne jouait aucun rôle à la Cour avant la Révolution. Depuis, elle a mérité le nom de sainte et de martyre. Sa Maison avait été inconvenablement composée. La comtesse Diane de Polignac, le scandale personnifié, était sa dame d'honneur, et on lui avait attaché comme dame madame de Canillac, qui avait donné lieu au duel entre monsieur le comte d'Artois et monsieur le duc de Bourbon. Son intimité avec monsieur le comte d'Artois était connue, mais honorée par un grand désintéressement. Elle l'aimait pour lui, n'avait aucune fortune, vivait dans la plus grande médiocrité, voisine de l'indigence, sans daigner accepter de lui le plus léger cadeau. Il y avait une sorte de distinction dans cette conduite, mais il n'en était pas moins inconvenable de la mettre auprès d'une jeune princesse, quoique ce ne fût pas une personne immorale.

Le goût de la Cour de France pour les étrangers fut exploité d'une façon assez singulière par deux illustres Grecs, chassés de leur patrie par les vexations musulmanes. Le prince de Chio et le prince Justiniani, son fils, descendants en ligne directe des empereurs d'Orient, vinrent demander l'hospitalité à Louis XVI au commencement de son règne. Il la leur accorda noble et grande, telle qu'il convenait à un roi de France. En attendant que les réclamations qu'il faisait au Sérail pour la restitution de ses biens eussent été admises, le prince de Chio fut prié d'accepter une forte pension, le prince Justiniani entra au service de France en prenant le commandement d'un beau régiment.

Ces princes grecs vivaient depuis quelques années de la munificence royale ; ils étaient bien accueillis dans la meilleure compagnie à Paris et à Versailles. Leur accent et un peu d'étrangeté dans leurs manières

---

1. Élisabeth de France, sœur de Louis XVI (1764-1794).

complétaient leurs droits à tous les succès. Un jour
où, pour la centième fois, ils dînaient chez le comte
de Maurepas, celui-ci vit le prince de Chio, placé à
côté de lui, pâlir et se troubler.

«Vous souffrez, prince?

— Ce n'est rien, cela passera.»

Mais son indisposition augmenta tellement qu'il
dut sortir de table et qu'il appela son fils pour l'accompagner. Monsieur de Maurepas avait passé les
dix années de son exil dans sa terre de Châteauneuf,
en Berry[1]. Lorsqu'il s'en éloigna, il y laissa comme
concierge un de ses valets de chambre; celui-ci, venu
par hasard à Versailles, avait servi à table et se trouva
le lendemain dans la chambre de son maître lorsqu'il
donna l'ordre d'aller savoir des nouvelles du prince
de Chio. Monsieur de Maurepas lui vit étouffer un
accès de rire en regardant ses camarades:

«Qu'est-ce qui te fait rire, Dubois?

— Monsieur le comte le sait bien... c'est le prince
de Chio.

— Et pourquoi t'amuse-t-il tant?

— Ah, monsieur le comte se moque de moi... il le
connaît bien.

— Certainement, je le vois tous les jours.

— Est-ce que vraiment monsieur le comte ne le
reconnaît pas?... mais c'est impossible!...

— Ah çà, tu m'impatientes avec tes énigmes;
voyons, que veux-tu dire?

— Mais monsieur le comte, le prince de Chio,
c'est Gros-Guillot.

— Qu'appelles-tu Gros-Guillot?

— Mais Gros-Guillot, je ne conçois pas que mon-

1. Exilés à quarante lieues de Paris les Maurepas avaient
choisi pour séjour leur terre des environs de Bourges où ils
restèrent sept ans. Ensuite, simplement tenus de ne pas
paraître à la cour, ils partagèrent leur temps entre Paris et
Pontchartrain.

sieur le comte ne se le rappelle pas... il est pourtant venu assez souvent travailler au château... Gros-Guillot qui habitait la petite maison blanche près du pont... et puis son fils... ah! monsieur le comte ne peut pas avoir oublié petit Pierre, qui était si gentil, si éveillé, celui que Madame la comtesse voulait toujours pour tenir la bride de son âne... ah! je vois que monsieur le comte les remet bien à présent. Moi, je les ai reconnus tout de suite, et Gros-Guillot m'a bien reconnu aussi. »

Monsieur de Maurepas imposa silence à son homme; mais, une fois sur la voie, on découvrit promptement que les héritiers de l'empire d'Orient étaient tout bonnement deux paysans du Berry qui mystifiaient à leur profit le roi de France, son gouvernement et sa Cour depuis plusieurs années. Comment avaient-ils conçu cette idée, d'où venaient-ils, où sont-ils allés? Je l'ignore absolument, je ne sais que cet épisode de la vie de ces deux intelligents aventuriers.

CHAPITRE II

Du dimanche au samedi, on vivait à Versailles dans une tranquillité horriblement ennuyeuse aux personnes qui s'arrachaient à leur société ordinaire pour venir, très mal établies, y faire leur service. Mais elle n'était pas sans intérêt pour les gens décidément établis; c'était, en quelque sorte, une vie de château dont le commérage portait sur des objets importants. La plupart ne savaient pas s'occuper du sort du pays en suivant l'intrigue qui éloignait monsieur de Malesherbes ou amenait monsieur de Calonne aux affaires. Mais les esprits éclairés, comme celui de mon père, s'y intéressaient autrement qu'à une querelle sur la musique ou une rupture entre J.-J. Rousseau et la maréchale de Luxembourg, ce qui était alors les grands événements de la société.

Personne ne songeait à la politique générale. Si on en faisait, c'était sans s'en douter et par un intérêt privé de fortune ou de coterie. Les cabinets étrangers nous étaient aussi inconnus que celui de la Chine le peut être aujourd'hui. On trouvait mon père un peu pédant de ce qu'il s'occupait des affaires de l'Europe et lisait la seule gazette qui en rendît quelque compte. Madame Adélaïde lui demanda un jour:

« Monsieur d'Osmond, est-il vrai que vous recevez la *Gazette de Leyde*?

— Oui, madame.

— Et vous la lisez?

— Oui, madame.

— C'est incroyable. »

Malgré cet *incroyable* travers, madame Adélaïde avait fini par aimer beaucoup mon père; et, dans les dernières années qui précédèrent la Révolution, il était perpétuellement chez elle, sans lui être personnellement attaché. Le comte Louis de Narbonne[1],

---

1. Le comte Louis de Narbonne (1755-1814) grandit sous la protection de Mesdames filles de Louis XV. Son père avait été gentilhomme de la chambre de la duchesse de Parme, Élisabeth de France. Après la mort de celle-ci (1760) sa mère, élevée au titre de duchesse, entra dans la maison de Madame Adélaïde, ainsi que son fils. Parallèlement à une carrière militaire assez brillante (colonel du régiment de Piémont), Louis de Narbonne ne ménagea rien pour parfaire son éducation. C'est ainsi qu'il fut un des rares gentilshommes de son époque à suivre les cours du célèbre juriste Koch à Strasbourg. En 1782, il épousa Marie-Adélaïde de Montholon qui, par sa mère, lui apportait des espoirs de fortune à Saint-Domingue, et par son père, premier président du Parlement à Rouen, de nouvelles relations. Son mariage éloigna Narbonne de Ver-

son chevalier d'honneur, ami intime de mon père, était enchanté qu'il voulût bien, sans titre et sans émolument, tenir fréquemment la place à laquelle il lui était plus commode d'être peu assidu.

Ma mère était une espèce de favorite. J'ai dit qu'elle m'avait nourrie : au lieu de lui donner un congé pendant le temps de cette nourriture, madame Adélaïde l'autorisa à m'amener à Bellevue ; il fallut lui donner un appartement à part pour ce tripotage d'enfant. Mon père était à son régiment. Madame Adélaïde désira qu'elle s'établît à Bellevue pour tout l'été. Soit qu'elle s'y ennuyât, soit instinct d'habileté de Cour, ma mère s'y refusa, et cet établissement n'eut lieu que longtemps après.

Pendant les premières années du séjour de mes parents à Versailles, ils partageaient leur été entre les habitations de monsieur le duc d'Orléans, Sainte-Assise et le Raincy, Hautefontaine appartenant à l'archevêque de Narbonne, Frascati à

---

sailles au profit du monde parisien de la haute magistrature, de la finance et de la philosophie. Quoique attaché à la famille royale, il penchait pour les idées de réforme alors en vogue. Néanmoins, en 1790, il réprima à la tête de son régiment les troubles soulevés en Franche-Comté par la constitution civile, puis accompagna les princesses Adélaïde et Victoire en Savoie en 1791. C'est au retour qu'il accepta le ministère de la Guerre où sa conduite ainsi que sa liaison affichée avec Mme de Staël sont bien connues. Puis il émigra en Angleterre, en Suisse, en Allemagne. Rentré en 1800, il ne recouvra son grade de général qu'en 1809. Il fut alors nommé gouverneur de Trieste. Il y retrouva sa mère qui avait refusé de quitter la ville où étaient mortes dix ans plus tôt les princesses de France. Il fut ensuite ministre plénipotentiaire en Bavière, puis aide de camp de Napoléon pendant la campagne de Russie, enfin ambassadeur à Vienne en 1813. Il avait deux filles qui épousèrent l'une le comte de Braamcamp, l'autre M. de Rambuteau chambellan du Palais, député libéral de Mâcon (1827), futur préfet de la Seine (1833-1848).

l'évêque de Metz, et Esclimont au maréchal de Laval.

J'ai tort de dire que Hautefontaine appartenait à l'archevêque de Narbonne; il était à sa nièce, madame de Rothe, fille de sa sœur, lady Forester. Elle était veuve d'un général Rothe; elle avait été assez belle, était restée fort despote, et faisait les honneurs de la maison de son oncle avec lequel elle vivait depuis de longues années dans une intimité fort complète qu'ils prenaient peu le soin de dissimuler.

L'archevêque avait huit cent mille livres de rentes de biens du clergé. Il allait tous les deux ans à Narbonne passer quinze jours, et présidait les États à Montpellier pendant six semaines. Tout ce temps-là, il avait une grande existence, très épiscopale, et déployait assez de capacité administrative dans la présidence des États. Mais, le jour où ils finissaient, il remettait ses papiers dans ses portefeuilles pour n'y plus penser jusqu'aux États suivants, non plus qu'aux soins de son diocèse.

Hautefontaine était sa résidence accoutumée. Madame de Rothe en était propriétaire, mais l'archevêque y tenait sa maison. Il avait marié son neveu, Arthur Dillon[1], fils de lord Dillon, à mademoiselle de Rothe, fille unique et sa petite-nièce. Elle était fort jolie femme, très à la mode, dame de la Reine, et avait une liaison affichée avec le prince de Guéméné qui passait sa vie entière à Hautefontaine.

---

1. Arthur Dillon (1750-1794), frère puîné de Charles Dillon vicomte de Dillon-Lee, prit la suite de ses oncles à la tête du Royal-Irlandais; maréchal de camp en 1784, gouverneur de Tabago et député de la Martinique en 1789. Il commanda l'armée du Nord en 1792, fut inculpé de trahison puis guillotiné en 1794. Il avait épousé en secondes noces la comtesse de La Touche, qui lui donna une fille, Fanny, la future femme du général Bertrand.

Il avait établi, dans un village des environs, un équipage de chasse qu'il possédait en commun avec le duc de Lauzun et l'archevêque auquel son neveu, Arthur, servait de prête-nom.

Il y avait toujours beaucoup de monde à Hautefontaine ; on y chassait trois fois par semaine. Madame Dillon était bonne musicienne ; le prince de Guéméné y menait les virtuoses fameux du temps ; on y donnait des concerts excellents, on y jouait la comédie, on y faisait des courses de chevaux, enfin on s'y amusait de toutes les façons.

Le ton y était si libre que ma mère m'a raconté que souvent elle en était embarrassée jusqu'à en pleurer. Dans les premières années de son mariage, elle s'y voyait en butte aux sarcasmes et aux plaisanteries de façon à s'y trouver souvent assez malheureuse, mais le patronage de l'archevêque était trop précieux au jeune couple pour ne le pas ménager. Un vieux grand vicaire, car il y en avait au milieu de tout ce joyeux monde, la voyant très triste un jour lui dit : « Madame la marquise, ne vous affligez pas, vous êtes bien jolie et c'est déjà un tort ; on vous le pardonnera pourtant. Mais, si vous voulez vivre tranquille ici, cachez mieux votre amour pour votre mari ; l'amour conjugal est le seul qu'on n'y tolère pas. »

Il est certain que tous les autres étaient fort libres de se déployer ; mais c'était cependant avec de certaines bienséances convenues dont personne n'était dupe, mais auxquelles on ne pouvait manquer sans *se perdre*, ainsi que cela s'appelait alors. Il y avait des protocoles établis, et il fallait être bien grande dame, ou s'être fait une position à part, par impudence ou par supériorité d'esprit, pour oser y manquer. Madame Dillon n'était pas dans ces catégories, et elle gardait dans le désordre de si bonnes manières que ma mère m'a souvent dit : « En arrivant à Hautefontaine, on était sûr qu'elle était la maîtresse du prince de Guéméné, et, lorsqu'on y avait passé six mois, on en doutait. »

En tout, dans cette société, les gestes étaient aussi chastes que les paroles l'étaient peu. Un homme qui aurait posé sa main sur le dos d'un fauteuil occupé par une femme aurait paru grossièrement insolent. Il fallait une très grande intimité pour se donner le bras à la promenade, et cela n'arrivait guère, même à la campagne. Jamais on ne donnait ni le bras ni la main pour aller dîner; jamais un homme ne se serait assis sur le même sopha, mais, en revanche, les paroles étaient libres jusqu'à la licence.

À Hautefontaine, par respect pour le caractère du maître du château, on allait à la messe le dimanche. Personne n'y portait de livre de prières; c'étaient toujours des volumes d'ouvrages légers, et souvent scandaleux, qu'on laissait dans la tribune du château à l'inspection des frotteurs, libres de s'en édifier à loisir.

Je suis entrée dans ces détails au sujet de Hautefontaine, parce que je les sais avec certitude. Je ne prétends pas dire que tous les archevêques de France menassent pareille vie, mais seulement que cela pouvait avoir lieu sans nuire essentiellement à la considération. Tout ce qu'il y avait de plus grand, de plus brillant, de plus à la mode à la Cour; tout ce qu'il y avait de plus élevé, de plus distingué dans le clergé, ne manquait pas d'aller à Hautefontaine et de s'en trouver très honoré. L'évêque de Montpellier (je ne sais pas son nom de famille) était le seul qui, par sa haute vertu, imposât un peu à l'archevêque; et, lorsque cet évêque suivait la chasse en calèche, l'archevêque disait à ses camarades chasseurs: «Ah çà, messieurs, il ne faudra pas jurer aujourd'hui. » Dès que l'ardeur de la chasse l'emportait, il était le premier à piquer des deux et à oublier la recommandation.

Au reste, nos prélats n'étaient pas les seuls en Europe qui réunissent les goûts sylvains à ceux de la bonne chère. Voici ce que me racontait, il y a peu de jours, le comte Théodore de Lameth[1] :

Pour posséder des bénéfices ecclésiastiques, il fallait que les chevaliers de Malte fussent tonsurés. Les évêques de France se prêtaient mal volontiers à cette cérémonie, parce que le crédit des chevaliers enlevait au clergé une partie considérable de ses biens. Théodore de Lameth, étant chevalier de Malte et capitaine de cavalerie à l'âge de vingt ans, avait bonne chance et meilleure volonté d'obtenir un bénéfice. Il cherchait à se faire tonsurer et rencontrait des difficultés. Se trouvant en garnison à Strasbourg, il négocia en Allemagne et obtint, pour une modique rétribution, que l'évêque souverain de Paderborn lui rendît le service auquel les prélats, ses compatriotes, répugnaient. La veille du jour fixé, il débarqua chez l'évêque, à Paderborn. Le vin de Champagne, les gais propos, firent accueil au capitaine de cavalerie et rendirent le souper des plus animés. Le lendemain, il se présenta à l'église vêtu de son uniforme, recouvert d'une chape tombante, pour laisser voir l'épaulette et la contre-épaulette, et retroussée sur la garde de l'épée ; il tenait le surplis tout plié sur son bras. Ses cheveux, qu'on portait alors noués en queue, flottaient sur ses épaules.

Il trouva l'évêque devant l'autel, entouré d'un nombreux clergé. La cérémonie se conduisit avec beaucoup de décence, de pompe et de magnificence. L'évêque s'empara d'une paire de grands ciseaux d'une main et, de l'autre, de la totalité des cheveux

---

1. Théodore de Lameth (1756-1854), officier de valeur blessé en Amérique (1778) nommé peu après colonel du Royal-étranger puis maréchal de camp en 1791. Député de la droite à la Législative, il émigra en Suisse.

du néophyte. Le jeune homme trembla; il se vit écourté de façon à n'oser plus retourner à la garnison. Mais, à mesure que l'antienne se prolongeait, l'évêque laissait glisser les cheveux entre ses doigts, jusqu'à ce qu'il n'en restât plus que deux ou trois dont il coupa le bout. Au moment où la cérémonie s'achevait, le nouveau tonsuré se mit à genoux pour recevoir la bénédiction épiscopale, et fut fort étonné de recueillir ces paroles dites à voix basse dans l'instant le plus solennel: «Allez ôter votre uniforme, venez vite chez moi; nous prendrons une tasse de chocolat, et nous irons courre un chevreuil.» Belle conclusion et digne de l'exorde.

Le récit de cette cérémonie étrange, fait très gaiement par un homme de quatre-vingt-deux ans, m'a paru retracer d'une manière amusante les mœurs du temps de sa jeunesse[1].

La princesse de Guéméné, gouvernante des Enfants de France, ne pouvait découcher de Versailles sans une permission écrite tout entière de la main du Roi. Elle n'en demandait jamais que pour aller à Hautefontaine; c'était par suite de cette urbanité de mœurs qui faisait que l'épouse rendait toujours des soins particuliers à la femme du choix.

Cette vie si brillante et si peu épiscopale fut interrompue par la mort de madame Dillon et par le dérangement des affaires de l'archevêque. Il se trouva criblé de dettes malgré ses énormes revenus, et Hautefontaine fut abandonné quelque temps avant la Révolution. Ma mère n'y allait plus aussi fréquemment depuis ma naissance. On n'y voulait pas d'enfants; cela rentrait trop dans l'esprit bourgeois de famille.

Frascati, résidence de l'évêque de Metz, était situé

---

1. Comparer le récit fait par Chateaubriand de sa propre tonsure (*Mémoires d'outre-tombe*, 1re partie, livre V, § 5).

aux portes de cette grande ville. L'évêque était alors
le frère du maréchal de Laval. Il s'était passionné, en
tout bien tout honneur, pour sa nièce, la marquise de
Laval, comme lui Montmorency[1]. Il l'ennuyait à
mourir en la comblant de soins et de cadeaux, et elle
ne consentait à lui faire la grâce d'aller régner dans
la magnifique résidence de Frascati que lorsque ma
mère pouvait l'y accompagner : ce à quoi elle fut
d'autant plus disposée pendant quelques années que
la garnison de mon père se trouvait en Lorraine.

L'évêque avait un état énorme et tenait table
ouverte pour l'immense garnison de Metz et pour
tous les officiers supérieurs qui y passaient en se
rendant à leurs régiments. Cette maison ecclésiastico-militaire
était bien plus sévère et plus régulière
que celle de Hautefontaine. Cependant, pour
conserver le cachet du temps, tout le monde savait
que madame l'abbesse du chapitre de Metz et monsieur
l'évêque avaient depuis bien des années des
sentiments fort vifs l'un pour l'autre, mais cette liaison,
déjà ancienne, n'était plus que respectable.

L'intimité de ma mère avec la marquise de Laval
la menait souvent à Esclimont, chez son beau-père
le maréchal. Là, tout était calme ; on y menait une
vie de famille. Le vieux maréchal passait son temps
à faire de la détestable musique dont il était passionné,
et sa femme, parfaitement bonne et indulgente,
quoique très minutieusement dévote, à faire
de la tapisserie.

La marquise de Laval, en sortant des filles Sainte-Marie,
était entrée dans cet intérieur ; elle y avait

1. Grand aumônier de France en 1786 après la disgrâce du
cardinal Louis de Rohan, cardinal en 1789. Il était le frère du
duc de Montmorency-Laval (1723-1798), maréchal de France
en 1783. La marquise était la femme de son neveu Anne-Alexandre
(1747-1817), marquis puis duc de Laval.

puisé des principes dont le bruit du monde la distrayait un peu sans altérer ses sentiments. Elle s'était liée avec un dévouement sans bornes à ma mère et, par suite, à mon père dont elle était parente, et était heureuse de retrouver chez eux les principes qu'elle appréciait, avec moins d'ennui et de rigueur de mœurs qu'à Esclimont où l'on était enchanté de lui voir une pareille liaison.

À Versailles, la maison de la princesse de Guéméné était la plus fréquentée par mes parents. Elle les comblait de bontés; mon père avait quelque alliance de famille avec elle. C'était une très singulière personne; elle avait beaucoup d'esprit, mais elle l'employait à se plonger dans les folies des illuminés. Elle était toujours entourée d'une multitude de chiens auxquels elle rendait une espèce de culte, et prétendait être en communication, par eux, avec des esprits intermédiaires. Au milieu d'une conversation où elle était remarquable par son esprit et son jugement, elle s'arrêtait tout court et tombait dans l'extase. Elle racontait quelquefois à ses intimes ce qu'elle y avait appris et était offensée de recueillir des marques d'incrédulité. Un jour, ma mère la trouva dans son bain, la figure couverte de larmes:

«Vous êtes souffrante, ma princesse!

— Non, mon enfant, je suis triste et horriblement fatiguée, je me suis battue toute la nuit... pour ce malheureux enfant (en montrant monsieur le Dauphin), mais je n'ai pu vaincre, ils l'ont emporté; il ne restera rien pour lui, hélas! et quel sort que celui des autres!»

Ma mère, accoutumée aux aberrations de la princesse, fit peu d'attention à ces paroles; depuis, elle s'en est souvenue et me les a racontées.

La Reine venait beaucoup chez madame de Guéméné, mais moins constamment qu'elle n'a fait ensuite chez madame de Polignac. Madame de Gué méné était trop grande dame pour se réduire au rôle de favorite. Sa charge l'obligeait à coucher dans la chambre de monsieur le Dauphin. Elle s'était fait arranger un appartement où son lit, placé contre une glace sans tain, donnait dans la chambre du petit prince. Lorsque ce qu'on appelait le *remuer*, c'est-à-dire l'emmaillotage en présence des médecins, avait eu lieu le matin, on tirait des rideaux bien épais sur cette glace, et madame de Guéméné commençait sa nuit ; jusque-là, après s'être couchée fort tard, elle avait passé son temps à lire et à écrire. Elle avait une immense quantité de pierreries qu'elle ne portait jamais, mais qu'elle aimait à prêter avec ostentation. Il n'y avait pas de cérémonie de Cour où les parures de madame de Guéméné ne représentassent.

L'été, elle dînait souvent dans sa petite maison de l'avenue de Paris. On y amenait les Enfants. Un jour où ils repartaient escortés des gardes du corps, quelqu'un s'avisa de s'étonner de tout cet étalage pour un maillot ; madame de Guéméné reprit très sèchement : « Rien n'est plus simple quand je suis sa gouvernante. »

Madame, fille du Roi, qu'on désignait sous le titre de la « petite Madame », avait déjà une physionomie si triste que les personnes de l'intimité l'appelaient *Mousseline la sérieuse*[1].

La princesse de Guéméné a supporté avec un courage admirable les revers de fortune amenés par la banqueroute inouïe du prince de Guéméné. Mes parents allèrent la voir dans un vieux château que son père, le prince de Soubise, lui avait prêté. Elle y vivait dans une médiocrité voisine de la pénurie, et ils l'y trouvèrent, s'il est possible, plus grande dame

1. Marie-Thérèse Charlotte, née en 1778, dite Madame Royale.

que dans les pompes de Versailles. Elle fut très sensible à cette visite ; la foule n'était plus chez elle.

La Reine, empressée de donner la place de la princesse à madame de Polignac, s'était montrée plus sévère qu'elle ne l'aurait été dans d'autres circonstances. La démission de madame de Guéméné avait été acceptée avec joie et sa retraite hâtée avec une sorte de dureté. Ma mère, qui lui portait un attachement filial, en fut extrêmement affligée et n'a jamais été chez madame de Polignac. Disons tout de suite, à l'honneur de la Reine, que, loin de lui en vouloir, elle ne l'en a que mieux traitée.

La petite Cour de Mesdames en formait une à part : on l'appelait la vieille Cour. Les habitudes y étaient fort régulières. Les princesses passaient tout l'été à Bellevue [1] où leurs neveux et nièces venaient sans cesse leur demander à dîner familièrement et sans être attendus. Le coureur qui les précédait de quelques minutes les annonçait. Lorsque c'était le coureur de Monsieur, depuis Louis XVIII, on avertissait à la bouche, et le dîner était plus soigné et plus copieux. Pour les autres, on ne disait rien, pas même pour le Roi qui avait un gros appétit mais n'était pas à beaucoup près aussi gourmand que son frère. La famille royale, à Bellevue, dînait avec tout ce qui s'y trouvait, les personnes attachées à Mesdames, leurs familles, quelques commensaux ; en général cela formait de vingt à trente personnes.

Madame Adélaïde, sans comparaison, la plus spirituelle des filles de Louis XV, était commode et facile à vivre dans l'intérieur, quoique d'une extrême hauteur. Lorsqu'il arrivait à un étranger de l'appeler *Altesse Royale*, elle se courrouçait, faisait tancer l'in-

---

1. Le château de Bellevue, près de Meudon, avait été construit en 1748 pour Mme de Pompadour. Il a été démoli en 1794.

troducteur des ambassadeurs, même le ministre des affaires étrangères, et s'entretenait longtemps de l'incroyable négligence de ces messieurs. Elle voulait être *Madame*, et n'admettait pas que les Fils de France prissent l'Altesse Royale.

Elle avait l'horreur du vin dont elle ne buvait jamais, et les personnes qui se trouvaient placées près d'elle à table se détournaient d'elle pour en boire. Ses neveux avaient toujours cet égard. Si on y avait manqué, elle n'aurait rien dit, mais on ne se serait plus trouvé dans son voisinage à table et la dame d'honneur vous aurait indiqué de vous éloigner de la princesse. En ménageant quelques-unes de ses susceptibilités, et surtout en ne crachant pas par terre, ce qui la provoquait presque à des brutalités, rien n'était plus doux que son commerce.

Madame Adélaïde était l'aînée de cinq princesses[1]. Elle n'avait pas voulu se marier, préférant son état de Fille de France. Elle avait tenu la Cour jusqu'à la mort du roi Louis XV. Elle avait été l'amie et le conseil du Dauphin, son frère, et sa mémoire lui a toujours été bien chère ; elle en parlait sans cesse comme de la plus vive affection de son cœur. Une de ses sœurs, madame Infante, régnait assez tristement à Parme ; une autre, madame Louise, était carmélite. Des cinq princesses, celle-là semblait, sans comparaison, la plus mondaine. Elle aimait passionnément tous les plaisirs, était fort gourmande, très occupée de sa toilette, avait un besoin extrême des recherches inventées par le luxe, l'imagination assez

---

1. Élisabeth infante de Parme (1727-1759), Adélaïde (1732-1800), Victoire (1733-1799), Sophie (1734-1782) ; Louise (1737-1787), la plus jeune, avait pris le voile au couvent des carmélites de la rue Saint-Denis en 1770. Noter que la princesse Adélaïde se trouve venir en second, mais aussi que la princesse Louise est morte cinq ans après sa sœur Sophie.

vive, et enfin une très grande disposition à la coquetterie. Aussi, lorsque le Roi entra dans la chambre de madame Adélaïde pour lui annoncer que madame Louise était partie dans la nuit, son premier cri fut : « Avec qui ? »

Les trois sœurs restantes ne pardonnèrent jamais à madame Louise le secret qu'elle avait fait de ses intentions, et, quoiqu'elles allassent la voir quelquefois, c'était sans plaisir et sans intimité. Sa mort ne leur fut point un chagrin.

Il n'en fut pas ainsi de celle de madame Sophie. Mesdames Adélaïde et Victoire la regrettèrent vivement et l'intimité des deux sœurs en serait devenue encore plus tendre si les deux dames d'honneur, mesdames de Narbonne et de Civrac, n'avaient mis tous leurs soins à les séparer, sans pouvoir jamais les désunir.

Madame Victoire avait fort peu d'esprit et une extrême bonté. C'est elle qui disait, les larmes aux yeux, dans un temps de disette où on parlait des souffrances des malheureux manquant de pain : « Mais, mon Dieu, s'ils pouvaient se résigner à manger de la croûte de pâté ! »

À Bellevue, on vivait tous ensemble, on se réunissait pour dîner à deux heures, à cinq chacun rentrait chez soi jusqu'à huit. On retournait au salon et, après le souper, la soirée se prolongeait selon qu'on s'amusait plus ou moins. Il venait du monde de Paris et de Versailles ; on faisait un loto ainsi qu'après le dîner. On aura peine à croire qu'à ce loto les comptes étaient rarement exacts et que, dans une pareille réunion, plusieurs personnes étaient notées pour être la cause de ces mécomptes. Il y avait, entre autres, un saint évêque qui était le plus aumônier des hommes, une vieille maréchale, enfin assez de monde pour que ma mère m'ait dit qu'elle s'était décidée à jouer sur les mêmes numéros, sous prétexte de faire des nœuds, de sorte que tout le monde savait son jeu d'avance. Après le loto, les princesses et leurs dames travaillaient dans le salon, et la liberté y était assez grande.

À Versailles, c'était une tout autre vie. Mesdames entendaient la messe chacune de leur côté : madame Adélaïde à la chapelle, madame Victoire, plus tard, dans son oratoire. Elles se réunissaient chez l'une ou chez l'autre pendant la matinée, mais tout à fait dans leur intérieur et dînaient tête-à-tête. À six heures le jeu de Mesdames se tenait chez madame Adélaïde ; c'est alors qu'on leur faisait sa cour. Souvent les princes et princesses assistaient à ce jeu ; c'était toujours le loto. À neuf heures, toute la famille royale se réunissait pour souper chez Madame, femme de Monsieur. Ils y étaient exclusivement entre eux et ne manquaient que bien rarement à ce souper. Il fallait des raisons positives, autrement cela déplaisait au Roi. Monsieur le comte d'Artois lui-même, que cela ennuyait beaucoup, n'osait guère s'en affranchir. Là, on racontait les commérages de Cour, on discutait les intérêts de famille, on était fort à son aise et souvent fort gai car, une fois séparés des entours qui les obsédaient, ces princes, il faut le dire, étaient les meilleures gens du monde. Après le souper, chacun se séparait.

Le Roi allait *au coucher*. Ce qu'on appelait *le coucher* avait lieu tous les soirs à neuf heures et demie.

Les hommes de la Cour se réunissaient dans la chambre de Louis XIV (qui n'était pas celle où couchait Louis XVI). Je crois que toute personne présentée y avait accès. Le Roi y arrivait d'un cabinet intérieur, suivi de son service. Il avait les cheveux roulés et avait ôté ses ordres. Sans faire attention à personne, il entrait dans la balustrade du lit ; l'aumônier de jour recevait des mains d'un valet de chambre le livre de prières et un grand bougeoir à deux bougies; il suivait le Roi dans l'intérieur de la balustrade, lui donnait le livre et tenait le bougeoir pendant la prière qui était courte. Le Roi rentrait dans la partie de la chambre occupée par les courtisans; l'aumônier remettait le bougeoir au premier valet de chambre; celui-ci le portait à la personne désignée par le Roi et qui le tenait pendant tout le temps que durait le coucher. C'était une distinction fort recherchée; aussi dans tous les salons de la Cour, la première question faite aux personnes arrivant du coucher était: «Qui a eu le bougeoir?» et le choix, comme il arrive partout et en tout temps, se trouvait rarement approuvé.

On ôtait au Roi son habit, sa veste et enfin sa chemise; il restait nu jusqu'à la ceinture, se grattant et se frottant, comme s'il avait été seul, en présence de toute la Cour et souvent de beaucoup d'étrangers de distinction. Le premier valet de chambre remettait la chemise à la personne la plus qualifiée, aux princes du sang, s'il y en avait de présents; ceci était un droit, et non pas une faveur. Lorsque c'était une personne de sa familiarité, le Roi faisait souvent de petites niches pour la mettre, l'évitait, passait à côté, se faisait poursuivre et accompagnait ces charmantes plaisanteries de gros rires qui faisaient souffrir les personnes qui lui étaient sincèrement attachées. La chemise passée, il mettait sa robe de chambre; trois valets de chambre défaisaient à la fois la ceinture et les genoux de la culotte, elle tombait jusque sur les pieds; et c'est dans ce costume, ne pouvant guère marcher avec de si ridicules entraves, qu'il commençait, en traînant les pieds, la tournée du cercle.

Le temps de cette réception n'était rien moins que fixé; quelquefois elle ne durait que peu de minutes, quelquefois près d'une heure; cela dépendait des personnes qui s'y trouvaient. Quand il n'y avait pas de *releveurs*, ainsi que les courtisans appelaient entre eux les personnes qui savaient faire parler le Roi, cela ne durait guère plus de dix minutes. Parmi les *releveurs*, le plus habile était le comte de Coigny: il avait toujours soin de découvrir la lecture actuelle du Roi et savait très habilement amener la conversation sur ce qu'il prévoyait devoir le mettre en valeur. Aussi le *bougeoir* lui arrivait-il fréquemment, et sa présence offusquait les personnes qui désiraient que le *coucher* fût court.

Quand le Roi en avait assez, il se traînait à reculons vers un fauteuil qu'on lui avançait au milieu de la pièce, s'y laissait aller pesamment en levant les deux jambes; deux pages à genoux s'en emparaient simultanément, déchaussaient le Roi et laissaient tomber les souliers avec un bruit qui était d'étiquette. Au moment où il l'entendait, l'huissier ouvrait la porte en disant: «Passez, messieurs.» Chacun s'en allait et la cérémonie était finie. Toutefois, la personne qui tenait le bougeoir pouvait rester si elle avait quelque chose de particulier à dire au Roi. C'est ce qui explique le prix qu'on attachait à cette étrange faveur.

On reprenait le chemin de Paris ou celui des divers salons de Versailles où on avait laissé les femmes, les évêques, les gens non présentés et souvent les parties suspendues. Il y avait beaucoup de pratiques d'antichambre dans cette vie de Cour et de places auxquelles toute la noblesse de France aspirait.

C'est au coucher qu'un soir monsieur de Créqui, s'étant appuyé contre la balustrade du lit, l'huissier de service lui dit:

«Monsieur, vous *profanisez* la chambre du Roi.»

«Monsieur, je *préconerai* votre exactitude», reprit l'autre aussitôt. Cette prompte repartie eut grand succès.

La Reine, en sortant de chez Madame, allait chez

madame de Polignac ou chez madame de Lamballe, le samedi; Monsieur, chez madame de Balbi; Madame, dans son intérieur avec des femmes de chambre; monsieur le comte d'Artois dans le monde de Versailles, ou chez des filles à Paris; madame la comtesse d'Artois, dans son intérieur avec des gardes du corps; et, enfin, Mesdames, chez leurs dames d'honneur respectives.

Madame de Civrac tenait à madame Victoire un salon fort convenablement rempli de gens de la Cour. Madame de Narbonne n'ajoutait guère au service de la princesse que des commensaux; son humeur arrogante ne lui permettait pas d'autres relations. On a publié, dans des libelles du temps, que le comte Louis de Narbonne était fils de madame Adélaïde; cela est faux et absurde, mais il est vrai que la princesse a fait à ses travers des sacrifices énormes. Cette madame de Narbonne, si impérieuse, était soumise à tous les caprices du comte Louis. Lorsqu'il avait fait des sottises et qu'il manquait d'argent, elle avait une humeur insupportable qu'elle faisait porter principalement sur madame Adélaïde; elle lui rendait son intérieur intolérable. Au bout de quelques jours, la pauvre princesse rachetait à prix d'or la paix de sa vie. Voilà comment monsieur de Narbonne se trouvait nanti de sommes énormes qu'il se procurait, sans prendre la moindre peine, et qu'il dépensait aussi facilement. Du reste, c'était le plus aimable et le moins méchant des hommes, mauvais sujet sans s'en douter et seulement par gâterie.

Madame Adélaïde sentait le poids du joug et en gémissait, quand elle osait. Un soir où ma mère la reconduisait chez elle et où madame de Narbonne avait été plus maussade que de coutume, elle fit le projet de ne pas retourner chez elle le lendemain; et, se complaisant dans cette idée, composa un roman sur ce que madame de Narbonne dirait, sur la manière dont elle-même agirait, le caractère qu'elle déploierait, etc.

« Vous ne répondez pas, madame d'Osmond, vous avez tort ; je suis faible, je suis Bourbon, j'ai besoin d'être menée, mais je ne suis jamais traître.

— Je ne soupçonne pas même Madame d'indiscrétion ; mais je sais que, demain, elle sera un peu plus gracieuse que de coutume vis-à-vis de madame de Narbonne pour la venger de cette légère infidélité de pensée.

— Hélas ! je crains bien que vous n'ayez raison. »

Et, en effet, le lendemain, une explication provoquée par la princesse amena une demande d'argent ; il fut donné ; madame de Narbonne fut charmante le soir. La bonne princesse, cherchant à voiler sa faiblesse, dit en se retirant à ma mère que madame de Narbonne lui avait fait des excuses de la grognerie de la veille ; elle n'ajouta pas comment elle l'avait calmée, mais c'était le secret de la comédie. Le comte Louis était le premier à en rire, et cela simplifiait sa position ; car, dans ce temps, tout travers, tout vice, toute lâcheté, franchement acceptés et avoués avec des formes spirituelles, étaient assurés de trouver indulgence.

La princesse devait être reconduite de chez madame de Narbonne chez elle, dans l'intérieur du château, par sa dame de service. Souvent elle en dispensait, surtout quand il faisait froid, parce qu'elle allait toujours à pied et que les dames circulaient habituellement dans les corridors et les antichambres en chaise à porteurs. Ces chaises étaient fort élégantes, dorées, avec les armes sur les côtés. Celles des duchesses avaient le dessus couvert en velours rouge, et elles pouvaient avoir des porteurs à leur livrée ; les autres dames avaient des porteurs attitrés, mais avec la livrée du Roi, ce qu'on appelait, en termes de Cour, des *porteux* bleus, car c'est porteux qu'il fallait dire.

Pendant presque toute une année, madame Adélaïde avait pris l'habitude de faire entrer ma mère et souvent mon père chez elle, en sortant de chez madame de Narbonne. Elle prenait goût à des conversations plus sérieuses. Mais la dame d'honneur fut avertie, la princesse grondée, et elle avoua tout franchement qu'elle n'osait plus.

C'est dans une de ces causeries qu'elle raconta à mon père l'échec reçu par sa curiosité au sujet du Masque de fer. Elle avait engagé son frère, monsieur le Dauphin, à s'enquérir au Roi de ce qui le concernait pour le lui dire. Monsieur le Dauphin interrogea Louis XV. Celui-ci lui dit : « Mon fils, je vous le dirai, si vous voulez, mais vous ferez le serment que j'ai prêté moi-même de ne divulguer ce secret à personne. »

Monsieur le Dauphin avoua ne désirer le savoir que pour le communiquer à sa sœur Adélaïde, et dit y renoncer. Le Roi lui répliqua qu'il faisait d'autant mieux que ce secret, auquel il tenait parce qu'on le lui avait fait jurer, n'avait jamais été d'une grande importance et n'avait plus alors aucun intérêt. Il ajouta qu'il n'y avait plus que deux hommes vivants qui en fussent instruits, lui et monsieur de Machault[1].

La princesse apprit aussi à mon père comment monsieur de Maurepas s'était fait ministre.

À la mort de Louis XV, ses filles, qui l'avaient soigné pendant sa petite vérole, devaient, selon l'inexorable étiquette, être séparées du nouveau Roi.

---

1. Jean-Baptiste de Machault (1701-1794) contrôleur général des Finances en 1745, garde des Sceaux en 1750, ministre de la Marine en 1754. Mme de Pompadour lui fit rendre tous ses portefeuilles en janvier 1757. Il se retira dans sa terre d'Arnouville. C'est seulement au début de la Révolution qu'il revint s'installer chez un de ses fils à Thoiry près de Pontchartrain.

Celui-ci, à qui son père le Dauphin avait recommandé de toujours prendre les conseils de sa tante Adélaïde, lui écrivit pour lui demander à qui il devait confier le soin de ce royaume qui lui tombait sur les bras. Madame Adélaïde lui répondit que monsieur le Dauphin n'aurait pas hésité à appeler monsieur de Machault. On expédia un courrier à monsieur de Machault.

Nouveau billet du Roi : Que fallait-il décider pour les funérailles ? quelles étaient les étiquettes ? à qui s'adresser ? Réponse de madame Adélaïde : Personne n'était plus propre par ses souvenirs et ses traditions que monsieur de Maurepas à se charger de ces détails. Le courrier pour monsieur de Machault n'était pas encore parti. La terre de monsieur de Machault est à trois lieues au-delà de Pontchartrain, par des chemins alors affreux. On le chargea de remettre en passant la lettre pour monsieur de Maurepas.

Le vieux courtisan, ennuyé de son exil, arriva immédiatement. Le Roi l'attendait avec impatience ; il le fit entrer dans son cabinet. Pendant qu'il s'entretenait avec lui, on vint avertir que le conseil était assemblé. L'usage voulait que chaque ministre fût averti chaque fois par l'huissier. Le manque de cette formalité fermait l'entrée du conseil ; c'était l'équivalent d'un renvoi. L'huissier du conseil, voyant monsieur de Maurepas dans cette intimité avec le nouveau Roi et sachant qu'il avait été mandé, le regarda en hésitant ; le Roi ne dit rien, mais se troubla. Monsieur de Maurepas salua comme s'il avait reçu le message ; le Roi passa sans oser lui dire adieu. Monsieur de Maurepas suivit, s'assit au conseil et gouverna la France pendant dix ans.

Lorsque monsieur de Machault arriva, quelques heures après, la place était prise. Le Roi lui dit quelques lieux communs, lui adressa des compliments et le laissa repartir. Madame Adélaïde s'affligea, se plaignit, mais elle et son neveu étaient Bourbon, comme elle disait, et n'avaient assez d'énergie, ni pour résister aux volontés des autres, ni pour s'y associer pleinement[1].

Si Thoiry avait été en deçà de Pontchartrain, peut-être n'y aurait-il pas eu de révolution en France. Monsieur de Machault était un homme sage, qui aurait su tirer meilleur parti des vertus de Louis XVI que le courtisan spirituel, mais léger et immoral, auquel il confia son sort. Ce n'est pas que monsieur de Maurepas ne fût l'homme qui convînt le mieux aux goûts, si ce n'est aux besoins du moment.

J'ai dit que, dans ce temps, avec de *l'esprit*, on faisait tout passer ; l'esprit jouait alors le rôle qu'on accorde au *talent* aujourd'hui. Je veux rapporter quelques-unes des anecdotes que j'ai entendu raconter à ma mère qui poussait la moralité jusqu'à la pruderie, sans que, bien des années après, ces faits lui parussent autre chose qu'une malice spirituelle.

Le vicomte de Ségur, l'homme le plus à la mode de ce temps, faisait d'assez jolis petits vers de société dont sa position dans le monde était le plus grand mérite. Monsieur de Thiard, impatienté et peut-être jaloux de ses succès, fit à son tour une pièce de vers où il conseillait à monsieur de Ségur d'envoyer ses ouvrages au confiseur, ayant, disait-il, prouvé qu'il avait tout juste l'esprit qu'on peut mettre dans une pastille. Monsieur de Ségur affecta de rire de cette épigramme, mais résolut de s'en venger.

Or, il y avait en Normandie une madame de Z...,

---

1. Consulter à propos de cet épisode, Edgar Faure, *la Disgrâce de Turgot*, pp. 17-19, qui confronte les témoignages. Il semble de toute façon qu'un hasard ou une intrigue de dernière minute soit responsable du choix de Maurepas, alors que Madame Adélaïde s'était donné beaucoup de mal en faveur de Machault.

très belle personne, habitant son château, y vivant décemment avec son mari et jouissant d'une assez grande considération, malgré ses rapports avec monsieur de Thiard qu'on disait fort intimes et qui duraient depuis plusieurs années. Celui-ci passait pour l'aimer passionnément. Le vicomte profita de son crédit, son père était ministre de la guerre, fit envoyer son régiment en garnison dans la ville voisine du château de madame de Z..., joua son rôle parfaitement, feignit une passion délirante et, après des assiduités qui durèrent plusieurs mois, parvint à plaire et enfin à réussir.

Bientôt madame de Z... se trouva grosse ; son mari était absent et même monsieur de Thiard. Elle annonça au vicomte son malheur. La veille encore, il lui témoignait le plus ardent amour ; mais, ce jour-là, il lui répondit que son but était atteint, qu'il ne s'était jamais soucié d'elle. Seulement, il avait voulu se venger du sarcasme de monsieur de Thiard, et lui montrer que son esprit était propre à autre chose qu'à faire des distiques de confiseur. En conséquence, il lui baisait les mains, elle n'entendrait plus parler de lui. En effet, il partit sur-le-champ pour Paris, racontant son histoire à qui voulait l'entendre.

Madame de Z..., honnie de son mari, déshonorée dans sa province, brouillée avec monsieur de Thiard, mourut en couches. Monsieur de Z... fut obligé de reconnaître ce malheureux enfant que nous avons vu dans le monde, madame Léon de X..., et que l'esprit d'intrigue qu'elle possédait rendait bien digne de son père. Jamais le vicomte de Ségur n'a pu s'apercevoir qu'une pareille aventure, dont il se vantait tout haut, choquât qui que ce soit*.

---

* Mme de Boigne écrit en toutes lettres les noms que j'ai remplacés par Z... et X... Ce sont ceux de deux grandes familles dont les descendants existent. (M. Coullaud.)

Voici un autre genre :

Monsieur de Créqui sollicitait une grâce de la Cour et, en conséquence, faisait la sienne à monsieur et à madame de Maurepas. Une de ses obséquiosités était de faire chaque soir la partie de la vieille et très ennuyeuse madame de Maurepas ; aussi elle le soutenait vivement, et ses importunités avaient crédit sur monsieur de Maurepas. Le jour même où la grâce fut obtenue, monsieur de Créqui vint chez madame de Maurepas. Madame de Flamarens, nièce de madame de Maurepas et qui faisait les honneurs de la maison, offrit une carte à monsieur de Créqui, comme à l'ordinaire. Celui-ci, s'inclinant, répondit avec un sérieux de glace : « Je vous fais excuse, je ne joue jamais. » Et, en effet, il ne fit plus la partie de madame de Maurepas. Cette bassesse, couverte par le piquant de la forme, ne blessa point, et personne n'en riait de meilleur cœur que le vieux ministre.

Monsieur de Maugiron était colonel d'un superbe régiment, mais il avait l'horreur, ou plutôt l'ennui de tout ce qui était militaire, et passait pour n'être pas très brave. Un jour, à l'armée, les grenadiers de France où il avait anciennement servi, chargèrent dans une circonstance assez dangereuse. Monsieur de Maugiron se mit volontairement dans leurs rangs, et se conduisit de façon à se faire remarquer. Le lendemain, à dîner, les officiers de son régiment lui en firent compliment : « Mon Dieu, messieurs, vous voyez bien que, lorsque je veux, je m'en tire comme un autre. Mais cela me paraît si désagréable et surtout si bête que je me suis bien promis que cela ne m'arriverait plus. Vous m'avez vu au feu ; gardez-en bien la mémoire, car c'est la dernière fois. »

Il tint parole. Quand son régiment chargeait, il se mettait de côté, souhaitait bon voyage à ses officiers et disait bien haut : « Regardez donc ces imbéciles qui vont se faire tuer.» Malgré cela, monsieur de Maugiron n'était pas un mauvais officier; son régiment était bien tenu, se conduisait toujours à merveille dans toutes les affaires, et ce bizarre colonel y était aimé et même considéré.

C'est à lui que sa femme, très spirituelle personne, écrivait cette fameuse lettre:

«Je vous écris parce que je ne sais que faire et je finis parce que je ne sais que dire.
                    «Sassenage de Maugiron,
                    «bien fâchée de l'être.»

On ne savait pas se refuser une repartie spirituelle. Le maréchal de Noailles [1] s'était très mal montré à la guerre, et sa réputation de bravoure en était restée fort suspecte. Un jour où il pleuvait, le Roi demanda au duc d'Ayen si le maréchal viendrait à la chasse. «Oh! que non, Sire, mon père craint l'eau comme le feu.» Ce mot eut le plus grand succès.

Je n'ai voulu rapporter ces divers faits, faciles à multiplier, que pour prouver combien dans ces temps qu'on nous représente plus moraux que les nôtres, dans ces temps où la société était, disait-on, un tribunal dont tout le monde ressortissait, l'esprit et surtout l'impudence suffisaient pour éviter les sentences qu'elle aurait portées probablement contre des torts moins spirituellement affichés.

J'ai dit que madame de Civrac était dame d'honneur de madame Victoire. Sa vie est un roman.

Mademoiselle Monbadon, fille d'un notaire de Bordeaux, avait atteint l'âge de vingt-cinq ans. Elle était grande, belle, spirituelle et surtout ambitieuse. Elle fut recherchée en mariage par un hobereau du

1. Louis, duc de Noailles (1713-1793), maréchal de France en 1775.

voisinage qui s'appelait monsieur de Blagnac. Il était garde du corps. Cet homme était pauvre, fort rustre, incapable d'apprécier son mérite, mais désirait partager une très petite fortune qu'elle devait hériter de son père. La personne qui traitait le mariage fit valoir la naissance de monsieur de Blagnac ; il était de la maison de Durfort. Mademoiselle Monbadon se fit apporter les papiers et, satisfaite de cette inspection, épousa monsieur de Blagnac.

Ajoutant un léger bagage au portefeuille où elle enferma les parchemins généalogiques, elle s'embarqua dans la diligence, avec son mari, et arriva à Paris. Sa première visite fut pour Chérin ; elle lui remit ses papiers, le pria de les examiner scrupuleusement. Quelques jours après, elle revint les chercher et obtint l'assurance que la filiation de monsieur de Blagnac avec la branche de Durfort-Lorge était complètement établie. Elle s'en fit délivrer le certificat, et commença à se faire appeler Blagnac de Civrac. Elle écrivit au vieux maréchal de Lorge pour lui demander une entrevue. Elle lui dit très modestement n'être qu'en passant à Paris ; elle croyait que son mari avait l'honneur de lui appartenir. De si loin que ce pût être, c'était un si grand honneur, un si grand bonheur qu'elle ne voulait pas retourner dans l'obscurité de sa province sans l'avoir réclamé. Si elle osait pousser sa prétention jusqu'à être reçue une fois par madame la maréchale, sa reconnaissance serait au comble. Le maréchal se laissa prendre à ces paroles doucereuses, sans trop reconnaître la parenté sur laquelle elle n'insista pas. Elle fut admise à faire une visite. Elle s'y conduisit adroitement. Elle obtint la permission de revenir pour prendre congé, elle revint. Le départ était retardé, elle revint encore. Elle ne partit pas du tout. Bientôt la maréchale en raffola ; assise sur un petit tabouret à ses pieds, elle travaillait à la même tapisserie et devint habituée de la maison. Le mari ne paraissait guère. Un jour, son crédit étant déjà établi, elle entendit parler légèrement de l'état de garde du corps; elle leva la tête avec une mine étonnée. Quand elle fut seule avec les de Lorge, elle dit: «Monsieur le maréchal, j'ai peur que, dans notre ignorance provinciale, nous ne soyons coupables d'un grand tort envers vous, puisqu'un de vos parents est garde du corps. Cela est donc ınconvenant?» Monsieur de Lorge répondit amicalement, mais en déclinant doucement la parenté. «Mon Dieu, dit-elle, je n'entends rien à tout cela, mais je vous apporterai les papiers de mon mari.» En effet, elle apporta les papiers bien en règle et le certificat de Chérin. Il n'y avait rien à dire contre, et d'ailleurs, on n'en avait plus envie.

Le mari fut retiré des gardes du corps, placé dans un régiment et envoyé en garnison. La femme eut un petit entresol à l'hôtel de Lorge. Le maréchal de Lorge n'avait pas de fils. Le maréchal de Duras [1] n'en avait qu'un qui déjà promettait d'être un détestable sujet. La grossesse de madame de Blagnac commença à être soignée; le petit tabouret devint un fauteuil. Bientôt on ne l'appela plus que madame de Civrac, second titre de la branche de Lorge. Enfin, au bout de peu de mois, elle était si bien impatronisée dans la maison qu'elle y disposait de tout, mais en conservant toujours les égards les plus respectueux pour monsieur et madame de Lorge. Les Duras partagèrent l'engouement qu'elle inspirait.

Lorsque la maison de madame Victoire fut formée, elle fut nommée une de ses dames; bientôt, elle devint sa favorite, puis sa dame d'honneur. Elle fut, à cette occasion, nommée duchesse de Civrac.

---

1. Emmanuel-Félicité de Durfort (1715-1789), duc de Duras, maréchal de France.

Elle avait toujours conservé les meilleurs rapports avec son mari qu'elle comblait de marques de considération, mais qui était trop butor pour pouvoir en tirer parti quand il était présent. Elle réussit à le faire nommer ambassadeur à Vienne ; il eut la bonne grâce d'y mourir promptement. C'est la seule preuve d'intelligence qu'il eût donnée de sa vie. Il la laissa mère de trois enfants, un fils, depuis duc de Lorge et héritier de la fortune de cette branche des Durfort, et deux filles, mesdames de Donissan et de Chastellux.

Madame de Civrac, aussi habile que spirituelle, dès qu'elle fut parvenue à cette haute fortune, voulut patroniser à son tour. Elle se fit la protectrice de la ville de Bordeaux. Tout ce qui en arrivait était sûr de trouver appui auprès d'elle, et elle réussit par là à changer la situation de sa propre famille. Les Monbadon devinrent petit à petit messieurs de Monbadon. Son neveu entra au service, fut nommé colonel et finit par être presque un seigneur de la Cour. C'est après ce succès, dans l'apogée de sa grandeur, qu'elle se trouvait aux eaux des Pyrénées. On y reçut une liste de promotions de colonels. Madame de Civrac s'étendit fort sur l'inconvenance des choix. Une vieille grande dame de province lui répondit : « Que voulez-vous, madame la duchesse, chacun a *son badon* ! »

Tout avait réussi à l'ambitieuse madame de Civrac, mais elle était insatiable. Déjà fort malade, elle croyait avoir amené à un terme prochain le mariage de son fils, le duc de Lorge, avec mademoiselle de Polignac dont la mère était alors toute-puissante, et y mettait pour condition la place de capitaine des gardes pour ce fils tout jeune encore. Au moment de conclure, madame de Gramont, également intrigante, alla sur ses brisées. Elle avait auprès de la Reine le mérite d'avoir été exilée par Louis XV pour une insolence faite à madame Dubarry. Ses prétentions étaient soutenues par les Choiseul ; la Reine donna la préférence à son fils et fit pencher la balance.

Madame de Civrac apprit subitement que le jeune Gramont, sous-lieutenant dans un régiment, était arrivé à Versailles, qu'il était créé duc de Guiche, capitaine des gardes, et que son mariage avec mademoiselle de Polignac était déclaré. Elle en eut une telle colère que son sang s'enflamma et, en quarante-huit heures, elle expira d'une maladie qui n'annonçait pas une terminaison aussi rapide. Madame Victoire, très affligée de cette perte, promit à la mère de nommer madame de Chastellux sa dame d'honneur. Madame de Donissan[1] était déjà sa dame d'atours.

Cette madame de Donissan, qui vit encore à l'âge de quatre-vingt-douze ans, est la mère de madame de Lescure. Toutes deux ont acquis une honorable et triste célébrité dans la première guerre de la Vendée à laquelle elles ont pris la part la plus active, sans sortir du caractère de leur sexe. Les mémoires de madame de Lescure sur ces événements racontent d'une façon aussi touchante que véridique la gloire et les malheurs de cette campagne. Ils ont été rédigés par monsieur de Barante[2], sur les récits de

1. Marie-Louise-Victoire de Donissan (1772-1857) épousa à dix-sept ans son cousin germain le marquis de Lescure. Elle le suivit en Vendée où il mourut dans ses bras. Ayant réussi à fuir, elle se retira sous le Directoire à Citran (Gironde). Elle épousa en secondes noces Louis du Vergier, marquis de La Rochejaquelein (1777-1815) qui organisa les maquis de Vendée en 1814-1815.

2. Prosper de Barante (1782-1866), ancien polytechnicien, fut en 1809 préfet de la Vendée puis de la Loire-Inférieure (1813). C'est alors qu'il rédigea les *Mémoires de Mme de la Rochejaquelein*, parus en 1814. Haut fonctionnaire au début de la Restauration, membre du groupe des doctrinaires, il fut nommé à la Chambre des pairs en 1819. Il écrivit alors sa célèbre *Histoire des ducs de Bourgogne*, publiée de 1824 à 1828,

madame de Lescure (devenue madame de La Rochejaquelein), pendant qu'il était préfet du Morbihan.

CHAPITRE III

J'ai été littéralement élevée sur les genoux de la
famille royale. Le Roi et la Reine surtout me comblaient de bontés. Dans un temps où, comme je l'ai
déjà dit, les enfants étaient mis en nourrice, puis en
sevrage, puis au couvent où, vêtus en petites dames
et en petits messieurs, ils ne paraissaient que pour
être gênés, maussades et grognons, avec mon four-
reau de batiste et une profusion de cheveux blonds
qui ornaient une jolie petite figure, je frappais extrêmement. Mon père s'était amusé à développer mon
intelligence, et l'on me trouvait très sincèrement un
petit prodige. J'avais appris à lire avec une si grande
facilité qu'à trois ans je lisais et débitais pour mon
plaisir et même, dit-on, pour celui des autres, les tragédies de Racine.

Mon père se plaisait à me mener au spectacle à
Versailles. On m'emmenait après la première pièce
pour ne pas me faire veiller, et je me rappelle que le
Roi m'appelait quelquefois dans sa loge pour me
faire raconter la pièce que je venais de voir. J'ajou-
tais mes réflexions qui avaient ordinairement grand
succès. À la vérité, au milieu de mes remarques littéraires, je lui disais un jour avoir bien envie de lui
demander une faveur et, encouragée par sa bonté,
j'avouais convoiter deux des plus petites pendeloques
des lustres pour me faire des boucles d'oreilles,

---

puis rentra dans la vie publique sous la monarchie de Juillet:
ambassadeur à Turin, puis à Pétersbourg (1835-1848).

attendu qu'on devait me percer les oreilles le lendemain.

Je me rappelle, par la joie que j'en ai ressentie,
une histoire de la même nature. Madame Adélaïde,
qui me gâtait de tout son cœur, me faisait dire un
jour un conte de fée de mon invention. La fée avait
donné à la princesse un palais de diamants, avec
les magnificences qui s'ensuivent, et enfin, pour
les combler toutes, l'héroïne avait trouvé dans un
secrétaire d'escarboucle un trésor de *six cents francs*.
Madame Adélaïde fit son profit de cette histoire et,
après avoir mis toute la grâce possible à en obtenir
la permission de ma mère, elle me fit trouver dans
mon petit secrétaire, qui n'était pourtant pas d'escarboucle, cent pièces de six francs, avec un papier
sur lequel était écrit *six cents francs pour Adèle*, ainsi
qu'il en avait été usé pour la princesse du conte. Je
ne suis pas bien sûre que je susse compter jusqu'à
cent, mais je me rappelle encore mon saisissement à
cette vue.

Mes parents avaient fini par passer tout l'été à Bellevue ; ma chambre était au rez-de-chaussée, sur la
cour. Madame Adélaïde faisait journellement de
très grandes promenades pour aller inspecter ses
ouvriers. Elle m'appelait en passant ; on me mettait
mon chapeau, j'escaladais la fenêtre et je partais
avec elle, sans bonne. Elle était toujours suivie d'un
assez grand nombre de valets et d'une petite carriole
attelée d'un cheval et menée à la main, dans laquelle
elle n'entrait jamais mais que j'occupais souvent.
Cependant, j'aimais encore mieux courir auprès
d'elle et lui faire ce que j'appelais la conversation.
J'avais pour rival et pour ami un grand barbet blanc,
extrêmement intelligent, qui était aussi des promenades. Quand il se trouvait un peu de boue dans le
chemin, on le mettait dans un grand sac de toile et
deux hommes attachés à son service le portaient.

Pour moi, j'étais très fière de savoir choisir mon chemin sans me crotter comme lui.

Rentrés au château, je disputais à *Vizir* sa niche de velours rouge qu'il me laissait plus volontiers usurper qu'il ne m'abandonnait les gaufres qu'on écrasait pour nous sur le parquet. Souvent, la bonne princesse se mettait à quatre pattes et courait avec nous pour rétablir la paix ou pour obtenir le prix de la course. Je la vois encore avec sa grande taille sèche, sa robe violette (c'était l'uniforme de Bellevue) à plis, son bonnet à papillon, et deux grandes dents, les seules qui lui restassent. Elle avait été très jolie mais, à cette époque, elle était bien laide et me paraissait telle.

Madame Adélaïde me fit faire à grands frais une magnifique poupée, avec un trousseau, une corbeille, des bijoux, entre autres une montre de Lépine que j'ai encore, et un lit à la duchesse où j'ai couché à l'âge de sept ans, ce qui donne la proportion de la taille. L'inauguration de la poupée fut une fête pour la famille royale. Elle vint dîner à Bellevue. En sortant de table, on m'envoya chercher. Les deux battants s'ouvrirent, et la poupée arriva traînée sur son lit et escortée de tous ses accessoires. Le Roi me tenait par la main :

« Pour qui est tout cela, Adèle ?

— Je crois bien que c'est pour moi, Sire. »

Tout le monde se mit à jouer avec ma nouvelle propriété. On voulut me faire remplacer la poupée dans le lit, et la Reine et madame Élisabeth, à genoux des deux côtés, s'amusèrent à le faire, avec des éclats de joie de leur habileté à tourner les matelas. Hélas ! les pauvres princesses ne pensaient guère que, bien peu d'années après, c'était en 1788, elles seraient réduites à faire leur propre lit. Combien une prophétie pareille eût paru extravagante !

Tous ces souvenirs me sont encore présents : non

que j'attachasse aucun prix aux grandeurs des personnes, j'y étais trop accoutumée, mais parce qu'elles me gâtaient beaucoup et me procuraient toutes les douceurs et les petits plaisirs auxquels les enfants sont sensibles.

Je rencontrais souvent le Roi dans les jardins de Versailles et, du plus loin que je l'apercevais, je courais toujours à lui. Un jour, je manquai à cette habitude ; il me fit appeler. J'arrivai tout en larmes.

« Qu'avez-vous, ma petite Adèle ?

— Ce sont vos vilains gardes, Sire, qui veulent tuer mon chien, parce qu'il court après vos poules.

— Je vous promets que cela n'arrivera plus. »

Et, en effet, il y eut une consigne donnée avec ordre de laisser courir le chien de mademoiselle d'Osmond après le gibier.

Mes succès n'étaient pas moins grands auprès de la jeune génération. Monsieur le Dauphin, mort à Meudon[1], m'aimait extrêmement et me faisait sans cesse demander pour jouer avec lui, et monsieur le duc de Berry se faisait mettre en pénitence parce qu'au bal il ne voulait danser qu'avec moi. Madame et monsieur le duc d'Angoulême me distinguaient moins.

Les malheurs de la Révolution mirent un terme à mes succès de Cour. Je ne sais s'ils ont agi sur moi dans le sens d'un remède homéopathique, mais il est certain que, malgré ce début de ma vie, je n'ai jamais eu l'intelligence du courtisan, ni le goût de la société des princes. Les événements étaient devenus trop sérieux pour qu'on pût s'amuser des gentillesses d'un enfant ; 1789 était arrivé.

Mon père ne se méprit pas sur la gravité des cir-

---

1. Louis-Joseph, dauphin de France ; né en 1781, il mourut le 4 juin 1789 ; il avait le même âge que Mme de Boigne. Sa sœur et ses cousins étaient plus âgés.

constances. La cérémonie de l'ouverture des États généraux fut solennelle et accompagnée de magnificences qui attirèrent à Versailles des étrangers de toutes les parties de l'Europe. Ma mère, parée en grand habit de Cour, fit prévenir mon père qu'elle allait partir. Ne le voyant pas arriver, elle entra chez lui, et le trouva en robe de chambre.

« Mais dépêchez-vous donc, nous serons en retard.

— Non, car je n'y vais pas ; je ne veux pas aller voir ce malheureux homme abdiquer. »

Le soir, madame Adélaïde parlait du beau coup d'œil de la salle. Elle s'adressa à mon père pour quelques questions de détail ; il lui répondit qu'il l'ignorait.

« Où étiez-vous donc placé ?

— Je n'y étais pas, Madame.

— Vous étiez donc malade ?

— Non, Madame.

— Comment, lorsqu'on est venu de si loin pour assister à cette cérémonie, vous ne vous êtes pas donné la peine de traverser une rue.

— C'est que je n'aime pas les enterrements, Madame, et pas plus celui de la monarchie que les autres.

— Et moi, je n'aime pas qu'à votre âge on se croie plus habile que tout le monde. »

Et la princesse tourna les talons.

Il ne faudrait pas conclure de ceci que mon père ne voulût aucune concession. Au contraire, il était persuadé que l'esprit du temps en demandait impérieusement, mais il les désirait faites avec un plan concerté d'avance ; il les voulait larges et données, non pas arrachées. Il voyait ouvrir les États généraux avec une mortelle angoisse, parce que, initié aux vagues volontés de chacun, il savait que personne n'avait fixé le but auquel il devait s'arrêter, soit en exigences, soit en concessions. De plus, il n'avait point confiance en monsieur Necker. Il le croyait disposé à placer le Roi sur une pente, sans avoir l'intention de l'y précipiter, mais avec l'orgueilleuse pensée que lui seul pouvait l'arrêter, et qu'ainsi il se rendait nécessaire.

La colère de madame Adélaïde n'attendit pas longtemps les événements pour se calmer.

Un jour, j'étais à jouer chez les petites de Guiche ; on vint me chercher beaucoup plus tôt que de coutume. Au lieu du domestique ordinairement chargé du soin de me porter, je trouvai le valet de chambre de confiance de mon père. J'avais une bonne anglaise qui parlait mal français ; on lui remit un billet de ma mère. Pendant qu'elle le lisait, je rentrai dans la chambre de mes petites compagnes et déjà tout y était sens dessus dessous : on pleurait et on commençait des paquets. On m'enveloppa dans une pelisse ; le valet de chambre me prit dans ses bras et, au lieu de me ramener chez mes parents, il m'installa avec ma bonne chez un vieux maître d'anglais qui habitait une petite chambre au quatrième dans un quartier éloigné.

La nuit suivante, on vint me chercher, et je fus menée à la campagne où je restai plusieurs jours sans nouvelles de personne. J'étais déjà assez âgée pour souffrir beaucoup de cet exil. C'était lors des troubles du mois de juin et à l'époque du départ de monsieur le comte d'Artois, de ses enfants et de la famille Polignac. À mon retour, je trouvai l'aînée des petites de Guiche partie et sa sœur cachée chez les parents de sa bonne. Le motif de tout cet émoi pour nous autres enfants avait été le bruit répandu que *le peuple*, comme on appelait dès lors une poignée de misérables, était en route pour venir enlever les enfants des nobles et en faire des otages. Il m'était resté un grand effroi de cette séparation et, lorsque les événements du 6 octobre arrivèrent, je n'étais occupée que de la crainte d'être renvoyée de la maison.

Mes parents logeaient près du château mais dans la ville; les appartements qu'on donnait au château étaient trop incommodes pour les personnes établies tout à fait à Versailles. Je ne sais qui vint avertir mon père, pendant qu'il était à table, des bruits trop fondés qui commençaient à circuler. Il se rendit tout de suite au château; ma mère devait aller l'y rejoindre à l'heure du jeu de Mesdames. Mais, bientôt après son départ, les rues de Versailles furent inondées de gens effroyables à voir, poussant des cris effrénés auxquels se joignait le bruit des coups de fusil dans l'éloignement. Tout ce qu'on pouvait saisir de leurs discours était encore plus effrayant que leur aspect.

Les communications avec le château furent interrompues. La nuit venue, ma mère s'établit dans une chambre sans lumière et, collée contre la jalousie fermée, tâchait de deviner par les propos qu'elle pouvait surprendre les événements qui se passaient. J'étais sur ses genoux; je finis par m'endormir. On me coucha sur un sopha pour ne pas me réveiller, et elle se décida à aller elle-même chercher des renseignements, donnant le bras à ce même valet de chambre dont j'ai déjà parlé.

Elle se rendit successivement à plusieurs grilles du château sans pouvoir pénétrer. Enfin, elle trouva en faction un homme de la garde nationale qui la reconnut. Il lui dit: «Retournez chez vous, madame la marquise, il ne faut pas que vous soyez vue dans la rue. Je ne peux pas vous laisser entrer; ma consigne est trop stricte. D'ailleurs, vous n'y gagneriez rien, vous seriez arrêtée à chaque porte. Vous n'avez point à craindre pour ce qui vous intéresse, mais il ne restera pas un garde du corps demain matin.»

Ceci se disait à neuf heures du soir, avant que les massacres fussent commencés, et cependant c'était un homme fort doux et fort modéré, comme on le voit à son discours, qui était dans cet horrible secret et qui n'en était nullement révolté, tant l'esprit de vertige était dans toutes les têtes. Ma mère ne reconnut pas cet homme alors ; elle a su depuis que c'était un marchand de bas. Elle revint chez elle, consternée comme on peut croire, cependant un peu moins désolée qu'au départ, car les bruits de la rue disaient tout égorgé au château.

À minuit, mon père arriva. Je fus réveillée par le bruit et par la joie de le revoir, mais elle ne fut pas longue. Il venait nous dire adieu et prendre quelque argent. Il donna l'ordre de seller ses chevaux et de les mener par un détour gagner Saint-Cyr. Son frère, l'abbé d'Osmond, qui l'accompagnait, devait aller avec eux l'y attendre.

Ces messieurs s'occupèrent de changer leur costume de Cour pour en prendre un de voyage. Mon père chargea des pistolets. Pendant ce temps, ma mère cousait tout ce qu'on avait pu trouver d'or dans la maison dans deux ceintures qu'elle leur fit mettre. Tout cela fut l'affaire d'une demi-heure et ils partirent. Je voulus me jeter au cou de mon père ; ma mère m'en arracha avec une brusquerie à laquelle je n'étais pas accoutumée, je restai confondue. La porte se ferma, et alors je la vis tomber à genoux dans une explosion de douleur qui absorba toute mon attention ; je compris qu'elle avait voulu épargner à mon père la souffrance inutile d'être témoin de notre affliction. Cette leçon pratique m'a fait un grand effet et, dans aucune occasion de ma vie depuis, je ne me suis laissée aller à des démonstrations qui pussent aggraver le chagrin ou l'anxiété des autres.

J'ai entendu raconter à mon père qu'arrivé sur la terrasse de l'Orangerie, où était le rendez-vous, il se promena longtemps seul ; survint un homme enveloppé d'un manteau. Ils s'évitèrent d'abord, puis se reconnurent; c'était le comte de Saint-Priest[1], alors ministre, homme de sens et de courage. Ils continuèrent longtemps leur promenade; personne ne venait, l'heure s'avançait. Inquiets et étonnés, ils ne savaient que penser sur la cause qui retardait le départ projeté du Roi et qui devait se rendre dans la nuit même à Rambouillet. Ils n'osaient se présenter dans les appartements avec leur costume de voyage; non seulement c'était contraire à l'étiquette, mais, dans cette circonstance, ç'aurait été une révélation.

Monsieur de Saint-Priest, qui logeait au château, se décida à rentrer chez lui changer de costume; il donna rendez-vous à mon père dans un endroit écarté. Celui-ci l'y attendit longtemps, enfin il arriva: «Mon cher d'Osmond, allez-vous-en chez vous rassurer votre femme: le Roi ne part plus.» Et, lui serrant la main: «Mon ami, monsieur Necker l'emporte; le Roi, la monarchie sont également perdus.»

Le départ du Roi pour Rambouillet avait été décidé, mais les ordres pour les voitures avaient été transmis avec les nombreuses formes usitées dans l'habitude. Le bruit s'en était répandu. Les palefreniers avaient hésité à atteler, les cochers à mener. La populace s'était ameutée devant les écuries et refusait de laisser sortir les voitures. Monsieur Necker, averti, était venu chapitrer le Roi que les difficultés matérielles du transport avaient arrêté plus encore que ses discours, et on s'était décidé à rester. Aller à Rambouillet sur un cheval de troupe, lui qui faisait vingt lieues à cheval à la chasse, lui aurait paru une extrémité à laquelle il était impossible de songer. Et là, comme à Varennes, les chances de salut ont été perdues par ces habitudes princières

1. François-Emmanuel Guignard, comte de Saint-Priest (1735-1821).

qui, pour la famille royale de France, étaient une seconde nature. Mon père, obligé de rentrer chez lui pour changer d'habits, ne retourna pas au château cette nuit-là et ne fut pas témoin des horreurs qui s'y commirent.

Aussitôt que le consentement donné par le Roi à sa translation à Paris eut ouvert les portes du château, ma mère se rendit auprès de sa princesse. Elle trouva les deux sœurs, mesdames Adélaïde et Victoire, dans leur chambre au rez-de-chaussée, tous les volets fermés et une seule bougie allumée. Après les premières paroles, elle leur demanda pourquoi elles attristaient encore volontairement une si triste journée : «Ma chère, c'est pour qu'on ne nous vise pas comme ce matin», répondit madame Adélaïde avec un calme et une douceur extrêmes. En effet, le matin on avait tiré dans toutes leurs fenêtres : les vitres d'aucune n'étaient entières.

Ma mère resta auprès d'elles jusqu'au moment du départ. Elle voulait les accompagner, mais Mesdames s'y refusèrent obstinément et n'acceptèrent cette marque de dévouement que de leurs dames d'honneur, madame la duchesse de Narbonne et madame de Chastellux. Elles suivirent jusqu'à Sèvres la triste procession qui emmenait le Roi ; là, elles prirent le chemin de Bellevue. Mes parents allèrent les y rejoindre le lendemain.

Néanmoins, la fermentation ne se calmait pas. À Versailles, l'agitation était extrême, les menaces contre ma mère, atroces. On disait que madame Adélaïde menait le Roi, que ma mère menait madame Adélaïde et qu'ainsi elle était à la tête des aristocrates. Cela devint tellement violent qu'au bout de trois jours le danger était réel, et nous partîmes pour l'Angleterre.

J'ai peu de souvenir de ce voyage. Je me rappelle seulement l'impression que me causa l'aspect de l'Océan. Tout enfant que j'étais, je lui vouai dès lors un culte qui ne s'est pas démenti. Ses teintes grises et vertes ont toujours un charme pour moi, auquel les belles eaux bleues de la Méditerranée ne m'ont pas rendue infidèle.

Nous débarquâmes à Brighton. Le hasard y fit retrouver à ma mère madame Fitz-Herbert qui se promenait sur la jetée. Quelques années avant, fuyant les empressements du prince de Galles, elle était venue à Paris. Ma mère, qui était sa cousine, l'y avait beaucoup vue. Depuis, la bénédiction d'un prêtre catholique ayant sanctifié ses rapports avec le prince sans les rendre légaux, elle vivait avec lui dans une intimité à laquelle tous deux affectaient de donner les formes les plus conjugales. Ils habitaient, en simples particuliers, une petite maison à Brighton[1]. Mes parents y furent accueillis avec empressement, et cette circonstance les engagea à y passer quelques jours.

Je me rappelle avoir été menée un matin chez madame Fitz-Herbert : elle nous montra le cabinet de toilette du prince ; il y avait une grande table toute couverte de boucles de souliers. Je me récriai en les voyant et madame Fitz-Herbert ouvrit, en riant, une grande armoire qui en était également remplie ; il y en avait pour tous les jours de l'année. C'était l'élé-

---

1. C'est en 1784 que le prince de Galles avait rencontré Maria Fitz-Herbert, veuve irlandaise de vingt-huit ans, pour laquelle il avait éprouvé une passion grandissante. Il simula même un suicide pour arriver à ses fins (sans passer par le mariage, qu'elle mettait comme condition), mais elle quitta Londres sur-le-champ. Après un séjour en France, où elle subit les importunités du marquis de Belloy, elle retourna en Angleterre. Malgré une ultime démarche de Fox, le futur George IV épousa en secret cette bourgeoise catholique, le 15 décembre 1785. Au moment de la visite des Osmond le prince commençait de faire de Brighton une station à la mode.

gance du temps, et le prince de Galles était le plus élégant des élégants. Cette collection de boucles frappa mon imagination enfantine et, pendant longtemps, le prince de Galles ne s'y représentait que comme le propriétaire de toutes ces boucles.

Mes parents furent très fêtés en Angleterre. Les Français y allaient rarement dans ce temps ; ma mère était une jolie femme à la mode, sa famille la combla de prévenances. Nous allâmes passer les fêtes de Noël chez le comte de Winchilsea, dans sa belle terre de Burleigh. Il me semble que toute cette existence était très magnifique, mais j'étais trop accoutumée à voir de grands établissements pour en être frappée.

La mère de lord Winchilsea, lady Charlotte Finch, était gouvernante des princesses d'Angleterre. Je vis les trois plus jeunes chez elle plusieurs fois. Elles étaient beaucoup plus âgées que moi et ne me plurent nullement. La princesse Amélie m'appela *little thing*, ce qui me choqua infiniment. Je parlais très bien anglais, mais je ne savais pas encore que c'était un terme d'affection.

CHAPITRE IV

Au mois de janvier 1790, mon père retourna en France. Trois mois après, nous l'y rejoignîmes. J'ai oublié de dire qu'il avait quitté l'armée, en 1788, pour entrer dans la carrière diplomatique. Préalablement, il avait été colonel du régiment de Barrois infanterie, en garnison en Corse. Il y allait tous les ans.

Un de ces voyages donna lieu à un épisode bien peu important alors, mais qui est devenu piquant depuis. Il était à Toulon logé chez monsieur

Malouet[1], intendant de la marine et son ami, attendant que le vent changeât et lui permît de s'embarquer, lorsqu'on lui annonça un gentilhomme corse demandant à le voir. Il le fit entrer ; après quelques politesses réciproques, ce monsieur lui dit qu'il désirait retourner le plus promptement possible à Ajaccio, que, la seule felouque qui fût dans le port étant nolisée par mon père, il le priait de permettre au patron de l'y laisser prendre son passage :

« Cela m'est impossible, monsieur, la felouque est à moi, mais je serai très heureux de vous y offrir une place.

— Mais, monsieur le marquis, je ne suis pas seul, j'ai mon fils avec moi et même ma cuisinière que je ramène.

— Hé bien, monsieur, il y aura une place pour vous et votre monde. »

Le Corse se confondit en remerciements. Le vent changea au bout de quelques jours pendant lesquels il vint fréquemment voir mon père. On s'embarqua. Lorsqu'on servit le dîner, auquel mon père invita les passagers composés de quelques officiers de son régiment et des deux Corses, il chargea un officier, monsieur de Belloc, d'appeler le jeune homme, vêtu de l'habit de l'École militaire, qui lisait au bout du bateau. Celui-ci refusa. Monsieur de Belloc revint irrité, il dit à mon père :

« J'ai envie de le jeter à la mer, ce petit sournois, il a une mauvaise figure. Permettez-vous, mon colonel ?

---

1. Malouet (1740-1814) fit une longue carrière administrative dans la marine. Administrateur de Toulon avant la Révolution, député (monarchien) de Riom, il se réfugia en Angleterre après le 10 août. Le Premier Consul venait de le nommer préfet maritime à Anvers lorsque Mme de Boigne débarqua sur le continent (1804). Il mourut ministre de la Marine de la première Restauration.

— Non, dit mon père en riant, je ne permets pas, je ne suis pas de votre avis, il a une figure de caractère ; je suis persuadé qu'il fera son chemin. »

Ce petit sournois, c'était l'empereur Napoléon[1]. Et, cette scène, Belloc me l'a racontée dix fois : « Ah ! si mon colonel avait voulu me permettre de le jeter à la mer, ajoutait-il en soupirant, il ne culbuterait pas le monde aujourd'hui ! » (Il est inutile d'avertir que ce propos d'émigré se tenait longtemps après.)

Le lendemain de l'arrivée à Ajaccio, monsieur Buonaparte le père, accompagné de toute sa famille, vint faire une visite de remerciements à mon père. C'est de ce jour qu'ont commencé ses relations avec Pozzo di Borgo. Mon père rendit une visite à madame Buonaparte. Elle habitait à Ajaccio une petite maison des meilleures de la ville, sur la porte de laquelle était écrit en coquilles d'escargot : *Vive Marbeuf.* Monsieur de Marbeuf avait été le protecteur de la famille Buonaparte. La chronique disait que madame Buonaparte en avait été fort reconnaissante. Lors de la visite de mon père, elle était encore une très belle femme : il la trouva dans sa cuisine, sans bas, avec un simple jupon attaché sur une chemise, occupée à faire des confitures. Malgré sa beauté, elle lui parut digne de son emploi.

Après avoir été chargé d'une commission relative aux Hollandais réfugiés en 1788[2], mon père fut

---

1. M. de Belly (et non Belloc) capitaine en second au régiment de Barrois-infanterie a pris pour Napoléon son frère aîné, Joseph Bonaparte, qui revenait en Corse avec son père, à la fin de l'été 1784, après sa sortie du collège d'Autun.

2. La Hollande était alors agitée par une véritable guerre civile, qui dressait contre le stathouder Guillaume V, gendre du roi de Prusse, une partie de la bourgeoisie libérale. Les Anglais encouragèrent en 1787 une intervention prussienne que Montmorin, successeur de Vergennes, ne sut pas empê-

nommé ministre à La Haye, et il était dans cette situation lors de notre séjour en Angleterre. Une querelle entre le prince d'Orange et l'ambassadeur de France avait fait décider à la Cour de Versailles qu'elle n'enverrait plus qu'un ministre en Hollande. La République ne voulait recevoir qu'un ambassadeur. Cette tracasserie empêchait mon père de se rendre à son poste ; il prenait d'autant plus patience qu'il espérait arriver par là au rang d'ambassadeur qu'il n'aurait pu avoir d'emblée.

La ville de Versailles avait fait des réflexions sur le dommage que lui causait l'absence de la Cour. L'effervescence s'était calmée, et elle regrettait les tristes journées d'octobre. Au retour de ma mère, elle fut on ne saurait mieux accueillie par ceux-là mêmes qui déblatéraient le plus contre elle à son départ ; toutefois nous n'y restâmes pas longtemps. Nous commençâmes par aller passer l'été à Bellevue ; et nous habitâmes, l'hiver suivant, un appartement dans le pavillon de Marsan, aux Tuileries.

J'ai parfaitement présente une scène de cet été. Je n'avais pas vu la Reine depuis bien des mois. Elle vint à Bellevue sous l'escorte de la garde nationale ; j'étais élevée dans l'horreur de cet habit. La Reine, je crois, était déjà à peu près prisonnière, car ce monde ne la quittait jamais. Toujours est-il que, lorsqu'elle m'envoya chercher, je la trouvai sur la terrasse entourée de gardes nationaux. Mon petit cœur se gonfla à cet aspect et je me mis à sangloter. La Reine s'agenouilla, appuya son visage contre le mien et les voila tous deux de mes longs cheveux blonds, en me sollicitant de cacher mes larmes. Je sentis couler les

---

cher. La restauration du stathouder provoqua la fuite de près de 40 000 Hollandais qui se réfugièrent dans les Pays-Bas autrichiens ou dans la Flandre française, où le gouvernement royal facilita leur installation.

siennes. J'entends encore son «*paix, paix*, mon Adèle»; elle resta longtemps dans cette attitude.

Tous les spectateurs étaient émus, mais il fallait l'incurie de l'enfance pour oser le témoigner dans ces moments où tout était danger. Je ne sais si cette scène fut rapportée, mais la Reine ne revint plus à Bellevue, et c'est la dernière fois que je l'ai vue autrement que de loin pendant mon séjour aux Tuileries. J'ai conservé de ce moment une impression qui est encore très vive. Je peindrais son costume. Elle était en *Pierrot de linon* blanc, brodé en branches de lilas de couleur, un fichu bouffant, un grand chapeau de paille dont les larges rubans lilas flottants se rattachaient par un gros nœud à l'endroit où le fichu croisait.

Pauvre princesse, pauvre femme, pauvre mère, à quel affreux sort elle était réservée! Elle se croyait bien malheureuse alors, ce n'était que le commencement de ses peines! Son fils, le second Dauphin[1], l'avait accompagnée à Bellevue, et il jouait avec mon frère dans le sable. Les gardes nationaux se mêlaient à ces jeux, et les deux enfants étaient trop jeunes pour en être gênés. Je ne m'en serais pas approchée pour l'empire du monde. Je restai près de la Reine qui me tenait par la main. On m'a dit depuis qu'elle s'était crue obligée d'expliquer à sa suite que le premier Dauphin m'aimait beaucoup, qu'elle ne m'avait pas vue depuis sa mort et que c'était là le motif de notre mutuelle sensibilité.

Loin de se calmer, la Révolution devenait de plus en plus menaçante. Le Roi, qui formait le projet de quitter Paris, désirait en éloigner ses tantes. Elles demandèrent à l'Assemblée nationale et obtinrent la permission d'aller à Rome. Avant de partir, elles s'établirent à Bellevue.

---

1. Louis-Charles, duc de Normandie, futur Louis XVII (1785-1795).

Mon père avait été nommé ministre à Pétersbourg en remplacement de monsieur de Ségur (1790). Le rapport public du ministre portait que ce choix avait été fait parce que l'impératrice Catherine ne consentirait pas à recevoir un envoyé *patriote*. Cette circonstance devait finir par rendre la position de mon père très dangereuse. Cependant il ne pensait pas à s'éloigner mais il voulait que sa femme et ses enfants quittassent la France. Aussitôt que Mesdames auraient franchi la frontière, ma mère devait les suivre.

La veille du jour fixé pour le départ de Mesdames, mon père, qui passait sa vie dans les groupes, y recueillit que l'on ne voulait plus les laisser s'éloigner. Les orateurs démagogues prêchaient une croisade contre Bellevue, à l'effet d'aller chercher *les vieilles* et de les ramener à Paris : on ne pouvait avoir trop d'otages, etc. La foule obéissante prenait déjà le chemin de Bellevue.

Mon père retourna vite aux Tuileries, fit mettre des bottes à son valet de chambre, nommé Bermont, dont j'aurai encore à parler, le mena chez la princesse de Tarente, qui logeait au faubourg Saint-Germain et avec laquelle il était fort lié, fit seller un de ses chevaux, et envoya Bermont par la plaine de Grenelle et le chemin de Meudon prévenir Mesdames qu'il fallait qu'elles partissent sur l'heure même.

Les ordres n'étaient donnés que pour quatre heures du matin ; il en était dix du soir. Les gens de Mesdames murmuraient ; un grand nombre aurait désiré que le voyage n'eût pas lieu. Bermont se rendit aux écuries ; on n'attelait pas. Il revint trouver madame Adélaïde, lui dit qu'il n'y avait pas un moment à perdre, que lui-même avait entendu les hurlements de la colonne qui s'avançait de l'autre côté de la Seine. Enfin, Mesdames consentirent à monter dans la voiture de monsieur de Thiange qui se trouvait par hasard dans la cour. Alors leurs gens se décidèrent, les voitures de voyage avancèrent. À peine la dernière sortait-elle par la grille de Meudon que la grille du côté de Sèvres fut assaillie par la multitude. Elle fut bientôt forcée : on entra dans le château qui fut mis au pillage, mais Mesdames avaient échappé au danger.

On a accusé le comte Louis de Narbonne de le leur avoir fait courir, parce que, chevalier d'honneur de madame Adélaïde, il devait l'accompagner et préférait rester à Paris. Mon père a toujours regardé cette assertion comme une de ces absurdes calomnies que l'esprit de parti invente contre les gens qui ne partagent pas ses passions. Au reste, mon père était prévenu pour le comte Louis, il l'aimait tendrement ; leur affection était mutuelle, et les opinions politiques avaient peine à les désunir. Le comte Louis disait : « Je suis la passion honteuse de d'Osmond, vainement il se débat contre ; et, moi, je ne m'accoutumerai jamais à le voir dans le parti des bêtes. » Ils se rencontraient rarement mais, quand ils se voyaient, c'était toujours avec amitié.

Mesdames furent arrêtées en route [1]. Rendues à la liberté par un décret de l'Assemblée, elles poursuivirent leur route. Nous commençâmes la nôtre qui s'effectua sans accident, et nous rejoignîmes Mesdames à Turin.

Établie à Rome, ma mère y passa quelques mois dans une vive inquiétude sur les dangers où mon père était exposé. Il vint nous rejoindre au printemps de l'année 1792, quelques mois après la fuite

---

1. C'est en février 1791 que Mesdames se mirent en route, accompagnées du comte Louis de Narbonne qui, malgré les difficultés, parvint à les conduire dans les États du roi de Sardaigne, leur beau-frère.

de Varennes. Voici ce que je lui ai entendu raconter depuis :

Le Roi avait formé le projet de s'éloigner de Paris pour se rendre dans une ville de guerre dont la garnison fût fidèle. Monsieur de Bouillé, commandant dans l'Est, était chargé de préparer les lieux, puis de faire les dispositions du voyage. Mon père était dans la confidence. Il devait, sous prétexte de se rendre à son poste en Russie, quitter Paris, s'arrêter à la frontière, venir rejoindre le Roi où il serait et prendre ses derniers ordres pour la rédaction d'une lettre ou manifeste qu'il devait porter aux Cours du Nord, en leur expliquant la position du Roi qui, échappé des mains des factieux, se trouvait en situation de faire appel à tout ce qui était fidèle en France. Le Roi demandait surtout aux Cours étrangères de ne reconnaître d'autre autorité que la sienne et de ne point traiter avec les princes émigrés. Il existait déjà entre le château des Tuileries et le conseil de monsieur le comte d'Artois la plus vive animadversion.

Mon père pressait monsieur de Montmorin de l'expédier, mais les paresseuses lenteurs de ce ministre, qui n'était pas dans le secret, retardaient son départ. Il n'osait partir sans ses instructions dans la crainte d'inspirer des soupçons. Le jour fixé pour la fuite approchait ; enfin on lui promit que ses lettres de créance seraient prêtes le lendemain.

Il se promenait aux Champs-Élysées ; il vit passer la voiture du Roi revenant de Saint-Cloud. La Reine se pencha en dehors de la portière et lui fit des signes de la main. Il ne les comprit pas alors, mais ils lui furent expliqués lorsque, le lendemain matin, son valet de chambre lui apprit, en entrant chez lui, le départ de la famille royale. Il avait été avancé de quarante-huit heures parce qu'un changement de service parmi les femmes de monsieur le Dauphin aurait fait arriver une personne dont on se méfiait.

Mon père n'avait pas vu la Reine depuis cette décision et n'avait pu être averti ; au reste, il n'aurait pu partir sans les instructions du ministre. Il vit donc sa mission manquée et ne s'occupa plus que du moyen d'aller rejoindre le Roi, lorsqu'il le saurait à Montmédy. Cette préoccupation ne l'empêcha pas de courir toute la matinée. Il trouva la ville dans la stupeur. Les démagogues étaient dans l'effroi ; les royalistes n'osaient encore témoigner leur joie. Tous gardaient le silence et personne n'agissait. Bientôt arriva le courrier porteur de la nouvelle de l'arrestation ; alors la ville fut assourdie des cris et des vociférations de toute la canaille qu'on put recruter. Les Jacobins reprirent leur audace et les honnêtes gens se cachèrent.

Ce fut de sa fenêtre du pavillon de Marsan que mon père vit arriver l'horrible escorte qui ramenait au château, à travers le jardin, les illustres prisonniers. Ils furent une heure et demie à se rendre du pont tournant au palais. À chaque instant, le peuple faisait arrêter la voiture pour les abreuver d'insultes et avec l'intention d'arracher les gardes du corps qu'on avait garrottés sur le siège. Cependant cet affreux cortège arriva sans qu'il y eût de sang répandu ; s'il en avait coulé une goutte, probablement tout ce qui était dans ce fatal carrosse eût été massacré. Tous s'y attendaient et s'y étaient résignés.

Aussitôt qu'il fut possible de pénétrer jusqu'aux princes, mon père y arriva. La Reine lui raconta les événements avec autant de douceur que de magnanimité, n'accusant personne et ne s'en prenant qu'à la fatalité du mauvais succès de cette entreprise qui pouvait changer leur destin.

Il y a bien des relations de ces événements, mais l'authenticité de celle-ci, recueillie de la bouche même de la Reine, me décide à retracer les détails qui me sont restés dans la mémoire parmi ceux que j'ai entendu raconter à mon père.

La voiture de voyage avait été commandée par madame Sullivan (depuis madame Crawford) que monsieur de Fersen y avait employée pour une de ses amies, la baronne de Crafft. C'était pour cette même baronne, sa famille et sa suite qu'on avait obtenu un passeport parfaitement en règle et un permis de chevaux de poste. La voiture avait été depuis plusieurs jours amenée dans les remises de madame Sullivan. Elle se chargea du soin d'y placer les effets nécessaires à l'usage de la famille royale.

On aurait désiré que les habitants des Tuileries se dispersassent, mais ils ne voulurent pas se séparer. Le danger était grand, et ils voulaient, disaient-ils, se sauver ou périr ensemble. Monsieur et Madame, qui consentirent à partir chacun de leur côté, arrivèrent sans obstacle. À la vérité, ils ne cherchèrent que la frontière la plus voisine ; et le Roi, ne devant pas quitter la France, n'avait qu'une route à suivre. On avait pris beaucoup de précautions, mais la dernière manqua.

La berline de la baronne de Crafft devait être occupée par le Roi, la Reine, madame Élisabeth, les deux enfants et le baron de Viomesnil. Deux gardes du corps en livrée étaient sur le siège. Madame de Tourzel ne fut informée du départ qu'au dernier moment. Elle fit valoir les *droits de sa charge* qui l'autorisaient à ne jamais quitter monsieur le Dauphin. L'argument était péremptoire pour ceux auxquels il était adressé, et elle remplaça monsieur de Viomesnil dans la voiture. Dès lors, la famille royale n'avait avec elle personne en état de prendre un parti dans un cas imprévu. Ce n'étaient pas de simples gardes du corps, quelque dévoués qu'ils fussent, qui assumeraient cette responsabilité. Cette décision fut connue trop tard pour qu'on y pût remédier.

Le jour et l'heure arrivés, le Roi et la Reine se
retirèrent comme de coutume et se couchèrent. Ils
se relevèrent aussitôt, s'habillèrent de vêtements
qu'on leur avait fait parvenir, et partirent seuls des
Tuileries. Le Roi donnait le bras à la Reine ; en passant sous le guichet, les boucles de ses souliers s'ac-
crochèrent, il pensa tomber. La sentinelle l'aida à se
soutenir, et s'informa s'il était blessé. La Reine se
crut perdue. Ils passèrent.

En traversant le Carrousel, ils furent croisés par
la voiture de monsieur de Lafayette ; les flambeaux
portés par ses gens éclairèrent l'auguste couple.
Monsieur de Lafayette avança la tête ; ils eurent l'inquiétude d'être reconnus, mais la voiture continua
sa course. Enfin, ils atteignirent le coin du Carrousel. Monsieur de Fersen les suivait de loin ; il hâta le
pas, ouvrit la portière d'une voiture de remise où
madame de Tourzel et les deux Enfants étaient déjà
placés. Monsieur le Dauphin était vêtu en fille ;
c'était le seul déguisement qui eût été adopté. On
attendit quelques minutes madame Élisabeth. Sa
sortie du palais avait éprouvé des difficultés. Une
fille de garde-robe dévouée lui donnait le bras.

Le marquis de Briges était le cocher de cette voiture ; le comte de Fersen monta derrière. On sortit
heureusement de la barrière. La voiture de voyage
ne se trouva pas au-dehors, comme il était convenu.
On attendit plus d'une heure ; enfin, on reconnut
qu'on s'était trompé de barrière. Le lieu proposé
d'abord pour le rendez-vous avait été changé ; on
avait négligé de prévenir monsieur de Briges.

Afin de ne point repasser les barrières, il fallut
faire un assez long détour pour gagner celle où se
trouvait la voiture de poste. Elle y était, en effet,
mais il y avait eu beaucoup de temps perdu. Les
illustres fugitifs s'y établirent promptement. Ce fut
dans ce moment que monsieur de Fersen remit à un

des gardes du corps, qui n'en avait pas, ses pistolets sur lesquels son nom était gravé et qui ont été trouvés à Varennes.

Aucun accident ne retarda la marche ; les postillons, bien payés, sans exagération, menaient rapidement. En voyant Charles de Damas à son poste, les voyageurs se flattèrent que les retards apportés à leur départ n'auraient pas de suites fâcheuses ; ils commencèrent à prendre quelque sécurité. Il faisait une chaleur extrême ; monsieur le Dauphin en souffrait beaucoup. On baissa les jalousies qu'on tenait levées et, en arrivant au relais de Sainte-Menehould, on oublia de tirer les stores du côté du Roi et de la Reine, placés vis-à-vis l'un de l'autre.

Leurs figures, et surtout celle du Roi, étaient les plus connues. Le Roi aperçut un homme, appuyé contre les roues de la voiture qui le regardait attentivement. Il se baissa sous prétexte de jouer avec ses enfants et dit à la Reine de tirer le store dans quelques instants, sans se presser. Elle obéit, mais, en se relevant, le Roi vit le même homme appuyé sur la roue de l'autre côté de la voiture et le regardant attentivement. Il tenait un écu à la main et semblait confronter les deux profils ; mais il ne disait rien.

Le Roi dit : « Nous sommes reconnus, serons-nous trahis ? C'est à la garde de Dieu. »

Cependant on achevait d'atteler. L'homme restait appuyé sur la roue, dans un profond silence ; il ne l'abandonna qu'au moment où elle se mit en mouvement. Lorsqu'ils eurent quitté le relais de Sainte-Menehould, les pauvres fugitifs crurent avoir échappé à ce nouveau danger, et le Roi dit qu'il faudrait s'occuper de découvrir cet homme pour le récompenser, car certainement il les avait reconnus, que lui le retrouverait entre mille. Hélas, il était destiné à le revoir.

Que se passe-t-il dans la tête de ce Drouet, car

c'était lui : eut-il un moment de pitié, un moment d'hésitation, ou bien, Sainte-Menehould n'étant qu'un tout petit hameau, craignait-il de ne pouvoir ameuter assez de monde pour arrêter la voiture ? Je ne sais, mais, bientôt après, il monta à cheval et prit la route de Clermont dont il était maître de poste et où il comptait précéder les voyageurs.

Il en était très près, et s'étonnait de n'avoir pas encore atteint la voiture, lorsqu'il rencontra des postillons de retour :

« La voiture a-t-elle encore beaucoup d'avance ? cria-t-il.

— Nous n'avons pas vu de voiture.

— Comment ! » et il dépeignit la voiture.

« Elle n'est pas sur cette route, mais j'ai vu, de la hauteur, une berline sur celle de Varennes ; c'est peut-être cela. »

Drouet n'en douta pas. En effet, à l'embranchement de la route de Clermont et de celle de Varennes, les gardes du corps avaient fait suivre cette dernière aux postillons. Ils avaient fait quelque légère difficulté sur ce que le relais était plus long et qu'on aurait dû avertir à la poste ; mais ils avaient passé outre et menaient si bon train que Drouet eut peine à les atteindre.

Qu'on suppose l'alarme des voyageurs en reconnaissant l'homme de la roue sur un cheval couvert d'écume. Il fit de vifs reproches aux postillons de mener si vite dans un relais si long, leur ordonna de ralentir le pas en les menaçant de les dénoncer au maître de poste de Sainte-Menehould, et lui-même prit les devants. On n'osait pas trop presser les postillons ; d'ailleurs, on espérait encore éviter le danger.

Un relais, préparé par les soins de monsieur de Bouillé, devait être placé avant l'entrée de Varennes. Il était nécessaire de passer le pont situé à la sortie

de la petite ville, mais on ne ferait que la traverser.
Et, comme il y avait une escorte avec les chevaux de
voiture, on pouvait se flatter de ne pas trouver d'obstacle. Le jour tombait. Le relais qui devait être au bas
de la montée de Varennes ne s'y trouva pas. On l'espérait en haut; il n'y était pas davantage. Les gardes
du corps frappèrent à la glace:

« Que faut-il faire ?

— Aller », répondit-on.

On arriva à la poste. La nuit était close; il n'y
avait pas, disait-on, de chevaux à l'écurie. Les postillons refusèrent de doubler la poste sans faire
rafraîchir leurs chevaux. Pendant qu'on parlemen-
tait, la Reine vit passer des dragons portant leurs
selles sur leurs dos. Elle espéra que le détachement
et le relais allaient enfin paraître; mais les chevaux
de voiture étaient placés à une extrémité de la ville,
ceux des dragons à une autre, et le pont les séparait.

On vint presser les voyageurs de quitter la voiture
et de faire reposer les enfants pendant que les postillons feraient rafraîchir les chevaux de poste. Ils
craignirent d'exciter les soupçons en persistant
dans leur premier refus; ils entrèrent dans une maison, mais déjà ils étaient dénoncés et reconnus. Une
charrette, renversée sur le pont, ferma la communication au détachement de dragons: le tocsin sonna;
et, lorsque le duc de Choiseul, qui s'était égaré dans
des chemins de traverse et qui se fiait aux précautions ordonnées à Varennes, y arriva, il n'était plus
temps de sauver le Roi autrement qu'en le plaçant
ainsi que sa famille sur des chevaux de troupe et en
prenant au galop le chemin d'un gué. Cela ne pouvait se faire que de vive force et en tirant des coups
de pistolet. Monsieur de Choiseul le proposa, le Roi
s'y refusa; il dit qu'il ne consentirait jamais à faire
couler une goutte de sang français. La Reine n'insista pas; mais il était clair dans son récit qu'elle

aurait adopté la proposition de monsieur de Choiseul. Au reste, elle dit à mon père que, du moment où le relais avait manqué, elle n'avait plus eu d'espoir et avait compris qu'ils étaient perdus.

Malheureusement, le comte de Bouillé avait confié l'important poste de Varennes à son fils, le comte Louis de Bouillé[1]. Il s'y conduisit avec une légèreté et une incurie sans exemple. Sans la faiblesse paternelle de monsieur de Bouillé, qui lui fit donner cette mission à un homme de vingt ans, il est probable que la Révolution aurait pris une autre marche; peut-être même n'en serait-il sorti que de salutaires améliorations à la Constitution française.

Ce Drouet, que tout à l'heure le pauvre Roi pensait à récompenser, se présenta comme un maître insolent vis-à-vis de la famille éplorée. Bientôt elle fut en butte à tous les outrages. Je ne me rappelle pas d'autres détails, si ce n'est que la Reine se louait des procédés de Barnave, pendant le cruel retour, surtout en les comparant à ceux de monsieur de Latour-Maubourg.

J'ai dit que le Roi était fort opposé aux démarches que monsieur le comte d'Artois faisait en son nom. Cette opposition ne diminua pas après la réunion de Monsieur à son frère, et les prisonniers des Tuileries furent en complète hostilité avec les chefs de Coblentz.

La Reine, avec l'approbation du Roi, entretenait une correspondance dont le baron de Breteuil[2],

1. Le général marquis de Bouillé, après avoir servi en Amérique, fut un des rares officiers généraux à montrer de la fermeté au début de la Révolution. Son fils Louis (1769-1845) était son aide de camp lors de la fuite de la famille royale. Après avoir émigré, il revint en 1802 pour servir dans les armées françaises (1806-1812). Sa femme fut dame de Marie-Louise.
2. Louis-Auguste Le Tonnelier, baron de Breteuil (1733-1807) achevait alors une longue carrière diplomatique dans la tradition des Correspondances secrètes.

alors à Bruxelles, était le principal agent, et qui avait pour premier but d'éloigner les cabinets étrangers de prêter les mains aux intrigues des princes. On se cachait pour cela de madame Élisabeth qui penchait pour les opinions de ses frères, de façon que, même dans l'intérieur de ce triste château, la confiance n'était pas complète.

Mon père était l'intermédiaire de la correspondance de la Reine avec monsieur de Breteuil. Il portait ses lettres chez monsieur de Mercy; et, quelquefois, lorsqu'on craignait d'exciter l'attention par des visites trop fréquentes, c'était Bermont qui allait les recevoir des mains de la Reine. Mon père a eu la certitude qu'une somme de soixante mille francs lui avait été offerte pour livrer ces papiers. S'il avait remis une de ces lettres de la Reine qu'il savait porter, certes il aurait pu la vendre bien cher.

La situation de la famille royale devenait de jour en jour plus intolérable. Le Roi consentit enfin à reconnaître et à jurer la Constitution. Que ceux qui l'accusent de faiblesse se mettent à sa place avant de le condamner. Mon père ne se l'est jamais permis, mais il a fortement désapprouvé le plan suivi par lequel il devait apporter tous les obstacles possibles à la Constitution qu'il venait d'accepter :

«Puisque vous l'avez jurée, Sire, disait-il, il faut la suivre loyalement, franchement, l'exécuter en tout ce qui dépend de vous.

— Mais elle ne peut pas marcher.

— Hé bien, elle tombera, mais il ne faut pas que ce soit par votre faute.»

Dans ces nouveaux prédicaments, mon père blâma hautement la correspondance de la Reine avec Bruxelles. Elle eut l'air de l'écouter, de se ranger à son avis; mais elle se cacha seulement de lui, et trouva un autre agent, sans pourtant lui en savoir mauvais gré, ni lui retirer sa confiance sur d'autres points.

Ces pauvres princes ne voulaient suivre complètement les avis de personne, et cependant accueillaient et acceptaient en partie tous ceux qu'on leur donnait. Il en résultait dans leur conduite un décousu qui se traduisait aisément en fausseté aux yeux de leurs ennemis et en lâcheté vis-à-vis de leurs soi-disant amis des bords du Rhin ; car, il ne faut pas l'oublier, Coblentz a été aussi fatal et presque aussi hostile à Louis XVI que le club des Jacobins.

La mission que mon père avait dû remplir, si la fuite du Roi avait réussi, était annulée par l'arrestation de Varennes. Il demanda à Sa Majesté la permission de donner sa démission du poste de Pétersbourg. Dans son opinion, le Roi, ayant accepté la Constitution, ne devait se servir que de ce qu'on appelait *les patriotes*, de gens qui avaient la réputation aussi bien que la volonté d'y être attachés. Mon père, aristocrate prononcé, tel raisonnable qu'il pût être, n'était plus qu'un embarras, et il témoigna l'intention d'aller rejoindre ma mère à Rome.

Le Roi l'y autorisa, en ajoutant que, lorsque le temps des honnêtes gens et des sujets fidèles serait revenu, il saurait où le retrouver. Il le remercia de ne point faire le projet d'aller à Coblentz. La Reine surtout insista beaucoup pour qu'il prît la route de l'Italie :

« Vous êtes à nous, monsieur d'Osmond ; nous voulons vous conserver. »

Le bon sens du Roi avait compris tout le danger de l'émigration comme elle existait en Allemagne, et mon père partageait trop ses opinions pour être tenté de s'y rendre. Au reste, il aurait été probablement mal reçu, car tous ceux qui, au risque de leur vie, se dévouaient au service du Roi, étaient regardés de fort mauvais œil par les princes ses frères, surtout par monsieur le comte d'Artois qui, à cette époque, prenait l'initiative. Le caractère plus cauteleux de Monsieur l'a tenu dans la réserve tant que le Roi a vécu.

Mon père resta encore quelque temps à Paris. Dans la dernière entrevue qu'il eut avec le Roi, celui-ci lui donna le brevet d'une pension de douze mille francs sur sa cassette.

« Je ne suis pas bien riche, lui dit-il, mais vous n'êtes pas bien avide ; nous nous retrouverons peut-être dans des temps où je pourrai mieux user de votre zèle et le récompenser plus dignement. »

L'état de la santé de ma mère, qui devenait plus alarmant, décida enfin mon père à s'arracher de ces Tuileries où il ne voulait pas rester et qu'il ne pouvait quitter. Il arriva à Rome au printemps de l'année 1792.

À la tristesse que lui donnaient les événements politiques, se joignit celle qui résultait de la perte de son frère, l'abbé d'Osmond, jeune homme de la plus belle espérance. Il s'était rendu à Saint-Domingue en 1790, dans la pensée d'y conserver nos propriétés et d'y préparer une retraite à notre famille, si la France devenait inhabitable. Au commencement de l'insurrection de Saint-Domingue, il joua le rôle le plus honorable ; mais, tombé entre les mains des nègres, il fut inhumainement massacré.

Mon père avait retenu le vicomte d'Osmond à la tête du régiment (de Neustrie), qu'il commandait à Strasbourg, tant qu'il était resté en France. Mais, après son départ, le vicomte, accompagné de tous les officiers de son régiment, alla rejoindre l'armée des princes.

DEUXIÈME PARTIE

ÉMIGRATION

CHAPITRE I

Je passerai rapidement sur le séjour que nous fîmes en Italie. Je n'en conserve qu'un léger souvenir ; je me rappelle seulement avoir entendu faire des récits sur les bisbilles de la petite Cour de Mesdames qui, même alors, me semblaient d'un extrême ridicule. Les querelles des deux dames d'honneur étaient poussées au point de diviser le petit nombre de Français alors à Rome. On était du parti Narbonne ou du parti Chastellux, et on se détestait cordialement.

L'attitude de mes parents se trouvait forcée par l'honneur que ma mère avait d'appartenir à madame Adélaïde ; les Chastellux le reconnurent et ils restèrent en bons termes. Les enfants Chastellux vivaient en intimité avec moi, ainsi que Louise de Narbonne, petite-fille de la duchesse. Toutefois, pour ne pas faire de jaloux, nous étions tous également exclus de la présence des princesses.

Je n'ai pas vu madame Adélaïde trois fois pendant le séjour à Rome ; à la vérité, j'avais un peu passé l'âge où l'on s'amuse d'un enfant comme d'un petit chien. Malgré les querelles domestiques dont elles étaient témoins et victimes, jamais leurs entours ne sont parvenus à désunir les deux vieilles princesses.

Elles sont mortes à peu de jours l'une de l'autre, ayant toujours vécu dans la plus tendre union. Madame Victoire avait une grande admiration pour sa sœur qui le lui rendait en affection.

La faible santé de ma mère la retenait habituellement chez elle. Chaque soir, il s'y réunissait quelques personnes, au nombre desquelles les plus assidues étaient les prélats Caraffa, Albani[1], Consalvi[2], et enfin l'abbé Maury[3], alors le coryphée du parti royaliste. Toutes ces personnes étaient spirituelles et distinguées. Je m'accoutumais à prendre goût à leur conversation. J'étais très gâtée par elles, et principalement par l'abbé Maury et le prélat Consalvi.

L'abbé Maury, en butte à toutes les haines, à toutes les intrigues romaines pour l'éloigner de la pourpre à laquelle la faveur du pape Pie VI l'appelait et y donnant sans cesse prise par ses inconvenances, fit un rude noviciat. Il venait raconter ses douleurs à ma mère ; elle le consolait et l'encourageait, tout en le grondant. Le pape le nomma archevêque de Nicée, et l'envoya nonce au couronnement de l'empereur Léopold, ce qui lui assurait le chapeau.

1. Probablement Joseph Albani (1754-1834), futur cardinal, déjà très hostile à la France.

2. Ercole Consalvi (1757-1824) avait gagné les bonnes grâces des tantes de Louis XVI, par son hostilité affichée envers les principes révolutionnaires. Nommé grâce à leur appui auditeur de rote, il fut à ce titre chargé de la surveillance des Français de Rome. Banni en 1798, il devint secrétaire du cardinal Chiaramonti qui, devenu pape sous le nom de Pie VII, le fit cardinal en 1800. Il en fut dès lors le principal ministre (c'est lui qui négocia le Concordat) jusqu'en 1823.

3. Jean-Siffrein, cardinal Maury (1746-1817). Prédicateur en renom, académicien en 1784, puis membre de la Constituante. Après sa dissolution, il émigra en Italie, où Pie VI le fit cardinal, évêque de Montefiascone en 1794. Il fut chargé par Louis XVIII de le représenter auprès du pape, en remplacement du cardinal de Bernis.

Au retour, il me donna la confirmation et, à cette occasion, une très belle topaze dont l'Empereur lui avait fait cadeau avec plusieurs autres pierres précieuses. Depuis que j'ai été témoin de l'excès fabuleux de son avarice, je ne conçois pas comment il a pu se dessaisir de ce bijou. Peut-être cette passion n'était pas arrivée au développement que nous lui avons connue.

Monsignor Consalvi a eu une réputation européenne; j'en reparlerai plus tard.

Le cardinal d'York [1], dernier rejeton des malheureux Stuart, habitait Rome. Ma mère était petite-fille du gouverneur de son père; à ce titre, il l'accueillit avec une bonté extrême.

Il l'engagea à venir chez lui à Frascati, l'été et, l'hiver, il exigeait qu'elle et mon père allassent fréquemment dîner chez lui. On le trouvait dans un grand palais peu meublé, sans feu nulle part, un capuchon sur la tête, deux grosses houppelandes sur le corps, les pieds sur une chaufferette et les mains dans un manchon. Ses convives auraient volontiers adopté le même costume, car on gelait chez lui. Par excès de bonté pour ma mère, il faisait allumer quelques lattes de bois dans un quatrième salon, et il prétendait qu'à cette distance sa respiration en était gênée. Notez qu'il avait du charbon allumé sous les pieds. Mais il faut bien conserver quelque chose de la royauté, ne fût-ce qu'une manie! Ses gens l'appelaient: Votre Majesté. Les commensaux, plus relevés, évitaient toute appellation, ce que l'emploi de la troisième personne dans l'italien rend plus facile. Il ne parlait que cette langue et un peu d'anglais si mauvais qu'on avait peine à le comprendre, ce qui lui déplaisait extrêmement.

Toute sa tendresse se portait sur Consalvi qu'il

1. Henri-Benoît Stuart (1725-1807), petit-fils de Jacques II.

traitait comme un fils; il ne pouvait se passer un moment d'*Ercole*, ainsi qu'il l'appelait à chaque instant, et le pauvre *Ercole* en était souvent bien ennuyé.

Le cardinal était alors furieux contre sa belle-sœur, la comtesse d'Albany[1], qui avait accepté une pension de la Cour de Londres; il en parlait avec une fort belle dignité royale très blessée. Depuis, lui-même a eu recours à la munificence anglaise. Tant il est vrai qu'en temps de révolution il est bien difficile de préciser d'avance ce à quoi on peut être amené. Certainement, à cette époque, le cardinal croyait de bonne foi qu'il aimerait mieux mourir que de se voir sur la liste des pensionnaires de l'Angleterre, et pourtant il a sollicité d'y être placé.

Je me rappelle une aventure qui fit du bruit à Rome. Monsieur Wilbraham Bootle, jeune Anglais, distingué par sa position sociale, sa figure, son esprit, et possesseur d'une immense fortune, y devint amoureux d'une miss Taylor qui était jolie, mais n'avait aucun autre avantage à apporter à son époux. Cependant monsieur Wilbraham Bootle briga ce titre et obtint facilement son consentement. Le jour du mariage était fixé. À un grand dîner chez lord Camelford, on parla d'une ascension faite le matin à la croix posée sur le dôme de Saint-Pierre. La communication de la boule à la croix était extérieure. Monsieur Wilbraham Bootle dit que, sujet à des vertiges, il ne pourrait pas faire l'entreprise d'y arriver, et que rien au monde ne le déciderait à la tenter.

1. La comtesse d'Albany (1753-1824) était séparée depuis 1780 de son mari le prétendant Charles-Édouard, qu'elle avait épousé en 1772. Rendue célèbre par son salon de Florence, fréquenté des artistes et des voyageurs, et par sa longue passion pour Alfieri, auquel elle donna pour successeur le jeune peintre montpelliérain Fabre.

« Rien au monde, dit miss Taylor.

— Non, en vérité.

— Quoi, pas même si je vous le demandais ?

— Vous ne me demanderiez pas une chose pour laquelle j'avoue franchement ma répugnance.

— Pardonnez-moi, je vous le demande ; je vous en prie ; s'il le faut, je l'exige. »

Monsieur Wilbraham Bootle chercha à tourner la chose en plaisanterie, mais miss Taylor insista, malgré les efforts de lord Camelford[1]. Toute la compagnie prit rendez-vous pour se trouver le surlendemain à Saint-Pierre et assister à l'épreuve imposée au jeune homme. Il l'accomplit avec beaucoup de calme et de sang-froid. Lorsqu'il redescendit, la triomphante beauté s'avança vers lui, la main étendue ; il la prit, la baisa, et lui dit :

« Miss Taylor, j'ai obéi au caprice d'une charmante personne. Maintenant, permettez-moi, en revanche, de vous offrir un conseil : quand vous tiendrez à conserver le pouvoir, n'en abusez jamais. Je vous souhaite mille prospérités ; recevez mes adieux. »

Sa voiture de poste l'attendait sur la place de Saint-Pierre ; il monta dedans et quitta Rome. Miss Taylor eut tout le loisir de regretter sa sotte exigence. Dix ans après, je l'ai revue encore fille ; j'ignore ce qu'elle est devenue depuis.

Je voyais souvent madame Lebrun ou plutôt sa fille. Elle était une de mes camarades de jeu. Madame Lebrun, très bonne personne, était encore jolie, toujours assez sotte, avait un talent distingué, et possédait à l'excès toutes les petites minauderies auxquelles son double titre d'artiste et de jolie

---

1. Thomas Pitt, lord Camelford (1737-1793), cousin du Premier Ministre anglais, voyageait alors en Italie. Il avait une réputation de riche amateur et passait lui-même pour un homme distingué.

femme lui donnait droit. Si le mot de *petite maîtresse* n'était pas devenu d'aussi mauvais goût que les façons qu'on lui prête, on pourrait le lui appliquer.

Le cardinal Corradini, oncle de Consalvi, possédait à Albano une petite maison qu'il prêta à ma mère et où nous passâmes deux étés. Je conserve un assez faible souvenir de ce ravissant pays, mais un très vif du plaisir que j'avais à y monter sur l'âne du jardinier.

Vers le commencement de 1792, arriva à Rome sir John Legard avec sa femme, miss Aston, cousine germaine de ma mère. Cette relation de famille amena promptement une grande intimité. Les ressources que mes parents avaient apportées de France s'épuisaient. Un seul quartier de la pension donnée par le Roi avait été payé. Le chevalier Legard leur demanda de l'accompagner à Naples, et de retourner ensuite avec lui dans son manoir de Yorkshire où il leur offrait la plus généreuse et la plus amicale hospitalité. Mes parents acceptèrent de passer avec lui quelque temps à Naples, sans s'engager au-delà. Le chevalier Legard n'insista pas.

Nous restâmes dix mois à Naples. Ma mère fut très accueillie et fort goûtée par la Reine qui lui faisait conter la Cour de France et tout ce commencement de la Révolution, si intéressant pour elle et comme reine et comme sœur[1].

J'étais admise auprès des princesses ses filles, et c'est là où a commencé ma liaison, si j'ose me servir de cette expression, avec la princesse Amélie[2], depuis reine des Français. Nous parlions français et anglais, nous lisions ensemble, j'allais passer des journées avec elle à Portici et à Caserte. Elle me distinguait de toutes ses autres petites compagnes.

1. Elle était la sœur de Marie-Antoinette.
2. Marie-Amélie (1782-1866) de Bourbon-Sicile.

J'étais moins en rapport avec ses sœurs, quoique nous fussions presque aussi souvent ensemble.

Cependant, après madame Amélie, j'aimais assez madame Antoinette, depuis princesse des Asturies[1]. Quant à madame Christine, qui est devenue reine de Sardaigne, nous l'excluions de tous nos plaisirs auxquels, quoique plus âgée, elle aurait volontiers pris part. Les deux princesses aînées, l'Impératrice et la grande-duchesse de Toscane, étaient mariées à cette époque.

Il y avait beaucoup d'étrangers à Naples, et je crois qu'on s'y amusait; pour moi, comme de raison, je ne prenais que peu de part à ces gaietés. On me menait quelquefois à l'Opéra. J'étais déjà bonne musicienne, et je commençais à avoir une assez belle voix dont Cimarosa s'était enthousiasmé. Il ne donnait pas de leçons, mais il venait fréquemment me faire chanter et m'avait donné un maître qu'il dirigeait.

Le moment de quitter Naples approchait. Le chevalier Legard demanda derechef à mes parents de le suivre en Angleterre. Les communications avec Saint-Domingue, dont on espérait encore quelques secours, y étaient plus faciles. Mon père avait conservé en Hollande tout son mobilier d'ambassade dont on pouvait tirer quelque parti. Enfin, et au pis aller, sir John Legard offrait chez lui, avec toute la délicatesse possible, une retraite honorable. Pendant les dix mois que nous avions passés à Naples, il avait comblé mes parents de toutes les marques d'amitié. En restant en Italie, nous devions tomber incessamment à la charge de Mesdames. Elles-mêmes commençaient à se trouver dans la gêne, et leurs entours ne verraient pas volontiers une nouvelle famille s'installer dans leur commensalité.

1. Elle épousa le futur Ferdinand VII.

Toutes ces réflexions décidèrent mes parents à accepter les offres pressantes du chevalier Legard, après en avoir obtenu l'agrément de madame Adélaïde. Elle consentit à leur départ, en ajoutant que, s'ils ne trouvaient pas à s'établir en Angleterre, tant qu'elle aurait un morceau de pain, elle le partagerait avec eux. La reine de Naples essaya de conserver ma mère à Naples ; elle lui offrit même une petite pension, mais alors on espérait encore dans ses propres ressources. La Reine, d'ailleurs, passait pour capricieuse, et la faveur de lady Hamilton commençait. Cette lady Hamilton a eu une si fâcheuse célébrité que je crois devoir en parler[1].

1. Lady Hamilton (1761-1815) ; après une existence aventureuse de jeune fille pauvre mais belle, Emma Lyon était devenue la maîtresse de Charles Greville, qui la fit venir auprès de lui en 1782. Quoique membre du Parlement, il ne put que lui faire une existence modeste dont elle parut se contenter très bien. Il fut très bon pour elle, améliora son éducation. C'est en 1784 que son oncle maternel, sir W. Hamilton (de passage à Londres) la vit. Il fut frappé de sa beauté : « *She is better than anything in nature. In her particular way, she is finer than every thing that is to be found in antique art.* » Greville accepta de satisfaire les désirs de son oncle. Emma quitta Londres au mois de mars 1786. Après bien des réticences (lettres passionnées à Greville), elle finit sur les froides instances de ce dernier par devenir la maîtresse de l'ambassadeur. Elle devint très vite la « reine » de la société napolitaine (cf. Goethe, *Voyage en Italie*, 16-22 mars 1787) et son mariage le 6 septembre 1791 confirma sa situation. Elle avait été reçue au passage par Marie-Antoinette et de retour à Naples présentée à la reine Marie-Caroline dont elle devint la confidente au point que ses ennemis (le parti français) répandirent des calomnies sur leur liaison. En réalité, leurs relations étaient simplement au service des intérêts britanniques. C'est en septembre 1798 qu'elle fit la connaissance de Nelson qu'elle avait rencontré déjà en 1793. Sa passion affichée pour « le héros » (elle avait commencé par s'évanouir dans ses bras sur le pont du *Vengeur*) resta platonique jusqu'à la mort de son mari (1803). Après celle de l'amiral, sa vie fut en butte à des difficultés

Monsieur Greville, entrant un jour dans sa cuisine, vit au coin de la cheminée une jeune fille n'ayant qu'un pied chaussé, parce qu'elle raccommodait le gros bas de laine noire destiné à couvrir l'autre. En levant les yeux, elle lui montra une beauté céleste. Il découvrit qu'elle était la sœur de son palefrenier. Il n'eut pas grand-peine à lui faire monter l'escalier et à l'établir dans son salon. Il vécut avec elle quelque temps, lui fit apprendre un peu à lire et à écrire.

Le feu s'étant mis dans les affaires de ce jeune homme très dérangé, il se trouva obligé de quitter Londres subitement. En ce moment, son oncle, sir William Hamilton[1], ministre d'Angleterre à Naples, s'y trouvait en congé. Il lui raconta que son plus grand chagrin était la nécessité d'abandonner une jeune créature fort belle qu'il avait chez lui et qui allait se trouver dans la rue. Sir William lui promit d'en avoir soin.

En effet, il alla la chercher au moment où les huissiers l'expulsaient de chez monsieur Greville, et

---

financières. Mise en prison pour dettes en juillet 1813, relâchée un an après, elle alla mourir à Calais le 15 janvier 1815.

1. Sir William Hamilton (1730-1803). C'est en 1764 qu'il fut nommé ambassadeur à Naples où, jusqu'en 1800, il mena une existence de diplomate homme du monde, curieux de toutes sortes de choses. Il avait commencé par des recherches sur les phénomènes volcaniques (*Campi Phlégraei*, texte français-anglais, 54 planches, 2 vol. in fol., Naples, 1776); il avait aussi réuni une très riche collection de vases, terres cuites, bronzes, qu'il vendit au British Museum en 1772; le recueil qu'il en a fait publier (*Antiquités étrusques, grecques et romaines*, 4 vol., Naples, 1766-1767) exerça une grande influence sur Wedgwood. Il recommença et c'est Tischbein (ami de Goethe) qui fit la 2ᵉ publication: *Collection of Engravings from Greek Vases... in the possession of Sir W. Hamilton*, Naples, 1791 (texte français), 2ᵉ édition italo-française: *Pitture de Vasi antiche*, 240 planches, 4 vol. in fol., Florence, 1800-1803.

bientôt il en devint éperdument amoureux. Il l'emmena en Italie. Je ne sais quel rôle elle joua auprès de lui ; mais, au bout de quelques années, il finit par l'épouser. Jusque-là, il semblait la traiter avec une affection paternelle qui convenait à son âge et lui avait permis, jusqu'à un certain point, de la présenter dans le monde peu difficile de l'Italie.

Cette créature, belle comme un ange et qui n'avait jamais pu apprendre à lire et à écrire couramment, avait pourtant l'instinct des arts. Elle profita promptement des avantages que le séjour d'Italie et les goûts du chevalier Hamilton lui procurèrent. Elle devint bonne musicienne, et surtout se créa un talent unique, dont la description paraît niaise, qui pourtant enchantait tous les spectateurs et passionnait les artistes. Je veux parler de ce qu'on appelait les *attitudes* de lady Hamilton.

Pour satisfaire au goût de son mari, elle était habituellement vêtue d'une tunique blanche ceinte autour de la taille ; ses cheveux flottaient ou étaient relevés par un peigne, mais sans avoir la forme d'une coiffure quelconque. Lorsqu'elle consentait à donner une représentation, elle se munissait de deux ou trois châles de cachemire, d'une urne, d'une cassolette, d'une lyre, d'un tambour de basque. Avec ce léger bagage et dans son costume classique, elle s'établissait au milieu d'un salon. Elle jetait sur sa tête un châle qui, traînant jusqu'à terre, la couvrait entièrement et, ainsi cachée, se drapait des autres. Puis elle le relevait subitement, quelquefois elle s'en débarrassait tout à fait, d'autres fois, à moitié enlevé, il entrait comme draperie dans le modèle qu'elle représentait. Mais toujours elle montrait la statue la plus admirablement composée.

J'ai entendu dire à des artistes que, si on avait pu l'imiter, l'art n'aurait rien trouvé à y changer. Souvent elle variait son attitude et l'expression de sa physionomie. «Passant du grave au doux, du plaisant au sévère», avant de laisser retomber le schall, dont la chute figurait une espèce d'entracte.

Je lui ai quelquefois servi d'accessoire pour former un groupe. Elle me plaçait dans la position convenable et me drapait avant d'enlever le châle qui, nous enveloppant, nous servait de rideau. Mes cheveux blonds contrastaient avec ses magnifiques cheveux noirs dont elle tirait grand parti. Un jour, elle m'avait placée à genoux devant une urne, les mains jointes, dans l'attitude de la prière. Penchée sur moi, elle semblait abîmée dans sa douleur; toutes deux nous étions échevelées. Tout à coup, se redressant et s'éloignant un peu, elle me saisit par les cheveux d'un mouvement si brusque que je me retournai avec surprise et même un peu d'effroi, ce qui me fit entrer dans l'esprit de mon rôle, car elle brandissait un poignard. Les applaudissements passionnés des spectateurs artistes se firent entendre avec les exclamations de: *Bravo la Médéa!* Puis, m'attirant à elle, me serrant sur son sein en ayant l'air de me disputer à la colère du ciel, elle arracha aux mêmes voix le cri de: *Viva la Niobé!*

C'est ainsi qu'elle s'inspirait des statues antiques et que, sans les copier servilement, elle les rappelait aux imaginations poétiques des Italiens par une espèce d'improvisation en action. D'autres ont cherché à imiter le talent de lady Hamilton; je ne crois pas qu'on y ait réussi. C'est une de ces choses où il n'y a qu'un pas du sublime au ridicule. D'ailleurs, pour égaler son succès, il faut commencer par être parfaitement belle de la tête aux pieds, et les sujets sont rares à trouver.

Hors cet instinct pour les arts, rien n'était plus vulgaire et plus commun que lady Hamilton. Lorsqu'elle quittait la tunique antique pour porter le costume ordinaire, elle perdait toute distinction. Sa conversation était dépourvue d'intérêt, même d'intelligence. Cependant il fallait bien qu'elle eût une sorte de finesse à ajouter à la séduction de son incomparable beauté, car elle a exercé une entière domination sur les personnes qu'elle a eu intérêt à gouverner : son vieux mari d'abord qu'elle a couvert de ridicule, la reine de Naples qu'elle a spoliée et déshonorée, et lord Nelson qui a souillé sa gloire sous l'empire de cette femme, devenue monstrueusement grasse et ayant perdu sa beauté.

Malgré tout ce qu'elle s'était fait donner par lui, par la reine de Naples et par sir William Hamilton, elle a fini par mourir dans la détresse et l'humiliation aussi bien que dans le désordre. C'était, à tout prendre, une mauvaise femme et une âme basse dans une enveloppe superbe.

La reine de Naples avait eu beaucoup de peine à consentir à la recevoir. Ma mère avait été employée par sir William à obtenir cette faveur. Mais elle ne tarda pas à s'emparer de l'esprit de la Reine. Il est indubitable que les cruelles vengeances exercées à Naples, sous le nom de la Reine et de lord Nelson, ont été provoquées, on peut même dire commandées par lady Hamilton. Elle leur persuadait mutuellement que chacun d'eux les exigeait. Ma mère en fut d'autant plus désolée qu'elle était fort attachée à la reine Caroline avec laquelle elle est restée en correspondance très suivie, et à qui elle a eu dans la suite de grandes obligations.

J'ai déjà parlé plusieurs fois du valet de chambre de mon père, Bermont. Lorsque notre départ pour l'Angleterre fut décidé, mon père voulut le placer à Naples chez le général Acton. Il y aurait été à merveille ; il s'y refusa absolument. Il avait épousé depuis plusieurs années une femme qui avait été successivement ma bonne et celle de mon frère, lorsqu'on m'avait remise à une Anglaise. Il en avait

eu des enfants restés en France. Il dit à mon père
qu'il ne voulait pas se séparer de nous.

«Mais, mon pauvre Bermont, je ne peux pas garder un valet de chambre.

— C'est vrai, monsieur le marquis, mais il vous
faut un muletier. Vous allez acheter des mules pour
faire le voyage; il faut bien quelqu'un pour les soigner et les conduire, hé bien, ce quelqu'un ce sera
moi.»

Mon père, touché jusqu'aux larmes, ne put qu'ac
cepter ce dévouement. Les mules furent achetées par
lui avec autant de zèle que d'intelligence. Il les
menait en cocher, et un jeune nègre, venu tout
enfant des habitations de mon père, servait de postillon à une berline occupée par mon père, ma mère,
leurs deux enfants, la femme de Bermont et une
jeune négresse particulièrement attachée à mon service et dont j'aurai à reparler.

Les ressources de mon père n'étaient pas encore
complètement épuisées. Il avait été décidé qu'il voya-
gerait avec le chevalier Legard à frais communs et,
depuis ce moment, la tête de ce dernier travaillait
incessamment pour arriver à faire ce voyage au
meilleur marché possible. De là, l'invention de l'achat
de mules, quinteuses et odieuses bêtes qui ont donné
mille embarras, et un système de lésinerie dans tous
les détails qui ont rendu ce voyage insupportable et
quelquefois dangereux.

Par exemple, le chevalier ne voulut pas laisser
démonter les voitures, ni prendre des guides et des
chevaux du pays pour traverser le Saint-Gothard, et
nous pensâmes tous y périr. Montée sur une petite
mule napolitaine qui n'avait jamais porté ni vu de la
neige, j'ai traversé la montagne, conduite par mon
pauvre père, enfonçant dans la neige jusqu'aux
genoux à chaque pas, et à travers une tourmente
effroyable. Je me rappelle que mes larmes gelaient

sur mon visage. Je ne disais rien pour ne pas augmenter l'inquiétude que je voyais peinte sur celui de mon père.

« Tiens ta bride, mon enfant.

— Je ne peux plus, papa. »

Et, en effet, mes gants de peau, d'abord mouillés et glacés ensuite, avaient fini par me geler les doigts ; il fallut me les frotter avec de la neige. Mon père les enveloppa avec la jaquette d'un homme qui se trouvait là, et nous continuâmes notre route. Arrivés à l'hospice, le temps s'était un peu éclairci. Nos bagages envoyés devant étaient à Urseren ; nous n'aurions pu changer nos vêtements trempés. Mon père trouva le chevalier à la porte, causant avec un religieux qui le pressait de s'arrêter.

« Qu'en dites-vous, marquis ?

— Ma foi, puisque le vin est tiré, il vaut autant le boire, dit mon père.

— Certainement, reprit le candide religieux, certainement, messieurs ; il y en a déjà deux bouteilles sur la table et, si cela ne suffit pas, nous en avons encore. »

Cette réponse me fit beaucoup rire et donna le change à mes souffrances. Dans la première jeunesse, il y a tant d'élasticité qu'on reprend bien vite la force avec la gaieté. Malgré les deux bouteilles toutes préparées, nous continuâmes notre route. La tourmente n'existait pas de ce côté de la montagne. Mon père causait avec moi, m'expliquait les avalanches que nous voyions tomber, et la descente me parut aussi agréable que la montée m'avait été pénible.

Nous passâmes quelques jours à Lausanne, puis à Constance, où le vieil évêque de Comminges s'était établi. J'y aperçus de loin Mademoiselle. On venait de l'enlever à madame de Genlis. Elle ne voyait personne, et était regardée avec une espèce de répulsion par toute cette coterie d'émigrés installés à

Constance. Après avoir descendu le Rhin en bateau, nous arrivâmes à Rotterdam. Mon père alla à La Haye pour prendre les caisses qui y étaient déposées. Nous nous embarquâmes, arrivâmes à Harwich et prîmes directement la route du Yorkshire.

CHAPITRE II

Il est temps de peindre plus en détail nos hôtes. Le caractère du chevalier Legard figurerait admirablement dans un roman.

C'était un composé de ce qu'il y a de plus disparate. Né avec l'esprit le plus fin, le goût le plus délicat, l'imagination la plus vive, le besoin de toutes les communications intellectuelles, il avait passé, par goût, toute sa jeunesse dans la retraite d'une gentilhommière du Yorkshire avec les associés les plus vulgaires. Il y avait contracté les habitudes d'une tyrannie domestique dont sa femme était la première victime. Il lui faisait porter la peine d'un genre de vie dont elle était la cause bien innocente.

Madame Aston, mère de deux filles pauvres et d'un fils très riche, selon l'usage du pays, était une jeune veuve très sémillante à l'époque où sir John Legard, officier aux gardes, fit la cour à l'aînée des filles. Il n'y pensait plus guère lorsqu'il apprit que la seconde épousait monsieur Hadges et que l'aînée se tenait pour engagée avec lui. Il eut une explication où il lui représenta que sa fortune le forcerait à habiter exclusivement ses terres et qu'il ne voulait pas demander un si énorme sacrifice à une fille élevée dans le plus grand monde de Londres. Ma pauvre cousine ne comprit pas ce langage et accepta une main qu'on ne lui offrait plus qu'à regret.

Sir John quitta l'armée et s'établit en Yorkshire. Peut-être cette retraite aurait-elle été moins austère si madame Hadges n'avait commencé bien promptement à tenir la conduite plus que légère qui a tant fait parler d'elle. Lady Legard fut punie des torts de sa sœur par la sévérité toujours croissante de son mari. Elle était la meilleure femme du monde, mais la compagne la moins faite pour partager la retraite d'un homme distingué, non qu'elle n'eût assez de connaissances, mais la vie ne lui apparaissait jamais que sous son aspect le plus matériel.

Elle n'avait d'autre autorité dans la maison que celle de commander le dîner, et ce travail lui prenait chaque jour une bonne partie de la matinée. Une fois par semaine, de telle heure à telle heure, ni plus ni moins, elle faisait sa correspondance. Sa montre consultée, elle quittait une page commencée, prenait son rouet, remettant sa lettre à huitaine. Une autre heure appelait une promenade d'un nombre fixe de tours, toujours dans la même allée. Elle mesurait la quantité d'ourlets qu'elle devait accomplir dans un temps donné, et attachait de l'importance à achever cette tâche à la minute fixée. Son mari l'appelait milady *Pendule*, et il avait raison.

Hé bien, cette femme ainsi faite aimait le plaisir, le monde et surtout la toilette. Dès qu'elle trouvait la moindre occasion de satisfaire ses goûts, elle s'y livrait. Elle n'aurait pas osé demander des chevaux pour aller se promener, encore moins pour faire une visite ; mais, lorsque son mari lui disait d'une voix bien solennelle «Milady, il est convenable que vous alliez à tel château des environs», son cœur bondissait de joie. «Certainement, sir John, bien volontiers», et elle allait préparer ses atours. S'il s'agissait d'un dîner et qu'il y eût moyen de mettre trois épingles de diamants, ses seuls bijoux, sa satisfaction était au comble. Elle retrouvait ses impressions de vingt ans que, depuis vingt autres années, la sévérité de son mari tenait sous un éteignoir de plomb.

Il était toujours désobligeant, souvent dur pour elle. Elle était uniformément douce, mais n'avait pas l'air d'attacher le moindre prix à ses mauvais procédés. Je suis persuadée que, si elle les avait ressentis, si son aspect n'avait pas été impassible, soit qu'il fût bien ou mal pour elle, il avait trop d'âme pour persister dans une conduite qui, même avec ces excuses, était fort répréhensible.

Le chevalier Legard, n'ayant pas d'enfants et ne trouvant à exercer pleinement ni sa sensibilité, ni même sa sévérité vis-à-vis d'une femme toujours immobile, s'entourait de jeunes filles de ses parentes, parmi lesquelles je faisais nombre, quoique beaucoup plus enfant.

Nous en avions une peur effroyable, mais nous l'adorions toutes. Un regard un peu moins sévère était une récompense que nous appréciions comme un triomphe. Quand, au bonsoir qu'il nous disait ordinairement, il ajoutait : « bonsoir, Adèle » ; et, une ou deux fois, dans de grandes occasions : « bonsoir, mon amour (my love) », je ressentais un bonheur inexprimable.

Nous savions parfaitement que rien ne lui échappait, qu'il n'y avait pas un bon mouvement de notre cœur qu'il ne devinât et dont il ne nous tînt compte. À la vérité, l'habitude qu'il s'était faite de toujours siéger en jugement sur le genre humain l'entraînait assez fréquemment dans des erreurs ; mais il avait la persuasion d'être juste, nous le sentions et lui en tenions compte. La justice est un grand moyen de domination vis-à-vis de la jeunesse.

Je n'étais pas une de ses favorites ; il me trouvait de l'orgueil. Il est convenu depuis que ce n'était que de la fierté. Placée dans une situation où je pensais que son autorité sur moi pourrait s'exercer de façon

à blesser mes parents, je me tenais dans une grande
réserve et ne m'exposais guère à ses reproches,
mais je n'en étais pas moins sensible à son approbation. Il prenait chaque jour une prise de tabac après
le dîner. Une fois, quelqu'un lui en demanda :

« J'ai oublié ma tabatière », dit-il.

Une de mes compagnes offrit de l'aller chercher.

« Merci, Adèle y est allée. »

Je revins, en effet, apportant la tabatière. J'avais
aperçu le mouvement qu'il avait fait un instant avant
en la cherchant.

« Ah ! vous aviez raison, sir John, dit milady. Adèle
y est allée, vous le saviez donc ?

— Oui, je le savais. »

Et ce : *je le savais*, m'est resté gravé dans la
mémoire comme une des paroles les plus flatteuses
qu'on m'ait jamais adressées. Quel moyen d'éducation qu'une telle influence si on n'en abusait pas !

Il était martyrisé par la goutte et, pendant l'hiver
surtout, cloué sur un fauteuil où il souffrait avec un
courage admirable. Lorsqu'il avait la liberté de ses
mains, il manœuvrait très adroitement son fauteuil
dans toute la maison, mais souvent il était réduit à
avoir besoin d'assistance même pour tourner les
pages de son livre et c'était à qui de nous lui rendrait
ce service. Quelquefois, pour nous témoigner sa
reconnaissance, il lisait tout haut. Il préférait Shakespeare qu'il rendait admirablement, et accompagnait
ses lectures de commentaires très intéressants. C'est
à lui que je dois mon goût pour la littérature anglaise
et le peu de connaissance que j'en ai acquise.

L'été, il retrouvait de la santé ; son adresse et son
agilité devenaient incroyables. Il avait été très beau
dans sa jeunesse, mais il était devenu fort gros et
paraissait plus vieux que son âge, du moins à mes
yeux.

Il aimait passionnément la musique. J'avais une

belle voix ; il n'aurait jamais voulu me demander de
chanter pour ne pas me donner d'amour-propre.
Quelquefois il entrait dans la pièce où j'étudiais, sous
un prétexte quelconque, en me disant : « *Go on,
child.* » (Continuez, enfant.) J'avais très soin de choisir les morceaux qui lui plaisaient le plus ; et, lorsque
je m'apercevais que le livre restait devant lui sans
être lu ou le papier sans que sa plume y eût rien
tracé, j'en ressentais une joie tout à fait dépourvue
de cette vanité qu'il craignait de m'inspirer.

Il était très *Pitt* plutôt que *Tory*. Il représentait parfaitement *the independant country gentleman*. Il n'aimait pas beaucoup la noblesse, méprisait les gens à
la mode, détestait les parvenus. Il était passionnément attaché à son pays et avait tous les préjugés et
les prétentions des Anglais sur leur suprématie au-
dessus de toutes les autres nations. Il aimait le Roi
parce que c'était celui de l'Angleterre, et l'Église
parce que ses rigides principes de morale s'y asso-
ciaient, plutôt qu'il n'était royaliste et religieux.

J'ai passé deux ans à boire tous les jours un demi
verre de vin de Porto au dessert après ce toast :
*Old England for ever the King and constitution and
our glorious revolution.* Probablement cette dernière
phrase datait du moment où la famille des Legard
avait renoncé aux principes jacobites.

Leurs pères avaient joué un rôle parmi *les cavaliers.* Je le croirais d'autant plus volontiers que sir
John avait une très vieille tante, restée fille, qui
ne venait jamais dîner chez lui à cause de ce toast.
Elle habitait une petite ville des environs, Beverley,
rendait beaucoup à son neveu, comme chef de la
famille, mais avait deux grands griefs contre lui, en
outre du toast : l'un, d'avoir renoncé à l'habitation
du manoir seigneurial, devenu trop grand pour sa
fortune et qui était en mauvais état ; l'autre, de ne
pas maintenir la prononciation gutturale du G, dans

son nom qu'elle prétendait d'origine normande, Lagarde. Quant à elle, elle le disait toujours ainsi.

Elle me caressait beaucoup, et nous découvrîmes un beau jour que c'était à cause de mon sang normand. Sir John lui préparait un nouveau chagrin : non content d'avoir quitté son castel pour résider dans une plus petite habitation, il abandonna sa province.

Malgré leur amour exalté de leur patrie, les Anglais tiennent singulièrement peu à leur *endroit*, s'il est permis de se servir de ce terme. Ils s'éloignent sans regret du lieu que leurs parents, ou eux-mêmes, ont habité longuement pour aller chercher une résidence qui s'accorde avec leurs goûts du moment, soit pour la chasse, la pêche, les courses sur terre ou sur l'eau, l'agriculture, ou toute autre fantaisie qu'ils appellent une *poursuite*, et qui les absorbe tant qu'elle dure.

J'ai connu un monsieur Brandling qui a quitté un beau château où il était né et avait été élevé, un voisinage où il était aimé, estimé, qui lui plaisait, pour aller s'établir à cinquante milles de là, dans une maison louée, au milieu du plus vilain pays, uniquement parce que ses palefreniers pouvaient y promener ses chevaux tous les matins, sur une commune dont la pelouse offrait dix milles de parcours, sans qu'ils eussent à poser le sabot sur une toise de chemin raboteux. Ce motif lui avait paru suffisant pour enlever sa femme, qu'il aimait beaucoup, au voisinage de sa famille et des relations de toute sa vie. De son côté, elle n'a jamais songé à se trouver molestée par cette décision qui n'a paru ni bizarre, ni contestable à personne. Si je ne me trompe, ce sont là des traits de mœurs qui font connaître un pays.

Pendant son séjour de quelques mois en Suisse, le chevalier Legard avait pris pour le lac de Genève et les promenades sur l'eau un goût qui lui persuada qu'un lac était nécessaire à son existence. Il acheta quelques arpents de terre sur les bords du lac de Winandermere, dans le Westmoreland, et se décida à y bâtir une maison. En attendant, il en loua une dans les environs où il transporta ses pénates, et nous l'y suivîmes.

Je dois dire que, pendant deux années, cet homme d'un caractère si impérieux, d'une humeur si intraitable, non seulement ne laissa pas échapper un mot qui pût être désagréable à mon père, mais encore vécut avec lui dans les formes de la plus aimable déférence. À la vérité, il l'aimait tendrement, mais il était presque aussi gracieux pour ma mère qu'il n'aimait pas autant, et qui froissait souvent ses susceptibilités.

La haute générosité de son caractère l'emportait sur son humeur et, s'il avait été plus rigide pour moi, c'était par système d'éducation. Au reste, il avait réussi jusqu'à un certain point, car, lorsque j'ai quitté sa maison hospitalière, à plus de quatorze ans, je ne croyais aucunement avoir le moindre avantage à apporter dans le monde.

Mon père, dans le temps de cette retraite, s'était exclusivement occupé de mon éducation. Je travaillais régulièrement huit heures par jour aux choses les plus graves. J'étudiais l'histoire, je m'étais passionnée pour les ouvrages de métaphysique. Mon père ne me les laissait pas lire seule, mais il me les permettait sous ses yeux. Il aurait craint de voir germer des idées fausses dans ma jeune cervelle si ses sages réflexions ne les avaient pas arrêtées. Par compensation peut-être, mon père, dont, au reste, c'était le goût, ajoutait à mes études quelques livres sur l'économie politique qui m'amusaient beaucoup. Je me rappelle que les rires de monsieur de Calonne, lorsque l'année suivante, à Londres, il me trouva lisant un volume de Smith, *Wealth of nations*, dont je faisais ma récréation, furent pour moi le premier avertissement que ce goût n'était pas général aux filles de quinze ans.

Ma mère, menacée d'une maladie du sein, dut aller consulter à Londres et le résultat de cette consultation fut qu'il fallait rester près des médecins. Sa famille se cotisa pour lui en fournir les moyens. Lady Harcourt, son amie, et lady Clifford, sa cousine, se chargèrent de ces arrangements. La reine de Naples, avec qui elle était toujours restée en correspondance, exigea qu'elle ne s'éloignât pas des secours de l'art et lui envoya trois cents louis, en la prévenant que, chaque année, l'ambassadeur de Naples lui en remettrait autant. Ses parents lui complétèrent cinq cents livres sterling avec lesquels il était possible de végéter à Londres.

Mon père revint en Westmoreland chercher mon frère et moi qui y étions restés.

Je ne puis m'empêcher de raconter ici une circonstance qui me frappa vivement. Le chevalier Legard, désolé de la perspective de se trouver seul avec sa femme, était encore plus maussade pour elle que de coutume, et j'en étais indignée, car elle était aussi bonne pour moi qu'il était en elle de l'être pour qui que ce fût. Un soir, nous étions toutes deux dans un petit char à bancs qu'il menait. Il y avait, de l'autre côté du lac, un effet de soleil tellement admirable que j'en étais frappée et je voyais bien que le chevalier l'était aussi. Il étouffait du besoin d'en parler. Enfin il s'adressa à lady Legard et, la regardant de son œil si intelligent, il s'écria avec enthousiasme :

« Quel glorieux coucher du soleil !

— Je ne serais pas étonnée qu'il plût demain », reprit-elle.

Il se retourna sans mot dire, mais comme s'il eût marché sur une torpille. Tout enfant que j'étais, je compris combien ces deux êtres étaient mal assortis et, dans ce moment, ma pitié était bien plus vive pour le tyran que pour la victime.

Me voici arrivée à un fait si étrange dans le cœur humain qu'il faut bien que je le rapporte. Ce Bermont, que j'ai laissé muletier improvisé, ayant reçu à Rome, des prélats amis de mon père, une médaille inscrite : *Au fidèle Bermont*, à peine arrivé en Angleterre, fut pris, disait-il, de la maladie du pays. Il changea à vue d'œil ; enfin il prévint mon père qu'il ne pouvait plus tenir à son anxiété sur le sort de ses enfants, qu'il fallait qu'il allât les voir en France. La mort de Robespierre rendait ce projet praticable. Mon père lui dit :

« Eh bien, allez, mon cher, vous savez ce qui me reste, en voilà le quart ; vous reviendrez nous trouver quand vous serez rassuré, si vous ne trouvez pas à mieux faire.

— Merci, monsieur le marquis, je n'ai pas besoin d'argent, j'ai ce qu'il me faut. »

Et il partit. Bermont avait gagné à la loterie, quelques années avant la Révolution, une somme de mille écus qu'il avait placée sur mon père. Il en avait exactement reçu les intérêts qu'il avait soin d'ajouter chaque trimestre à ses gages. Le livre de comptes où cela était porté restait entre ses mains. Il l'emporta, ainsi que le peu d'objets de valeur qui restaient à mon père. On ne s'en aperçut pas de longtemps.

Lorsque mon père revint nous chercher, il avait laissé ma mère seule à Londres avec sa jeune négresse. Un soir, elle l'appelle en vain. On s'agite, on la cherche ; enfin, on découvre qu'elle est partie avec Bermont, revenu de France exprès pour l'enlever. Il en était devenu amoureux fou, et avait conduit cette intrigue sous les yeux de sa femme, sans qu'elle s'en doutât.

Peu de temps après, à Londres, deux hommes

entrèrent dans le salon où je travaillais à côté de ma mère, couchée sur un canapé. Mon père nous faisait la lecture. Ces deux hommes venaient l'arrêter à la requête de Bermont ; on le mit dans un fiacre et on l'emmena en prison. On se figure notre désolation. Il fallait se procurer des répondants. Ma mère, qui n'avait pas quitté sa chaise longue depuis trois mois, se mit en quête d'en trouver ; elle y réussit au bout de quelques heures. Cependant mon père passa la nuit dans la maison d'arrêt.

Bermont réclamait les mille écus, plus les intérêts et ses gages, ainsi que ceux de sa femme depuis la sortie de France. Cela faisait une assez grosse somme pour de pauvres émigrés. Les livres de comptes, qui auraient fait foi de l'exactitude avec laquelle il avait été payé, étaient en sa possession. Les gens de loi surmontèrent la répugnance de mon père, et obtinrent qu'il nierait la dette en totalité. Pour établir celle des mille écus, Bermont n'avait d'autre preuve que les intérêts constamment payés. Il lui fallut la fournir, en renonçant à une partie notable de ses demandes et en établissant sa mauvaise foi ; mais il n'avait plus rien à perdre vis-à-vis de lui-même et des autres.

Il se conduisit avec une insolence et une dureté dont rien ne peut donner l'idée, et il osa se trouver à l'audience vis-à-vis de son ancien maître qu'il avait fait traîner en prison, sans avoir même l'air troublé. Expliquera qui pourra cette bizarre anomalie.

Cet homme, pendant vingt-cinq ans de dévouement et de fidélité dans les circonstances les plus compromettantes, a-t-il joué un rôle dont il comptait obtenir récompense et, cet espoir échappant, est-il rentré dans son naturel ? Ou bien ce naturel a-t-il changé tout à coup, et le vice a-t-il pris possession d'un cœur jusque-là honnête ? Cela m'est impossible à décider. Sa pauvre femme fut dans le désespoir. En outre de ses torts, elle pleurait son infidélité.

Pour en finir de cette aventure, je dirai qu'il emmena la jeune négresse à Dôle où il fit des spéculations qui ne réussirent pas. Il l'abandonna avec deux enfants. Elle chercha à travailler pour les faire vivre. N'y pouvant réussir, elle les prit un soir par la main et les déposa à l'hôpital. On fut quelques jours sans la revoir. Enfin, on entra chez elle : elle s'était laissée mourir de faim, n'ayant plus un sou ni une harde dont elle pût se défaire.

Elle n'avait jamais porté de plainte, ni demandé de secours à personne. Seulement, en remettant ses enfants à l'hôpital, elle les avait recommandés vivement et, en s'en allant, elle s'était écriée : «Ceux-ci ne sont pas coupables, et Dieu est juste.» Cette pauvre fille, qui était aussi belle que l'admettait sa peau d'ébène, avait une âme fort distinguée et méritait un meilleur sort.

CHAPITRE III

Forcée de me trouver souvent en scène dans ce que j'aurai à raconter, il faut bien que je dise comment j'étais alors.

Plus sérieusement et plus solidement instruite que la plupart des jeunes personnes de mon âge, avec un goût assez fin et des connaissances variées dans la littérature de trois langues que je parlais avec une égale facilité, j'avais la plus profonde ignorance de ce qu'on appelle le monde où je me sentais au supplice.

Sans être belle, j'avais une figure agréable. Des yeux petits, mais vifs et très noirs, animaient un teint

remarquable, même en Angleterre. Des lèvres bien
fraîches, de très jolies dents, une quantité énorme de
cheveux d'un blond cendré ; le col, les épaules, la
poitrine bien ; le pied petit. Mais tout cela me rassu-
rait bien moins que je n'étais inquiétée par des bras
rouges et des mains qui se sont toujours ressenties
d'avoir été gelées au passage du Saint-Gothard ; j'en
étais mortellement embarrassée.

Je ne sais quand je m'avisai de découvrir que
j'étais jolie, mais ce ne fut que quelque temps après
mon arrivée à Londres et très vaguement. Les exclamations des dernières classes du peuple, dans la rue,
m'avertirent les premières : « Vous êtes trop jolie
pour attendre », me disait un charretier en rangeant
ses chevaux. — « Vous ne serez jamais comme cette
jolie dame si vous pleurez », assurait une marchande
de pommes à sa petite fille. — « Que Dieu bénisse
votre joli visage, il repose à voir », s'écriait un porte-
faix, en passant à côté de moi, etc.

Au reste, il est exactement vrai que ces hommages,
comme tous les autres, ne m'ont frappée que lorsqu'ils m'ont manqué. Je ne sais si toutes les femmes
sentent de même, mais je n'en ai tenu compte qu'à
mesure qu'ils échappaient. Les premiers qui fuient
sont les admirations des passants, puis ceux qu'on
entend en traversant les antichambres, puis ceux
qu'on recueille dans les lieux publics. Quant aux
hommages de salon, pour peu qu'on ait un peu d'élégance, on vit assez longtemps sur sa réputation.

Pour en revenir à ma jeunesse, j'étais d'une si
excessive timidité que je rougissais toutes les fois
qu'on m'adressait la parole ou qu'on me regardait.
On ne plaint pas assez cette disposition. C'est une
vraie souffrance, et je la poussai à un tel point que
souvent les larmes me suffoquaient, sans qu'elles
eussent d'autre motif qu'un excès d'embarras que
rien ne justifiait.

Avec cette disposition, je me résignais facilement à ne jamais quitter la ruelle du lit de ma mère qui avait fini par le garder presque continuellement. Je ne sortais que rarement pour me promener, et toujours avec mon père. Mes récréations étaient de jouer aux échecs avec un vieux médecin ou d'entendre causer quelques hommes qui venaient voir mon père.

De ce nombre était monsieur de Calonne[1] ; il prit goût à notre intérieur où il finit par passer sa vie. J'écoutais avec avidité ses récits, faits avec autant d'intérêt que de grâce, lorsque je m'aperçus que le même événement était raconté par lui tout à fait différemment et, bientôt, qu'il ne disait presque jamais la vérité. Avec cet exclusif apanage de la première jeunesse, je le pris alors dans le plus profond mépris et à peine si je daignais l'écouter.

Il était difficile d'être plus aimable, meilleur enfant, plus léger et plus menteur. Avec prodigieusement d'esprit et de capacités, il ne faisait jamais que des fautes et des sottises. Tant qu'elles étaient à faire, il n'écoutait ni représentation, ni conseil ; il courait, tête baissée, s'y précipiter. Mais aussi, dès qu'elles étaient accomplies, même avant d'en éprouver les inconvénients, il les prévoyait tous, s'accusait, se condamnait et abandonnait le parti qu'il avait pris avec une docilité qui n'était comparable qu'à son entêtement de la veille.

---

1. Charles-Alexandre de Calonne (1734-1802), ancien contrôleur général des Finances (1783-1787). C'est lui qui avait convoqué les notables, sans prévoir qu'ils lui demanderaient des comptes. Après son renvoi, il passa en Angleterre, où il se maria. Venu diriger en 1790 le premier ministère de la résistance à Turin auprès du comte de Provence, mettant au service de la contre-révolution la fortune que lui avait apportée sa femme, il finit par se faire radier en 1802, mais il mourut un mois après son retour en France.

Il était, à l'époque dont je parle, brouillé avec tout le monde (même avec monsieur le comte d'Artois, pour lequel il s'était ruiné), criblé de dettes, vivant sous la protection de l'ambassade d'Espagne à laquelle il s'était fait attacher pour éviter d'être arrêté, et aussi gai, aussi entrain que s'il avait été dans la plus douce situation du monde.

Voici, à ce propos, une petite aventure qui donne une idée de l'avidité des gens de loi en Angleterre. On affiche à l'hôtel de ville la liste des personnes qui, attachées aux différentes légations, sont à l'abri de l'arrestation pour dettes. L'Espagne était alors en querelle avec l'Angleterre. L'ambassadeur était parti ; cependant la liste restait affichée, mais pouvait être enlevée à chaque instant. Monsieur de Calonne allait assez fréquemment à la cité pour s'en assurer. Un jour, il rencontra un légiste, beau monsieur qu'il avait quelquefois vu dans le monde.

« Que faites-vous donc dans ce quartier lointain ? » Monsieur de Calonne le lui expliqua.

« Ne vous donnez pas la peine de venir, je passe dans cette salle tous les jours pour me rendre au tribunal ; je vous promets d'y regarder et de vous avertir s'il survenait quelque changement. »

Monsieur de Calonne se confondit en remerciements et n'y pensa plus. Des mois se passèrent et, depuis longtemps, il n'avait plus d'inquiétude à ce sujet. Il eut une petite affaire à laquelle il employa son obligeant ami. Lorsqu'il reçut la note des frais, il trouva : « *item* pour avoir examiné si le nom de monsieur de Calonne restait sur la liste de la légation d'Espagne, quinze schellings ; *item*, etc. ». La somme se montait à deux cents livres sterling. Monsieur de Calonne fut furieux, mais il fallut payer ou plutôt ajouter cette somme à celle de ses autres dettes.

Je n'ai jamais mené la vie de l'émigration, mais je l'ai vue d'assez près pour en conserver des souvenirs qu'il est bien difficile de coordonner tant ils sont disparates. Il y a à louer jusqu'à l'attendrissement dans les mêmes personnes dont la légèreté, la déraison, les vilenies révoltent.

Des femmes de la plus haute volée travaillaient dix heures de la journée pour donner du pain à leurs enfants. Le soir, elles s'attifaient, se réunissaient, chantaient, dansaient, s'amusaient la moitié de la nuit, voilà le beau. Le laid, c'est qu'elles se faisaient des noirceurs, se dénigrant sur leur travail, se plaignant que l'une eût plus de débit que l'autre, en véritables ouvrières.

Le mélange d'anciennes prétentions et de récentes petitesses était dégoûtant.

J'ai vu la duchesse de Fitz-James, établie dans une maison aux environs de Londres et conservant ses grandes manières, y prier à dîner tout ce qu'elle connaissait. Il était convenu qu'on mettrait trois schellings sous une tasse placée sur la cheminée, en sortant de table. Non seulement, quand la société était partie, on faisait l'appel de ces trois schellings, mais encore, lorsque, parmi les convives, il y avait eu quelqu'un à qui on croyait plus d'aisance, on trouvait fort mauvais qu'il n'eût pas déposé sa demiguinée au lieu de trois schellings, et la duchesse s'en expliquait avec beaucoup d'aigreur. Cela n'empêchait pas qu'il n'y eût une espèce de luxe dans ces maisons.

J'ai vu madame de Léon et toute cette société faire des parties très dispendieuses où elles allaient coiffées et parées sur l'impériale de la diligence, au grand scandale de la bourgeoisie anglaise qui n'y serait pas montée. Ces dames fréquentaient le parterre de l'Opéra où il ne se trouvait guère que des filles et où leur maintien ne les en faisait pas assez distinguer.

Les mœurs étaient encore beaucoup plus relâchées qu'avant la Révolution, et ces formes, qui donnaient un vernis de grâce à l'immoralité, n'existaient plus. Monsieur le comte Louis de Bouillé[1], arrivant ivre dans un salon, s'asseyait auprès de la duchesse de Montmorency, attirait madame la duchesse de Châtillon de l'autre côté et disait à une personne qui l'engageait à se retirer : « Hé bien, quoi ! qu'a-t-on à dire, ne suis-je pas sur mes terres ? » et il posait ses deux mains sur ces dames.

Ce ton n'était pas exclusivement réservé à monsieur de Bouillé. Presque tout le monde vivait en ménage, sans que l'Église eût été appelée à bénir ces alliances. Les embarras de fortune, la nécessité de s'associer pour vivre, servaient de motif aux uns, de prétexte aux autres. Et puis, d'ailleurs, pourvu qu'on *pensât bien*, tout était pardonné. Il n'y avait pas d'autre intolérance, mais celle-là était complète. J'ai vu tout cela, mais pourtant ce n'était pas parmi le grand nombre.

La masse des émigrés menait une vie irréprochable ; et il faut bien que cela soit, car c'est de leur séjour prolongé en Angleterre que date le changement d'opinion du peuple anglais en faveur du peuple français.

Quant aux opinions politiques, c'était partout le comble de la déraison ; et même ceux des émigrés qui menaient la vie la plus austère étaient les plus absurdes. Toute personne qui louait un appartement pour plus d'un mois était mal notée ; il était mieux de ne l'avoir qu'à la semaine, car il ne fallait pas douter qu'on ne fût toujours à la veille d'être rappelé en France par la contre-révolution.

Mon père avait fait un bail de trois ans pour la petite maison que nous habitions dans le faubourg de Brompton ; cela lui aurait fait tort s'il avait eu

1. Voir note 1, p. 106.

quelque chose à perdre. Mais sa désapprobation de l'émigration armée, et surtout son attachement bien connu pour le roi Louis XVI et la Reine, la fidélité qu'il portait à leur mémoire, étaient des crimes qu'on ne lui pardonnait pas plus que la sagesse avec laquelle il jugeait les extravagances du moment.

Je l'entendais souvent en causer avec l'évêque de Comminges (son frère auquel l'ancien évêque de Comminges avait cédé son siège en 1786), et tous deux déploraient l'aveuglement du parti auquel les circonstances les forçaient d'appartenir.

Il ne serait pas juste, en parlant de l'émigration, de passer sous silence la conduite du clergé. Elle a été de nature à se concilier l'estime et la vénération du peuple anglais, bien peu disposé en faveur de prêtres papistes. Chaque famille bourgeoise avait fini par avoir son abbé français de prédilection qui apprenait sa langue aux enfants et souvent assistait les parents dans leurs travaux.

Réunis par chambrée, quelques-uns de ces bonnes gens s'étaient fait de petites industries à l'aide desquelles ils vivaient et venaient au secours des plus vieux ou des infirmes. Malgré le désir qu'ils auraient peut-être eu d'exercer le prosélytisme, ils ont été assez sages pour qu'aucune réclamation ne s'élevât à cet égard, et je n'ai pas souvenance qu'il y ait eu aucun genre de plainte portée contre un prêtre pendant tout le temps qu'a duré leur exil.

Cette conduite leur avait attiré une vénération dont on a vu des résultats touchants. Par exemple, ceux qui étaient chargés d'approvisionner leurs petites colonies se rendaient le vendredi à Billingsgute, leur schelling à la main, et c'était à qui des vendeurs de poisson remplirait leur panier. Ils avaient la délicatesse, remarquable dans des gens de cette espèce, de recevoir le schelling en donnant du poisson pour la valeur de dix ou douze. Aussi les prêtres français s'émerveillaient du bon marché. Cette singulière transaction commerciale s'est renouvelée tous les vendredis pendant des années; les gens de Billingsgute avaient l'idée qu'elle leur portait bonheur.

La malheureuse expédition de Quiberon avait eu lieu depuis longtemps, avec des circonstances déplorables pour tout ce qui y avait pris part. Le séjour de l'île d'Yeu sera à jamais la honte de la haute émigration[1]. Monsieur de Vauban[2] n'en a fait qu'un trop fidèle récit.

Monsieur de Frotté, le frère du général[3], vint à Londres. Sa mission était d'avertir monsieur le comte d'Artois que la Vendée était perdue s'il ne s'y présentait un prince. Je ne sais qui l'amena chez ma mère; il y venait assez souvent. Sa négociation traînait en longueur, on l'amusait de bonnes paroles; enfin, il exigea une réponse catégorique, en annonçant la nécessité de son départ.

1. Outre les insuffisances du commandement, l'échec de Quiberon (juillet 1795) venait de l'absence d'un prince du sang à la tête de l'expédition. Aussi le comte d'Artois finit-il par accepter en septembre 1795 de s'embarquer pour l'île d'Yeu. C'était une occasion de prendre pied sur le sol français; mais, après de nombreuses tergiversations, il regagna Londres sans avoir débarqué.

2. Jacques, comte de Vauban (1754-1816). Aide de camp de Rochambeau en Amérique, colonel du régiment d'Orléans en 1784, il émigra en 1791, suivi de ses officiers. Devenu aide de camp du comte d'Artois, il fit partie de l'expédition de Bretagne dirigée par le comte de Puisaye. Après l'échec de Quiberon, il servit d'agent de liaison puis rentra en France. C'est au Temple où il avait été enfermé en 1806 qu'il écrivit des *Mémoires historiques pour servir à l'histoire de la guerre de Vendée*, réédités en 1815.

3. Louis de Frotté (1767-1800) se rendit célèbre par l'habileté avec laquelle il dirigea les maquis royalistes de Normandie en 1795, puis en 1799. Il fut passé par les armes en 1800. Le messager est son demi-frère, Charles-Pierre de Frotté (1778-1813), officier d'artillerie dans l'armée anglaise.

Je le vis arriver chez ma mère, comme un homme désespéré. Son indignation était au comble ; voici ce qu'il nous raconta :

Monsieur le comte d'Artois l'avait reçu, entouré de ce qu'il appelait son conseil, l'évêque d'Arras[1], le comte de Vaudreuil, le baron de Roll, le chevalier de Puységur, monsieur du Theil[2] et quelques autres, car ils étaient huit ou dix (notez bien que la tête de monsieur de Frotté, qui partait le lendemain, dépendait du secret). Monsieur de Frotté rapporta l'état de la Vendée et les espérances qu'elle présentait. Chacun fit ses objections ; il y répondit. On concéda que la présence de monsieur le comte d'Artois était nécessaire au succès. Vinrent ensuite les difficultés du voyage. Il les leva. Puis combien Monseigneur aurait-il de valets de chambre, de cuisiniers, de chirurgiens, etc., etc. (il n'était pas encore question d'aumôniers à cette époque). Tout fut débattu et convenu. Monsieur le comte d'Artois était assez passif dans cette discussion et paraissait disposé à partir. Monsieur de Frotté dit en terminant :

« Je puis donc avertir mon frère que Monseigneur sera sur la côte à telle époque.

— Permettez, un moment, dit le baron de Roll avec son accent allemand, permettez, je suis capitaine des gardes de monsieur le comte d'Artois et, par conséquent, responsable vis-à-vis du Roi de la sûreté de Monseigneur. Monsieur de Frotté répond-il que Monseigneur n'a aucun risque à courir ?

---

1. Mgr de Conzié (1732-1804) se montra un des adversaires les plus résolus de la Révolution au sein du Conseil privé, le véritable centre des intrigues destinées à soulever la France ; la dernière conspiration qu'il organisa fut celle de Cadoudal.
2. Louis-François du Theil avait tenté de faire sortir la famille royale du Temple. Depuis 1795, il jouait le rôle de chargé d'affaires financier des princes auprès du gouvernement anglais.

— Je réponds que nous serons cent mille à nous faire tuer avant qu'il tombe un cheveu de sa tête. Je ne puis répondre de plus.

— Je m'en rapporte à vous, messieurs, est-ce là une sécurité suffisante pour hasarder Monseigneur? Puis-je y consentir?» reprit le baron.

Tous affirmèrent que *non*; assurément, que c'était impossible. Monsieur le comte d'Artois leva la séance en disant à monsieur de Frotté qu'il lui souhaitait un bon voyage et que c'était bien à regret qu'il renonçait à une chose que lui-même devait reconnaître impraticable.

Monsieur de Frotté, atterré d'abord, donna un coup de poing sur la table et s'écria, en jurant, «qu'ils ne méritaient pas que tant de braves gens s'exposassent pour eux». C'était en sortant de cette scène qu'il arriva chez nous; il en était encore tellement ému qu'il ne put s'en taire. Il nous raconta ces détails avec une chaleur et une éloquence de colère et d'indignation qui me frappèrent vivement et que je me suis toujours rappelées.

C'est probablement à la suite des communications qu'il fit à son frère que celui-ci écrivit la fameuse lettre à Louis XVIII: «La lâcheté de votre frère a tout perdu.» Eh bien! cela est exagéré. Monsieur le comte d'Artois, sans doute, n'avait pas de ces bravoures qui cherchent le danger; mais, si ses entours l'avaient encouragé au lieu de l'arrêter, il aurait été trouver monsieur de Frotté, comme il est resté à Londres.

Ah! ne soyons pas trop sévères pour les princes. Regardons autour de nous; voyons quelle influence la puissance, les succès exercent sur les hommes! Le ministre, depuis quelques mois au pouvoir, la jolie femme, le grand artiste, l'homme à la mode, ne sont-ils pas sous le joug de la flatterie? Ne se croient-ils pas bien sincèrement des êtres à part? Si quelques instants d'une fugitive adulation amènent si promptement ce résultat, comment s'étonner que des princes, entourés depuis le berceau de l'idée de leur importance privilégiée, se livrent à toutes les aberrations dérivant de la folie de se croire eux-mêmes des êtres à part dont la conservation est le premier besoin de chacun? Je suis persuadée que c'est très consciencieusement que monsieur le comte d'Artois représentait à monsieur de Frotté l'impossibilité de hasarder la *sûreté de Monseigneur*, et que cet argument lui paraissait péremptoire pour tout le monde.

Quand nous disons aux princes que nous sommes trop heureux de mourir pour leur service, cela nous paraît une forme, comme le «très humble serviteur» au bas d'une lettre; mais eux le prennent fort au sérieux et trouvent qu'en effet c'est un véritable bonheur. Est-ce tout à fait leur faute? Non, en conscience; c'est celle de tout ce qui les approche, dans tous les temps et sous tous les régimes.

Aucune des personnes qui entouraient monsieur le comte d'Artois ne se souciait d'une expédition aventureuse dont les chances, bien incertaines, devaient amener des fatigues et des privations assurées. Le baron de Roll était, de plus, dans cette circonstance, l'organe de madame de Polastron[1]. Sa tendresse réelle et mal entendue pour monsieur le comte d'Artois ne lui inspirait des craintes que pour sa sûreté et jamais pour sa gloire.

L'évêque d'Arras, arrogant et violent, tranchant du premier ministre et tout occupé des intrigues qu'il tramait contre la cour de Louis XVIII (car les deux frères étaient en hostilité ouverte et leurs

1. Belle-sœur de la duchesse de Polignac, la comtesse de Polastron (1764-1804), ancienne dame du palais, était la maîtresse du prince depuis plusieurs années. C'est sa fin édifiante qui fera la fortune de Latil auprès du futur Charles X.

agents cherchaient partout à se déjouer mutuellement), l'évêque d'Arras aurait craint par-dessus tout
une entreprise qui aurait nécessairement retiré l'influence de ses mains pour la donner aux militaires,
d'autant qu'alors le prince était fort éloigné de toute
prédilection pour les prêtres. À la vérité, l'évêque
d'Arras ne l'était guère.

Monsieur de Vaudreuil, que nous avons vu l'amant
despote de la toute-puissante duchesse de Polignac,
était devenu le mari soumis d'une jeune femme, sa
cousine, qu'il avait épousée depuis l'émigration et
dont la conduite peu mesurée aurait pu épuiser sa
patience, s'il s'en était aperçu.

J'ai beaucoup vu le comte de Vaudreuil à Londres,
sans avoir jamais découvert la distinction dont ses
contemporains lui ont fait honneur. Il avait été
le coryphée de cette école d'exagération qui régnait
avant la Révolution, se passionnant pour toutes les
petites choses et restant froide devant les grandes. À
l'aide de l'argent qu'il puisait au trésor royal, il
s'était fait le Mécène de quelques tout petits Virgiles
qui le louaient en couplets. Chez madame Lebrun,
il se pâmait devant un tableau, et protégeait les
artistes. Il vivait familièrement avec eux et gardait
ses grands airs pour le salon de madame de Polignac, et son ingratitude pour la Reine dont je l'ai
entendu parler avec la dernière inconvenance. En
émigration et devenu vieux, il ne lui restait plus que
le ridicule de toutes ses prétentions et l'inconsidéra-
tion de voir les amants de sa femme fournir à l'entretien de sa maison par des cadeaux qu'elle était
censée gagner à la loterie.

Ce n'était pas dans sa propre famille que madame
de Vaudreuil aurait acquis les habitudes d'une grande
délicatesse. Sa mère, vieille provençale, ne manquait pas d'une espèce d'habileté, ne lui en donnait
pas l'exemple. En voici un trait entre mille.

Pendant la campagne des Princes, un homme de ses amis, partant pour l'armée, lui remit une bourse contenant deux cents louis.

« Si je vis, lui dit-il, je vous les redemanderai. Si je meurs, je vous prie de les remettre à mon frère. »

L'ami revint sain et sauf. Son premier soin fut d'accourir chez madame de Vaudreuil. Elle ne lui parla pas du dépôt. Un peu de timidité empêcha le jeune homme de prendre l'initiative. Enfin il se décida, au bout de plusieurs visites, à le réclamer.

« Hélas, mon bon ami, s'il en reste, il n'en reste guère », dit-elle, avec son accent provençal.

Et, sans le moindre embarras, elle lui remit la bourse où il ne se trouvait plus qu'une douzaine de louis. On conçoit qu'une telle personne ne donnât pas des principes bien sévères à ses filles ; aussi toutes en ont profité.

L'une d'elles, madame de La Tour, avait suivi son mari à Jersey où le corps auquel il appartenait était en garnison. À cette époque, le gouverneur de l'île était un d'Auvergne, capitaine de la marine anglaise, qui avait la prétention de descendre de la maison de Bouillon, au moins du côté gauche. Monsieur d'Auvergne se lia très particulièrement avec madame de La Tour, qui fit les honneurs de la maison du gouverneur. Les officiers, par malice, l'appelèrent entre eux madame de La Tour d'Auvergne ; mais elle accepta le nom et, dès lors, elle, son mari, ses beaux-frères, ses enfants, tous quittèrent le surnom de Paulet pour prendre celui d'Auvergne.

De là, et appuyant cette prétention de quelques papiers que le capitaine d'Auvergne, mort sans enfants, lui a laissés, elle a établi en France, lorsqu'elle y est rentrée, une branche de La Tour d'Auvergne qui n'a d'autres droits que ceux que j'ai énoncés et qui pourtant s'est fait une existence qui finit par ne lui être plus contestée.

Elle fut fort assistée dans cette entreprise par son beau-frère, l'abbé de La Tour, extrêmement intrigant. Dans un temps dont je parlerai, il était le secrétaire intime et le séide de l'évêque d'Arras, et tonnait contre tous les émigrés qui rentraient en France. Un beau matin, il disparut sans avertir personne, et quinze jours après nous apprîmes que le Premier Consul l'avait nommé titulaire de l'évêché d'Arras. Les fureurs de son patron et prédécesseur furent poussées jusqu'à la frénésie contre ce *misérable prestolet*. Il ne le désignait plus autrement.

Il y aurait bien des pages à écrire sur cette famille Vaudreuil, mais elles seraient peu amusantes et encore moins édifiantes. Il faut pourtant excepter madame de Serant-Walsh, la fille aînée, personne de mérite, qui a été une des premières dames de l'impératrice Joséphine. Elle était très remarquablement instruite, assez spirituelle, et l'Empereur se plaisait à causer avec elle, dans le temps où il causait encore. Elle et madame de Rémusat lui ont souvent fait arriver des vérités utiles pour lui et pour les autres.

Les créanciers de monsieur le comte d'Artois devinrent plus importuns, et il fut obligé d'aller rechercher la protection des murs du palais d'Holyrood, à Edimbourg, où ils ne pouvaient l'atteindre. Il y séjourna jusqu'à ce qu'un bill du parlement anglais eut décidé que les dettes contractées à l'étranger ne pourraient entraîner prise de corps.

Il ne resta de prince à Londres que monsieur le duc de Bourbon qui a péri si misérablement à Saint-Leu, fin trop digne de sa vie. Son père, s'étant aperçu qu'il entendait le bruit des balles sans s'y plaire, l'avait expulsé de l'armée de Condé où, entre deux générations de héros, il soutenait bien mal le beau nom de Condé. Ce n'était pas un mauvais homme; il était doux et facile dans son intérieur. Peut-être son inconduite tenait-elle principalement à une timidité organique qui lui rendait insupportable l'existence de prince; il n'était à son aise que dans les classes assez peu élevées pour qu'il n'y trouvât aucun respect. Son goût vif pour les femmes, se trouvant réuni à sa répugnance pour les salons, le jetait dans une vie des moins honorables.

Lorsqu'il se trouvait forcé, par quelques circonstances impossibles à éviter, à se trouver en bonne compagnie, il y souffrait visiblement. Il avait pourtant une belle figure, fort noble, et ses façons, quoique froides et embarrassées, avaient de la distinction. Une liaison intime avec la jeune comtesse de Vaudreuil le mit pendant quelques mois dans le monde, mais il y était toujours mal à son aise.

Il allait un peu plus volontiers qu'ailleurs dans ce qu'on appelait la société créole. Elle était composée de personnes dont les habitations n'avaient pas été assez dévastées pour être détruites entièrement. Les négociants de Londres leur faisaient, à intérêts bien onéreux, de petites avances dont ils ont fini par n'être pas payés. Cette classe de créoles était alors la moins malheureuse parmi les émigrés. Une certaine madame de Vigné en était la plus riche. Elle tenait une espèce d'état, appelait monsieur le duc de Bourbon *le voisin*, parce qu'il demeurait dans sa rue, et était suffisamment vulgaire pour le mettre à son aise.

C'est elle qui répondait à un Anglais qui lui demandait si elle était créole:

«Oui, monsieur, et des bonnes, car je roule.»

Paroles que l'Anglais fut obligé de se faire expliquer. Sa fille, très jolie et très aimable, était l'objet des prétentions de tout ce que l'émigration avait de plus distingué; mais elle fit la difficile, les moulins des habitations cessèrent de *rouler*, et elle fut trop heureuse d'épouser le consul d'Angleterre à Hambourg. Mademoiselle de La Touche, fille de madame Arthur Dillon, et mademoiselle de Kersaint, toutes deux riches de possessions à la Martinique, avaient été plus avisées. La première épousa le duc de Fitz-James, l'autre, le duc de Duras. J'ai été par la suite très liée avec toutes deux, et j'aurai à en reparler.

CHAPITRE IV

Je ne raconterai pas le roman de ma vie, car chacun a le sien et, avec de la vérité et du talent, on peut le rendre intéressant, mais le talent me manque. Je ne dirai de moi que ce qui est indispensable pour faire comprendre de quelles fenêtres je me suis trouvée assister aux spectacles que je tenterai de décrire, et comment j'y suis arrivée. Pour cela il me faut entrer dans quelques détails sur mon mariage.

La santé de ma mère donnant moins d'inquiétude, elle chercha à m'amuser. Elle avait retrouvé à Londres Sappio, ancien maître de musique de la reine de France. Il était venu chez elle, m'avait fait chanter, s'était passionné de mon talent et le cultivait avec d'autant plus de zèle qu'il s'en faisait grand honneur. Sa femme, très gentille petite personne, était bonne musicienne. Nos voix s'unissaient si heureusement que, lorsque nous chantions ensemble à la tierce, les vitres et les glaces en vibraient. Je n'ai jamais vu cet effet se renouveler qu'entre mesdames Sontag et Malibran[1]. Il avait un mérite très grand, surtout pour les artistes, parce

1. Henriette Sontag (1805-1854) et Mme Malibran (1808-1836), célèbres cantatrices romantiques ; la première se produisit surtout en Allemagne-Russie, la seconde fut la gloire du théâtre italien de Paris (voir les *Stances à la Malibran*, de Musset).

que cela est rare. Sappio en amenait souvent chez ma mère ; ils prirent l'habitude d'y venir de préférence le dimanche matin, et cela finit par composer une espèce de concert improvisé d'artistes et d'amateurs. Les assistants s'y multiplièrent, la mode s'en mêla et, au bout de quelques semaines, ma mère eut toute la peine du monde à écarter la foule de chez elle.

Un monsieur Johnson[1], que nous voyions quelquefois, lui demanda la permission de lui amener un nouveau débarqué de l'Inde ; il connaissait encore peu de monde et désirait se mettre en bonne compagnie. Il vint, il s'en alla sans que nous y fissions grande attention.

Plusieurs semaines se passèrent. Il revint faire une visite, dit qu'une entorse l'avait empêché de se présenter plus tôt et pressa tellement ma mère de venir dîner chez lui le lendemain qu'après avoir fait une multitude d'objections elle y consentit. Il n'y avait que la famille O'Connell[2] et la mienne. Notre hôte pria monsieur O'Connell de venir le voir de bonne heure le jour suivant et le chargea de me demander en mariage[3].

J'avais seize ans. Je n'avais jamais reçu le plus léger hommage, du moins je ne m'en étais pas aperçue. Je n'avais qu'une passion dans le cœur, c'était

1. Probablement Richard Johnson (de la Maison Edwards-Templer and Co.), banquier du général qu'il avait pu connaître aux Indes en 1782.

2. Le comte Daniel O'Connell (1784-1833), ancien capitaine au Clare-infanterie où le général de Boigne avait fait ses premières armes. Lieutenant-colonel au Royal Suédois, il se distingua à Minorque et à Gibraltar. Présenté à la cour en 1788, il participa au complot de la fuite du roi, puis émigra en 1792. Il épousa en Angleterre une riche veuve créole, la comtesse de Bellevue. Sous la Restauration, il vécut retiré dans son château de Madon près de Blois.

3. Sur ce mariage, voir notre introduction.

l'amour filial. Ma mère se désolait dans la crainte de voir s'épuiser les ressources précaires qui soutenaient notre existence. La reine de Naples, chassée de ses États, lui mandait qu'elle ne savait pas si elle pourrait continuer la pension qu'elle lui faisait. Ses lamentations me touchaient encore moins que le silence de mon père et les insomnies gravées sur son visage.

J'étais sous ces impressions lorsque monsieur O'Connell arriva chargé de me proposer la main d'un homme qui annonçait vingt mille louis de rente, offrait trois mille louis de douaire et insinuait que, n'ayant pas un parent, ni un lien dans le monde, il n'aurait rien de plus cher que sa jeune femme et sa famille. On me fit part de ces propositions.

Je demandai jusqu'au lendemain pour répondre, quoique mon parti fût pris sur-le-champ. J'écrivis un billet à madame O'Connell pour la prier de m'inviter à déjeuner chez elle, ce qui lui arrivait quelquefois, et de faire avertir le général de Boigne de m'y venir trouver. Il fut exact au rendez-vous ; et là je fis la faute insigne, quoique généreuse, de lui dire que je n'avais aucun goût pour lui, que probablement je n'en aurais jamais, mais que, s'il voulait assurer le sort et l'indépendance de mes parents, j'aurais une si grande reconnaissance que je l'épouserais sans répugnance. Si ce sentiment lui suffisait, je donnais mon consentement ; s'il prétendait à un autre, j'étais trop franche pour le lui promettre, ni dans le présent, ni dans l'avenir. Il m'assura ne point se flatter d'en inspirer un plus vif.

J'exigeai que cinq cents louis de rente fussent assurés, par un contrat qui serait signé en même temps que celui de mon mariage, à mes parents. Monsieur O'Connell se chargea de le faire rédiger. Monsieur de Boigne dit qu'alors il ne me donnerait plus que deux mille cinq cents louis de douaire.

J'arrêtai les représentations que monsieur O'Connell voulut faire, en rappelant les paroles dont il avait été porteur. Je coupai court à toute discussion et je retournai chez moi pleinement satisfaite.

Ma mère était un peu blessée que je l'eusse quittée dans un moment où il s'agissait de mon sort. Je lui racontai ce que j'avais fait ; elle et mon père, quoique fort touchés, me conjurèrent de bien réfléchir. Je leur assurai que j'étais parfaitement contente, et cela était vrai dans ce moment. J'avais tout l'héroïsme de la première jeunesse. J'avais mis ma conscience en repos en disant à cet homme que je croyais bien que je ne l'aimerais jamais. Je me sentais sûre de remplir les devoirs que j'allais contracter et, d'ailleurs, tout était absorbé par le bonheur de tirer mes parents de la position dont ils souffraient. Je ne voyais que cela et je ne sentais même pas que ce fût un sacrifice. Très probablement, à vingt ans, je n'aurais pas eu ce courage, mais, à seize ans, on ne sait pas encore qu'on met en jeu le reste de sa vie. Douze jours après, j'étais mariée.

Le général de Boigne avait quarante-neuf ans [1]. Il rapportait de l'Inde, avec une immense fortune faite au service des princes mahrattes, une réputation honorable. Sa vie était peu connue, et il me trompa sur tous ses antécédents : sur son nom, sur sa famille, sur son existence passée. Je crois qu'à cette

---

1. Né le 8 mars 1751 à Chambéry, Benoît Le Boigne avait quarante-sept ans le jour de son mariage, 11 juin 1798. Il a derrière lui une longue carrière romanesque au service de la France, puis du prince Orloff dans les îles grecques, enfin de la Compagnie des Indes. Il devait sa fortune au rajah Sindiah, prince des Marattes dont il avait commandé les troupes contre le rajah de Jaïpur. Il avait épousé une princesse persane, la bégum Helene Bennett. Rentré en Angleterre au mois de mai 1797, il venait de se faire naturaliser anglais le 1er janvier 1798 sous le nom de Bennet de Boigne.

époque, son projet était de rester tel qu'il se montrait alors.

Il avait offert quelques hommages à une belle personne, fille d'un médecin. Elle les avait reçus avec peu de bienveillance, ou avec une coquetterie qu'il n'avait pas comprise. Ce fut en sortant de chez elle qu'il se rappela tout à coup la jeune fille qui lui était apparue comme une vision quelques semaines avant. Il voulut prouver à la dédaigneuse beauté qu'une plus jeune, plus jolie, mieux élevée, autrement née, pouvait accepter sa main. Il l'offrit, et je la reçus pour le malheur de tous deux.

S'il était entré une seule pensée de personnalité dans mon cœur en ce moment, si les séductions de la fortune m'avaient souri un instant, je crois que je n'aurais pas eu le courage de soutenir le sort que je m'étais fait. Mais je me dois cette justice que, tout enfant que j'étais, aucun sentiment futile n'approcha mon esprit, et que je me vis entourer de luxe sans en ressentir la moindre joie.

Monsieur de Boigne n'était ni si mauvais ni si bon que ses actions, prises séparément, devaient le faire juger. Né dans la plus petite bourgeoisie, il avait été longtemps soldat. J'ignore encore par quelle route il avait cheminé de la légion irlandaise au service de France jusque sur l'éléphant d'où il commandait une armée de trente mille cipayes, formée par ses soins pour le service de Sindiah, chef des princes mahrattes auxquels cette force, organisée à l'européenne, avait assuré la domination du nord de l'Inde.

Monsieur de Boigne avait dû employer beaucoup d'habileté et de ruses pour quitter le pays en emportant une faible partie des richesses qu'il y possédait et qui pourtant s'élevait à dix millions. La rapidité avec laquelle il avait passé de la situation la plus subalterne à celle de commandant, de la détresse à une immense fortune, ne lui avait jamais fait éprou-

ver le frottement de la société dont tous les rouages
l'étonnaient. La maladie dont il sortait l'avait forcé
à un usage immodéré de l'opium qui avait paralysé
en lui les facultés morales et physiques.

Un long séjour dans l'Inde lui avait fait ajouter
toutes les jalousies orientales à celles qui se seraient
naturellement formées dans l'esprit d'un homme
de son âge ; mais, par-dessus tout, il était doué du
caractère le plus complètement désobligeant que
Dieu ait jamais accordé à un mortel. Il avait le besoin
de déplaire comme d'autres ont celui de plaire. Il
voulait faire sentir la suprématie qu'il attachait à sa
grande fortune et il ne pensait jamais l'exercer que
lorsqu'il trouvait le moyen de blesser quelqu'un. Il
insultait ses valets ; il offensait ses convives ; à plus
forte raison sa femme était-elle victime de cette triste
disposition. Et, quoiqu'il fût honnête homme, loyal
en affaires, qu'il eût même dans ses formes grossières une certaine apparence de bonhomie, cependant cette disposition à la désobligeance, exploitée
avec toute l'aristocratie de l'argent, la plus hostile de
toutes, rendait son commerce si odieux qu'il n'a
jamais pu s'attacher un individu quelconque, dans
aucune classe de la société, quoiqu'il ait répandu de
nombreux bienfaits.

À l'époque de mon mariage, il était assez avare
mais fastueux et, si j'avais voulu, j'aurais pu disposer
plus que je ne l'ai fait de sa fortune. Je crois qu'une
femme plus âgée, plus habile, un peu artificieuse,
mettant un grand prix aux jouissances que donne
l'argent et ayant en vue ce testament dont il parlait
perpétuellement et que je lui ai vu faire et refaire
cinq ou six fois, aurait pu tirer beaucoup meilleur
parti pour elle et pour lui de la situation où j'étais.
Mais que pouvait y faire la petite fille la plus candide
et la plus fière qui puisse exister ! Je passais d'étonnements en étonnements de toutes les mauvaises

passions que je voyais se dérouler devant moi. Ces absurdes jalousies, exprimées de la façon la plus brutale, excitaient ma surprise, ma colère, mon dédain.

Nous avions un assez grand état, des dîners très bons et fréquents, de magnifiques concerts où je chantais. Monsieur de Boigne était, de temps en temps, bien aise de montrer qu'il avait fait l'acquisition d'une jolie machine bien harmonisée. Puis, la jalousie orientale le reprenant, il était furieux que j'eusse été regardée, écoutée, surtout admirée ou applaudie, et il me le disait en termes de corps de garde.

Ces concerts étaient assez à la mode ; tout ce qu'il y avait de plus distingué en Anglais et en étrangers y assistait. Les princes d'Orléans[1] y vinrent souvent ; ils dînaient aussi chez moi, mais toujours en princes. Leurs façons excluaient la familiarité. J'étais trop imbue des sentiments de haine que les royalistes portaient à leur père pour ne point éprouver de la prévention contre eux ; cependant il était impossible de ne pas rendre hommage à la dignité de leur attitude. Seuls de tous nos princes, ils ne recevaient aucun secours des puissances étrangères.

Retirés tous trois dans une petite maison à Twickenham, aux environs de Londres[2], ils y vivaient de la manière la plus modeste, mais la plus convenable.

1. Louis-Philippe, duc d'Orléans (1773-1850), Antoine-Philippe, duc de Montpensier (1775-1807) et Louis-Charles, comte de Beaujolais (1779-1808).
2. Sous-lieutenant au 14e Dragons, Montpensier avait suivi son frère aîné, alors duc de Chartres, à Valmy et à Jemmapes. Emprisonné sous la Terreur ainsi que son frère le comte de Beaujolais, ils avaient été, après Thermidor, déportés en Amérique où ils retrouvèrent leur frère aîné. Les trois princes voyagèrent ensemble puis vinrent s'installer à Twickenham en 1800.

Monsieur de Montjoie, leur ami, composait toute leur Cour et remplissait les fonctions de gentilhomme de la chambre, dans les occasions rares où il fallait quelque forme d'étiquette.

Malgré mes premières répugnances, je m'aperçus bientôt que monsieur le duc de Montpensier était aussi aimable qu'il était instruit et distingué. Il aimait passionnément les arts et la musique. Monsieur le duc d'Orléans la tolérait par affection pour son frère. Rien n'était plus touchant que l'union de ces deux princes, et la tendresse qu'ils portaient à monsieur le comte de Beaujolais.

Celui-ci ne répondait pas à leurs soins. Il était léger, inconséquent, inoccupé, et, lorsqu'il a pu s'émanciper sur le pavé de Londres, il est tombé dans tous les travers d'un jeune homme à la mode. Malgré sa charmante figure, sa tournure distinguée, il avait pris de si mauvaises façons qu'il avait perdu l'attitude des gens de bonne compagnie ; et, lorsqu'on l'apercevait à la sortie de l'Opéra, on évitait de le rencontrer, craignant de le trouver dans un état complet d'ivresse. Les excès et la boisson amenèrent une maladie de poitrine pendant laquelle monsieur le duc d'Orléans le soigna comme la mère la plus tendre, sans pouvoir le sauver. Mais j'anticipe sur les événements. À l'époque dont je parle, monsieur le comte de Beaujolais était encore sous la domination de ses frères, et l'on ne connaissait de lui qu'un extérieur qui prévenait en sa faveur.

Monsieur le duc de Montpensier était laid, mais si parfaitement gracieux et aimable, ses manières étaient si nobles que sa figure s'oubliait bien vite. Monsieur le duc d'Orléans, avec une figure assez belle, n'avait aucune distinction, ni dans la tournure, ni dans les manières. Il ne paraissait jamais complètement à son aise. Sa conversation, déjà fort intéressante, avait un peu de pédanterie pour un homme de son âge. Enfin il n'avait pas l'heur de me plaire autant que son frère avec lequel j'aurais fort aimé à causer davantage, si j'avais osé.

Après dix mois d'une union très orageuse, monsieur de Boigne me proposa un matin[1] de me ramener à mes parents. J'acceptai et fus reçue avec joie. Mais ce n'était pas le compte du reste de ma famille, ni de ma société, qui voulaient exploiter le millionnaire et se souciaient fort peu que j'en payasse les frais.

Ce fut alors que je me trouvai victime et témoin de la plus odieuse persécution. Je lui reproche surtout de m'avoir, avant l'âge de dix-sept ans, arraché toutes les illusions avec lesquelles j'étais si bénévolement entrée dans le monde dix mois avant.

Monsieur de Boigne n'eut pas plus tôt lâché sa proie qu'il la regretta. Alors mes parents et ce qu'il y avait de plus distingué dans l'émigration se mirent à sa solde. L'un se chargeait de m'espionner, l'autre d'interroger mes gens. Celui-ci avait du crédit à Rome et ferait casser mon mariage. Celui-là trouverait des nullités dans le contrat, etc., etc. On faisait des parties chez lui où j'étais déchirée ; on inventait des noirceurs ; on les exprimait en prose et en vers qu'on lui vendait à beaux deniers comptants. Enfin tout le monde s'acharnait contre une enfant de dix-sept ans que, la veille, on comblait d'adulations.

Monsieur de Boigne lui-même en fut assez promptement révolté ; il ferma sa bourse et sa maison. J'ai vu plus tard entre ses mains des morceaux d'éloquence contre moi, des preuves de vils services offerts. Il avait eu soin de conserver le nom des personnes, les sommes demandées et payées. Ces noms étaient de nature à réjouir son orgueil plébéien, et c'était encore une taquinerie qu'il exerçait en me les montrant.

1. Le 11 mai 1799.

L'impossibilité d'amener monsieur de Boigne à faire aucun arrangement qui m'assurât un peu de tranquillité, ses promesses de changer de conduite à mon égard, le chagrin que j'éprouvai de l'injustice du public qui, trompé par des agents à ses gages, me donnait tous les torts me décidèrent à le rejoindre au bout de trois mois.

Je n'entrerai plus dans aucun détail sur mon ménage. Il suffit de savoir que, désespéré et croyant m'adorer lorsque nous étions séparés, ennuyé de moi et me prenant en haine lorsque nous étions réunis, il m'a quittée *pour toujours* cinq ou six fois. Toutes ces séparations étaient accompagnées de scènes qui ont empoisonné ma jeunesse, si mal employée que je l'ai traversée sans m'en douter et l'ai trouvée derrière moi sans en avoir joui.

Nous fîmes, cette année 1800, un voyage en Allemagne[1]. Je passai un mois à Hambourg où l'émigration régnait sous le sceptre de madame de Vaudémont. Quelque niaisement innocente que je fusse encore, les scandales de cette coterie étaient tellement saillants que je ne pouvais m'empêcher de les voir, et j'en fus révoltée. Je le fus aussi du relâchement des idées royalistes. Altona était comme une espèce de purgatoire où les personnes qui méditaient de rentrer en France venaient se préparer à l'abjuration de leurs principes exclusifs. Accoutumée à un autre langage, il me semblait entendre des hérésies. À la vérité, j'allai de là à Munich, peuplé alors des restes de l'armée de Condé, et j'y trouvai l'exagération poussée à un point d'extravagance qui me confondit dans un autre sens. Je m'accoutumai dès lors à n'être de l'avis de personne et inventai le *juste milieu* à mon usage.

---

1. On a conservé la correspondance régulière que Mme de Boigne entretint au cours de ce voyage avec sa famille restée en Angleterre.

Je me rappelle avoir entendu soutenir à Munich qu'il ne fallait consentir à rentrer en France qu'avec la condition que l'on rétablirait les châteaux, même les mobiliers, tels qu'ils étaient lorsqu'on les avait quittés. Quant à la restitution des biens, des droits, de toutes les prétentions, cela ne souffrait pas un doute. Peut-être ces vœux remplis auraient-ils encore donné des désappointements, car les émigrés s'étaient tellement accoutumés à répéter qu'ils avaient perdu cent mille livres de rente qu'ils avaient fini par se le persuader à eux-mêmes. Il n'y avait pas de mauvaise gentilhommière qui ne se représentât à leurs regrets comme un château.

Je traversai le Tyrol qui me parut, selon l'expression du prince de Ligne, le plus beau corridor de l'Europe. Nous fîmes une pointe jusqu'à Vérone, pour voir des sœurs de monsieur de Boigne dont il m'avait celé l'existence jusque-là, et nous revînmes à Londres où j'eus le bonheur de retrouver mon père et ma mère dont ce voyage m'avait éloignée.

Si je ne m'étais promis de ne plus entrer dans ces détails, j'aurais un long récit à faire de tout ce que les mauvaises façons de monsieur de Boigne me firent souffrir. C'est à dessein que je me sers du mot *façons*, car c'était plus de la forme que du fond de ses procédés que j'avais à me plaindre. Mais il faut y avoir passé pour savoir combien ces maussaderies, dont chacune séparément ne pèse pas un fétu, peuvent rendre la vie insoutenable.

Mes tracasseries d'intérieur ne m'absorbaient pas tellement qu'il ne me restât des larmes pour le triste sort de ma meilleure amie. Chère Mary, ton historien n'a pas besoin d'habileté ; il suffit d'être véridique et je le serai !

Lady Kingston était devenue une riche héritière par la mort d'un frère. Ce frère avait laissé un fils qu'un mariage tardif n'avait pu légitimer. La mère,

personne intéressante, était morte en couches
d'un second enfant qui n'avait pas vécu. Le père de
lady Kingston n'avait jamais voulu reconnaître le
mariage de son fils, ni l'enfant qu'il avait laissé en le
léguant à l'amitié de sa sœur, lady Kingston. Cette
sévérité était portée à un tel point que, pendant la vie
du vieillard, lady Kingston était forcée de dissimuler
l'intérêt qu'elle portait au jeune orphelin. Elle le faisait soigneusement élever. Dès qu'elle fut maîtresse
de sa fortune, elle assura le sort du jeune Fitz-Gerald
auquel son propre père avait déjà laissé le peu dont il
pouvait disposer, le fit entrer dans l'armée, le patro-
nisa, facilita son mariage avec une jeune personne
destinée à une belle fortune et, ce qui est bien rare en
Angleterre, établit ce jeune ménage dans une maison
que les comtes de Kingston possédaient à Londres et
n'habitaient point. Lord Kingston, homme sauvage
et atrabilaire, ne quittait guère ses terres d'Irlande
où il vivait en despote.

Lady Kingston avait beaucoup d'enfants. Les plus
jeunes étaient des filles. Le soin de leur éducation
l'amena plusieurs années de suite à Londres où le
ménage Fitz-Gerald lui formait un intérieur agréable.
La femme était douce et prévenante, le mari, son ami,
son fils, son frère. Les petites Kingston s'élevaient
sur ses genoux.

Lady Mary, l'aînée, était une des personnes les
plus charmantes que j'aie jamais rencontrées. Elle
atteignait sa dix-septième année ; sa mère souhaitait
la mener dans le monde, elle refusait de l'y suivre.
Elle aimait mieux continuer ses études avec ses
sœurs. Son seul plaisir était la promenade à pied ou
à cheval, quelquefois en carriole. Lady Kingston n'y
apportait jamais aucun obstacle, pourvu que le
colonel Fitz-Gerald consentît à l'accompagner. Cette
habitude était prise depuis nombre d'années, mais
lady Kingston avait oublié de remarquer que l'enfant

était devenue une fille charmante et que le protecteur n'avait pas trente ans.

Quand on aura compulsé tous les portraits de héros de roman pour en extraire l'idéal de la perfection, on sera encore au-dessous de ce qu'il y aurait à dire du colonel Fitz-Gerald. Sa belle figure, sa noble tournure, sa physionomie si douce et si expressive n'étaient que l'annonce de tout ce que son âme contenait de qualités admirables. Il était colonel dans les gardes, adoré des subalternes aussi bien que de ses camarades.

Mary venait souvent passer de longues matinées et même des soirées avec moi. C'était presque toujours Fitz-Gerald qui lui servait de chaperon; sa mère était dans le monde, ses sœurs avec les gouvernantes. Le colonel avait la bonté de l'amener et de venir la rechercher, bien souvent en carriole. Dès que nous étions seules, elle avait toujours quelque nouveau trait à me raconter sur les vertus du colonel; elle ne me parlait que de lui. J'étais trop jeune et trop innocente pour le remarquer. Je trouvais très simple qu'elle vantât en Fitz-Gerald des qualités qui paraissaient, en effet, admirables. J'aimais beaucoup lady Mary. J'étais flattée qu'elle préférât notre petite retraite de Brompton-Row à tout ce que Londres présentait de plus brillant où sa position l'appelait. Les plaintes, moitié sérieuses, moitié en plaisanteries, qu'en portait lady Kingston augmentaient ma reconnaissance et ma tendresse pour Mary.

Le colonel, sans être musicien, avait une très belle voix. Nous le faisions chanter avec nous, et c'étaient des joies et des rires lorsqu'il manquait un dièse ou estropiait une syllabe italienne; il jurait alors qu'il nous forcerait à ne chanter que du gaélique, pour avoir sa revanche. Lady Mary s'y prêtait d'autant meilleure grâce qu'elle y réussissait admirablement, et ils chantaient ensemble des mélodies irlandaises dans la plus grande perfection.

Hélas! plût au ciel que ces soirées si douces et qui n'avaient d'autres témoins que mon père et ma mère eussent été aussi innocentes pour ces pauvres jeunes gens que pour moi! Je suis persuadée que la passion de Mary a précédé celle qu'elle a inspirée au colonel. Elle ne s'en doutait pas, et lui n'a pas prévu le danger qu'ils couraient.

Lady Kingston fut rappelée subitement en Irlande par la maladie d'un de ses fils. Ne voulant pas exposer lady Mary, dont la santé était un peu altérée, à la fatigue d'un voyage rapide, elle partit seule, chargeant le colonel de lui amener Mary plus à loisir. C'est dans ce fatal voyage qu'ils succombèrent tous deux à la passion qui les dominait. Je dis *tous deux*, car je crois fermement que Fitz-Gerald n'était pas plus le séducteur de Mary qu'elle n'avait eu l'idée de l'entraîner à ce coupable abus de confiance.

Il resta en Irlande pendant le séjour qu'y fit lady Kingston et ne revint à Londres qu'avec elle et sa fille. Mon mariage eut lieu pendant cette absence. Mary et moi nous écrivions, mais la correspondance avait cessé de sa part. À son retour à Londres, elle ne voulait voir personne, je ne pus arriver jusqu'à elle. J'étais sur le continent lorsque les alarmes que donnaient son dépérissement et sa profonde tristesse décidèrent sa mère à l'envoyer prendre l'air et se distraire chez son amie, lady Harcourt.

Un matin, lady Mary ne parut pas à déjeuner; on la chercha sans la trouver; son chapeau et son châle au bord de la rivière donnèrent de l'inquiétude qu'elle ne s'y fût jetée; mais un ouvrier l'avait vue, à cinq heures, monter dans une voiture de poste. Douze heures après, lady Harcourt, avec la rigueur de son zèle méthodiste, l'avait fait afficher avec son nom et son signalement sur tous les murs et dans toutes les gazettes. Ma mère lui reprochant cette cruelle publicité :

« Ma chère, lui répondit-elle, à chacun suivant ses œuvres ; elle a failli, la morale veut qu'elle en porte la peine. »

Hélas ! pauvre Mary, l'incurie des uns, la sévérité, la cruauté des autres, tout conspirait à ta perte !

On croyait Fitz-Gerald absent pour des affaires du régiment ; on sut bientôt qu'il avait prétexté ce motif. Lady Kingston, toujours dans le plus complet aveuglement, l'ayant envoyé chercher à la première nouvelle de la fuite de Mary, on ne le trouva pas[1].

Plusieurs jours se passèrent. Lord Kingston et ses fils, fors les aînés de Mary, arrivèrent d'Irlande ; ils se mirent à la recherche des fugitifs. On apprit enfin qu'un monsieur et son fils devaient s'embarquer dans la Tamise pour l'Amérique. On suivit ces traces, et on trouva Fitz-Gerald et Mary, au moment où celle-ci venait de prendre des vêtements d'homme pour se mieux déguiser.

Quand lord Kingston entra dans la pièce où ils étaient, tous deux se couvrirent le visage de leurs mains. Mary se laissa emmener sans que ni elle, ni lui répondissent autre chose aux injures dont on les accablait que : « Je suis très coupable. » Lady Mary fut ramenée chez sa mère ; on ne lui permit pas de la voir. Son père et ses frères se firent ses implacables geôliers. Elle ne chercha pas à nier un état de grossesse déjà visible. Elle ne se défendait en aucune façon, convenait de ses torts, mais avec une dignité calme et froide.

Elle obtint de voir madame Fitz-Gerald et s'attendrit beaucoup avec elle, en lui recommandant d'aller

---

1. C'est en 1797 que le colonel Henri-Gérard Fitz-Gerald enleva Mary-Elisabeth fille de Robert, lord Kingston (1754-1799) et de Caroline Fitz-Gerald.

au secours de son mari. Celle-ci ne demandait pas mieux ; elle l'aurait reçu à bras ouverts. Elle s'annonça comme porteur des paroles de Mary. Mais, en la remerciant avec effusion, il lui répondit que, sa vie ne pouvant plus être utile au bonheur de personne, il la consacrait à la malheureuse victime qu'il avait entraînée dans le précipice. Il lui devait la triste consolation de savoir que les larmes de sang qu'il versait sur son sort ne tariraient jamais.

Longtemps après la catastrophe, madame Fitz-Gerald m'a montré cette correspondance, car elle ne s'en tint pas à une seule démarche, et la pauvre femme n'avait d'invectives que pour les persécuteurs de Mary et de Fitz-Gerald.

Dans ses préparatifs de départ, il avait fait entrer toutes les précautions pour assurer le sort de sa femme ; il les compléta, envoya sa démission au général en chef, et se retira dans un petit village aux environs de Londres. Avant le départ de Mary, il lui avait fait remettre par madame Fitz-Gerald un petit billet ouvert où il lui donnait son adresse et où il lui disait que, dans cette retraite, il attendrait toute sa vie les ordres qu'elle pourrait avoir à lui donner, mais ne chercherait aucune communication avec elle qui pût aggraver sa position.

Lady Mary fut emmenée dans une résidence abandonnée que son père possédait en Connaught, sur les bords de l'Atlantique, dans un pays presque sauvage, et remise aux soins de deux gardiens dévoués à lord Kingston.

Son frère appela Fitz-Gerald en duel[1], celui-ci reçut trois fois le feu de son adversaire, le rendant très exactement. Mais on s'aperçut qu'il trouvait le moyen d'extraire la balle de son pistolet ; il fut forcé d'en convenir. Il ne voulait pas, disait-il, ajouter aux

1. Le 1er octobre 1797.

torts qu'il avait déjà envers lady Kingston, et tirer en l'air aurait arrêté le duel dont il espérait la mort. Il n'y avait nulle possibilité de continuer ce système de vengeance devant témoins. On en prépara un autre [1].

Mary approchait du moment où elle devait mettre au monde un être sur le sort duquel on l'effrayait sans cesse. Les menaces la trouvaient impassible pour elle-même, mais non pour son enfant. La femme qui la gardait fit mine de s'adoucir. Elle s'offrit à sauver le pauvre innocent, si quelqu'un pouvait s'en charger, dès qu'elle l'aurait fait sortir du château. Elle saurait bien tromper jusque-là la surveillance de mylord. Mary n'avait que Fitz-Gerald pour providence. La femme promit de faire passer une lettre. Mary écrivit à Fitz-Gerald d'envoyer une personne sûre au village voisin pour enlever leur enfant.

La lettre fut soumise à l'inspection de lord Kingston. Il connaissait assez Fitz-Gerald pour être sûr qu'il ne se fierait qu'à lui-même d'un pareil soin. En effet, il arriva seul, à pied, déguisé, dans le lieu qu'on lui avait indiqué. Le lendemain, au point du jour, lord Kingston et ses deux fils entrèrent dans la chambre où il gisait sur un misérable grabat. On dit qu'on lui offrit un pistolet ; ce qu'il y a de sûr c'est que, dans cette chambre il périt. La lettre de Mary, trouvée sur lui ainsi qu'une miniature d'elle, furent apportées à la malheureuse, toutes couvertes du sang de la victime ; et ses frères se vantèrent de la ruse qui avait employé sa main pour faire tomber leur vengeance sur la tête de Fitz-Gerald.

Lady Mary Kingston accoucha d'un enfant mort

---

1. Fitz-Gerald arriva en décembre 1797 à Mitchelstown, dans le comté de Cork, où se trouvait la résidence familiale des Kingston. C'est dans une auberge du village qu'il mourut dans la nuit du 11 décembre.

et devint folle tellement furieuse qu'il fallut user de
force vis-à-vis d'elle. Ces accès étaient entremêlés
d'une espèce d'imbécillité apathique, mais la vue
d'un membre de sa famille ramenait les crises de
violence. Le public avait commencé par être irrité
de l'ingratitude de Fitz-Gerald; il finit par être indigné de la conduite de la famille Kingston, dès avant
cette dernière catastrophe.

Quant à madame Fitz-Gerald, elle criait vengeance
de tous côtés, et aurait voulu la poursuivre. Mais
lord Kingston était trop absolu en Connaught pour
qu'on eût trouvé un seul témoignage contre lui, et
cette déplorable affaire n'avait déjà fait que trop de
victimes [1]. Elle fut assoupie. Au reste, si lord Kingston et ses fils évitèrent l'échafaud, ils n'en furent
pas moins honnis dans leur pays; et je ne serais pas
étonnée qu'elle eût contribué à la longue résidence
qu'un d'eux, le colonel Kingston, a fait à l'étranger.
On a inventé bien des romans moins tragiques que
cette triste scène de la vie réelle.

CHAPITRE V

Bientôt après mon retour à Londres, monsieur de
Boigne m'emmena en Écosse. Il aimait à m'éloigner
de ma famille. Nous nous arrêtâmes en Westmoreland, chez sir John Legard. Il fut aussi affectueux
qu'aimable pour moi. J'eus grande joie de le revoir.

En Écosse, je fus accueillie comme l'enfant de la

---

1. Le procès se déroula devant les Pairs pour lord Kingston
(mai 1798), devant les assises de Cork pour son fils le colonel
Robert Edward King (avril 1798). Ils furent acquittés faute de
preuves.

maison chez le duc d'Hamilton. Je passai du temps chez lui, et j'assistai avec ses filles aux courses d'Édimbourg et à toutes les fêtes auxquelles elles donnèrent lieu. On s'avisa de trouver que je ressemblais à un portrait de la reine Marie Stuart, conservé au palais d'Holyrood. Les gazettes le dirent, et cette ressemblance, vraie ou fausse, me valut un succès tellement populaire qu'à la course et dans les lieux publics j'étais suivie par une foule qui, je l'avoue, ne m'était pas trop importune. Parmi les remarques que j'entendais faire, il perçait toujours un amour très vif pour *our poor queen Mary*.

Nous allâmes de château en château, très fêtés partout. Les Écossais sont hospitaliers. D'ailleurs j'avais été à la mode à Édimbourg, et qui n'a pas vécu dans la société sérieuse des insulaires britanniques ne sait pas l'importance de ce mot magique *la mode*. Monsieur de Boigne fut moins maussade que de coutume. L'aristocratie, lorsqu'elle était accompagnée de la fortune et de l'entourage d'une grande existence, lui imposait un peu, et il me ménageait parce qu'il me voyait accueillie par elle. À tout prendre, ce voyage a été un des plus agréables moments de ma jeunesse.

En revenant par le Northumberland, nous nous arrêtâmes à Alnwick, cette habitation des ducs de Northumberland si belle et si historique. Ils ont eu le bon goût de la conserver telle qu'elle était, ce qui n'en fait pas une résidence très commode par la distribution, malgré le luxe de chaque pièce en particulier. Autrefois, les ducs de Northumberland sonnaient une grosse cloche pour avertir qu'ils étaient à Alnwick et que leur *hall* était ouvert aux convives qui pouvaient prétendre à s'asseoir à leur table. Cette forme d'invitation a été remplacée par d'autres habitudes. Cependant la cloche est encore sonnée une fois par an, le lendemain de l'arrivée du duc à Alnwick, et tel est le respect des Anglais pour les anciens usages que tous les voisins à dix milles à la ronde ne manquent pas de se rendre à cette invitation qu'on n'appuie d'aucune autre. Malgré l'égalité que professe la loi anglaise, c'est le pays du monde où l'on se prête le plus volontiers au maintien des coutumes féodales ; elles plaisent généralement. Au reste, je ne sais pas si la cloche d'Alnwick tinte encore, depuis trente ans que je l'ai entendue.

Nous nous arrêtâmes dans la magnifique résidence de lord Exeter, bâtie par le chancelier Burleigh, sous le règne d'Élisabeth, et qui a conservé son nom. Lord Exeter venait de se remarier, tout était en fête au château. On ne pensait plus à la première lady Exeter. Sa vie avait été un singulier roman.

Le dernier lord Exeter avait pour héritier son neveu, monsieur Cecil, qui, après la vie la plus mondaine, se trouvait, à trente ans, blasé sur tout. Il avait une belle figure, de l'esprit, des talents, mais il s'ennuyait. Son oncle le pressait vainement de se marier. Il avait trop vu le monde, il avait été joué par trop de femmes, trompé trop de maris pour vouloir augmenter le nombre des dupes ; bref, il s'était fait *excentrique*. C'était alors l'état des hommes à la mode usés et blasés, et l'origine première des dandys.

Dans cette disposition, il était parti un matin tout seul de Burleigh Hall, avec un chien, un crayon et un album pour toute escorte, allant faire la tournée pittoresque du pays de Galles. Son voyage se trouva abrégé. Arrivé dans un village à une trentaine de milles de Burleigh, il fut retenu par les charmes d'une jeune paysanne, fille d'un petit fermier de l'endroit. Elle était belle et sage. La femme du pasteur l'avait prise en affection et avait soigné son éducation. Elle était l'ornement du village qui s'en faisait honneur. L'éloge de Sarah Hoggins était dans toutes les bouches.

La tête de monsieur Cecil se monta. Son cœur fut touché par cette beauté villageoise ; il voulut lui plaire. Il se dit peintre, mais ajouta qu'ayant quelques petits capitaux, il s'établirait volontiers comme fermier, si elle consentait à devenir sa compagne. Il acheta une ferme aux environs et se maria sous son véritable nom de Cecil.

Dix années s'écoulèrent. Madame Cecil s'occupait du faire-valoir. Sous prétexte de vendre ses croquis et de recevoir des commandes, monsieur Cecil faisait de fréquentes absences. Il rapportait toujours quelque peu d'argent qui servait à augmenter le bien-être de madame Cecil et lui conservait la prééminence dans le village, mais toujours dans la ligne de son état de petite fermière. Trois enfants naquirent, et elle ne se doutait guère de la position sociale de leur père.

Enfin, lord Exeter, le plus fier des hommes, qui n'aurait jamais pardonné une telle alliance, mourut. Monsieur Cecil, marquis d'Exeter, revint au village. Il y passa quelques jours. Les soins ruraux n'exigeant pas en ce moment la présence de sa femme, il lui proposa un petit voyage d'amusement ; elle y consentit avec joie. Où n'en aurait-elle pas trouvé avec Cecil ? Il loua un gros cheval ; on le chargea d'une selle et d'un *pilion* sur lequel la fermière monta en croupe derrière son mari, suivant la manière dont les personnes de cette classe se transportaient alors. Cecil montra à sa femme plusieurs belles habitations qu'elle admirait fort. Enfin, le troisième jour, ils arrivèrent à Burleigh ; il entra dans le parc :

« Est-ce que le passage en est permis ? lui demanda-t-elle.

— Oui, à nous. Il m'est venu la fantaisie de vous faire maîtresse de ce parc. Qu'en pensez-vous ?

— Mais j'accepte très volontiers.

— Et le château vous plairait-il ?

— Assurément.»

Ils traversèrent tout le parc en causant de cette sorte; à la fin, elle lui dit:

«Mais prenez garde, Cecil; ceci passe la plaisanterie; nous approchons trop de la maison, on va nous renvoyer.

— Oh! que non, ma chère, on ne nous renverra pas.»

Ils s'arrêtèrent à la porte du château. Une haie de valets y étaient rangés.

«Voilà, leur dit-il, lady Exeter, votre maîtresse: obéissez-lui comme à moi.

— Oui, mylord.»

En entrant dans le vestibule, Sarah, qui croyait rêver, fut rappelée à elle-même par ses trois enfants, élégamment vêtus, qui se jetèrent à son cou. Elle tomba dans les bras de son mari.

«Ma chère Sarah, voilà le plus beau jour de ma vie.

— Ah! j'étais bien heureuse», s'écria-t-elle[1].

On voudrait en rester là de cette notice, mais la vérité en exige la fin. Monsieur Cecil avait trouvé sa femme adorable tant qu'au village elle avait été la première. Transportée sur un autre théâtre, elle perdit sa confiance et ses grâces naïves: empruntée, mal à son aise, elle devint gauche et ridicule. Elle n'avait plus cette fraîcheur de beauté qui aurait peut-être expliqué une folie. Les belles dames, qui regrettaient la brillante situation qu'elle leur enlevait, la poursuivirent de leurs moqueries.

Lord Exeter commença par en être offensé, puis fâché, puis affligé, puis embarrassé. Il ne l'engagea

---

1. Cette histoire vraie, aussitôt populaire, a inspiré une des *Mélodies irlandaises* de Thomas Moore («You remember Ellen...») et le poème de Tennyson intitulé *The lord of Burleigh*. Lady Exeter mourut en 1797

plus à l'accompagner dans le monde ; il la négligea. Il était encore bien aise de la retrouver dans son intérieur où elle s'était réfugiée, mais elle n'y était guère mieux placée. Elle ne savait pas même commander à ses gens. Privée des occupations qui absorbaient la plus grande partie de son temps, le peu de littérature qui autrefois lui était une récréation ne suffisait pas à l'employer. Le moindre billet à écrire lui était un supplice dans la crainte de manquer aux usages. Lord Exeter donna à ses filles une belle gouvernante pour qu'elles fussent autrement que leur mère. Cela était naturel et même raisonnable, mais les petites et la mère en souffraient également.

Le changement de vie attaqua d'abord les enfants ; elles se flétrirent et tombèrent malades. Bref, en moins de trois ans, l'heureuse fermière, devenue une grande dame, mourut de chagrin, d'un cœur brisé, selon l'expression anglaise, sans qu'au fond lord Exeter eût eu de mauvais procédés, mais seulement par la force des choses. Tant il est vrai qu'on ne brave pas impunément les lois et les usages imposés par la société aux différentes classes qui la composent.

Peu de temps après mon retour à Londres, monsieur de Boigne m'apprit qu'il avait vendu la maison que nous habitions[1], et il m'emmena dans un hôtel garni. Il m'annonça son intention de quitter l'Angleterre et de m'y laisser chez mes parents.

Au fond, cela me convenait, mais pourtant j'étais désolée de devenir une troisième fois la fable du public. Il était parti l'hiver précédent un jour de concert où nous avions cinq cents personnes invi-

---

1. 47 Portland Place. Il voulait acheter Claremont, la rupture arrêta les pourparlers (mars 1801). Le général quitta Londres au mois de novembre 1801 pour Hambourg, puis il gagna Chambéry où il acheta le château de Buissonrond (juin 1802).

tées ; cela avait été raconté et commenté dans toutes les gazettes aussi bien que dans tous les salons. Je n'avais plus la confiance de croire à la bienveillance générale, et je sentais combien ma position serait difficile. Aussi, quoiqu'il m'en coûtât, j'offris de le suivre. Il s'y refusa positivement, mais, cette fois, nous nous séparâmes sans être brouillés et en conservant une correspondance.

Il me laissa dans une situation de fortune très modeste, mais suffisante pour vivre décemment dans le monde où j'étais reçue. Il eut même le bon procédé de me donner un ordre illimité sur son banquier, en m'indiquant seulement la somme que je ne devais pas excéder et que je n'ai jamais dépassée.

Cette phase de ma vie dura deux années qui ont été les plus tranquilles dont je conserve le souvenir. Je menais modérément la vie du monde ; j'avais un intérieur doux où j'étais adorée. Mon père était dans toute la force de son intelligence et de sa santé, et s'occupait continuellement de mon frère et de moi. Nous avions repris nos lectures et nos études et menions une vie très rationnelle. Mon frère avait une très belle voix. Nous faisions beaucoup de musique.

Il s'y réunissait souvent d'autres amateurs, au nombre desquels je ne dois pas négliger de nommer monsieur le duc de Berry. Il était établi à Londres où il menait une vie bien peu digne de son rang et encore moins de ses malheurs. Sa société la plus habituelle était celle de quelques femmes créoles. Il s'y permettait des inconvenances qu'on lui rendait en familiarités. Du moins ceci se passait entre Français ; mais il s'était engoué d'une mauvaise fille anglaise qu'il menait aux courses dans sa propre voiture, qu'il accompagnait au parterre de l'Opéra où il siégeait à côté d'elle.

Quelquefois, quand la foule le bousculait par trop, il lui prenait un accès de vergogne et il venait se réfugier dans ma loge ou dans quelque autre. Mais nous entendions à la sortie la demoiselle qui appelait «Berry, Berry», pour faire avancer *leur voiture*.

Monsieur le duc de Berry était souvent déplacé dans ses discours aussi bien que dans ses actions, et se livrait à des accès d'emportement où il n'était plus maître de lui. Voilà le mal qu'il y a à en dire. Avec combien de joie je montrerai le revers de la médaille.

Monsieur le duc de Berry avait beaucoup d'esprit naturel, il était aimable, gai, bon enfant. Il contait d'une manière charmante : c'était un véritable talent, il le savait et, quoique prince, il attendait naturellement les occasions sans les chercher. Son cœur était excellent ; il était libéral, généreux, et pourtant rangé. Avec un revenu fort médiocre, qu'il recevait du gouvernement anglais, et des goûts dispendieux, il n'a jamais fait un sol de dettes. Tant qu'il avait de l'argent, sa bourse était ouverte aux malheureux aussi largement qu'à ses propres fantaisies ; mais, lorsqu'elle était épuisée, il se privait de tout jusqu'au moment où elle devait se remplir de nouveau.

Il ne partageait pas en politique les folies de l'émigration. Je l'ai vu s'indigner de bonne foi contre les gens qui excusaient la tentative faite sur le Premier Consul par la machine infernale. Je me rappelle entre autres une boutade contre monsieur de Nantouillet, son premier écuyer, à cette occasion. Il était en cela bien différent d'autres émigrés. Le comte de Vioménil, par exemple, cessa de venir chez ma mère, avec laquelle il était lié depuis nombre d'années, parce que j'avais dit que la machine infernale me semblait une horrible conception. Le futur maréchal racontait à tout son monde qu'on ne pouvait s'exposer à entendre de pareils propos, et l'auditoire partageait son indignation.

Monsieur le duc de Berry était resté très français.

Nous apprîmes un soir, dans le salon de lady Harington, où se trouvait le prince de Galles, les succès
d'une petite escadre française dans les mers de
l'Inde. Monsieur le duc de Berry ne pouvait pas
cacher sa joie; je fus obligée de le catéchiser pour
obtenir qu'il la retînt dans des limites décentes au
lieu où il était. Le lendemain, il arriva de bonne
heure chez nous :

« Hé bien, mes gouvernantes, j'ai été bien sage hier
soir, mais je veux vous embrasser ce matin en signe
de joie. »

Il embrassa ma mère et moi, et puis se prit à sauter et à gambader en chantant :

« Ils ont été battus, ils ont été battus, nous les bat-
tons sur l'eau comme sur terre ; ils sont battus. Ah!
mes gouvernantes, laissez-moi dire, nous sommes
seuls ici !... »

On ne peut nier qu'il n'y eût de la générosité dans
cette joie d'un succès hostile à tous ses intérêts personnels. Monsieur le duc de Berry était le seul des
princes de sa Maison qui éprouvât cet amour de la
patrie. Seul aussi il avait le goût des arts qu'il cultivait avec assez de succès. Malgré ses travers, il était
honnête homme. Je crois qu'il aurait été un souverain très dangereux, mais pourtant il était de toute sa
famille le plus capable de générosité. J'ai répugnance à le dire, mais je crains qu'il ne fût pas brave.
Je ne le conçois pas, car cette qualité semblait faite
exprès pour lui, et il lui échappait sans cesse des
expressions et des sentiments que n'aurait pas désa-
voués Henri IV. Si donc il a montré de la faiblesse,
ce qui n'est guère douteux, il faut que ce soit le résultat de la déplorable éducation de nos princes. Toutefois, son frère, moins distingué que lui sous tous les
autres rapports, a échappé à cette triste fatalité.

Le bill sur les dettes faites à l'étranger étant passé,
et monsieur le comte d'Artois s'ennuyant à Édim-

bourg autant que ses entours, il revint s'établir à
Londres. Mais il s'était passé de grands changements
autour de lui pendant le dernier séjour en Écosse.
Monsieur le comte d'Artois était, depuis bien des
années, très attaché à madame de Polastron. Elle
l'aimait passionnément, mais non pas pour sa gloire ;
et c'est à l'influence exercée par elle qu'il faut en
partie attribuer le rôle peu honorable que le prince a
joué pendant le cours de la Révolution. Publiquement établie chez lui, cette liaison était tellement
affichée qu'elle avait cessé de faire scandale.

Lors de son arrivée à Holyrood, monsieur le
comte d'Artois, qui n'était rien moins que religieux,
fut très importuné du zèle avec lequel les catholiques d'Écosse se mettaient en frais de lui procurer
des messes et des offices. À je ne sais quelle grande
fête, il fut obligé, par leurs prévenances, de faire
une vingtaine de milles pour passer cinq ou six
heures à la chapelle d'un grand seigneur du pays.
Ennuyé à mort de cette sujétion, il voulut avoir un
aumônier. Madame de Polastron écrivit à madame
de Laage de lui chercher un prêtre pour dire la
messe, d'une classe assez inférieure pour qu'il ne
pût avoir prétention à l'entrée du salon, l'intention
de Monseigneur étant qu'il mangeât avec ses valets
de chambre.

Madame de Laage s'adressa à monsieur de Sabran.
Il lui dit :

«J'ai votre affaire, un petit prêtre, fils d'un
concierge de chez moi. Il est jeune, point mal de
figure ; je ne le crois difficile en aucun genre, et il
n'y aura pas à se gêner avec lui.»

On expliqua à l'abbé Latil ce dont il s'agissait ; il
accepta avec joie, et on l'emballa dans le coche
pour Édimbourg où il s'établit sur le pied convenu.

La duchesse de Guiche, après quelques aventures,
avait fini par s'attacher plus sérieusement à mon-

sieur de Rivière[1], simple écuyer du Roi. La liberté
de l'émigration l'avait rapproché d'elle ; il lui était
fort dévoué. Elle quitta la Pologne où elle était près
de son père, le duc de Polignac, vint à Londres,
fut envoyée en France par monsieur le comte d'Artois pour lier une intrigue avec le Premier Consul,
échoua, retourna en Allemagne, repassa à Londres,
et finalement arriva à Holyrood, déjà fort souffrante.
Le mal empira ; monsieur de Rivière accourut.

Mais l'abbé Latil n'avait pas perdu son temps ; il
s'était emparé de la confiance de la duchesse, et la
dominait entièrement. Monsieur de Rivière ne fut
admis qu'à partager la conversion opérée dans l'esprit de la malade ; il entra dans tous ses sentiments,
renonça à ceux qui pouvaient lui déplaire, et fut le
premier à adopter cette vie de dévotion puérile et
mesquine qui est devenue le type de la petite Cour
de monsieur le comte d'Artois.

Madame de Guiche, assistée de l'abbé Latil, fit
une fin exemplaire. Madame de Polastron, témoin
de la mort de sa cousine, en fut profondément touchée et dès lors remit son cœur et sa conscience
entre les mains de l'abbé Latil ; c'était encore secrè-

---

1. Charles-François de Riffardeau, marquis puis duc de
Rivière (1763-1828) fut, pendant toute la Révolution, aide de
camp du comte d'Artois. Arrêté en 1804, lors du complot de
Pichegru, il fut incarcéré au fort de Joux, puis déporté en 1808.
Il allait rejoindre son poste d'ambassadeur à Constantinople en
1815 lorsqu'il apprit à Marseille le débarquement de Napoléon
au Golfe-Juan. Il alla se placer sous les ordres du duc d'Angoulême ; il provoqua la soumission des officiers de la 8e Région à
la fin des Cent-Jours (en particulier le retrait du maréchal
Brune). Nommé pair de France en août 1815 et lieutenant
général, il chassa Murat de Corse et rejoignit enfin Constantinople en 1816. C'est lui qui offrit au roi la Vénus de Milo,
découverte pendant son ambassade. Il avait conservé toute la
faveur de Monsieur qui, après son avènement, le créa duc-héréditaire, puis le nomma gouverneur du duc de Bordeaux.

tement. Monsieur le comte d'Artois n'était pas dans cette confidence et même, tout en regrettant la duchesse de Guiche, il se moquait des momeries, disait-il, qui avaient accompagné sa fin et des patenôtres de Rivière.

Tel était l'intérieur du prince lorsqu'il arriva à Londres. L'état de madame de Polastron, attaquée de la poitrine, empira. Elle se livra à toutes les fantaisies dispendieuses qui accompagnent cette maladie. Les revenus ne suffisant pas, monsieur du Theil, intendant de monsieur le comte d'Artois, inventa une façon d'augmenter les fonds. Il arrivait fréquemment des émissaires de France. On choisissait un des projets les plus spécieux ; on annonçait un mouvement prochain, en Vendée ou en Bretagne, à l'aide duquel on obtenait quelques milliers de livres sterling du gouvernement anglais. On en donnait deux ou trois cents à un pauvre diable qui allait se faire fusiller sur la côte, et les fantaisies de madame de Polastron dévoraient le reste. Je ne sais pas si le prince entrait dans ces tripotages ; mais, du moins, il les tolérait et n'a pu les ignorer, car cette manœuvre s'étant répétée jusqu'à trois fois en peu de mois, monsieur Windham la découvrit et s'en expliqua vivement avec lui. C'est par monsieur Windham lui-même que j'en ai eu directement connaissance. Au reste, ce n'était pas un secret. Les émigrés, en Angleterre, s'étaient accoutumés à regarder l'argent anglais comme de légitime prise, par tous les moyens.

Madame de Polastron s'éteignait graduellement. Monsieur le comte d'Artois passait sa journée seul avec elle. Les maisons de location à Londres sont trop petites pour qu'ils pussent loger ensemble, mais ils habitaient la même rue. Chaque jour, à midi, son capitaine des gardes l'accompagnait jusqu'à la porte de madame de Polastron, frappait et, lorsqu'elle était ouverte, le quittait. Il venait le reprendre à cinq heures et demie pour dîner, le ramenait à sept heures jusqu'à onze. Ces longues matinées et ces longues soirées se passaient en tête à tête. Madame de Polastron, qui ne pouvait parler sans fatigue, se fit faire des lectures pieuses, d'abord par le prince, puis elle le fit soulager dans ce soin par l'abbé Latil.

Les commentaires se joignirent au texte. Monsieur le comte d'Artois était trop affligé pour ne pas prêter une attention respectueuse aux paroles qui adoucissaient les souffrances de son amie ; elle lui prêchait la foi avec l'onction de l'amour. Il entrait dans tous ses sentiments, et elle en avait tellement la conviction qu'au moment de sa mort elle prit la main du prince et, la remettant dans celle de l'abbé, elle lui dit :

« Mon cher abbé, le voilà. Je vous le donne, gardez-le, je vous le recommande. »

Et puis, s'adressant au prince :

« Mon ami, suivez les instructions de l'abbé pour être aussi tranquille que je le suis au moment où vous viendrez me rejoindre. »

Il y avait plusieurs personnes dans sa chambre lors de cette scène, entre autres le chevalier de Puységur qui me l'a racontée. Elle fit des adieux affectueux à tout ce monde, prêcha ses valets, ne dit pas un mot du scandale qu'elle avait donné au monde. Elle s'endormit ; le prince et l'abbé restèrent seuls avec elle. Peu de temps après, elle s'éveilla, demanda une cuillerée de potion et expira.

L'abbé ne perdit pas un instant, il entraîna monsieur le comte d'Artois à l'église de King-Street, l'y retint plusieurs heures, le fit confesser et, le lendemain, lui donna la communion. Depuis ce moment, il le domina au point qu'en le regardant seulement, il le faisait changer de conversation.

Il avait cessé de manger avec les valets de chambre depuis le départ d'Édimbourg ; mais ce fut alors seulement qu'il prit place à la table du prince dont le ton changea complètement. De très libre qu'il avait été, il devint d'un rigorisme extrême ; et monsieur de Rivière, qui s'en abstenait par scrupule, y revint et y tint le premier rang. Monsieur le comte d'Artois, toujours un peu embarrassé de son changement, lui savait un gré infini d'avoir été son précurseur et d'être entré par la même porte dans la voie qu'ils suivaient avec la même ferveur.

Avant que la maladie de madame de Polastron absorbât entièrement monsieur le comte d'Artois, il allait quelquefois dans le monde. Je l'y rencontrais, surtout chez lady Harington où je passais ma vie. Il s'y trouvait souvent avec le prince de Galles et, malgré la différence de leur position, c'était le prince français qui avait tout l'avantage. Il était si gracieux, si noble, si poli, si grand seigneur, si naturellement placé le premier sans y songer que le prince de Galles n'avait l'air que de sa caricature. En l'absence de l'autre, on ne pouvait lui refuser de belles manières ; mais c'étaient des *manières* et, en monsieur le comte d'Artois, c'était la nature même du prince. Sa figure aussi, moins belle peut-être que celle de l'Anglais, avait plus de grâce et de dignité ; et la tournure, le costume, la façon d'entrer, de sortir, tout cela était incomparable.

Je me rappelle qu'une fois où monsieur le comte d'Artois venait d'arriver et faisait sa révérence à lady Harington, monsieur le duc de Berry, qui se trouvait à côté de moi, me dit :

« Comme on est heureux pourtant d'être beau prince comme cela : ça fait la moitié de la besogne. »

C'était une plaisanterie, mais au fond, il avait raison. Certainement, à cette époque, monsieur le comte d'Artois était l'idéal du prince, plus peut-être que dans sa grande jeunesse. Il n'allait guère alors dans la société française. Il recevait les hommes de temps en temps, et donnait quelques dîners. Le jour de l'An, le jour de la Saint-Louis, de la Saint-Charles, les femmes s'y faisaient écrire. Il renvoyait des cartes à toutes et faisait en personne des visites à celles qu'il connaissait. Je l'ai vu ainsi trois ou quatre fois chez ma mère, mais fort à distance. Nous n'allions pas chez madame de Polastron et cela ne se pardonnait guère.

J'ai parlé du salon de lady Harington. C'était le seul où on se réunît fréquemment, non pas tout à fait sans y être invité, mais d'une manière plus sociable que les raouts ordinaires. Lady Harington faisait trente visites dans la matinée, et laissait à la porte des femmes l'engagement à venir le soir chez elle. Chemin faisant, elle traversait plusieurs fois Bond street, et y ramassait les hommes qui s'y promenaient. Cette manœuvre se renouvelait trois à quatre fois par semaine, et le fond de la société, étant toujours le même, finissait par former une coterie. Mon instinct de sociabilité française me poussait à y donner la préférence sur les grandes assemblées que je trouvais dans d'autres maisons. Lady Harington me comblait de prévenances et je me plaisais fort chez elle.

C'est là où je m'étais assez liée avec lady Hester Stanhope[1] qui, depuis, a joué un rôle si bizarre en Orient. Elle débutait à cette célébrité par une originalité assez piquante. Lady Hester était fille de la sœur de monsieur Pitt que les bizarres folies de son mari, lord Stanhope, avaient fait mourir de chagrin. Ces mêmes folies avaient jeté la fille aînée dans les bras de l'apothicaire du village voisin du château de lord Stanhope. Monsieur Pitt, pour éviter le même sort à lady Hester, l'avait prise chez lui. Elle faisait les honneurs de la très mauvaise maison que le peu

---

1. La célèbre aventurière, petite-nièce de Pitt (1776-1839).

de fortune avec laquelle il s'était retiré des affaires lui permettait de tenir ; et, dans ce moment d'oisiveté, il s'était établi le chaperon de sa nièce, restant avec une complaisance infinie jusqu'à quatre et cinq heures du matin à des bals où il s'ennuyait à la mort. Je l'y ai souvent vu, assis dans un coin, et attendant avec une patience exemplaire qu'il convînt à lady Hester de terminer son supplice.

Je ne parlerai pas de ce qui a décidé lady Hester à s'expatrier. J'ai entendu dire que c'était la mort du général Moore, tué à la bataille de la Corogne ; mais cela s'est passé après mon départ, et je ne raconte que ce que j'ai vu ou crois savoir d'une manière positive. À l'époque dont je parle, lady Hester était une belle fille d'une vingtaine d'années, grande, bien faite, aimant le monde, le bal, les succès de toute espèce, pas mal coquette, ayant le maintien fort décidé, et une bizarrerie assez piquante dans les idées. Cela ne passait pas pourtant les bornes de ce qu'on appelle de l'originalité. Pour une Stanhope (ils sont tous fous), elle était la sagesse même.

J'ai fait dans ce même temps bien souvent de la musique avec madame Grassini[1]. C'est la première chanteuse qui ait été reçue à Londres précisément comme une personne de la société. Elle ajoutait à un grand talent une extrême beauté ; beaucoup d'esprit naturel lui servait à adopter le maintien sortable à tous les lieux où elle se trouvait. Le duc d'Hamilton la fit entrer dans l'intimité de ses sœurs. Le comte de Fonchal, ambassadeur de Portugal, lui donnait des fêtes charmantes où tout le monde voulait aller. Non

---

1. Joséphina Grassini (1773-1850), contralto italien qui fit ses débuts à Milan au carnaval de 1794. Vite célèbre, elle chanta devant Bonaparte après Marengo, vint à Paris, puis, en 1804, signa un contrat de 3 000 livres pour chanter à Londres, où elle fit les délices de Quincey. Elle continua de se produire en France jusqu'en 1815, puis se retira en Italie

seulement elle était invitée aux concerts, mais à toutes les réunions de société et même de coterie. Actrice excellente, sa méthode de chanter était admirable. Elle a mis à la mode des voix de contralto qui ont à peu près expulsé du théâtre celles de soprano, seules appréciées jusque-là. Le premier grand talent qui se trouvera posséder une voix de cette dernière nature amènera une nouvelle révolution.

Le musicien le plus extraordinaire que j'aie jamais rencontré, c'est Dragonetti[1]. Il était alors à l'apogée du prodigieux talent avec lequel il avait maîtrisé, assoupli, apprivoisé, on pourrait dire, cet immense et grossier instrument qu'on appelle une contrebasse, au point de le rendre enchanteur. Il tirait de ces trois gros câbles dont il est monté et qu'il faut toucher à pleine main des sons ravissants, et était parvenu à une exécution qui tient du prodige.

Je me souviens qu'à la suite d'un grand concert donné par le comte de Fonchal, la foule s'étant écoulée, nous restâmes en petit comité pour le souper. On parla de danses nationales, de la tarentelle. La fille de l'ambassadeur de Naples la dansait très bien, je l'avais dansée autrefois. On nous pressa de l'essayer. Viotti[2] s'offrit à la jouer, mais il savait mal l'air. Dra-

1. Domenico Dragonetti (1763-1846), le patriarche des contrebassistes, que la beauté de son jeu, alliée à une extrême facilité de déchiffrement, rendit vite célèbre. Dès 1794, il quitta Venise pour Londres où il fut très fêté. Il y rencontra peu après Haydn, lui rendit visite à Vienne en 1798. Il devait faire plus tard la connaissance de Beethoven. Outre son instrument on lui connaît trois passions : les tabatières, les poupées et un chien nommé Carlo qui le suivait jusque dans la fosse d'orchestre.

2. Jean-Baptiste Viotti (1755-1824). Violoniste piémontais, compositeur mais surtout virtuose de grande réputation. Il connut les étapes classiques du succès, joua devant Frédéric II en 1780, fut présenté à Catherine II par le prince Potemkine. Dès 1782, le *Mercure de France* le considère comme le premier

gonetti le lui indiqua. Nous commençâmes notre danse. Viotti jouait, Dragonetti accompagnait. Bientôt nous fûmes essoufflées, et les danseuses s'assirent. Viotti termina son métier de ménétrier en improvisant une variation charmante. Dragonetti la répéta sur la contrebasse. Le violon reprit une variation plus difficile, l'autre l'exécuta avec la même netteté. Viotti s'écria :

« Ah ! tu le prends comme cela ! nous allons voir. »

Il chercha tous les traits les plus difficiles que Dragonetti reproduisit avec la même perfection. Cette lutte de bonne amitié se continua, à notre grande joie, jusqu'au moment où Viotti jeta son violon sur la table en s'écriant :

« Que voulez-vous, il a le diable au corps ou dans sa contrebasse ! »

Il était dans un transport d'admiration. Dragonetti n'a eu ni prédécesseur ni, jusqu'à présent, d'imitateur.

CHAPITRE VI

La société de l'émigration française fut mise en commotion par les résultats du Concordat. Les évêques, qui, jusque-là, avaient vécu en bon accord,

---

violoniste de son temps. Il fait partie de la musique du prince de Soubise, donne des auditions chez son ami Cherubini, dirige, en 1788, le Théâtre de Monsieur. Pendant la Révolution, il se fixe en Angleterre où il abandonna la musique pour se livrer au commerce des vins. Après de grosses difficultés financières, il revint à Paris sous la Restauration et venait d'être nommé directeur de l'Opéra, lorsque l'assassinat du duc de Berry provoqua sa fermeture.

se divisèrent sur la question des démissions demandées par le Pape. L'évêque de Comminges, mon oncle, et l'évêque de Troyes, Barral, furent les chefs de ceux qui se soumirent. Les autres étaient sous la guidance de l'archevêque de Narbonne, Dillon, et de l'évêque d'Uzès, Béthizy. L'aigreur et les haines étaient au comble. Les non-démissionnaires avaient la majorité à Londres. Ils étaient treize et s'appelaient fièrement *les treize*.

Madame de Rothe, qui avait conservé toute sa violence dans son âge très avancé, ne les désignait jamais autrement. Elle faisait des scènes à mon père parce qu'il approuvait le parti pris par son frère et le disait hautement. Il n'avait guère d'imitateurs ; quelques-uns auraient volontiers été de son avis, mais ils n'osaient pas en convenir. Ceux des émigrés se disposant à rentrer en France étaient les plus violents dans leurs propos, afin de dissimuler leurs projets et, pendant qu'ils faisaient leurs paquets, n'en criaient que plus fort contre les déserteurs de la veille et tout ce qui se passait en France. Dans cette disposition, toute idée, toute démarche, toute parole raisonnable, soulevaient des tempêtes.

Les évêques démissionnaires avaient originairement eu le projet, après avoir obéi au Pape, de s'en tenir là et de ne point rentrer en France. Mais on leur rendit la vie si dure qu'ils ne purent y tenir, et cette position donna grande force aux arguments d'une lettre par laquelle monsieur Portalis les engageait à venir au secours de l'Église. Après la première fureur occasionnée par leur départ, les passions se calmèrent, et les treize, n'étant plus une majorité puisque la minorité avait quitté la place, devinrent moins violents. L'archevêque de Narbonne et madame de Rothe reprirent leurs habitudes de confiance intime avec mon père. Il leur était fort attaché.

Je ne puis m'empêcher de raconter la mort de madame de Rothe. Elle était au dernier degré d'une longue et douloureuse maladie dont une complète dissolution du sang était la suite. Elle avait toujours caché ses souffrances à l'archevêque pour ne pas l'inquiéter, et constamment fait les honneurs de son salon pour qu'il ne ressentît aucun changement autour de lui, aucun ennui. Le dernier jour de sa vie, elle dit à mon père de venir dîner avec eux. Leurs commensaux ordinaires, des évêques, devaient aller à Wanstead chez monsieur le prince de Condé, et elle n'avait pas la force de parler longtemps assez haut pour être entendue par l'archevêque, devenu très sourd. On servit des huîtres; elle les aimait. L'archevêque insista pour qu'elle en mangeât; elle eut la complaisance d'en essayer une, puis elle dit à mi-voix à mon père qu'elle tutoyait:

«D'Osmond, empêche-le de beaucoup manger. Je crains que son dîner ne soit troublé.»

Ensuite elle remit la conversation sur les sujets qui pouvaient intéresser l'archevêque, disant un mot de temps en temps. Au dessert, l'archevêque avait l'habitude de passer un instant dans sa chambre. Dès qu'il y fut entré:

«Ah! s'écria-t-elle, j'attendais ce moment. D'Osmond, ferme la porte sur lui, tourne la clef, sonne.»

Un domestique vint:

«Il faut que Guillaume aille chez monsieur l'archevêque, et l'occupe de façon à l'empêcher de rentrer ici.»

Tout ceci fut dit avec beaucoup de vivacité; reprenant plus bas et s'adressant à mon père:

«À son âge, les émotions ne valent rien, et cela va finir.

— Ne faudrait-il pas envoyer chercher votre médecin?

— Mon ami, le médecin est bien inutile; mais

envoie vite chercher un prêtre, c'est plus convenable pour monsieur l'archevêque. »

Dix minutes après le moment où elle avait fait fermer la porte sur lui, elle avait cessé de respirer ; et l'archevêque est toujours resté persuadé qu'elle était morte de mort subite, se portant à merveille. Je lui ai souvent entendu dire :

« Ce m'est une grande consolation de penser qu'elle n'a ni souffert ni prévu sa fin. »

Voilà un genre de dévouement dont un cœur de femme est seul capable.

L'archevêque aimait madame de Rothe : elle lui était nécessaire, il perdait une habitude de cinquante années ; il la regrettait sincèrement. Il vint passer chez nous la journée de l'enterrement. En arrivant, il était très affecté ; cependant il se remit, déjeuna de bon appétit. Après le déjeuner, il trouva un volume de Voltaire, traînant sur une table. Il se mit à parler de ses rapports avec lui, de ses brouilleries, de ses raccommodements, puis de ses ouvrages, de ceux qui avaient fait le plus d'effet à leur apparition. Bref, il nous récita un chant tout entier de *la Pucelle*, poème dont il avait orné sa mémoire épiscopale. Voilà comment les hommes savent regretter les personnes qui leur ont consacré leur vie tout entière. Cela s'appelle alternativement de la force d'âme ou de la résignation, suivant les circonstances.

Vers cette époque, j'étais un jour chez madame du Dresnay. Monsieur de Damas (connu sous le nom de Damas jeune), attaché à monsieur le prince de Condé, y fit une diatribe de la dernière violence sur les émigrés qui rentraient en France. Madame du Dresnay, qui pourtant n'est revenue qu'en 1814 mais qui avait trop d'esprit pour approuver ces impertinences, lui dit fort sèchement :

« Monsieur de Damas, quand on est comme vous élégamment vêtu, qu'on a un cabriolet qui vous attend à ma porte, qu'on est logé, nourri, soigné comme vous à Wanstead, on n'a pas le droit de crier *tolle* contre des pauvres gens qui vont chercher ailleurs le pain dont ils manquent ici.

— Mais, madame, c'est bien leur faute. Ne savez-vous pas ce que le Roi a fait pour eux ?

— Non, en vérité.

— Mais, madame, il leur a permis de travailler sans déroger. »

Je l'ai entendu de mes oreilles, entendu.

J'ai oublié de dire qu'avant mon mariage, je voyais beaucoup Pozzo, chez mes parents. Depuis, la vaste jalousie de monsieur de Boigne, qui embrassait la nature entière, y compris mon père et mon chien, m'avait séquestrée de toutes relations sociales, et je n'avais vu le monde que comme une lanterne magique. D'ailleurs, Pozzo[1] avait fait un long séjour à Vienne où il avait accompagné lord Minto[2], son patron et son ami. Cette liaison s'était formée à l'époque où lord Minto, alors sir Gilbert Elliot, avait été vice-roi de Corse, et où Pozzo était son conseil et son ministre. Il avait aussi des rapports très intimes

---

1. Charles-André Pozzo di Borgo (1764-1842). Gentilhomme corse, député à la Législative en 1791, Procureur-général-syndic de la Corse en 1792 ; c'est alors qu'il prit parti pour les Anglais. Chassé par les troupes françaises, il commença une longue carrière antibonapartiste (presque une vendetta). Général russe, aide de camp du tsar après avoir été son conseiller privé, commissaire général auprès du gouvernement provisoire, il fut, en 1814, le plus résolu à faire proclamer la déchéance de Napoléon. Il représenta la Russie au Congrès de Vienne, puis fut ambassadeur à Paris de 1815 à 1834.

2. Sir Gilbert Elliot (1751-1814), après avoir été commissaire civil à Toulon en 1793, organisa la résistance de la Corse dont il essaya de faire la plaque tournante de la politique anglaise en Méditerranée, en poussant Pozzo contre Paoli. Créé lord Minto en 1798, il fut par la suite gouverneur général des Indes.

avec mon oncle, Édouard Dillon. Celui-ci commandait un régiment irlandais, au service de l'Angleterre, qui occupait la Corse.

Lorsque les forces britanniques évacuèrent l'île, Pozzo fut obligé de la quitter, le parti français ayant pris le dessus. Je crois qu'il s'agissait peu du parti français ou anglais dans le cœur de Pozzo à cette époque, mais seulement de celui que Bonaparte ne suivait pas. Les deux cousins s'étaient tâtés. À une liaison intime de jeunesse, avait succédé une haine fondée sur l'ambition. Ils ne pensaient alors qu'à dominer dans leur île, et ils avaient promptement découvert qu'ils ne pouvaient y réussir qu'en devenant vainqueur l'un de l'autre.

Je crois bien que Pozzo n'appela les Anglais que parce que Bonaparte se déclara révolutionnaire. Depuis, Pozzo est devenu peut-être réellement absolutiste, mais, à cette époque, il était très libéral et plutôt républicain. Je lui ai entendu faire des morceaux sur *la Patria et les Castagnes* qui étaient fort dans mes goûts, mais qui ne ressemblent guère aux principes de la sainte alliance.

Pozzo se rendait justice en se sentant le rival du Bonaparte d'alors. Mais cette idée, une fois entrée dans sa tête corse, il n'a pu l'en déloger et il s'est regardé comme le rival du vainqueur de l'Italie, du Premier Consul et même de l'empereur Napoléon. Il avait trop d'esprit pour montrer ouvertement cette pensée, mais elle fermentait dans sa cervelle et s'en échappait en haine la plus active. Il aurait été jusqu'au fond des enfers chercher des antagonistes à Bonaparte et l'a toujours poursuivi avec une persévérance à laquelle son esprit des plus distingués et de rares talents ont donné une influence que sa situation sociale ne devait pas faire prévoir.

À cette époque, il était constamment chez nous, passant alternativement du découragement et de la plus profonde tristesse à des espérances exagérées et à des accès de gaieté folle, mais toujours spirituel, intéressant, amusant, éloquent même. Son langage, un peu étrange et rempli d'images, avait quelque chose de pittoresque et d'inattendu qui saisissait vivement l'imagination, et son accent étranger contribuait même à l'originalité des formes de son discours. Il était parfaitement aimable. Son manque de savoir-vivre n'avait pas encore l'aplomb que les succès lui ont donné. Et puis, on était moins choqué de voir un petit Corse manquer aux usages reçus que lorsqu'il a déployé ses habitudes grossières dans la pompe des ambassades.

Édouard Dillon le mit en rapport avec monsieur le comte d'Artois. Pozzo l'apprécia bien vite, et, tandis que le prince croyait s'être assuré un agent, Pozzo ne vit en lui qu'un instrument dont il se servirait dans l'intérêt de son ambition et surtout de ses haines, s'il le pouvait. Mais cet instrument lui paraissait bien peu incisif, et il s'expliquait avec une grande amertume sur le peu de parti qu'il y avait à en tirer.

Édouard Dillon[1], dont je viens de parler, était le frère de ma mère. Il avait été longtemps connu sous le nom du beau Dillon. La chronique du temps l'a désigné comme un des amants que la calomnie a donnés à la Reine. Voici sur quel fondement on avait fondé cette histoire.

---

1. Édouard Dillon (1750-1839) avait fait partie très jeune de la maison du comte d'Artois. C'est à ce titre qu'il fut admis aux jeux de Trianon dont il était le « garde-champêtre », tandis que Marie-Antoinette en était la « fermière » : colonel à vingt ans du Régiment de Provence, il se battit en Amérique, puis, toujours très en faveur, fut chargé de missions diplomatiques (1784-1790) ; enfin émigra. En 1814, il fut nommé lieutenant-général et maître de la garde-robe de Monsieur. Il suivit Louis XVIII à Gand, puis fut nommé ministre de France à La Haye, à Dresde (1816-1818), puis à Florence.

Édouard Dillon était très beau, très fat, très à la mode. Il était de la société intime de madame de Polignac, et probablement adressait à la Reine quelques-uns de ces hommages qu'elle réclamait comme jolie femme. Un jour, il répétait chez elle les figures d'un quadrille qu'on devait danser au bal suivant. Tout à coup, il pâlit et s'évanouit à plat. On le plaça sur un sopha, et la Reine eut l'imprudence de poser sa main sur son cœur pour sentir s'il battait. Édouard revint à lui. Il s'excusa fort de sa sotte indisposition et avoua que, pour ne pas manquer à l'heure donnée par la Reine, il était parti de Paris sans déjeuner, que, depuis les longues souffrances d'une blessure reçue à la prise de Grenade, ces sortes de défaillances lui prenaient quelquefois, surtout quand il était à jeun. La Reine lui fit donner un bouillon, et les courtisans, jaloux de ce léger succès, établirent qu'il était au mieux avec elle.

Ce bruit tomba vite à la Cour, mais fut confirmé à la ville lorsque, le jour de la Saint-Hubert, on le vit traverser Paris dans le carrosse à huit chevaux de la Reine. Il était tombé de cheval et s'était recassé le bras à la chasse. La voiture de la Reine était seule présente ; elle ordonna qu'on y transportât mon oncle et revint, comme de coutume, dans celle du Roi, car la sienne n'y était que d'étiquette. Il est très probable que beaucoup des histoires qu'on a faites sur le compte de la pauvre Reine n'avaient pas des fondements plus graves.

Mon oncle avait eu un duel qui avait fait une sorte de bruit. Soupant chez un des ministres, un provincial dont j'oublie le nom, lui dit à travers la table :

« Monsieur Dillon, je vous demanderai de ces petits pots, à quoi sont-ils ? »

Édouard, qui causait avec sa voisine, répondit sèchement :

« À l'avoine.

— Je vous renverrai de la paille», reprit l'autre qui ignorait que les petits pots à l'avoine étaient un mets à la mode.

Édouard n'interrompit pas sa causerie; mais, après le souper le rendez-vous fut pris pour le lendemain assez tard, parce qu'il ne se dérangeait pas volontiers le matin. L'antagoniste arriva chez lui à l'heure indiquée. Sa toilette n'était pas finie; il lui en fit des excuses, l'acheva avec tout le soin et les petites recherches imaginables. Tout en y travaillant, il lui dit:

«Monsieur, si vous n'avez pas affaire d'un autre côté, je préférerais que nous allassions au bois de Vincennes. Je dîne à Saint-Maur, et je vois que je n'aurai guère que le temps d'arriver.

— Comment, monsieur, vous comptez...

— Indubitablement, monsieur, je compte dîner à Saint-Maur après vous avoir tué, je l'ai promis hier à madame de...»

Cet aplomb de fatuité imposa peut-être au pauvre homme, tant il y a qu'il reçut un bon coup d'épée et que mon oncle alla dîner à Saint-Maur où l'on n'apprit que le lendemain, et par d'autres, le duel et le colloque. On ne peut se dissimuler que ce genre d'impertinence n'ait assez de grâce.

À l'époque dont je parle, 1803, Édouard avait dépouillé depuis longtemps toutes les prétentions du jeune homme et il était devenu tout à fait naturel et bon garçon. Une Anglaise lui ayant demandé ce qu'était devenu le beau Dillon, il répondit avec un sérieux extrême:

«Il a été guillotiné.»

Il avait suffisamment d'esprit naturel et infiniment de savoir-vivre. Je n'ai jamais vu avoir de meilleures et de plus grandes manières. Il avait été attaché à monsieur le comte d'Artois comme gentilhomme de la Chambre depuis la première formation de sa maison, et restait dans une assez grande intimité, quoiqu'il ne fût pas son commensal. Le régiment de la brigade irlandaise qu'il avait commandé avait réclamé tous ses soins pendant quelques années. Depuis, il les avait confiés à son frère Franck Dillon, son lieutenant-colonel. Il avait épousé une créole de la Martinique dont la fortune, considérable alors, lui permettait d'avoir une assez bonne maison à Londres. Monsieur le comte d'Artois y dînait quelquefois, et les autres princes très fréquemment.

Je m'y suis trouvée un jour, en 1804, avec assez de monde dont le comte de Vaudreuil faisait partie; Bonaparte venait de se déclarer empereur, trompant ainsi les espérances que les émigrés avaient voulu se forger de ses projets bourbonnistes. Chacun devisait de toutes les chances qu'il perdait par cette imprudence. Les uns pensaient qu'il aurait pu être maréchal de France, d'autres, chevalier des ordres, quelques-uns allaient même jusqu'à dire connétable! Enfin, monsieur de Vaudreuil, se levant et se tournant le dos à la cheminée, en retroussant les basques de son habit, nous dit d'un ton doctoral:

«Savez-vous ce que tout cela me prouve? c'est que, malgré la réputation que nous travaillions à faire à ce Bonaparte, c'est au fond un gredin très maladroit!»

Je me dispense des commentaires.

À la paix d'Amiens, monsieur de Boigne était allé en France et me pressait de l'y rejoindre. En outre que je ne m'en souciais guère, je croyais avoir de bonnes raisons pour me tenir éloignée d'un pays destiné à de nouvelles catastrophes. Nous savions qu'on y préparait un bouleversement et que Pichegru était à la tête de cette intrigue. Ce n'est pas de sa part que venaient les indiscrétions; il se conduisait avec prudence et adresse. Il vivait presque seul, faisant souvent de courtes absences pour donner le change, et,

lorsque les oisifs commençaient à s'en occuper, il
reparaissait tout à coup ayant fait une course toute
simple et qui dénotait le mieux un homme inoccupé.

Un jour, il partit tout de bon pour sa dangereuse
expédition ; malheureusement pour lui, il devait être
suivi par messieurs de Polignac. Ceux-ci agirent différemment. Ils firent cent visites d'adieux, prirent
congé de tout le monde, en se chargeant de commissions pour Paris, montrant la liste des personnes qui
les attendaient et qui, probablement, ne s'en dou-
taient point. Ce n'était pas dans la pensée que leur
voyage, d'après cette publicité, parût sans conséquence ; du tout, ils avouaient partir en secret. C'était
leur façon de conspirer.

La veille de leur départ, je dînai avec eux à la
campagne chez Édouard Dillon. Il fallait, pour en
revenir, traverser une petite lande ou commune.
Messieurs de Polignac étaient à cheval ; ils firent station sur la commune, et s'amusèrent à arrêter les
voitures qui y passèrent pendant une heure ; la
mienne fut du nombre. Ils demandaient la bourse ou
la vie et s'éloignaient ensuite avec des éclats de rire,
disant que c'était un avant-goût du métier qu'ils
allaient faire. Le lendemain, cette espièglerie était la
nouvelle et la joie de toute leur société. Ces niaiseries
ne vaudraient pas la peine d'être rapportées si elles
ne montraient d'avance le caractère de ce Jules de
Polignac, si fatal au trône et à lui-même. Quoique
bien jeune alors, tout l'honneur de cette conduite lui
appartient. Son frère Armand, aussi bête que Jules
est sot, a toujours été mené par lui.

Nous ne tardâmes pas à apprendre l'arrestation de
ces conspirateurs à liste et, bientôt après, la triste fin
de monsieur le duc d'Enghien[1]. Son père en fut, il

---

1. Armand, comte de Polignac (1771-1847) et son frère Jules
(1780-1847) furent impliqués dans la conspiration de Piche-

faut le dire, atterré ; il l'apprit d'une façon horrible. Monsieur le duc de Bourbon était censé habiter Wanstead, très magnifique château que monsieur le prince de Condé avait loué aux environs de Londres ; car, tout en se battant très bien à l'armée dite de Condé, Son Altesse n'y avait pas négligé ses affaires pécuniaires et était sans comparaison le plus riche des princes émigrés.

Son fils, ne pouvant s'astreindre à la vie régulière de Wanstead, était habituellement à Londres, dans un petit appartement, avec un seul valet qui lui était attaché depuis son enfance. L'heure de son déjeuner était arrivée et passée. Il sonna Gui, une fois, deux fois. Sans réponse, il descendit dans sa petite cuisine et trouva Gui, les deux coudes sur la table, la tête dans ses mains, les yeux en larmes, et une gazette devant lui. À l'approche de son maître, il leva la tête et se jeta sur la gazette pour la cacher. Monsieur le duc de Bourbon ne le lui permit pas, et y lut la triste nouvelle de l'assassinat de son fils.

Deux heures après, lorsque monsieur le prince de Condé arriva, il le trouva encore dans cette cuisine, dont Gui n'avait pu l'arracher, et où il ne voulait laisser entrer aucun autre. Monsieur le prince de Condé l'emmena à Wanstead. Les soins de madame de Reuilly, sa fille naturelle que madame de Monaco, devenue princesse de Condé, élevait, contribuèrent à le calmer. Cette douleur excessive, accompagnée

---

gru-Cadoudal, après une mission infructueuse de leur sœur la duchesse de Guiche en faveur du Prétendant auprès du Premier Consul. Condamné à mort, Armand fut gracié sur les instances de Joséphine ; interné successivement au fort de Ham, au Temple, à Vincennes. Jules, condamné à dix ans de prison, fut retenu arbitrairement auprès de lui jusqu'en 1810. Ils obtinrent alors leur transfert dans une maison de santé. Le duc d'Enghien avait été fusillé le 21 mars 1804.

d'accès de fureur et de cris de vengeance, est le plus beau moment de la vie de monsieur le duc de Bourbon, et je me plais à le retracer.

Quant à l'émigration en général et aux princes en particulier, l'impression de cet événement fut singulièrement fugitive. Seulement, par respect pour monsieur le prince de Condé, monsieur le comte d'Artois décida que le deuil, qui ne devait être que de cinq jours, serait porté à neuf, et il crut faire une grande concession.

Monsieur le prince de Condé en jugea de même, car il vint en personne à Londres pour remercier monsieur le comte d'Artois. La nouvelle arriva le lundi. Monsieur le duc de Berry s'abstint d'aller le mardi à l'Opéra, mais il y reparut à la représentation suivante, le samedi.

Le procès de Moreau étant fini et la tranquillité n'ayant pas été troublée en France, je me décidai à me rendre aux invitations réitérées de monsieur de Boigne. Ma position était très fausse, je le sentais. L'importance des tracasseries qui me rendaient la vie insupportable diminuait à mes propres yeux dans l'éloignement, et je n'avais pas de bonnes raisons à me donner à moi-même pour me refuser à obéir à des ordres que monsieur de Boigne avait le droit de donner. Il venait de faire l'acquisition d'une charmante habitation, Beauregard, à quatre lieues de Paris, et m'engageait à venir l'y trouver. Mes parents promettaient de me rejoindre, si je pouvais obtenir leur radiation, et cela acheva de me décider.

TROISIÈME PARTIE

L'EMPIRE

CHAPITRE I

Je m'embarquai à Gravesend, au mois de septembre 1804, à bord d'un bâtiment hollandais frété pour Rotterdam. Il se trouva chargé d'huile de baleine. Nous essuyâmes un orage violent ; la mer devint fort grosse ; le bateau resta fort petit. La lame passait dessus ; elle arrivait dans ma cabine, après avoir lavé les tonneaux d'huile de poisson, y apportant une odeur infecte, et aggravait encore les horreurs de la traversée. Elle fut longue, car mon patron, très ignorant probablement, manqua l'embouchure de la Meuse et nous n'arrivâmes à la Brielle que le quatrième jour.

La guerre rendait les communications difficiles ; il fallait saisir l'occasion d'un bâtiment de commerce. Les paquebots réguliers n'allaient qu'à Husum, sur la côte de Suède. La traversée était rude ; et le voyage de terre, très pénible, aurait été presque impraticable pour une jeune femme seule. Les papiers de notre patron portaient son arrivée d'Emden ; c'était une fraude convenue, elle ne trompait personne. J'entendis le chef des douaniers qui vinrent à bord demander à ceux qui inspectaient le navire pendant que lui examinait les papiers :

«Cela vient du Grand-Emden?

— Oui, monsieur, du Grand-Emden.

— C'est bon.»

Et il rendit les papiers au patron sans autre commentaire; *le Grand-Emden*, dans leur argot, c'était *Londres*. Je débarquai sans trop de tracasseries de la douane; j'envoyai chez le banquier auquel j'étais adressée et où je devais trouver, avec des lettres de monsieur de Boigne, les passeports nécessaires pour continuer ma route; il n'avait rien reçu.

Me voilà donc tout à fait seule dans un pays étranger, sans appui et sans conseils. J'écrivis à Paris à deux de mes oncles qui devaient s'y trouver avec monsieur de Boigne. En attendant, je ne savais que devenir; ma situation à Rotterdam avait une apparence aventurière qui me déplaisait fort. Certainement, si les communications avaient été plus faciles, je serais retournée au *Grand Emden*.

Le banquier me conseilla d'aller à La Haye voir monsieur de Sémonville[1] qui, tout-puissant, pourrait faciliter mon voyage. Je me rappelle que cet homme répondit aux craintes que je lui exprimais sur l'interruption de toute communication avec l'Angleterre où je laissais des intérêts si chers:

«Ne vous tourmentez pas, madame, c'est impos-

---

1. Charles-Louis Huguet, marquis de Sémonville (1759-1839) avait déjà un passé dans la diplomatie secrète lorsque Bonaparte le nomma ministre plénipotentiaire à La Haye. Il était chargé de faire entrer la République Batave dans les vues de la France. Sénateur, il exerça une certaine influence sur le régime impérial. Ministre de la commission chargée de rédiger la Charte en 1814, il fut nommé, dès le mois de juin, Grand Référendaire de la Chambre des pairs. En juillet 1830, il fit une démarche désespérée auprès de Charles X pour arracher la démission du ministre Polignac et le retrait des Ordonnances. Il avait épousé Mlle de Rostaing, veuve du comte de Montholon, dont la fille avait épousé le général Mac Donald.

sible : on pourra essayer de comprimer le commerce de la Hollande avec l'Angleterre ; mais ce ne pourra être que pour bien peu de jours, il reprendra son cours comme l'eau reprend son niveau et cela ne durera jamais une semaine. »

Malgré sa perspicacité commerciale, il n'avait pas prévu qu'il se trouverait une main assez ferme pour maintenir pendant des années cette machine hydraulique qu'il déclarait impossible pour une semaine. À la vérité, elle a fini par faire explosion.

Aussitôt que ma voiture put être préparée, je me rendis à La Haye. J'écrivis à monsieur de Sémonville pour lui demander un rendez-vous ; il envoya sur-le-champ monsieur de Canouville me dire qu'il allait venir chez moi. Les façons de monsieur de Canouville m'effarouchèrent un peu. Sous prétexte qu'il était mon cousin et peut-être aussi parce que j'étais jeune, jolie et seule, il prit un petit ton de plaisanterie et de légèreté qui, par les mêmes raisons, me déplurent extrêmement ; et je gravai sur mon agenda que tous les jeunes gens de la France révolutionnaire étaient familiers, avantageux, ridicules et impertinents. Je m'y attendais bien ; j'allais sûrement trouver monsieur de Sémonville impérieux, arrogant, insolent et alors toutes mes sages prévoyances de vingt ans seraient accomplies.

Monsieur de Sémonville arriva ; il était dans la douleur. La maladie de madame Macdonald avait appelé madame de Sémonville à Paris et, la veille, on avait reçu nouvelle de la mort de la jeune femme. Monsieur de Sémonville me témoigna le regret de ne pouvoir chercher à me rendre agréable une maison remplie de deuil. Tout-puissant en Hollande, son pouvoir ne s'étendait pas au-delà ; il ne pouvait me donner des passeports que jusqu'à Anvers où il me faudrait en attendre de Paris. Il m'engageait à rester à La Haye de préférence, se mettant au reste de sa personne tout à fait à mes ordres. La conversation se prolongea, il me parla de *Monsieur*; je pensai qu'il entendait par là Louis XVIII et je répondis que le Roi n'était pas en Angleterre, croyant faire acte de courageuse manifestation de mes principes royalistes.

«Je le sais bien, reprit avec douceur monsieur de Sémonville, je parle de son frère, *Monsieur*.»

Je restai confondue, car, en Angleterre, personne n'avait jamais inventé d'appeler le comte d'Artois *Monsieur*, et c'était la première fois que ce nom lui était donné devant moi. Dans la suite de notre entrevue, monsieur de Sémonville me parla de la fin tragique de monsieur le duc d'Enghien avec une douleur qui faisait singulièrement contraste avec l'incurie que j'avais laissée de l'autre côté du canal. Je commençais à éprouver quelque hésitation dans mes idées si bien arrêtées une heure avant. Cependant, je m'en tirai en me disant que monsieur de Sémonville était une anomalie avec le reste de ses compatriotes. Quant à moi, je ne sais trop ce que j'étais, anglaise je crois, mais certainement pas française.

J'avais vu à Londres et retrouvé pendant la traversée un monsieur de Navaro, Portugais allant en Russie. Il porta à la femme du ministre de Portugal une lettre de recommandation que j'avais pour son mari, et lui raconta ma position isolée. Une heure après, la bonne madame de Bezerra vint à mon auberge, s'empara de moi, m'emmena dîner chez elle, puis au spectacle dans la loge diplomatique. Le lendemain, elle me promena partout; dès lors je devins l'objet des prévenances de toute la société de La Haye. Il faudrait savoir à quel point le corps diplomatique s'y ennuyait pour apprécier avec quelle joie il vit tomber au milieu de lui une jeune femme qui lui apportait une espèce de distraction.

Le comte de Stackelberg, mélomane enragé, avait

bien vite découvert que j'étais bonne musicienne.
C'était à qui me ferait chanter ; et, me trouvant complètement oiseau de passage à La Haye, je sifflais
tant qu'on voulait. Je n'ai jamais eu tant de succès.
J'avais le bon sens de voir que cela tenait au cadre
où je me trouvais beaucoup plus qu'à mon mérite ;
cependant, je compris que je ne devais pas prolonger cette vie trop longtemps. Je m'arrachai inhumainement aux adorations des représentants de
toute l'Europe pour aller faire une tournée à Amsterdam et dans le reste de la Hollande.

Trois ou quatre des jeunes attachés annoncèrent le
projet de m'escorter ; je m'y opposai sérieusement,
et ma bonne amie Bezerra leur fit comprendre que
cela me déplaisait beaucoup. C'est pendant ce séjour
à La Haye que j'ai fait avec le comte de Nesselrode [1]
une connaissance qui, par la suite, est devenue une
véritable amitié.

Je m'arrêtai à Harlem pour acheter des jacinthes.
On me proposa d'entendre l'orgue ; n'ayant rien à
faire j'y consentis. J'entrai dans l'église ; j'y étais
seule ; l'organiste était caché. La musique la plus
ravissante commença ; l'artiste était habile, l'instrument magnifique ; il forme des échos, en chœur,
qui se répondent entre eux des divers points de
l'église. Je n'étais pas dans l'habitude d'entendre de
la musique religieuse ; j'y pleurai, j'y priai de toute
mon âme. Enfin, je ne sais si cela tenait à ma disposition, mais je n'ai guère éprouvé d'impression plus
profonde et, sauf les heures qui ont été inscrites sur
mon cœur par le malheur, il en est peu dans ma vie

1. Karl Robert von Nesselrode (1780-1862) appartenait à la
noblesse balte. Chargé d'affaires à La Haye (1804-1806) puis
conseiller d'ambassade à Paris, il gagna bientôt la faveur du
tsar Alexandre. Il représenta la Russie dans toutes les négociations de 1814-1815 puis dirigea la Chancellerie russe jusqu'en 1856.

dont je conserve un souvenir plus vif que celle passée dans la cathédrale d'Harlem.

Je restai trois jours à Amsterdam ; j'allai faire les
visites convenues, à Brock, à Zaandam, etc. Monsieur Labouchère [1] me donna à dîner ; j'y vis des messieurs et des dames, hollandais et hollandaises. On
me montra beaucoup de curiosités. On me parla de
bien d'autres, ce qui n'empêcha pas que je ne fusse
charmée de quitter cette ville. Malgré son grand
commerce, elle m'a paru horriblement triste. Je
m'arrêtai à Utrecht ; j'y pris une voiture du pays
pour aller voir l'établissement morave et le camp
que le général Marmont [2] commandait dans la plaine
de Zeist. Je trouvai que ces frères si heureux dans le
conte de madame de Genlis, dont ma mémoire gardait un souvenir d'enfance, avaient l'air pâles, tristes
et ennuyés. J'achetai quelques babioles, et il s'éleva
une querelle entre eux. L'un affirmait que les objets
de son travail avaient une supériorité que l'autre lui
contestait. Je partis peu édifiée. En revanche, je le
fus beaucoup de l'aspect du camp français. Je venais
d'en visiter en Angleterre, et ils étaient loin de présenter un spectacle aussi brillant et aussi animé ;
cependant les soldats français avaient moins bonne
mine individuellement et n'étaient pas si bien vêtus.

---

1. Labouchère (1772-1839), entré dans la Banque Hope à
Amsterdam au début de la Révolution, il en devint assez vite
associé en même temps qu'Alexandre Baring, dont il épousa la
sœur en 1796. Napoléon le chargea en 1810 de sondages de
paix en Angleterre. C'est à lui et à son beau-frère que Richelieu fit appel en 1818 pour garantir le règlement financier qui
devait permettre la libération anticipée du territoire français.

2. Auguste Viesse de Marmont (1774-1852), lié à la fortune
de Bonaparte depuis le siège de Toulon, commandait les
forces françaises de Hollande. Il avait épousé la fille du banquier suisse Perregaux, qu'il ne tarda pas à détester cordialement.

Je vis passer la calèche du général Marmont où était sa femme très parée, coiffée en cheveux et sans fichu. Les postillons avaient des vestes couvertes de galons d'or; la calèche était dorée, mais malpropre et mal attelée. Tout cela me parut en total un équipage fort ridicule, y compris madame la générale. Je m'en amusai; c'était bien comme je l'avais prévu.

Après une absence de dix jours, je revins à La Haye; j'y trouvai des lettres de mes oncles. Monsieur de Boigne, ayant mal calculé le moment de mon arrivée, était parti pour la Savoie. On m'annonçait que je trouverais mes passeports à Anvers. Je passai une soirée chez madame de Bezerra pour prendre congé de la société de La Haye; monsieur de Sémonville y vint ainsi que toutes les autorités hollandaises et, le lendemain, je partis.

On m'avait fait peur de la sévérité des douaniers, et j'étais d'autant plus effrayée d'avoir affaire à des commis français que mes rapports avec ceux de l'Allien-Office, au moment de mon départ d'Angleterre, m'avaient paru fort désagréables. Or, si les Anglais étaient malhonnêtes, qu'avais-je à attendre de commis français? Monsieur de Sémonville m'avait bien donné une lettre de recommandation, mais cependant le cœur me battait en arrivant au premier poste français.

On me pria très poliment d'entrer dans le bureau; j'y fus suivie par mes femmes. Ma voiture était censée venir de Berlin. Comme anglaise, elle aurait été confisquée; mais, en qualité d'allemande, elle passait en payant un droit considérable. Pendant que je l'acquittais, les jeunes gens de la douane admiraient cette voiture, qui était très jolie:

« C'est une voiture de Berlin, dit le chef.

— Oui, monsieur, regardez plutôt, c'est écrit sur tous les ressorts. »

Je devins rouge comme un coq en suivant leurs

regards et en voyant imprimé sur le fer : *Patent London*. Ils se prirent à sourire, et je payai la somme convenue pour ma voiture *allemande*. Pendant que le chef enregistrait et me délivrait les certificats, un autre s'occupait de mon passeport et me faisait un signalement très obligeant mais qui me tenait assez mal à mon aise. Le chef s'en aperçut, et, levant à moitié les yeux de dessus son papier :

« Mettez jolie comme un ange ; ce sera plus court et ne fatiguera pas tant madame. »

Un employé subalterne avait à moitié ouvert une des bâches de la voiture, sans même la descendre ; je lui glissai deux louis dans la main ; un des commis rentra un instant après et me les remit en me disant avec la plus grande politesse :

« Madame, voilà deux louis que vous avez laissé tomber par mégarde. »

Je les repris, un peu honteuse. Enfin tout semblait terminé à ma plus grande satisfaction lorsqu'ils s'avisèrent que le fouet de mon courrier était anglais. Ils me montrèrent *London* écrit sur le bout d'argent dont il était orné ; sans doute je l'avais acheté dans quelque endroit où les marchandises anglaises étaient admises, mais, en France, elles étaient prohibées et leur devoir ne leur permettait d'en laisser passer aucune. Nous gardâmes tous notre sérieux à cette dernière scène du proverbe. Ils me souhaitèrent un bon voyage et je partis très étonnée d'avoir trouvé une si obligeante et si spirituelle urbanité là où je ne m'attendais qu'à des procédés grossiers jusqu'à la brutalité. Je suis entrée dans ces détails pour montrer jusqu'à quel point les émigrés, qui avaient le droit de se croire les plus raisonnables, étaient encore absurdes dans leurs idées sur la France et, au fond, lui étaient hostiles.

Arrivée à Anvers, je trouvai à l'auberge un billet

de monsieur d'Herbouville[1], alors préfet, qui m'annonçait avoir mes passeports. J'étais proche parente de sa femme ; il avait donné l'ordre de le prévenir du moment où je serais à Anvers. J'étais à peine établie dans ma chambre d'auberge que j'y vis entrer un grand dadais de cinq pieds dix pouces répétant au plus pointu d'une voix de fausset bien aiguë :

« Apollinaire, c'est Apollinaire, je suis Apollinaire », et faisant à coudes ouverts des révérences jusqu'à terre.

Je fus quelques instants à reconnaître le jeune d'Argout[2] que j'avais beaucoup vu quelques années avant à Londres où son oncle (qui était aussi le mien, ayant épousé une sœur de mon père[3]) s'occupait de son éducation avec un soin auquel il a répondu. C'est lui qui, depuis, s'est élevé par un mérite incontestable accompagné d'une disgrâce et d'une gaucherie qu'il déployait alors dans toute leur naïveté. Il m'en

1. Charles-Joseph, marquis d'Herbouville (1758-1829), maréchal de camp dès 1786, joua un certain rôle en Normandie où il vécut sur ses terres jusqu'en 1800. Nommé alors préfet du département des Deux-Nèthes (Anvers), puis du Rhône en 1806, démissionnaire en 1810. La Restauration lui valut le grade de lieutenant général, le titre de marquis et la dignité de Pair. Un moment directeur des postes, il fit partie du groupe du *Conservateur*, hostile à Decazes. Il avait épousé Mlle d'Argenteuil.

2. Apollinaire d'Argout (1782-1858) commença très jeune une carrière administrative. Receveur principal des Contributions indirectes à Anvers en 1806, directeur général de la navigation du Rhin (1812-1814), préfet sous la Restauration ; enfin pair de France en 1820. Il accompagna M. de Sémonville à Saint-Cloud le 28 juillet 1830, mais il était trop tard lorsqu'il revint à Paris annoncer la révocation des ordonnances et la formation du nouveau ministère. Il fut encore ministre de Louis-Philippe, gouverneur de la Banque de France à partir de 1836 ; enfin sénateur du Second Empire.

3. Rosalie d'Osmond, mère d'Eugène d'Argout, qui se trouvait être à la fois cousin de Mme de Boigne et du comte d'Argout.

donna une nouvelle preuve le lendemain matin. Il m'accompagna à la cathédrale d'Anvers et, malgré toutes mes supplications, il monta jusqu'au haut du clocher toujours à reculons, en me donnant la main, ce qui n'était pas plus commode pour moi que pour lui. Il exerçait alors une petite place dans les droits réunis dont il faisait vivre sa mère. Depuis, il est devenu préfet, pair, enfin ministre. Il est homme de talent, de cœur et très honnête; mais son esprit est presque aussi gauche que ses manières.

Monsieur d'Herbouville vint après; je le trouvai froid et emprunté; il avait récemment été fort compromis par la reconnaissance bavarde de quelques émigrés auxquels il avait rendu service, et se tenait sur la réserve. Il m'engagea à dîner.

La meilleure de mes visites fut celle de monsieur Malouet, vieil ami de mon père et préfet maritime à Anvers. Monsieur Malouet, qui avait été un constitutionnel de 89, terme de réprobation, s'il en fut, dans l'émigration, n'en était pas moins resté fort lié avec mon père et je le voyais perpétuellement chez lui. Il n'y avait pas bien longtemps qu'il avait quitté Londres et il ne savait pas trop comment je verrais un préfet de la République ou plutôt du Consulat. Rassuré à cet égard par la joie que j'éprouvai à trouver un visage de connaissance pour la première fois depuis un mois, il me fit signe de me taire, alla ouvrir toutes les portes, examina bien s'il n'y avait personne aux écoutes, les referma soigneusement, m'avança une chaise au milieu de la chambre, en prit une à côté de moi et puis me demanda à voix bien basse des nouvelles de mon excellent père, ajoutant:

«Voyez-vous, mon enfant, il ne faut pas se compromettre.»

Il me posa une règle de conduite sur ce que je ne devais point faire, point dire à Paris, toujours pour

ne pas me compromettre, qui avait fini par me
mettre la terreur dans le cœur, après avoir commencé par me donner envie de rire, d'autant que
ses préceptes étaient appuyés d'exemples les plus
alarmants :

«Mais ce pays est donc tout à fait inhabitable ? ne
pus-je m'empêcher de m'écrier.

— Chut, chut, voilà une affreuse imprudence.»

Il retourna examiner les portes, mais ne voulut
plus s'exposer à pareille incartade. Il prit congé de
moi en me disant qu'il était plus prudent de ne pas
me revoir, que d'Herbouville l'avait engagé à dîner
mais qu'il ne voulait pas courir le risque de se laisser
aller à me faire quelque question imprudente. Il n'y
avait pas grand danger, c'était plutôt mes paroles
que les siennes qu'il avait à craindre ; toujours est-il
qu'il me laissa fort troublée. On n'échappe pas à son
sort. Quelques années plus tard, monsieur Malouet,
devenu conseiller d'État, se trouva, malgré ses pru-
dentes précautions, compromis par ses relations
avec le baron Louis et fut exilé par l'Empereur.

Je trouvai, chez monsieur d'Herbouville, sa famille
et quelques commensaux. Ils étaient de beaucoup
meilleure composition que je ne m'y attendais d'après
les discours de monsieur Malouet. Il avait pourtant
réussi à me mettre mal à mon aise ; je craignais un
peu pour moi et beaucoup pour les autres à qui ma
présence pouvait être si dangereuse. Cependant, je
dois dire que même monsieur Malouet et surtout les
d'Herbouville avaient trouvé le moyen de parler en
termes de regret, de douleur, de réprobation de cette
mort de monsieur le duc d'Enghien, si bien oubliée
par l'émigration. Partout, dans toutes les classes et
principalement parmi les gens attachés au gouvernement, je l'ai trouvée une plaie encore toute sai-
gnante à mon retour en France.

J'arrivai sans autre incident au château de Beauregard[1], ayant tourné Paris. Monsieur de Boigne n'était pas encore de retour de Savoie; je m'y installai comme seule maîtresse de ce beau lieu. J'y pleurai bien à mon aise pour en prendre possession, le 2 novembre 1804, jour des Morts, par un brouillard froid et pénétrant qui ne permettait pas de voir à trois pieds devant soi. Je me trouvai le soir enfermée dans une pièce dont mes mains, accoutumées aux serrures anglaises, ne savaient pas ouvrir les portes, et sans sonnettes. Elles avaient été proscrites comme aristocrates pendant la Révolution, et monsieur de Boigne n'avait pas songé à en faire remettre. J'éprouvai un sentiment d'abandon et de désolation qui me glaça jusqu'au fond de l'âme, et je ne pense pas que je me fusse crue dans un pays plus sauvage sur les bords de la Colombia.

Le lendemain matin, j'envoyai chercher un serrurier. Il m'assura qu'il allait arranger *provisoirement* une sonnette en attendant qu'elle pût être *organisée définitivement*. Quel diantre de pays est donc cela où les serruriers parlent la langue de l'Athénée et où les chevaux sont attelés avec des ficelles? Ma pauvre cervelle de vingt ans, livrée pour la première fois à ses propres forces, était toute renversée par la diversité des impressions que je recevais; aussi, j'ai conservé une multitude de souvenirs très vifs de ce voyage.

---

1. Un mois plus tôt y était morte la petite Ann, que le général de Boigne avait eue de son premier mariage. Il essayait depuis deux ans de la faire venir auprès de lui.

CHAPITRE II

Je ne voulus pas assister aux fêtes du couronnement ; mon héroïsme royaliste en aurait trop souffert. Nous nous amusions dans notre oisive nullité par mille brocards. Un seul était assez piquant ; on disait que le manteau impérial restait flottant parce que l'Empereur n'avait pas su passer la Manche. En dépit de mes préjugés, je n'avais pu me défendre d'une exaltation très sincère pour le Premier Consul. J'admirais en lui le conquérant et le faiseur de bulletins. Personne ne m'avait expliqué son immense mérite de législateur et de *tranquilliseur* des passions ; je n'étais pas en état de l'apprécier à moi seule. Je me serais, je crois, volontiers enthousiasmée pour lui si j'avais vécu dans une autre atmosphère.

À Londres, ma pauvre mère avait souvent pleuré de chagrin en me voyant si *mal penser* ; elle prétendait que je montais la tête de mon frère pour Bonaparte. Il est certain que, voyant nos princes de près et le Premier Consul de loin, tous mes vœux étaient pour lui ; la mort du duc d'Enghien avait été une impression aussi fugitive en moi qu'en ceux avec lesquels je me trouvais alors. Toutefois, malgré cette velléité d'admiration pour l'Empereur, je tenais par mille préjugés à ce qu'on appelait l'ancien régime ; et mon éducation toute anglaise me rendait, par intuition, de la secte qui, depuis, a été appelée libérale. Voilà, autant que je puis le démêler à présent, le point où j'en étais à mon arrivée en France. Monsieur de Boigne, ce que je ne conçois guère, n'était pas du tout révolutionnaire et, sur ce seul point de la politique, nous étions à peu près d'accord.

Nous allâmes à la fin de décembre nous établir à

Paris[1]; j'y passai trois mois, les plus ennuyés de ma vie. La société de Paris est tellement exclusive qu'il n'y a nulle place pour ceux qui y débutent, et, avant de s'être formé une coterie, on y est complètement isolé. D'ailleurs, la crainte des scènes que monsieur de Boigne me faisait à propos de tout et de rien me tenait dans une réticence qui ne facilitait pas les rapports de sociabilité. Je trouvais de temps en temps une vieille femme qui se rappelait m'avoir vue téter à Versailles, ou une autre qui me racontait mes gentillesses de Bellevue, mais tout cela ne me récréait pas infiniment.

Je fus très tendrement accueillie par la princesse de Guéméné (celle dont j'ai déjà parlé); elle me fut utile et serviable autant que peut l'être une personne qui ne quitte pas son lit et voit peu de monde.

La duchesse de Châtillon, en revanche, m'était insupportable; elle me retenait des heures entières à me chapitrer sur une multitude de choses où ses conseils étaient aussi inutiles que surannés, commençant et finissant toujours ses sermons par ces mots:

« Ma petite reine, comme j'ai l'honneur de vous appartenir. »

Ce qui voulait dire en bon français:

« Tenez-vous pour très honorée que je veuille bien reconnaître la parenté entre nous », et je ne m'y sentais nullement disposée.

Elle habitait, dans son magnifique hôtel de la rue du Bac, une grande pièce qu'elle appelait son cabinet, meublée avec beaucoup de luxe antique et fournie de huit à dix pendules qui toutes marquaient le temps d'un ton et d'un mouvement différents. Une superbe cage dorée, suspendue en guise de lustre, était occupée par des oiseaux chantant à pleine gorge.

---

1. 5, place Vendôme.

Tout ce cliquetis, avec la basse obligée de la voix monotone et sans timbre de la duchesse, me prenait sur les nerfs et rendait ces visites insupportables. Je n'en sortais jamais sans faire vœu de n'y plus retourner, vœu que j'aurais infailliblement accompli si mes lettres de Londres n'eussent souvent porté des compliments à madame de Châtillon.

Cette duchesse de Châtillon était fille de la duchesse de Lavallière, rivale de la maréchale de Luxembourg, toutes deux si belles et si galantes. La fille aussi avait été l'une et l'autre. Le cadre de la glace, dans ce cabinet où elle me faisait de si longues homélies, était incrusté des portraits de tous ses amants. N'en sachant plus que faire, elle avait inventé de les utiliser comme mobilier. Le nombre en était considérable et cela formait une très jolie décoration. Elle avait été esprit fort, mais était devenue prude et dévote. Avec elle a fini la maison de Lavallière et, avec ses deux filles, les duchesses de la Trémoille et d'Uzès, celle de Coligny-Châtillon ; ce sont deux noms éteints.

La marquise, devenue duchesse, de Laval, ancienne amie de ma mère et ma marraine, me traitait avec une bonté toute maternelle. Elle était aussi simple que madame de Châtillon était pleine d'emphase et ne me faisait pas valoir la parenté. Aussi j'allais très volontiers dans la cellule du couvent de Saint-Joseph où elle vivait dans les pratiques d'une dévotion aussi minutieuse qu'indulgente. Elle donnait tout ce qu'elle avait aux pauvres, et son costume se ressentait tellement de cette pénurie qu'un jour, à l'église, un homme lui frappa sur l'épaule pour lui payer sa chaise :

« Vous vous trompez, monsieur, reprit doucement la duchesse ; ce n'est pas moi, c'est cette autre dame. »

Le mot dame a, dans cette situation, quelque chose qui m'a toujours touchée.

Le duc de Laval était impatienté de la position de sa femme. Après avoir vainement tenté de lui donner de l'argent qui ne faisait que traverser sa bourse, il prit le parti de lui louer un appartement décent, de payer sa modique dépense et même sa toilette sur laquelle cependant il n'obtint guère d'amélioration. S'il avait exigé un costume convenable à son état dans le monde, il l'aurait désolée; elle voulait pouvoir aller à pied toute seule, dans la boue, visiter les églises et les pauvres sans être remarquée. Quoiqu'elle ne fût pas jolie, elle avait été dans sa jeunesse la femme la plus élégante et la plus magnifique de la Cour de France; son oncle, l'évêque de Metz, payait tous ses mémoires et elle dépensait quarante mille francs pour sa toilette. Jamais changement n'avait été plus complet, et peut-être aurait-elle mieux fait d'éviter les deux extrêmes. Telle qu'elle était devenue, elle était fort considérée de son mari et adorée de ses enfants.

Ce mari est un caractère réellement original, chose rare en tout pays, plus rare en France, plus rare encore dans la classe où il est né. Depuis son entrée dans le monde, il a toujours vécu magnifiquement des profits de son jeu sans que sa considération en ait souffert. Jamais il n'a eu l'air d'aller plus qu'un autre homme de son rang dans les lieux où l'on jouait; jamais il n'a recherché ce qu'on appelle une bonne partie; cependant il comptait sur cent mille écus de rente en fonds de cartes, comme il aurait compté sur un revenu en terres. Il était le plus beau joueur et le plus juste qu'on pût rencontrer; la décision du duc de Laval aurait fait loi dans toute l'Europe sur un coup douteux.

Il avait été bon officier et on prétendait qu'il avait le coup d'œil militaire. Il s'était assez distingué pendant la campagne des princes où il avait eu le malheur de voir tuer sous ses yeux son second fils,

Achille, le seul de ses enfants qu'il ait jamais aimé. Lors du licenciement de cette armée, il se conduisit vis-à-vis de son corps avec une paternelle générosité qui ne fut imitée par personne, et lui mérita la plus haute estime.

Dans le cours ordinaire de la vie, il professait l'égoïsme jusqu'à l'exagération. Il rencontrait sa belle-fille à pied dans la rue un jour où il commençait à pleuvoir, n'affectait pas même de ne l'avoir point remarquée, et lui disait le soir :

« Caroline, vous avez dû être horriblement mouillée ce matin ; je vous aurais bien fait monter dans ma voiture, mais j'ai craint l'humidité si on ouvrait la portière. »

Il y en aurait mille à citer de cette force ; ses enfants l'aimaient pourtant, et tout le monde lui rendait. Il faisait beaucoup de visites ; c'était chez lui un système de conduite ; il prétendait que c'était le meilleur moyen pour qu'on ne dise pas autant de mal de vous, qu'on ménage toujours un peu les gens qui peuvent entrer pendant qu'on en parle.

Tous les *ana* sont remplis de ses coq-à-l'âne ; par une singulière disposition de son esprit il ne pouvait se mettre dans la tête la véritable acception des mots. Il ne péchait pas par l'idée, mais par l'expression. Ainsi il parlait d'être fouetté aux quatre coins de la cour *ovale* ; il était monté à cheval pour arriver *currente calamo* ; il recevait une lettre *anonyme*, signée de tous les officiers de son régiment, et tant d'autres bévues rapportées partout. Voici une de ses plus jolies erreurs et des moins connues. On discutait à quel point Zeuxis et Apelle étaient contemporains ; le duc de Laval, assis à souper à côté du duc de Lauzun, lui dit :

« Lauzun, qu'est-ce que c'est que ça, contemporain ?

— Des gens qui vivent en même temps : toi et moi, nous sommes contemporains.

— Allons donc, tu te fiches de moi ! est-ce que je suis peintre, moi ? »

Dans la société intime, le duc de Lauzun passait pour arranger les histoires du duc de Laval avec lequel il était très lié. Un jour, il voulut le trouver mauvais ; le duc de Lauzun lui répondit :

« Tu te fâches, Laval, hé bien, c'est bon, je ne t'en ferai plus et tu verras ce que tu y perdras. »

Il avait raison, car les *mots* du duc de Laval lui donnaient une sorte de célébrité. On a comparé son esprit à une lanterne sourde qui n'éclairait qu'en dedans ; cela est assez ingénieux car, s'il a dit beaucoup de balourdises, il n'a jamais fait une sottise.

Son fils aîné, Adrien[1], devenu depuis duc de Laval, est un homme de bonne compagnie. Son nom, plus que son mérite, l'a poussé pendant la Restauration à des emplois où il n'a pas montré suffisamment de capacité, mais il est pourtant fort au-dessus de la réputation de nullité qu'on a voulu lui faire. Le désir de prolonger les goûts de la jeunesse au-delà du terme raisonnable l'a exposé à quelques ridicules. Il a eu le malheur de perdre son fils unique, le dernier de cette branche de Montmorency-Laval. Son frère Eugène est le plus désagréable personnage qu'on puisse rencontrer ; il cache sous une dévotion puérile et intolérante l'égoïsme le plus déhonté.

J'avais entendu la comtesse de Vaudreuil dire « nous autres jolies femmes », mais il était réservé à Eugène de Montmorency, je crois, d'inventer l'expression de « nous autres saints », et je l'ai entendu s'en servir. Son cousin Mathieu avait une dévotion toute différente ; j'aurai occasion d'en parler plus tard.

---

1. Adrien de Montmorency-Laval (1767-1837) fut successivement ambassadeur à Madrid (1814), à Rome (1821), à Vienne (1828), à Londres (1829). Pair de France depuis 1817, le duc de Laval mourut sans postérité en 1837.

La princesse de Guéméné avait quatre enfants, le duc de Montbazon, marié à mademoiselle de Conflans, le prince Louis de Rohan qui a été le premier des nombreux maris de l'aînée des filles du duc de Courlande (elle a fini par s'appeler la duchesse de Sagan et ne plus changer de nom aussi souvent que d'époux), le prince Victor de Rohan, et la princesse Charles de Rohan-Rochefort.

Je me liai assez intimement avec la princesse Berthe, fille du duc de Montbazon ; elle était revenue en France avec sa mère pour soigner les derniers moments de la marquise de Conflans et, quoique déjà mariée à son oncle Victor, Berthe, par des motifs de fortune, passait pour fille. Elle était très aimable, spirituelle, bonne, agréable sans être jolie ; elle me plaisait extrêmement et probablement notre liaison serait devenue de l'amitié sans son départ pour la Bohême où elle s'est établie. Sa tante, la princesse Charles de Rohan-Rochefort, proclamait dans sa jeunesse le projet de montrer au monde un spectacle qu'il n'avait jamais vu, celui d'une princesse de Rohan honnête femme. Mais il était réservé à la nièce de l'accomplir et la pauvre princesse Charles, au contraire, est tombée dans tous les désordres imaginables. Si d'avoir été la femme d'un misérable est une excuse, elle lui est complètement acquise ; le prince Charles est fort au-delà d'un mauvais sujet.

Je rencontrais souvent chez la princesse de Guéméné la princesse Charles avec ses filles. L'aînée était affreusement laide et commune, mais la meilleure personne du monde ; elle souffrait horriblement des embarras où sa mère se mettait et qu'elle dissimulait le plus possible à la princesse de Guéméné. Je me rappelle une petite circonstance à laquelle je ne pense jamais sans éprouver une sorte de frisson.

J'avais eu du monde chez moi. Le lendemain

matin, je m'habillais pour sortir; un de mes gens me dit qu'une femme demandait à me parler: «C'est bon, je la verrai en sortant»; une demi-heure se passe. En traversant l'antichambre pour monter en voiture, je vois assise sur une banquette, avec de gros souliers tout crottés et une espèce de servante à côté d'elle, la princesse Herminie de Rohan. Je tombai à la renverse; je l'entraînai dans ma chambre et me confondis en excuses. Hélas! elle était plus confuse que moi: elle était pâle et tremblante, sa main froide serrait convulsivement la mienne. Elle me raconta que sa mère avait joué la veille chez moi, que, n'ayant pas d'argent, elle avait emprunté cinq louis à mes gens, que le désir de les rendre tout de suite lui en avait fait hasarder cinq autres qu'elle avait dû leur demander aussi. Bref, elle leur devait vingt louis dont elle me priait d'être caution, aimant mieux me les devoir qu'à des valets. N'osant pas me faire ce récit, elle en avait chargé la pauvre Herminie qui en était dans un état digne de pitié. On peut croire que la mienne ne lui manqua pas; je la consolai de mon mieux, en ayant l'air de penser que cette petite somme me serait promptement remboursée; et, en parlant bien vite d'autre chose, je l'emmenai avec moi faire une visite à sa grand-mère; en la ramenant chez elle j'eus le bonheur de l'y déposer un peu remise. Mais sa souffrance m'est toujours restée dans l'esprit comme une des plus pénibles qu'un cœur haut placé puisse éprouver; le sien semblait fait pour la sentir dans toute son amertume. Sa laideur et sa mauvaise tournure lui avaient fait subir le séjour de l'antichambre.

Sa seconde sœur était assez belle, et la troisième, Gasparine, depuis princesse de Reuss, alors enfant, était charmante. Elles avaient aussi deux frères qui sont devenus de bons sujets et se sont établis en Bohême auprès de leurs oncles. Leur famille a cherché, à juste titre, à les éloigner également de père et mère.

Après la mort de madame de Guéméné, la princesse Charles tomba dans un si épouvantable désordre qu'elle-même se retira de la société.

La première fois que j'allai au bal à Paris, ce fut à l'hôtel de Luynes ; je crus entrer dans la grotte de Calypso. Toutes les femmes me parurent des nymphes. L'élégance de leurs costumes et de leurs tournures me frappa tellement qu'il me fallut plusieurs soirées pour découvrir qu'au fond j'étais accoutumée à voir à Londres un beaucoup plus grand nombre de belles personnes. Je fus très étonnée ensuite de trouver ces femmes, que je voyais si bien mises dans le monde, indignement mal tenues chez elles, mal peignées, enveloppées d'une douillette sale, enfin de la dernière inélégance. Cette mauvaise habitude a complètement disparu depuis quelques années ; les Françaises sont tout aussi soignées que les Anglaises dans leur intérieur et parées de meilleur goût dans le monde.

J'étais curieuse de voir madame Récamier. On m'avertit qu'elle était dans un petit salon où se trouvaient cinq ou six autres femmes ; j'entrai et je vis une personne qui me parut d'une figure fort remarquable ; elle sortit peu d'instants après, je la suivis. On me demanda comment je trouvais madame Récamier :

«Charmante, je la suis pour la voir danser.

— Celle-là ? mais c'est mademoiselle de La Vauguyon ; madame Récamier est assise dans la fenêtre, là, avec cette robe grise.»

Lorsqu'on me l'eut indiquée, je vis en effet qu'une figure qui m'avait peu frappée était parfaitement belle. C'était le caractère définitif de cette beauté, qu'on peut appeler fameuse, de le paraître toujours davantage chaque fois qu'on la voyait. Elle se retrouvera probablement sous ma plume ; notre liaison a commencé bientôt après et dure encore très intime.

Mon oncle, l'évêque de Comminges, devenu évêque de Nancy, était alors à Paris. Il aurait fort désiré que j'entrasse dans la Maison de l'Impératrice qu'on formait en ce moment, et me faisait valoir la liberté qu'une place à la Cour me donnerait vis-à-vis de monsieur de Boigne. En outre que cela répugnait à mes opinions, mes goûts m'ont toujours éloignée de la servitude, de quelque nature qu'elle puisse être ; je n'aimerais pas à être attachée à une princesse en aucun temps et sous aucun régime. Il revint plusieurs fois à la charge sans succès. À la manière dont il m'en parlait, comme d'une chose qui n'attendait que mon approbation, je crois qu'il en avait mission, mais je n'en ai jamais éprouvé de désagrément. Quoi qu'on ait pu dire, lorsque les refus se faisaient convenablement, modestement et sans éclat, ils n'avaient point de suite fâcheuse ; il n'y a guère eu de forcés que ceux qui ont voulu l'être.

Nous perdîmes dans ce temps un de nos cousins, l'amiral de Bruix[1]. C'était un homme dont l'esprit et le talent valaient mieux que la moralité. Il avait joué un grand rôle sous le Directoire, et soutenu, seul, l'honneur de la marine, pendant toute la Révolution, il passait pour avoir outrageusement volé durant son ministère ; toutefois, il est mort sans le sol. Quoiqu'il eût été des plus actifs au dix-huit brumaire, il était tombé dans la disgrâce de l'Empereur à la suite d'un

---

1. Eustache de Bruix (1759-1805) fut un des plus remarquables marins de la Révolution. Originaire de Saint-Domingue, il servit sur plusieurs vaisseaux. Nommé contre-amiral puis ministre de la Marine sous le Directoire. En 1798, il força le blocus anglais de Brest pour aller secourir Masséna assiégé dans Gênes, rallia les Espagnols, puis regagna Brest. Il étudiait un projet de débarquement en Angleterre lorsqu'il mourut inopinément, le 18 mars 1805, quelques mois avant Trafalgar.

séjour à Boulogne. L'Empereur avait voulu faire
exécuter, malgré l'amiral, une manœuvre où il avait
péri beaucoup de monde ; celui-ci s'en était plaint
très fortement. Mais ce qui l'avait perdu c'est un propos tenu dans une réunion des grands dignitaires qui
voulaient élever une statue au nouvel empereur. On
discutait sur le costume ; l'amiral, impatienté des fla-
gorneries qu'il écoutait depuis deux heures, s'écria :

« Faites-le tout nu ; vous aurez plus de facilité à lui
baiser le derrière. »

On était accoutumé à ses boutades, mais celle-ci
fut rapportée et déplut extrêmement. On épia une
occasion de mécontentement. Sur quelques dépenses
un peu hasardées, il fut mandé à Paris, assez mal
traité ; la colère se joignit à une maladie de poitrine
déjà commencée, et il mourut dans un état de
détresse qui allait, malgré tout l'entourage du luxe,
jusqu'à manquer d'argent pour acheter du bois. Il
faut rendre justice à qui il appartient : Ouvrard[1] lui
devait une grande partie de sa fortune ; apprenant sa
position, il envoya la veille de sa mort cinq cents
louis en or à madame de Bruix. Ce n'était sûrement
pas la centième partie de ce que l'amiral lui avait
laissé gagner, mais il était mourant et disgracié et ce
trait fait honneur à Ouvrard.

L'amiral de Bruix professait l'athéisme comme un
philosophe du dix-huitième siècle ; sa femme, dans
les mêmes principes, n'avait pas voulu laisser approcher un prêtre ; il mourut dans la nuit. Mon oncle,
l'évêque de Nancy, fut chargé par la veuve d'en porter la nouvelle à l'Empereur. Il se rendit au lever.
L'Empereur l'écouta avec l'air de l'affliction, puis,
prenant la parole :

« Au moins, monsieur l'évêque, avons-nous la

---

1. Gabriel-Justin Ouvrard (1770-1846), financier, spécula-
teur, munitionnaire de talent.

consolation qu'il soit mort dans des sentiments chrétiens ? A-t-il reçu les secours de la religion ? »

Mon oncle resta confondu ; il ne sut que balbutier une négative très embarrassée. L'Empereur le regarda sévèrement et tourna brusquement le dos. Les paroles de l'habile comédien ne tombèrent pas à terre ; aucun grand dignitaire ne prêcha plus à l'athéisme, et tous les évêques cherchèrent à obtenir des *fins édifiantes* des membres de leur famille. Toutefois il ne voulait pas dégoûter mon oncle et, la première fois qu'il le revit, il le traita fort bien.

Parmi les étrangers de distinction qui se trouvaient à Paris lors de mon arrivée, la princesse Serge Galitzin et la duchesse de Sagan étaient les plus remarquables.

La princesse Serge, jolie, piquante, bizarre, semblait à peine échappée de ses steppes natives et avait toutes les allures d'un poulain indompté. Elle avait trouvé, dans je ne sais quel vieux château, un portrait en émail dont elle avait la tête tournée ; elle avait repoussé le mari qu'on lui avait donné parce qu'il n'y ressemblait pas ; elle portait ce portrait chéri à son col et courait l'Europe pour en chercher l'original. On m'a raconté que, chemin faisant, elle s'est fréquemment contentée de ressemblances partielles à ce type imaginaire et que, trouvant tantôt les yeux, tantôt la bouche ou le nez de son sylphe, elle a été contrainte à diviser sa passion entre nombreuse compagnie. Lorsque je l'ai connue, elle était encore dans toute la grâce sauvage de sa recherche primitive.

La duchesse de Sagan portait alors le nom de son premier mari, Louis de Rohan ; elle était belle, avait l'air très distinguée, et les façons de la meilleure compagnie ; elle excellait dans le talent des femmes du Nord d'allier une vie très désordonnée avec des formes nobles et décentes. Toutes les filles de la duchesse de Courlande sont éminemment grandes dames.

À la fin de ce carnaval, je fus invitée avec toute la terre à un grand bal chez madame Récamier, alors à l'apogée de sa beauté et de sa fortune. La société y était composée des illustrations du nouvel empire, Murat, Eugène Beauharnais, les maréchaux, etc., d'un grand nombre de personnes de l'ancienne noblesse, d'émigrés rentrés, des sommités de la finance et de beaucoup d'étrangers. J'y fus témoin d'un fait singulier dans un monde aussi mêlé. L'orchestre joua une valse; de nombreux couples la commencèrent; monsieur de Caulaincourt s'y joignit avec mademoiselle Charlot, la beauté du jour. À l'instant même, tous les autres valseurs quittèrent la place et ils restèrent seuls. Mademoiselle Charlot se trouva mal, ou en fit le semblant, ce qui interrompit cette malencontreuse danse. Monsieur de Caulaincourt était pâle comme la mort. On peut juger par là à quel point le meurtre de monsieur le duc d'Enghien était encore vif dans les esprits et combien les calomnies (et c'en était je crois) étaient générale ment accueillies contre monsieur de Caulaincourt[1].

1. Armand de Caulaincourt, duc de Vicence (1773-1827). Volontaire en 1792, colonel du 2e Carabiniers en 1800, il fut envoyé par Bonaparte auprès du nouveau tsar Alexandre en 1802. Aide de camp du Premier Consul à son retour, il se trouvait dans le grand-duché de Bade en mars 1804 lorsque fut enlevé le duc d'Enghien. Cette malheureuse coïncidence le fit aussitôt accuser de complicité, imputation qui fut la hantise de toute sa vie puisqu'il devait encore écrire dans son testament : «On ne ment pas à Dieu en présence de la mort. Je jure que je n'ai été pour rien dans l'arrestation du duc d'Enghien.» Promu Grand Écuyer puis général de division par Napoléon, il fut créé duc de Vicence en 1808 et nommé ambassadeur en Russie. Une véritable amitié le lia bientôt au tsar au point que Napoléon le rappela en 1811, lui reprochant de se laisser duper. Il fut néanmoins de la campagne de Russie, puis du

On me raconta (mais ce n'est qu'un ouï-dire) que lorsque l'Empereur forma sa maison, monsieur de Caulaincourt, sortant du cabinet, annonça à ses camarades du salon de service qu'il venait d'être nommé grand écuyer. On s'empressa de lui faire compliment; Lauriston [1] seul se taisait.

«Tu ne me dis rien, Lauriston?

— Non.

— Est-ce que tu ne trouves pas la place assez belle?

— Pas pour ce qu'elle coûte.

— Qu'entends-tu par ces paroles?

— Tout ce que tu voudras.»

On s'interposa entre eux, cela n'eut pas de suite; mais Lauriston, jusque-là une espèce de favori, fut éloigné de l'Empereur et ne revint à Paris que longtemps après. Je n'affirme pas cette anecdote; elle fut crue par nous dans le temps mais il n'y a rien de si mal informé que les oppositions. J'ai eu occasion

---

voyage de retraite, qui, en treize jours, ramena Napoléon à Paris. En 1814, il fut chargé des relations avec les Alliés. Le 31 mars encore, il rencontra le tsar à Bondy pour obtenir la reconnaissance du roi de Rome contre l'abdication de son père. Manœuvre rendue vaine par la défection de Marmont. Resté seul auprès de Napoléon, il fit régler les conditions de son exil (traité du 11 avril). Dans les mois qui suivirent, Alexandre Ier essaya vainement de le faire accepter par les Bourbons. Il lui épargna du moins un exil après Waterloo. Caulaincourt occupa le reste de sa vie à rédiger des *Mémoires* publiés en 1933.

1. Le marquis de Lauriston (1768-1828) fut le condisciple de Bonaparte. Il fit les campagnes de 1792-1796, puis donna sa démission de chef de brigade. Le Premier Consul le prit pour aide de camp en 1800. Sa carrière militaire fut plus honorable que ne le laisse entendre ailleurs Mme de Boigne. Prisonnier à Leipzig, libéré en 1814, il fut choyé par la Restauration, qui lui accorda le bâton de maréchal en 1823. Il était petit-neveu du financier Law.

de m'en assurer en vivant intimement depuis avec des gens aux affaires sous le gouvernement impérial. Ils m'ont prouvé l'absurdité d'une quantité de choses que j'avais crues pieusement pendant de longues années. Aussi je ne demande confiance que pour ce que je sais positivement.

Par exemple, j'assistai à une étrange scène chez une madame Dubourg où la société de l'ancien régime se réunissait souvent alors. Monsieur le comte d'Aubusson[1] venait d'être nommé chambellan de l'Empereur. Ces nominations nous déplaisaient fort et nous le témoignions avec des formes plus ou moins acerbes. La princesse de La Trémoille trouva bon de traiter très durement monsieur d'Aubusson avec qui elle était liée et qu'elle voyait habituellement ; il lui demanda ce qu'il avait fait pour mériter ses rigueurs :

« Je pense que vous le savez, monsieur.

— Non, en vérité, madame. J'ai beau consulter mes souvenirs et pourtant je les reprends de haut, car c'est depuis le moment où j'ai dû vous faire expulser des casernes où vous veniez débaucher les soldats de mon régiment. »

La princesse resta pétrifiée d'abord ; ensuite elle eut des attaques de nerfs et des cris de fureurs. Malgré la partialité de l'auditoire, les rieurs furent contre elle. Il était avéré qu'étant princesse de Saint-Maurice, et fort patriote au commencement de la Révolution, elle s'était fait chasser des casernes où elle allait prêcher l'insubordination aux soldats.

Quoique nous fussions très insolents, nous n'étions pas très braves, et, après cette scène qui fit du bruit,

---

1. Pierre d'Aubusson de la Feuillade (1765-1848), chambellan de Joséphine, puis ministre en Toscane, ambassadeur à Naples. Nommé pair pendant les Cent-Jours, il ne retrouva son siège qu'en 1831, mais ne joua aucun rôle politique.

dont Fouché parla et pour laquelle madame de La Trémoille fut mandée à la police, nous fûmes en général fort polis pour les nouveaux chambellans. Il n'y avait guère que madame de Chevreuse qui se permît des incartades; mais elle était si bizarre, si inconséquente en tout genre que cela passait pour un caprice de plus.

Quoique rousse, elle était extrêmement jolie, très élégante, pleine d'esprit, gâtée au-delà de l'expression par sa belle-mère, et elle tenait dans la société une place tout à part qu'elle exploitait jusqu'au mauvais goût. Le duc de Laval l'appelait la fournisseuse du faubourg Saint-Germain. Il avait raison; elle avait des façons de parvenue et abusait des avantages de sa position pour commander des hommages et distribuer des impertinences à quiconque voulait s'y soumettre. Toutefois, elle savait être très gracieuse quand il lui plaisait et, comme ma maison lui était agréable, je n'ai jamais eu à éprouver le plus petit caprice de sa part, si ce n'est à Grenoble l'année de sa mort. J'en parlerai plus tard.

CHAPITRE III

Dans les premiers temps de l'Empire, la société de l'opposition à Paris était fort agréable. Une fois que j'eus fait mon noviciat et me fus entourée d'une coterie, je m'y plus extrêmement.

Chacun commençait à retrouver un peu de bien-être et de tranquillité; on ne voulait plus les exposer, de sorte que les opinions politiques se montraient assez calmes. On était divisé en deux grands partis: les gens du gouvernement et ceux qui n'y prenaient aucune part. Mais ceux-ci, et j'étais des plus hostiles, se bornaient à des propos, à des mauvaises plaisanteries quand les portes étaient bien fermées; car, sans professer hautement le code de monsieur Malouet, on s'y rangeait au fond. Quelques sévérités exercées, de temps en temps, sur les plus intempestifs tenaient tout le monde en respect. Il en résultait plus d'urbanité dans les rapports.

Les existences n'étaient pas encore classées; peu de gens étaient établis, et les personnes qui avaient une maison ouverte à la ville ou à la campagne trouvaient facilement à y réunir une société très agréable. Je fus de ce nombre, dès le second hiver. Cela dura trois ou quatre ans; au bout de ce temps, les désertions devinrent plus communes, la grande majorité de la noblesse se rattacha à l'Empire, et le mariage de l'archiduchesse acheva d'enlever le reste. On pouvait dès lors compter les femmes qui n'allaient pas à la Cour. Le nombre en était petit et, si les prospérités de l'Empereur avaient continué quelques mois de plus, il aurait été nul.

Mon oncle avait obtenu d'autant plus facilement la radiation de mon père de la liste des émigrés qu'il n'avait pas de biens à réclamer en France. Il vint, avec ma mère et mon frère Rainulphe[1], me retrouver vers le milieu de 1805. Ils s'établirent chez moi, à Paris et à Beauregard. Je souhaitais fort que mon frère, dont l'existence n'était nullement assurée et dépendait de la mienne, entrât au service. Ma mère s'y opposait; mon père restait neutre, il savait que sa décision entraînerait celle de son fils et il ne voulait pas l'influencer. Il fut présenté à l'Empereur, qui le traita assez bien, et fort accueilli par l'impératrice Joséphine; elle désira l'avoir pour écuyer, ou au moins l'attacher en cette qualité à son gendre, le prince Louis.

---

1. Charles-Eustache-Gabriel (1787-1862) que la comtesse de Boigne appelle toujours Rainulphe.

Mon frère aurait préféré entrer dans l'armée, mais il fallait commencer par être soldat. Les Maisons des princes étaient un moyen d'arriver d'emblée à être officier. On commençait par les suivre à la guerre sans caractère, et, pour peu qu'on se conduisît passablement, on était bien vite promu à un grade. Ma mère pleura, mon frère hésita, ou tergiversa, bref la place fut donnée à un autre. Dans l'hiver suivant, Rainulphe se lia intimement avec une belle dame que les aventures de Blaye ont rendue depuis un personnage presque historique. Madame d'Hautefort et sa société étaient dans le dernier degré de l'exaltation contre l'Empire ; mon frère adopta leurs idées et, dès lors, toute pensée de service fut abandonnée.

Je ne puis m'empêcher de raconter une petite circonstance qui confirme ce qui a été souvent dit de la futilité et de la légèreté de l'impératrice Joséphine. Madame Arthur Dillon[1], seconde femme du Dillon qui avait épousé mademoiselle de Rothe et qui a péri général des armées de la Convention, était une créole de la Martinique, cousine de l'Impératrice, qui la voyait souvent et qui aimait surtout beaucoup sa fille, Fanny Dillon. Nous étions dans une grande intimité avec toute cette famille. Madame de Fitz-James, fille de madame Dillon, d'un autre lit, était ma meilleure amie. Madame Dillon, étant établie chez moi à Beauregard, alla faire une visite à Saint-Cloud ; l'Impératrice la leurrait de l'espoir de faire faire à Fanny un grand mariage. Au retour, elle me demanda si je voulais lui faire le sacrifice d'une plume de héron. Monsieur de Boigne en avait rapporté quelques-unes de l'Inde et me les avait données.

---

1. Mlle de Girardin avait épousé le comte La Touche puis le général Arthur Dillon. Mlle de La Touche, née du premier mariage, avait épousé le duc de Fitzjames. Fanny Dillon épousa le général comte Bertrand (1773-1844), qu'elle accompagna jusqu'à Sainte-Hélène, où naquit leur fils Arthur.

Le marchand de modes, Leroi, était venu le matin chez l'Impératrice en apporter une très médiocre, Madame Dillon avait dit que j'en avais de bien plus belles et aussitôt Sa Majesté avait eu une fantaisie extrême de les obtenir. Nous étions encore à table qu'un homme à cheval, à la livrée de l'Empereur, arrivait pour demander si la plume était accordée. Il n'y avait pas trop moyen de la refuser ; je la donnai et madame Dillon l'expédia.

Le lendemain, nouveau message et billet impérial. Leroi trouvait la plume admirable mais elle était montée à l'indienne ; pour faire un beau panache il en faudrait une seconde. Je donnai la seconde. Le lendemain, madame Dillon alla à Saint-Cloud. Au retour, elle m'annonça avec un peu d'embarras qu'une troisième compléterait l'aigrette. Je donnai la troisième en annonçant que je n'en avais plus à offrir. Troisième billet contenant un hymne de joie et de reconnaissance.

Quelques jours après, madame Dillon me dit que l'Impératrice faisait monter une parure de très beaux camées qu'elle voulait me donner. Je la priai de m'éviter ce cadeau en lui représentant que les plumes avaient été données à elle, madame Dillon, et non offertes à l'Impératrice. Après une nouvelle visite à Saint-Cloud, elle m'assura avoir vainement essayé de faire ma commission. L'Impératrice avait paru tellement blessée qu'il lui avait été impossible d'insister. La parure me serait remise sous peu de jours.

Mon frère alla faire sa cour le dimanche suivant. L'Impératrice le chargea de me remercier, vanta la beauté, la rareté des plumes, et lui dit :

« Je n'ai rien d'autre rare à lui offrir, mais je la prierai d'accepter quelques pierres auxquelles leur travail antique donne du prix. »

Mon frère s'inclina. À son retour à Beauregard, il n'eut rien de plus pressé que de me raconter cette conversation; nous tînmes conseil de famille pour savoir comment je recevrais cette faveur. De refuser il n'était pas possible; nous convenions même, malgré nos préventions, que le choix du cadeau était de très bon goût. Écrirai-je? demanderai-je une audience pour remercier? Cela entraînerait-il la nécessité d'une présentation?

Tout cela me donnait une inquiétude et une agitation que j'aurais pu m'épargner, car, depuis ce jour, je n'ai entendu parler de rien, ni de plumes, ni de pierres, ni de quoi que ce soit. Des personnes qui connaissaient bien l'Impératrice ont pensé que, lorsque l'écrin lui a été reporté, elle a trouvé son contenu si joli qu'elle n'a pas eu le courage de s'en séparer dans le premier moment de la fantaisie. Un mois après, elle l'aurait donné très volontiers, mais le moment était passé.

Mon grand-oncle, l'ancien évêque de Comminges, était établi à Saint-Germain. Sa maison servait de centre à une réunion de vieux émigrés; ils y avaient rapporté à peu de chose près les extravagances dont j'avais été édifiée pendant mon séjour à Munich. Cependant l'influence napoléonienne se faisait sentir jusque dans cette arche sainte. Les deux battants de la porte du salon de mon oncle ne s'ouvraient que pour deux personnes; seules aussi elles avaient la prérogative d'y être annoncées à haute voix par son vieux valet de chambre. C'étaient madame la maréchale de Beauvau, et *madame Campan*[1].

---

1. Mme Campan (1752-1822) lectrice de Mesdames, puis première femme de chambre de Marie-Antoinette, qu'elle servit jusqu'en 1792. Après des années difficiles, elle fonda un pensionnat de jeunes filles à Saint-Germain, qui fut très vite à la mode. Très appréciée de Napoléon, qui la nomma, en 1806, surintendante de la Maison de la Légion d'honneur, établie à Écouen; cette faveur lui valut de nombreuses inimitiés dans le parti royaliste

Cette dernière se donnait de grands airs à mourir
de rire. Un soir, elle voulut m'accabler de ses bontés ; je m'y montrai peu sensible, et je ne pus m'empêcher de rire à part moi de la réprimande que mon
oncle crut devoir m'adresser à ce sujet. L'idée que
madame Campan obtenait de temps en temps un
mot de bonté de l'Empereur avait fait de cette maîtresse de pension un personnage important, même
aux yeux des gens les plus hostiles au gouvernement, tant le prestige de la puissance était grand à
cette époque.

Je fis connaissance à Saint-Germain avec madame
de Renouard, plus connue sous le nom de Buffon[1].
Elle était la preuve qu'il n'y a point de position à
laquelle un noble caractère ne puisse donner de la
dignité. Maîtresse de monsieur le duc d'Orléans
pendant toutes les horreurs de la Révolution, elle les
avait traversées en alliant un dévouement entier
pour le prince avec une haine hautement affichée
pour les crimes dont elle était témoin et pour leurs
auteurs. Il est inouï qu'elle n'ait pas été victime de sa
franchise ; il paraît qu'elle avait inspiré du respect à
ces monstres eux-mêmes.

Elle resta fidèle à la mémoire de monsieur le
duc d'Orléans et s'occupa, au péril de ses jours, des
affaires de ses fils qu'elle avait contribué à faire
échapper de la prison de Marseille. Elle leur confia
un enfant qu'elle avait eu : il fut élevé par eux à
l'étranger sous le nom de chevalier d'Orléans ; il
mourut fort jeune.

Une anecdote peu connue, c'est que monsieur de
Talleyrand eut fort le désir d'épouser madame de
Buffon. Sa tante, la vicomtesse de Laval, s'employa
vivement à cette négociation, sans pouvoir vaincre

---

1. Marguerite de Bouvier de Cépoy, comtesse de Buffon
(1767-1808) était la belle-fille du naturaliste.

sa répugnance à devenir la femme d'un évêque. Elle était tombée dans une grande pénurie. Un Suisse, monsieur Renouard de Bussière, homme très agréable, lui adressa ses hommages qu'elle accepta. Leur union ne fut pas longue ; il mourut lui laissant un fils. Lorsque je l'ai connue, elle était veuve et vivait dans une retraite absolue, uniquement occupée de cet enfant ; elle a eu le bonheur de pouvoir le recommander à monsieur le duc d'Orléans avant de mourir.

Ce prince professait, à juste titre, une grande reconnaissance pour madame de Renouard et a toujours protégé son fils. Des anciens rapports de mes parents avec sa famille leur firent forcer la solitude de madame de Renouard. Lorsqu'elle était à son aise, elle était très spirituelle, parfaitement aimable et très intéressante sur ce qu'elle avait vu mais dont elle parlait rarement et mal volontiers. Elle conservait des restes de beauté et surtout d'agrément.

Madame Récamier vint passer quelques jours chez moi à Beauregard où je recevais beaucoup de monde. Je lui rendis sa visite à Clichy ; elle y était dans la complète sécurité d'une prospérité établie, lorsque, peu de jours après, éclata la banqueroute de son mari. Quoique je n'eusse avec elle que des rapports de société assez froids, ce n'était pas le cas d'y renoncer ; j'allai la voir avec empressement. Je la trouvai si calme, si noble, si simple dans cette circonstance, l'élévation de son caractère dominait de si haut les habitudes de sa vie que j'en fus extrêmement frappée. De ce moment date l'affection vive que je lui porte et que tous les événements que nous avons traversés ensemble n'ont fait que confirmer.

On a fait bien des portraits de madame Récamier sans qu'aucun, selon moi, ait rendu les véritables traits de son caractère ; cela est d'autant plus excusable qu'elle est très mobile. Madame Récamier est le véritable type de la femme telle qu'elle est sortie de la main du Créateur pour le bonheur de l'homme. Elle en a tous les charmes, toutes les vertus, toutes les inconséquences, toutes les faiblesses. Si elle avait été épouse et mère, sa destinée aurait été complète, le monde aurait moins parlé d'elle et elle aurait été plus heureuse. Ayant manqué cette vocation de la nature, il lui a fallu chercher des compensations dans la société. Madame Récamier est la coquetterie personnifiée ; elle la pousse jusqu'au génie, et se trouve un admirable chef d'une détestable école. Toutes les femmes qui ont voulu l'imiter sont tombées dans l'intrigue et dans le désordre, tandis qu'elle est toujours sortie pure de la fournaise où elle s'amusait à se précipiter. Cela ne tient pas à la froideur de son cœur ; sa coquetterie est fille de la bienveillance et non de la vanité. Elle a bien plus le désir d'être aimée que d'être admirée. Et ce sentiment lui est si naturel qu'elle a toujours un peu d'affection et beaucoup de sympathie à donner à tous ses adorateurs en échange des hommages qu'elle cherche à attirer ; de sorte que sa coquetterie échappe à l'égoïsme qui l'accompagne d'ordinaire et n'est pas positivement aride, si je puis m'exprimer ainsi. Aussi a-t-elle conservé l'attachement de presque tous les hommes qui ont été amoureux d'elle. Je n'ai vu personne, au reste, si bien allier un sentiment exclusif avec tous les soins de l'amitié rendus à un cercle assez nombreux.

Tout le monde a fait des hymnes sur son incomparable beauté, son active bienfaisance, sa douce urbanité ; beaucoup de gens l'ont vantée comme très spirituelle. Mais peu de personnes ont su découvrir, à travers la facilité de son commerce habituel, la hauteur de son cœur, l'indépendance de son caractère, l'impartialité de son jugement, la justesse de son esprit. Quelquefois je l'ai vue dominée, je ne l'ai jamais connue influencée. Dans sa première jeunesse, madame Récamier avait pris de la société où elle vivait une façon de minauderie affecté qui nuisait même à sa beauté, mais surtout à son esprit. Elle y renonça bien vite en voyant un autre monde qu'elle était faite pour apprécier. Elle se lia intimement avec madame de Staël, et acquit auprès d'elle l'habitude des conversations fortes et spirituelles où elle tient toute la part qui convient à une femme, c'est-à-dire la curiosité intelligente et qu'elle sait exciter autour d'elle par l'intérêt qu'elle y porte. Ce genre de récréation, le seul que rien ne remplace, quand une fois on y a pris goût, ne se trouve qu'en France, et qu'à Paris. Madame de Staël le disait bien, dans les amères douleurs que lui causait son exil.

L'attrait de madame Récamier pour les notabilités a commencé sa liaison avec monsieur de Chateaubriand. Depuis quinze ans, elle lui a dévoué sa vie. Il le mérite par la grâce de ses procédés; le mérite-t-il par la profondeur de son sentiment? c'est ce que je n'oserais affirmer. Toujours est-il qu'elle lui est aussi agréable qu'utile, que toutes ses facultés sont employées à adoucir les violences de son amour-propre, à calmer les amertumes de son caractère, à chercher pâture à sa vanité et distraction à son ennui. Je crois qu'il l'aime autant qu'il peut aimer quelque chose, car elle cherche à se faire *lui* autant qu'il est possible.

J'eus en 1806 une maladie si bizarre que cela m'engage à en parler. Chaque jour un violent mal de tête annonçait un frisson suivi d'une grande chaleur et d'une légère transpiration, enfin un accès de fièvre bien caractérisé. Seulement, pendant la chaleur de la fièvre, mon pouls, au lieu de s'accélérer, diminuait de vitesse d'une façon très marquée, et reprenait le nombre de ses pulsations lorsque l'accès était tombé. Je ne pouvais manger rien, quoi que ce soit ; je dépérissais à vue d'œil.

Les bains de mer m'avaient réussi en Angleterre ; j'avais fantaisie d'en essayer ; les médecins y consentirent plus qu'ils ne m'y encouragèrent. Il fallut me porter dans ma voiture ; je fus cinq jours à faire le chemin et j'arrivai à Dieppe mourante. Huit jours après, je me promenais sur le bord de la mer et je repris ma santé avec cette rapidité de la première jeunesse.

Depuis vingt-cinq ans, ma voiture était la seule qui fût entrée à Dieppe ; nous y fîmes un effet prodigieux. Chaque fois que nous sortions il y avait foule pour nous voir passer, et mes équipages surtout étaient examinés avec une curiosité inconcevable. La misère des habitants était affreuse. L'*Anglais*, comme ils l'appelaient, et pour eux c'était pire que le diable, croisait sans cesse devant leur port vide. À peine si un bateau pouvait de temps en temps s'esquiver pour aller à la pêche, toujours au risque d'être pris par l'étranger ou confisqué au retour si les lunettes des vigies l'avaient aperçu s'approchant d'un bâtiment.

Quant aux ressources que Dieppe a trouvées depuis dans la présence des baigneurs, elles n'existaient pas à cette époque. Mon frère me fit arranger une petite charrette couverte ; on me procura à grand-peine et à grands frais, malgré la misère, un homme pour mener le cheval jusqu'à la lame et deux femmes pour entrer dans la mer avec moi. Ces préparatifs excitèrent la surprise et la curiosité à tel point que, lors de mes premiers bains, il y avait foule sur la grève. On demandait à mes gens si j'avais été mordue d'un chien enragé. J'excitais une extrême pitié en passant ; il semblait qu'on me menait noyer. Un vieux monsieur vint trouver mon père pour lui représenter qu'il assumait une grande responsabilité en permettant un acte si téméraire.

On ne conçoit pas que des habitants des bords de la mer en eussent une telle terreur. Mais alors les Dieppois n'étaient occupés qu'à s'en cacher la vue, à se mettre à l'abri des inconvénients qu'ils en redoutaient, et elle n'était pour eux qu'une occasion de souffrance et de contrariété. Il est curieux de penser que, dix ans plus tard, les baigneurs arrivaient par centaines, qu'un établissement était formé pour leur usage et qu'on se plongeait dans la mer sous toutes les formes sans produire aucun étonnement dans le pays.

J'ai voulu constater combien l'usage des bains de mer, devenu si général, était récent en France, car Dieppe a été le premier endroit où on en ait pris.

CHAPITRE IV

Ma vie a été si monotone pendant les dix années de l'Empire et j'ai pris si peu part aux grands événements que je n'ai guère de jalons pour fixer les époques. Je me bornerai à placer pêle-mêle, et sans égard aux dates, les divers souvenirs de ce temps qui ont rapport aux personnages de quelque importance, ou qui peindraient les mœurs du monde où je vivais exclusivement.

Monsieur de Boigne avait entrepris de bâtir en Savoie, où il avait acheté une propriété[1]. Il avait commencé par y passer quelques semaines chaque été ; bientôt il y resta des mois. Enfin, séduit par l'immense importance que sa fortune hors de pair lui donnait dans sa patrie, il y fixa son séjour et il en est devenu le bienfaiteur. Beauregard se trouva

---

1. À Buissonrond, dans les faubourgs de Chambéry.

alors une trop grande habitation pour le revenu qu'il m'avait laissé. Il fut mis en vente, acheté par le prince Aldobrandini Borghèse et je transportai mes pénates dans un petit manoir situé dans le village de Châtenay, près de Sceaux. La naissance de Voltaire dans cette maison lui donne prétention à quelque célébrité. Ce déplacement n'eut lieu qu'en 1812.

J'ai fait mention de mes rapports avec le cardinal Maury. Il fit précéder sa rentrée en France d'une lettre[1] très servile adressée à l'Empereur; celui-ci ne manqua pas de la rendre publique. Cette circonstance donna lieu à un assez joli mot d'une femme d'esprit, ancienne amie du cardinal. Il trouva son portrait chez elle.

«Je vous sais bien bon gré, lui dit-il, d'avoir conservé cette vieille gravure.

— J'y ai toujours été fort attachée, Monseigneur, et j'y tiens d'autant plus aujourd'hui qu'elle est avant la lettre.»

Dès que nous sûmes le cardinal à Paris, mon père fut le voir et l'engagea à venir dîner à Beauregard. Il accepta avec empressement et, le dimanche suivant, nous vîmes débarquer d'une immense berline italienne sept personnes: c'étaient son frère, ses neveux, ses nièces, un abbate, enfin toute une maisonnée. Il me dit naïvement que, sortant de chez lui, il avait voulu faire l'économie du dîner d'auberge pour tout ce monde. J'avais conservé un souvenir très reconnaissant des bontés dont il comblait mon enfance; je ne puis exprimer à quel point je fus

---

1. Écrite le 14 août de son diocèse de Montefiascone. Ce fut le début de ses malheurs. Sans doute fut-il bien traité par le pouvoir, lorsqu'il rentra, vers la fin de 1805. Mais, nommé archevêque de Paris en 1810 au moment de la rupture entre la France et le Saint-Siège, il ne fut jamais reconnu par le pape. Louis XVIII ne lui pardonna pas non plus sa trahison. Chassé de Rome en 1815, il mourut misérablement.

désappointée en le revoyant. Sa figure, son ton, son langage, tout était à l'avenant et aurait choqué dans un caporal d'infanterie. Il faisait des contes d'un goût effroyable.

Je me rappelle que, pendant ce premier dîner, il nous fit le récit d'une aventure arrivée dans son diocèse de Montefiascone. La scène était dans un couvent, les nonnes, leur confesseur, un grand vicaire envoyé pour recueillir les plaintes portées mutuellement, y tinrent un langage tel que l'histoire aurait plus convenablement figuré aux veillées d'un corps de garde que dans la bouche d'un cardinal. Je fus bien étonnée de le trouver ainsi ; mes parents partageaient ma surprise. Il était tout autre lorsqu'ils l'avaient connu à Rome, quoiqu'il n'eût pas, même alors, les formes de la bonne compagnie. Son frère nous dit qu'à la suite d'une violente maladie le moral avait été atteint.

Tout le monde s'en aperçut bientôt. Sa gourmandise et son avarice en firent le plastron des plaisanteries de société, et il a mené à Paris une vie honteuse et bafouée. Cette sordide avarice était poussée à un tel point que, lorsqu'il quitta son logement loué pour entrer à l'archevêché, il resta trois heures à grelotter dans sa chambre, attendant que les cendres de son unique foyer fussent assez refroidies pour les emporter avec lui, ne voulant pas, disait-il, laisser ce profit au propriétaire.

Un jour, il sortait de chez lui avec mon père ; à moitié de l'escalier, il lui dit :

« Remontons ; vous m'avez distrait et j'ai négligé ma précaution accoutumée. »

Ils entrèrent dans sa chambre ; mon père lui vit ôter une petite marmite de devant le feu et l'enfermer dans une armoire dont il prit la clef :

« Voyez-vous, mon cher ami, quand je sors j'enferme mon pot au feu ; ces gredins-là seraient capables de prendre mon bouillon et d'y fourrer de l'eau. »

Je cite ces traits parce que mon père a été témoin de tous les deux, mais toute sa vie en était remplie. Il était constaté que, lorsqu'il n'était pas prié à dîner, il faisait son repas de petits gâteaux qu'on servait dans les soirées. Mais aussi, lorsqu'il était assis à la table d'un autre, il mangeait avec autant d'avidité que de malpropreté. Il est triste de penser qu'un homme, qui a joué un rôle important et qui avait eu un esprit remarquable, ait pu être amené, par des vices aussi bas, à un tel état d'indignité.

Dans les premiers temps, il venait souvent chez moi. Il avait entrepris de rallier mon père au gouvernement, et quelquefois ils causaient ensemble sur les avantages et les inconvénients du régime impérial. Le jour où le décret sur les prisons d'État parut dans le *Moniteur*, mon père lui disait que de pareilles lois méritaient d'être discutées publiquement :

« Ah bien oui, s'écria le cardinal, qu'il laisse parler et écrire, il ne sera pas là dans trois mois.

— C'est ce que je pensais et n'osais pas dire », reprit mon père.

Il y avait assez de monde ; le cardinal fut très embarrassé et inquiet de s'être compromis. Depuis ce temps, il vint plus rarement chez moi, et bientôt plus du tout. Il y avait quelques années que je ne l'avais vu lors de la Restauration.

J'allais souvent en Savoie. À mon premier voyage je m'arrêtai à Lyon. Monsieur d'Herbouville en était préfet et c'était un motif pour y séjourner. Je logeai à l'hôtel de l'Europe où j'arrivai tard. Le lendemain matin le valet d'auberge me dit que madame de Staël était dans la maison et demandait si je voudrais la recevoir :

« Assurément, j'en serai enchantée, mais je la préviendrai. »

Cinq minutes après, elle entra dans ma chambre escortée de Camille Jordan, de Benjamin Constant, de Mathieu de Montmorency, de Schlegel, d'Elzéar de Sabran et de Talma. J'étais fort jeune ; cette grande célébrité et ce singulier cortège m'imposèrent d'abord. Madame de Staël m'eut bientôt mise parfaitement à mon aise. Je devais aller faire des courses pour voir Lyon ; elle m'assura que cela était tout à fait inutile, que Lyon était une très vilaine ville entre deux très belles rivières, qu'en sachant cela j'étais aussi habile que si j'avais passé huit jours à la parcourir. Elle resta toute la matinée dans ma chambre y recevant ses visites, m'enchantant par sa brillante conversation. J'oubliai préfet et préfecture. Je dînai avec elle. Le soir, nous allâmes voir Talma dans *Manlius*, il jouait pour elle plus que pour le public, et il en était récompensé par les transports qu'elle éprouvait et qu'elle rendait communicatifs.

En sortant du spectacle, elle remonta en voiture pour retourner à Coppet. Elle avait rompu son exil, au risque de tout ce qui lui en pouvait arriver de désagréable, pour venir assister à une représentation de Talma.

C'est ainsi que ce météore m'est apparu pour la première fois ; j'en avais la tête tournée. Au premier abord, elle m'avait semblé laide et ridicule. Une grosse figure rouge, sans fraîcheur, coiffée de cheveux qu'elle appelait pittoresquement arrangés, c'est-à-dire mal peignés ; point de fichu, une tunique de mousseline blanche fort décolletée, les bras et les épaules nus, ni châle, ni écharpe, ni voile d'aucune espèce : tout cela faisait une singulière apparition dans une chambre d'auberge à midi. Elle tenait un petit rameau de feuillage qu'elle tournait constamment entre ses doigts. Il était destiné, je crois, à faire remarquer une très belle main, mais il achevait l'étrangeté de son costume. Au bout d'une heure, j'étais sous le charme et, pendant son intelligente jouissance du débit de Talma, en examinant le jeu de sa physionomie, je me surpris à la trouver presque belle. Je ne sais si elle devina mes impressions, mais elle a toujours été parfaitement bonne, aimable et charmante pour moi.

Je la rencontrai l'année suivante à Aix, en Savoie, où j'étais établie aux eaux avec madame Récamier[1]. Ce fut sous prétexte de l'y venir voir qu'elle rompit encore son exil de Coppet et arriva à Aix. J'y fus témoin presque oculaire de scènes bien déplorables, où deux beaux génies employèrent plus d'esprit que Dieu n'en a peut-être jamais départi à aucun autre mortel à se tourmenter mutuellement.

Tout le monde sait les rapports qui ont longtemps existé entre madame de Staël et Benjamin Constant. Madame de Staël conservait le goût le plus vif pour son esprit, mais elle en avait d'autres passagers qui dominaient fréquemment celui-là. Dans ces occasions, Benjamin voulait se brouiller ; alors elle se rattachait à lui plus fortement que jamais et, après des scènes affreuses, ils se raccommodaient.

C'était pour peindre cette situation qu'il disait qu'il était fatigué d'être *toujours nécessaire* et *jamais suffisant*. Il avait conservé longtemps l'espoir d'épouser madame de Staël. Sa vanité et son intérêt l'y portaient autant que son sentiment, mais elle s'y refusait obstinément. Elle prétendait le retenir à son char, et non s'atteler à celui de Benjamin. D'ailleurs, elle tenait beaucoup trop aux distinctions sociales pour échanger le nom de Staël-Holstein pour celui de Constant. Jamais personne n'a été plus esclave de toutes les plus puériles idées aristocratiques que la très libérale madame de Staël.

Dans un voyage que Benjamin Constant fit en

1. Été 1809.

Allemagne, il rencontra une madame la comtesse de Magnoz, née comtesse d'Hardenberg. C'était bien autre chose que mademoiselle Necker! Elle s'amouracha de lui et voulut l'épouser. Je crois que le désir de montrer à madame de Staël qu'une personne *chapitrable* ne dédaignait pas son alliance fut pour beaucoup dans le consentement qu'il y donna.

Madame de Staël eut connaissance de ce projet, et entra dans de telles fureurs qu'il n'osa pas l'accomplir ouvertement. Il se maria pourtant secrètement[1], sa femme l'accompagna jusqu'à Lyon. Là, elle fit semblant de boire un peu de quelque drogue qui lui procura de grands vomissements et déclara qu'elle s'empoisonnerait pour de bon s'il ne renonçait pas à madame de Staël en avouant son mariage. D'un autre côté, celle-ci promettait de se poignarder s'il prenait ce parti.

Tel était l'état des choses lorsque Benjamin Constant et madame de Staël se réunirent à Aix sous la médiation de madame Récamier. Les matinées se passaient en scènes horribles, en reproches, en imprécations, en attaques de nerfs. C'était un peu le secret de la comédie. Nous dînions en commun, comme cela se pratique aux eaux. Petit à petit, pendant le repas, les parties belligérantes se calmaient. Un mot fin ou brillant en amenait un autre. Le goût mutuel qu'ils avaient à jouer ensemble de leur esprit prenait le dessus et la soirée se passait d'une manière charmante, pour recommencer le lendemain les fureurs de la veille.

Le traité fut enfin signé. En voici les bases: madame de Staël écrirait à *madame Constant*, reconnaissant ainsi le mariage; mais il ne serait avoué pour le public que trois mois après son départ pour

---

1. C'est le 5 juin 1808 que Constant épousa Charlotte de Marenholz.

l'Amérique, où alors elle avait l'intention réelle de se rendre. Cette concession du cœur à la vanité ne m'a jamais paru bien touchante.

Benjamin, tout en cédant aux cris, en fut blessé. Au reste, madame de Staël ne partit pas, et le mariage fut reconnu, mais assez longtemps après. Je crois que madame de Staël avait eu le désir de se ménager la puissante distraction dont lui était l'esprit de monsieur Constant, et de l'emmener en Amérique. Peut-être même pensait-elle à la possibilité de l'épouser, une fois au-delà de l'Atlantique, et son mariage avec une autre lui fut d'autant plus sensible en ce moment. Il existait un lien bien cher entre eux. Il ne manquait pas de prendre des façons tout à fait paternelles avec la jolie enfant qui avait l'indiscrétion de rappeler tous ses traits.

Je me souviens particulièrement d'une des journées de cette époque. Nous allâmes tous dîner chez monsieur de Boigne à Buissonrond, près de Chambéry. Il avait réuni ce qu'il y avait de plus distingué dans la ville, y compris le préfet ; nous étions une trentaine. Madame de Staël était à côté du maître de la maison, le préfet vis-à-vis, à côté de moi. Elle lui demanda à travers la table ce qu'était devenu un homme qu'elle avait connu sous-préfet, il lui répondit qu'il était préfet et très considéré.

« J'en suis bien aise, c'est un fort bon garçon ; au reste, ajouta-t-elle négligemment, j'ai généralement eu à me louer de cette classe d'employés. »

Je vis mon préfet devenir rouge et pâle ; je sentis mon cœur battre jusque dans mon gosier. Madame de Staël n'eut pas l'air de s'apercevoir qu'elle eût dit une impertinence et, au fond, ce n'était pas son projet.

J'ai cité cette circonstance pour avoir l'occasion de remarquer une bizarre anomalie de cet esprit si éminemment sociable, c'est qu'il manquait complètement de tact. Jamais madame de Staël ne faisait entrer la nature de son auditoire pour quelque chose dans son discours et, sans la moindre intention d'embarrasser, encore moins de blesser, elle choisissait fréquemment les sujets de conversation et les expressions les plus hostiles aux personnes auxquelles elle les adressait.

Je me rappelle qu'une fois, devant beaucoup de monde et en présence de monsieur de Boigne, elle m'interpella pour me demander si je croyais possible qu'une femme pût se bien conduire lorsqu'elle n'avait aucun rapport de goût, aucune sympathie avec son mari, insistant sur cette proposition de manière à m'embarrasser cruellement.

Une autre fois, je l'ai vue tenir madame de Caumont sur la sellette devant vingt personnes et, continuant vis-à-vis de la galerie une discussion commencée entre elles, établir qu'une femme qui n'était pas pure et chaste ne pouvait être bonne mère. La pauvre madame de Caumont souffrait à en mourir. Madame de Staël en aurait été désolée si elle s'en était aperçue, mais elle était emportée par ses arguments très éloquents et très spécieux, il faut en convenir.

Comment, dira-t-on, elle oubliait donc sa propre conduite? Non, du tout, mais elle se regardait comme un être à part, auquel son génie permettait des écarts inexcusables aux simples mortels.

Ce peu d'égards pour les sentiments des autres lui a fait bien plus d'ennemis qu'elle n'en méritait.

Je reviens au dîner de Buissonrond; nous étions au second service et il se passait comme tous les dîners ennuyeux, au grand chagrin des convives provinciaux, lorsque Elzéar de Sabran, voyant leur désappointement, apostropha madame de Staël du bout de la table en lui demandant si elle croyait que les lois civiles de Romulus eussent conservé aussi longtemps leur influence à Rome, sans les lois religieuses de Numa. Elle leva la tête, comprit l'appel, ne répondit à la question que par une plaisanterie et partit de là pour être aussi brillante et aussi aimable que je l'aie jamais vue. Nous étions tous enchantés et personne plus que le préfet, monsieur Finot, homme d'esprit.

On lui apporta une lettre *très pressée*; il la lut et la mit dans sa poche. Après le dîner, il me la montra : c'était l'ordre de faire reconduire madame de Staël à Coppet par la gendarmerie, de brigade en brigade, à l'instant même où il recevrait la lettre. Je le conjurai de ne pas lui donner ce désagrément chez moi; il m'assura n'en avoir pas l'intention, ajoutant avec un peu d'amertume : «Je ne veux pas qu'elle change d'opinion sur les *employés de ma classe.*»

Je me chargeai de lui faire savoir qu'il était temps de retourner à Coppet, et lui, se borna à donner injonction aux maîtres de poste de ne fournir de chevaux que pour la route directe. Elle avait eu quelque velléité d'une course à Milan.

Nous montâmes, pour retourner à Aix, dans la berline de madame de Staël, elle, madame Récamier, Benjamin Constant, Adrien de Montmorency, Albertine de Staël et moi. Il survint un orage épouvantable : la nuit était noire, les postillons perdaient leur chemin; nous fûmes cinq heures à faire la route au lieu d'une heure et demie. Lorsque nous arrivâmes, nous trouvâmes tout le monde dans l'inquiétude; une partie de notre bande, revenue dans ma calèche, était arrivée depuis trois heures. Nous fûmes confondus et de l'heure qu'il était et de l'émoi que nous causions; personne dans la berline n'y avait songé. La conversation avait commencé, il m'en souvient, dans l'avenue de Buissonrond, sur les lettres de mademoiselle de l'Espinasse, qui venaient de paraître, et l'enchanteresse, assistée de Benjamin Constant, nous avait tenus si complètement sous le charme que nous n'avions pas eu une pensée à donner aux circonstances extérieures.

Le surlendemain, elle partit de grand matin pour Coppet dans un état de désolation et de prostration de force qui aurait pu être l'apanage de la femme la plus médiocre.

J'ai été bien souvent depuis à Coppet; je m'y plaisais extrêmement, d'autant plus que j'y étais fort gâtée. Madame de Staël me savait un gré infini d'affronter les dangers de son exil, et s'amusait à me faire babiller sur la société de Paris où elle était toujours de cœur.

Elle avait si prodigieusement d'esprit que le trop-plein en débordait au service des autres; et si, après avoir causé avec elle, on sortait dans l'admiration pour elle, ce n'était pas aussi sans être assez content de soi-même. On sentait qu'on avait paru dans toute sa valeur; il y avait de la bienveillance aussi bien que du désir de s'amuser dans le parti qu'elle tirait de chacun. Elle a dit quelque part que la supériorité s'exerçait bien mieux par l'approbation que par la critique, et elle mettait cette maxime en action. Il n'y avait si sot dont elle ne parvînt à tirer quelque parti (du moins en passant), pourvu qu'on eût un peu d'usage du monde, car elle tenait éminemment aux formes. Elle accablait les provinciaux et surtout les Genevois de la plus dédaigneuse indifférence; elle ne se donnait pas la peine d'être impertinente, mais les tenait pour non-avenus.

Je me suis trouvée dans une grande assemblée à Genève où elle était attendue; tout le monde était réuni à sept heures. Elle arriva à dix heures et demie avec son escorte accoutumée, s'arrêta à la porte, ne parla qu'à moi et aux personnes qu'elle avait amenées de Coppet, et repartit sans être seulement entrée dans le salon. Aussi était-elle détestée

par les Genevois, qui pourtant étaient presque aussi
fiers d'elle que de leur lac. Être reçu chez madame
de Staël faisait titre de distinction à Genève.

La vie de Coppet était étrange. Elle paraissait
aussi oisive que décousue ; rien n'y était réglé ; personne ne savait où on devait se trouver, se tenir, se
réunir. Il n'y avait de lieu attribué spécialement à
aucune heure de la journée. Toutes les chambres
des uns et des autres étaient ouvertes.

Là où la conversation prenait, on plantait ses
tentes et on y restait des heures, des journées, sans
qu'aucune des habitudes ordinaires de la vie inter-
vînt pour l'interrompre. Causer semblait la première
affaire de chacun. Cependant, presque toutes les
personnes composant cette société avaient des occupations sérieuses, et le grand nombre d'ouvrages
sortis de leurs plumes le prouve. Madame de Staël
travaillait beaucoup, mais lorsqu'elle n'avait rien de
mieux à faire ; le plaisir social le plus futile l'emportait toujours. Elle aimait à jouer la comédie, à faire
des courses, des promenades, à réunir du monde, à
en aller chercher et, avant tout, à causer.

Elle n'avait pas d'établissement pour écrire ; une
petite écritoire de maroquin vert, qu'elle mettait
sur ses genoux et qu'elle promenait de chambre en
chambre, contenait à la fois ses ouvrages et sa
correspondance. Souvent même celle-ci se faisait
entourée de plusieurs personnes ; en un mot, la seule
chose qu'elle redoutât c'était la solitude, et le fléau
de sa vie a été l'ennui. Il est étonnant combien les
plus puissants génies sont sujets à cette impression
et à quel point elle les domine. Madame de Staël,
lord Byron, monsieur de Chateaubriand en sont des
exemples frappants, et c'est surtout pour échapper à
l'ennui qu'ils ont gâté leur vie et qu'ils auraient
voulu bouleverser le monde.

Les enfants de madame de Staël s'élevaient au

milieu de ces étranges habitudes auxquelles ils semblaient prendre part. Il faut bien cependant qu'ils eussent des heures de retraite, car ce n'est pas avec ce désordre qu'on apprend tout ce qu'ils savaient, plusieurs langues, la musique, le dessin, et qu'on acquiert une connaissance approfondie des littératures de toute l'Europe.

Au reste, ils ne faisaient que ce qui était dans leurs goûts. Ceux d'Albertine étaient très solides; elle s'occupait principalement de métaphysique, de religion et de littérature allemande et anglaise, très peu de musique, point de dessin. Quant à une aiguille, je ne pense pas qu'il s'en fût trouvé une dans tout le château de Coppet. Auguste, moins distingué que sa sœur, ajoutait à ses occupations littéraires un talent de musique extrêmement remarquable. Albert, que madame de Staël avait elle-même qualifié de *Lovelace d'auberge*, dessinait très bien, mais il faisait tache, dans le monde où il vivait, par son incapacité. Il a été tué en duel, en Suède, en 1813.

Madame de Staël jugeait ses enfants de la hauteur de son esprit et toute sa prédilection était pour Albertine. Celle-ci conservait beaucoup de naïveté et de simplicité malgré les expressions qu'elle employait dans son enfance. Je me rappelle qu'ayant été grondée par sa mère, ce qui n'arrivait guère, on la trouva tout en larmes.

«Qu'avez-vous donc, Albertine?

— Hélas! on me croit heureuse, et j'ai des abîmes dans le cœur.»

Elle avait onze ans, mais elle parlait ce que j'appelais Coppet. Ces exagérations y étaient tellement la langue du pays que, lorsqu'on s'y trouvait, on l'adoptait. Il m'est souvent arrivé en partant de chercher le fond de toutes les belles choses dont j'avais été séduite pendant tant d'heures et de m'avouer à moi-même, en y réfléchissant, que cela n'avait pas trop le

sens commun. Mais, il faut en convenir, madame de
Staël était celle qui se livrait le moins à ce pathos.
Quand elle devenait inintelligible, c'était dans des
moments d'inspiration si vraie qu'elle entraînait son
auditoire et qu'on se sentait la comprendre. Habituellement, son discours était simple, clair et éminemment raisonnable, au moins dans l'expression.

C'est à Coppet qu'a pris naissance l'abus du mot
talent devenu si usuel dans la coterie doctrinaire.
Tout le monde y était occupé de *son talent* et même
un peu de celui des autres. «Ceci n'est pas dans la
nature de votre talent. — Ceci répond à mon talent.
— Vous devriez y consacrer votre talent. — J'y
essaierai mon talent, etc., etc.», étaient des phrases
qui se retrouvaient vingt fois par heure dans la
conversation.

La dernière fois que je vis madame de Staël en
Suisse, sa position était devenue bien fausse. Après
avoir donné à la ville de Genève le spectacle de
scènes déplorables par une passion qu'elle s'était
crue pour un bel Américain, monsieur O'Brien, elle
s'était renfermée à Coppet où elle était dans la douleur de son départ.

Un jeune sous-lieutenant[1], neveu de son médecin
Bouttigny, revint très blessé d'Espagne. On désira
lui faire prendre l'air de la campagne ; madame de
Staël dit à Bouttigny d'envoyer le petit Rocca chez
elle. Il avait été à l'école avec ses fils ; elle le reçut
avec bonté. Il était d'une figure charmante ; elle lui
fit raconter l'Espagne et toutes les horreurs de ce
pays ; il y mit la naïveté d'une âme honnête. Elle

1. Jean-Albert-Michel Rocca (1788-1818) était Genevois.
C'est en novembre 1810 qu'éclata sa passion pour Mme de
Staël. Ils échangèrent en 1811 une promesse de mariage, mais
leur union secrète ne fut célébrée que le 10 octobre 1816. Il
mourut poitrinaire quelques mois après Mme de Staël, en janvier 1818.

l'admira, le vanta; le jeune homme, ivre d'amour-propre, s'enthousiasma pour elle; car il est très vrai que la passion a été tout entière de son côté. Madame de Staël n'a éprouvé que la reconnaissance d'une femme de quarante-cinq ans qui se voit adorée par un homme de vingt-deux. Monsieur Rocca se mit à lui faire des scènes publiques de jalousie, et cela compléta son triomphe. Lorsque je la trouvai à Genève, monsieur Rocca était en plein succès et, il faut bien l'avouer, complètement ridicule. Elle en était souvent embarrassée.

Madame de Staël, qui ne prenait rien froidement, avait un goût extrême à me faire chanter; probablement elle avait grondé monsieur Rocca du peu de plaisir qu'il témoignait à m'entendre. Un soir, qu'après avoir chanté, j'étais debout derrière le piano à causer avec quelques personnes, monsieur Rocca, qui se servait encore d'une béquille, traversa le salon et, par-dessus le piano, me dit très haut et de son ton traînant et nasillard:

«Madâame, madâame, je n'entendais pas; madâame de Boigne, votre voix, elle va à l'âame.»

Et puis de se retourner et de repartir en béquillant. Madame de Staël était assise près de là; elle s'élança vers moi et me prenant le bras:

«Ah! dit-elle, la parole n'est pas son langage.»

Ce mot m'a toujours frappée comme le cri douloureux d'une femme d'esprit qui aime un sot.

Déjà madame de Staël se plaignait de sa santé et cette liaison avait des suites qui, je crois, ont fort contribué à la mort de madame de Staël. Elle a souffert horriblement pendant cette fatale grossesse dont le secret a été gardé admirablement. Ses enfants l'ont crue pieusement et sincèrement atteinte d'une hydropisie. Espionnée, comme elle l'était, par une police si prodigieusement active, il est incroyable que son secret n'ait pas été découvert. Elle a reçu comme à son ordinaire, se disant seulement malade, et, aussitôt après ses couches, elle a fui le lieu où elle avait tant souffert et qui lui était devenu insupportable, sans y laisser aucune trace de l'événement qui s'y était passé.

Certes, avec la vive impatience que l'Empereur conservait contre madame de Staël, il aurait été bien pressé de le publier s'il en avait eu le moindre soupçon. Mais le secret resta fidèlement gardé et les apparences complètement sauvées, ce qui prouve (pour le dire en passant) que beaucoup d'esprit sert à tout.

Sans doute, elle aurait pu épouser monsieur Rocca, mais c'est la dernière extrémité où elle aurait voulu se réduire. Elle ne s'y est résignée que sur son lit de mort, et aux instantes supplications de la duchesse de Broglie, après qu'elle lui eût révélé l'existence du petit Rocca[1].

Monsieur et madame de Broglie, ainsi qu'Auguste de Staël, employèrent alors autant de soins à donner un héritier légitime de plus à leur mère que des gens moins délicats en auraient mis à l'éviter. J'ai lieu de croire que cette circonstance de la vie de sa mère a contribué à jeter madame de Broglie dans le méthodisme où elle est tombée.

Quant à monsieur Rocca, après avoir suivi madame de Staël partout, dans la situation la plus gauche et que son dévouement passionné pouvait seul lui faire tolérer, car elle en était ennuyée et embarrassée quoiqu'elle fût touchée de son sentiment, il a fini par mourir de douleur six mois après l'avoir perdue, justifiant ainsi la faiblesse dont il avait été l'objet par l'excès de sa passion.

Au reste, c'était ainsi que madame de Staël l'expliquait. Elle était d'autant plus charmée d'inspirer

1. Né le 17 avril 1812.

un grand sentiment à l'âge qu'elle avait atteint que sa laideur lui avait toujours été une cause de vif chagrin. Elle avait pour cette faiblesse un singulier ménagement ; jamais elle n'a dit qu'une femme était laide ou jolie. Elle était selon elle, privée ou *douée d'avantages extérieurs*. C'était la locution qu'elle avait adoptée, et on ne pouvait dire, devant elle, qu'une personne était laide sans lui causer une impression désagréable.

Je me suis laissée aller à conter longuement les rapports que j'ai eus avec madame de Staël. Je ne sais s'ils la feront mieux connaître, mais ils m'ont rappelé des souvenirs qui me sont précieux. Il est impossible de l'avoir rencontrée et d'oublier le charme de sa société. Elle était, à mon sens, bien plus remarquable dans ses discours que dans ses écrits. On se tromperait fort si on croyait qu'ils eussent rien de pédantesque ou d'apprêté. Elle parlait chiffon avec autant d'intérêt que constitution et si, comme on le dit, elle avait fait un art de la conversation, elle en avait atteint la perfection, car le naturel semblait seul y dominer.

Elle s'occupait suffisamment de ses affaires pécuniaires pour ne pas les laisser souffrir. Avec les apparences d'un grand abandon dans ses habitudes journalières, elle avait beaucoup d'ordre dans sa fortune qu'elle a plutôt augmentée que dérangée.

L'exil a été pour elle un chagrin affreux et, il faut en convenir, sous l'empereur Napoléon, l'exil était accompagné de toutes les petites vexations qui peuvent le rendre insupportable ; personne ne s'épargnait à vous les faire sentir. C'est le frein qui a exercé le plus d'influence sur la partie de la société dès lors désignée par l'appellation de *faubourg Saint-Germain*. J'ai connu plusieurs des personnes exilées ; elles étaient de goûts, d'habitudes, de fortunes, de positions différents ; toutes exprimaient un désespoir

qui servait d'avertissement salutaire. Aussi était-on
scrupuleusement prudent à cette époque.

CHAPITRE V

J'ai toujours reproché à madame de Staël d'avoir
entraîné ses amis dans ces malheurs de l'exil qu'elle
sentait si vivement.

Pendant l'été de 1808, Coppet avait été très
brillant; le prince Auguste de Prusse y avait fait un
long séjour. Il était fort amoureux de madame Récamier. Plusieurs étrangers et encore plus de Français
s'étaient groupés autour de la brillante et spirituelle
opposition de madame de Staël. Cette société, en se
séparant, avait été répandre dans toute l'Europe les
mots et les pensées dont elle stigmatisait le gouvernement impérial. Le prince Auguste les avait rapportés en Prusse où l'on était fort disposé à les
accueillir. On s'était donné rendez-vous à Coppet
pour l'été suivant. L'Empereur, informé de ce qui s'y
passait, avait éprouvé une recrudescence de colère
contre madame de Staël et décidé que ces réunions
ne se renouvelleraient pas.

Il annonça ses intentions assez hautement pour
que les amis de madame de Staël en fussent préve-
nus, entre autres madame Récamier et Mathieu de
Montmorency. Tous deux m'en parlèrent; nous
convînmes que, même dans l'intérêt de madame de
Staël, il fallait laisser passer cette bourrasque, s'abs-
tenir d'aller à Coppet et faire oublier l'été précédent
par la tranquillité de celui qui commençait.

Mathieu et madame Récamier écrivirent une
lettre en commun dans ce sens qu'ils confièrent à
monsieur de Châteauvieux, car dans ce temps on

n'aurait pas osé écrire ainsi par la poste. La colère de madame de Staël n'eut pas la même prudence; elle chargea le courrier le plus prochain d'une réponse pleine de douleur et de reproches, elle finissait par cette phrase:

«Jusqu'à présent, je ne connaissais que les roses de l'exil; il était réservé aux personnes que j'aime le plus de m'en faire apercevoir les épines, ou plutôt de me plonger un poignard dans le cœur en me prouvant que je ne leur suis plus qu'un objet d'effroi et de repoussement.»

Madame Récamier et monsieur de Montmorency n'hésitèrent pas; ils partirent. Mathieu précéda de douze heures à Coppet l'ordre d'exil qui l'envoyait à Valence.

Madame Récamier n'était pas encore arrivée; Auguste de Staël courut à sa rencontre, la trouva dans le Jura, l'engagea à rétrograder dans l'espoir que l'ordre, ne l'ayant pas trouvée à Coppet, serait peut-être révoqué. Elle reprit la route de Paris accompagnée d'une jeune cousine qu'elle élevait depuis plusieurs années et dont le père occupait un petit emploi à Dijon. En y arrivant, elle le trouva à la porte de l'auberge; il lui expliqua en quelques mots que, plein de reconnaissance pour ses anciennes bontés, il ne pouvait, *sans se compromettre*, laisser sa fille auprès d'une personne exilée et la lui enleva. Madame Récamier continua sa route seule; elle arriva chez elle, à Paris, à minuit. Monsieur Récamier frémit de la voir:

«Mon Dieu, que faites-vous ici? vous devriez être à Châlons, remontez vite en voiture.

— Je ne puis, j'ai passé deux nuits, je meurs de fatigue.

— Allons, reposez-vous bien; je vais demander les chevaux de poste pour cinq heures du matin.»

Madame Récamier partit, en effet; elle alla chez

madame de Catalan qui lui prodigua toutes les consolations de l'amitié et l'accompagna à Châlons avec un dévouement on peut dire héroïque[1]; car on voit quel effroi la qualification d'exilé inspirait aux âmes communes.

Au positif pourtant, cet exil si redouté se bornait à l'exclusion du séjour de Paris et d'un rayon de quarante lieues à la ronde. Dans le premier moment, on désignait un lieu spécial, mais cela s'adoucissait bientôt, et, hors Paris et ses environs, l'Empire entier était ouvert. Mais le prestige de la puissance impériale était si grand qu'ayant eu le malheur de lui déplaire on était exposé partout à des vexations journalières.

Le sort de madame de Staël fut encore aggravé; non seulement elle fut exilée à Coppet même, mais il fallait une permission expresse du préfet pour aller l'y voir. C'est à cause de ces nouvelles difficultés que, sous prétexte de santé, elle obtenait quelquefois l'autorisation de faire de petits séjours à Genève et que je l'y ai trouvée ainsi que je l'ai raconté plus haut.

Madame Récamier fut à Châlons, puis à Lyon, puis enfin elle alla en Italie où elle était encore à la chute de l'Empire[2].

L'exil me ramène naturellement à parler d'une de ses victimes. La jeune, jolie et extravagante madame de Chevreuse[3]. J'ai déjà dit qu'elle tenait une place

---

1. En août 1811. Après avoir passé trente-six heures à Coppet, elle remonta vers Paris. C'est à Dijon que M. Récamier, venu à sa rencontre, lui annonça son exil, dont il avait reçu signification le 3 septembre.

2. Elle demeura à Lyon de la mi-juin 1812 à la fin de février 1813, puis se rendit à Rome; elle passa l'été de 1813 à Albano, dans une maison que Canova avait mise à sa disposition; à Naples l'hiver 1813-1814.

3. Ermesinde de Narbonne-Pelet, née en 1785, épousa en 1800 Paul d'Albert, duc de Chevreuse. Son beau-père avait

tout à part dans ce qu'on appelait alors la société de *l'ancien régime*. L'Empereur n'admettait aucune notabilité qui n'émanât pas de lui et, quoique le duc de Luynes fût sénateur et rendit de grands hommages au chef de l'État, l'attitude indépendante de sa belle-fille fut remarquée et déplut. Nommée dame de l'Impératrice, elle refusa; l'Empereur insista; elle fut mandée chez lui; il combattit moitié sérieusement, moitié en riant toutes les excuses qu'elle lui présenta. Toutefois, il alla jusqu'à la menacer de rendre sa famille responsable de ses caprices. Elle pouvait consulter les murs de Dampierre, ils lui diraient qu'ils n'appartenaient aux Luynes que par la confiscation; il serait prudent, selon lui, de ne pas oublier le précédent[1].

Madame de Chevreuse se vit forcée à accepter. On ne peut nier qu'à la suite de cette contrainte l'Empereur ne fût tout à fait gracieux pour elle; il mettait une sorte de coquetterie à chercher à la gagner. Quant à elle, elle était, en revanche, parfaitement maussade, même pour lui, mais surtout pour l'impératrice Joséphine et pour ses compagnes qu'elle accablait de son dédain. Non qu'il n'y en eût d'aussi grandes dames qu'elle, mais parce qu'elle les soupçonnait d'avoir moins de répugnance à leur

---

sauvé de la Révolution une immense fortune (500 000 livres de revenu). C'est en 1805 que Napoléon lui fit proposer par Talleyrand (dans la société duquel elle avait été élevée) une place de dame de l'Impératrice, qu'elle commença par refuser, puis qu'elle fut forcée d'accepter. Elle prétexta la mort du duc de Luynes pour se retirer à Dampierre. En 1808 elle refusa de se rendre à Compiègne auprès de la reine d'Espagne et fut exilée à quarante lieues de Paris. Obligée de quitter Dampierre, elle mourut en 1813.

1. Dampierre, dans la vallée de Chevreuse, faisait partie des biens de Concini, que se partagèrent après son assassinat Vitry et Luynes.

position de dames du palais. Elle ne faisait son service qu'à la dernière extrémité, après avoir épuisé
tous les prétextes. Elle ne paraissait jamais au château quand elle pouvait s'en dispenser ; tranchons le
mot, elle était fort impertinente.

Tant que le duc de Luynes vécut, il maintint une
sorte de convenance autour de lui ; mais, après sa
mort, madame de Chevreuse, qui dominait entièrement sa belle-mère et son mari, fit mille extravagances. Je me rappelle, entre autres, qu'un jour de
grande soirée à l'hôtel de Luynes, elle établit la partie de monsieur de Talleyrand vis-à-vis d'un buste
de Louis XVI placé sur une console et entouré de
candélabres et d'une multitude de vases remplis de
lis formant comme un autel. Elle nous menait tous
voir cet arrangement avec une joie de pensionnaire.
Quoique je fusse presque aussi vive qu'elle dans mes
opinions, cependant ces niches me paraissaient
puériles et dangereuses, je le lui dis :

« Que voulez-vous ! le *petit misérable* (c'est ainsi
qu'elle appelait toujours le *grand Napoléon*) me victime, je me venge comme je peux. »

Elle réussit à se faire prendre en haine par toute la
Cour ; l'Empereur la défendait encore. Lorsque les
vieux souverains d'Espagne arrivèrent en France,
après les événements de Madrid[1], on leur donna
dans le premier moment un service d'honneur.
Madame de Chevreuse eut ordre de se rendre auprès
de la reine Charlotte ; elle refusa par écrit, disant que
c'était bien assez d'être esclave et qu'elle ne voulait
pas être geôlière. La dame d'honneur, madame de
La Rochefoucauld, à laquelle cette réponse était
adressée, la porta à l'Empereur, et l'ordre d'exil en
fut la conséquence.

Il semblerait qu'après avoir tout fait pour le pro-

1. En 1808.

voquer, madame de Chevreuse dût le supporter avec courage. Mais il en fut tout autrement : le premier moment d'exaltation passé, elle en fut accablée. Et il n'y a pas de démarche, de protestation, de supplique qu'elle n'ait essayées pour rentrer en grâce. À mesure que ses espérances diminuaient, sa santé s'altérait et elle a fini par mourir de chagrin la troisième année de son exil. Elle avait successivement habité Luynes, Lyon, Grenoble, portant partout avec elle cette humeur capricieuse qui a fait le malheur de sa vie.

Sans être son amie, j'avais des relations assez intimes avec elle. Me sachant en Savoie pendant son séjour à Grenoble, elle m'écrivit combien elle regrettait que les difficultés qui entouraient les déplacements d'une personne exilée l'empêchassent de me venir voir. Je lui répondis que j'irais à Grenoble. En effet, je pris cette route qui me faisait faire quarante lieues de plus en quittant Chambéry. Je prévins madame de Chevreuse du jour de mon arrivée ; la vieille duchesse de Luynes m'attendait à mon auberge. Madame de Chevreuse était tellement malade qu'il lui était impossible de me venir voir, ni même de me recevoir, mais ma visite lui ferait grande joie le lendemain matin.

Une heure après, étant à la fenêtre, je vis passer dans une calèche, très parée, couverte de rouge et je crois de blanc, une espèce de fantôme qui me parut celui de madame de Chevreuse. Je demandai au valet d'auberge qui c'était, il me dit :

« C'est madame de Chevreuse qui se rend au spectacle ; elle y va tous les jours. »

Je trouvai son procédé envers moi étrange ; toutefois, elle était trop malheureuse pour que je voulusse le lui témoigner. Le lendemain, la pauvre madame de Luynes vint me dire que madame de Chevreuse n'avait pas dormi, qu'elle reposait en ce moment, mais qu'elle me verrait sûrement le soir ; je lui exprimai mes regrets de ne pouvoir prolonger mon séjour, je demandai mes chevaux et je partis. Le fait était que madame de Chevreuse répugnait à montrer son effroyable changement à une personne qui ne l'avait pas revue depuis les temps de sa brillante prospérité.

En outre de l'exil, madame de Chevreuse avait un chagrin qui avait empoisonné sa vie. Elle était horriblement rousse ; elle était persuadée que personne ne s'en doutait, et c'était une constante préoccupation, tellement que, deux heures avant sa mort, ses cheveux ayant un peu crû pendant sa dernière maladie, elle se fit raser et ordonna qu'on jetât les cheveux au feu devant elle pour qu'il n'en restât aucune trace.

Ses enfants ayant l'indiscrétion d'avoir des cheveux d'un rouge ardent, elle les avait pris en horreur et ne pouvait les envisager. Avec une quantité de travers qui venaient d'un grain de folie héréditaire, cultivée par la gâterie de madame de Luynes, madame de Chevreuse avait des qualités, le cœur très haut placé, et des locutions originales, sans être prétentieuses, pour dire des choses communes de la vie qui la rendaient toujours piquante et souvent fort aimable quand elle le voulait.

C'est la seule personne qui ait été *forcée* d'entrer à la Cour impériale. Aussi celles qui avaient envie d'y arriver ne manquaient pas de la citer pour prouver que ce sort était inévitable. Rien pourtant n'était si facile en se tenant sur la réserve. Les exils aussi, a part deux ou trois, occasionnés par des vengeances particulières, ne tombaient que sur des personnes d'une hostilité criarde et tracassière qui devenaient incontinent souples et suppliantes.

Madame de Balbi a fait exception à cette règle. Exilée de Paris par une méprise évidente, elle n'a jamais voulu permettre qu'on fît la plus petite démarche pour l'expliquer, ni pour demander grâce Elle est allée tranquillement s'établir à Montauban, y a vécu dans la meilleure intelligence avec les autorités, évitant par là les tracasseries qu'elles auraient pu lui susciter, et y est restée jusqu'à la Restauration, avec autant de calme que de dignité, ayant moins souffert de l'exil que les personnes qui s'agitaient pour le faire finir.

On m'a bien souvent demandé dans ce temps-là :
« Comment n'êtes-vous pas exilée ?
— Mais c'est que je ne cours pas après, répondais-je, et que je n'en ai pas peur. »

En effet, ma maison était une de celles où on parlait le plus librement ; je voyais beaucoup de monde de toutes les couleurs, j'étais polie pour tous. Mes opinions étaient connues, mais pas aigrement professées. Et, surtout, nous n'intriguions pas avec des conspirateurs subalternes, agents soldés de trouble et de désordre, pour lesquels mon père avait un mépris qu'il m'avait communiqué.

Le corps diplomatique venait beaucoup chez moi, le comte Tolstoï et le comte de Nesselrode y passaient leur vie, ainsi que les Semffts et le comte de Metternich. Mais, lorsqu'ils furent remplacés par messieurs les princes de Schwarzenberg, de Kourakin, etc., ce nouveau corps diplomatique s'éloigna d'une façon marquée de l'opposition et se donna exclusivement à la Cour impériale.

Les formes obséquieuses des étrangers pour les nouvelles grandeurs faisaient notre risée. Je me rappelle que le vieux comte de Romanzow, chancelier de Russie, s'excusant un soir d'arriver tard chez moi, me dit qu'il avait été retenu parce que monseigneur l'archichancelier lui avait fait l'honneur de le nommer pour faire sa partie. Pour nous qui n'avions jamais imaginé d'appeler cet homme autrement que

Cambacérès, tout court, ce langage était on ne peut plus étrange. Mais cela s'établissait petit à petit et, si l'Empire avait duré quelques années de plus, nous l'aurions adopté à notre tour, ainsi que nous l'avions déjà fait pour la famille impériale.

Mes relations les plus directes avec la Cour étaient par Fanny Dillon. L'Empereur avait pris l'engagement de la marier. Elle ne lui laissait pas oublier cette promesse; la façon naïve dont elle la lui rappelait l'amusait. Cependant, il la faisait languir terriblement. Les mariages de mesdemoiselles de Beauharnais et de Tascher avec le grand-duc de Bade et le prince régnant d'Aremberg[1] avaient fort exalté ses prétentions. Elle avait pourtant daigné se résigner à épouser le prince Alphonse Pignatelli, cadet de la maison d'Egmont. Je ne sais si ce mariage se serait accompli, mais la mort enleva le prétendu. Depuis, l'impératrice Joséphine lui parla successivement du prince Aldobrandini qu'on ferait roi de Portugal, du duc de Medina-Sidonia; elle eut un moment d'inquiétude au sujet du prince de Neufchâtel. Enfin, pendant le printemps de 1808, elle m'avait entretenue de la crainte d'être forcée à épouser le prince Bernard de Saxe-Cobourg qu'elle trouvait un peu trop tudesque.

Au milieu de l'été, sa sœur, madame de Fitz-James, expira dans mes bras, d'une longue maladie, suite des chagrins que son mari lui avait causés. Il s'avisa de la regretter amèrement et sincèrement, je crois, lorsqu'il n'était plus temps de la sauver. Sa dernière parole fut pour me recommander sa mère; je l'em-

---

1. Stéphanie-Louise-Adrienne de Beauharnais (1789-1860), fille du sénateur comte Claude de Beauharnais, élevée chez Mme Campan, épousa le grand-duc de Bade le 3 mars 1806. Stéphanie Tascher de La Pagerie, nièce de l'Impératrice, épousa le duc d'Aremberg en 1808. À propos de Fanny Dillon, v. note 1, p. 230.

menai à Beauregard avec Fanny. Ce même jour, l'Impératrice arrivait de Marsac; malgré son deuil, Fanny alla le surlendemain à Saint-Cloud. Elle en revint désespérée; l'Impératrice lui avait nommé le général Bertrand comme l'époux que l'Empereur lui destinait.

La chute était grande et elle en sentait la profondeur. Elle était toute en larmes lorsque l'Empereur entra chez l'Impératrice. Elle osa lui reprocher de l'avoir trompée dans ses espérances et, s'animant par degré, elle arriva à lui dire:

«Quoi, Sire, Bertrand! Bertrand! singe du Pape en son vivant!»

Ce mot scella son sort; l'Empereur lui dit sèchement:

«Assez, Fanny», et sortit de l'appartement.

L'Impératrice s'engagea à tâcher de le ramener à d'autres idées; elle-même trouvait Bertrand trop peu important pour épouser une parente qu'elle protégeait spécialement. Elle lui promit une réponse pour la fin de la semaine. La pauvre Fanny passa l'intervalle dans les larmes. Elle retourna à Saint-Cloud, se disant décidée à refuser le Bertrand, coûte que coûte; sa mère l'y encourageait fort. Elle revint l'ayant accepté, et toute réconciliée avec son sort.

L'Impératrice lui avait montré de grandes places en perspective et le nom de Bertrand caché sous un duché. Le soir, elle n'était plus occupée qu'à chercher le titre qui sonnerait le mieux à l'oreille et que pourtant elle n'a jamais obtenu. J'ai toujours pensé que c'était une taquinerie de l'Empereur en souvenance du *singe du Pape*.

L'entrevue eut lieu à Beauregard; madame Dillon ne voulut pas y assister et j'en eus la charge. Jamais une fiancée plus maussade, plus mal attifée ne s'est présentée à un futur époux. Le général n'en fut pas rebuté; et, un mois, jour pour jour, après la mort de madame de Fitz-James, madame Dillon accompagnait son autre fille à l'autel avec une répugnance qu'elle ne cherchait pas à dissimuler. Le mariage civil eut lieu chez moi, à Paris, et la noce à Saint-Leu, chez la reine de Hollande. J'y fus invitée, mais je trouvai un prétexte pour m'en dispenser.

Il faut rendre justice à Bertrand; c'était un homme fort borné, mais très honnête. Il a été bon mari et bon gendre; nous avons toujours conservé les meilleurs rapports ensemble. On dit qu'il avait de la capacité dans son arme. L'Empereur était bon juge et le distinguait, mais je crois que son vrai mérite était un dévouement aveugle et sans bornes d'aucune espèce.

Les courses de Fanny Dillon à Saint-Cloud se faisaient avec mes chevaux et mes gens. Un jour, où un fourrier du palais les faisait ranger, mon cocher lui dit:

«Mon Dieu, je me mettrai où vous voudrez, je n'y tiens pas, nous ne venons jamais ici pour notre compte.»

Dans notre sot esprit de parti, cette impertinence nous charma.

Elle me rappelle un propos d'une sentinelle, tenu quelques années après, dans un moment où la Cour impériale était encombrée de souverains. Le fonctionnaire, s'adressant à un cocher de remise arrêté dans la cour des Tuileries, lui cria:

«Holà, ôte-toi! Si ton maître n'est pas roi, tu ne peux pas stationner là.»

L'Empereur n'avait pas répugnance à cette histoire, car, parmi ces rois qu'on traitait ainsi, il y en avait de *vrais*.

J'ai souvent vu l'empereur Napoléon au spectacle et passer en voiture, mais seulement deux fois dans un appartement.

La ville de Paris donna un bal à l'occasion du

mariage de la princesse de Bade. L'Empereur voulut le rendre, et des billets pour un bal aux Tuileries furent adressés à beaucoup de personnes non présentées. Nous fûmes quelques jeunes femmes à en recevoir sans avoir assisté à celui de l'Hôtel de Ville. Conseil tenu, nous convînmes devoir nous y rendre.

On dansait dans la galerie de Diane et dans la salle des Maréchaux. Le public y était parqué suivant la couleur des billets; le mien me fixa dans la galerie de Diane. On ne circulait pas; la Cour se transporta successivement d'une pièce dans l'autre. L'Impératrice, les princesses, leurs dames, leurs chambellans, tout cela très paré, entra à la suite de l'Empereur et vint se placer sur une estrade préparée d'avance. Après avoir regardé danser une espèce de ballet, l'Empereur en descendit seul et fit la tournée de la salle, s'adressant exclusivement aux femmes. Il portait son costume impérial (auquel il a promptement renoncé), la veste, la culotte en satin blanc, les souliers blancs à rosettes d'or, un habit de velours rouge fait droit à la François Ier et brodé en or sur toutes les coutures, le glaive, éclatant de diamants, par-dessus l'habit; des ordres, des plaques, aussi en diamants, et une toque avec des plumes tout autour relevée par une ganse de diamants. Ce costume pouvait être beau dessiné, mais, pour lui qui était petit, gros et emprunté dans ses mouvements, il était disgracieux. Peut-être y avait-il prévention; l'Empereur me parut affreux, il avait l'air du roi de carreau.

Je me trouvais placée entre deux femmes que je ne connaissais pas. Il demanda son nom à la première, elle lui répondit qu'elle était *la fille à Foacier.*

«Ah!» fit-il, et il passa.

Selon son usage, il me demanda aussi mon nom; je le lui dis:

«Vous habitez à Beauregard?

— Oui, Sire.

— C'est un beau lieu, votre mari y fait beaucoup travailler, c'est un service qu'il rend au pays et je lui en sais gré; j'ai de la reconnaissance pour tous les gens qui emploient les ouvriers. Il a été au service anglais?»

Je trouvai plus court de répondre que oui, mais il reprit:

«C'est-à-dire pas tout à fait. Il est savoyard, n'est-ce pas?

— Oui, Sire.

— Mais vous, vous êtes française, tout à fait française; nous vous réclamons, vous n'êtes pas de ces droits auxquels on renonce facilement.»

Je m'inclinai.

«Quel âge avez-vous?»

Je le lui dis.

«Et franche par-dessus le marché! vous avez l'air bien plus jeune.»

Je m'inclinai encore; il s'éloigna d'un demi-pas, puis revenant à moi, parlant plus bas et d'un ton de confidence:

«Vous n'avez pas d'enfants? Je sais bien que ce n'est pas votre faute, mais arrangez-vous pour en avoir, croyez-moi, pensez-y, je vous donne un bon conseil!»

Je restai confondue; il me regarda un instant, en souriant assez gracieusement, et passa à ma voisine.

«Votre nom?

— *La fille à Foacier.*

— Encore une fille à Foacier!» et il continua sa promenade.

Je ne puis exprimer l'excès de dédain aristocratique avec lequel cet: *Encore une fille à Foacier*, sortit des lèvres impériales. Le nom qui, non plus que les personnes, ne s'est jamais représenté à moi depuis, est resté gravé dans mon souvenir avec l'in-

flexion de cette voix que j'entendais pour la première et la dernière fois.

Après avoir fait sa tournée, l'Empereur se rapprocha de l'Impératrice et toute la troupe dorée s'en alla
sans se mêler le moins du monde à la plèbe. À neuf
heures du soir, tout était fini; les invités pouvaient
rester et danser, mais la Cour était retirée. Je suivis
son exemple, singulièrement frappée des façons
impériales. J'avais vu d'autres monarques, mais
aucun traitant aussi cavalièrement le public.

Plusieurs années après, j'assistai comme bayeuse
à un bal donné à l'occasion du baptême du roi de
Rome. Je crois que c'est la dernière fête impériale.
Elle avait lieu aux Tuileries dans la salle du spectacle. La Cour y assistait seule; les personnes non
présentées obtenaient des billets pour les loges.
Nous y étions allées une douzaine de femmes de l'opposition et nous étions forcées de convenir que le
coup d'œil était magnifique. C'était la seule fois que
j'aie vu une fête où les hommes fussent en habit à la
française. Les uniformes étaient proscrits; nos vieux
militaires avaient l'air emprunté, mais les jeunes, et
surtout monsieur de Flahaut[1], rivalisaient de bonne
grâce avec Archambault de Périgord[2]. Les femmes
étaient élégamment et magnifiquement parées.

---

1. Le comte de Flahaut de la Billarderie (1785-1870) fut un
des plus remarquables officiers des armées impériales. Sa
mère, née Adélaïde Filleul, depuis marquise de Souza (1761-
1836), avait tenu après Thermidor un salon très achalandé. Sa
valeur militaire lui fit faire une carrière rapide. Général de
division à vingt-huit ans (1813). À la Chambre des pairs, il fut
partisan de Napoléon jusqu'au bout. Obligé de se faire un peu
oublier sous la Restauration, c'est alors (1817) qu'il épousa
Miss Mercer Elphinstone, fille de lord Keith. De nouveau pair
de France après 1830, sénateur ambassadeur sous le Second
Empire. (Rappelons qu'il était le père de Morny, demi-frère de
Napoléon III).
2. Archambault-Joseph, duc de Talleyrand-Périgord (1762-

L'Empereur, suivi de son cortège, traversa la salle
en arrivant, pour se rendre à l'estrade qui occupe le
fond. Il marchait le premier et tellement vite que
tout le monde, sans excepter l'Impératrice, était
obligé de courir presque pour le suivre. Cela nuisait
à la dignité et à la grâce, mais ce frou-frou, ce pas de
course, avaient quelque chose de conquérant qui lui
seyait. Cela avait grande façon dans un autre genre.

Il paraissait bien le maître de toutes ces magnificences. Il n'était plus affublé de son costume impérial; un simple uniforme, que lui seul portait au
milieu des habits habillés, le rendait encore plus
remarquable et parlait plus à l'imagination que ne
l'auraient pu faire toutes les broderies du monde. Il
voulut être gracieux et obligeant, et me parut infiniment mieux qu'à l'autre bal. L'impératrice Marie-
Louise était un beau brin de femme, assez fraîche,
mais un peu trop rouge. Malgré sa parure et ses
pierreries, elle avait l'air très commun et était
dénuée de toute physionomie. On exécuta un quadrille dansé par les princesses et les dames de la
Cour dont plusieurs étaient de nos amies. Je vis là la
princesse Borghèse qui me parut la plus ravissante
beauté que j'eusse jamais envisagée; à toutes ses
perfections elle joignait l'aspect aussi candide, l'air
aussi virginal qu'on puisse le désirer à la jeune fille
la plus pure. Si on en croit la chronique, personne
n'en eut jamais moins le droit.

L'Empereur aimait assez que les femmes qu'il
voulait attirer à sa Cour eussent occasion d'en voir
les pompes. Il jetait des coups d'œil obligeants sur
les loges; il resta longtemps sous la nôtre, évidemment avec intention. Au reste, il avait déjà trop de

---

1838) était le frère aîné du prince de Bénévent, le père du
comte Edmond de Périgord.

notre monde pour devoir se soucier beaucoup de ce qui restait en dehors.

CHAPITRE VI

Quoique, pendant les années qui s'étaient écoulées entre ces fêtes dont je viens de parler, les deux sociétés de l'ancien et du nouveau régime fussent habituellement séparées, elles se rencontraient chez les ambassadeurs et chez les étrangers. Je me rappelle avoir vu toute la Cour impériale à un très magnifique bal donné par la duchesse de Courlande. Elle s'était établie à Paris à l'occasion du mariage de sa fille cadette avec le comte Edmond de Périgord. Je ne sais si la passion de la duchesse de Courlande pour le prince de Talleyrand a précédé ou suivi cette union.

Madame Edmond, devenue un personnage presque historique sous le nom de duchesse de Dino[1], était, à peine au sortir de l'enfance, excessivement jolie, prévenante et gracieuse ; déjà la distinction de son esprit perçait brillamment. Elle possédait tous les agréments, hormis le naturel ; malgré l'absence de ce plus grand des charmes de la jeunesse, elle me plaisait beaucoup. Sa mère, tout occupée de ses propres aventures, avait laissé le soin de son éducation à un vieux professeur jésuite qui en avait fait un écolier très accompli et très instruit.

Le ciel l'avait créée jolie femme et spirituelle, mais la partie morale, l'éducation pratique et d'exemple

1. Née Dorothée de Courlande. Talleyrand, qui la chérissait, fit transmettre à son mari le comte Edmond de Périgord, son neveu, le titre de duc de Dino qu'il avait obtenu après 1815.

avaient manqué, ou plutôt ce qu'une intelligence précoce avait pu lui faire apercevoir autour d'elle n'était pas de nature à lui donner des idées bien saines sur les devoirs qu'une femme est appelée à remplir. Peut-être aurait-elle échappé à ces premiers dangers si son mari avait été à la hauteur de sa propre capacité et qu'elle eût pu l'aimer et l'honorer. Cela était impossible ; la distance était trop grande entre eux.

J'insiste sur ces réflexions parce que je suis persuadée que, quelque supériorité qu'on apporte dans le monde, la conduite qu'on y tient est presque toujours le résultat des circonstances environnantes. Telle femme qui a beaucoup fait parler d'elle eût été, autrement placée, chaste épouse et bonne mère de famille. Je crois à l'éducation du manteau de la cheminée. Lorsqu'on a passé son enfance à entendre les principes d'une saine morale, simplement professés, et à les voir sans cesse mettre en pratique, il se forme autour d'une jeune personne un réseau d'adamant dont elle ne sent ni le poids ni la force mais qui devient comme une seconde nature. Il faut un rare degré de perversité pour chercher à en rompre les mailles. Ayons de l'indulgence pour celles qui sont livrées aux séductions du monde sans être pourvues de cette défense.

Je viens de prononcer le nom de monsieur de Talleyrand, mais je ne me hasarderai pas à en parler. Je ne chercherai pas à estomper un caractère qui appartient au burin de l'histoire ; ce sera elle qui pèsera les torts de l'homme privé avec les services de l'homme d'État et fera pencher la balance.

Dans ces barbouillages où je m'amuse à faire repasser devant moi comme des ombres chinoises, sans suite et sans ordre, les différents souvenirs que ma mémoire me retrace, je m'arrête plus volontiers aux petites circonstances qui m'ont paru assez piquantes pour être restées dans ma pensée et ne sont pas assez importantes pour être rappelées ailleurs. Les personnages historiques ne sont dans mon domaine que par leurs rapports personnels avec moi, ou lorsque j'ai recueilli sur eux des détails circonstanciés de la vérité desquels je me tiens assurée. À cette époque, je me trouvais précisément dans la situation du public et du public malveillant, vis-à-vis du prince de Bénévent; plus tard, j'aurai peut-être occasion de parler du prince de Talleyrand. Nous verrons, si j'arrive à ce temps.

Les cardinaux dispersés dans toute la France eurent la permission ou plutôt l'ordre de se réunir à Paris à l'époque du mariage de l'Empereur avec l'archiduchesse. Consalvi se trouva du nombre; il vint descendre chez nous et ne nous quitta guère pendant son court séjour. Je fus bien frappée de la lucidité et de la clarté de son esprit en nous expliquant une position que la théologie et la politique rendaient si complexe. Il désirait sincèrement pouvoir, dans l'intérêt de la religion, complaire aux vœux de l'Empereur et pourtant les canons de l'Église s'y opposaient si formellement qu'il n'y pouvait arriver.

Si j'ai bien compris alors, ce n'est pas seulement la forme dans laquelle le mariage de Joséphine était cassé qui faisait les difficultés mais encore la situation personnelle de l'Empereur. Il était excommunié *vitando*, ce qui n'empêchait pas qu'il pût recevoir les sacrements ni qu'un prêtre pût les lui administrer pour nécessité, seulement les autres ecclésiastiques ne pouvaient y assister. Aussi les cardinaux étaient-ils prêts à siéger au bal ou à telle autre fête, mais le banc réservé pour eux à la cérémonie où on administrait le *sacrement* du mariage resta vide.

Je crois que, si cela eût dépendu uniquement du cardinal Consalvi, il eût cherché quelque accommodement. Mais plusieurs de ses collègues étaient plus chauds et moins raisonnables que lui ; et la situation de tout détenteur du patrimoine de Saint-Pierre est si positivement spécifiée comme excommunié *vitando* par les lois de l'Église qu'il n'y avait pas moyen de les éluder dès qu'elles étaient invoquées.

De son côté, l'Empereur voulait l'emporter de haute lutte ; sa fureur en voyant inoccupé le banc des cardinaux fut excessive. Quelques-uns furent envoyés dans des forteresses, d'autres, et Consalvi fut du nombre, obligés de retourner dans les villes fixées pour leur exil. Je ne me rappelle plus si c'est à ce moment ou avant qu'ils eurent la défense de porter les bas et la calotte rouge, d'où leur est venue l'appellation de *cardinaux noirs* qui les a distingués pendant tout le cours de ces querelles dogmatico-politiques.

Le court séjour que le cardinal Consalvi fit à Paris renoua fortement les liens d'amitié qui existaient entre nous et, si mes souvenirs d'enfance avaient été froissés en retrouvant le cardinal Maury, je fus en revanche enchantée de son collègue. Mon opposition au régime impérial était certainement fort entachée d'esprit de parti, cependant j'ai toujours été accessible aux raisonnements qui portaient un caractère d'impartialité. Et j'étais touchée et édifiée de voir le cardinal Consalvi, dans sa position d'homme persécuté, parler avec tant de douceur, se lamenter des violences où il se trouvait entraîné et chercher de si bonne foi les moyens de les éviter.

Il eut plusieurs conférences avec le ministre des cultes ; il offrait des tempéraments dont j'ai oublié les détails et qu'il nous racontait heure par heure, mais l'Empereur ne voulait entendre à aucun. Le public resta persuadé que l'absence des cardinaux tenait uniquement à ce qu'ils n'admettaient pas le divorce ; je crois que c'est une erreur.

Je n'assistai pas plus aux fêtes du mariage que je

n'avais fait à celles du couronnement. Je faisais honneur à mes répugnances politiques de ce peu de curiosité, mais j'ai découvert depuis que ma paresse y avait la plus grande part. Je trouve que la peine qu'il faut se donner surpasse de beaucoup le plaisir qu'on aurait, et le récit des fêtes suffit complètement à ma satisfaction; je le lis le lendemain dans mon fauteuil en me réjouissant d'avoir échappé à la fatigue.

Je ne vis que les illuminations; ce sont sans comparaison les plus belles que je me rappelle. L'Empereur, auquel les grandes idées ne manquaient guère, eut celle de faire construire en toile le grand arc de l'Étoile tel qu'il existe aujourd'hui, et ce monument improvisé fit un effet surprenant. Je crois que c'est le premier exemple de cette sage pensée, adoptée maintenant, d'essayer l'effet des constructions avant de les établir définitivement. L'arc de l'Étoile obtint les suffrages qu'il méritait.

Mon oncle, l'évoque de Nancy, assista au Concile des évêques de France réunis à Paris, à l'effet de statuer sur les différends existant avec le Pape, et qui n'eut aucun résultat. Mon oncle y tint une conduite fort épiscopale mais pourtant assez gouvernementale pour que l'Empereur en fût très content. Il lui donna une triste marque de sa satisfaction, quelque temps après, en le nommant archevêque de Florence.

Il avait fait beaucoup de bien à Nancy; il y jouissait de la plus haute considération et il s'y plaisait extrêmement. Abandonner une telle résidence, où il était établi régulièrement et canoniquement, pour aller prendre violente possession, malgré le clergé et le Pape, d'un diocèse italien était une lourde calamité et attirait sur sa tête ces haines cléricales qui ne pardonnent jamais.

Il arriva à Paris désespéré; mon père, qui l'aimait

tendrement, entra complètement dans sa situation.
Ils en causèrent longuement et, après avoir pesé les
inconvénients entre déplaire à l'Empereur et rompre
avec les gens de sa robe, ils conclurent qu'il ne fallait
pas assumer seul cette responsabilité. L'évêque de
Nantes, du Voisin, et l'archevêque de Tours, Barral,
avaient été promus à des sièges importants en Italie
qui se trouvaient dans le même prédicament que
celui de Florence. Mon oncle décida que l'acceptation de l'archevêque de Tours ne suffisait pas, mais
que celle de l'évêque de Nantes entraînerait la sienne.

Monsieur du Voisin passait pour habile théolo-
gien, et il était le prélat le plus considéré de toute
l'Église gallicane. Mon père approuva ce parti; mon
oncle, après l'avoir annoncé au ministre des cultes,
alla faire sa cour à l'Empereur qui le reçut très bien.
Les trois prélats désignés se réunirent plusieurs fois.
Mon oncle logeait avec nous. Il nous raconta un
matin que l'évêque de Nantes venait de partir pour
Nantes, après un refus formel; qu'en conséquence,
il allait se rendre à Saint-Cloud avec le ministre des
cultes pour y porter son propre refus. Monsieur de
Barral n'avait encore aucune décision arrêtée.

L'évêque donna l'ordre de charger sa voiture de
voyage pour retourner le lendemain à Nancy. Il resta
longtemps à causer avec mon père et moi, récapitu-
lant toutes les excellentes raisons qui rendaient le
parti qu'il avait pris irrévocable. Il revint tard; à
dîner, on parla de chapeaux de paille, l'évêque me
dit avec un sourire forcé:

« Ma petite, j'espère que vous me chargerez de vos
commissions, je crois que c'est en Toscane qu'on fait
les plus beaux. »

Mon père et moi échangeâmes un regard de surprise. L'évêque prit, en effet, le lendemain de grand
matin la route de Nancy, mais c'était pour y faire ses
paquets et se rendre à Florence. Nous évitâmes de

concert toute explication. Quand un homme de talent et de conscience agit ainsi contre son propre jugement et que le parti est pris, il n'y a rien à dire. Je n'en ai jamais su davantage. L'Empereur l'avait-il intimidé ou séduit ? Je l'ignore, ni l'un ni l'autre n'étaient faciles avec un homme dont l'esprit était aussi distingué que la haute raison. Le fait s'est passé précisément comme je le raconte.

Au retour de Florence, en 1814, la décision prise avait trop mal réussi pour qu'il fût opportun de revenir sur le passé. Elle a éventuellement causé la mort de mon oncle, car les haines du parti émigré et de l'esprit prêtre se sont réunies dans toute leur âcreté pour semer d'amertume le reste de sa vie. Et, malgré la haute considération dont il jouissait à Nancy où il retourna, elles ont tiré assez de fiel de ce malheureux séjour à Florence pour le tourmenter à un tel point que sa santé y a succombé. S'il était resté à Nancy, aucune des tribulations qu'on lui a suscitées n'aurait pu avoir lieu, et il aurait trouvé dans les papes des protecteurs au lieu d'antagonistes offensés et voulant se venger. Mais résister à la volonté de l'Empereur, quelque bon motif qu'on eût, semblait dans ce temps une espèce de démence ; lui-même cherchait à établir cette pensée.

Alexis de Noailles reçut un brevet de sous-lieutenant pour se rendre à l'armée ; il déclara que sa volonté était de ne point servir ; on insista, il résista. On l'arrêta, on le traîna en prison, il résista encore. L'Empereur avait bonne envie de l'envoyer à Charenton. On obtint à grand-peine qu'il restât à Vincennes. Enfin, ne pouvant vaincre son opposition et craignant peut-être que cette folie ne devînt contagieuse, l'Empereur le fit relâcher en lui ordonnant de quitter l'empire où il ne voulait pas de ce *conspirateur de sacristie*. Et, content de l'affubler de ce sobriquet ironique, il lui ouvrit les portes de la pri-

son en lui fermant celles de la patrie. C'est la seule
personne qui, à ma connaissance, ait résisté à l'Empereur, comme madame de Chevreuse est la seule
qui ait été forcée de prendre une place à la Cour
impériale.

Alexis de Noailles[1] n'avait pas été le seul à recevoir
un brevet de sous-lieutenant; il y en avait eu une douzaine d'envoyés, en même temps, aux jeunes gens
dont les familles faisaient le plus de tapage de leur
opposition. Ils avaient été expédiés à la suite d'un bal
costumé donné par madame du Cayla, où l'on déploya
assez de magnificence pour que le bruit en parvînt aux
oreilles de l'Empereur. Il voulait bien que les personnes en dehors de son gouvernement végétassent en
paix et en tranquillité, mais, dès qu'on cherchait à se
faire remarquer en quelque genre que ce fût, il fallait
qu'on se rattachât à son gouvernement; il n'admettait
aucune distinction qui n'émanât de lui.

---

1. Alexis de Noailles (1783-1835) était le fils du vicomte de
Noailles, beau-frère de La Fayette, héros de la nuit du 4 Août,
tué au combat à Saint-Domingue en 1804. Il avait été élevé
très religieusement par sa tante, la duchesse de Duras. Aussi
fut-il un des premiers membres de la Congrégation. C'est à ce
titre qu'il fut arrêté en septembre 1809. Napoléon écrivit alors
à Fouché : « Vous ferez partir le sieur Alexis de Noailles... pour
se rendre à Vienne auprès de son frère et servir comme sous-
lieutenant. Vous témoignerez à ses parents combien je suis
fâché de voir ce jeune homme si mal élevé et livré au cago-
tisme. » (26 septembre). Mais on apprit que Noailles avait
aussi participé à la diffusion de la bulle de Pie VII excommu-
niant Napoléon. Ce dernier récrivait presque aussitôt au
ministre de la police : « Je vois que le sieur Alexis de Noailles
est très coupable. Gardez-le jusqu'à nouvel ordre. » (28 septembre.) Noailles avait-il eu le temps de refuser le brevet proposé ? Il resta sept mois interné (il fit alors la connaissance du
général Malet), puis fut libéré, après la brillante conduite de
son frère Alfred en Espagne, mais resta interdit de séjour. Le
vicomte Alfred de Noailles, aide de camp du maréchal Berthier, fut tué en 1812 au passage de la Bérézina.

Au reste, il jugea bien en cette circonstance car, à l'exception d'Alexis, tous ces sous-lieutenants, violemment improvisés, devinrent de fort zélés soutiens de la couronne impériale. Je ne sais si déjà, à cette époque, madame du Cayla était avec le duc de Rovigo dans les liaisons intimes que la prodigieuse ressemblance de son fils a constatées.

Depuis qu'elle s'est donnée en spectacle au public par ses relations avec Louis XVIII, mille histoires scandaleuses ont surgi sur son compte[1]. Je n'en avais jamais entendu parler; elle était aussi agréable qu'on le peut être avec un teint horriblement gâté, assez spirituelle, fort désireuse de plaire. Elle vivait mal avec un mari plus que bizarre, mais était pleine de tendresse et de soins pour sa belle-mère dont elle était adorée.

Si j'avais été interrogée sur son compte à cette époque, je l'aurais représentée comme une jeune femme d'une très bonne conduite, même un peu prude et affichant une grande piété. Je me souviens qu'une fois où elle avait dansé dans un quadrille le mardi gras, elle se fit remplacer pour le répéter le samedi suivant quoique les sept autres femmes ne fissent aucune difficulté d'y reparaître.

Madame du Cayla soignait extrêmement les vieilles dames de la société de sa belle-mère et les évêques ou gens de la petite Église. Nous croyions qu'elle suivait son goût; elle a prouvé depuis que l'esprit d'intrigue et le besoin de se faire prôner l'inspiraient. Elle ne manquait jamais de faire maigre et de jeûner avec ostentation, ce qui était beaucoup plus remar-

---

1. Zoé Talon avait épousé en 1802 le comte de Baschi du Cayla. Elle fut la maîtresse du ministre de la police Savary, duc de Rovigo. Elle faisait partie du cercle de la Congrégation. C'est auprès de Louis XVIII qu'elle exercera plus tard une grande influence.

quable sous l'Empire que sous la Restauration. Peu de gens alors affichaient des pratiques extérieures, et on continuait les bals sans scrupule pendant les deux premières semaines du carême, mais on n'aurait pas passé la mi-carême.

Je me souviens que le comte de Palfy ayant eu la mauvaise pensée de donner un bal le vendredi saint, deux femmes seulement, même de la Cour impériale, s'y rendirent.

Ceci ramène ma pensée à la conversion de Jules de Polignac. Je n'ai jamais pu croire à la sincérité de sa dévotion et voici sur quoi se fonde mon incrédulité.

Il y avait à Lyon une riche héritière dont la mère était sous l'influence des prêtres de la petite Église : on appelait ainsi les opposants au Concordat. Le mariage de cette jeune fille fut arrangé par eux avec Alexis de Noailles [1], alors le coryphée de cette secte. Il se rendit à Lyon pour le conclure et, en une semaine, réussit à déplaire si complètement à la fille et à la mère que le mariage fut rompu.

Jules de Polignac, retenu à Vincennes par la grâce spéciale de l'Empereur, car il n'avait été condamné qu'à trois années de prison expirées depuis longtemps, se flattait que la clémence impériale se lasserait de cette arbitraire aggravation de peine, et il avait l'espoir de sortir de prison. Adrien de Montmorency soignait fort amicalement les prisonniers de Vincennes.

On parlait un soir chez moi de la rupture du mariage d'Alexis de Noailles :

« Pardi, dit Adrien, je viens de le raconter à Jules. Je lui ai dit que, s'il était aussi bon catholique que royaliste, il serait bien aisé d'arranger ce mariage

---

1. Il finit par épouser Cécile de Boisgelin, veuve de Gabriel-Raymond, comte de Béranger, tué à Dresde en 1813.

pour lui. L'auréole de Vincennes déciderait tout de suite en sa faveur. »

Huit jours ne s'étaient pas écoulés que nous apprîmes que Jules tournait à la dévotion de la manière la plus édifiante. Les distractions très peu orthodoxes qu'il avait recherchées jusque-là furent repoussées, ses intimités changées. Enfin il s'établit une révolution si complète dans ses sentiments et dans ses habitudes que le directeur, qu'il avait choisi parmi les prêtres les plus en évidence de la petite Église, put mander à ses coreligionnaires de Lyon que monsieur Jules de Polignac était l'homme suivant leur cœur. Les négociations pour le mariage furent entamées et assez avancées pour faire croire à leur succès dès qu'il sortirait de Vincennes ; mais l'Empereur arriva à la traverse et par autorité fit épouser la riche héritière à monsieur de Marbeuf.

Ce fut dans ce temps qu'il lui prit la fantaisie de marier à son choix toutes les filles qui avaient au-dessus de cinquante mille francs de rente. Cette inquisition de famille n'a pas peu contribué à l'impopularité où il a fini par atteindre. Il admettait cependant la résistance. Les d'Aligre en sont un exemple. Monsieur d'Aligre[1] était chambellan ; l'Empereur lui fit demander sa fille pour monsieur de Caulaincourt ; il feignit d'accepter avec joie. Mais, peu de jours après, il vint dire, avec l'air de l'affliction, que mademoiselle d'Aligre avait une répugnance invincible à la personne du duc de Vicence.

L'Empereur n'insista pas. Monsieur d'Aligre se

---

1. Étienne d'Aligre (1770-1848) fils de magistrat parisien, accepta les fonctions de conseiller général de la Seine (1803) et de chambellan auprès de Caroline Murat (1804). Nommé pair de France en 1814, il fut une des cinq abstentions du procès Ney. Ferme partisan de la Charte, il continua de siéger à la Chambre des pairs après 1830. Il avait aussi refusé sa fille unique au général Arrighi, duc de Padoue.

crut sauvé, mais, apprenant peu de temps après que
monsieur de Faudoas, le frère de la duchesse de
Rovigo, allait lui être proposé pour gendre, il bâcla
en huit jours de temps le mariage de sa fille avec
monsieur de Pomereu, sous prétexte qu'elle lui donnait la préférence sur tous les prétendants. L'Empereur bouda un peu monsieur d'Aligre, mais celui-ci,
n'ayant rien à en attendre, se sentait plus indépendant que beaucoup d'autres.

Quant à Jules, il conserva son odeur de sainteté
qu'il ne put exploiter qu'à la Restauration. Il est
resté prisonnier jusqu'en 1814.

CHAPITRE VII

Je ne puis jamais me rappeler sans honte les vœux
antinationaux que nous formions et la coupable joie
avec laquelle l'esprit de parti nous faisait accueillir
les revers de nos armées. J'ai lu depuis le portrait
que Machiavel fait des *Fuori inciti*, et c'est la rougeur sur le front que j'ai dû en avouer la ressemblance. Les émigrés de tous les temps et de tous les
pays devraient en faire leur manuel; ce miroir les
ferait reculer devant leur propre image. Sans doute,
nos sentiments n'étaient pas communs à la majorité
du pays, mais je crois que les masses étaient devenues profondément indifférentes aux succès militaires.

Lorsque le canon nous annonçait le gain de
quelque brillante bataille, un petit nombre de personnes s'en affligeait, un nombre un peu plus grand
s'en réjouissait, mais la population y restait presque
insensible. Elle était rassasiée de gloire et elle savait
que de nouveaux succès entraînaient de nouveaux

efforts. Une bataille gagnée était l'annonce d'une conscription, et la prise de Vienne n'était que l'avant-coureur d'une marche sur Varsovie ou sur Presbourg. D'ailleurs, on avait peu de foi à l'exactitude des bulletins, et leur apparition n'excitait guère d'enthousiasme. L'Empereur était toujours accueilli beaucoup plus froidement à Paris que dans toutes les autres villes.

Pour rendre hommage à la vérité, je dois dire cependant que, le jour où le vingt-sixième coup de canon annonça que l'Impératrice était accouchée d'un garçon, il y eut dans toute la ville un long cri de joie qui partit comme par un mouvement électrique. Tout le monde s'était mis aux fenêtres ou sur les portes ; pour compter les vingt-cinq premiers, le silence était grand, le vingt-sixième amena une explosion. C'était le complément du bonheur de l'Empereur, et on aime toujours ce qui est complet. Je ne voudrais pas répondre que les plus opposants n'aient pas ressenti en ce moment un peu d'émotion.

Nous inventâmes une fable sur la naissance de cet enfant qu'on voulut croire supposé. Cela n'avait pas le sens commun. L'Empereur l'aimait passionnément et, dès que le petit roi put distinguer quelqu'un, il préféra son père à tout. Peut-être l'amour paternel l'aurait porté à être plus avare du sang des hommes.

J'ai entendu raconter à monsieur de Fontanes[1] qu'un jour où il assistait au déjeuner de l'Empereur, le roi de Rome jouait autour de la table ; son père le suivait des yeux avec une vive tendresse, l'enfant fit une chute, se blessa légèrement, il y eut grand

---

1. Louis de Fontanes (1757-1821). Littérateur distingué, ce royaliste modéré fut très en faveur auprès de Napoléon, qui lui confia en particulier la charge de Grand-Maître de la nouvelle Université. Ami de Chateaubriand dès 1798, il facilita grandement le lancement du *Génie du christianisme*.

émoi. Le calme se rétablit, l'Empereur tomba dans une sombre rêverie, puis l'exprimant tout haut sans s'adresser directement à personne :

« J'ai vu, dit-il, le même boulet de canon en emporter vingt d'une file. »

Et il reprit avec monsieur de Fontanes l'affaire dont sa pensée venait d'être distraite par des réflexions dont on suit facilement le cours. Au reste, les mécomptes commençaient pour lui et contribuèrent peut-être à ces retours philanthropiques.

Je n'en finirais pas si je voulais raconter tous les on-dit sur l'Empereur mais, comme ils ne m'arrivaient qu'à travers le prisme de l'opposition, je m'en méfie moi-même. Si ce prisme montrait pourtant les objets sous de fausses couleurs, du moins il les grandissait, car j'ai été étonnée de trouver combien les hommes, qui semblaient à nos yeux devoir être aussi grands que les actions auxquelles Napoléon les employait, se sont trouvés médiocres et petits quand il a cessé de les soutenir. Un de ses plus grands talents était de découvrir de son regard d'aigle la spécialité de chacun, de l'y appliquer et, par là, d'en tirer tout le parti possible.

Les seules personnes contre lesquelles il eût une répugnance invincible, c'étaient les véritables libéraux, ceux qu'il appelait les *idéalistes*. Quand une fois un homme était affublé par lui de ce sobriquet, il n'y avait plus à en revenir ; il l'aurait volontiers envoyé à Charenton et le regardait comme un fléau social. Hélas ! nous forcera-t-on à convenir que le génie gouvernemental de Bonaparte l'inspirait juste et que ces esprits rêveurs du bonheur des nations, fort respectables sans doute, ne sont point applicables, qu'ils ne servent qu'à exciter les passions de la multitude en les flattant et à amener la désorganisation de la société ? Je ne le pensais pas alors, et la répugnance de l'Empereur pour les *idéalistes*, dont j'aurais volontiers fait mes oracles, me paraissait un grand tort.

Au nombre de ces *idéalistes*, il rangeait monsieur de Chateaubriand. C'était une erreur. Monsieur de Chateaubriand n'a aucune faiblesse pour le genre humain ; il ne s'est jamais occupé que de lui-même et de se faire un piédestal d'où il puisse dominer sur son siècle. Cette place était difficile à prendre à côté de Napoléon, mais il y a incessamment travaillé. Ses mémoires révéleront au monde à quel point, avec quelle persévérance et quel espoir de succès. Il y a réussi en ce sens qu'il s'est toujours fait une petite atmosphère à part dont il a été le soleil. Dès qu'il en sort, il est saisi de l'air extérieur d'une façon si pénible qu'il devient d'une maussaderie insupportable ; mais, tant qu'il y reste plongé, on ne saurait être meilleur, plus aimable et distribuer ses rayons avec plus de grâce. J'ai un véritable goût pour le Chateaubriand de cette situation, l'autre est odieux.

S'il s'était borné à être auteur, ainsi que sa nature si éminemment artiste l'y poussait, à part quelques amertumes nées des critiques de ses ouvrages, on n'aurait connu de lui que ses bonnes et aimables tendances. Mais l'ambition d'être un homme d'État l'a entraîné dans d'autres régions où ses prétentions mal accueillies ont développé en lui une foule de mauvaises passions et jeté sur son style des flots de bile qui rendront la plupart de ses écrits inlisibles lorsque le temps lui aura préparé des lecteurs impartiaux.

Monsieur de Chateaubriand a éminemment le tact des dispositions du moment. Il devine l'instinct du public et le caresse si bien qu'écrivain de parti il a pourtant réussi à être populaire. Il lui est fort égal pour cela de changer du tout au tout, d'encenser ce qu'il a honni, de honnir ce qu'il a encensé. Il a deux ou trois principes qu'il habille selon les circons-

tances, de façon à les rendre presque méconnais-
sables, mais avec lesquels il se tire de toutes les difficultés et prétend être toujours profondément
conséquent. Cela lui est d'autant plus facile que son
esprit, qui va jusqu'au génie, n'est gêné par aucune
de ces considérations morales qui pourraient arrêter. Il n'a foi en rien au monde qu'en son talent,
mais aussi c'est un autel devant lequel il est dans
une prosternation perpétuelle. En parlant de la Restauration et de la révolution de 1830, si je conduis
ces notes jusque-là, j'aurai souvent occasion de le
trouver sur mon chemin.

Pendant l'Empire, il ne m'apparaissait que comme
un homme de génie et de conscience, persécuté
parce qu'il se refusait à encenser le despotisme, et
pour avoir donné sa démission de ministre en Valais
à l'occasion de la mort du duc d'Enghien.

Le Génie du Christianisme, l'*Itinéraire à Jérusalem*,
le poème des *Martyrs*, récemment publiés, justifiaient notre admiration. Je trouvais bien l'enthousiasme de quelques dames un peu exagéré, mais
pourtant je m'y associais jusqu'à un certain point. Je
me rappelle une lecture des *Abencérages*[1] faite chez
madame de Ségur. Il lisait de la voix la plus touchante et la plus émue, avec cette foi qu'il a pour tout
ce qui émane de lui. Il entrait dans les sentiments de
ses personnages au point que les larmes tombaient
sur le papier ; nous avions partagé cette vive impression et j'étais véritablement sous le charme. La lecture finie on apporta du thé :

1. *Les Aventures du dernier Abencérage* furent sans doute
écrites dans l'hiver 1809-1810. Étant donné son caractère
autobiographique, Chateaubriand en retarda la publication
jusqu'en 1826. Mais il en donna plusieurs lectures devant des
assemblées choisies : chez Mme de Noailles, qui l'avait inspiré ; chez la comtesse Philippe de Ségur en 1813 ; chez
Mme Récamier au début de l'été 1814.

«Monsieur de Chateaubriand voulez-vous du thé?
— Je vous en demanderai. »
Aussitôt un écho se répandit dans le salon :
«Ma chère, il veut du thé.
— Il va prendre du thé.
— Donnez-lui du thé.
— Il demande du thé!»
Et dix dames se mirent en mouvement pour servir
l'Idole. C'était la première fois que j'assistais à
pareil spectacle et il me sembla si ridicule que je me
promis de n'y jamais jouer de rôle. Aussi, quoique
j'aie été dans des relations assez constantes avec
monsieur de Chateaubriand, je n'ai point été enrô-
lée dans la compagnie de *ses madames*, comme les
appelait madame de Chateaubriand, et ne suis
jamais arrivée à l'intimité, car il n'y admet que les
véritables adoratrices.

Lorsqu'en 1812 nous quittâmes Beauregard pour
nous installer à Châtenay, monsieur et madame
de Chateaubriand étaient établis à la Vallée-aux-
Loups[1], à dix minutes de chez moi. L'habitation
créée par lui était charmante et il l'aimait extrêmement. Nous voisinions beaucoup; nous le trouvions
souvent écrivant sur le coin d'une table du salon
avec une plume à moitié écrasée, entrant difficilement dans le goulot d'une mauvaise fiole qui contenait son encre. Il faisait un cri de joie en nous voyant
passer devant sa fenêtre, fourrait ses papiers sous le
coussin d'une vieille bergère qui lui servait de portefeuille et de secrétaire et, d'un bond, arrivait au-
devant de nous avec la gaieté d'un écolier émancipé
de classe.

Il était alors parfaitement aimable. Je n'en dirai
pas autant de madame de Chateaubriand; elle a
beaucoup d'esprit, mais elle l'emploie à extraire de

1. Depuis la fin de 1807.

tout de l'aigre et de l'amer. Elle a été bien nuisible à
son mari, en l'excitant sans cesse à l'irritation et en
lui rendant son intérieur insupportable. Il a toujours eu de grands égards pour elle sans pouvoir
obtenir la paix du coin du feu.

J'ai dit qu'elle avait de l'esprit, cela est incontestable. Cependant (et il faut l'avoir vu pour se le
persuader) son orgueil bourgeois est blessé de la
réputation littéraire de monsieur de Chateaubriand ;
il lui semble que c'est déroger ; et, pendant la Restauration, elle voulait, avec la plus extravagante
passion, des titres et des places de Cour pour compenser ces vulgaires succès. Elle affichait hautement la prétention de n'avoir jamais lu une ligne
de ce que son mari avait fait publier ; mais, comme
elle lui dit sans cesse qu'un pays qui a la gloire de
le posséder et qui ne se fait pas gouverner par lui
est un pays maudit et qu'elle le lui prouve par certains passages de l'*Apocalypse* dont elle a fait l'étude
la plus approfondie, il lui pardonne le dédain pour
son mérite en faveur du dévouement à ses prétentions.

Ce que ce ménage a englouti d'argent, sans avoir
jamais eu l'apparence d'un état, serait une nouvelle
preuve entre mille des inconvénients du désordre.
Au reste, monsieur de Chateaubriand convient lui-
même que rien ne lui paraît insipide comme de vivre
d'un revenu régulier quel qu'il soit.

Il veut toucher des capitaux, les gaspiller, sentir la
énurie, avoir des dettes, se faire nommer ambassadeur, dissiper en fantaisies les appointements destinés à défrayer sa maison, quitter sa place et se
trouver plus gêné, plus endetté que jamais, abandonner une situation où il a vingt-cinq chevaux dans son
écurie et avoir le plaisir de refuser une invitation à
dîner sous prétexte qu'il n'a pas de quoi payer un
fiacre pour l'y mener, enfin éprouver des sensations

variées pour se *désennuyer*, car, au bout du compte, c'est là le but et le grand secret de sa vie.

Malgré ce chaos d'existence auquel monsieur de Chateaubriand associe, sans ressentir le moindre scrupule, les personnes qui lui sont dévouées, il est d'un commerce agréable et facile. Hormis qu'il bouleverse votre vie, il est disposé à la rendre fort douce. De temps en temps même, il lui prend des velléités de faire des sacrifices aux personnes qui l'aiment, mais c'est trop contre sa nature pour qu'il y tienne longtemps.

Ainsi, après s'être laissé suivre à Rome par madame de Beaumont, quoique cela l'importunât, il l'y a tracassée et elle y est morte presque isolée. Ainsi, après avoir changé toute sa vie, s'être jeté dans le monde pour y faire rentrer madame de Mouchy, il l'a vue devenir folle sans lui donner un soupir. Ainsi, il a à peine consenti à tracer un article bien froid dans une gazette pour honorer les cendres de madame de Duras qui, pendant douze ans, n'avait vécu que pour lui.

Je pourrais ajouter bien des noms à cette liste, car Monsieur de Chateaubriand a toujours eu la plus grande facilité à se laisser adorer sans se mettre en peine des chagrins qu'il doit causer. De toutes ses amies, celle qui a tenu le plus de place dans son cœur est, je crois, madame Charles de Noailles, devenue duchesse de Mouchy. L'histoire de cette pauvre femme se rattache aux mœurs qui existaient avant la Révolution et que, dans les derniers temps, on aurait voulu nous faire regretter[1].

---

1. Nous avons dans ce récit remplacé les initiales de l'édition Émile-Paul par les noms propres. Natalie de Laborde était fille du comte Alexandre de Laborde, petite-fille du célèbre financier propriétaire de Méréville. Née en 1774, elle épousa très jeune (le 1er juin 1790) Charles de Noailles, petit-fils du maréchal de Mouchy, âgé de dix-huit ans. Cette union, com-

Mademoiselle de Laborde, aussi charmante et aussi accomplie qu'on puisse imaginer une jeune personne, épousa en 1790, grâce à l'immense fortune à laquelle elle était destinée, Charles de Noailles, fils aîné du prince de Poix. Sans avoir la distinction d'esprit de sa femme, il n'en manquait pas, était parfaitement beau et encore plus à la mode. Le nouveau ménage fit sensation lors de sa présentation aux Tuileries, malgré la gravité des événements à cette époque.

Bientôt les orages révolutionnaires les séparèrent, Monsieur de Noailles émigra; sa femme, grosse, resta dans sa famille dont incessamment elle partagea les malheurs. Elle l'accompagna dans les prisons où elle fut l'ange tutélaire de ses parents, entre autres de la vieille maréchale de Mouchy, la grand-

mencée sous de bons auspices (beauté, fortune, grand nom), ne résista pas au bouleversement de la Révolution. Noailles émigra en 1791, peu de mois après la naissance de sa fille Léontine. Afin de préserver sa fortune, la comtesse divorça le 14 Frimaire an II (divorce de pure forme, remplacé par un remariage en 1803), puis rejoignit son mari à Londres en septembre 1792, mais le trouva en liaison affichée avec une actrice, Mme Duthé, ce qui la jeta dans les bras de Charles de Vintimille pour quelques semaines. Revenue en France à la fin de novembre, elle fut emprisonnée jusqu'en septembre 1794. Le 18 avril précédent son père avait été guillotiné. Ces malheurs ébranlèrent sa raison mais pendant longtemps ce ne furent que (affirme sa fille) «des bizarreries que la supériorité de son esprit savait dissimuler ou faire supporter». En 1795, elle regagna Londres en compagnie de sa mère. Mais ce fut pour se découvrir une autre rivale. Bien décidée cette fois à reprendre son indépendance, elle rentra en France où elle afficha des allures très libres. Son amour pour M. de Vintimille était sur son déclin, lorsque Chateaubriand lui fut présenté en 1805. Leur liaison dura jusqu'en 1812 et, s'il faut en croire Hortense Allard, que confirme ici Mme de Boigne, c'est la seule femme qu'il a vraiment aimée. Elle perdit la raison en 1817, mais ne mourut qu'en 1835.

mère de son mari. Elle la servit comme une fille et comme une servante jusqu'au jour où l'échafaud l'arracha à ses soins. Elle vit périr son propre père et consola sa mère, enfin elle réunit sur sa tête l'admiration et la vénération de toutes les personnes renfermées avec elle.

Dès que les prisons s'ouvrirent, son premier vœu fut d'aller rejoindre son jeune mari pour lequel elle ressentait l'amour le plus tendre. Quitter la France n'était pas chose facile; cependant, à force de courage et d'intelligence, elle parvint à se faire jeter par un bateau sur la plage d'Angleterre. Sa fille, confiée à un patron américain, l'y avait précédée de quelques heures. Ayant cette enfant dans ses bras, elle vint heurter à la porte de son mari.

Charles de Noailles était alors attaché par l'empire de la mode au char de madame Fitz-Herbert. Elle avait au moins quarante-cinq ans, mais le plaisir d'être le rival du prince de Galles, qui n'en dissimulait pas son mécontentement, la parait de tous les charmes aux yeux de monsieur de Noailles, et il vit arriver sa gracieuse compagne avec une vive impatience. Sous prétexte d'économie, il s'empressa de la conduire dans une petite chaumière au nord de l'Angleterre. Elle ne s'en plaignit pas tant qu'il l'habita avec elle. Mais bientôt des affaires l'appelèrent à Londres; ses séjours y devinrent fréquents, s'y prolongèrent, enfin il s'y établit.

Il était intimement lié avec monsieur du Luc de Vintimille, jeune homme beaucoup moins beau, mais infiniment plus aimable et plus agréable que monsieur de Noailles. Il lui montrait, en se plaignant de l'ennui qu'elles lui causaient, les lettres tendres et tristes de sa jeune femme. Monsieur du Luc lui reprochait l'abandon où il la laissait, ajoutant qu'il mériterait bien qu'il lui arrivât malheur:

«Tu appelles cela malheur; le plus beau jour de

ma vie serait celui où je me verrais débarrassé de ses doléances. »

Monsieur du Luc finit par offrir à Charles de Noailles de chercher à le délivrer de l'amour de sa femme. Ce dévouement fut accepté avec transport. Les deux amis se rendirent ensemble à la chaumière ; peu de jours après Charles de Noailles partit laissant monsieur du Luc passer tout seul auprès d'une femme de vingt ans, triste et délaissée, les longues journées de l'hiver.

Elle était aussi aimable que jolie, pleine de talents et d'esprit. Monsieur du Luc, qui avait déjà la tête montée par ses lettres, en devint passionnément amoureux et n'eut pas de peine à jouer le rôle auquel il s'était engagé. Il avertit soigneusement le mari de ses progrès et, au bout de plusieurs mois, de son succès. Celui-ci annonça alors le projet d'une visite aux deux solitaires. Madame de Noailles, réveillée du doux rêve où elle s'abandonnait par la pensée de voir arriver l'époux qu'elle avait offensé, se livra à une douleur immodérée. Monsieur du Luc essaya vainement de la calmer ; enfin il se décida à lui raconter le pacte immoral à l'aide duquel il avait réussi et lui apporta en preuve sa correspondance.

Madame de Noailles avait encore à cette époque l'âme noble et pure ; elle se sentit révoltée d'avoir été trahie d'une façon si odieuse, elle resta anéantie sous cette horrible révélation. Dès le lendemain, elle prit avec son enfant la route de Yarmouth, annonçant qu'elle retournait chercher un asile dans les bras de sa mère. Son mari fut enchanté d'en être débarrassé. Monsieur du Luc courut après elle, la rattrapa avant qu'elle fût embarquée, l'apaisa, l'accompagna et obtint son pardon. Mais l'illusion de l'amour était détruite pour elle. Monsieur du Luc a été puni de sa coupable transaction par un sentiment vrai et passionné qui, depuis lors, a fait le malheur de sa vie.

Madame de Noailles, l'imagination salie et le cœur froissé par la conduite de deux hommes qu'elle avait aimés, arriva à Paris au moment des saturnales du Directoire et n'y prit qu'une part trop active. Elle-même a pris la peine de la rédiger en ce peu de mots :

« Je suis bien malheureuse ; aussitôt que j'en aime un, il s'en trouve un autre qui me plaît davantage. » Ses choix furent aussi honteux par leur qualité que par leur nombre. Elle était tombée dans un tel désordre que son attachement pour monsieur de Chateaubriand fut presque une réhabilitation.

Cette liaison était dans toute sa vivacité lorsque monsieur de Chateaubriand partit pour la Terre Sainte ; les deux amants se donnèrent rendez-vous à la fontaine des Lions de l'Alhambra[1]. Madame de Noailles n'avait garde de manquer une entrevue si romanesque. Elle s'y trouva au jour indiqué. Pendant l'absence de monsieur de Chateaubriand, elle avait laissé tromper ses inquiétudes par les soins assidus du colonel L... Tandis qu'elle attendait le pèlerin de Jérusalem à Grenade, elle y apprit la mort du colonel. De sorte que, lorsque monsieur de Chateaubriand arriva, préparant des excuses pour son retard et des hymnes sur l'exactitude de sa bien-aimée..., il trouva une femme en longs habits de deuil et pleurant avec un extrême désespoir la mort d'un rival heureux en son absence. Tout le voyage en Espagne se passa de cette façon, monsieur de Chateaubriand mêlant le rôle de consolateur à celui d'adorateur.

Il place à cette époque son refroidissement pour

1. En avril 1807. Aucune raison impérieuse de mettre en doute ce poétique rendez-vous. C'était la mort récente de Charles de Vintimille qui était cause de la tristesse de Natalie, que venait de quitter dom Pedro de Souza, autre amant présumé.

madame de Noailles. Toutefois, leur liaison dura encore longtemps.

La publication de l'*Itinéraire* donna un nouveau lustre au talent populaire de monsieur de Chateaubriand et augmenta le désir que plusieurs personnes avaient de le voir. Il en profita pour replacer madame de Noailles dans une meilleure situation. Il établit que, par elle seule, on arriverait à lui et fit trêve à sa sauvagerie. Il faut lui en tenir compte, car c'était uniquement dans l'intérêt de madame de Noailles. On lui rendit des soins pour attirer monsieur de Chateaubriand. Comme elle était charmante dès qu'on se mettait en rapport avec elle, elle plaisait par son propre mérite.

Elle fut un instant dans l'intimité d'une coterie composée de mesdames de Duras, de Bérenger, de Lévis, etc. Mais, bientôt, elle-même s'en ennuya ; elle s'en retira volontairement et rentra dans l'intérieur de son cabinet où des occupations sérieuses se mêlaient à des talents de premier ordre pour employer son temps. Elle vécut de cette sorte jusqu'à la Restauration. Nous la vîmes, à cette époque, se précipiter dans le tourbillon du monde ; couverte d'atours couleur de roses, elle dansa à un grand bal. Son mari, qui n'avait jamais cessé de la voir, négocia une réconciliation avec elle. Elle prit le titre de duchesse de Mouchy.

On lui proposa un appartement à l'hôtel de Noailles ; on parlait même d'une grossesse qui donnait l'espoir d'un frère à sa fille mariée depuis plusieurs années. Chacun remarquait les manières bizarres de madame de Mouchy. Les Cent-Jours arrivèrent ; la terreur s'empara d'elle, son étrangeté augmenta. On chercha pendant quelques mois à la dissimuler, il fallut enfin la reconnaître et la séquestrer. À l'époque où j'écris, elle est depuis vingt ans renfermée et n'a jamais recouvré la raison. Tel a été le sort d'une des personnes les plus heureusement douées que la nature ait jamais formées. Je ne puis m'empêcher de croire qu'elle valait mieux que la vie qu'elle a menée.

Sans ce fatal voyage d'Angleterre qui l'a rendue toute blessée, toute désillusionnée aux désordres de Paris pendant le temps du Directoire, peut-être n'aurait-elle pas suivi une aussi mauvaise voie. J'ai lieu de penser que son mari a plus d'une fois regretté sa propre conduite, et le sacrifice qu'il avait fait à ce faux dieu de la galanterie qui régnait encore à l'époque où il est entré dans le monde. Il n'a pu se dissimuler qu'il était le premier auteur des torts de sa femme. Monsieur de Chateaubriand avait certainement conçu la pensée de la relever à ses propres yeux et à ceux du monde. Mais il est incapable de s'occuper avec persévérance du sort d'un autre ; il est trop absorbé par la préoccupation de lui-même.

C'est lorsque madame de Noailles rentra dans sa retraite que se forma décidément le corps des *madames*. Les principales étaient les duchesses de Duras, de Lévis, et madame de Bérenger ; le reste ne vaut pas l'honneur d'être nommé. Ces trois dames avaient chacune leur heure ; monsieur de Chateaubriand était reçu à huis clos, et Dieu sait quelle vie on lui faisait quand il donnait à l'une d'elles quelques-unes des minutes destinées à l'autre.

Elles étaient tellement enorgueillies de leur succès que leur portier avait ordre de tenir leur porte close en avertissant que c'était l'heure de monsieur de Chateaubriand, et on assure que la consigne était souvent prolongée pour se donner meilleur air. Ces dames se faisaient entre elles des scènes qui servaient à divertir la galerie ; mais, chaque soir, toutes reprenaient leur bonne humeur et s'en allaient faire la cour la plus assidue à madame de Chateaubriand qu'elles comblaient de soins et de prévenances.

Un jour où elle était un peu enrhumée, elle prétendait avoir reçu cinq bouillons pectoraux dans la même matinée, accompagnés des plus charmants billets dont elle faisait l'exhibition en se moquant de ces dames très drôlement, mais, au fond, sans aucun mécontentement, car ces hommages de fort grandes dames ne lui déplaisaient pas.

On dit que madame de Lévis obtint des succès assez complets ; madame de Duras en périssait de jalousie ; madame de Bérenger en prit son parti en s'entourant d'autres illustrations. Les *madames* du second ordre ne portaient pas leurs prétentions si haut. Les personnes admises à la familiarité de madame de Lévis la trouvaient aimable et jolie : elle était laide et maussade vue à une distance que je ne me suis jamais sentie tentée de franchir.

Madame de Duras était fille de monsieur de Kersaint[1], le conventionnel. Sa mère et elle avaient passé dans leur habitation de la Martinique les années de la tourmente révolutionnaire. En amenant à Londres une grande fille de vingt-deux ans, point jolie, madame de Kersaint trouva son mariage à peu près convenu d'avance avec le duc de Duras, réduit à un état de pénurie qui le mettait dans la dépendance, assez durement imposée, du prince de

---

1. Gui-François de Cœtnempren, comte de Kersaint (1742-1793), après un brillante carrière dans la marine, fut membre de la Convention. Au procès de Louis XVI il vota pour la réclusion, puis démissionna le 18 janvier 1793 après des tentatives désespérées pour « épargner un crime ». Il fut lui-même guillotiné au mois de décembre.

Née en 1778, Claire de Kersaint se réfugia en compagnie de sa mère à la Martinique, où elles avaient de riches propriétés, qu'elle administra très bien. Devenue orpheline, elle épousa en 1797 Antoine de Durfort (1770-1835), marquis, puis duc de Duras (1800), premier gentilhomme de la Chambre. Revenus en France en 1801, ils vécurent retirés en Touraine (Ussé). C'est vers 1809 qu'elle fit la connaissance de Chateaubriand.

Poix son oncle. La fortune de mademoiselle de Kersaint, sans être très considérable, se trouvait fort à la convenance de monsieur de Duras. À peine débarquée il l'épousa, et elle l'adora pendant longtemps.

Monsieur de Duras était premier gentilhomme de la chambre du Roi ; le service se faisait par années et, pendant les commencements de l'émigration, les titulaires ne manquaient pas de se rendre à leur poste. Monsieur de Duras avait déjà fait son service une fois près de Louis XVIII ; son année revenait peu de temps après son mariage. Monsieur de Duras partit de Londres, avec sa femme, pour se rendre à Mitau. Arrivé à Hambourg, il y reçut un avis officiel portant que le Roi consentait à recevoir monsieur de Duras au droit de sa charge, malgré son mariage, mais que la fille d'un conventionnel ne pouvait s'attendre à être admise auprès de madame la duchesse d'Angoulême. Madame de Duras était formellement exclue de Mitau. Malgré quelques ridicules, monsieur de Duras est homme d'honneur : il n'hésita pas à reconduire sa femme à Londres et à y rester auprès d'elle.

Madame de Duras se sentit fort ulcérée. J'ai toujours pensé qu'elle avait puisé dans cette insulte l'indépendance de sentiment qui a honoré son caractère dans la suite. Après un séjour de quelques années en Angleterre, le ménage Duras revint en France où il ramena deux petites filles, les seuls enfants qu'il ait eus.

Madame de Duras s'aperçut enfin de la supériorité qu'elle avait sur son mari et le lui fit sentir avec une franchise qui amena des dissensions. Au temps de sa passion, innocente autant qu'extravagante pour monsieur de Chateaubriand, elle cherchait une distraction à ses ennuis domestiques. Madame de Duras n'avait dans sa jeunesse aucun agrément, mais elle avait beaucoup d'esprit, le cœur haut placé et une véritable distinction de caractère. Plus le théâtre où elle a été placée s'est élevé, plus sa valeur réelle a été révélée[1]. Je l'avais devinée depuis longtemps.

Madame de Bérenger avait épousé, étant mademoiselle de Lannois, le duc de Châtillon-Montmorency que ce beau nom fit périr misérablement. Il était à Yarmouth, prêt à s'embarquer sur un paquebot ; le vent changea, il dut attendre. Le capitaine de la frégate *la Blanche*, apprenant qu'un duc de Montmorency était à l'auberge, lui offrit un passage sur sa frégate. Elle allait porter l'argent des subsides à Hambourg ; *la Blanche* se perdit corps et biens à l'entrée de l'Elbe ; le duc de Châtillon fut noyé. Sa veuve jouit quelque temps de sa liberté. Pour faire une fin, elle épousa le moins aimable de ses adorateurs, Raymond de Bérenger. Elle avait un esprit sérieux et fort distingué, mais pas assez supérieur pour se mettre au niveau des simples mortels. J'en avais grand-peur.

Au nombre des adoratrices de monsieur de Chateaubriand se trouvait, mais sans prétention sur son cœur, madame Octave de Ségur.

Quoique ce soit un peu anticiper sur les événements, son histoire est si romanesque que je veux la raconter.

Mademoiselle d'Aguesseau épousa par amour son cousin germain, Octave de Ségur[2]. Pendant le temps du Directoire, le jeune ménage jouit d'un bonheur

1. La Restauration procura à la duchesse de Duras une position mondaine de premier plan. Par son salon, mais aussi par son œuvre de romancière (*Ourika*, 1823) elle préfigure à quelques années de distance la situation de Mme de Boigne sous la monarchie de Juillet. Elle mourut en 1828.

2. Octave-Henri-Gabriel de Ségur (1778-1818), polytechnicien, se jeta par désespoir dans une carrière militaire agitée (il fut successivement prisonnier en Autriche, capitaine en Espagne, chef d'escadron en Russie). Il se suicida en 1818.

complet. Vivant chez leurs parents, ils fournissaient à leurs dépenses personnelles en traduisant des romans anglais. Ils avaient déjà trois garçons dont l'éducation commençait à les occuper, lorsque Octave fut nommé sous-préfet par le Premier Consul. Sa femme le suivit à Soissons.

Le comte de Ségur, leur père, se rallia au gouvernement devenu impérial[1]; il fut nommé grand maître des cérémonies, et madame Octave dame du palais de l'impératrice Joséphine. Dès lors le bonheur intérieur fut troublé; les longues absences forcées par le service de madame de Ségur développèrent dans Octave la jalousie que son cœur passionné recélait à son insu. Étienne de Choiseul[2] devint, fort à tort assure-t-on, l'objet de son inquiétude. Il était, comme Orosmane, «cruellement blessé, mais trop fier pour se plaindre».

Madame Octave suivit l'Impératrice à Plombières; son mari obtint un congé pour aller passer quelques jours auprès d'elle. Il arriva le soir; il faisait un clair de lune magnifique. Madame Octave ne l'attendait pas; elle était dehors, son mari la suivit. Elle se promenait avec Étienne de Choiseul. Il ne se découvrit pas, quitta Plombières sans avoir parlé à personne et

---

1. Louis-Philippe comte de Ségur (1753-1790) fut ambassadeur à Pétersbourg (1784-1790), poste dans lequel lui succéda le père de Mme de Boigne. Resté dans la diplomatie jusqu'en 1792 malgré les difficultés de sa position, il se retira dans les environs de Paris jusqu'en 1800. Partisan zélé du Premier Consul, il fut nommé Grand maître des Cérémonies par le nouvel empereur en 1804. Son attitude pendant les Cent-Jours lui valut de ne recouvrer qu'en 1819 le siège de Pair que lui avait accordé Louis XVIII en 1814. Académicien depuis 1803, il a laissé des *Mémoires* sur la cour de Catherine II, édités en 1824.

2. Étienne de Choiseul, né en 1786, capitaine de hussards, attaché au Maréchal Lannes, mourut à Vienne le 2 septembre 1806, à vingt ans.

ne retourna pas à Soissons. On le chercha partout
vainement; on ne put en avoir aucune nouvelle. Au
bout d'un an, madame Octave reçut par la poste un
billet timbré de Boulogne et portant ces mots :

« Je pars, chère Félicité, je vais affronter un élé-
ment moins agité que ce cœur qui ne battra jamais
que pour vous. »

Ce billet était fermé par un cachet qu'elle lui avait
donné et qui portait : *Friendship, esteem and eternal
love*.

Philippe de Ségur[1] partit immédiatement pour
Boulogne, mais il ne put trouver aucune trace de son
frère. Il était pourtant à bord d'une des péniches où
Philippe le cherchait, mais il jouait si parfaitement
son rôle de soldat qu'aucun de ses camarades ne
soupçonna son travestissement. Il suivit la grande
armée en Allemagne; plusieurs années s'écoulèrent;
un second billet fut remis chez madame de Ségur, il
portait seulement les paroles gravées sur le cachet,
écrites de la main d'Octave.

Ce fut le seul signal de son existence. Après s'être
désespérée, madame Octave avait fini par se laisser
consoler, par partager même des sentiments vifs
qu'elle inspira. Ses trois fils n'en étaient pas moins
son premier intérêt; elle veillait sur eux avec la tendresse la plus éclairée[2].

Octave, ayant été fait prisonnier et mené dans une
petite ville au fond de la Hongrie, n'y apprit que fort
tard la nouvelle de la mort d'Étienne de Choiseul,

1. Deuxième fils du comte de Ségur, né en 1780, il est surtout connu par son *Histoire de Napoléon et de la Grande Armée
pendant l'année 1812*.
2. Ce furent successivement Eugène, comte de Ségur né en
1798, mari de Mlle Rostopchine, futur auteur des *Malheurs de
Sophie*, Adolphe-Louis Marie, né en 1800, comte de Ségur-
Lamoignon, enfin Raymond-Joseph-Paul de Ségur d'Aguesseau né en 1803.

tué à la bataille de Wagram. Il eut alors le désir de revoir sa patrie. Ses démarches pour obtenir sa liberté n'eurent pas un succès assez prompt pour que les événements ne les devançassent pas ; la paix les rendit inutiles, et il revint en France en 1814.

Sa femme fut désolée de ce retour qui rompait une liaison à laquelle elle tenait depuis plusieurs années. Soit qu'Octave en fût averti à son arrivée, soit qu'il se craignît lui-même, il voulut rester avec sa femme sur le pied de la simple amitié, réservant pour ses fils la chaleur de son cœur. Il la traitait avec une politesse grave qui ne se démentait jamais. Madame Octave, piquée au jeu par ces procédés, sentit se rallumer une passion que son mari éprouvait en secret. Elle employa vis-à-vis de lui toutes les ressources de la coquetterie :

« Prenez garde, Félicité, lui disait-il quelquefois, c'est ma vie que vous jouez. »

Enfin, il se laissa séduire et se livra à un sentiment qui avait toujours régné exclusivement dans son cœur. Quelques mois de bonheur le dédommagèrent de longues années de souffrances. Madame Octave suivit son mari et son fils aîné dans la garnison où tous deux servaient dans le même régiment. Malheureusement, il s'y trouvait aussi un jeune officier, camarade du fils, qui l'amena chez sa mère. Octave s'en offusqua, à trop juste titre, il faut l'avouer. Il obtint de changer de régiment, et voulut que madame Octave quittât la garnison. Sous prétexte que son fils y restait, elle voulut y passer l'hiver ; Octave s'y opposa, il y eut une scène assez vive entre eux. Pour la première fois et la seule fois, il lui adressa quelques reproches fondés sur les soins qu'elle avait pris pour le ramener à elle.

Il revint seul à Paris, loua un appartement tel qu'il savait devoir lui convenir le mieux, s'occupa à l'arranger avec les soins les plus conformes à ses

goûts. Il l'engagea plusieurs fois à s'y rendre ; elle
s'y refusa constamment. Enfin il lui écrivit que, si
elle n'était pas à Paris avant six heures tel jour, elle
s'en repentirait toute sa vie. Elle n'arriva pas, et, à
neuf heures, Octave se précipita dans la Seine. On
le retrouva les mains fortement jointes ; il nageait
parfaitement, mais, décidé à périr, la volonté l'avait
emporté sur l'instinct qui porte à se sauver.

Madame Octave fut abîmée de douleur et de
remords ; elle se retira dans un couvent. Je l'ai vue
dans sa cellule ; elle y était fort touchante. Les sollicitations de ses fils, qui, malgré leur tendresse excessive pour leur père, lui sont restés tout dévoués, l'ont
ramenée dans le monde où elle mène une vie assez
retirée. Mais elle y est moins bien encadrée pour
l'imagination que dans la cellule de son couvent.

Dans un siècle où il y a si peu de passions désintéressées, celle d'Octave mérite certainement d'être
remarquée. Il était d'une figure charmante et très
aimable quand il pouvait vaincre la timidité et l'embarras que sa première aventure, déjà bizarre, lui
causait toujours. Sa femme, sans être très jolie, était
parfaitement séduisante ; elle était aussi très attachante, car, malgré les cruels événements de sa
triste vie, elle a conservé des amies dévouées parmi
les femmes de la conduite la plus exemplaire.

CHAPITRE VIII

Je ne parlerai pas plus de la désastreuse retraite de
Moscou que des glorieuses campagnes qui l'avaient
précédée. Je n'ai sur tous ces événements que des
renseignements généraux. Je n'écris pas l'histoire,
mais seulement ce que je sais avec quelques détails

certains. Lorsque les affaires publiques seront à ma connaissance spéciale, je les dirai avec la même exactitude que les anecdotes de société.

La chute de l'Empire s'approchait et nous avions la sottise de n'en être pas épouvantés ; à la vérité, la main ferme et habile du grand homme avait comme étouffé les passions anarchiques. Mais pouvait-on prévoir les calamités qui accompagneraient la chute de ce colosse ? Tous les esprits sensés devaient frémir ; quant à nous, avec cette incurie des gens de parti, nous nous réjouissions.

Il est pourtant juste de dire notre excuse. Le joug de Bonaparte devenait intolérable ; son alliance avec la maison d'Autriche avait achevé de lui tourner la tête. Il n'écoutait que des flatteurs ; toute contradiction lui était insupportable. Il en était arrivé à ce point qu'il ne supportait plus la vérité, même dans les chiffres.

L'arbitraire de son despotisme se faisait sentir jusqu'au foyer domestique. J'ai déjà dit sa fantaisie de marier les filles ; la mesure des gardes d'honneur vint à son tour atteindre les fils des familles aisées. Elle tombait sur les jeunes gens de vingt-cinq à trente ans qui, ayant échappé ou satisfait à la conscription, devaient se croire libérés. Évidemment, ils n'avaient pas de goût pour la carrière militaire puisqu'ils ne l'avaient pas suivie dans un temps où tout y appelait. La plupart étaient établis et mariés ; c'était une calamité imprévue qui bouleversait leur existence. Les préfets avaient l'ordre de la diriger principalement sur les familles qu'on croyait mal disposées pour le gouvernement. On laissait entrevoir assez clairement que l'Empereur voulait avoir entre les mains un certain nombre d'otages contre le mauvais vouloir. C'était, pour le coup, une idée renouvelée des Grecs ; car on prêtait à l'Empereur d'avoir rappelé qu'Alexandre en avait agi ainsi avec les Macédoniens, avant de s'enfoncer dans l'Asie. Cette légion fut formée au milieu des larmes, des imprécations et des haines de tous les éléments les plus propres à ressentir de la désaffection contre le pouvoir impérial. Elle rejoignit l'armée, pour la première fois, en Saxe en 1813, assista à la désastreuse bataille de Leipzig, subit la pénible retraite de Hanau, fut détruite par la maladie des hôpitaux à Mayence. On la licencia, mais elle eut à se reformer immédiatement.

Les gardes d'honneur servirent pendant la campagne de France en 1814 et furent écrasés à l'affaire de Reims. Certes, si jamais troupe a souffert, c'est celle-là! Elle ne pouvait même embellir ses souvenirs de la mémoire d'un succès. Hé bien! elle a été la plus longuement fidèle à Napoléon. Elle n'a pris que tard et difficilement la cocarde blanche et a revu les Cent-Jours avec joie; ceux qui la composaient sont restés longtemps impérialistes. Après cela, établissez des principes et tirez des conséquences! Il n'en est pas moins vrai que, malgré l'ardeur belliqueuse si promptement développée dans ces jeunes gens récalcitrants, la levée des gardes d'honneur a, plus qu'aucune autre mesure, contribué à la haine qui surgissait en tout lieu contre Bonaparte et qui commençait à s'exhaler en paroles hardies.

Je me rappelle que monsieur de Châteauvieux[1] (l'auteur des lettres de Saint-James), absent de Paris depuis deux ans, y arriva au commencement de 1814. Sa première visite en débarquant fut chez moi. Il y entendit un langage si hostile qu'il m'a raconté depuis avoir eu grand empressement d'en sortir;

---

1. Jacob Lullin de Chateauvieux (1772-1842) agronome suisse qui fit paraître des *Lettres de Saint-James* (Genève 1821-1826), dans lesquelles il parle assez librement de la politique contemporaine.

pendant toute la nuit, il ne rêva que donjons et Vincennes, quoiqu'il eût fait un ferme propos de ne plus fréquenter une société si imprudente.

Le lendemain, il poursuivit le cours de ses visites, et il fut tout étonné de trouver partout, jusque dans la bourgeoisie et dans les boutiques, les mêmes dispositions et les mêmes libertés de langage. Cela ne nous frappait pas parce que ce changement s'était établi graduellement et généralement. On le retrouvait jusqu'à la table du ministre de la police où l'abbé de Pradt disait qu'il y avait un émigré qu'il était temps de rappeler en France et que c'était *le sens commun*.

Monsieur de Châteauvieux était médusé de nos discours ; c'était pourtant un habitué de Coppet, accoutumé à entendre de vives paroles d'opposition.

Le désordre était complet parmi les gens du gouvernement. J'allais quelquefois chez madame Bertrand ; son mari était grand maréchal du palais. Un matin, j'y vis arriver un officier venant de l'armée de l'Empereur, puis un autre expédié par le maréchal Soult, puis un envoyé du maréchal Suchet : tous rapportaient les événements les plus désastreux. La pauvre Fanny était au supplice. Enfin, pour couronner l'œuvre, se présenta un employé en Illyrie. Il entreprit de nous raconter la façon dont il avait été traqué dans toute l'Italie et la peine qu'il avait eue à rejoindre la frontière de France. Elle ne put y tenir plus longtemps, et leur dit avec une extrême vivacité :

« Messieurs, vous êtes tous dans l'erreur ; on a reçu cette nuit même les meilleures nouvelles de partout, et l'Empereur est parfaitement content de ce qui se passe de tous les côtés. »

Chacun se regarda avec étonnement ; pour moi il m'était clair que cette phrase était à mon adresse ; je souris et laissai le champ libre à des lamentations probablement fort tristes lorsqu'ils furent entre eux.

S'ils se faisaient des illusions, les nôtres n'étaient pas moins absurdes. Nous nous figurions que les puissances étrangères travaillaient dans l'intérêt de nos passions, et quiconque voulait nous éclairer à cet égard nous paraissait décidément un traître. Nous avions établi que le prince de Suède, Bernadotte, était l'agent le plus actif de la restauration bourbonienne. Nous l'avions placé à Bruxelles, entouré des princes français, et nous n'en voulions pas démordre.

Un soir, monsieur de Saint-Chamans vint nous dire que le colonel de Saint-Chamans, son frère, arrivant de Bruxelles à l'instant même, assurait que ni Bernadotte, ni nos princes, ni pas un soldat étranger n'était entré en Belgique, et que les Suédois étaient je ne sais où derrière le Rhin. Non seulement nous ne le crûmes pas, non seulement nous soupçonnâmes la véracité du colonel, mais nous fûmes tellement courroucés contre monsieur de Saint-Chamans que peu s'en fallut que nous ne le regardassions comme un faux frère. Il eut à subir de grandes froideurs, comme un homme suspect !

Voilà la candeur et la justice des factions. Assurément nous étions de très bonne foi. Quand je me rappelle avoir partagé des impressions si déraisonnables, cela me rend bien indulgente pour les illusions et les exigences des gens de parti. Je suis seulement étonnée qu'à force de les remarquer en soi, ou dans les autres, on ne s'en corrige pas un petit, et je ne comprends guère l'intolérance dans ceux qui, comme nous, ont traversé une série de révolutions.

Il faut pourtant reconnaître, comme excuse à nos folies, que nous étions contraints à deviner la vérité à travers les relations officielles qui, presque toujours, la déguisaient.

L'Empereur s'était accoutumé à penser que le

pays n'avait aucun droit à s'enquérir des affaires de l'Empire, qu'elles étaient siennes exclusivement et qu'il n'en devait compte à personne. Ainsi, par exemple, la bataille de Trafalgar n'a jamais été racontée à la France dans un récit officiel ; aucune gazette, par conséquent, n'en a parlé et nous ne l'avons sue que par voies clandestines. Quand on escamote de pareilles nouvelles, on donne le droit aux mécontents d'inventer des fables au nombre desquelles se trouvait cette armée suédoise et bourbonienne que nous avions rêvée en Belgique.

Les événements se pressaient : les ennemis craignaient de marcher sur Paris ; ils étaient effrayés de cette pensée. Nous qui aurions dû la redouter, nous l'accueillions de tous nos vœux. La désorganisation du gouvernement sautait aux yeux. De malheureux conscrits remplissaient les rues ; rien n'avait été préparé pour les recevoir. Ils périssaient d'inanition sur les bornes ; nous les faisions entrer dans nos maisons pour les reposer et les nourrir. Avant que le désordre en vînt là, ils étaient reçus, habillés et dirigés sur l'armée en vingt-quatre heures. Ces pauvres enfants y arrivaient pour y périr sans savoir se défendre.

J'ai entendu raconter au maréchal Marmont qu'à Montmirail, au milieu du feu, il vit un conscrit tranquillement l'arme au pied :

« Que fais-tu là ? pourquoi ne tires-tu pas ?

— Je tirerais bien comme un autre, répondit le jeune homme, si je savais charger mon fusil. »

Le maréchal avait les larmes aux yeux en répétant les paroles de ce pauvre brave enfant qui restait ainsi au milieu des balles sans savoir en rendre.

À mesure que le théâtre de la guerre se rapprochait, il était plus difficile de cacher la vérité sur l'inutilité des efforts gigantesques faits par Napoléon et son admirable armée ; le résultat était inévitable. J'en demande bien pardon à la génération qui

s'est élevée depuis dans l'adoration du *libéralisme*
de l'Empereur, mais, à ce moment, amis et ennemis, tout suffoquait sous sa main de fer et sentait un
besoin presque égal de la soulever. Franchement, il
était détesté; chacun voyait en lui l'obstacle à son
repos, et le repos était devenu le premier besoin de
tous.

Abbiamo la pancia piena di liberta, me disait un
jour un postillon de Vérone en refusant un écu à l'ef-
figie de la liberté. La France, en 1814, aurait volontiers dit à son tour: *Abbiamo la pancia piena di
gloria*, et elle n'en voulait plus.

Les Alliés ne s'y trompaient pas; ils savaient bien
démêler dans cette fatigue le motif de leurs succès,
mais ils craignaient qu'elle ne fût pas assez complète
pour leur sécurité. Afin de relever l'esprit public, on
fit arriver le courrier chargé de remettre des drapeaux et les épées des généraux russes faits prisonniers à la bataille de Montmirail au milieu d'une
parade au Carrousel où assistait l'Impératrice. Le
temps de ces fantasmagories était passé, et d'ailleurs
la poussière du courrier n'était pas assez vieille pour
rassurer les Parisiens.

Le dimanche 28 mars, nous vîmes partir, après la
parade, un magnifique régiment de cuirassiers arrivant de l'armée d'Espagne; ils allaient rejoindre
celle de l'Empereur et suivaient le boulevard vers
trois heures. J'ai peu vu de troupes dont l'aspect
m'ait plus frappée.

Dès le matin du lendemain, il en reparut isolément
aux barrières de Paris, se dirigeant sur les hôpitaux,
eux et leurs chevaux plus ou moins blessés, et leurs
longs manteaux blancs souillés et couverts de sang.
Il était évident qu'on se battait bien près de nous.
J'en rencontrai plusieurs en allant me promener au
Jardin des Plantes. Le contraste avec leur apparence
de la veille serrait le cœur.

Au bout de deux heures, nous revînmes, ma mère et moi, le long des boulevards. Ce peu de temps avait suffi pour changer leur aspect; ils étaient couverts jusqu'à l'encombrement par la population des environs de Paris. Elle marchait pêle-mêle avec ses vaches, ses moutons, ses pauvres petits bagages. Elle pleurait, se lamentait, racontait ses pertes et ses terreurs, et, comme de raison, disposait à l'irritation contre ce qui paraissait plus heureux. On ne pouvait aller qu'au pas; les injures n'étaient pas épargnées à notre calèche; je n'avais pas besoin de cela pour commencer à trouver que la guerre était fort laide à voir de si près.

Nous rentrâmes sans accident, mais un peu effrayées et profondément émues. Le bruit lointain du canon ne tarda pas à se faire entendre; nous sûmes que, dans les ministères et chez les princes de la famille impériale, on faisait des paquets. Dès que la nuit fut tombée, les cours des Tuileries se remplirent de fourgons; on parla du départ de l'Impératrice; personne n'y voulait croire.

Nous passâmes toute cette journée du lundi dans une grande anxiété et au milieu des bruits les plus contradictoires; chacun avait une nouvelle *sûre* qui détruisait celle tout aussi *sûre* qu'un autre venait d'apporter.

Le lendemain, à cinq heures du matin, tout le monde fut également et bruyamment averti par la fusillade et le canon que Paris était attaqué vigoureusement et de trois côtés. On apprit, en même temps, le départ de l'Impératrice, de la Cour et du gouvernement impérial.

Nous habitions une maison de la rue Neuve-des-Mathurins[1]. Des fenêtres les plus hautes, on voyait

___

1. C'est aujourd'hui la portion de la rue des Mathurins située entre la rue de l'Arcade et la rue Scribe.

parfaitement Montmartre, et, vers la fin de la matinée, nous assistâmes à la prise de cette position[1].
Les obus passaient par-dessus nous. Quelques-uns
arrivèrent jusque sur le boulevard et mirent en fuite
les belles dames, en plumes et en falbalas, qui s'y
promenaient à travers les blessés qu'on rapportait
des barrières et les secours d'armes, d'hommes et
de munitions qu'on y envoyait.

Beaucoup de personnes quittèrent Paris. Je n'avais
aucun désir de m'en éloigner et, comme mon père
trouvait les routes, au milieu d'une pareille confusion, plus dangereuses que la ville, il autorisait notre
séjour.

Eugène d'Argout, mon cousin, qui, blessé à la
bataille de Leipsick, n'avait pu faire la campagne de
France, se chargea de nos préparatifs de sûreté. Il
commença par les provisions, fit acheter de la farine,
du riz, quelques jambons, enfin tout ce qui était
nécessaire pour passer plusieurs jours renfermés.
Ensuite il fit éteindre tous les feux, fermer tous les
volets et donner le plus possible l'air inhabité à la
maison. De plus, il fit traîner une grosse charrette de
fourrage, arrivée le matin de la campagne, sous la
voûte, avec le projet de la pousser contre la porte
cochère si la ville était forcée. Puis il déclara à tous
les gens que ceux qui seraient dehors ne rentreraient
pas que le calme ne fût rétabli.

Eugène avait fait toutes les guerres depuis dix ans
et avait vu prendre bien des villes. Il disait que les
plus faibles obstacles suffisent pour arrêter le soldat, toujours pressé, dans la crainte de se voir interdire le pillage par ses chefs.

On venait, de moment en moment, nous raconter
ce qu'on pouvait apprendre dans les environs

---

1. Pour le détail de ces journées, voir *1814* de Henri Houssaye (1888).

Quand le canon se taisait d'un côté, il recommençait de l'autre. Tantôt le bruit se rapprochait, tantôt il s'éloignait, selon que les positions étaient prises ou qu'on en attaquait de nouvelles. Ce que nous craignions le plus c'était l'arrivée de l'Empereur; nous ignorions où il était.

Alexandre de la Touche, le fils de madame Dillon, habitait les Tuileries chez sa sœur, madame Bertrand; il vint le matin me supplier de quitter Paris, je m'y refusai absolument. Bientôt après, nous apprîmes les hostilités suspendues et les négociations entamées pour une capitulation. Il revint et se mit positivement à genoux devant ma mère et moi pour nous décider, nous conjurant de lui permettre de faire atteler nos chevaux. Nous lui représentions que ce n'était pas le moment de partir puisque le danger était conjuré.

«Il ne l'est pas, il ne l'est pas, ah! si je pouvais vous dire ce que je sais! mais j'ai donné ma parole; partez, partez, je vous en supplie, partez.»

Nous résistâmes et il nous quitta en pleurant, allant rejoindre sa mère et sa sœur qui l'attendaient pour monter en voiture. Cette insistance de monsieur de la Touche m'est revenue à la mémoire lorsque, quelques jours après, on a dit que l'Empereur avait donné l'ordre de faire sauter les magasins à poudre. Certainement il croyait savoir un secret qui devait entraîner des calamités.

Je n'oublierai jamais la nuit[1] qui succéda à cette

---

1. Nuit du 30 au 31 mars. Au soir de cette bataille de Paris, la situation est en gros la suivante: après la prise de Montmartre, malgré la belle résistance de Marmont sur les hauteurs de Belleville, la défense héroïque de la barrière de Clichy par Moncey, les troupes françaises se sont repliées derrière les barrières (à peu près la ligne nord des boulevards), que les troupes alliées ont ordre de ne pas franchir. Tandis que Napoléon se hâte vers Paris, les pourparlers pour un cessez-le-feu

journée si animée. Le temps était superbe, le clair de lune magnifique, la ville était parfaitement calme ; nous nous mîmes à la fenêtre, ma mère et moi. Un bruit attira notre attention, c'était un très petit chien qui mangeait un os, assez loin de nous. De temps en temps seulement, le silence était interrompu par les qui-vive des patrouilles des Alliés, se répondant en faisant leurs rondes, sur les hauteurs qui nous dominaient. Ce son étranger fut le premier qui me fit sentir que j'avais un cœur français ; j'éprouvai un sentiment très pénible ; mais nous étions trop sous l'impression de la crainte du retour de l'Empereur pour qu'il pût être durable.

Les places, les rues étaient remplies par l'armée française ; elle bivouaquait sur le pavé, en tristesse, en silence. Rien n'était beau comme son attitude ; elle n'exigeait, ne demandait, n'acceptait même rien. Il semblait que ces pauvres soldats ne se sentissent plus de droits sur des habitants qu'ils n'avaient pas pu défendre. Cependant, huit mille hommes, sous le commandement du duc de Raguse, engagés pendant dix heures, avaient laissé à quarante-cinq mille étrangers treize mille de leurs morts à ramasser. Aussi, les Alliés ne pouvaient-ils croire, les jours suivants, au peu de troupes qui avaient défendu Paris.

L'histoire fera justice de la sotte méchanceté des passions qui ont accusé le maréchal Marmont d'avoir livré la ville, et rétablira cette brillante affaire de Belleville au rang qu'elle doit occuper dans les fastes militaires.

---

engagés entre le comte Orlow et le maréchal Marmont sont conclus au milieu de cette belle nuit. Aussitôt Chabrol, préfet de la Seine, accompagné de Pasquier, préfet de police, vont trouver le tsar à Bondy, tandis que dans la cour des Invalides 1 600 drapeaux pris à l'ennemi depuis 1792 achèvent de se consumer.

Je vais entrer dans le récit de la Restauration. Jetée par ma position dans l'intimité de beaucoup de gens influents, j'ai vu depuis ce temps les événements de plus près. Je ne sais si je les rendrai avec impartialité ; c'est une qualité dont tout le monde se vante et qu'au fond personne ne possède. On est plus ou moins influencé, fort à son insu, par sa position et son entourage. Du moins, je parlerai avec indépendance et dirai la vérité telle que je la crois. Je ne puis m'engager à davantage.

QUATRIÈME PARTIE

RESTAURATION DE 1814

CHAPITRE I

Il serait assurément fort peu intéressant pour un autre de connaître mes opinions personnelles en 1814. Mais c'est une recherche qui m'amuse de me rendre ainsi compte de moi-même aux différentes époques de ma vie et d'observer les variations qui les ont marquées.

J'avais perdu en grande partie mon anglomanie ; j'étais redevenue française, si ce n'est politiquement, du moins socialement ; et, comme je l'ai dit déjà, le cri des sentinelles ennemies m'avait plus affectée que le bruit de leur canon. J'avais éprouvé un mouvement très patriotique, mais fugitif. J'étais de position, de tradition, de souvenir, d'entourage et de conviction royaliste et légitimiste. Mais j'étais bien plus antibonapartiste que je n'étais bourbonienne ; je détestais la tyrannie de l'Empereur que je voyais s'exercer.

Je considérais peu ceux de nos princes que j'avais vus de près. On m'assurait que Louis XVIII était dans d'autres principes. L'extrême animosité qui existait entre sa petite Cour et celle de monsieur le comte d'Artois pouvait le faire espérer. J'avais quitté l'Angleterre avant que les vicissitudes de l'exil l'y eussent amené, et je me prêtais volontiers à écouter les éloges que ma mère faisait du Roi, malgré le tort qu'il avait, à ses yeux, d'être un constitutionnel de 1789.

C'était sur ce tort même que se fondaient mes espérances ; car, en me recherchant bien, je me retrouve toujours aussi libérale que le permettent les préjugés aristocratiques qui m'accompagneront, je crains, jusqu'au tombeau.

Les combinaisons de la société politique en Angleterre n'ont jamais cessé de me paraître ce qu'il y a de plus parfait dans le monde. L'égalité complète et réelle devant la loi qui, en assurant à chaque homme son indépendance, lui inspire le respect de soi-même, d'une part, et, de l'autre, les grandes existences sociales qui créent des défenseurs aux libertés publiques et font de ces patriciens les chefs naturels du peuple lequel leur rend en hommage ce qu'il en reçoit en protection, voilà ce que j'aurais désiré pour mon pays ; car je ne conçois la liberté, sans licence, qu'avec une forte aristocratie. C'est ce que personne, ni le peuple, ni la bourgeoisie, ni la noblesse, ni le Roi, n'ont compris. L'égalité chez nous est une maladie de la vanité. Sous prétexte de cette égalité, chacun prétend à s'élever et à dominer, sans vouloir reconnaître que, pour conserver des inférieurs, il faut consentir à admettre, sans regret, des supérieurs.

Le mercredi 31 mars, pour renouer le fil de mon discours, dès sept heures du matin, monsieur de Glandevèse était chez nous. Il venait consulter mon père sur la convenance de prendre la cocarde blanche. Un immense nombre de personnes, disait-il, y étaient disposées. Mon père l'engagea à calmer leur zèle pendant quelques heures ; il ne fallait pas qu'une pareille tentative échouât. Il était donc prudent d'attendre le moment où les Alliés feraient leur entrée, c'est-à-dire jusqu'à midi.

Monsieur de Glandevèse et mon frère allèrent porter ces paroles aux différentes réunions. Mon père, de son côté, apprit bientôt que le maréchal Moncey, commandant de la garde nationale de Paris, était parti dans la nuit après avoir fait appeler le duc de Montmorency, commandant en second, et lui avoir fait remise de toute son autorité. Mon père se rendit chez le duc de Laval, dans l'espoir qu'il pourrait décider son cousin à se déclarer pour la cause que nous voulions voir triompher.

Il était dix heures, à peu près. Nous étions, ma mère et moi, à une fenêtre d'entresol, lorsque nous vîmes venir de loin un officier russe, suivi de quelques cosaques. Arrivé tout près de nous, il demanda où demeurait madame de Boigne ; en même temps, il leva la tête et je reconnus le prince Nikita Wolkonski, une de mes anciennes connaissances. Il me vit en même temps, sauta à bas de son cheval, entra dans la maison ; son escorte s'établit dans la cour, et deux cosaques se placèrent en vedette en avant de la porte cochère qui resta ouverte. J'ai toujours considéré comme une marque de la frayeur qu'inspirait encore au peuple le gouvernement impérial qu'elle eût pu vaincre la badauderie parisienne dans cette circonstance.

Malgré la curiosité que devaient inspirer ces cosaques (les premiers que l'on eût vus dans Paris), pendant une heure que dura la visite du prince Wolkonski, non seulement il ne se fit pas de rassemblement devant la porte, mais les passants ne s'arrêtèrent pas un instant. Et, s'ils avaient été plus religieux, ils se seraient volontiers signés pour exorciser le danger d'avoir seulement entrevu un spectacle qui leur semblait compromettant.

Le prince Wolkonski, comme on peut croire, fut reçu avec joie. Il me dit tout de suite que le comte de Nesselrode l'avait chargé de venir chez nous nous

porter l'assurance de toute espèce de sécurité et de
protection, et puis demander à mon père quelles
étaient les espérances raisonnables et possibles de
notre parti, l'empereur Alexandre arrivant sans
aucune décision prise. Nous envoyâmes chercher
mon père chez le duc de Laval. Le prince Nikita lui
répétait ses questions, lorsque mon cousin, Charles
d'Osmond, encore presque enfant, entra dans la
chambre tout essoufflé, criant, pleurant d'enthousiasme.

« La voilà, la voilà, disait-il ; elle est prise, prise
sans opposition ! »

Et il nous montrait son chapeau orné d'une
cocarde blanche. Il venait du boulevard, et allait y
retourner. Mon père, en s'adressant à Wolkonski,
lui dit :

« Je ne saurais, prince, vous faire une meilleure
réponse ; vous voyez ce que ces couleurs excitent
d'amour, de zèle et de passion.

— Vous avez raison, monsieur le marquis, je vais
faire mon rapport de ce que j'ai vu et j'espère, dans
ma route, en recevoir partout la confirmation. »

Le prince Wolkonski m'a dit depuis qu'ayant
gagné la barrière par les rues, il n'avait trouvé sur
son chemin que des démonstrations de tristesse et
d'inquiétude et pas une de joie et d'espérance. Je
pense qu'il fit son rapport complet, car certainement l'empereur Alexandre entra dans Paris avec la
même irrésolution où il était le matin.

Nous allâmes, ma mère et moi, nous placer dans
l'appartement de madame Récamier. Elle était alors
à Naples, mais monsieur Récamier conservait sa
maison dans la rue Basse-du-Rempart[1]. Nous nous
trouvions à un premier, tout à fait au niveau du boulevard, dans la partie la plus étroite de la rue. Mon

1. Elle se trouvait en bordure du boulevard de la Madeleine.

père, en nous y installant, nous fit promettre de ne donner aucun signe qui pût paraître une manifestation d'opinion et de ne recevoir aucunes visites qui pussent attirer l'attention. Il pensait que ces ménagements étaient dus à l'hospitalité et aux sentiments très modérés de monsieur Récamier.

Bientôt nous vîmes passer sur le pavé du boulevard un groupe de jeunes gens portant la cocarde blanche, agitant leurs mouchoirs, criant: Vive le Roi. Mais qu'il était peu considérable! J'y reconnus mon frère. Ma mère et moi échangeâmes un regard douloureux et inquiet; nous espérâmes encore qu'il s'augmenterait. Il n'osait pas s'avancer au-delà de la rue Napoléon (depuis rue de la Paix); il allait de là à la Madeleine, puis retournait sur ses pas. Nous le revîmes jusqu'à cinq fois sans pouvoir nous faire l'illusion qu'il eût en rien grossi. Notre anxiété devenait de plus en plus cruelle.

Il était certain que, si cette levée de boucliers restait sans effet, tous ceux qui s'y étaient prêtés seraient perdus; et, au fond, cela était juste. Ce sentiment était peint dans les yeux de tous ceux qui voyaient passer ces pauvres jeunes gens à cocarde blanche. Ils n'inspiraient pas de colère, point de haine, encore moins d'enthousiasme. Mais on les regardait avec une espèce de pitié, comme des insensés et des victimes dévouées. Plusieurs passants montraient de l'étonnement, mais personne ne s'opposait à leur action ni ne les molestait en aucune façon.

Enfin, à deux heures, l'armée alliée commença à défiler devant nous. Les tourments que j'éprouvais depuis le matin étaient trop intimes pour que mon patriotisme trouvât place dans mon cœur, et j'avoue que je n'éprouvai que du soulagement.

À mesure que la tête de la colonne approchait, quelques cocardes blanches honteuses sortaient des poches, se plaçaient sur les chapeaux et se pava naient sur les contre-allées, mais c'était encore bien peu nombreux, quoique le mouchoir blanc que les étrangers portaient tous à leur bras, en signe d'alliance, eût été tout de suite pris par la population pour une manifestation bourbonienne.

Notre fidèle escorte de jeunes gens entourait les souverains, criant à tue-tête et se multipliant, le plus qu'elle pouvait, par son zèle et son activité. Les femmes ne se ménageaient pas ; les mouchoirs blancs s'agitaient et les acclamations partaient aussi des fenêtres. Autant les souverains avaient trouvé Paris morne, silencieux et presque désert jusqu'à la hauteur de la place Vendôme, autant il leur parut animé et bruyant depuis là jusqu'aux Champs-Élysées.

Faut-il avouer que c'était dans ce lieu que la faction antinationale s'était donné rendez-vous pour accueillir l'étranger et que cette faction était composée principalement de la noblesse ? Avait-elle tort ? avait-elle raison ? Je ne saurais le décider à présent ; mais, alors, notre conduite me paraissait sublime. Pour beaucoup, elle était fort désintéressée, si toutefois l'esprit de parti peut jamais être considéré comme désintéressé ; pour tous elle était ennoblie par le danger personnel.

Toutefois, même au milieu de nos haines et de nos engouements du moment, je trouvai parfaitement stupide et inconvenante la conduite de Sosthène de La Rochefoucauld, allant, avec autorisation de l'empereur Alexandre, mettre la corde au col de la statue de l'empereur Napoléon pour la précipiter du haut de la colonne. Rendons tout de suite la justice aux jeunes gens de la hardie promenade du matin qu'ils se refusèrent à cette sotte entreprise, et que Sosthène ne trouva pour l'accompagner que des Maubreuil, des Sémallé et autres aventuriers de cette espèce.

J'ai oublié de dire que le comte de Nesselrode

m'avait fait avertir par le prince Nikita qu'il me
demandait à dîner pour ce jour-là. J'avais engagé le
prince à venir aussi. J'aperçus sur le boulevard
quelques personnes que j'étais bien aise de réunir à
ces messieurs; mais, fidèle à la promesse donnée à
mon père, j'allai moi-même dans la rue pour le leur
proposer. Je ne me rappelle positivement que de
monsieur de Chateaubriand, d'Alexandre de Boisgelin et de Charles de Noailles.

Nous étions tous réunis lorsque le prince Wolkonski et un de ses camarades, Michel Orloff, arrivèrent: ils m'apportaient un billet de monsieur de
Nesselrode. En s'excusant de ne pouvoir venir, il
m'envoyait à sa place un papier qui, disait-il, obtien-
drait facilement son pardon, en attendant que lui-
même vînt le chercher le soir. C'était la déclaration
qu'on allait afficher et qui annonçait l'intention des
Alliés de ne traiter ni avec l'Empereur, ni avec
aucun individu de sa famille. Elle était le résultat de
la conférence tenue chez monsieur de Talleyrand au
moment où l'empereur Alexandre y était arrivé. Il
l'avait commencée par ces mots:

« Hé bien! nous voilà dans ce fameux Paris! C'est
vous qui nous y avez amenés, monsieur de Talleyrand. Maintenant il y a trois partis à prendre: traiter avec l'empereur Napoléon, établir la Régence ou
rappeler les Bourbons.

— L'Empereur se trompe, répondit monsieur de
Talleyrand; il n'y a pas trois partis à prendre, il n'y
en a qu'un à suivre et c'est le dernier qu'il a indiqué.
Tout puissant qu'il est, il ne l'est pas assez pour choisir. Car, s'il hésitait, la France, qui attend ce salaire
des chagrins et des humiliations qu'elle dévore en
ce moment, se soulèverait en masse contre l'inva-
sion, et Votre Majesté Impériale n'ignore pas que les
plus belles armées se fondent devant la colère des
peuples.

— Hé bien! reprit l'Empereur, voyons donc ce qu'il y a à faire pour atteindre votre but; mais je ne veux rien imposer, je ne puis que céder aux vœux exprimés du pays.

— Sans doute, Sire; il ne faut que les mettre dans la possibilité de se faire entendre. »

Ce dialogue me fut rapporté, le lendemain même, par un des assistants au conseil.

Le comte de Nesselrode vint le soir; je laisse à penser s'il fut bien accueilli. Nous avions si souvent fait de l'antibonapartisme, je ne dirai pas *avec*, il est trop diplomate, mais *devant* lui, qu'il n'avait pas besoin de s'informer de nos dispositions du moment.

Je ne puis me refuser à rappeler une petite malice qui m'a amusée dans le temps, et surtout depuis 1830, où monsieur de Vérac s'est trouvé légitimiste tellement inébranlable. Pour atteindre à cette immutabilité, il avait commencé par être chambellan de Napoléon et des plus empressés. Ayant appris que des officiers russes dînaient chez moi, il y vint le soir afin de leur demander un laissez-passer pour aller, au camp des Alliés, voir monsieur de Langeron, son parent et son ami. Pendant que ces messieurs causaient, il s'approcha de moi et me dit tout bas, et d'un ton de voix émue:

« Et l'Empereur? a-t-on de ses nouvelles? Que fait-il? Sait-on où il est? »

Je le compris très bien, mais j'affectai de me tromper, et je lui répondis également tout bas:

« Il loge chez monsieur de Talleyrand. »

Monsieur de Vérac fut complètement déconcerté; mais le plaisant c'est qu'il n'osa jamais relever ma méprise et expliquer de quel Empereur il s'informait. C'est la seule petite vengeance que j'ai exercée contre la chambellanerie impériale.

Le comte de Nesselrode causa longtemps avec mon père des choses et des personnes. Entre autres, il lui demanda s'il croyait qu'on dût laisser la police à monsieur Pasquier. Mon père lui répondit qu'elle ne pouvait être dans des mains plus habiles et plus probes, que, s'il consentait à en rester chargé, on devait regarder son accession comme une bonne fortune et qu'on pouvait se fier entièrement à sa parole.

Je ne me souviens plus si c'est ce soir-là ou le lendemain[1] qu'il y eut une réunion royaliste chez monsieur de Mortefontaine ; elle envoya une députation chez l'empereur Alexandre pour exprimer ses vœux. Je me rappelle seulement que mon père en revint harassé, dégoûté, désolé ; toutes les folies de l'émigration et de la plus sotte opposition s'y étaient montrées triomphantes. On ne parlait que de victoire, que de vexation, que de vengeance contre ses compatriotes, tandis qu'on était suppliant aux pieds d'un souverain étranger, dans sa propre patrie. Sosthène de La Rochefoucauld était déjà un des grands coryphées de ce charivari d'absurdités.

Mon salon ne désemplissait pas ; tous les jeunes gens qui avaient été les camarades de mon frère dans la promenade du boulevard y passaient ; et, quoique ce fût une bien faible armée pour amener un changement de dynastie, cela suffisait pour faire foule dans de petits appartements, d'autant que les gens de ma société habituelle y venaient, aussi bien que les étrangers.

Je ne puis assez vanter la parfaite convenance des officiers russes dans cette circonstance ; ils n'étaient occupés qu'à nous combler de prévenances et de grâces et à relever notre situation à nos propres yeux ; ils n'avaient que des paroles d'éloges et d'ad-

---

1. Le 31, en début de soirée, les royalistes réunis chez Lepelletier de Mortefontaine envoyèrent au tsar une députation composée de Ferrand, César de Choiseul, Chateaubriand, Sosthène de La Rochefoucauld.

miration pour notre brave armée. Il ne leur est pas
échappé un propos qui pût blesser ou offenser un
Français, de quelque parti qu'il fût. Telle était la
volonté de leur maître ; elle a été scrupuleusement
suivie et sans qu'il parût leur coûter.

C'était toujours avec un ton de déférence qu'ils
parlaient de la France. Peut-être était-ce la meilleure
manière de rehausser leurs succès ; mais il y avait de
la grandeur à concevoir cette idée. Elle ne pouvait
entrer que dans une âme généreuse. Celle de l'empereur Alexandre l'était beaucoup à cette époque. Il
n'avait pas encore atteint l'âge où l'exercice du pouvoir absolu et une maladie héréditaire qui se développe gâtent l'heureux naturel des souverains de la
Russie et les rendent le fléau du monde.

À ce commencement du printemps de 1814, il faisait un temps magnifique ; tout Paris était dehors. Il
n'y a dans cette ville ni bataille, ni occupation, ni
émeute, ni trouble d'aucun genre qui puisse exercer
d'influence sur la toilette des femmes. Le mardi,
elles se promenaient empanachées sur les boulevards, au milieu des blessés, et affrontant les obus.
Le mercredi, elles étaient venues voir défiler l'armée
alliée. Le jeudi, elles portaient leurs élégants costumes au bivouac des cosaques dans les Champs-
Élysées.

C'était un singulier spectacle pour les yeux et pour
les esprits que ces habitants du Don suivant paisiblement leurs habitudes et leurs mœurs au milieu de
Paris. Ils n'avaient ni tentes, ni abri d'aucune
espèce ; trois ou quatre chevaux étaient attachés à
chaque arbre et leurs cavaliers assis près d'eux, à
terre, causaient ensemble d'une voix très douce en
accents harmonieux. La plupart cousaient : ils raccommodaient leurs hardes, en taillaient et en préparaient de neuves, réparaient leurs chaussures, les
harnais de leurs chevaux ou façonnaient à leur usage

leur part du pillage des jours précédents. C'étaient cependant les cosaques réguliers de la garde, et, comme ils ne faisaient que rarement le service d'éclaireurs, ils étaient moins heureux à la maraude que leurs frères, les cosaques irréguliers.

Leur uniforme était très joli : le large pantalon bleu, une tunique en dalmatique également bleue, rembourrée à la poitrine et serrée fortement autour de la taille par une large ceinture de cuir noir verni, avec des boucles et ornements en cuivre très brillants, qui portaient leurs armes. Ce costume semi-oriental et leur bizarre attitude à cheval, où ils sont tout à fait debout, l'élévation de leur selle les dispensant de plier les genoux, les rendaient un objet de grande curiosité pour le badaud de Paris. Ils se laissaient approcher très facilement, surtout par les femmes et les enfants qui étaient positivement sur leurs épaules.

J'ai vu des femmes prendre leur ouvrage dans leurs mains pour mieux examiner comment ils travaillaient. De temps en temps, ils s'amusaient à faire une espèce de grognement ; les curieuses reculaient épouvantées. Alors ils poussaient des cris de joie et faisaient des éclats de rire auxquels prenaient part celles qu'ils avaient alarmées. Ils se laissaient moins approcher par les hommes ; mais ils ne les éloignaient que par un geste calme et doux de la main accompagné d'un mot qui, probablement, répondait à *Au large*, de nos sentinelles. Il est évident que personne ne s'exposait à braver cette consigne. Elle n'était pas complètement rigoureuse, car, si un homme se trouvait avec des femmes ou des enfants, ils n'y faisaient pas attention.

Il y avait bonne raison pour qu'ils se tinssent près de leurs chevaux, car jamais, sous aucun prétexte, ils ne faisaient un pas. Dès qu'ils n'étaient pas assis par terre, ils étaient à cheval. Pour circuler dans l'intérieur du bivouac d'un bout à l'autre, ils montaient à cheval. Et on les voyait aussi tenant leur lance d'une main et une cruche ou une gamelle ou même un verre de l'autre, aller faire les affaires de leur petit ménage.

Je dis un verre, parce que j'en ai vu un se lever tranquillement, monter à cheval, prendre sa lance, se pencher jusqu'à terre pour y ramasser une gourde, aller à trente pas de là prendre de l'eau dans un baquet qui était environné d'une garde, boire son eau et revenir à son poste avec sa gourde vide, descendre de cheval, replacer sa lance dans le faisceau et reprendre son travail.

Ces habitudes nomades nous semblaient si étranges qu'elles excitaient vivement notre curiosité, et nous la satisfaisions d'autant plus volontiers que nous étions persuadés que nos affaires allaient au mieux. Le succès de parti nous déguisait l'amertume d'un bivouac étranger aux Champs-Élysées. Je dois cette justice à mon père qu'il ne partageait pas cette impression et que je ne pus jamais le décider à venir voir ce spectacle qu'il s'obstinait à trouver encore plus triste que curieux.

CHAPITRE II

Ce fut dans cette soirée du jeudi que monsieur de Nesselrode me dit :

« Voulez-vous voir les documents sur lesquels nous avons hasardé la marche sur Paris ?

— Assurément.

— Tenez, les voilà. »

Et il tira de son portefeuille un très petit morceau de papier déchiré et chiffonné sur lequel il y avait écrit en encre sympathique : « Vous tâtonnez comme des enfants quand vous devriez marcher sur des échasses. Vous pouvez tout ce que vous voulez ; veuillez tout ce que vous pouvez. Vous connaissez ce signe ; ayez confiance en qui vous le remettra. »

Je ne crois pas me tromper d'un mot : ce billet, écrit par monsieur de Talleyrand, après la retraite des Alliés de Montereau, leur arriva près de Troyes, et les instructions données au porteur de cette singulière lettre de créance influèrent beaucoup sur la décision qui ramena les Alliés sur Paris. Toutefois, ce qui les décida, c'est que la retraite était plus facile, pour quitter la France, par la Flandre que par la Champagne déjà épuisée, désolée, irritée et prête à se soulever contre eux.

Les étrangers étaient bien plus inquiets et bien plus étonnés de leur séjour dans Paris que nous ; ils n'étaient ni aveuglés par l'esprit de parti, ni désillusionnés sur le prestige qu'inspirait le nom de l'empereur Napoléon. Les prodiges de la campagne de France ne leur permettaient pas de croire à la destruction si complète et si réelle de l'armée, et ils s'attendaient à la voir surgir sous les pavés. Ce sentiment se découvrait dans toutes leurs paroles, et ils avaient le bon sens de se laisser peu rassurer par les nôtres dont ils appréciaient la futilité sur bien des points.

Toutefois, nous avions raison en leur assurant que le pays était si dégoûté, si fatigué, si affamé de tranquillité, si rassasié de gloire qu'il avait complètement fait scission avec l'Empereur et ne demandait que de la sécurité. Il n'y a jamais eu un moment où le sentiment patriotique eut moins de force en France ; peut-être l'Empereur, par ses immenses conquêtes, l'avait-il affaibli en prétendant l'étendre. Nous ne voyions guère des compatriotes dans un Français de Rome ou de Hambourg. Peut-être aussi, et je le crois plus volontiers, le système de déception qu'il avait adopté dégoûtait-il la masse du pays. Les bulletins ne parlaient jamais que de nos triomphes, l'armée française était toujours victorieuse, l'armée ennemie toujours battue, et pourtant, d'échec en échec, elle était arrivée des rives de la Moskowa à celles de la Seine.

Personne ne croyait aux relations officielles. On s'épuisait à chercher le mot de l'énigme, et les masses cessaient de regarder avec autant d'intérêt les événements qu'il fallait deviner. Ce n'était plus la *chose publique* que celle dont on n'avait point de relation exacte et dont il était défendu de s'enquérir. L'Empereur avait tant travaillé à établir que c'était *ses* affaires et non les *nôtres* qu'on avait fini par le prendre au mot. Et, quoi qu'on en ait pu penser et dire depuis quelques années, en 1814, tout le monde, sans en excepter son armée et les fonctionnaires publics, était tellement fatigué qu'on n'aspirait qu'à se voir soulager d'une activité qui avait cessé d'être dirigée par une volonté sage et raisonnée. La toute-puissance l'avait enivré et aveuglé; peut-être n'est-il pas donné à un homme d'en supporter le poids.

Le duc de Raguse m'a une fois expliqué ses relations avec l'Empereur en une phrase qui est en quelque sorte applicable à la nation entière :

« Quand il disait : *Tout pour la France*, je servais avec enthousiasme; quand il a dit : *la France et moi*, j'ai servi avec zèle; quand il a dit : *Moi et la France*, j'ai servi avec obéissance; mais quand il a dit : *Moi sans la France*, j'ai senti la nécessité de me séparer de lui. »

Eh bien ! la France en était là; elle ne trouvait plus qu'il représentât ses intérêts; et, comme tous les peuples, encore plus que les individus, sont ingrats, elle oubliait les immenses bienfaits dont elle lui était redevable et l'accablait de ses reproches. À son tour, la postérité oubliera les aberrations de ce sublime génie et ses petitesses. Elle poétisera le séjour de Fontainebleau ; elle négligera de le montrer, après ses adieux si héroïques aux aigles de ses vieux bataillons, discutant avec la plus vive insistance pour obtenir quelque mobilier de plus à emporter dans son exil, et elle aura raison. Quand une figure comme celle de Bonaparte surgit dans les siècles, il ne faut pas conserver les petites obscurités qui pourraient ternir quelques-uns de ses rayons ; mais il faut bien expliquer comment les contemporains, tout en étant éblouis, avaient cessé de trouver ces rayons vivifiants et n'en éprouvaient plus qu'un sentiment de souffrance.

Le vendredi, de bonne heure, monsieur de Nesselrode nous fit dire que les souverains iraient à l'Opéra. Aussitôt voilà nos gens en campagne pour avoir des loges et nous y trouver en force. Les fleuristes furent mises en réquisition pour nous fournir des lis ; nous en étions coiffées, bouquetées, guirlandées. Les hommes avaient la cocarde blanche à leur chapeau. Jusque-là tout était bien. J'ai la rougeur sur le front de devoir raconter comme Française l'attitude que nous eûmes à ce spectacle.

D'abord, nous commençâmes par applaudir l'empereur Alexandre et le roi de Prusse à tout rompre ; ensuite, les portes de nos loges restèrent ouvertes et, plus il pouvait y entrer d'officiers étrangers, plus nous étions foulées, plus nous étions contentes. Il n'y avait pas un sous-lieutenant russe ou prussien qui n'eût le droit et un peu la volonté de les encombrer. J'avais deux ou trois généraux étrangers dans la mienne qui trouvaient cette familiarité moins charmante et qui les repoussaient à mon grand chagrin. Cependant j'avais lieu d'être un peu consolée par leur présence même et par la visite des ministres russes et du prince Auguste de Prusse, que je connaissais d'ancienne date.

Un moment avant l'arrivée des souverains dans la loge impériale, des jeunes gens *français*, des *nôtres*, étaient venus voiler d'un mouchoir l'aigle qui surmontait les draperies qui la décoraient. À la fin du spectacle, ces mêmes jeunes gens la brisèrent et l'abattirent à coups de marteau au bruit de nos vifs applaudissements. J'y pris part comme les autres gens de mon parti. Cependant je ne puis dire que ce fut en sûreté de conscience; je sentais quelque chose qui me blessait, sans trop savoir le définir. Sans doute, ces démonstrations avaient un sous-entendu, c'était la chute de Bonaparte, le retour présumé de nos princes que nous inaugurions; mais cela n'était pas assez clair.

Je n'éprouvai aucun sentiment de réticence, deux jours après, à la Comédie-Française, lorsqu'un homme étant sorti de dessus le théâtre, un grand papier à la main, l'attacha avec des épingles au rideau et, en se reculant, nous laissa voir les trois fleurs de lis remplaçant l'aigle, ceci était net. L'enthousiasme fut au comble et l'empereur Alexandre, en se levant dans sa loge et applaudissant lui-même, prenait un engagement formel.

On chanta en son honneur de mauvais couplets sur l'air d'*Henry IV* dont le dernier vers était : « Il nous rend un Bourbon[1]. » Nouvel enthousiasme;

---

1. En réalité le 1er avril, à la soirée de l'Opéra. L'orchestre ayant joué, à l'entrée des souverains alliés, l'air de *Vive Henri IV*, la salle en réclama les paroles à la fin de la représentation. Au refrain populaire furent alors substituées les paroles suivantes :

Vive Alexandre !
Vive ce roi des rois !
Sans rien prétendre,
Sans nous dicter des lois.

tout le monde fondait en larmes. Cette soirée ne me pèse pas sur la conscience ; mais je crois que celle de l'Opéra était tout au moins une grande faute.

Les partis se persuadent trop facilement qu'ils sont *tout le monde*. Nous aurions pu nous convaincre l'avant-veille que nous n'étions qu'une fraction minime dans la nation, et pourtant nous allions de gaieté de cœur affronter les sentiments honorables du pays et blesser cruellement ceux de l'armée. Cette aigle, qu'elle avait portée victorieuse dans toutes les capitales de l'Europe, nous semblions l'offrir en holocauste aux habitants de ces mêmes capitales qui, peut-être, ne nous honoraient guère de cette apparence de sentiments antinationaux.

Sans doute, ce n'était pas plus notre but que notre pensée, mais, assurément, il ne fallait pas beaucoup de malveillance pour l'expliquer ainsi. Le parti abattu pouvait sincèrement en être persuadé et il n'est pas étonnant qu'une pareille conduite ait engendré ces longues haines qui ont tant de peine à s'éteindre. C'est bien à regret que je l'avoue, mais le parti royaliste est celui qui a le moins l'amour de la patrie pour elle-même ; la querelle qui s'est élevée entre les diverses classes a rendu la noblesse hostile au sol où ses privilèges sont méconnus, et je crains qu'elle ne soit plus en sympathie avec un noble étranger qu'avec un bourgeois français. Des intérêts communs froissés ont établi des affinités entre les classes et brisé les nationalités.

> *Ce prince auguste*
> *A ce triple renom*
> *De héros, de juste*
> *De nous rendre un Bourbon !*
> *Vive Guillaume*
> *Et ses guerriers vaillants !* etc.

Ces dernières étaient pour le moins inconvenantes.

Ce vendredi, jour de l'Opéra, nous étions à dîner, la porte de la salle à manger s'ouvrit avec fracas et un général russe s'y précipita en valsant tout autour de la table et chantant:

«Ah! mes amis, mes bons amis, mes chers amis.»

Notre première pensée à tous fut qu'il était fou, puis mon frère s'écria:

«Ah! c'est Pozzo.»

C'était lui, en effet. Les communications étaient tellement difficiles, sous le régime impérial, que, malgré l'intimité qui existait entre nous, nous ignorions même qu'il fût au service de la Russie. Lui n'avait su où nous trouver que peu d'instants avant celui où il arrivait avec tant d'empressement. Il nous accompagna à l'Opéra et, depuis ce temps, je n'ai guère été un jour sans le voir, au moins une fois. Il a été un des moyens par lesquels j'ai été initiée dans les affaires, non que je m'en mêlasse, mais il trouvait en moi sûreté, intérêt, discrétion, et il se plaisait à *sfoggursi*, comme il disait, auprès de moi. Je m'y prêtais d'autant plus volontiers que j'ai toujours aimé à faire de la politique *en amateur*.

Je trouve que, lorsqu'on n'est pas assez heureusement organisé pour s'occuper exclusivement et religieusement du sort futur qui doit nous être éternel, ce qu'il y a de plus digne d'intérêt pour un esprit sérieux c'est l'état actuel des nations sur la terre.

Mes relations russes m'avaient appris qu'en sortant, le 4, du Théâtre-Français, où il avait applaudi l'inauguration des fleurs de lis, l'empereur Alexandre devait monter en voiture pour se rendre au quartier général de l'armée. Le général Pozzo restait accrédité auprès du gouvernement provisoire, c'est-à-dire devait lui communiquer les ordres d'Alexandre. Les précautions prises dans cette circonstance par les Alliés pour assurer leur retraite sans repasser par Paris prouvent combien ce fantôme d'armée

qu'ils allaient trouver devant eux leur causait encore
d'effroi et l'influence qu'exerçait sur eux le grand
nom de Napoléon.

En France, il ne pouvait plus rien. Aucune sympathie ne s'y attachait. Il avait eu beau appeler les
Normands et les Bretons au secours des Bourgui-
gnons et des Champenois et ressusciter ainsi les
anciens noms de provinces, ces fantasmagories, où
naguère il était aussi heureux qu'habile, avaient
perdu leur prestige avec celui de la victoire; et le
Breton ne s'était pas senti plus électrisé que l'habitant du Finistère. Soit qu'ils ignorassent cette disposition, soit qu'ils craignissent le réveil, toujours
est-il que ce n'était pas sans un effroi continu, avec
redoublements, que les étrangers se voyaient dans
la capitale de la France.

La nouvelle de négociations entamées entre le
prince de Schwarzenberg et le maréchal Marmont
suspendit le départ de l'empereur de Russie. On ne
peut s'empêcher de reconnaître que la conduite
sage, modérée, généreuse de ce souverain justifiait
l'enthousiasme que nous lui montrions. Il était alors
âgé de trente-sept ans, mais il paraissait plus jeune.
Une belle figure, une plus belle taille, l'air doux et
imposant tout à la fois, prévenaient en sa faveur; et
la confiance avec laquelle il se livrait aux Parisiens,
allant partout sans escorte et presque seul, avait
achevé de lui gagner les cœurs. Il était adoré de ses
sujets.

Je me rappelle, quelques semaines plus tard, être
arrivée au spectacle au moment où il entrait dans
sa loge. La porte en était gardée par deux grands
colosses de sa garde, se tenant dans la rigueur du
maintien militaire et n'osant se déranger pour
essuyer leur visage tout inondé de larmes. Je demandai à un officier russe ce qui les mettait en cet état:

«Ah! me répondit-il négligemment, c'est que

l'Empereur vient de passer et probablement ils ont réussi à toucher son vêtement. »

Un pareil bonheur était si grand qu'ils ne savaient l'exprimer que par des pleurs d'attendrissement. J'ai souvent vu l'Empereur, j'ai même eu l'honneur de danser la polonaise avec lui sans en pleurer de bonheur comme ses gardes. Mais j'étais assez frappée de sa supériorité pour regretter vivement que nos princes lui ressemblassent si peu. Ce n'est que quelques années plus tard que la mysticité a développé en lui une disposition soupçonneuse qui a fini par être portée jusqu'à la démence. Tous les mémoires contemporains s'accorderont à reconnaître en lui deux hommes tout à fait différents selon l'époque où ils en parleront ; l'année 1814 a été l'apogée de sa gloire.

La brochure de monsieur de Chateaubriand, *Bonaparte et les Bourbons*, imprimée avec une rapidité qui ne répondait pas encore à notre impatience, parut [1]. Je me rappelle l'avoir lue dans des transports d'admiration et avec des torrents de larmes dont j'ai été bien honteuse lorsqu'elle m'est retombée sous la main, quelques années plus tard. L'auteur a fait si complètement le procès à ce factum de parti par l'encens qu'il a brûlé sur l'autel de Sainte-Hélène qu'il l'a jugé plus sévèrement que personne. Forcée d'avouer combien j'étais associée à son erreur, j'aurais bien mauvaise grâce à lui en faire un crime.

Les étrangers, moins aveuglés que nous, sentaient toute la portée de cet ouvrage, et l'empereur Alexandre particulièrement s'en tint pour offensé. Il n'oubliait pas avoir vécu dans la déférence de l'homme si violemment attaqué. Monsieur de Chateaubriand se rêvait déjà un homme d'État ; mais

1. Annoncé par affiche dès le 1er avril, le pamphlet de Chateaubriand fut publié le 5.

personne que lui ne s'en était encore avisé. Il mit
un grand prix à obtenir une audience particulière
d'Alexandre.

Je fus chargée d'en parler au comte de Nesselrode.
Il l'obtint. L'Empereur ne le connaissait qu'en sa
qualité d'écrivain; on le fit attendre dans un salon
avec monsieur Étienne[1], auteur d'une pièce que
l'Empereur avait vu représenter la veille. L'Empereur, en traversant ses appartements pour sortir,
trouva ces deux messieurs; il parla d'abord à Étienne
de sa pièce, puis dit un mot à monsieur de Chateaubriand de sa brochure qu'il prétendit n'avoir pas
encore eu le temps de lire, prêcha la paix entre eux à
ces messieurs, leur assura que les gens de lettres
devaient s'occuper d'amuser le public et nullement
de politique et passa sans lui avoir laissé l'occasion
de placer un mot. Monsieur de Chateaubriand lança
un coup d'œil peu conciliateur à Étienne et sortit
furieux.

Le comte de Nesselrode, qui en était pourtant
fâché, ne pouvait s'empêcher de rire un peu en
racontant les détails de cette entrevue. Je n'ai jamais
su au juste si cette assimilation avec Étienne était
une malice ou une erreur de l'Empereur. Monsieur
de Chateaubriand avait cependant pris quelques
précautions pour l'éviter. Dès le lendemain de l'entrée des Alliés, il s'était affublé d'un uniforme de
fantaisie par-dessus lequel un gros cordon de soie
rouge, passé en bandoulière, supportait un immense
sabre turc qui traînait sur tous les parquets avec un
bruit formidable. Il avait certainement beaucoup

1. Charles-Guillaume Étienne (1777-1845), censeur du
Journal de l'Empire, auteur de comédies assez fades, au titre
charmant (Mme Campan se crut visée par *le Dey d'Alger ou la
Visite au pensionnat*). Il sera plus tard dans le *Constitutionnel*
un farouche adversaire des Romantiques.

plus l'apparence d'un capitaine de forbans que d'un pacifique écrivain; ce costume lui valut quelques ridicules, même aux yeux de ses admirateurs les plus dévoués.

Je ne sais plus quel jour de cette semaine aventureuse un de mes parents m'assura connaître un officier qui disait avoir reçu, le jour de la bataille de Paris, l'ordre, apporté par monsieur de Girardin[1], de faire sauter le dépôt de poudre des Invalides. Cela se répéta dans mon salon et parvint aux oreilles de monsieur de Nesselrode; il me demanda si je pouvais savoir le nom de cet officier et obtenir des détails sur cette aventure. J'appelai la personne qui l'avait racontée. Elle répéta que monsieur de Lescour, officier d'artillerie commandant aux Invalides, avait été appelé le mardi soir à la brume, à la grille de l'hôtel, qu'il y avait trouvé monsieur le comte Alexandre de Girardin à cheval et couvert de poussière, qu'il lui avait donné l'ordre formel, de la part de l'Empereur, de faire sauter les poudres; que monsieur de Lescour n'ayant pu retenir un mouvement d'horreur, monsieur de Girardin lui avait dit:

«Est-ce que vous hésitez, monsieur?»

Lescour, craignant alors qu'un autre ne fût chargé de la fatale commission, s'était remis, et avait répondu:

«Non, mon général, je n'hésite jamais à obéir à mes chefs.»

Que, sur cette réponse, monsieur de Girardin était reparti au galop. On offrait, au reste, de m'amener monsieur de Lescour le lendemain matin. Monsieur

---

1. Le général comte Alexandre de Girardin (1776-1855) servit brillamment dans les armées impériales. Aide de camp de Berthier, il arriva dans la soirée du 30 mars, venant de Troyes à bride abattue. Il fut nommé grand veneur par Louis XVIII, après une conduite indécise en 1815.

de Nesselrode me pria d'y consentir. Le duc de Maillé, présent à ce récit, se rappela avoir vu monsieur de Girardin sur le pont Louis XVI, le jour et à l'heure indiqués, passant à cheval très vite et avoir été étonné de lui voir tourner à droite, en effet, du côté des Invalides. Monsieur de Lescour vint chez moi le lendemain; j'avais préalablement reçu un billet du comte de Nesselrode qui me demandait de le lui envoyer. Il y alla, fut présenté à l'empereur Alexandre, reçut force compliments et la croix de Sainte-Anne. Il revint chez moi dans des transports de joie et de reconnaissance. Il me parut un homme fort simple et fort véridique.

Quelques jours après, la princesse de Vaudémont, sa protectrice, le tança vertement d'avoir publié cette affaire. On le mena déjeuner chez madame de Vintimille[1]. Mesdames de Girardin et Greffulhe, ses nièces, s'y trouvèrent; elles pleurèrent beaucoup. Le général Clarke, auquel Lescour était accoutumé d'obéir comme ministre de la guerre, lui reprocha de s'être vendu à *l'ennemi*. On l'entoura, on le pressa; on voulut obtenir de lui un démenti. Il n'y consentit pas tout à fait, mais on l'amena à signer une déclaration où, en confirmant avoir reçu l'ordre verbal d'un officier supérieur, il ajoutait que le jour était tellement tombé qu'il n'était pas sûr de l'avoir reconnu et pouvait bien s'être trompé en le nommant. En sortant de là, il vint chez moi me raconter ce qu'il avait fait.

«Monsieur de Lescour, lui dis-je, vous vous êtes perdu. Quand on avance des faits d'une pareille gra-

---

1. Son frère, le comte de Vintimille, avait eu trois filles de Marie-Gabrielle de Lévis, toutes trois nées un peu avant la Révolution; Caroline épousa le marquis de l'Aigle, Célestine le comte Greffulhe, puis en secondes noces le général Philippe de Ségur, Joséphine le comte Alexandre de Girardin.

vité, il faut en être tellement sûr qu'aucune circonstance ne puisse faire varier sur le moindre détail, et
c'en est un bien important que celui sur lequel vous
vous êtes rétracté. Je comprends que cela doit
donner de grands doutes sur votre véracité, et les
personnes qui ont arraché ce désaveu à votre faiblesse seront les premières à en profiter pour vous
inculper.»

Le pauvre homme en convenait et était au désespoir; le résultat que je lui avais annoncé ne tarda
pas. Il fut promptement établi que monsieur de Lescour était un misérable aventurier qui avait inventé
toute cette fable pour se faire un sort; on lui donna
vite une petite place à Cette où on l'envoya. Monsieur de Girardin ne tarda pas à être en faveur
auprès de nos princes et le pauvre Lescour a été
persécuté par lui. Je ne l'ai jamais revu et je ne sais
ce qu'il est devenu.

Il est généralement convenu de repousser cette
circonstance comme fausse. Cependant, quand je
rapproche ce récit du départ précipité de madame
Bertrand, exécuté sur un ordre de son mari, des sollicitations passionnées de monsieur de La Touche
pour nous faire partir ce même jour, de la visite
rapide et silencieuse de monsieur de Girardin à
l'état-major où il se contenta de prendre connaissance de la capitulation avant de retourner à Juvisy
où l'Empereur l'attendait, et enfin de la rencontre
que monsieur de Maillé en fit sur le pont et du chemin qu'il lui vit prendre, qui, assurément, n'était
pas celui d'un homme très pressé de se rendre à
Fontainebleau, j'avoue que je suis assez portée à
croire à la véracité de monsieur de Lescour et à le
regarder comme une victime sacrifiée par sa propre
faiblesse à l'intérêt des autres.

CHAPITRE III

J'arrive, avec répugnance, à ce que l'histoire ne pourra s'empêcher d'appeler la défection du maréchal Marmont[1]. Sans doute, elle la dépouillera de toutes les calomnies qu'on y a jointes, mais l'attachement sincère que je lui porte me force à m'affliger qu'une action, très défendable en elle-même, ait été conçue par un homme pour lequel la seule pensée en était un tort. Il est exactement vrai que le maréchal n'est coupable que d'être entré en négociation avec le prince de Schwarzenberg à l'insu de l'Empereur. Mais il était trop personnellement attaché à Napoléon, il en avait été comblé de trop de bontés, il en avait reçu trop de grâces pour qu'il ne fût pas dans son rôle, peut-être dans son devoir, de rester exclusivement lié à sa fortune. Lui-même l'a si bien senti que cette circonstance de sa vie a exercé depuis la plus fâcheuse influence sur ses actions et l'a rendu bien malheureux, lorsque le premier moment de l'excitation a été passé.

J'ai eu lieu de m'occuper des détails de cette affaire ; j'ai été chargée d'en faire rédiger une relation, et j'ai cherché la vérité avec d'autant plus de soin que je ne voulais pas qu'on pût l'opposer à aucun des faits qui seraient rapportés. Ces documents ont été réunis et remis, en 1831, à monsieur Arago qui disait vouloir les publier. Mais, comme cela arrive quelquefois, le courage lui a manqué pour s'occuper d'un ami proscrit par les passions populaires. Toutefois, voici ce qui est resté démon-

---

1. Outre le livre de Houssaye déjà cité, consulter la biographie de Pierre Saint-Marc, *le Maréchal Marmont duc de Raguse, 1774-1852*, A. Fayard, 1957.

tré pour moi, comme la plus exacte vérité, sur cet événement.

L'empereur Napoléon vint visiter l'armée de Marmont campée à Essonnes[1]; il donna de grands éloges à toute sa conduite dans l'affaire de Paris où il avait encore tenu l'ennemi en échec quatre heures après avoir reçu l'ordre du roi Joseph de capituler. Il promit pour le corps d'armée les récompenses et les grades demandés par le maréchal. Ensuite il entra avec lui dans les détails de ses plans, sur ce qu'il y avait à faire ultérieurement. Il lui donna l'ordre de marcher dans la nuit avec ses dix mille hommes pour reprendre poste sur les hauteurs de Belleville :

« Sire, je n'ai pas quatre mille hommes en état de marcher. »

L'Empereur passa à autre chose, puis, un instant après, revint à parler des dix mille hommes. Le maréchal répéta qu'il n'en avait pas quatre mille sous ses ordres, ce qui n'empêcha pas l'Empereur de disposer de cinq mille hommes sur une route, de trois sur une autre, en en laissant deux avec l'artillerie, comme si les dix mille hommes existaient ailleurs que dans sa volonté.

Ce n'était pas tout à fait une aberration ; il avait adopté cette tactique dans toute la campagne de France, et elle lui avait réussi. Il n'aurait pas osé demander à des corps aussi faibles qu'ils l'étaient effectivement les prodiges qu'ils en attendaient, et, en ayant l'air d'y compter, il les obtenait. Après qu'il eut achevé de développer son plan à Marmont, celui-ci lui demanda où et comment il passerait la Marne. L'Empereur se frappa le front :

« Vous avez raison, c'est impossible ; il faut songer

---

1. La convention du 31 mars ayant déclaré Paris ville ouverte, les troupes de Marmont avaient pu se replier au sud de la capitale.

à un autre moyen d'entourer Paris. Pensez-y de votre côté ; avertissez-moi de tout ce que vous apprendrez. Attendez de nouveaux ordres. »

L'Empereur retourna à Fontainebleau. Le maréchal Marmont resta confondu de l'idée d'*entourer Paris*, gardé par deux cent mille étrangers qui en attendaient journellement deux cent mille autres, avec une trentaine de mille hommes, tout au plus, dont l'Empereur pouvait disposer. Il prévoyait l'anéantissement des restes de cette pauvre armée et peut-être la destruction de la capitale, si, comme l'Empereur l'espérait, il réussissait à y faire éclater quelques démonstrations hostiles à l'armée alliée. Ce n'était pas la première fois que les projets de l'Empereur lui avaient paru disproportionnés, jusqu'à la folie, avec les moyens qui lui restaient.

Le soir de la bataille de Champaubert, les chefs de corps qui y avaient pris part soupaient chez l'Empereur ; chacun mangeait un morceau à mesure qu'il arrivait. Ils étaient encore cinq ou six à table, au nombre desquels se trouvaient Marmont et le général Drouot.

L'Empereur se promenait dans la chambre et faisait une peinture de situation dans laquelle il établissait qu'il était plus près des bords de l'Elbe que les Alliés de ceux de la Seine. Il s'aperçut du peu de sympathie que ses paroles trouvaient parmi les maréchaux ; chacun regardait dans son assiette sans lever les yeux.

Alors, s'approchant du général Drouot, et lui frappant sur l'épaule :

« Ah ! Drouot, il me faudrait dix hommes comme vous !

— Non, Sire, il vous en faudrait cent mille. »

Cette noble réponse coupa court au plan de campagne.

Le duc de Raguse était sous le poids de ses souve-

nirs et de bien pénibles impressions, lorsque arriva
près de lui monsieur de Montessuis[1]. Il avait été son
aide de camp et était resté dans sa familiarité,
quoique devenu très exalté royaliste. Il lui apportait
les documents et proclamations publiés dans Paris :
la déchéance de l'Empereur par le Sénat, les ordres
du gouvernement provisoire[2] et enfin des lettres de
plusieurs personnes ralliées à ce gouvernement qui
engageaient le maréchal à suivre leur exemple : le
général Dessolle[3], son ami intime, monsieur Pasquier, dont il connaissait l'honneur et la probité,
étaient du nombre. On lui faisait valoir l'importance
de donner sur-le-champ une force armée quelconque au gouvernement provisoire, afin qu'il pût
siéger au conseil des étrangers d'une façon plus
honorable ; et on lui insinuait plus bas que cette
même force permettrait de faire des conditions à la
famille que le sort semblait rappeler au trône de ses
ancêtres.

Montessuis faisait sonner bien haut le nom de
Monk et le rôle de sauveur de la Patrie. Il montrait
au maréchal la France le bénissant des institutions
qu'elle lui devrait et l'armée le reconnaissant pour
son protecteur. De l'autre côté, il se rappela les
paroles extravagantes de l'Empereur, il conçut la

1. Le 3 avril.
2. La déchéance avait été proclamée le 2 avril. Le même
jour, le gouvernement déliait les militaires de leur serment.
3. Général de division à trente-deux ans pour sa conduite
en Italie, Dessolle (1767-1828) avait aussi montré en Espagne
des capacités administratives. Nommé commandant de la
garde nationale et de la place de Paris en 1814, il fit écarter la
Régence. Créé pair de France, major général des gardes nationales, il lança un ordre du jour virulent en mars 1815, avant
de suivre le roi sur la route de Gand. Sous la Restauration,
après avoir défendu la liberté de la presse et la loi Gouvion
Saint-Cyr, il dirigea un ministère de transition après la démission de Richelieu, puis se retira en novembre 1819.

funeste pensée de le sauver malgré lui et eut la faiblesse de s'en laisser séduire.

Cependant il assembla les chefs de corps, plus nombreux que la force de son armée ne le comportait; il leur soumit les propositions qu'on lui faisait, et la position où ils se trouvaient. Tous, à l'exception du général Lussot, opinèrent pour se soumettre au gouvernement nouveau. Monsieur de Montessuis fut chargé d'établir des communications avec le quartier général du prince de Schwarzenberg. Il y eut des projets proposés des deux côtés, mais rien d'écrit[1].

Tel était l'état des choses lorsque les maréchaux[2] envoyés de Fontainebleau pour demander la Régence, arrivèrent à Essonnes. Je tiens le reste des détails du maréchal Macdonald qui, après me les avoir racontés, a pris la peine de les dicter, lorsque je recherchais des renseignements exacts pour la notice dont monsieur Arago s'était chargé.

Les maréchaux n'avaient point, quoi qu'on ait dit, l'ordre de l'Empereur de s'associer le maréchal Marmont. Ils s'arrêtèrent chez lui en attendant le laissez-passer qu'ils avaient fait demander au quartier général des Alliés, alors établi au château de Chilly, au-dessus de Longjumeau. Ils lui racontèrent le motif de leur voyage à Paris. Marmont leur confia dans tous ses détails sa position vis-à-vis du prince de Schwarzenberg: il pouvait recevoir à chaque instant l'acceptation des demandes faites par lui. Mais il dit à ses collègues qu'il se désistait de toute démarche personnelle jusqu'à ce que le sort de celle

---

1. Tous les témoignages des diplomates étrangers alors à Paris font croire que Marmont avait dans la nuit du 3 au 4 non seulement fait parvenir ses conditions, mais accepté celles du prince de Schwarzenberg, dont la lettre de garantie arriva le 4 au matin (c'est la date qu'elle porte dans le *Moniteur* du 6, mais on a prétendu qu'elle avait été antidatée).

2. Accompagnés de Caulaincourt.

qu'ils allaient tenter fût décidé. Ils convinrent qu'il irait visiter ses postes et qu'il se rendrait introuvable jusqu'à leur retour, qu'alors, et suivant leur succès, ils décideraient entre eux ce qu'il conviendrait de faire et agiraient en commun.

Le maréchal Ney remarqua que peut-être ce commencement de négociation avec un des maréchaux, en donnant l'espoir de désunir les chefs des différents corps, éloignerait l'acceptation de la Régence qu'ils allaient demander, qu'il vaudrait mieux que le maréchal Marmont les accompagnât pour prouver leur accord. Les autres adoptèrent cet avis, et le duc de Raguse ne fit aucune difficulté de les suivre.

Avant de partir et devant eux, il donna jusqu'à trois fois l'ordre aux chefs de corps qu'il laissait à Essonnes de ne pas bouger avant son retour; il le promettait pour la matinée du lendemain. Le laissez-passer n'arriva pas de Chilly; les maréchaux impatients du retard se présentèrent aux avant-postes et se firent mener au quartier général de l'avant-garde, à Petit-Bourg, où ils espéraient se faire donner une escorte. Ils entrèrent dans le château; le duc de Raguse, qui n'avait pas de pouvoir de l'Empereur, resta dans la voiture. Mais le prince de Schwarzenberg, qui se trouvait aux avant-postes, apprenant par des subalternes qu'il était là, l'envoya prier de descendre. Il eut un moment d'entretien avec lui. Il lui dit que ses propositions avaient été envoyées à Paris et qu'elles étaient acceptées.

Le maréchal lui répondit que sa position était changée, que ses camarades étaient chargés d'une communication à laquelle il s'associait entièrement et que tout ce qui s'était passé entre eux jusque-là devait être regardé comme nul et non avenu. Le prince de Schwarzenberg lui assura comprendre parfaitement son scrupule, et ils entrèrent ensemble dans le salon, à l'étonnement des autres maréchaux.

Le duc de Raguse leur raconta ce qui venait de se passer entre lui et le prince de Schwarzenberg et combien il se sentait soulagé par cette explication. Il les accompagna chez l'empereur Alexandre et fut celui qui parla le plus vivement en faveur du roi de Rome et de la Régence. Il n'y avait pas grand mérite car, assurément, c'était bien leur propre cause que les maréchaux plaidaient en ce moment[1].

À cette conférence impérialiste, l'empereur Alexandre en fit succéder une avec les membres du gouvernement provisoire et les gens les plus compromis dans le mouvement royaliste. Il discuta contre les Bonaparte dans la première et contre les Bourbons dans la seconde, se persuadant qu'il agissait avec grande impartialité. Après le conseil, qui se prolongea jusqu'au point du jour, il fit rentrer les envoyés de Fontainebleau, leur dit qu'il devait consulter ses alliés, et les remit à neuf heures du matin pour obtenir une réponse. On a prétendu qu'il avait déjà connaissance du mouvement d'Essonnes ; cela paraît impossible[2]. Ce qui est sûr, c'est qu'il n'en donna aucun avertissement, et tous les beaux discours qu'on a prêtés à lui et aux autres maréchaux vis-à-vis de Marmont sont complètement faux.

Les maréchaux se rendirent chez le maréchal Ney pour y attendre l'heure fixée par l'Empereur. Ils y déjeunaient lorsqu'on vint avertir le maréchal Marmont qu'on le demandait ; il sortit un instant, rentra pâle comme la mort ; le maréchal Macdonald lui demanda ce qu'il y avait :

« C'est mon aide de camp qui vient m'avertir que

1. Marmont est seul à prétendre avoir fait partie de la délégation, le 4 au soir. En réalité, il attendit le retour de ses camarades chez Ney.
2. Il est probable, au contraire, qu'il en fut averti dans la nuit, ce qui explique le durcissement du lendemain.

les généraux veulent mettre mon corps d'armée en mouvement ; mais ils ont promis de m'attendre et j'y cours pour tout arrêter. »

Pendant ces rapides paroles, il rattachait son sabre et prenait son chapeau. L'aide de camp était Fabvier : il racontait qu'à peine les maréchaux avaient quitté Essonnes, l'empereur Napoléon avait fait demander Marmont ; un second, puis un troisième message l'avaient mandé à Fontainebleau, ce dernier portait l'ordre au général commandant de se rendre chez l'Empereur si le maréchal était encore absent.

Les généraux, inquiets de leur position, se persuadèrent que l'Empereur avait eu connaissance des paroles échangées avec l'ennemi. La crainte s'était emparée d'eux et ils avaient cherché leur salut personnel dans l'exécution du mouvement que Marmont avait formellement défendu en partant pour Paris. Le maréchal se jeta dans une calèche qui se trouvait tout attelée dans la cour du maréchal Ney. À la barrière, on lui refusa le passage ; il fallut retourner à l'état-major de la place ; on le renvoya au gouverneur de la ville. Bref, il perdit assez de temps à se procurer un passeport pour qu'il arrivât un second aide de camp, le colonel Denis. Il annonça que, malgré la parole donnée à Fabvier de l'attendre, les chefs avaient mis la troupe en route dès qu'il avait été parti, que lui, Denis, l'avait accompagnée jusqu'à la Belle-Épine, qu'elle y avait pris la route de Versailles où elle devait être près d'arriver, le mal était fait et irréparable.

Le maréchal Marmont resta à Paris ; il y apprit la fureur de son corps d'armée lorsqu'il avait su pour quelle cause il se trouvait à Versailles. Il s'y rendit immédiatement ; la troupe en était déjà partie, en pleine révolte pour retourner à Fontainebleau. Il courut après elle, l'arrêta, la harangua, la persuada et la ramena à Versailles, ayant fait en cette circonstance une des actions les plus énergiques, les plus difficiles et les plus hardies qui se puissent tenter[1].

Voilà la vérité exacte que j'ai pu recueillir en constatant tous les faits sur la *défection de Marmont*. On voit qu'elle se borne à avoir entamé des négociations à l'insu de l'Empereur.

Pour être complètement impartiale, j'avouerai qu'il a eu d'autres torts. Le maréchal Marmont est le type du soldat français; bon, généreux, brave, candide, il est mobile, vaniteux, susceptible de s'enthousiasmer et le moins conséquent des hommes. Il agit toujours suivant l'impulsion du moment, sans réfléchir sur le passé, sans songer à l'avenir. Il se trouva placé sur un terrain où tout ce qui l'entourait applaudissait à l'action dont on le supposait l'auteur et lui en vantait l'importance. Partout il était salué du nom de Monk; on lui affirmait, en outre, que la résolution de ne transiger d'aucune sorte avec l'Empire était prise dès le premier jour, que la proclamation du 30 en faisait foi, que la démarche des maréchaux ne pouvait donc avoir de succès. Lui, d'une autre part, se disait que ses généraux n'avaient fait qu'exécuter ce qu'il leur avait proposé dans des circonstances restées les mêmes, puisque la Régence avait été refusée, qu'ainsi il serait peu généreux de les désavouer, etc. Enfin, à force de raisons, bonnes ou mauvaises, il en vint à se persuader qu'il devait assumer la responsabilité sur sa tête.

La convention avec le prince de Schwarzenberg fut rédigée le lendemain matin, signée, *antidatée* et

---

1. Lorsque au petit jour, les soldats du 6ᵉ Corps se virent dans les lignes ennemies, ils continuèrent malgré quelques murmures leur marche sur Versailles, où ils arrivèrent exténués. La lassitude l'emporta sur les velléités de mutinerie; Marmont réussit à leur faire accepter l'autorité du gouverne ment provisoire.

envoyée au *Moniteur*. Non content de cela, le maréchal reçut une députation de la Ville de Paris qui le remerciait du service qu'il avait rendu. Il l'accueillit, et la harangue aussi bien que la réponse furent mises au *Moniteur*. Enfin il se donna, avec grand soin, toutes les apparences d'une trahison qu'il n'avait pas commise et à laquelle sa présence au milieu des maréchaux ajoutait un caractère de perfidie.

Il ne lui resterait aucune preuve de la vérité du récit que je viens de faire si le hasard n'avait pas fait que, cherchant dans ses papiers, après la révolution de 1830, son aide de camp, monsieur de Guise, le même qui rédigea, en 1814, la *convention antidatée* avec le prince de Schwarzenberg, trouvât derrière un tiroir de secrétaire une vieille lettre toute chiffonnée. C'était celle par laquelle le général Bordesoulle lui annonçait le départ des troupes d'Essonnes, en lui demandant excuse d'avoir agi contrairement aux ordres qu'il avait donnés et lui expliquant que les appels trois fois réitérés de l'Empereur l'y avaient décidé.

Quoique le maréchal Marmont ait cruellement souffert des calomnies répandues sur son compte[1], une fois que l'enivrement où on le tenait fut cessé, il n'avait plus pensé à cette lettre et il en avait complètement oublié l'existence. Cela seul suffit à le peindre. Probablement ce document sera publié ; je l'ai lu bien des fois.

Les maréchaux, chargés des propositions de Fontainebleau, se présentèrent à neuf heures chez l'empereur Alexandre qui refusa de traiter sur tout autre

---

1. Sous la première Restauration, on disait ragusade pour dire trahison. En 1815, il fut radié par Napoléon de la liste des maréchaux. Dans son exil de Venise, où il mourut en 1852, les gosses le montraient encore du doigt en criant dans la langue de Goldoni : *Ecco colui ga tradi Napoléon.*

pied que l'abdication pure et simple de Napoléon. Il fit valoir la défection qui commençait à s'établir dans l'armée française comme un argument péremptoire. Les maréchaux, qui en étaient restés sur la première nouvelle apportée par Fabvier, protestèrent de la fidélité de l'armée. L'Empereur sourit et leur dit que le corps de Marmont était en pleine marche pour se rendre à Versailles. Les maréchaux partirent sans avoir revu leur camarade Marmont. Ils ne trouvèrent plus trace de son corps d'armée sur la route de Fontainebleau.

Je me suis étendue sur ce récit, d'abord parce que les faits en ont été dénaturés par l'esprit de parti, ensuite parce que je crois que personne ne les sait mieux que moi. Dans l'intention que j'ai déjà indiquée, j'ai réuni tous les témoignages et tous les documents, et j'ai pris le soin de voir comment ils pouvaient coïncider entre eux pour ne rien avancer qui pût être disputé avec quelque ombre de fondement. Peut-être ai-je une connaissance plus nette et plus claire de cette affaire que le maréchal lui-même qui a commencé par la croire sincèrement un sujet d'éloge et ne s'est aperçu de son erreur que lorsqu'il a été assailli d'atroces calomnies. Il a eu le nouveau tort de trop les mépriser.

Les chefs qui ont agi de violence contre l'Empereur à Fontainebleau, voyant le torrent de l'opinion populaire retourner en faveur du grand homme dont les malheurs rappelaient le génie, cherchèrent à cacher leur action derrière celle du duc de Raguse. L'amour-propre national préféra crier à la trahison plutôt que d'avouer des défaites, et il fut très promptement établi dans l'esprit du peuple que le duc de Raguse avait vendu et livré successivement Paris et l'Empereur. L'un était aussi faux que l'autre.

Les maréchaux, de retour à Fontainebleau, arrachèrent par la violence l'abdication de l'Empereur;

le maréchal Ney s'empressa d'en donner avis aux Alliés, et, au retour des envoyés de Fontainebleau à Paris, le maréchal Macdonald m'a raconté que les autres furent très étonnés d'entendre le comte de Nesselrode remercier Ney de son *importante communication.*

Il est temps de revenir à ce qui se passait de notre côté. Le lundi, je ne vis personne d'instruit des événements, mais, le mardi matin, on vint chanter victoire chez moi. Pozzo me raconta que la journée de la veille avait été bien hasardeuse. L'Empereur était entouré de gens qui commençaient à s'effrayer de la situation d'une armée dans une ville comme Paris. Les rapports des provinces occupées n'étaient point rassurants. Les populations, opprimées par les malheurs inhérents à la guerre, étaient prêtes à se soulever. Tout ce qui était autrichien n'avait d'oreille que pour écouter ces récits et de langue que pour les répéter.

Le prince de Schwarzenberg commençait à se reprocher la proclamation dont Pozzo lui avait escamoté la signature; évidemment il ne voulait pas prendre la responsabilité du séjour prolongé à Paris. Il s'agissait de disposer, en l'absence de l'empereur d'Autriche, du sort de sa fille et du sceptre de son petit-fils. Le roi de Prusse était, au su de tout le monde, complètement soumis à la volonté d'Alexandre; c'était donc d'elle seule que dépendaient de si grandes résolutions. On ne peut s'étonner qu'il fût agité ni blâmer ses hésitations. Elles furent telles que Pozzo crut la partie perdue pendant la fin du jour et la moitié de la nuit.

Le duc de Vicence, qui avait jusque-là vainement sollicité une audience, en obtint une fort longue. Celle des maréchaux ne le fut pas moins; toutefois, l'impression qu'ils avaient pu faire sur l'empereur Alexandre fut victorieusement combattue par les personnes qui composaient le gouvernement provisoire et son conseil. On fit valoir à l'Empereur qu'on ne s'était autant compromis que sur un engagement signé de son nom. S'il revenait aujourd'hui sur la promesse de ne traiter, ni avec Napoléon, ni avec sa famille, le sort de tous les gens qui s'étaient confiés à sa parole devenait l'exil ou l'échafaud. Cette question de générosité personnelle eut beaucoup de prise sur lui.

Il était, a-t-il dit depuis, déjà décidé lorsqu'il renvoya les maréchaux à neuf heures du matin pour donner une réponse ; il le laissa deviner à Pozzo et au comte de Nesselrode, peut-être même à monsieur de Talleyrand. Mais il ne voulut pas s'expliquer nettement avant de s'être donné l'air de consulter le roi de Prusse et le prince de Schwarzenberg.

Le mardi matin, toute hésitation avait disparu[1] et nous l'apprîmes en même temps que les dangers que nous avions courus. Ces dangers étaient réels et personnels, car, à la façon dont nous étions compromis, nous n'avions d'autre parti à prendre que de nous mettre à la suite des bagages russes si les Alliés avaient remis le gouvernement entre les mains des bonapartistes. La Régence n'aurait été, au fond, qu'une transition pour revenir promptement au régime impérial.

Mes gens de Châtenay accoururent tout éplorés me dire qu'ils ne savaient plus que devenir : le maire était en fuite, l'adjoint caché dans mon enclos. Les premiers jours, ma maison avait été occupée par un état-major qui, ayant trouvé la cave bonne, avait emporté tout le vin qu'il n'avait pas eu le temps de

1. C'est le mardi 16 que, sur les pressions de la mission revenue la veille à Fontainebleau, Napoléon abdiqua, tandis que le Sénat appelait au trône Louis-Stanislas Xavier de Bourbon.

boire et l'avait laissée complètement à sec, ce qui ne mettait pas les nouveaux arrivés de bonne humeur. Les détachements de toute arme, de toute nation s'y succédaient et excitaient la terreur des habitants du village ; ils avaient déjà appris à leurs dépens que les Bavarois et les Wurtembourgeois étaient les plus redoutables.

Mes relations russes me procurèrent facilement des sauvegardes. Le prince Wolkonski me donna deux cosaques de la garde pour les établir à Châtenay et un sous-officier pour les installer. J'y allai moi-même avec eux ; ma calèche se trouvait ainsi escortée par ces habitants des steppes ; oserai-je avouer que cela m'amusait assez. J'admirais l'assistance qu'ils prêtaient à leurs petits chevaux en montant les côtes : ils appuyaient leur longue lance à terre, la plaçaient sous leur aisselle ou la tenaient à deux mains, comme un aviron, et poussaient dessus, la replaçant en avant à mesure qu'ils avançaient, à peu près comme on se sert en bateau d'un aviron.

Je trouvai mes gens dans la consternation ; ils avaient adopté la cocarde blanche pour travailler plus paisiblement dans le jardin qui longeait la route de Choisy à Versailles. Mais, ce matin-là même, cette décoration avait pensé les faire sabrer par des troupes françaises ; c'était le corps de Marmont se rendant à Versailles. Quoique je ne me pique pas de grandes connaissances stratégiques, je ne comprenais pas comment elles se trouvaient dans les lignes des troupes alliées. Cela me parut étrange et ne me fut expliqué qu'à mon retour à Paris.

Mes petits cosaques étaient munis d'une pancarte couverte de cachets et de signatures à l'aide de laquelle ils exorcisaient tous les démons qui, sous cinquante uniformes différents, se présentaient à nos portes. L'un d'eux parlait un peu allemand, les autres l'appuyaient en russe qu'ils prodiguaient avec

un degré de loquacité qui semblait étonner les soldats allemands presque autant que moi. Mais la pancarte décidait toujours la discussion en leur faveur ;
je les vis fonctionner plusieurs fois pendant le séjour
de quelques heures que je fis à Châtenay.

J'y appris qu'en outre du vin mes hôtes avaient
emporté toutes les couvertures, un assez grand
nombre de matelas pour coucher leurs blessés et
tous les lits de plumes, c'est-à-dire ils les avaient
éventrés, en avaient secoué les plumes et, se trouvant ainsi possesseurs de grands sacs de coutil, ils
étaient entrés en foule dans la pièce d'eau et les
avaient remplis à la main du poisson qu'elle contenait. Ce singulier genre de pêche m'a paru assez
drôle pour être rapporté. Il est juste de dire qu'on a
pillé seulement les maisons abandonnées par leurs
gardiens et qu'on n'a incendié que celles où l'on a
tenté une puérile résistance.

J'établis mes cosaques chez mon jardinier ; sa
femme en avait bien peur ; on avait fait au peuple
les contes les plus effrayants. Le premier soir, tandis
qu'elle préparait leur souper, son enfant encore au
berceau se réveilla et se mit à crier ; les cosaques
parlèrent entre eux, l'un d'eux s'avança vers l'enfant, la pauvre mère tremblait, il le tira du lit, l'établit sur ses genoux devant le feu, lui réchauffa les
pieds dans ses mains, ses camarades lui firent des
mines et des discours, l'enfant leur sourit, et dès
ce moment ils s'établirent ses bonnes. Lorsque j'y
retournai, la semaine suivante, ils disaient :

« Madame Marie, bon femme. »

Et elle leur jetait son enfant dans les bras lorsqu'elle voulait vaquer aux soins du ménage.

Ils joignaient au goût pour les maillots celui des
fleurs. Ils se promenaient des heures entières devant
la serre, regardant à travers les vitres et, lorsque le
jardinier leur donnait un bouquet, ils le remerciaient

avec toutes les formes de la plus vive satisfaction, mais ils ne touchaient à rien. Leur protection s'étendait sur tout le village, et, dès qu'un détachement s'en approchait, le cri de *cosaques* passait de bouche en bouche. Jour et nuit ils étaient prêts à y répondre, aussi n'y eut-il aucune déprédation arrivée à Châtenay depuis leur installation. Pour le dire en passant, ce service rendu à la commune m'a valu, pendant les Cent-Jours, une dénonciation de quelques-uns de mes voisins.

Mon père, je le dois avouer, ne souffrait peut-être pas assez de voir la cocarde tricolore abaissée mais, dès qu'il s'agissait du drapeau blanc, tout son patriotisme se réveillait avec exaltation. L'idée de voir monsieur le comte d'Artois faire son entrée dans Paris, uniquement entouré d'étrangers, le révoltait ; il conçut la pensée de former une espèce de garde nationale à cheval, composée de nos jeunes gens. Il en parla au comte de Nesselrode qui obtint l'assentiment de son impérial maître. Le gouvernement provisoire l'adopta lorsqu'elle était déjà en train.

Mon frère fut le premier qui alla inscrire son nom chez Charles de Noailles. Mon père l'avait indiqué à lui et à ses camarades comme le plus convenable pour être leur capitaine ; Charles de Noailles en fut enchanté et on ne peut plus reconnaissant ; sa fille et lui vinrent remercier mon père avec effusion. Mais, dès le lendemain, la guerre était au camp. Nous n'étions pas encore émancipés et déjà les ambitions de place se déployaient, et déjà les intrigues des courtisans agitaient leur esprit.

Ce fut Charles de Damas[1] et les siens qui donnè-

1. Charles de Damas (1758-1829). Gentilhomme d'honneur du comte de Provence, colonel de son régiment de dragons, il joua un rôle malheureux dans l'affaire de Varennes. Il émigra quelques mois plus tard pour rejoindre le comte de Provence. Rentré en 1801, il ne fit pas parler de lui avant la chute de

rent le signal. Quoique intimement liés avec les Noailles, ils s'élevèrent hautement contre le choix fait de Charles de Noailles, recherchèrent avec zèle tous les méfaits de son père, le prince de Poix, au commencement de la Révolution et cabalèrent pour empêcher qu'on ne se fît inscrire chez lui. Cela ralentit un peu le zèle; mais pourtant on finit par réunir cent cinquante jeunes gens qui s'équipèrent, s'armèrent, se montèrent en quatre jours de temps et furent prêts avant l'entrée de Monsieur.

À dater de ce moment, les seigneurs de l'ancienne Cour n'ont plus été occupés que de leurs intérêts de fortune et d'avancement, que de faire dominer leurs prétentions sur celles des autres; et ils ont été un des grands obstacles à la dynastie qu'ils voulaient consacrer.

N'établissons pas que ces sentiments soient exclusifs à cette classe; ils appartiennent probablement à tous les hommes qui touchent au pouvoir. J'ai vu une seconde révolution faite par la bourgeoisie et, ainsi que dans celle dont le récit m'occupe en cet instant, dès le cinquième jour tous les sentiments généreux et patriotiques étaient absorbés par l'ambition et les intérêts personnels. Si nous savions au juste ce qu'il en a coûté à la volonté puissante de l'Empereur pour dominer les prétentions militaires après le dix-huit Brumaire, il est probable que nous retrouverions le même esprit d'intrigue et d'égoïsme.

Napoléon. Il fut alors nommé pair de France, lieutenant général et capitaine-lieutenant des chevau-légers de la Maison du Roi; enfin créé duc à brevet le 30 mars 1825.

CHAPITRE IV

Le dixième jour de leur entrée, les étrangers se réunirent sur la place Louis XV pour y chanter un *Te Deum*. Je vis ce spectacle de chez le prince Wolkonski, logé au ministère de la marine. Je n'en souffris pas tant qu'il n'y eut que le mouvement de troupes et de monde sur la place ; mais (apparemment que les sons exercent plus d'influence sur mon âme que le spectacle des yeux), lorsque le silence le plus solennel s'établit et que le chant religieux des popes grecs se fit entendre, bénissant ces étrangers arrivés de tous les points pour triompher de nous, la corde patriotique, touchée quelques jours avant par les *qui-vive* des sentinelles, vibra de nouveau dans mon cœur plus fortement, d'une manière moins fugitive. Je me sentis honteuse d'être là, prenant ma part de cette humiliation nationale et, dès lors, je cessai de faire cause commune avec les étrangers.

J'aurais pu être rassurée cependant par la société qui se trouvait dans la galerie de l'hôtel de la Marine. Elle était remplie par les femmes de généraux et de chambellans de l'Empire, leurs chapeaux couverts de fleurs de lis encore plus que les nôtres.

Ce jour-là, monsieur de Talleyrand pressa fort mon père de se rendre à Hartwell et d'y être porteur des paroles du gouvernement provisoire. Il refusa péremptoirement ; cela me parut tout simple. J'étais si fort imbue de l'idée qu'il ne voudrait rien accepter ; je lui avais si souvent entendu répéter que, lorsqu'on avait été vingt-cinq ans éloigné des affaires, on n'était plus propre à les faire que je ne formais aucun doute sur sa volonté d'en rester éloigné. Aussi, lorsque, dans les premières semaines, on le désignait comme devant être ministre du Roi, je souriais et me croyais bien sûre qu'il repousserait toute offre quelconque.

Charles de Noailles fut envoyé, sur son refus. Je ne sais s'il crut l'avoir emporté sur lui et s'accusa, fort gratuitement, d'un mauvais procédé, mais, depuis lors, il n'a plus été à son aise, ni familièrement avec nous. Au retour d'Angleterre, il prit le titre de duc de Mouchy.

Lorsque, depuis, mon père a consenti à rentrer dans les affaires, j'ai regretté qu'il n'eût pas accepté cette commission. Un homme sage, modéré, raisonnable et bon citoyen y aurait été plus propre qu'un homme exclusivement courtisan comme Charles de Noailles. Au reste, mon père n'était pas de l'étoffe dont on fait les favoris; son crédit, s'il en avait eu, aurait été de peu de durée, et il n'aurait pu rien faire de mieux, en ce moment, que d'inspirer la déclaration de Saint-Ouen. Elle était déjà bien nécessaire, lorsqu'elle parut, pour réparer le mal causé par Monsieur. Ce pauvre prince a toujours été le fléau de sa famille et de son pays.

Je n'ai pas cherché à dissimuler le peu de considération que tout ce que j'avais vu et su de Monsieur m'avait donné pour son caractère; cependant, l'enthousiasme est tellement contagieux que, le jour de son entrée à Paris, j'en éprouvai toute l'influence. Mon cœur battait, mes larmes coulaient, et je ressentais la joie la plus vive, l'émotion la plus profonde.

Monsieur possédait à perfection l'extérieur et les paroles propres à inspirer de l'exaltation; gracieux, élégant, débonnaire, obligeant, désireux de plaire, il savait joindre la bonhomie à la dignité. Je n'ai vu personne avoir plus complètement l'attitude, les formes, le maintien, le langage de Cour désirables pour un prince. Ajoutez à cela une grande urbanité de mœurs qui le rendait charmant dans son intérieur et le faisait aimer par ceux qui l'approchaient.

Il était susceptible de familiarité plus que d'affection, et avait beaucoup d'amis intimes dont il ne se
souciait pas le moins du monde.

Peut-être faut-il en excepter monsieur de Rivière.
Encore, lorsqu'il eut ouvertement affiché la dévotion et qu'il n'eut plus à s'épancher exclusivement
avec lui, leur liaison cessa d'être aussi tendre, jusqu'au moment où la nomination de monsieur de
Rivière à la place de gouverneur de monsieur le duc
de Bordeaux la ranima. C'était derechef dans un
but de dévotion. Il s'agissait alors de consolider le
pouvoir de la Congrégation dont tous deux faisaient
partie. Mais ceci appartient à une autre époque.

Monsieur avait couché, la veille de son entrée à
Livry, dans une petite maison appartenant au comte
de Damas. C'est là que la garde nationale à cheval,
nouvellement improvisée, alla l'attendre. Il employa
toutes ses grâces à la séduire, et il n'en fallait pas
tant dans la disposition où elle était, et lui distribua
quelques pièces de ruban blanc qu'elle porta passé à
la boutonnière. C'est l'origine de cet ordre du Lis
que la prodigalité avec laquelle on l'a donné a
promptement rendu ridicule. Mais, dans le premier
moment et assaisonné de toutes les cajoleries de
Monsieur, il avait charmé nos jeunes gens qui, en
ramenant leur prince au milieu de leur petit escadron, étaient ivres de joie, de royalisme et d'amour
pour lui.

Monsieur, de son côté, avait tant de bonheur peint
sur la figure, il paraissait si plein du moment présent
et si complètement dépouillé de tout souvenir hostile
ou pénible, que son aspect devait inspirer confiance
au joli mot que monsieur Beugnot a fabriqué pour
lui dans le récit donné par le *Moniteur* :

« Rien n'est changé, il n'y a qu'un Français de plus. »

Depuis plusieurs jours, on discutait vivement pour
savoir si l'armée garderait la cocarde tricolore ou si

elle prendrait officiellement la cocarde blanche. Le duc de Raguse réclamait avec chaleur la parole, à lui donnée, qu'elle conserverait le drapeau consacré par vingt années de victoires. L'empereur Alexandre, protecteur de toutes les idées généreuses, appuyait cette demande. Elle était activement combattue de tous ceux qui, par intérêt ou par passion, voulaient une contre-révolution; le choix de la cocarde était le signal du retour des anciens privilèges ou de la conservation des intérêts créés par la Révolution.

Monsieur de Talleyrand, trop homme d'état pour ne pas apprécier l'importance de cette question, aurait certainement, s'il avait été libre de la juger, décidé en faveur des couleurs nouvelles. Mais il connaissait nos princes et leurs entours; il savait combien ils tenaient aux objets extérieurs. Il était trop fin courtisan pour vouloir les heurter; il attachait le plus grand prix à conquérir leur bienveillance, et rappelant ses vieux souvenirs, il était redevenu l'homme de l'Œil de Bœuf. Il amusa le duc de Raguse par de bonnes paroles, de fausses espérances. Pendant ce temps, il décida le vieux maréchal Jourdan à faire prendre la cocarde blanche à Rouen, sur l'assertion que les soldats de Marmont la portaient. Une fois adoptée par un corps d'armée, la question était tranchée.

Cependant, le duc de Raguse fut du petit nombre d'officiers qui allèrent au-devant de Monsieur avec la cocarde tricolore; on ne le lui a jamais pardonné. Cette démonstration, qui ne lui ramena pas les bonapartistes, lui aliéna la nouvelle Cour. Elle prouve sa bonne foi, et combien dans toutes ses actions il est conduit par ce qui frappe son imagination mobile comme devoir du moment. Quelques officiers étaient sans aucune cocarde, la majorité portait la cocarde blanche.

Au commencement de la matinée, presque toute

la garde nationale, qui bordait la haie, avait les couleurs tricolores. Petit à petit elles disparurent et, au moment où Monsieur passa, s'il n'y avait que peu de cocardes blanches parmi elle, il n'y en avait guère plus de tricolores.

Avant de quitter ce sujet des cocardes, je ne puis m'empêcher de rapporter que, de la terrasse de madame Ferrey où j'avais été voir passer le cortège, nous aperçûmes monsieur Alexandre de Girardin se rendant à la barrière avec une cocarde blanche large comme une assiette. Monsieur Ferrey tressaillit et nous raconta que, le matin même, il l'avait rencontré sur la route d'Essonnes. Tous deux étaient à cheval. Monsieur de Girardin venait de Fontainebleau. Il entama une diatribe si violente contre la lâcheté des Parisiens, la trahison des officiers ; sa fureur contre les alliés, sa haine contre les Bourbons s'exhalaient d'une voix si haute et en termes si offensants, qu'arrivé près des postes étrangers, monsieur Ferrey avait arrêté son cheval et lui avait signifié l'intention de se séparer de lui, ce qu'il avait jusque-là vainement essayé en changeant d'allure. Monsieur Ferrey n'en croyait pas ses yeux en le voyant trois heures après affublé de cette énorme cocarde blanche.

L'histoire ne racontera que trop les fautes commises par Monsieur dans ces jours où, lieutenant général du royaume, il envenima toutes les haines, excita tous les mécontentements, et surtout, montra un manque de patriotisme qui scandalisa même les étrangers.

Le comte de Nesselrode m'en dit un mot, le jour où il s'était montré si libéral à céder nos places fortes que l'empereur Alexandre fut obligé de l'arrêter dans ses générosités antifrançaises. Pozzo poussait de gros soupirs, et s'écriait de temps en temps :

« Si on marche dans cette voie, nous aurons fait à grand-peine de la besogne qui ne durera guère. »

L'empereur Alexandre se mit en tête de raccommoder le duc de Vicence, qu'il aimait beaucoup, avec la famille royale. La part que l'opinion, à tort je crois, lui faisait dans le meurtre de monsieur le duc d'Enghien le rendait odieux à nos princes. Monsieur refusa de l'admettre chez lui. L'Empereur, offensé de cette résistance, voulut le forcer à le rencontrer : il pria Monsieur à dîner. Non seulement le duc de Vicence s'y trouvait, mais l'Empereur s'en occupa beaucoup et affecta de le rapprocher de Monsieur.

Le dîner fut froid et solennel ; Monsieur se sentait blessé ; il se retira en sortant de table fort mécontent et laissant l'Empereur furieux. Il se promenait dans la chambre, au milieu de ses plus familiers, faisait une diatribe sur l'ingratitude des gens pour lesquels on avait reconquis un royaume au prix de son sang pendant qu'ils ménageaient le leur et qui ne savaient pas céder sur une simple question d'étiquette. Quand il se fut calmé, on lui observa que Monsieur était peut-être plus susceptible précisément parce qu'il se trouvait sous le coup de si grandes obligations, que ce n'était d'ailleurs pas une question d'étiquette mais de sentiment, qu'il croyait le duc de Vicence coupable dans l'affaire d'Ettenheim :

« Je lui ai dit que non.

— Sans doute, l'opinion de l'Empereur devrait être d'un grand poids pour Monsieur, mais le public n'était pas encore éclairé et on pouvait excuser sa répugnance en songeant que monsieur le duc d'Enghien était son proche parent. »

L'Empereur hâta sa marche :

« Son parent... son parent... ses répugnances... »

Puis, s'arrêtant tout court et regardant ses interlocuteurs :

« Je dîne bien tous les jours avec Owarow ! »

Une bombe tombée au milieu d'eux n'aurait pas fait plus d'effet. L'Empereur reprit sa marche ; il y eut un moment de stupeur, puis il parla d'autre chose. Il venait de révéler le motif de sa colère. On comprit l'insistance qu'il mettait depuis cinq jours à faire admettre monsieur de Caulaincourt par Monsieur.

Le général Owarow passait pour avoir étranglé l'empereur Paul de ses deux énormes pouces qu'il avait, en effet, d'une grosseur remarquable, et Alexandre était choqué de voir nos princes refuser de faire céder leurs susceptibilités à la politique, quand lui en avait sacrifié de bien plus poignantes. On conçoit, du reste, que toute discussion cessa à ce sujet et Pozzo courut chez Monsieur lui dire qu'il fallait recevoir le duc de Vicence. Celui-ci n'en abusa pas : il alla une fois chez le lieutenant général et ne s'y présenta plus.

Cette discussion, que d'amers souvenirs rendirent toute personnelle à l'empereur Alexandre, l'éloigna des Tuileries et le rapprocha des grandeurs bonapartistes. Déjà, avec un empressement qui partait d'un cœur généreux et d'un esprit faux, il avait couru à la Malmaison porter des paroles affectueuses encore plus que protectrices. Après cette scène du dîner, il alla à Saint-Leu et l'accueil qu'il recevait des gens qu'il détrônait le touchait d'autant plus qu'il le comparait à ce qu'il appelait l'ingratitude des autres. La visite à Compiègne acheva cette impression ; nous y arriverons bientôt.

Monsieur reçut les femmes. Tout ce qui voulut s'y présenta, jusqu'à mademoiselle Montansier[1], vieille

___

1. Marguerite Brunet dite Mlle Montansier (1730-1820) comédienne bordelaise, dirigea plusieurs théâtres au cours de sa longue vie, entre autres celui qui porte son nom à Versailles (rue des Réservoirs). C'est elle qui fit bâtir la salle magnifique où fut transféré, en 1794, l'Opéra. Entre autres griefs retenus contre elle sous la Terreur, celui de n'avoir choisi l'emplacement (actuel square Louvois) que pour mettre le feu à la

directrice de théâtre qui, dans la jeunesse du prince, avait été complaisante pour ses amours ; mais la joie sincère de la plupart d'entre nous couvrait, du reste, ce manque d'étiquette.

Les salons des Tuileries virent réunir les personnes séparées jusque-là par les opinions les plus exagérées. Nous fîmes de grands frais pour les dames de l'Empire. Elles furent blessées de nos avances dans un lieu où elles étaient accoutumées à régner exclusivement et les traitèrent d'impertinences. Dès qu'elles ne se sentirent plus seules, elles se crurent brimées ; cette impression était excusable de leur part. De la nôtre pourtant, l'intention était bonne ; nous étions trop satisfaites pour n'être pas sincèrement bienveillantes. Mais il y a une certaine aisance, un certain laisser-aller dans les formes des femmes de grande compagnie qui leur donnent facilement l'air d'être chez elles partout et d'y faire les honneurs. Les autres classes s'en trouvent souvent choquées ; aussi les petitesses et les jalousies bourgeoises se réveillèrent-elles sous les corsages de pierreries.

Monsieur réussit mieux que nous. Il fut charmant pour tout le monde, dit à chacun ce qu'il convenait, tint merveilleusement cette Cour hétéroclite, y parut digne avec bonhomie et enchanta par ses gracieuses façons.

Il y eut une représentation solennelle à l'Opéra où assistèrent les souverains alliés ; ils s'étaient mis tous trois (car l'empereur François était arrivé avant Monsieur) dans une grande loge au fond de la salle. Monsieur occupait celle du Roi où les armes de France remplaçaient l'aigle si inconvenablement

---

Bibliothèque nationale. Après la tourmente, elle employa toutes ses ressources pour obtenir une indemnisation des pertes subies.

abattue. Il alla faire une visite aux souverains étrangers pendant le premier entracte ; ils la lui rendirent pendant le second.

Il n'y eut de très remarquable ce soir-là que l'admirable convenance du public, le tact avec lequel il saisit toutes les allusions de la scène et s'associa à toutes les actions de la salle. Par exemple, lorsque Monsieur alla voir les souverains, tout le monde se leva en gardant le silence ; mais, lorsqu'ils lui rendirent sa visite, il y eut des applaudissements à tout rompre, comme pour les remercier de cet hommage à notre Prince. Le Parisien rassemblé a les impressions singulièrement délicates.

Plus on était avant dans les affaires, plus on attendait le Roi avec impatience. Chaque jour les entours du lieutenant général l'entraînaient de plus en plus à prendre l'attitude de chef d'un parti ; et, si l'empereur Alexandre n'avait été là pour arrêter cette tendance, nous aurions vu tous les propos de Coblentz mis en action.

Les vieux officiers de l'armée de Condé, les échappés de la Vendée sortirent de dessous les pavés, persuadés qu'ils étaient conquérants et voulant se donner l'attitude de vainqueurs. Cette prétention était naturelle. Habitués depuis vingt-cinq ans à regarder leur cause comme associée à celle des Bourbons, en voyant se relever leur trône ils se persuadèrent avoir triomphé. D'un autre côté, les serviteurs de l'Empire, accoutumés à dominer, s'accommodaient mal de ces prétentions intempestives.

Un homme qui avait gagné ses épaulettes en assistant au gain de cent batailles était révolté de voir sortir d'un bureau de tabac ou de loterie un autre homme ayant épaulettes pareilles et voulant prendre le haut du pavé sur lui, entrant de préférence dans ces Tuileries, naguère exclusivement à lui et aux siens et, à son tour, interpellé de : *mon vieux brave*, par la puissance qui l'habitait.

Il aurait fallu être très habile et très impartial pour ménager ces transitions, et Monsieur n'était ni l'un ni l'autre. Au surplus, il était presque impossible de satisfaire à des exigences si naturelles et si disparates.

CHAPITRE V

Enfin la goutte du Roi lui permit de quitter Hartwell. Son voyage à travers l'Angleterre fut accompagné de toutes les fêtes imaginables ; le prince Régent le reçut à Londres avec une magnificence extrême. Pozzo fut envoyé par l'empereur Alexandre pour le complimenter ; il le trouva à bord du yacht anglais où le Roi l'accueillit comme un homme auquel il avait les plus grandes obligations. Il l'accompagna jusqu'à Compiègne et, continuant sa route, vint rendre compte de sa mission à l'Empereur.

Celui-ci partit aussitôt pour faire visite à Louis XVIII, avec l'intention de passer vingt-quatre heures à Compiègne. Il y fut reçu avec une froide étiquette. Le Roi avait recherché, dans sa vaste mémoire, les traditions de ce qui se passait dans les entrevues des souverains étrangers avec les rois de France, pour y être fidèle.

L'Empereur, ne trouvant ni abandon ni cordialité, au lieu de rester à causer *en famille* comme il le comptait, demanda au bout de peu d'instants à se retirer dans ses appartements. On lui en fit traverser trois ou quatre magnifiquement meublés et faisant partie du plain-pied du château. On les lui désignait comme destinés à Monsieur, à monsieur le duc d'Angoulême, à monsieur le duc de Berry, tous absents ; puis, lui faisant faire un véritable voyage à travers des corridors et des escaliers dérobés, on s'arrêta à une petite porte qui donnait entrée dans un logement fort modeste : c'était celui du gouverneur du château, tout à fait en dehors des grands appartements. On le lui avait destiné.

Pozzo, qui suivait son impérial maître, était au supplice ; il voyait à chaque tournant de corridor accroître son juste mécontentement. Toutefois, l'Empereur ne fit aucune réflexion, seulement il dit d'un ton bref :

« Je retournerai ce soir à Paris ; que mes voitures soient prêtes en sortant de table. »

Pozzo parvint à amener la conversation sur ce singulier logement et à l'attribuer à l'impotence du Roi.

L'Empereur reprit que madame la duchesse d'Angoulême avait assez l'air d'une *House-keeper* pour pouvoir s'en occuper. Cette petite malice, que Pozzo fit valoir, le dérida et il reprit la route du salon un peu moins mécontent ; mais le dîner ne répara pas le tort du logement.

Lorsqu'on avertit le Roi qu'il était servi, il dit à l'Empereur de donner la main à sa nièce et passa devant de ce pas dandinant et si lent que la goutte lui imposait. Arrivé dans la salle à manger, un seul fauteuil était placé à la table, c'était celui du Roi. Il se fit servir le premier ; tous les honneurs lui furent rendus avec affectation et il ne distingua l'Empereur qu'en le traitant avec une espèce de familiarité, de bonté paternelle. L'empereur Alexandre la qualifia lui-même en disant qu'il avait l'attitude de Louis XIV recevant à Versailles Philippe V, s'il avait été expulsé d'Espagne [1].

1. Débarqué le 25 avril, Louis XVIII arriva le 29 au château de Compiègne. Il reçut les maréchaux, puis une délégation du

À peine le dîner fini, l'Empereur se jeta dans sa voiture. Il y était seul avec Pozzo ; il garda longtemps le silence, puis parla d'autre chose puis enfin s'expliqua avec amertume sur cette étrange réception. Il n'avait été aucunement question d'affaires, et pas un mot de remerciement ou de confiance n'était sorti des lèvres du Roi ni de celles de Madame [1]. Il n'avait pas même recueilli une phrase d'obligeance. Aussi, dès lors, les rapports d'affection auxquels il était disposé furent rompus.

L'Empereur fit et rendit des visites d'étiquette, intima des ordres par ses ministres ; mais toutes les marques d'amitié, toutes les formes d'intimité, furent exclusivement réservées pour la famille Bonaparte.

Cette conduite de l'empereur Alexandre n'a pas peu contribué à amener le retour de l'empereur Napoléon l'année suivante. Beaucoup de gens crurent, et les apparences y autorisaient, qu'Alexandre regrettait ses œuvres et s'était rattaché à la dynastie nouvelle. Il se plaisait à répéter sans cesse que toutes les familles royales de l'Europe avaient prodigué leur sang pour faire remonter celle des Bour-

---

Corps législatif, enfin Talleyrand le lendemain. C'est seulement le 1er mai que le tsar fit sa visite. L'hostilité qu'il avait montrée au rétablissement de la monarchie suffisait à expliquer l'attitude du roi. N'avait-il pas songé à faire garder Louis XVIII par des troupes jusqu'à son acceptation de la Constitution votée par le Sénat le 6 avril ? En réalité, les insolences calculées du roi préparaient la déclaration de Saint-Ouen : il s'agissait de montrer au Sénat que l'initiative avait changé de camp.

1. Marie-Thérèse-Charlotte de France, dite Madame Royale. Libérée par la Convention en 1795, elle rejoignit Louis XVIII à Mittau, où elle épousa en 1799 son cousin le duc d'Angoulême. C'est elle que Napoléon qualifia en 1815 de « seul homme de la famille ».

bons sur trois trônes, sans qu'aucun d'eux y eût risqué une égratignure.

Cette visite à Compiègne, sur les détails de
laquelle je ne puis avoir aucune espèce de doute,
prouve à quel point le vrai peut quelquefois n'être
pas vraisemblable. Certainement le roi Louis XVIII
avait beaucoup d'esprit, un grand sens, peu de passion, point de timidité, grand plaisir à s'écouter parler et le don des mots heureux. Comment n'a-t-il pas
senti tout ce qu'il pouvait tirer de ces avantages,
dans sa position, vis-à-vis de l'Empereur ? Je ne me
charge pas de l'expliquer. Quant à Madame, elle
n'avait pas assez de distinction dans l'esprit pour
comprendre que, dans cette circonstance, la réception la plus affectueuse était la plus digne.

Les entours du Roi se trouvaient presque tous faisant de l'étiquette pour la première fois. Ils avaient
un zèle de néophytes et, malgré leurs noms féodaux,
toute la morgue et l'insolence de parvenus.

L'empereur Alexandre ne fut pas la seule personne
revenue mécontente de sa visite à Compiègne. Monsieur de Talleyrand, auquel le Roi devait le trône, fut
froidement reçu par lui, tout à fait mal par Madame,
et le Roi évita de lui parler d'affaires avec une telle
affectation qu'après un séjour de quelques heures il
repartit, comme un courtisan ayant fait sa cour à
Versailles, fort embarrassé de n'avoir, en sa qualité
de ministre et de chef de parti, aucune parole à rapporter à ses collègues et à ses associés.

Les maréchaux de l'Empire furent mieux accueillis.
Le Roi trouva le moyen de placer à propos quelques
mots par lesquels il montrait savoir les occasions où
ils s'étaient particulièrement illustrés, et indiqua
qu'il ne séparait pas ses intérêts de ceux de la
France : ceci était bien et habile. Toutes les caresses
furent pour quelques vieilles femmes de l'ancienne
Cour qui coururent à Compiègne. Malgré leur âge,

elles furent effarouchées du costume de Madame; elle était mise à l'anglaise.

La longue séparation entre les îles Britanniques et le continent avait établi une grande différence dans les vêtements. Avec beaucoup de peine elles décidèrent Madame à renoncer à ce costume étranger pour le jour de son entrée à Paris. Elle s'obstina à le garder jusque-là et l'a longtemps conservé lorsqu'elle n'était pas en représentation. C'est encore une de ses fiertés mal entendues. La pauvre princesse a tant de dignité dans le malheur qu'il faut bien lui pardonner quelques erreurs dans la prospérité. Nous fûmes appelées, ma mère et moi, au conseil féminin sur la toilette qu'on lui expédia à Saint-Ouen.

Le Roi y séjourna deux jours. Tous les gens marquants s'y rendirent. Mon père fut du nombre et très bien reçu par le Roi. Madame, malgré l'intime bonté avec laquelle elle l'avait vu traiter par la Reine sa mère, n'eut pas l'air de le reconnaître.

Mon père revint personnellement content de sa visite, mais fâché de la nuée d'intrigants qui s'agitaient autour de cette Cour nouvelle. Les uns établissaient leurs prétentions sur ce qu'ils avaient *tout fait*, les autres sur ce qu'ils n'avaient *rien fait* depuis vingt-cinq ans.

Je n'ai aucune notion particulière sur la manière dont s'élabora ce qu'on a appelé la déclaration de Saint-Ouen, si différente de celle d'Hartwell, dont nous avions toujours nié l'authenticité mais qui n'était que trop réelle. Tout ce que je sais, c'est que monsieur de Vitrolles[1] la rédigea et qu'elle me com-

---

1. Vitrolles (1774-1854) fut, en 1814, le porte-parole des espoirs royalistes auprès du quartier général allié. Ayant été à ce titre le principal responsable, avec Talleyrand, de la Restauration, il demeura le conseiller écouté du futur Charles X. La Déclaration de Saint-Ouen (3 mai 1814) affirmait la volonté de Louis XVIII de respecter les acquisitions essen-

bla de satisfaction. Je voyais réaliser ma chimère, mon pays allait jouir d'un gouvernement représentatif vraiment libéral, et la légitimité y posait le sceau de la durée et de la sécurité. Je l'ai dit, j'étais plus libérale que bourbonienne. J'en eus la preuve alors, car, malgré les accès d'enthousiasme épidémiques auxquels je m'étais livrée depuis quelque temps, la déclaration de Saint-Ouen me causa une joie d'un tout autre aloi.

Bien des gens s'agitèrent immédiatement pour faire modifier cette déclaration. Je n'oserais dire aujourd'hui que, pour tous, ce fût dans des idées rétrogrades ; il pouvait y avoir de la sagesse à la trouver trop large en ce moment. Peut-être les concessions du pouvoir allaient-elles au-delà du besoin actuel du pays. Son éducation constitutionnelle n'était pas encore faite ; il était accoutumé à sentir constamment la main du gouvernement qui l'administrait. En lui lâchant trop promptement la bride, on pouvait craindre que ce coursier, encore mal dressé, ne s'emportât. L'expérience m'a appris à apprécier les inquiétudes de cette nature ; mais, à l'époque de la déclaration de Saint-Ouen, j'étais trop jeune pour les concevoir et ma satisfaction était pleine de confiance.

Nous allâmes voir l'entrée du Roi d'une maison dans la rue Saint-Denis. La foule était considérable. La plupart des fenêtres étaient ornées de guirlandes, de devises, de fleurs de lis et de drapeaux blancs.

Les étrangers avaient eu la bonne grâce, ainsi que le jour de l'entrée de Monsieur, de consigner leurs troupes aux casernes. La ville était livrée à la garde nationale. Elle commençait dès lors cette honorable carrière de services patriotiques si bien parcourue

---

tielles de la Révolution et de promouvoir une monarchie constitutionnelle.

depuis; elle avait déjà acquis l'estime des Alliés et la confiance de ses concitoyens. Les yeux étaient reposés par l'absence des uniformes étrangers. Le général Sacken, gouverneur russe de Paris, paraissait seul dans la ville. Il y était assez aimé, et on sentait qu'il veillait au maintien des ordres donnés à ses propres troupes.

Le cortège avait pour escorte la vieille garde impériale. D'autres raconteront les maladresses commises à son égard avant et depuis ce moment, tout ce que je veux dire c'est que son aspect était imposant mais glaçant. Elle s'avançait au grand pas, silencieuse et morne, pleine du souvenir du passé. Elle arrêtait du regard l'élan des cœurs envers ceux qui arrivaient. Les cris de *Vive le Roi!* se taisaient à son passage; on poussait de loin en loin ceux de *Vive la garde, la vieille garde!* mais elle ne les accueillait pas mieux et semblait les prendre en dérision. À mesure qu'elle défilait, le silence s'accroissait; bientôt on n'entendit plus que le bruit monotone de son pas accéléré, frappant sur le cœur. La consternation gagnait et la tristesse contagieuse de ces vieux guerriers donnait à cette cérémonie l'apparence des funérailles de l'Empereur bien plus que l'avènement du Roi.

Il était temps que cela finît. Le groupe des princes parut. Son passage avait été mal préparé; cependant il fut reçu assez chaudement mais sans l'enthousiasme qui avait accompagné l'entrée de Monsieur.

Les impressions étaient-elles déjà usées? Était-on mécontent de la courte administration du lieutenant général, ou bien l'aspect de la garde avait-il seul amené ce refroidissement? Je ne sais, mais il était marqué.

Monsieur était à cheval, entouré des maréchaux, des officiers généraux de l'Empire, de ceux de la maison du Roi et de la ligne. Le Roi était dans une calèche, toute ouverte, Madame à ses côtés ; sur le devant, monsieur le prince de Condé et son fils, le duc de Bourbon.

Madame était coiffée de la toque à plume et habillée de la robe lamée d'argent qu'on lui avait expédiées à Saint-Ouen, mais elle avait trouvé moyen de donner à ce costume parisien l'aspect étranger. Le Roi, vêtu d'un habit bleu, uni, avec de très grosses épaulettes, portait le cordon bleu et la plaque du Saint-Esprit. Il avait une belle figure, sans aucune expression quand il voulait être gracieux. Il montrait Madame au peuple avec un geste affecté et théâtral. Elle ne prenait aucune part à ces démonstrations, restait impassible et, dans son genre, faisait la contrepartie de la garde impériale. Toutefois ses yeux rouges donnaient l'idée qu'elle pleurait. On respectait son silencieux chagrin, on s'y associait et, si sa froideur n'avait duré que ce jour-là, nul n'aurait pensé à la lui reprocher.

Le prince de Condé, déjà presque en enfance, et son fils, ne prenaient aucune part apparente à ce qui se passait et ne figuraient que comme images dans cette cérémonie. Monsieur, seul, y était tout à fait à son avantage. Il portait une physionomie ouverte, contente, s'identifiait avec la population, saluait amicalement et familièrement comme un homme qui se trouve chez lui et au milieu des siens. Le cortège se terminait par un autre bataillon de la garde qui renouvelait l'impression produite précédemment par ses camarades.

Je dois avouer que, pour moi, la matinée avait été pénible de tous points et que les habitants de la calèche n'avaient pas répondu aux espérances que je m'étais formées. On m'a dit que Madame, en arrivant à Notre-Dame, s'était effondrée sur son prie-Dieu d'une façon si gracieuse, si noble, si touchante, il y avait tant de résignation et de reconnaissance tout à la fois dans cette action qu'elle avait fait couler des larmes d'attendrissement de tous les yeux. On m'a dit aussi qu'en débarquant aux Tuileries, elle avait été aussi froide, aussi gauche, aussi maussade qu'elle avait été belle et noble à l'église.

À cette époque, Madame, duchesse d'Angoulême, était la seule personne de la famille royale dont le souvenir existât en France.

La jeune génération ignorait ce qui concernait nos princes. Je me rappelle qu'un de mes cousins me demandait ces jours-là si monsieur le duc d'Angoulême était le fils de Louis XVIII et combien il avait d'enfants. Mais chacun savait que Louis XVI, la Reine, madame Élisabeth avaient péri sur l'échafaud. Pour tout le monde, Madame était l'orpheline du Temple et sur sa tête se réunissait l'intérêt acquis par de si affreuses catastrophes. Le sang répandu la baptisait fille du pays.

Il avait tant à réparer envers elle! Mais il aurait fallu accueillir ces regrets avec bienveillance : Madame n'a pas su trouver cette nuance ; elle les imposait avec hauteur et n'en acceptait les témoignages qu'avec sécheresse. Madame, pleine de vertus, de bonté, princesse française dans le cœur, a trouvé le secret de se faire croire méchante, cruelle et hostile à son pays. Les Français se sont crus détestés par elle et ont fini par la détester à leur tour. Elle ne le méritait pas et, certes, on n'y était pas disposé. C'est l'effet d'un fatal malentendu et d'une fausse fierté. Avec un petit grain d'esprit ajouté à sa noble nature, Madame aurait été l'idole du pays et le palladium de sa race.

Peu de jours après son entrée, le Roi alla à l'Opéra. On donnait *Œdipe*. Il recommença ses pantomimes vis-à-vis de madame la duchesse d'Angoulême, non seulement à l'arrivée, mais encore aux allusions fournies par le rôle d'Antigone. Tout cela avait un air

de comédie et, quoique le public cherchât le spec
tacle dans la loge plus que sur le théâtre, les démonstrations du Roi n'eurent pas de succès ; elles
semblaient trop affectées. La princesse ne s'y prêtait
que le moins possible. Elle était ce jour-là mieux
habillée et portait de beaux diamants. Elle fit ses
révérences avec noblesse et de très bonne grâce ; elle
paraissait à son aise dans cette grande représentation comme si elle y avait vécu, aussi bien qu'elle y
était née. Enfin, sans être ni belle, ni jolie, elle avait
très grand air et c'était une princesse que la France
n'était pas embarrassée de présenter à l'Europe.
Monsieur partageait son aisance et y joignait l'apparence de la joie et de la bonhomie. Pendant tous ces
premiers moments, il était le plus populaire de ces
princes, aux yeux du public. Les personnes initiées
aux affaires le voyaient sous un autre aspect.

CHAPITRE VI

Le Roi reçut les femmes, d'abord celles anciennement présentées, puis nous autres le lendemain. Il
me traita avec une bonté particulière, m'appelant sa
petite Adèle, me parlant de Bellevue et me disant
des douceurs. Il m'a toujours distinguée toutes les
fois que je lui ai fait ma cour, quoique j'allasse peu
aux Tuileries.

En arrivant chez Madame, sa dame d'honneur,
madame de Sérent, me demanda mon nom. Comme
elle était fort sourde et voulait me le faire répéter,
Madame lui dit de son ton bref et sec :

« Mais c'est Adèle. »

Je fus très flattée de cette espèce de reconnaissance ; cela n'alla pas plus loin. Elle m'adressa une

de ces questions oiseuses à l'usage des princes et qui ne supposait aucun précédent entre nous. Mes rapports avec Madame n'ont jamais été sur un autre pied.

C'est ce même jour, je crois, que la maréchale Ney ayant été faire sa cour, Madame l'appela *Aglaé*. La maréchale en fut excessivement choquée. Elle y vit une réminiscence du temps où, sa mère étant femme de chambre de la Reine, elle avait été admise auprès de Madame. Je suis persuadée, au contraire, que Madame avait eu l'intention de lui témoigner grande politesse, ainsi qu'à moi lorsqu'elle me désignait sous le nom d'Adèle. Mais le peu d'aménité de son ton, son parler bref, son geste brusque, son regard froid, tout s'opposait à ce que ses paroles parussent jamais obligeantes. Quelques personnes m'ont dit que, dans son intimité, ces façons maussades disparaissaient ; je n'ai jamais eu l'honneur d'y être admise.

Ces premières réceptions passées, on s'occupa à régler le costume et l'étiquette. Madame en fit une affaire des plus sérieuses. Cette préoccupation sévère, dans un pareil moment, de la longueur des barbes et de la hauteur des mantilles me parut une puérilité peu digne de la position.

Il fallait choisir un habit de cour. Madame désirait revenir aux paniers comme à Versailles ; la révolte fut tellement générale qu'elle céda. Mais on ajouta au costume impérial tout le *paraphernalia* de l'ancien, ce qui faisait une singulière disparate. Ainsi on attacha à nos coiffures grecques ces ridicules barbes, et on remplaça l'élégant chérusque qui complétait un vêtement copié de Van Dyck par une lourde mantille et une espèce de plastron plissé. Dans les commencements, Madame tenait à ce que cela fût strictement observé. Un modèle déposé chez ses marchandes devait être exactement (suivi) ;

elle témoignait son mécontentement à qui s'en écartait. Depuis, madame la duchesse de Berry s'étant affranchie de cette servitude, on avait suivi son exemple. Les barbes devenues très larges avaient pris l'apparence d'un voile et n'étaient pas sans grâce ; la mantille, en revanche, était arrivée à un degré d'exiguïté qui n'écrasait plus la toilette.

Ce point fixé, il restait à établir l'étiquette du local et ceci était de la compétence du Roi. C'est avec l'assistance du duc de Duras, principalement, que ce travail fut accompli, et qu'on établit les *honneurs de la salle du Trône* pour remplacer les *honneurs du Louvre*. Monsieur de Duras, plus *duc* que feu monsieur de Saint-Simon, tenait excessivement à ce que les distinctions attachées à ce titre fussent établies de la façon la plus marquée, et il inventa ce moyen. Monsieur et Madame le désapprouvèrent hautement, et la séparation entre les dames ne fut jamais établie chez eux.

La nouvelle étiquette charma les duchesses et excita la colère des autres, surtout des vieilles dames de l'ancienne Cour. Il faut convenir que les précautions avaient été toutes prises pour rendre la distinction aussi choquante que possible pour celles qui y attachaient quelque importance. On arrivait par la salle des Maréchaux qui alors servait de salle des gardes et donnait sur l'escalier, on traversait le salon bleu à peine éclairé. Nous autres, restions dans le salon de la Paix qui ne l'était guère davantage. Les duchesses, continuant leur route, entraient dans la salle du Trône qui, seule, était éclatante de lumières. Un des battants de la porte qui y donnait accès restait ouvert ; un huissier s'y tenait pour refuser passage à qui n'avait pas droit. Il fallait voir la figure des anciennes dames de la Cour toutes les fois qu'une de ces heureuses du jour traversait le salon de la Paix et *leur passait sur le corps*. C'était une fureur constam-

ment renouvelée et un texte journellement exploité
en paroles qui m'ont souvent divertie. Les pauvres
duchesses étaient en butte à bien des sarcasmes ;
je laisse à penser comme on arrangeait celles de
l'Empire.

Le moment où la porte se fermait annonçait l'entrée du Roi dans la salle du Trône. Il en faisait le tour
en s'adressant aux duchesses, aux personnes *titrées*,
ainsi que cela se disait exclusivement d'elles. Ensuite
il se plaçait devant la cheminée, avec son service
autour de lui, tantôt assis, tantôt debout, selon que la
goutte le rendait plus ou moins impotent. La porte se
rouvrait et nous entrions en procession, tournant
tout court à droite, longeant le trône et arrivant
devant lui où nous nous arrêtions pour faire une
grande révérence.

Lorsqu'il ne nous adressait pas la parole, ce qui
arrivait à neuf femmes sur dix, on continuait le défilé
et on sortait par la porte donnant dans le salon qui
précède la galerie de Diane et qui se désignait
comme cabinet du conseil. Lorsque le Roi nous parlait, cela n'allait guère au-delà de deux ou trois
phrases pour les mieux traitées ; il terminait l'audience par une petite inclination de tête à laquelle
nous répondions par une seconde grande révérence
et nous suivions la route tracée par nos devancières.

À travers la galerie de Diane et en descendant
l'escalier, nous arrivions chez Madame. Comme elle
parlait beaucoup plus longuement que le Roi et à
tout le monde, il y avait encombrement à sa porte.
On finissait cependant avec un peu d'intelligence, et
beaucoup de coups de coude, par entrer dans son
salon. Elle était debout, placée presque à la hauteur
des portes, sa dame d'honneur près d'elle, le reste
de son service au fond de la chambre. Elle seule,
quoique très parée, était sans manteau de cour. Au
bout de très peu de temps elle reconnaissait tout le

monde, sans aucune assistance de la dame d'honneur. On s'arrêtait devant elle ; elle disait à chacun ce qui convenait. Le ton seul manquait aux paroles ; avec un peu plus d'aménité elle aurait très bien tenu sa Cour. Lorsque le petit signe de tête annonçait que la conversation, beaucoup plus inégalement prolongée que par le Roi, était finie, on faisait la révérence et on passait chez monsieur le duc d'Angoulême.

On tombait sur lui toujours à l'improviste. Dans son disgracieux embarras, il ne savait pas rester à une place fixe. La gaucherie de ses paroles répondait à celle de sa personne ; il faisait souffrir ceux qui s'intéressaient à la famille, et pourtant, si ce prince avait succédé directement à son oncle, il est bien probable que la Restauration aurait duré paisiblement. J'aurai souvent occasion de parler de lui.

À la sortie de chez monsieur le duc d'Angoulême, nous nous trouvions dans le vestibule du pavillon de Flore, c'est-à-dire dans la rue, car, alors, il était pavé, et tout ouvert, sans portes ni fenêtres, aux intempéries de la saison. On ne permettait pas le passage par les appartements. Il nous restait le choix de traverser les souterrains des cuisines et les galeries ouvertes, ou de reprendre nos voitures pour gagner le pavillon de Marsan. Dans le premier cas, il fallait faire le trajet sans châle ni pelisse ; l'étiquette n'en admettait pas dans le château. Dans le second, il nous fallait aller chercher nos gens jusque dans la place ; on ne les laissait pas arriver plus près. Les courtisans chargés de régler ces formes n'avaient en rien pensé au *confort* des personnes appelées à en user.

Arrivées au pavillon de Marsan, on montait chez Monsieur toujours parfaitement gracieux, obligeant et ayant l'art de paraître tenir sa Cour pour son plaisir et en s'y amusant. Puis on redescendait au rez-de-chaussée où monsieur le duc de Berry, sans grâce, sans dignité, mais avec une spirituelle bonhomie, recevait avec aisance. Au reste, je ne puis bien juger de sa manière de *prince*, car il a toujours eu avec moi des habitudes de familiarité. Son père et lui avaient rapporté d'Angleterre l'usage du *shake-hand*. Monsieur le duc de Berry l'avait conservé pour les anciennes connaissances, et je crois que Monsieur n'y a renoncé tout à fait qu'en montant sur le trône. Mais, passé les premiers jours, il ne m'honorait plus de cette distinction devenue rare.

À coup sûr cette réception était mal arrangée car on n'en sortait jamais qu'ennuyée, fatiguée, mécontente. J'étais des bien traitées et pourtant je n'y allais qu'en rechignant, le plus rarement qu'il m'était possible. C'était une véritable corvée ; il fallait changer l'heure de son dîner, s'enharnacher d'une toilette incommode et qu'on ne pouvait produire ailleurs, être aux Tuileries à sept heures, y attendre une heure *à voir passer les duchesses*, comme nous disions, se heurter à la porte de Madame, s'enrhumer dans les corridors extérieurs, malgré la précaution que nous prenions de nous envelopper la tête et les épaules dans notre bas de robe, ce qui nous faisait des figures incroyables, et enfin éprouver au pavillon de Marsan les mêmes difficultés à retrouver nos gens. Pour peu qu'ils ne fussent pas très intelligents, on les perdait souvent dans ces pérégrinations ; et, comme les hommes étaient complètement exclus des réceptions, on voyait de pauvres femmes parées, courant après leur voiture jusqu'au milieu de la place. Il faut ajouter à tous ces désagréments celui d'être trois heures sur nos jambes. C'est à ce prix que nous achetions l'honneur d'être dix secondes **devant le Roi**, une minute devant Madame et à peu près autant chez les princes. La proportion n'y était pas.

Les personnes chargées des cérémonies de Cour devraient mettre quelque soin à les rendre commodes; la Restauration et ses serviteurs ne s'en sont jamais occupés. On a voulu renouveler les anciennes traditions, sans penser au changement de local et à celui des usages.

Par exemple, une femme à Versailles était toujours suivie de deux laquais, souvent de trois, et d'une chaise à porteurs qui la menait jusque dans les antichambres. Certainement les difficultés de communication n'étaient pas les mêmes pour elle avec de pareilles habitudes. Nos mères ne manquaient jamais de nous le rappeler, après avoir fait une diatribe sur la façon dont les duchesses *leur passaient sur le corps*, ainsi qu'elles s'exprimaient. Elles ne pouvaient s'y résigner; elles nous racontaient qu'à Versailles on ne s'apercevait jamais des privilèges des titrées. Les duchesses n'avaient d'autre prérogative que de pouvoir s'asseoir au dîner du Roi, ce qui leur arrivait rarement, parce qu'il fallait, pour lors, assister à tout le repas et qu'il était plus commode de ne faire que passer.

À la vérité elles étaient assises au grand couvert, mais les dames non titrées n'y allaient pas, de sorte que la différence du traitement n'était jamais marquée. Ces dames oubliaient dans leur humeur que les voitures des duchesses entraient dans une cour réservée, que leurs chaises à porteurs suivies de trois laquais, au lieu de deux, et couvertes d'un velours rouge, entraient dans la seconde antichambre, et autres prérogatives de cette importance qui ressemblaient fort à celle d'attendre l'arrivée du Roi dans la salle de réception mais que l'habitude rendait moins désagréables à nos mères. La seule chose que j'aie jamais enviée aux dames de la salle du Trône était l'avantage d'expédier plus promptement l'ennuyeuse corvée de ces réceptions. Elles avaient lieu pour le Roi toutes les semaines; les princes ne recevaient qu'une fois par mois.

Je reviens à 1814. Sir Charles Stewart[1], frère de lord Castlereagh et commissaire anglais près l'armée des Alliés, donna un magnifique bal. Les souverains y assistèrent. L'Empereur et le roi de Prusse y dansèrent plusieurs polonaises, si cela se peut appeler danser.

On tient une femme par la main et on se promène au pas cadencé quelques instants avec elle. Puis on en change. Ordinairement ce sont les femmes, je crois, qui abandonnent les cavaliers; mais ici c'étaient les princes qui prenaient l'initiative pour pouvoir faire politesse à plus de monde. Pendant la promenade, ils parlaient constamment à leur dame; et, comme l'empereur Alexandre était fort grand et très sourd, quand la femme était petite il se tenait courbé, ce qui était plus obligeant que gracieux.

C'est au milieu de ce bal que parut pour la première fois à Paris le duc de Wellington. Je le vois encore y entrer, ses deux nièces, lady Burgersh et miss Pole, pendues à ses bras. Il n'y eut plus d'yeux que pour lui, et, dans ce bal, pavé de grandeurs, toutes s'éclipsèrent pour faire place à la gloire militaire. Celle du duc de Wellington était brillante, pure et accrue de tout l'intérêt qu'on portait depuis longtemps à la cause de la nation espagnole.

Ce fut à ce même bal que le grand-duc Constantin[2], après le départ de l'empereur Alexandre, demanda une valse. Il commençait à la danser

---

1. Sir Charles Stewart (1778-1854) était le demi-frère de lord Castlereagh. Il s'était fait une réputation de sabreur quelque peu téméraire aux côtés de Wellington, lorsqu'il quitta l'armée pour entrer dans la diplomatie (1813). Ministre d'Angleterre à Berlin, il suivit la marche des troupes alliées en payant parfois de sa personne (par exemple à Leipzig). Le 27 juillet 1814, il fut nommé ambassadeur à Vienne. Il y fut le fidèle instrument de la politique de lord Castlereagh en même temps que l'espion discret de la reine Caroline, femme de George IV.

2. Le deuxième fils de Paul Ier, frère du tsar.

lorsque sir Charles Stewart fit taire l'orchestre et lui demanda de jouer une anglaise désirée par lady Burgersh aux pieds de laquelle il était enchaîné.

Le chef d'orchestre hésita, regarda le grand-duc et continua la valse.

«Qui a osé insister pour faire jouer cette valse? demanda sir Charles.

— C'est moi, répondit le grand-duc.

— Je commande seul chez moi, monseigneur. Jouez l'anglaise.»

Le grand-duc se retira fort courroucé et fut suivi de tous les Russes. Cela fit grand bruit et il fallut que les autorités s'en mêlassent pour raccommoder cette sottise. C'est, je crois, le début des impertinences dont sir Charles a semé le monde sous le nom de lord Stewart et qu'il continue sous celui de marquis de Londonderry.

Les deux princes, neveux du Roi, étaient arrivés successivement à Paris au milieu de tant d'événements sans que cela fît grand effet. Monsieur le duc de Berry avait alors le désir de vivre sociablement. Il fit quelques visites et vint chez moi. Je lui arrangeai plusieurs soirées avec de la musique; il s'y amusait de très bonne grâce et montrait naïvement et spirituellement sa joie de la situation où il se trouvait replacé.

Toutefois, le manque de convenance, inhérent à sa nature, se faisait sentir de temps en temps. Je me rappelle lui avoir parlé une fois pour Arthur de la Bourdonnais, jeune et bon officier qui avait servi sous l'Empereur et qui souhaitait lui être attaché; il m'écoutait avec intérêt et bienveillance, puis tout à coup élevant la voix:

«Est-il gentilhomme?

— Certainement, monseigneur.

— En ce cas je n'en veux pas; je déteste les gentilshommes.»

Il faut convenir que c'était une bizarre assertion

au milieu d'un salon rempli de la noblesse de France
et, en outre, cela n'était pas vrai. Il s'était dit, avec
son bon esprit, qu'il ne fallait pas être exclusif et qu'il
était appelé à être le prince populaire de sa famille ;
et, avec son irréflexion habituelle, il avait ainsi choisi
le terrain d'une profession de foi, mal rédigée en
tous lieux. Je le connaissais assez pour ne pas répli-
quer ; il aurait amplifié sur le texte si je l'avais relevé.

Monsieur le prince de Condé ouvrit sa maison ;
on s'y rendit avec empressement. Ce vieux guerrier
parlait à toutes les imaginations. Il avait perdu la
mémoire et faisait sans cesse des erreurs, quelquefois assez plaisantes, et dont la malignité des spectateurs tirait parti. On a dit dans le temps qu'il y avait
intention de sa part, mais je ne le crois pas. Monsieur
le duc de Bourbon aurait fait les honneurs du palais
s'il avait su s'y prendre, mais il y avait apporté toute
sa timide gaucherie d'émigration. Il présentait alors
madame de Reuilly comme sa fille et réclamait de
toutes les femmes qu'il connaissait *leurs bontés pour
elle*. C'était sa phrase banale et que je lui ai entendue
répéter à vingt personnes dans la même soirée. On
était au reste fort disposé à les accorder, *ces bontés*,
car madame de Reuilly était parfaitement aimable et
elle avait le maintien, les formes et la conduite d'une
femme de la meilleure compagnie.

Nous nous aperçûmes promptement que les
grands services rendus par monsieur de Talleyrand
offusquaient monsieur de Blacas[1]. Lui seul gouver-

---

1. Pierre-Louis de Blacas (1771-1839), était entré en 1803
au service de Louis XVIII dont il fut le favori en titre après
1810. Nommé grand-maître de la garde-robe, ministre de la
Maison du Roi en 1814, il fut le chef occulte du ministère de la
première Restauration. Louis XVIII fut obligé de s'en séparer
à son retour de Gand. Il joua un certain rôle dans l'Italie de la
Sainte-Alliance où il représenta la France à Naples et à Rome.
Créé duc le 17 septembre 1824, il suivit Charles X en exil.

naît le Roi et il ne voulait admettre aucun partage
à cet empire. Les préventions de la famille royale,
peut-être justifiées par la conduite précédente du
prince de Talleyrand, mais que les événements
récents auraient dû effacer, ne servaient que trop
bien les vues du favori. Tout le monde vit bientôt
ce que Monsieur de Talleyrand lui-même avait
reconnu dès sa visite à Compiègne. Des obligations,
trop publiques pour être niées, gênaient le Roi, et il
n'avait de crédit et de force à espérer qu'en les pui-
sant au dehors des Tuileries. Il ne chercha pas à se
faire l'homme de la France, car, elle aussi, avait de
trop grandes préventions contre lui, mais il essaya
de se rendre indispensablement nécessaire par son
influence sur les étrangers.

Dans son désir de s'émanciper du contrôle de
monsieur de Talleyrand, monsieur de Blacas aurait
voulu se faire une clientèle des gens un peu distingués du pays. Plus modéré, moins exclusif que les
autres émigrés rentrés avec le Roi, loin de faire à
mon père un tort de n'avoir pas adopté les passions
de l'émigration, il sentait tout le prix d'un royaliste
dévoué, sage, connaissant et jugeant sainement l'état
des esprits en France où il était revenu depuis dix
ans. Il aurait fort voulu l'attacher à sa fortune, mais
mon père, incapable d'entrer dans aucune cabale,
était sincèrement rallié à monsieur de Talleyrand
depuis sa conduite à l'entrée des Alliés, et reçut froidement les avances de monsieur de Blacas.

C'était pendant le temps de ces caresses ostensibles du favori que chaque jour on m'annonçait la
nomination de mon père à quelque ministère ; je ne
m'en inquiétais guère, persuadée qu'aucune place
ne le ferait consentir à perdre sa liberté. Je ne puis
dire l'étonnement que j'éprouvai lorsqu'un jour il
vint nous dire qu'on lui proposait l'ambassade de
Vienne et qu'il nous fit valoir beaucoup de raisons

pour l'accepter. Cependant il nous trouva si récalci-
trantes, ma mère et moi, qu'il se rabattit à nous dire
que la seule ambassade qu'il ne refuserait pas était
celle de Londres.

Du moment qu'il fut constaté pour moi qu'il y
avait une place qu'il ne refuserait pas, je compris
qu'il les accepterait toutes, que peut-être même il
finirait par les solliciter. Je dis à ma mère que nous
ne devions plus chercher à exercer une influence
qui ne ferait que gêner mon père ; elle fut d'autant
plus facile à persuader qu'elle-même n'avait pas de
répugnance pour une *grande ambassade*.

Le cardinal Consalvi ne laissa pas d'exercer
quelque influence sur la décision de mon père ; il
avait une haute estime pour ses talents, sa probité, sa
sagacité, et il désirait vivement lui voir prendre de
l'influence. Leurs âges étaient semblables ; le cardinal n'admettait pas que ce fût celui où l'ambition se
devait arrêter, et lui-même fournissait la preuve de
l'utilité qu'une saine judiciaire pouvait exercer, car,
dans ces premiers moments, il arrêta toutes les
extravagances longuement méditées par le clergé
resté à l'étranger. Il venait fréquemment chez moi
sans y être constamment établi comme à son dernier
séjour ; les affaires le réclamaient.

Je n'ai rien à rabattre de l'opinion que je m'étais
formée de sa capacité et de sa sagesse. Quelque
temps après, il se rendit à Londres, pendant le séjour
que les souverains alliés faisaient dans cette capitale ; et, grâce à l'esprit de convenance qui dirigeait
ses actions, il réussit à y conserver toute la dignité de
sa position et de son caractère, sans choquer les
habitudes du pays où le peuple conservait encore des
préventions extrêmement hostiles au papisme.

CHAPITRE VII

Après avoir livré au public la déclaration de Saint-Ouen, il s'agissait de formuler une charte ; mais, soit que les réflexions fussent venues, soit qu'on eût adopté celles qui avaient été suggérées, on commençait à trouver les concessions bien larges.

Monsieur de Talleyrand, dans son discours au Roi, avait dit élégamment que les *barrières étaient des appuis* ; la Cour craignait qu'elles ne fussent des obstacles. En supposant qu'il fût sage de ne pas inonder de trop de liberté un pays tenu depuis longtemps sous une sévère contrainte, c'était en tout cas une grande faute de nommer, pour rédiger la charte, trois hommes qui professaient hautement leur répugnance pour un gouvernement représentatif : le chancelier Dambray, monsieur Ferrand et l'abbé de Montesquiou[1].

Ils se sont vantés alors et ont avoué depuis qu'elle n'était, à leurs yeux, qu'un moyen transitoire pour arriver à l'ancien régime ou plutôt à la monarchie absolue. Car les institutions créées par le temps, les usages et les mœurs, qui formaient des obstacles insurmontables à l'arbitraire, avaient été emportées dans la tourmente révolutionnaire. Quoi qu'il en soit

---

1. Charles Dambray (1760-1820), ancien magistrat normand resté fidèle à la monarchie, alla chercher Louis XVIII en Angleterre, puis fut nommé chancelier, garde des Sceaux et président de la Chambre des pairs. Antoine Ferrand (1751-1825) fut directeur général des Postes sous la première Restauration, pair de France en 1815, académicien. François-Xavier de Montesquiou (1756-1832), ancien député du Clergé à la Constituante, fit partie du gouvernement provisoire de mars 1814, puis devint ministre de l'Intérieur. Tous trois avaient fait partie de la commission de rédaction de la Charte, les deux derniers en tant que commissaires du Roi.

de leurs intentions, la France prit leur œuvre au sérieux, et elle l'a bien prouvé.

Malgré mon peu de goût pour les cérémonies, je voulus assister à la séance royale où la charte fut promulguée[1]. Mon libéralisme fut courroucé de la manière dont on avait atténué les engagements de Saint-Ouen. La charte me sembla une mystification. Cette impression fut bien loin d'être générale ; chacun n'était occupé qu'à y chercher l'article qu'il pouvait utiliser à son profit. Je fus peu édifiée de mes compatriotes à cette occasion. Le Roi fut reçu à merveille. La cérémonie était belle, mais elle manquait de ce sérieux et de ce recueillement religieux avec lesquels un grand peuple aurait dû recevoir les tables de la loi. On était principalement occupé des nouveaux costumes, des nouvelles figures et des anciens usages redevenus nouveaux par une longue désuétude.

Lorsque le Roi termina son discours, bien fait et prononcé d'une voix imposante, par les mots de *mon chancelier vous dira le reste*, un sourire presque bruyant circula dans toute la salle. Après la lecture de la charte, monsieur Dambray fit celle de la liste des pairs ; il commença par les ducs et pairs de l'ancien, puis du nouveau régime. Arrivant aux pairs sénateurs, il lut entre autres les noms de *monsieur le comte Cornet, monsieur le comte Cornudet* avec un ton si parfaitement dénigrant et impertinent que j'en fus scandalisée et ne pus m'empêcher de dire à mes voisins :

« Voilà une singulière façon de se faire des partisans ! Ces gens auxquels on accorde une grâce considérable sont, par ce ton seul, dégagés de la reconnaissance. ›

On ne fit que six nouveaux pairs, au nombre des-

1. Le 4 juin 1814, au Palais-Bourbon.

quels se trouvait le comte Charles de Damas, déjà nommé commandant d'une des compagnies rouges de la maison du Roi. Aussi, quelques jours après, la comtesse Charles de Damas, qui a été depuis dans l'opposition ultra la plus forcenée, me disait-elle :

« Je vois des gens qui trouvent à redire à ce qui se passe ; quant à moi, comme je suis convaincue que le Roi a beaucoup plus d'esprit et de jugement que moi et qu'il est mieux placé pour voir ce qui est bien, dès qu'il a énoncé une volonté, je l'adopte sans un instant d'hésitation. »

Je me suis rappelé cette phrase parce que je me suis donné le plaisir de la lui rétorquer textuellement en 1815, lorsqu'elle était si furieuse qu'on ne fît pas périr tous les bonapartistes sur le seul cri de haro.

La charte promulguée, les souverains étrangers partirent.

Avant l'arrivée du Roi, Monsieur avait, en sa qualité de lieutenant général du royaume, envoyé dans les provinces des commissaires chargés de pouvoirs fort importants. Ils devaient se faire rendre compte par les autorités, examiner l'état du pays, en juger l'esprit et indiquer les mesures propres à le calmer. Cette commission aurait pu être utile ; mon père fut désigné pour en faire partie. Par une erreur typographique le nom de son frère, le vicomte d'Osmond, fut porté sur la liste du *Moniteur*, et mon père mit d'autant plus de zèle à l'y faire maintenir que les collègues désignés en même temps, se composant pour la plupart des entours immédiats de Monsieur, lui indiquaient que la besogne serait mal et légèrement faite. Tout modeste qu'il était, il fut assez blessé de voir qu'on avait eu l'idée de le placer sur une pareille liste.

Monsieur de Talleyrand lui expliqua que, lorsque son nom y avait été porté, il comptait qu'elle serait tout autrement composée et de gens auxquels il serait possible de confier des pouvoirs larges et véritables. Depuis les choix faits par Monsieur, on n'avait, au contraire, été occupé qu'à les limiter. Dans toutes les occasions, monsieur de Talleyrand a été on ne saurait mieux pour mon père. Leur connaissance datait de leur première jeunesse; et, quoiqu'ils eussent suivi une route bien différente et que leurs rapports eussent été interrompus pendant vingt-cinq ans, cependant il a toujours fait grand état de la capacité et de la loyauté de mon excellent père.

Mes prévisions sur le changement survenu dans ses dispositions furent bientôt justifiées; car, après avoir refusé d'aller à Vienne, il accepta l'ambassade de Turin. Malgré sa haute raison et son jugement supérieur, au milieu de cette curée de places, il n'avait pu s'empêcher de retrouver quelques velléités d'ambition.

Monsieur de Talleyrand lui montra Turin comme menant promptement à Londres, attendu que monsieur de la Châtre était incapable de s'y maintenir; et, ce qui eut encore plus d'influence, il ajouta que Turin, étant regardé comme ambassade de famille, assurait de droit le cordon bleu. Or, mon père a toujours désiré cette décoration par-dessus toute chose, tant les idées conçues au début de la vie laissent de fortes traces dans les esprits les plus distingués! Être chevalier de l'ordre lui semblait la plus belle chose du monde. Indubitablement, si monsieur de Talleyrand avait été ministre, à la première promotion il y aurait été compris.

Il faut que je raconte encore un trait qui confirme combien les impressions de jeunesse restent gravées dans l'esprit. Mon père avait été nommé commissaire français pour régler les limites après le traité de paix. Cette besogne était peu agréable; il le sentait vivement. Ses collègues, les princes Rozamowski, le comte Wittgenstein y mettaient des formes charmantes ; le baron de Humboldt et sir Charles Stewart déguisaient leurs exigences en phrases polies. Mais le fond de ces transactions roulait sur le droit du plus fort, ce qui est toujours un terrain très pénible pour le plus faible. Mon père s'en tira aussi bien que les circonstances le permettaient. Le Roi le vit plusieurs fois et lui témoigna sa satisfaction.

Lorsqu'il fut question de l'ambassade de Turin, cela n'alla pas tout droit. Ma mère était furieuse, moi très désolée, mon frère contrarié ; enfin mon père se décida à céder à nos vœux. Il alla chez le Roi et lui représenta qu'ayant refusé l'ambassade de Vienne il serait trop inconséquent d'accepter celle de Turin. Le Roi lui répondit que cela était bien différent, qu'il comprenait sa résistance pour Vienne mais que le roi de Sardaigne était *son beau-frère* ; et ce singulier argument parut concluant à mon père. Le Roi, qui tenait à le décider, lui ayant dit qu'il était disposé à lui accorder ce qui pouvait lui être agréable comme grâce et marque de contentement et de satisfaction, mon père inventa de lui demander l'entrée du cabinet, ce qui veut dire la permission de lui faire sa cour les jours de réception dans une salle plutôt que dans une autre.

C'est nanti de ces deux résultats d'une longue conférence que mon père revint, très enchanté, nous dire qu'il n'avait pu résister plus longtemps aux ordres du Roi. Ce n'est que plus tard, et après qu'il eut accepté, que monsieur de Talleyrand prit des engagements pour Londres et le cordon bleu.

Je ne puis assez répéter que mon père est l'homme du sens le plus droit et de l'esprit le moins susceptible de petitesse que j'aie jamais rencontré, et pourtant il cédait là à des séductions qui n'auraient exercé aucune influence sur lui s'il avait eu vingt-cinq ans de moins. Quant à moi, je marchais d'étonnement en étonnement sans faire de progrès dans l'art du courtisan.

Cette nomination nous ramena de la campagne où nous avions été nous reposer d'un hiver et d'un printemps si agités. Ma mère avait fait une chute qui l'empêchait de remuer, de sorte que tous les embarras des préparatifs de départ tombèrent sur moi. Ces soins matériels, joints au chagrin de quitter mes amis et mes habitudes, m'absorbèrent tellement que je ne m'occupai guère des affaires publiques et qu'elles se présentent moins nettement à ma mémoire. Mais je retrouve encore quelques faits particuliers dans mes souvenirs.

Madame de Staël arriva peu après le Roi. Son bonheur de se retrouver à Paris était encore accru par la joie qu'elle éprouvait à se parer de la jeune beauté de sa charmante fille

Malgré des cheveux d'une couleur un peu hasardée et quelques taches de rousseur, Albertine de Staël était une des plus ravissantes personnes que j'aie jamais rencontrées, et sa figure avait quelque chose d'angélique, de pur et d'idéal que je n'ai vu qu'à elle. Sa mère en était heureuse et fière ; elle pensait à la marier ; les prétendants ne tardèrent pas à se présenter.

Madame de Staël avait coutume de dire, depuis son enfance, qu'elle saurait bien forcer sa fille à faire un mariage d'inclination ; et je crois bien qu'elle a employé l'empire qu'elle avait sur elle à diriger son choix sur un duc et pair, riche et grand seigneur. C'est encore par des qualités plus personnelles que le duc de Broglie a justifié la préférence qui lui fut accordée ; au reste, j'anticipe sur les événements, car ce mariage n'eut lieu que l'année suivante.

La haine qu'elle portait à Bonaparte avait rendu madame de Staël très royaliste ; elle s'émerveillait elle-même de n'être pas dans l'opposition. Toutefois, la supériorité de son esprit ne lui permettait pas de tomber dans notre absurde intolérance. Je la voyais souvent. Chez moi, je lui entendais tenir un langage selon mon cœur ; mais, chez elle, j'étais souvent scandalisée des propos de son cercle. Elle admettait toutes les opinions et tous les langages, quitte à se battre à outrance pour la cause qu'elle soutenait ; mais elle finissait toujours par une passe à armes courtoises, ne voulant priver son salon d'aucun des tenants de ce genre d'escrime qui pouvait y apporter de la variété.

Elle aimait toutes les notabilités, celles de l'esprit, celles du rang, celles même fondées sur la violence des opinions. Pour des gens qui, comme moi, vivaient dans les idées rétrécies de l'esprit de parti, cela paraissait très choquant ; et je suis souvent sortie de son salon indignée des discours qu'on y tenait et disant, suivant notre expression de coterie, que c'était *par trop fort*.

Nous allâmes lui dire adieu peu de jours avant de partir pour Turin. Un jeune homme appuyé sur son fauteuil tonnait d'une façon si hostile contre le gouvernement royal, se montrait si passionnément bonapartiste que madame de Staël, après avoir vainement tâché de ramener sa haineuse éloquence au ton de la plaisanterie, fut obligée, malgré sa tolérance habituelle, de lui imposer silence. C'était l'infortuné La Bédoyère[1]. S'il avait continué à tenir la conduite qu'indiquaient ses propos, il n'y aurait pas de reproches à lui faire. Mais, peu de semaines après, vaincu par les sollicitations de la famille de sa

----

1. Charles Huchet, comte de La Bédoyère (1786-1815). Colonel du 7e de ligne, il conduisit son régiment au-devant de Napoléon sur la route de Vizille le 5 mars 1815, lui ouvrant ainsi les portes de Grenoble.

femme, il consentit à se laisser nommer colonel au service de Louis XVIII et l'année n'était pas révolue qu'il avait payé à la plaine de Grenelle le prix sanglant de la plus coupable trahison.

Monsieur tomba dangereusement malade et son état causa l'inquiétude la plus vive à tout ce qui s'appelait royaliste ; je la partageai très sincèrement. Il fut rendu à nos vœux ; hélas ! ce n'était ni pour son bonheur, ni pour le nôtre ! Il passa le temps de sa convalescence à Saint-Cloud. Nous y allâmes de Châtenay lui faire notre cour ; il fut très gracieux et très causant ; il nous montrait les élégances de Saint-Cloud avec grande satisfaction. Il disait en riant qu'on ne pouvait pas accuser Bonaparte d'avoir laissé détériorer le mobilier. La longue privation de ces magnificences royales les lui faisait apprécier davantage.

Je rencontrai à Saint-Cloud le chevalier de Puységur. Je l'avais laissé à Londres, quelques années avant, le plus aimable, le plus agréable et le plus sociable des hommes. Nous étions fort liés ; je me faisais grande joie de le voir. Je retrouvai un personnage froid, guindé, désobligeant, silencieux, enfin une telle métamorphose que je n'y comprenais plus rien. Je me retirai, embarrassée d'empressements qui n'avaient obtenu aucun retour. J'appris quelques jours après, qu'en outre de l'anglomanie, qui lui avait fait prendre en dégoût tout ce qui était français, il était dominé par le chagrin de montrer une figure vieillie. Il avait perdu toutes ses dents et, jusque-là, il avait vainement tenté d'y suppléer. Un ouvrier plus adroit lui rendit par la suite un peu plus de sociabilité ; mais il ne reprit pas la grâce de son esprit et resta maussade et grognon. Il ne vint pas chez moi, mais je le voyais souvent chez mon oncle Édouard Dillon.

Un jour où lord Westmeath, qui s'occupait d'agriculture, avait été le matin à Saint-Germain, il nous demanda comment on nourrissait le bétail aux environs de Paris. Il trouvait faible la proportion des pâturages. Nous nous mettions en devoir de lui expliquer que, sur d'autres routes, il en trouverait davantage, mais le chevalier nous arrêta tout court :

«Vous avez raison, mylord, il n'y a pas de pâturages, les horribles vaches mangent des chardons dans les fossés ; et, d'ailleurs, on ne saurait découvrir les prairies en France parce que l'herbe n'y est pas verte.

— Comment, l'herbe n'est pas verte, et de quelle couleur est-elle ?

— Elle est brune.

— Quand elle est brûlée du soleil.

— Non, toujours.»

Je ne pus m'empêcher de rire et de dire :

«Voilà un singulier renseignement donné à un étranger par un Français.»

Le chevalier reprit aigrement :

«Je ne suis pas français, madame, je suis du pavillon de Marsan.»

Hélas ! il disait vrai et, dans cette boutade humoriste, se trouve le texte de toute la conduite de la Restauration, de toutes ses fautes, de tous ses malheurs.

Le chevalier de Puységur est l'homme que j'ai vu le plus complètement affecté du regret d'avoir perdu les avantages d'une très agréable figure. On accuse les femmes de cette petitesse ; mais aucune, que je sache, ne l'a portée à ce point. Il était devenu complètement insupportable, et les jeunes gens qui avaient entendu vanter ses bonnes façons, son esprit et sa grâce en recherchaient vainement quelque trace. Son âpreté était devenue extrême ; il aurait voulu accaparer toutes les faveurs, et il faut savoir gré à Monsieur d'avoir supporté ses exigences en souvenir d'un ancien et, je crois, sincère dévouement.

Nota. — Bien des années plus tard, et au-delà de l'époque où je compte arrêter ces écrits, en avril 1832, pendant le plus fort de la désastreuse épidémie du choléra, j'arrivai un matin chez la duchesse de Laval; le duc de Luxembourg, son frère, et le duc de Duras s'y trouvaient. Je venais de recueillir de la bouche du baron Pasquier, qui y avait assisté, le récit de la mort de monsieur Cuvier, tombé victime du fléau qui décimait la capitale. Il avait témoigné à cet instant suprême de toute la hauteur de son immense distinction intellectuelle et d'une force d'âme conservée jusqu'au dernier soupir sans exclure la sensibilité. Mon narrateur était profondément ému et m'avait fait partager son impression.

J'arrivai chez la duchesse toute pleine de mon sujet et je répétai les détails que je venais d'apprendre. Les deux ducs écoutaient négligemment. Enfin monsieur de Luxembourg se penchant vers monsieur de Duras lui demanda à mi-voix:

«Qu'est-ce que c'est que ce monsieur Cuvier?

— C'est un de ces *monsieur* du jardin du Roi», reprit l'autre.

L'illustre Cuvier est un des *monsieur* du jardin du Roi! Je demeurai confondue. Hélas! hélas! me disais-je, que de pareils propos dans la bouche des capitaines des gardes, des gentilshommes de la chambre, des intimes du roi de France expliquent tristement le voyage de Cherbourg! L'Europe nous enviait la gloire de posséder Cuvier, et la Cour des Tuileries ignorait jusqu'à son existence. Les deux ducs étaient du pavillon de Flore, comme monsieur de Puységur du pavillon de Marsan.

Nous avions vu arriver successivement un assez grand nombre de femmes anglaises. J'ai déjà dit combien leur costume paraissait étrange; mais je fus encore bien plus étonnée de leur maintien. Les dix années qui venaient de s'écouler, sans aucune communication avec le continent, leur avaient fait chercher l'initiative de leurs modes dans leurs propres colonies.

Elles avaient transporté dans nos climats les manières abandonnées et les habitudes du tropique, entre autres ces grands divans carrés sur lesquels on est couché plutôt qu'assis, et où femmes et hommes sont étendus pêle-mêle. Les grandes dames avaient conservé une certaine tradition de l'urbanité de mœurs des femmes françaises et s'étaient persuadées qu'elle était accompagnée de *façons libres*. Or, c'est ce qu'il y a de plus facile à imiter et, comme elles n'avaient plus l'original sous les yeux, elles s'étaient fait un type imaginaire qui nous étonnait fort.

Rien n'est plus éloigné de la vérité que cette idée adoptée par la plupart des écrivains anglais sur les femmes françaises. Elles ont en général de l'aisance de conversation, mais, dans aucun pays, le maintien n'est plus calme et plus sévère ; et, même avant la Révolution, lorsque les mœurs étaient beaucoup moins bonnes, les formes extérieures étaient encore plus rigoureuses.

Il est commun chez nous de voir des femmes qui passent pour légères conserver dans le monde un ton parfait ; je ne sais si la morale y gagne, mais la société en est certainement plus agréable. Les Anglaises semblaient, au contraire, avoir jeté leur bonnet par-dessus les moulins. Je me rappelle avoir vu dans le salon de monsieur de Talleyrand, où toutes les femmes, selon l'usage des salons ministériels d'alors, étaient rangées sur des fauteuils régulièrement espacés le long du mur, une petite mistress Arbuthnot, jeune et jolie femme, qui affichait dès lors ses prétentions au cœur du duc de

Wellington, quitter le cercle des dames, se réunir à un groupe formé exclusivement par des hommes, s'appuyer contre une petite console, y poser les deux pouces, s'élancer dessus très lestement et y rester assise avec les jambes ballantes que de fort courtes jupes ne couvraient guère plus bas que les genoux.

Bientôt une colonie entière de dames anglaises vint nous apprendre que les façons de mistress Arbuthnot ne lui étaient pas exclusivement réservées.

Je vis souvent, mais sans y prendre grand goût, madame de Nesselrode ; celle-là était suffisamment froide et guindée assurément. Elle avait beaucoup d'esprit et préludait à la domination exclusive qu'elle a depuis exercée sur son mari. Elle était jalouse de tout ce qu'elle pouvait craindre avoir quelque influence sur son esprit et, à ce titre, elle m'honora d'une assez grande dose de malveillance.

La princesse Zénéide Wolkonski éprouvait un autre genre de jalousie tout orientale ; elle ne permettait pas même à son mari d'envisager une femme. Dès qu'elle fut arrivée à Paris, elle l'enferma sous clef. Quelques mois avant, dans un accès de frénésie jalouse, elle s'était mordu la lèvre de manière à en emporter un assez gros morceau. La cicatrice était encore rouge et nuisait à sa beauté qui était pourtant réelle. Je ne sais pourquoi j'avais trouvé grâce devant elle et elle permettait au pauvre Nikita de venir chez moi. L'Europe a depuis retenti des querelles et des folies de ce couple extravagant.

Mon frère commençait à sentir l'inconvénient de n'avoir aucune carrière et regrettait vivement d'avoir cédé aux instigations de sa coterie. Ma mère en était d'autant plus affligée qu'elle se sentait coupable de l'avoir influencé dans cette décision. Elle se détermina à demander une audience à madame la duchesse d'Angoulême. Cette princesse fut extrêmement bonne et aimable pour elle. Elle lui parla de son père, il était rare qu'elle en prît l'initiative, et, ce qui était plus rare encore, elle lui parla de son mari. Elle regrettait que son extrême timidité lui donnât une gaucherie qui empêchait d'apprécier un mérite réel qui pourtant, selon elle, ne manquerait pas de se découvrir à la longue. Elle montra pour lui une tendresse excessive.

Au reste, elle promit de s'occuper du sort de mon frère et, en effet, peu de jours après, il reçut le brevet de chef d'escadron. C'était un abus et un de ceux qui ont le plus aliéné l'armée et irrité le pays. Mais il était devenu si général parmi les gens avec lesquels nous vivions qu'il aurait été impossible de se montrer sans cette épaulette qu'on n'avait aucun droit raisonnable de demander.

Mon père était tellement blessé de cette folie qu'il n'avait pas voulu solliciter pour son fils. Ma mère n'entra pas dans cette idée gouvernementale. Mon frère fut enchanté d'obtenir un grade et moi de le lui voir.

La répugnance de Madame à parler de ses parents me rappelle une circonstance assez bizarre. La comtesse de Châtenay avait été souvent menée par sa mère, la comtesse de La Guiche, chez Madame, lorsque toutes deux étaient encore enfants. Madame s'en souvint et la traita avec une familière bonté ; elle la reçut plusieurs fois en particulier. Un matin elle lui dit :

« Votre père est mort jeune ?

— Oui, Madame.

— Où l'avez-vous perdu ? »

Madame de Châtenay hésita un moment puis reprit :

« Hélas ! Madame, il a péri sur l'échafaud pendant la Terreur. »

Madame fit un mouvement en arrière, comme si elle avait marché sur un aspic ; un instant après, elle congédia madame de Châtenay; et, à dater de ce jour, non seulement elle ne lui a pas conservé ses anciennes bontés mais elle la traitait plus mal que personne et évitait de lui parler toutes les fois que cela était possible. Je ne cherche pas à expliquer le sentiment qui lui dictait cette conduite, car je ne le devine pas; je me borne à être fidèle narrateur.

CHAPITRE VIII

Aussitôt après la Restauration, madame la duchesse d'Orléans[1] douairière quitta Barcelone et s'établit à Paris. Elle accueillit mes parents avec ses anciennes et familières bontés. Nous y allions souvent; son âge ne laissait aucune place au scandale dont son entourage aurait pu faire naître la pensée.

Elle était totalement subjuguée par un nommé Rozet, ancien conventionnel, auquel elle croyait devoir la vie et qui l'avait accompagnée en Espagne. Il exploitait sa reconnaissance de toutes les manières et, sous le nom de Follemont qu'il avait pris, il était tellement le maître chez elle qu'on le dit son mari. Mais plus tard, nous vîmes surgir une petite vieille madame de Follemont dont il était l'époux depuis trente ans.

Quoi qu'il en soit, la princesse était complètement sous sa tutelle. Elle n'avait d'autre volonté que la sienne et le comblait de soins exagérés et puérils

1. Louise-Marie-Adélaïde de Bourbon-Penthièvre (1753-1821), petite-fille du comte de Toulouse, avait suivi en prison son mari Philippe-Égalité pendant la Terreur. Internée ensuite dans la maison de santé du docteur Belhomme, puis déportée en Espagne, elle rentra en 1814, pour consacrer les dernières années de sa vie à des œuvres pieuses.

jusqu'au ridicule. Il était excessivement gourmand et elle s'inquiétait, tout à travers la table, de lui faire renvoyer la langue d'une carpe ou la queue d'un brochet. Elle lui arrangeait elle-même son café, s'occupait de préparer sa partie et de le faire asseoir du côté où il ne venait aucun vent, «c'est la place de monsieur de Follemont», disait-elle, et elle faisait lever quiconque s'y serait placé. Enfin, elle usait de ses droits de princesse pour rendre ostensibles des attentions poussées jusqu'à la niaiserie. Racontant, au reste, dix fois par jour les services que monsieur de Follemont lui avait rendus au péril de ses jours, circonstance fort contestée par les personnes alors en France mais que la bonne duchesse croyait sincèrement.

Tout ce qui composait la Maison honorifique était bien forcé de se plier à la suprématie de monsieur de Follemont, mais c'était en clabaudant contre lui et d'autant plus que, tout en dépensant beaucoup d'argent, il tenait l'établissement sur le pied le plus bourgeois et le moins agréable aux commensaux. Je ne crois pas cependant qu'il volât madame la duchesse d'Orléans. Il administrait mal parce qu'il n'avait aucune idée de conduire un pareil revenu et ne savait pas tenir, ce qui aurait dû être, un grand état. Mais il n'avait pas d'enfant; il regardait les biens de madame la duchesse d'Orléans comme son propre patrimoine et ne songeait pas à en rien soustraire. Il n'a laissé aucune fortune. Sa veuve a eu besoin d'une faible pension que monsieur le duc d'Orléans lui a continuée après la mort de sa mère.

On comprend que le genre de vie de madame la duchesse d'Orléans n'attirait pas beaucoup la foule : il était pénible pour les personnes attachées de cœur à cette princesse et à sa maison. Mes parents étaient de ce nombre. Mon père persista longtemps à y aller souvent, mais, petit à petit, il n'y eut plus de

place que pour les courtisans de monsieur de Follemont. Quelque attachement qu'on eût pour la princesse, ce rôle n'était pas admissible.

Je fus présentée à madame la duchesse de Bourbon[1]. Je ne saurais dire par quel hasard je n'y suis
jamais retournée depuis cette première visite. Cela
est d'autant moins explicable qu'elle recevait tous
les jours et avait une maison très agréable.

Monsieur le duc d'Orléans vint faire une course à
Paris ; il se raccommoda ostensiblement avec sa
mère. La présence de monsieur de Follemont avait
causé précédemment une rupture complète entre la
mère et les enfants. Il fit sa cour au Roi, donna des
ordres pour faire arranger le Palais-Royal, tout à fait
inhabitable à cette époque, rentra en possession de
ses biens et retourna en Sicile pour y chercher sa
famille, composée alors de madame la duchesse
d'Orléans, de Mademoiselle et de trois enfants : monsieur le duc de Chartres et les princesses Louise et
Marie. Madame la duchesse d'Orléans était grosse
du duc de Nemours.

Dix années avant, j'avais laissé en Angleterre
trois princes d'Orléans ; il n'en restait plus qu'un.
Né avant que la vie, plus que libre, menée par leur
père lui eût gâté le sang, l'aîné était d'une santé
robuste. Monsieur le comte de Beaujolais, ayant
ajouté les excès de sa propre jeunesse aux excès
paternels, succomba le premier. Ses deux frères le
soignèrent avec la plus vive tendresse et l'accompagnèrent à Malte sans pouvoir le sauver. Monsieur le
duc d'Orléans était destiné à un chagrin plus intime
encore. Son frère chéri, cette véritable moitié de lui-
même, le duc de Montpensier, aussi bon, aussi
aimable, aussi gracieux qu'il était distingué, mourut

---

1. Sa belle-sœur, Louise-Marie d'Orléans (1750-1822) avait
épousé le duc de Bourbon (1756-1830).

d'une maladie étrange qui supposait un vice dans le sang.

Monsieur de Montjoie aussi, le fidèle ami de ces princes, leur compagnon dans toutes les vicissitudes de leur vie aventureuse, fut tué à la bataille de Friedland. On a dit que le boulet qui l'emporta était parti d'une batterie commandée par son frère, officier d'artillerie dans le corps d'armée bavarois. Ces sortes d'événements n'inspirent pas la même horreur dans les familles allemandes et suisses que dans les nôtres. On y est accoutumé à voir des frères servant diverses puissances et exposés à se trouver opposés l'un à l'autre.

Mademoiselle[1] avait quitté la France avec madame de Genlis ; elles s'étaient réfugiées dans un couvent.

Après la catastrophe de la mort de son père et madame sa mère étant en prison, la famille réclama la jeune princesse. Elle fut violemment arrachée à madame de Genlis et confiée aux soins de madame la princesse de Conti, sa grand-tante. Celle-ci, pleine d'esprit, l'appréciait, l'aimait, mais n'avait pas le courage de la protéger suffisamment pour lui éviter les persécutions auxquelles elle était en butte de toute l'émigration. On voulait lui arracher, sous forme de lettre au Roi, une profession de foi où elle renierait son père et désavouerait ses frères. On pourrait trouver dans cette lutte, qui dura trois années de la première jeunesse de Mademoiselle, l'explication de son caractère, de ses vertus tout à elle et de ce vernis d'amertume qui se montre parfois. Elle suivit sa tante en Hongrie où elles séjournèrent quelque temps.

Madame la duchesse d'Orléans, échappée aux prisons de Paris, s'établit à Barcelone. Elle ne fit

1. Mademoiselle Adélaïde (1777-1848) sœur de Louis-Philippe.

aucune démarche pour se rapprocher de sa fille; mais, après la mort de la princesse de Conti, elle fut obligée de lui ouvrir un asile. Mademoiselle y eut tellement à souffrir des inconcevables procédés de monsieur de Follemont qu'elle dut s'en plaindre à ses frères. Ils allèrent la chercher à Barcelone; la comtesse Mélanie de Montjoie fut mise auprès d'elle et ne l'a plus quittée.

On traitait alors le mariage de monsieur le duc d'Orléans avec la princesse Amélie de Naples[1]. Elle avait précédemment été destinée à monsieur le duc de Berry. Cette alliance était au moment de se conclure à Vienne pendant le séjour que la reine de Naples y fit avec ses filles. Mais monsieur le duc de Berry, alors amoureux d'une des demoiselles de Montboissier, se permit des plaisanteries inconvenantes et publiques sur le peu d'agrément qu'il trouvait à la jeune princesse. Ces propos arrivèrent à la Reine. Elle lui écrivit une lettre de dignité, de noblesse et pourtant de bonté pour lui, dans laquelle elle retirait sa parole et rompait tous les engagements pris pour sa fille. Elle en envoya la copie à ma mère; je l'ai lue plusieurs fois.

Je n'ai aucun détail positif sur ce qui s'est passé en Sicile après le mariage de monsieur le duc d'Orléans. Je sais seulement que sa mère y assista et que, monsieur de Follemont ayant réussi à la brouiller avec toute sa famille, elle retourna avec lui à Barcelone.

Il y eut des querelles entre les Anglais et la Cour; les Siciliens prirent parti. La Reine fut mécontente de son gendre; il dut quitter le palais et se retirer à la campagne avec sa famille. Bientôt après, les Anglais eurent lieu de penser que la Reine négociait avec l'empereur Napoléon pour les exterminer dans l'île

1. En 1809.

et renouveler les Vêpres Siciliennes. Je ne sais quel
degré de confiance il faut attacher à cette accusation, mais elle servit de prétexte pour faire expulser
la Reine de la Sicile. Elle conçut le projet de se
rendre à Vienne par Constantinople et mourut en
route avant d'y arriver. La nouvelle en parvint au
moment même où monsieur le duc d'Orléans instal-
lait sa famille au Palais-Royal.

Madame la duchesse d'Orléans voulut bien
conserver le souvenir de nos rapports d'enfance et
m'accueillit avec une bonté qui renouvela l'affection
que je lui portais et qui, depuis, s'est accrue chaque
jour, en lui voyant exercer toutes les vertus, ornées
de toutes les grâces qui peuvent les décorer.

Madame la duchesse d'Orléans n'était pas jolie ;
elle était même laide, grande, maigre, le teint rouge,
les yeux petits, les dents mal rangées ; mais elle avait
le col long, la tête bien placée, très grand air. Elle
supportait bien la parure, avait bonne grâce avec
beaucoup de dignité ; et puis, de ses petits yeux, sortait un regard, émanation de cette âme si pure, si
grande, si noble, un regard si varié, si nuancé, si bon,
si encourageant, si excitant, si reconnaissant que,
pour moi, j'en trouverais tout sacrifice suffisamment
payé. Je suis persuadée que madame la duchesse
d'Orléans doit une partie de la fascination qu'elle
exerce sur les gens les plus hostiles à l'influence de
ce regard.

Elle fut bien accueillie à la Cour des Tuileries,
monsieur le duc d'Orléans médiocrement, Mademoiselle très froidement. Il n'y avait jamais eu aucun
rapprochement avec elle, même par lettre je crois ;
et madame la duchesse d'Angoulême ne pouvait dissimuler la répugnance qu'elle éprouvait pour le frère
et la sœur.

J'ai entendu raconter à mon oncle Édouard Dillon
qu'il se trouvait à Hartwell lors de la première visite

que monsieur le duc d'Orléans y fit. Elle avait été longuement négociée et Madame avait eu peine à y
consentir. Il arriva de meilleure heure qu'on ne l'attendait, un dimanche comme on sortait de la messe.
Madame le rencontra en traversant le vestibule ; elle
était suivie de tout ce qui habitait le château. En aper-
cevant le prince, elle devint extrêmement pâle, ses
jambes fléchirent, la parole expira sur ses lèvres ; il
s'avança pour la soutenir, elle le repoussa. Il fallut
l'asseoir ; elle se trouva presque mal ; on s'empressa
autour d'elle et on la conduisit dans ses appartements.

Monsieur le duc d'Orléans, profondément blessé,
peiné, embarrassé, resta seul avec mon oncle ; il n'y
avait rien à dissimuler, il lui parla avec amertume de
cette scène et lui témoigna un vif désir de repartir
sur-le-champ. Édouard lui montra l'inconvénient
d'un tel esclandre et s'offrit à aller de sa part prendre
les ordres du Roi. Le Roi, qui était auprès de sa
nièce, fit dire au prince que c'était une incommodité
à laquelle Madame était fort sujette, qu'elle allait
mieux et qu'il n'y paraîtrait pas au dîner. Peu d'instants après, il reçut monsieur le duc d'Orléans dans
son cabinet. Je ne sais ce qui se passa entre eux. Au
dîner, Madame fit bonne contenance et parla même
à monsieur le duc d'Orléans de ces *palpitations* auxquelles elle était sujette, ce qui n'était pas vrai. Le
prince fut très satisfait, on peut le croire, de remonter en voiture sitôt après le dîner.

Ces sortes de scènes laissent des traces qui ne
s'oublient ni de part ni d'autre.

La répugnance ostensible de Madame pour monsieur le duc d'Orléans s'affaiblit avec le temps, mais
elle ne put ni vaincre ni dissimuler celle que lui inspirait Mademoiselle. En revanche, il s'établit une
amitié sincère et mutuelle entre elle et madame la
duchesse d'Orléans. Madame l'appelait ordinairement, en en parlant, *ma vraie cousine*.

Mon père aurait désiré que mon frère fût attaché à la maison d'Orléans où son nom lui donnait d'anciens droits de famille. Les bontés de madame la duchesse d'Orléans pour moi me permettaient de lui en parler. Quoique en grand deuil de sa mère, elle me recevait souvent ; elle promit de s'en occuper. Mais elle me répondit, peu de jours après, que monsieur le duc d'Orléans avait plus d'engagements qu'il n'était possible qu'il eût jamais de places à sa disposition. Ce n'était pas tout à fait la vérité. La voici :

Monsieur le duc d'Orléans se trouvait déjà entouré de deux ou trois personnes, de ce qu'on appelait encore l'ancien régime ; et, loin de chercher à en augmenter le nombre, il voulait compléter sa Maison de gens d'un autre ordre et tenant aux intérêts révolutionnaires. Il avait le coup d'œil assez juste pour comprendre qu'il y avait grand intérêt à les ménager ; sa conduite a toujours tendu à opérer ce mélange. C'eût été une idée profondément habile dans les princes de la famille royale ; était-elle sans inconvénient dans le prince du sang qui se séparait ainsi de leur politique ? C'est ce que je n'oserais affirmer.

Il est certain que, dès le premier jour, monsieur le duc d'Orléans, sans conspirer contre eux, j'en ai la ferme conviction, a évité de s'assimiler à leurs allures et que toute son attitude a été celle d'un homme bien aise qu'on le croie dans l'opposition.

Monsieur de Talleyrand était bien près de suivre la même route.

S'il avait eu autant de considération dans le pays qu'il y avait d'importance, il n'aurait pas hésité ; mais la Restauration était trop son ouvrage pour qu'il osât s'en séparer à l'occasion de griefs personnels. Rebuté par tous les dégoûts dont l'abreuvait le château, il désira s'éloigner et se nomma lui-même pour assister au congrès de Vienne où la grandeur

des négociations et la présence des souverains justifiaient celle du ministre des affaires étrangères.

J'allais souvent chez monsieur de Talleyrand. Son
salon était très amusant. Il ne s'ouvrait qu'après
minuit, mais alors toute l'Europe s'y rendait en
foule ; et, malgré l'étiquette de la réception et l'impossibilité de déranger un des lourds sièges occupés
par les femmes, on trouvait toujours à y passer
quelques moments amusants ou au moins intéressants, ne fût-ce que pour les yeux.

Madame de Talleyrand, assise au fond de deux
rangées de fauteuils, faisait les honneurs avec calme ;
et les restes d'une grande beauté décoraient sa
bêtise d'assez de dignité[1].

Je ne puis me refuser à raconter une histoire un
peu leste, mais qui peint cette courtisane devenue si
grande dame.

Mon oncle Édouard Dillon, connu dans sa jeunesse sous le nom de beau Dillon, avait eu, en grand
nombre, les succès que ce titre pouvait promettre.
Madame de Talleyrand, alors madame Grant, avait
jeté les yeux sur lui. Mais, occupé ailleurs, il y avait
fait peu d'attention. La rupture d'une liaison à
laquelle il tenait le décida à s'éloigner de Paris pour
entreprendre un voyage dans le Levant ; c'était un
événement alors, et le projet seul ajoutait un intérêt
de curiosité à ses autres avantages.

Madame Grant redoubla ses agaceries. Enfin, la
veille de son départ, Édouard consentit à aller souper chez elle au sortir de l'Opéra. Ils trouvèrent un
appartement charmant, un couvert mis pour deux,
toutes les recherches du métier que faisait madame
Grant. Elle avait les plus beaux cheveux du monde ;

---

1. C'est à Hambourg, en 1795, que Talleyrand fit la connaissance de Mme Grand. Une longue liaison s'ensuivit régularisée
par un mariage civil en 1802. Ils se séparèrent en 1814.

Édouard les admira. Elle lui assura qu'il n'en connaissait pas encore tout le mérite. Elle passa dans un cabinet de toilette et revint les cheveux détachés et tombant de façon à en être complètement voilée. Mais c'était Ève, avant qu'aucun tissu n'eût été inventé, et avec moins d'innocence, *naked and not ashamed*. Le souper s'acheva dans ce costume primitif. Édouard partit le lendemain pour l'Égypte. Ceci se passait en 1787.

En 1814, ce même Édouard, revenant d'émigration, se trouvait en voiture avec moi ; nous nous rendions chez la princesse de Talleyrand où je devais le présenter. « Il y a un contraste si plaisant, me dit-il, entre cette visite et celle que j'ai faite précédemment à madame de Talleyrand, que je ne puis résister à vous raconter ma dernière et ma seule entrevue avec elle. »

Il me fit le récit qu'on vient d'entendre. Nous étions tous deux amusés, et curieux du maintien qu'elle aurait vis-à-vis de lui. Elle l'accueillit à merveille et très simplement ; mais, au bout de quelques minutes, elle se mit à examiner ma coiffure, à vanter mes cheveux, à calculer leur longueur et, se tournant subitement du côté de mon oncle placé derrière ma chaise :

« Monsieur Dillon, vous aimez les beaux cheveux ! »

Heureusement nos yeux ne pouvaient se rencontrer, car il nous aurait été impossible de conserver notre sérieux.

Au reste, madame de Talleyrand ne conservait pas ses naïvetés uniquement à son usage ; elle en avait aussi pour celui de monsieur de Talleyrand. Elle ne manquait jamais de rappeler que telle personne (un autre de mes oncles par exemple, Arthur Dillon) était un de ses camarades de séminaire. Elle l'interpellait à travers le salon pour lui faire affirmer que l'ornement qu'il aimait le mieux était une croix pastorale en diamant dont elle était parée. Elle répondit à quelqu'un qui lui conseillait de faire ajouter de plus grosses poires à des boucles d'oreilles de perle :

«Vous croyez donc que j'ai épousé le Pape!»

Il y en aurait trop à citer. Monsieur de Talleyrand opposait son calme imperturbable à toutes ses bêtises, mais je suis persuadée qu'il s'étonnait souvent d'avoir pu épouser cette femme.

J'étais chez madame de Talleyrand le jour du départ de monsieur de Talleyrand et je lui vis apprendre que madame de Dino, alors la comtesse Edmond de Périgord, accompagnait son oncle à Vienne. Le rendez-vous avait été donné dans une maison de campagne aux environs de Paris. Un indiscret le raconta très innocemment.

Madame de Talleyrand ne se trompa pas sur l'importance de cette réunion si secrètement préparée ; elle ne put cacher son trouble ni s'en remettre. Ses prévisions n'ont pas été trompées ; depuis ce jour, elle n'a pas revu monsieur de Talleyrand, et bientôt elle a été expulsée de sa maison.

Monsieur de Blacas redoubla de soins et de grâce pour mon père après le départ de monsieur de Talleyrand, mais il ne lui convenait nullement d'entrer dans la cabale qui se formait sous ses yeux.

Nous voyions souvent, depuis nombre d'années, la princesse de Carignan[1], nièce du roi de Saxe. Elle avait épousé, au commencement de la Révolution, le prince de Carignan, alors éloigné de la Couronne, mais prince du sang reconnu. Elle avait adopté les idées révolutionnaires et y avait entraîné son mari, dépourvu de l'intelligence la plus commune. Elle était restée veuve et ruinée avec deux enfants et avait suc-

---

1. Marie-Christine de Saxe-Courlande avait épousé Charles-Emmanuel de Savoie Carignan

cessivement porté ses réclamations dans les antichambres du Directoire, du Consulat et de l'Empire.

Il convenait à l'Empereur de les accueillir; elle
reprit son titre de princesse, et il partagea les biens,
non vendus, de la maison de Carignan, entre son fils
et celui du comte de Villefranche, oncle du feu prince
de Carignan. Il l'avait eu d'un mariage contracté en
France avec une demoiselle Magon, fille d'un arma-
teur de Saint-Malo. La princesse de Lamballe, sa
sœur, en avait été désolée, courroucée, et la Cour de
Sardaigne n'avait jamais reconnu cette union.

La princesse de Carignan, saxonne, avait de son
côté épousé secrètement un monsieur de Montléard
dont elle avait plusieurs enfants qu'elle cachait
très soigneusement ainsi que ses grossesses. Elle
n'avouait que les deux Carignan. L'aîné était, en 1812,
une grande belle fille de quinze ans, très simple, très
naturelle, très bonne enfant. Le fils, dont l'enfance
avait été négligée jusqu'à l'abandon, après avoir
polissonné à Paris avec tous les petits garçons du
quartier, était depuis quelques mois dans une pension à Genève où le roi de Sardaigne l'avait fait
réclamer pour l'établir à Turin. Il était devenu un
personnage important. Le Roi n'ayant que des filles
et son frère étant sans enfants, le prince de Carignan
se trouvait héritier présomptif de la Couronne[1].

Le duc de Modène, frère de la reine de Sardaigne,
et marié à sa fille aînée[2], aurait trouvé plus simple

1. Leur fils, Charles-Albert (1798-1849), fut reconnu par le
Congrès de Vienne héritier de la couronne de Sardaigne.
Après une conduite assez équivoque en 1821, il passa quelques
mois auprès du grand-duc de Toscane dont il avait épousé la
fille, servit en Espagne sous les ordres du duc d'Angoulême.
Nommé vice-roi de Sardaigne en 1829, il succéda, en 1831,
sur le trône à Charles-Félix Ier. C'est le vaincu de Novare, le
père de Victor-Emmanuel II, premier roi d'Italie.

2. Marie-Béatrice, duchesse de Modène (1792-1832). Son

de voir changer l'ordre de succession. L'Autriche appuyait ses prétentions ; les opinions révolutionnaires des parents et la conduite que la princesse de Carignan avait continué à tenir militaient contre le jeune prince de Carignan ; mais il était de la maison de Savoie et c'était un grand titre aux yeux du Roi. Le faire reconnaître et proclamer hautement était une des affaires les plus importantes de la mission confiée à mon père. La France a le plus grand intérêt à ce que l'Autriche n'ajoute pas le Piémont aux États qu'elle gouverne en Italie.

La princesse de Carignan désirait obtenir la permission d'aller à Turin avec sa fille. On consentait bien à recevoir et même à garder la jeune princesse, mais toutes les portes étaient barricadées contre la mère. Dès qu'elle sut la nomination de mon père, elle ne sortit plus de chez nous, ayant à chaque heure quelque nouveau motif à faire valoir pour obtenir la médiation de l'ambassadeur qui était disposé à s'occuper très activement des affaires du prince mais point du tout à obtenir le retour de la princesse dont la présence n'aurait été qu'un embarras continuel pour son fils et pour la France qui se déclarait en sa faveur.

L'autre Carignan (Villefranche) avait épousé mademoiselle de La Vauguyon, et cette famille s'agitait aussi pour faire admettre sa légitimité par la Cour de Turin. On arguait d'un acte du feu Roi qui, à l'article de la mort, avait dû reconnaître le mariage disproportionné du comte de Villefranche.

Mon père n'était pas toujours libre d'écouter ces minutieuses explications. J'en subissais ma bonne part et je préludais ainsi à l'ennui qui m'attendait à Turin.

Nous partîmes au commencement d'octobre.

---

mari, François IV, était à la fois le beau-frère et le gendre du roi de Sardaigne Victor-Emmanuel Ier (1759-1824).

CINQUIÈME PARTIE

1815

CHAPITRE I

J'ai toujours pensé que, pour conserver de la dignité à son existence, il fallait la diriger dans le sens d'une principale et persévérante affection et que le dévouement était le seul lien de la vie des femmes. N'ayant été, de fait, ni épouse ni mère, je m'étais entièrement donnée à l'amour filial. Quelque répugnance que j'eusse à la carrière que mon père venait de reprendre, à la résidence où on l'envoyait, et malgré ma complète indépendance de position, je ne me rappelle pas avoir éprouvé un instant d'hésitation à le suivre. Ce souvenir, placé à une distance de vingt années, m'est doux à retrouver.

Nous nous arrêtâmes trois jours à Lyon. Je me rappelle une circonstance de ce séjour dont je fus très touchée. Ma femme de chambre, qui était lyonnaise, me pria de lui donner quelques heures de liberté pour aller voir un ancien ami de son père. Le lendemain, pendant que je faisais ma toilette, on vint la demander. Elle avait fait appeler des marchands d'étoffes pour moi et s'informa si c'était eux qui attendaient; on lui répondit que c'était une vieille paysanne n'ayant qu'un bras.

«Oh! fit-elle, c'est la bonne Marion? c'est bien

beau, son bras, allez, madame! Ma mère nous l'a souvent fait baiser avec respect.» Cette phrase excita ma curiosité, et j'obtins le récit suivant:

«Madame sait que mon père était libraire du Chapitre et vendait principalement des livres d'église, ce qui le mettait en relation avec les ecclésiastiques. Parmi eux, monsieur Roussel, curé de Vériat, venait le plus à la maison; mon père allait souvent chez lui et ils étaient très amis.

«Lors de la Terreur, tous deux furent arrêtés et jetés dans la même prison. Marion, servante de monsieur Roussel, et bien attachée à son maître, quitta le village de Vériat, et vint à Lyon pour se rapprocher de lui. Ma mère lui donna un asile chez nous où, comme Marion, nous étions très inquiets et très malheureux, manquant de pain encore plus que d'argent et ayant bien de la peine à trouver de quoi manger. Cependant Marion parvenait, à force d'industrie, à se procurer chaque jour un petit panier de provisions qu'elle réussissait ordinairement à faire arriver jusqu'à monsieur Roussel.

«Un matin où elle avait été brutalement repoussée, sa persévérance à réclamer l'entrée de la prison ayant impatienté un des sans-culottes qui était de garde, il s'avisa de dire qu'assurément son panier contenait une conspiration contre la République et voulut s'en emparer. Marion, prévoyant le pillage de son pauvre dîner, voulut le défendre. Alors un de ces monstres, un peu plus tigre que les autres, s'écria: «Hé bien! nous allons voir», et il abattit d'un coup de sabre le bras qui tenait le panier. Les éclats de rire accueillirent cette action. La pauvre Marion, laissant sa main et la moitié de son avant-bras sur le pavé de la prison, serra sa plaie sanglante dans son tablier et revint chez nous. Ma mère lui donna les premiers soins, tandis qu'on alla chercher un chirurgien pour la panser. Elle montra une force et un courage prodigieux. Bientôt après, ma mère la vit chercher un autre panier et le remplir de nouvelles provisions.

« Que faites-vous là, Marion ?

« — Eh bien donc, j'arrange le dîner pour monsieur.

« — Mais, Marion, vous ne pensez pas retourner là-bas.

« — Eh ! il n'y a pas déjà tant si loin. »

« Enfin, quoi qu'on lui pût dire, elle partit, mais rentra au bout d'une minute.

« Vous voyez bien, Marion, que vous n'étiez pas en état d'aller, lui dit ma mère, en lui avançant une chaise.

« — Si fait bien ! merci ; mais, madame Vernerel, je voudrais que vous m'arrangiez ce linge roulé au bout du bras pour y donner la longueur, parce que, si monsieur s'apercevait qu'il manque, cela pourrait lui faire de la peine et qu'il en a déjà bien assez, le pauvre cher homme. »

« Ma mère, touchée jusqu'aux larmes, obéit à Marion. Celle-ci fit à monsieur Roussel l'histoire d'un panaris au doigt qui expliquait son bras en écharpe. Elle ne cessa pas un seul jour ses pieux soins ; il n'apprit qu'à sa sortie de prison la perte de son bras. »

On peut croire que j'éprouvai un vif désir de voir l'admirable Marion. J'entrai dans la chambre où elle se trouvait, apportant un petit cadeau d'œufs frais et de fromage à la crème pour sa chère enfant, comme elle appelait mademoiselle Louise. C'était une vieille paysanne, grande, maigre, ridée, hâlée jusqu'au noir, mais encore droite et conservant l'aspect de la force.

Je la questionnai sur l'aventure qu'on venait de me raconter et j'eus la satisfaction qu'elle ne se doutait pas avoir été sublime. Elle paraissait presque contrariée de mon admiration et n'était occupée qu'à se disculper d'avoir trompé monsieur le Curé.

« Mais, disait-elle, c'est qu'il est si bête, ce brave homme, à se faire du mal, à se tourmenter pour les autres ! »

Et, comme je la rassurais de mon mieux sur ce pieux mensonge :

« Au fait, monsieur le Curé m'a dit depuis qu'il m'aurait défendu de revenir s'il avait su cette drôlerie, reprit-elle en regardant son bras ; ainsi j'ai bien fait tout de même de le tromper », et elle partit d'un éclat de rire de franche gaieté.

Mademoiselle Louise me dit : « Et Marion, madame, n'en fait pas moins bien le ménage et la bonne soupe que j'ai mangée hier. »

Marion sourit à ces paroles flatteuses, mais, hochant la tête : « Ah ! dame, non, ma chère enfant ; je ne suis pas si habile qu'avant, mais ce pauvre cher homme du bon Dieu, ça ne s'impatiente jamais. » J'ai regretté de n'avoir pas vu monsieur Roussel. L'homme « assez bête », comme disait Marion, pour inspirer un pareil dévouement devait être bien intéressant à connaître.

Nous arrivâmes à Turin au moment où la société y était le plus désorganisée. Le Roi[1] n'avait rapporté de Cagliari qu'une seule pensée ; il y tenait avec l'entêtement d'un vieil enfant : il voulait tout rétablir comme en *Novant-ott*. C'était sa manière d'exprimer, en patois piémontais, la date de 1798, époque

1. Charles-Emmanuel IV, chassé par les Français, avait abdiqué à Rome en faveur de son frère Victor-Emmanuel (1802), duc d'Asti, en 1806. Ce dernier gagna la Sardaigne où les subsides anglais lui permirent de survivre. Son retour à Turin en 1814 s'accompagna de tels excès réactionnaires qu'à la suite d'émeutes en 1821 il dut à son tour abdiquer en faveur de son frère Charles-Félix (1765-1831), duc de Gênes, le plus jeune des fils de Victor-Amédée III.

à laquelle il avait été expulsé de ses États par les armées françaises.

Il en résultait des conséquences risibles : par exemple, ses anciens pages reprenaient leur service à côté des nouveaux nommés, de sorte que les uns avaient quinze ans et les autres quarante. Tout était à l'avenant. Les officiers, ayant acquis des grades supérieurs, ne pouvaient rester dans l'armée qu'en redevenant cadets. Il en était de même dans la magistrature, dans l'administration, etc. C'était une confusion où l'on se perdait. La seule exception à la loi du *Novant-ott* et, là, le bon Roi se montrait très facile, était en faveur de la perception des impôts : ils étaient triplés depuis l'occupation des Français, et Sa Majesté sarde s'accommodait fort bien de ce changement.

Le Roi avait ramené tous les courtisans qui l'avaient suivi à Cagliari pendant l'émigration. Aucun n'était en état de gouverner un seul jour. D'une autre part, l'empereur Napoléon avait, selon son usage, écrémé le Piémont de tous les gens les plus distingués et les avait employés dans l'Empire, ce qui, aux yeux du Roi, les rendait incapables de le servir. L'embarras était grand.

On alla rechercher un homme resté en dehors des affaires mais qui ne manquait pas de moyens, le comte de Valese, enfermé depuis nombre d'années dans son château du val d'Aoste. Il y avait conservé bon nombre de préjugés et d'idées aristocratiques et contre-révolutionnaires, mais pourtant c'était un libéral en comparaison des arrivants de Sardaigne. Il lui fallait encore les ménager, et je crois qu'il a bien souvent rougi des concessions qu'il était obligé de faire à leur ignorance.

Dans sa passion pour revenir au *Novant-ott*, le Roi voulait détruire tout ce qui avait été créé par les Français et, entre autres, plusieurs collections scien-

tifiques. Un jour, on lui demanda grâce pour celle
d'ornithologie qu'il avait visitée la veille et dont il
semblait ravi ; il entra dans une grande colère, dit
que toutes ces innovations étaient œuvres de Satan...
Ces cabinets n'existaient pas en *Novant-ott*, et les
choses n'en allaient pas plus mal... Il n'était nul
besoin d'être plus habile que ses pères... Sa verve
épuisée, il ajouta qu'il n'admettrait d'exception que
pour les oiseaux ; ils lui plaisaient, il voulait qu'on
en prît grand soin. La partie sarde du Conseil
approuva l'avis du Roi. Monsieur de Valese et monsieur de Balbe se turent en baissant les yeux. La destruction du cabinet d'ornithologie et la conservation
de celui des oiseaux passa à l'immense majorité.

Ces niaiseries, dont je ne rapporterai que celle-là
mais qui se renouvelaient journellement, rendaient
le gouvernement ridicule, et, lorsque nous arrivâmes
à Turin, il était dans le plus haut degré de déconsidération. Depuis, l'extrême bonhomie du Roi lui avait
rendu une sorte de popularité, et la nécessité l'avait
forcé, de son côté, à tempérer les dispositions
absurdes rapportées de Cagliari. Il fallait en revenir
aux personnes dont le pays connaissait et appréciait
le mérite, lors même qu'elles n'auraient pas passé
vingt-cinq années de leur vie dans l'oisiveté.

Monsieur de Valese avait bien un peu de peine à
s'associer des gens avec lesquels il avait été longtemps en hostilité : peut-être même craignait-il que
les répugnances, une fois complètement surmontées, on ne trouvât parmi ceux qui avaient servi
l'Empereur des capacités supérieures à la sienne.
Cependant, comme il était homme d'honneur et voulant le bien, il engageait le Roi à confier les places
importantes aux personnes en état de les faire convenablement et chaque jour apportait quelque amélioration aux premières extravagances.

L'absence de la Reine, restée en Sardaigne, rendait le Roi plus accessible aux conseils de la raison. Cependant elle avait délégué son influence à un comte de Roburent, grand écuyer et espèce de favori dont l'importance marquait dans cette Cour. C'était le représentant de l'émigration et de l'ancien régime, avec toute l'exagération qu'on peut supposer à un homme très borné et profondément ignorant. Je me rappelle qu'un jour, chez mon père, on parla du baptême que les matelots font subir lorsqu'on passe la ligne; mon père dit l'avoir reçu; monsieur de Roburent reprit avec un sourire bien gracieux: «Votre Excellence a passé sous la ligne; vous avez donc été ambassadeur à Constantinople?»

Il y avait alors trois codes également en usage en Piémont; l'ancien code civil, le code militaire qui trouvait moyen d'évoquer toutes les affaires, et le code Napoléon. Selon que l'un ou l'autre était favorable à la partie protégée par le pouvoir, un *Biglietto regio* enjoignait de s'en servir; cela se renouvelait à chaque occasion. À la vérité, si cette précaution était insuffisante, un second *Biglietto regio* cassait le jugement et, sans renvoyer devant une autre cour, décidait le contraire de l'arrêt rendu. Mais il faut l'avouer, ceci n'arrivait guère que pour les gens tout à fait en faveur.

Il y eut une aventure qui fit assez de bruit pendant notre séjour. Deux nobles Piémontais de province avaient eu un procès qui fut jugé à Casal. Le perdant arriva en poste à Turin, parvint chez monsieur de Roburent et lui représenta que ce jugement était inique, attendu qu'il était son cousin. Monsieur de Roburent comprit toute la force de cet argument et obtint facilement un *Biglietto regio* en faveur du cousin. Trois jours après, arrive l'autre partie, apportant pour toute pièce à consulter une généalogie prouvant qu'il était, aussi, cousin de monsieur de Roburent et d'un degré plus rapproché. Celui-ci l'examine avec grand soin, convient de l'injustice qu'il a commise, descend chez le Roi, et rapporte un second *Biglietto regio* qui rétablit le jugement du tribunal. Tout cela se passait sans mystère ; il ne fallait en mettre un peu que pour en rire, quand on était dans une position officielle comme la nôtre.

L'intolérance était portée au point que l'ambassade de France devint un lieu de réprobation. On ne pardonnait pas à notre Roi d'avoir donné la Charte, encore moins à mon père de l'approuver et de proclamer hautement que cette mesure, pleine de sagesse, était rendue indispensable par l'esprit public en France.

Ces doctrines subversives se trouvaient tellement contraires à l'esprit du gouvernement sarde que, ne pouvant empêcher l'ambassadeur de les professer, on laissait entrevoir aux Piémontais qu'il valait mieux ne point s'exposer à les entendre.

Les *Purs* étaient peu disposés à venir à l'ambassade. Ceux qui, ayant servi en France, avaient des idées un peu plus libérales, craignaient de se compromettre, de sorte que nous ne voyions guère les gens du pays qu'en visite de cérémonie. Il n'y avait pas grand-chose à regretter.

La société de Turin, comme celle de presque toutes les villes d'Italie, offre peu de ces honnêtes médiocrités dont se compose le *monde* dans les autres contrées. Quelques savants et des gens de la plus haute distinction, plus nombreux peut-être qu'ils ne sont ailleurs, y mènent une vie retirée, pleine d'intérêt et d'intelligence. Si on peut pénétrer dans cette coterie ou en faire sortir quelques-uns des membres qui la composent, on est amplement payé des soins qu'il a fallu se donner pour atteindre à ce but, mais cela est fort difficile. En revanche, la masse dansante et visitante est d'une sottise, d'une ignorance fabuleuses.

On dit que, dans le sud de l'Italie, on trouve de l'esprit naturel. Le Piémont tient du nord pour l'intelligence et du midi pour l'éducation. En tout, ce pays est assez mal partagé. Son climat, plus froid que celui de France en hiver, est plus orageux, plus péniblement étouffant que l'Italie en été ; et les beaux-arts n'ont pas franchi les Apennins pour venir jusqu'à lui : ils seraient effarouchés par l'horrible jargon qu'on y parle ; il les avertirait bien promptement qu'ils ne sont point dans leur patrie.

Tout le temps de mon séjour à Turin, j'ai entendu régulièrement chaque jour, pendant ce qu'on appelait l'avant-soirée où mon père recevait les visites, discuter sur une question que je vais présenter consciencieusement sous toutes ses faces.

Le prince Borghèse, gouverneur du Piémont sous l'Empereur, avait fait placer un lustre dans la salle du grand théâtre. C'était, il faut tout dire, une innovation. Il offrit de le donner, il offrit de le vendre, il offrit de le faire ôter à ses frais, il offrit d'être censé le vendre sans en réclamer le prix, il offrit d'accepter tout ce que le Roi en voudrait donner, il offrit enfin qu'il n'en fût fait aucune mention... Je me serais volontiers accommodée de ce dernier moyen. Lorsque j'ai quitté Turin au bout de dix mois, il n'y avait pas encore de parti pris, et la société continuait à être agitée par des opinions très passionnées au sujet du lustre ; on attendait l'arrivée de la Reine pour en décider.

La distribution des loges avait, pour un temps, apporté quelque distraction à cette grande occupation. J'étais si peu préparée à ces usages que je ne puis dire avec quel étonnement j'appris qu'aux approches du carnaval le Roi s'était rendu au théâtre, avec son confesseur, pour décider à qui les loges seraient accordées. Les gens *bien pensants* étaient les mieux traités. Cependant, il fallait ajouter aux bonnes opinions la qualité de grand seigneur pour en avoir une aux premières et tous les jours. La première noblesse était admise aux secondes, la petite noblesse se disputait les autres loges avec la haute finance. Toutefois, pour avoir un tiers ou un quart de loge aux troisièmes, il fallait quelque alliance aristocratique.

Pendant que cette liste se formait, Dieu sait quelles intrigues s'agitaient autour du confesseur et à combien de réclamations sa publication donna lieu! Cela se comprend cependant en réfléchissant que tous les amours-propres étaient mis en jeu d'une façon dont la publicité était révélée chaque soir pendant six semaines. On s'explique aussi la fureur et la colère des personnes qui, depuis vingt ans, vivaient sur le pied d'égalité avec la noblesse et qui, tout à coup, se voyaient repoussées dans une classe exclue des seuls plaisirs du pays.

Ce qui m'a paru singulier, c'est que la fille noble qui avait épousé un roturier (il faut bien se servir de ces mots, ils n'étaient pas tombés en désuétude à Turin) était mieux traitée dans la distribution des loges que la femme d'un noble qui était elle-même roturière. Je suppose que c'était dans l'intérêt des filles de qualité qui n'ont aucune espèce de fortune en Piémont. Je le crois d'autant plus volontiers que j'ai entendu citer comme un des avantages d'une jeune fille à marier qu'elle apportait le droit à une demi-loge.

Quand la liste, revue, commentée, corrigée, fut arrêtée, on expédia une belle lettre officielle, signée du nom du Roi et cachetée de ses armes, qui prévint que telle loge, en tout ou en partie, vous étant désignée, vous pouviez en envoyer chercher la clef. Pour l'obtenir alors, il fallait payer une somme tout aussi considérable qu'à aucun autre théâtre de l'Europe. De plus, il fallait faire meubler la loge, y placer des

tentures, des rideaux, des sièges, car la clef ne donnait entrée que dans un petit bouge vide avec des
murailles sales. C'était une assez bonne aubaine
pour le tapissier du Roi.

Ces frais faits, on achète encore à la porte (pour
un prix assez modique, à la vérité) le droit d'entrer
au théâtre, de sorte que l'étranger qu'on engage à
venir au spectacle est forcé de payer son billet. Malgré, ou peut-être à cause de toutes ces formalités,
l'ouverture du grand Opéra fut un événement de la
plus haute importance. Dès le matin, toute la population était en agitation, et la foule s'y porta le soir
avec une telle affluence que, malgré toutes les prérogatives des ambassadeurs, nous pensâmes être
écrasées, ma mère et moi en y arrivant.

La salle est fort belle, le *lustre* y était demeuré *provisoirement* et l'éclairait assez bien, mais les véritables amateurs de l'ancien régime lui reprochaient
de ternir l'éclat de la *couronne* (on appelle *la couronne* la loge du Roi). C'est un petit salon qui occupe
le fond de la salle, est élevé de deux rangs de loges
sur une largeur de cinq à peu près, extrêmement
décoré en étoffes et en crépines d'or et brillamment
éclairé en girandoles de bougies. Avant l'innovation
du lustre, la salle ne recevait de lumière que de la
loge royale. Celle de l'ambassadeur de France était
de tout temps vis-à-vis de la loge du prince de Carignan et la meilleure possible. On aurait bien été
tenté de l'ôter à l'ambassadeur d'un Roi constitutionnel, mais pourtant on n'osa pas, mon père ayant
fait savoir qu'il serait forcé de le trouver mauvais.
Cela ne se pouvait autrement, d'après l'importance
qu'on y attachait dans le pays.

Le spectacle était comme par toute l'Italie : deux
bons chanteurs étaient entourés d'acolytes détes-
tables, de sorte qu'il n'y avait aucun ensemble. Mais
cela suffisait à des gens qui n'allaient au théâtre que

pour y causer plus librement. On écoutait deux
ou trois morceaux, et le reste du temps on bavardait
comme dans la rue ; le parterre, debout, se promenait lorsqu'il n'était pas trop pressé. Un ballet
détestable excitait des transports d'admiration ; les
décorations étaient moins mauvaises que la danse.

Les jeunes femmes attendent l'ouverture de
l'Opéra avec d'autant plus d'empressement qu'elles
habitent toujours chez leur belle-mère et que, tant
qu'elles la conservent, elles ne reçoivent personne
chez elles. En revanche, la loge est leur domicile et,
là, elles peuvent admettre qui elles veulent. Les
hommes de la petite noblesse même s'y trouvent en
rapport avec les femmes de la première qui ne pourraient les voir dans leurs hôtels. On entend dire souvent : « Monsieur Un tel est un de mes *amis de loge*. »
Et monsieur Un tel se contente de ce rapport qui, dit-
on, devient quelquefois assez intime, sans prétendre
à passer le seuil de la maison. L'usage des *cavaliers
servants* est tombé en désuétude. S'il en reste encore
quelques-uns, ils n'admettent plus que ce soit à titre
gratuit et, hormis qu'elles sont plus affichées, les liaisons n'ont pas plus d'innocence qu'ailleurs.

L'usage en Piémont est de marier ses enfants sans
leur donner aucune fortune. Les filles ont une si
petite dot qu'à peine elle peut suffire à leur dépense
personnelle, encore est-elle toujours versée entre les
mains du beau-père ; il paye la dépense du jeune
ménage, mais ne lui assure aucun revenu.

J'ai vu le comte Tancrède de Barolle[1], fils unique
d'un père qui avait cinq cent mille livres de rente,

---

1. Le marquis Ottavio Falletti Barolo (1753-1828), notable
piémontais rallié à Napoléon, écrivit de nombreux ouvrages
de philosophie, d'histoire et de critique. Il était membre de
l'Académie des Sciences de Turin.
Son fils Carlo Tandredi (1782-1838), fut page à la cour
impériale où il se maria. Il s'occupa surtout d'œuvres sociales.

obligé de lui demander de faire arranger une voiture pour mener sa femme aux eaux. Le marquis de Barolle calculait largement ce qu'il fallait pour le voyage, le séjour projeté et y fournissait sans difficulté. Sa belle-fille témoignait-elle le désir de voir son appartement arrangé : architectes et tapissiers arrivaient, et le mobilier se renouvelait magnifiquement ; mais elle n'aurait pas pu acheter une table de dix louis dont elle aurait eu la fantaisie. Permission plénière de faire venir toutes les modes de Paris ; le mémoire était toujours acquitté sans la moindre réflexion. En un mot, monsieur de Barolle ne refusait rien à ses enfants, que l'indépendance. J'ai su ces détails parce que madame de Barolle était une Française (mademoiselle de Colbert) et qu'elle en était un peu contrariée, mais c'était l'usage général. Tant que les parents vivent, les enfants restent *fils de famille* dans toute l'étendue du terme, mais aussi, dans la proportion des fortunes, on cherche à les en faire jouir.

Le marquis de Barolle, dont je viens de parler, était sénateur et courtisan fort assidu de l'Empereur. Pendant un séjour de celui-ci à Turin, le marquis lui fit de vives représentations sur ce qu'il payait cent vingt mille francs d'impositions.

« Vraiment, lui dit l'Empereur, **vous payez cent** vingt mille francs ?

— Oui, sire, pas un sol de moins, et je suis en mesure de le prouver à Votre Majesté, voici les papiers.

— Non, non, c'est inutile, je vous crois ; et je vous en fais bien mon compliment. »

Le marquis de Barolle fut obligé de se tenir pour satisfait.

Le charme que les dames piémontaises trouvent au théâtre les y rend très assidues, mais cela n'est plus d'obligation comme avant la Révolution. Quand une femme manquait deux jours à aller à l'Opéra, le Roi envoyait s'enquérir du motif de son absence et elle était réprimandée, s'il ne le jugeait pas suffisant.

En tout, rien n'était si despotique que ce gouvernement soi-disant paternel, surtout pour la noblesse. À la vérité, il la dispensait souvent de payer les dettes qu'elle avait contractées envers les roturiers (ce qui, par parenthèse, rendait les prêts tellement onéreux que beaucoup de familles en ont été ruinées); mais, en revanche, il décidait de la façon dont on devait manger son revenu. Il disait aux uns de bâtir un château, aux autres d'établir une chapelle, à celui-ci de donner des concerts, à cet autre de faire danser, etc. Il fixait la résidence de chacun dans la terre ou dans la ville qui lui convenait. Pour aller à l'étranger, il fallait demander la permission particulière du Roi; il la donnait difficilement, la faisait toujours attendre et ne l'accordait que pour un temps très limité. Un séjour plus ou moins long dans la forteresse de Fénestrelle aurait été le résultat de la moindre désobéissance à l'intérieur. Si on avait prolongé l'absence à l'étranger au-delà du temps fixé, la séquestration des biens était de droit sans autre formalité.

Le marquis del Borgo, un des seigneurs piémontais les plus riches, souffrait tellement de rhumatismes qu'il s'était établi à Pise, ne pouvant supporter le climat de Turin. Lorsque le roi Charles Amédée[1] fit construire la place Saint-Charles, un *Biglietto regio* enjoignit au marquis d'acheter un des côtés de la place et d'y faire une façade. Bientôt après un nouveau *Biglietto regio* commanda un magnifique hôtel dont le plan fut fourni, puis vint l'ordre de le décorer, puis de le meubler avec une magnificence royale imposée pièce par pièce. Enfin,

1. Sans doute Mme de Boigne veut-elle parler de Charles-Emmanuel III, roi de Sardaigne de 1730 à 1773.

un dernier *Biglietto regio* signifia que le propriétaire d'une si belle résidence devait l'habiter, et la permission de rester à l'étranger fut retirée. Le marquis revint à Turin en enrageant, s'établit dans une chambre de valet, tout au bout de son superbe appartement qu'il s'obstina à ne jamais voir mais qui était traversé matin et soir par la chèvre dont il buvait le lait. C'est la seule femelle qui ait monté le grand escalier tant que le vieux marquis a vécu. Ses enfants étaient restés dans l'hôtel de la famille.

J'ai vu sa belle-fille établie dans celui de la place Saint-Charles ; il était remarquablement beau. C'est elle qui m'a raconté l'histoire des *Biglietto regio* du marquis et de la chèvre. Elle était d'autant plus volontiers hostile aux formes des souverains sardes qu'elle-même, étant fort jeune et assistant à un bal de Cour, la reine Clotilde avait envoyé sa dame d'honneur, à travers la salle, lui porter une épingle pour attacher son fichu qu'elle trouvait trop ouvert.

La marquise del Borgo, sœur du comte de Saint-Marsan, était spirituelle, piquante, moqueuse, amusante, assez aimable. Mais elle nous était d'une faible ressource ; elle se trouvait précisément en position de craindre des rapports un peu familiers avec nous.

La conduite des dames piémontaises est généralement assez peu régulière. Peut-être, au surplus, les étrangers s'exagèrent-ils leurs torts, car elles affichent leurs liaisons avec cette effronterie naïve des mœurs italiennes qui nous choque tant. Quant aux maris, ils n'y apportent point d'obstacle et n'en prennent aucun souci. Cette philosophie conjugale est commune à toutes les classes au-delà des Alpes. Je me rappelle à ce propos avoir entendu raconter à Ménageot (le peintre[1]), que, dans le temps où il était

1. François-Guillaume Ménageot (**1744-1816**) fut élève de Vien qu'il remplaça à l'Institut en 1809. Il avait été directeur

directeur des costumes à l'Opéra de Paris, il était arrivé un jour chez le vieux Vestris[1] et l'avait trouvé occupé à consoler un jeune danseur, son compatriote, dont la femme, vive et jolie figurante, lui donnait de noires inquiétudes. Après toutes les phrases banales appropriées à calmer les fureurs de l'Othello de coulisse, Vestris ajouta dans son baragouin semi-italien :

« Et *pouis*, vois-*tou*, ami, dans *noutre* état les *cournes* c'est *coumme* les dents : quand elles poussent, cela fait *oun* mal *dou diavolo*... *pou* à *pou* on *s'accoutoume*, et *pouis*... et *pouis*... on finit par manger avec. »

Ménageot prétendait que le conseil avait prospéré assez promptement.

CHAPITRE II

Tant que dure la saison de l'Opéra, on ne fait ni ne reçoit de visites : c'est un d'autant plus grand bénéfice qu'à Turin l'usage n'admet que celles du soir. Les palais sont sans portier et les escaliers sans lumière. Le domestique qui vous suit est muni d'une lanterne avec laquelle il vous escorte jusqu'au premier, second, troisième étage d'une immense maison dont le propriétaire titré habite un petit coin, le reste étant loué, souvent à des gens de finance. On doit arriver en personne à la porte de l'appartement, rester dans sa voiture et envoyer savoir si on y est passe

_____

de l'Académie de France à Rome dans les dernières années du règne de Louis XVI.

1. Plusieurs danseurs célèbres de ce nom se sont succédé de Louis XV à Napoléon.

pour une impertinence. Cependant les dames reçoivent rarement. Le costume dans lequel on les trouve, l'arrangement de leur chambre, aussi bien que de leur personne, prouve qu'elles ne sont pas préparées pour le monde. Il faut excepter quelques maisons ouvertes, les del Borgo, les Barolle, les Bins, les Mazin, etc.

Comme nous ne suivions pas fort régulièrement le théâtre, nous restions assez souvent le soir chez nous en très petit comité. Monsieur et madame de Balbe faisaient notre plus grande ressource. Le comte de Balbe [1] était un de ces hommes distingués que j'ai signalés plus haut : des connaissances acquises et profondes en tout genre ne l'empêchaient pas d'être aimable, spirituel, gai et bon homme dans l'habitude de la vie. L'Empereur l'avait placé à la tête de l'Université. La confiance du pays l'avait nommé chef du gouvernement provisoire qui s'était formé entre le départ des Français et l'arrivée du Roi. Il s'y était tellement concilié tous les suffrages qu'on n'avait pas osé l'expulser tout à fait et il était resté directeur de l'instruction publique, avec entrée au conseil où, cependant, il n'était appelé que pour les objets spé-

1. Prosper, comte de Balbe (1762-1837), spécialiste des questions économiques, avait été, en 1796, ambassadeur de Sardaigne auprès du Directoire, chargé de promouvoir une alliance franco-sarde pour faire pièce à l'influence autrichienne en Italie. Découragé par la Révolution de 1798, un moment contrôleur général des Finances en 1799, il vécut à Turin dans la retraite à partir de 1802. Nommé par Napoléon recteur de l'Université en 1805, il fit partie, en 1814, du gouvernement provisoire chargé de préparer le retour du roi. Le célèbre édit du 21 mai 1815 – rétablir novant-ott (98) – lui causa quelques difficultés, mais il ne tarda pas à regagner la confiance de la Cour. Ambassadeur à Madrid en 1816, ministre en 1819, ses velléités réformatrices ne purent empêcher la petite révolution de 1821. Président de l'Académie des Sciences, il se désintéressera de plus en plus de la vie publique.

ciaux, tels que les cabinets d'ornithologie. Il était fort au-dessus de la crainte puérile de montrer de la bienveillance pour nous, et nous le voyions journellement. Sa femme était française, très vive, très bonne, très amusante ; elle était cousine de monsieur de Maurepas, avait connu mes parents à Versailles et s'établit tout de suite dans notre intimité.

La famille des Cavour y était aussi entrée. Ceux-là se trouvaient trop compromis pour avoir rien à ménager ; la mère avait été dame d'honneur de la princesse Borghèse et le fils maréchal du palais et l'ami du prince. La sœur de sa femme avait épousé un Français qui a certainement résolu un grand problème. Monsieur Dauzère, directeur de la police générale pendant toute l'administration française, en satisfaisant pleinement ses chefs, était parvenu à se faire tellement aimer dans le pays qu'il n'y eut qu'un cri lorsque le Roi voulut l'expulser comme les autres Français employés en Piémont. Il est resté à Turin, bien avec tout le monde ; il a fini par avoir une grande influence dans le gouvernement et, depuis mon départ, j'ai entendu dire qu'il y jouait un principal rôle.

Nous voyions aussi, mais avec moins d'intimité, la comtesse Mazin, personne d'un esprit fort distingué ; elle avait été élevée par son oncle, l'abbé Caluzzo[1], dont le nom est familier à tous les savants de l'Europe. Voilà, avec le corps diplomatique, ce qui formait le fond de notre société.

Le prince de Carignan était bien content lorsque son gouverneur l'amenait chez nous. À peine échappé

---

1. Abbé Valperga di Caluso (1737-1814). Membre de plusieurs sociétés savantes de Turin, il poursuivit des études de qualité dans trois domaines : mathématiques, langues orientales, poésie latine. Très lié avec Alfieri, il légua de nombreuses collections à la bibliothèque de Turin.

d'une pension à Genève, où il jouissait de toute la liberté d'un écolier, on l'avait mis au régime d'un prince piémontais, et cependant on hésitait à le proclamer héritier de la Couronne. Il était dans les instructions de mon père d'obtenir cette reconnaissance ; il y travaillait avec zèle, et le jeune prince, le regardant comme son protecteur, venait lui raconter ses doléances.

Une des choses qui l'affligeait le plus était les précautions exagérées qu'on prenait de sa santé, aussi bien que de son salut, et les sujétions qu'elles lui imposaient. Par exemple, il ne pouvait monter à cheval que dans son jardin, entre deux écuyers, et sous l'inspection de son médecin et de son confesseur.

Ce confesseur suivait toutes les actions de sa vie ; il assistait à son lever, à son coucher, à tous ses repas, lui faisait faire ses prières et dire son bénédicité ; enfin il cherchait constamment à exorciser le démon qui devait être entré dans l'âme du prince pendant son séjour dans ces deux pays maudits, Paris et Genève. Au lieu d'obtenir sa confiance pourtant, il était seulement parvenu à lui persuader qu'il était son espion et qu'il rendait compte de toutes ses actions et de toutes ses pensées au confesseur du Roi, qui l'avait placé près de lui. Mon père l'encourageait à la patience et à la prudence, tout en compatissant à ses peines. Il comprenait combien un jeune homme de quinze ans, élevé jusque-là dans une liberté presque exagérée (sa mère s'en occupait très peu) devait souffrir d'un changement si complet.

Le prince était fort aimé de son gouverneur, monsieur de Saluces ; il avait confiance en lui et en monsieur de Balbe, un de ses tuteurs. Quand il se trouvait chez mon père, et qu'il n'y avait qu'eux et nous, il était dans un bonheur inexprimable. Il était déjà très grand pour son âge et avait une belle figure. Il habitait tout seul l'énorme palais de Carignan qu'on lui avait rendu. Il n'était pas encore en possession de ses biens, de sorte qu'il vivait dans le malaise et les privations; encore avait-on peine à solder les frais de sa très petite dépense.

Au reste, le Roi n'avait guère plus de luxe. Le palais était resté meublé, mais le matériel de l'établissement, appartenant au prince Borghèse, avait été emporté par lui; de sorte que le Roi n'avait rien trouvé en arrivant; et, pendant fort longtemps, il s'est servi de vaisselle, de linge, de porcelaine, de chevaux, de voitures empruntés aux seigneurs piémontais. J'ignore comment les frais s'en seront soldés entre eux.

La négociation pour la reconnaissance du prince de Carignan était terminée; mais l'influence de l'Autriche et les intrigues du duc de Modène, gendre du Roi, empêchaient toujours de la publier. Par un hasard prémédité, un jour de Cour, la voiture de mon père se trouva en conflit avec celle du prince de Carignan; mon père tira le cordon, et donna le pas au prince. L'ambassadeur de France l'avait de droit sur le prince de Carignan. Cette concession qui l'annonçait héritier de la Couronne fit brusquer la déclaration que le Roi désirait personnellement et le prince en eut une extrême reconnaissance.

Ce point gagné, la France ayant intérêt à conserver le trône dans la maison de Savoie, mon père se mit en devoir de faire admettre la légitimité de l'autre Carignan, fils du comte de Villefranche. Il fit rechercher soigneusement l'acte que le confesseur du feu Roi lui avait arraché à ses derniers moments. Malheureusement, on le retrouva. Il portait que le Roi consentait à reconnaître le mariage de *conscience*, contracté par son cousin, le comte de Villefranche, sans que, de cette reconnaissance, il pût jamais résulter aucun droit pour la femme de prendre le titre et le rang de princesse, ni que les enfants de cette union pussent élever une prétention quelconque à faire valoir, sous quelque prétexte que ce pût être, leur naissance étant et demeurant illégitime.

Après la trouvaille de ce document réclamé à grands cris par la famille La Vauguyon, il fallut se taire, au moins pour quelque temps. Cependant mon père avait derechef entamé cette négociation pendant les Cent-Jours et, si monsieur de Carignan s'était rendu à Turin, au lieu de prendre parti pour l'empereur Napoléon, à cette époque ses prétentions auraient été très probablement admises. Le roi de Sardaigne, personnellement, craignait autant que nous l'extinction de la maison de Savoie.

Le corps diplomatique se composait de monsieur Hill, pour l'Angleterre, homme de bonne compagnie, mais morose et valétudinaire, sortant peu d'un intérieur occulte qui rendait sa position assez fausse ; du prince Koslovski, pour la Russie, plein de connaissances et d'esprit, mais tellement léger et si mauvais sujet qu'il n'y avait nulle ressource de société de ce côté. Les autres légations étaient encore inoccupées, mais l'Autriche était représentée par le comte Bubna[1], général de l'armée d'occupation laissée en Piémont. Sa position était à la fois diplomatique et militaire. Il est difficile d'avoir plus d'esprit, de conter d'une façon plus spirituelle et plus intéressante. Il avait récemment épousé une jeune Allemande, d'origine juive, qui n'était pas reçue à Vienne. Cette circonstance lui faisait désirer de rester à l'étranger. Madame Bubna, jolie et ne manquant pas d'esprit, était la meilleure enfant du monde. Elle

1. Ferdinand, comte de Bubna-Littiz (1772-1825) ; feldmaréchal autrichien, chargé en 1814, puis en 1815, des opérations militaires sur le front des Alpes. Il réprima en 1821 la révolution du Piémont, puis fut gouverneur de la Lombardie.

passait sa vie chez nous. Elle ne s'amusait guère à Turin ; cependant elle était pour lors très éprise de son mari qui la traitait comme un enfant et la faisait danser une fois par semaine aux frais de la ville de Turin ; car, en sa qualité de militaire, le diplomate était défrayé de tout, et ne se faisait faute de rien.

Il avait été envoyé plusieurs fois auprès de l'empereur Napoléon, dans les circonstances les plus critiques de la monarchie autrichienne, et racontait les détails de ces négociations d'une manière fort piquante. Je suis bien fâchée de ne pas me les rappeler d'une façon assez exacte pour oser les rapporter ici. Il parlait de l'Empereur avec une extrême admiration et disait que les rapports avec lui étaient faciles d'homme à homme, quoiqu'ils fussent durs d'empire à empire. À la vérité, Napoléon appréciait Bubna, le vantait et lui avait donné plusieurs témoignages d'estime. Une approbation si prisée était un grand moyen de séduction. Tant il y a que je suis restée bien souvent jusqu'à une heure du matin à entendre Bubna raconter son Bonaparte.

Mon ami Bubna avait la réputation d'être un peu pillard. La manière dont il exploitait la ville de Turin, en pleine paix, n'éloigne pas cette idée ; aussi désirait-il maintenir l'occupation militaire le plus longtemps possible. Mon père, au contraire, prêtait assistance aux autorités sardes qui cherchaient à s'en délivrer. Mais cette opposition dans les affaires, qu'il avait trop de bon sens pour ne pas admettre de situation, n'a jamais altéré nos relations sociales. Elles sont restées toujours intimes et amicales. Les troupes autrichiennes furent enfin retirées et le comte Bubna demeura comme ministre, en attendant l'arrivée du prince de Stahrenberg qui devait le remplacer.

Je suis peut-être injuste pour les Piémontais en déclarant la ville de Turin le séjour le plus triste et le plus ennuyeux qui existe dans tout l'univers. J'ai montré les circonstances diverses qui militaient à le rendre désagréable pour tout le monde et particulièrement pour nous à l'époque où je m'y suis trouvée. Si on ajoute à cela que c'était après les deux années si excitantes, si animées, si dramatiques de 1813 et 1814, passées au centre même du théâtre où les événements avaient le plus de retentissement, que je suis venue tomber dans cette résidence si monotone et si triste pour y entendre quotidiennement discuter sur l'affaire du lustre, on comprendra que je puisse ressentir quelques préventions injustes contre elle.

La ville de Turin est très régulière; ses rues sont tirées au cordeau, mais les arcades, qui ornent les principales, leur donnent l'air d'être désertes, les équipages n'étant pas assez nombreux pour remplacer l'absence des piétons. Les maisons sont belles à l'extérieur. Un vénitien disait que, chez lui, les personnes portaient des masques et qu'ici c'était la ville. Cela est fort exact, car ces façades élégantes voilent en général des masures hideuses où se trouvent des dédales de logements, aussi incommodément distribués que pauvrement habités. On est tout étonné de trouver la misère installée sous le manteau de ces lignes architecturales. Au reste, il est difficile d'apprécier leur mérite dans l'état où on les laisse. Sous le prétexte qu'elles peuvent un jour avoir besoin de réparations et que l'établissement de nouveaux échafaudages nuirait à la solidité, on conserve tous les trous qu'ils ont originairement occupés dans la première construction, de sorte que tous les murs, le palais du Roi compris, sont criblés de trous carrés. Chacun de ces trous sert d'habitation à une famille de petites corneilles qui forment un nuage noir dans chaque rue et font un bruit affreux dans toute la ville. Pour qui n'y est pas accoutumé, rien n'est plus triste que l'aspect et les cris de cette volatile.

Rentré chez soi, les appartements qu'on peut se procurer ne compensent pas les ennuis du dehors. Si peu d'étrangers s'arrêtent à Turin qu'on trouve difficilement à s'y loger. Les beaux palais sont occupés par les propriétaires ou loués à long bail, et le corps diplomatique a beaucoup de peine à se procurer des résidences convenables. Quant au confortable, il n'y faut pas songer.

Mon père avait pris la maison du marquis Alfieri, alors ambassadeur à Paris, parce qu'on lui avait assuré qu'elle était distribuée et arrangée à la française. Il est vrai qu'elle n'avait pas l'énorme *salla* des palais piémontais et qu'il y avait des fenêtres vitrées dans toutes les pièces. Mais, par exemple, la chambre que j'habitais, précédée d'une longue galerie stuquée, sans aucun moyen d'y faire du feu et meublée en beau damas cramoisi, était *pavée*, non pas dallée comme une cuisine un peu soignée, mais pavée en pierres taillées comme les rues de Paris. À la tête de mon lit, une porte communiquait, par un balcon ouvert, avec la chambre de ma femme de chambre. Ma mère n'était guère mieux et mon père encore plus mal, car sa chambre était plus vaste et plus triste.

Le ministre d'Angleterre avait un superbe palais d'une architecture très remarquable et très admirée, le palais Morozzi ; celui-là était en pleine possession de la *salla* dont les Piémontais font tant de cas. Elle tenait le milieu de la maison du haut en bas, de façon qu'au premier on ne communiquait que par des galeries extérieures que l'architecte avait eu bien soin de tenir ouvertes pour qu'elles fussent suffisamment légères. Le pauvre monsieur Hill avait offert de les faire vitrer à ses frais, mais la ville entière s'était révoltée contre ce trait de barbarie britannique. Pour éviter d'affronter ces passages extra-muros, il avait fini par se cantonner dans trois petites pièces en entresol, les seules échauffables. Cela était d'autant plus nécessaire que l'hiver est long et froid à Turin. J'y ai vu, pendant plusieurs semaines, le thermomètre entre dix et quinze degrés au-dessous de zéro, et les habitants ne paraissaient ni surpris ni incommodés de cette température, malgré le peu de précaution qu'ils prennent pour s'en garantir.

Le congrès de Vienne fit cadeau au roi de Sardaigne de l'État de Gênes. Malgré la part que nous avions prise à cet important accroissement de son territoire, il n'en restait pas moins ulcéré contre la France de la détention de la Savoie. Ce qu'il y a de singulier c'est que le roi Louis XVIII en était aussi fâché que lui et avait le plus sincère désir du monde de la lui rendre. Il semblait qu'il se crût le receleur d'un bien volé. Mon père ne partageait pas la délicatesse de son souverain et tenait fort à ce que la France conservât la partie de la Savoie que les traités de 1814 lui avaient laissée.

Lorsque les députés de Gênes vinrent faire hommage de leur État au roi de Sardaigne, il leur fit donner un dîner par le comte de Valese, ministre des affaires étrangères. Le corps diplomatique y fut invité. Ce dîner fut pendant quinze jours un objet de sollicitude pour toute la ville. On savait d'où viendrait le poisson, le gibier, les cuisiniers. Le matériel fut réuni avec des soins et des peines infinis, en ayant recours à l'obligeance des seigneurs de la Cour, et surtout des ambassadeurs. L'accord qui se trouvait entre les girandoles de celui-ci et le plateau de celui-là fournit un intérêt très vif à la discussion de plusieurs soirées. Enfin arriva le jour du festin ; nous étions une vingtaine. Le dîner était bon, magnifique et bien servi. Malgré l'étalage qu'on avait fait et qui me faisait prévoir un résultat ridicule, il n'y eut rien de pareil. Monsieur de Valese en fit les honneurs avec aisance et en grand seigneur. L'ennui et la monotonie sous laquelle succombent les habitants de Turin leur fait saisir avec avidité tout ce qui ressemble à un événement. C'est l'unique occasion où j'aie vu un membre quelconque du corps diplomatique prié à dîner dans une maison piémontaise.

Les étrangers, comme je l'ai déjà dit, s'arrêtent peu à Turin; il n'y a rien à y voir, la société n'y retient pas et les auberges sont mauvaises.

Nous vîmes Jules de Polignac passer rapidement, se rendant à Rome. Il y était envoyé par Monsieur. Je crois qu'il s'agissait de statuer sur l'existence des jésuites et surtout de la Congrégation[1] qui, déjà, étendait son réseau occulte sur la France, sous le nom de la petite Église. Elle était en hostilité avec le pape Pie VII, n'ayant jamais voulu reconnaître le Concordat, ni les évêques nommés à la suite de ce traité. Elle espérait que la persécution qu'elle faisait souffrir aux prélats à qui le Pape avait refusé l'investiture pendant ses discussions avec l'Empereur compenserait sa première désobéissance. On désirait que le Pape reconnût les évêques titulaires des sièges avant le Concordat et non démissionnaires comme y ayant conservé leurs droits. Jules allait négocier cette transaction. Le Pape fut probablement très sage car, à son retour de Rome, il en était fort mécontent; il avait pourtant obtenu d'être créé prince romain, cela ne présentait pas de grandes difficultés. Il prolongea son séjour à Turin pendant assez de temps. Les jésuites commençaient à y être puissants; il les employa à se faire nommer chevalier de Saint-Maurice. Je n'ai jamais pu comprendre qu'un homme de son nom, et dans sa position, ait eu la fantaisie de posséder ce petit bout de ruban.

---

1. À propos de cette question très complexe, consulter *le Comte Ferdinand de Bertier et l'énigme de la Congrégation*, Paris, 1948, de Guy de Bertier de Sauvigny.

L'ordre de l'*Annonciade* est un des plus illustres
et des plus recherchés de l'Europe; il n'a que des
grands colliers. Ils sont *excellences*. Le roi de Sardaigne fait des *excellences*, comme ailleurs le souverain crée des ducs ou des princes; seulement ce
titre n'est jamais héréditaire. Quelques places, aussi
bien que le collier de l'Annonciade, donnent droit à
le porter. Il entraîne toutes les distinctions et les privilèges qu'on peut posséder dans le pays. Je conçois,
à la rigueur, quoique cela ne soit guère avantageux
pour un étranger, qu'on recherche un pareil ordre;
mais la petite croix de Saint-Maurice, dont les chevaliers pavent les rues, m'a semblé une singulière
ambition pour Jules. Au reste, quand on a bien voulu,
s'appelant monsieur de Polignac, devenir *prince du
Pape*, il n'y a pas de puérile vanité qui puisse surprendre. Cela ne l'empêchait pas de concevoir de
très grandes ambitions.

Quelque accoutumés que nous fussions à ses
absurdités, il trouvait encore le secret de nous étonner. Les jeunes gens de l'ambassade restaient éba-
his des thèses qu'il soutenait, il faut le dire, avec une
assez grande facilité d'élocution; il n'y manquait
que le sens commun.

Un jour, il nous racontait qu'il désirait fort que le
Roi le nomme ministre, non pas, ajoutait-il, qu'il se
crût plus habile qu'un autre, mais parce que rien
n'était plus facile que de gouverner la France. Il ne
ferait au Roi qu'une seule condition : il demanderait
qu'il lui assurât pendant dix ans les portefeuilles des
affaires étrangères, de la guerre, de l'intérieur, des
finances et surtout de la police. Ces cinq ministères
remis exclusivement entre ses mains, il répondait de
tout, et cela sans se donner la moindre peine. Une
autre fois, il disait que, puisque la France était en
appétit de constitution, il fallait lui en faire une bien
large, bien satisfaisante pour les opinions les plus

libérales, la lire en pleine Chambre, et puis, la posant sur la tribune, ajouter :

« Vous avez entendu la lecture de cette constitution ; elle doit vous convenir ; maintenant il faut vous en rendre dignes. Soyez sages pendant dix ans, nous la promulguerons, mais chaque mouvement révolutionnaire, quelque faible qu'il soit, retardera d'une année cet instant que, nous aussi, nous appelons de tous nos vœux. » Et, en attendant *Io el rey*, s'écriait-il en frappant sur un grand sabre qu'il traînait après lui, car, en sa qualité d'aide de camp de Monsieur, quoiqu'il n'eût jamais vu brûler une amorce ou commandé un homme, il était le plus souvent qu'il lui était possible en uniforme.

On parlait un soir du mauvais esprit qui régnait en Dauphiné et on l'attribuait au grand nombre d'acquéreurs de biens d'émigrés :

« C'est la faute du gouvernement, reprit Jules ; j'ai proposé un moyen bien simple de remédier à cet embarras. J'en garantissais l'infaillibilité ; on ne veut pas l'employer.

— Quel est donc ce moyen ? lui demandai-je.

— J'ai offert de prendre une colonne mobile de dix mille hommes, d'aller m'établir successivement dans chaque province, d'expulser les nouveaux propriétaires et de replacer partout les anciens avec une force assez respectable pour qu'on ne pût rien espérer de la résistance. Cela se serait fait très facilement, sans le moindre bruit, et tout le monde aurait été content.

— Mais, mon cher Jules, pas les acquéreurs que vous expropriez, au moins ?

— Mon Dieu ! si, parce qu'ils seront toujours inquiets ! »

Ces niaiseries ne vaudraient pas la peine d'être racontées sans la déplorable célébrité qu'a si chèrement acquise le pauvre prince de Polignac. Je pourrais en faire une bien longue collection, mais cela suffit pour montrer la tendance de cet esprit si étroit.

CHAPITRE III

Mon père avait été chargé de veiller sur les actions des bonapartistes, répandus en Italie, et sur leurs communications avec l'île d'Elbe. Il avait employé à ce service un médecin anglais, nommé Marshall, que le prince régent d'Angleterre faisait voyager en Italie pour recueillir des renseignements sur la conduite, plus que légère, de la princesse sa femme.

Ce Marshall avait, en 1799, porté la vaccine en Italie; il s'était trouvé à Naples lors des cruelles vengeances exercées par la Cour ramenée de Palerme sur les vaisseaux de l'amiral Nelson. Il était jeune alors, et, justement indigné du spectacle hideux de tant d'horreurs, il avait profité de son caractère d'Anglais et de l'accès que lui procurait sa position de médecin pour rendre beaucoup de services aux victimes de cette réaction royaliste. Il était resté depuis lors dans des rapports intimes avec le parti révolutionnaire et fort à même de connaître ses projets sans participer à ses trames.

Une nuit du mois de janvier 1815, il arriva chez mon père très secrètement et lui communiqua des documents qui prouvaient, de la manière la moins douteuse, qu'il se préparait un mouvement en France et que l'empereur Napoléon comptait prochainement quitter l'île d'Elbe et l'appuyer de sa présence. Mon père, persuadé de la gravité des circonstances, pressa Marshall de faire ses communications au gouvernement français. Il se refusa à les donner à aucun ministre. Les cabinets de tous, selon lui, étaient envahis par des bonapartistes, et il craignait pour sa propre sûreté.

Monsieur de Jaucourt remplaçait par intérim monsieur de Talleyrand et ne répondait à aucune dépêche ; la correspondance se faisait par les bureaux, elle était purement officielle. Mon père n'aurait su à quel ministre adresser Marshall qui, d'ailleurs, ne consentait à remettre les pièces qu'il s'était procurées qu'au Roi lui-même. Il se vantait d'être en relations personnelles avec le prince régent ; il semblait que la grandeur de ses commettants relevât à ses yeux le métier assez peu honorable auquel il se livrait. L'importance des révélations justifiait ses exigences. Mon père lui donna une lettre pour le duc de Duras ; il fut introduit par celui-ci dans le cabinet de Louis XVIII, le 22 janvier. Le Roi fit remercier mon père du zèle qui avait procuré des renseignements si précieux ; mais ils ne donnèrent lieu à aucune précaution, pas même à celle d'envoyer une corvette croiser autour de l'île d'Elbe. L'incurie à cette époque a été au-delà de ce que la crédulité de la postérité pourra consentir à se laisser persuader.

Je viens de dire que mon père n'avait pas reçu de dépêches du ministre des affaires étrangères ; j'ai tort. Il en reçut une seule, pour lui demander des truffes de Piémont pour le Roi ; elle était de quatre pages et entrait dans les détails les plus minutieux sur la manière de les expédier et les faire promptement et sûrement arriver. À la vérité, le prince de Talleyrand le faisait tenir suffisamment au courant de ce qui se passait au Congrès ; mais sa résidence à Vienne empêchait qu'il pût donner, ni peut-être savoir, des nouvelles de France.

Vers la fin de février, la Cour se rendit à Gênes pour y recevoir la Reine qu'on attendait de Sardaigne. Le corps diplomatique l'y suivit. Nous laissâmes la vallée de Turin et celle d'Alexandrie sous la neige qui les recouvrait depuis le mois de novembre, et nous arrivâmes au haut de la Bocchetta. On ne passe plus par cette route. La montagne de la Bocchetta a cela de remarquable qu'elle ne présente aucun plateau et la voiture n'a pas encore achevé son ascension que les chevaux qui la traînent ont déjà commencé à descendre. Au moment de l'année où nous nous trouvions, cette localité est d'autant plus frappante qu'on passe immédiatement du plein hiver à un printemps très avancé. D'un côté, la montagne est couverte de neige, les ruisseaux sont gelés, les cascades présentent des stalactites de glace ; de l'autre, les arbres sont en fleur, beaucoup ont des feuilles, l'herbe est verte, les ruisseaux murmurent, les oiseaux gazouillent, la nature entière semble en liesse et disposée à vous faire oublier les tristesses dont le cœur était froissé un quart de minute avant. Je n'ai guère éprouvé d'impression plus agréable.

Après quelques heures d'une course rapide à travers un pays enchanté, nous arrivâmes à Gênes le 26 février. Les rues étaient tapissées de fleurs ; nulle part je n'en ai vu cette abondance ; il faisait un temps délicieux : j'oubliai la fatigue d'un voyage dont le commencement avait été pénible.

En descendant de voiture, je voulus me promener dans ces rues embaumées, si propres, si bien dallées, et dont le marcher était bien autrement doux que celui de ma chambre pavée de Turin. Je les trouvai remplies d'une population gaie, animée, affairée, qui faisait contraste avec le peuple sale et ennuyé que je venais de quitter. Les femmes, chaussées de souliers de soie, coiffées de l'élégant *mezzaro*, me charmèrent et les enfants me parurent ravissants. Tout le beau monde de Gênes se trouvait aussi dans la rue ; au bout de cinq minutes nous étions entourés de quarante personnes de connaissance. Je sentis subitement soulever de dessus mes épaules le manteau de plomb que le séjour de Turin y fixait depuis six mois. Ma joie fut un peu calmée par les cent cinquante marches qu'il fallut gravir pour arriver à un beau logement, dans un grand palais qu'on avait retenu pour l'ambassadeur de France.

Pendant le séjour que j'ai fait à Gênes, la hauteur des appartements et l'importunité, sans exemple partout ailleurs, des mendiants sont les seules choses qui m'aient déplu. Je ne répéterai pas ce que tout le monde sait de la magnificence et de l'élégance des palais. Je ne parlerai pas davantage des mœurs du pays que je n'ai pas eu occasion d'observer, car, peu de jours après notre arrivée, les événements politiques nous condamnèrent à la retraite, et j'ai à peine entrevu la société.

Les Génois ne prenaient guère le soin de dissimuler leur affliction de la réunion au Piémont et la répugnance qu'ils avaient pour le Roi. Peu d'entre eux allaient à la Cour, et ceux-là étaient mal vus par leurs compatriotes. Leur chagrin était d'autant plus sensible qu'ils avaient cru un moment à l'émancipation.

Lord William Bentinck[1], séduit par les deux beaux yeux de la *Louise Durazzo* (comme on dit à Gênes), avait autorisé par son silence, si ce n'est par ses paroles, le rétablissement de l'ancien gouvernement

1. William Cavendish, lord Bentinck (1774-1839), deuxième fils du duc de Portland, avait été attaché au quartier général de Souvaroff en Italie (1799-1801), puis gouverneur de Madras (1803-1807). Il rentra en Europe pour servir sous les ordres de Wellington, avant de se voir chargé des forces britanniques de Sicile. C'est de là qu'il tenta en 1813 une opération de diversion sur la Catalogne, repoussée par le maréchal Suchet. En 1814, il lança une expédition, réussie cette fois, contre Gênes où il se trouvait encore.

pendant son occupation de la ville. Les actes par lesquels le congrès de Vienne disposa du sort des Génois leur en parurent plus cruels à subir. Maître pour maître, ils préféraient un grand homme au bon roi Victor ; et, s'il fallait cesser d'être génois, ils aimaient encore mieux être français que piémontais. La sentence de Vienne les avait rendus bonapartistes enragés, et c'est surtout des rivières de Gênes que partaient les correspondances pour l'île d'Elbe.

L'armée anglaise, avant de remettre la ville aux autorités sardes, avait dépouillé les établissements publics et tout enlevé du port, jusqu'aux chaînes des galériens. Cette avanie avait fort exaspéré le sentiment de nationalité des Génois.

Le lendemain de notre arrivée, nous fûmes conviés à aller assister à une représentation qu'un commodore anglais donnait au Roi. Il s'agissait de lui montrer l'effet des fusées à la Congrève, invention nouvelle à cette époque. Nous nous rendîmes tous à pied, par un temps admirable, à un petit plateau situé sur un rocher à quelques toises de la ville et d'où l'on jouissait d'une vue magnifique. Une mauvaise barque, amarrée si loin qu'à peine on pouvait l'apercevoir à l'œil nu, servait de but. La brise venait de mer et nuisait à l'effet des fusées, mais elle rafraîchissait l'air et le rendait délicieux. Le spectacle était animé sur la côte et brillant dans le port qu'on apercevait sur la droite, rempli de vaisseaux pavoisés.

Le tir fut interrompu par la crainte que deux petits bricks, affalés par le vent, pussent être atteints.

Évidemment ils ne voulaient pas aborder ; ils manœuvraient pour s'élever en mer, y réussirent, et on recommença à tirer. D'après toutes les circonstances qui sont venues depuis à notre connaissance, il est indubitable que ces deux bricks transportaient Bonaparte et sa fortune aux rivages de Cannes. Combien le hasard d'une de ces fusées, en désemparant ces bâtiments, aurait pu changer le destin du monde!

Le commodore donna un élégant déjeuner sous une tente, et on se sépara très satisfaits de la matinée.

Je me rappelle que la princesse Krassalkolwitz vint achever la journée chez nous. J'étais liée avec elle depuis longtemps; elle s'embarquait le lendemain pour Livourne. Nous causions le soir de la fadeur des événements, de l'ennui des gazettes: valait-il la peine de vivre pour attendre quinze jours un misérable protocole du congrès de Vienne? Moitié sérieusement, moitié en plaisanterie, nous regrettions les dernières années si agitées mais si animées; l'existence nous paraissait monotone, privée de ces grands spectacles. Ma mère reprit:

«Voilà bien des propos de jeunes femmes; oh! mesdames, ne tentez pas la Providence! Quand vous serez aussi vieilles que moi, vous saurez que les moments de calme, que vous avez l'enfantillage d'appeler d'ennui, ne durent jamais longtemps.»

Aussi lorsque, trois jours après, la princesse revint à Gênes, n'ayant pu débarquer à Livourne et retournant en toute hâte à Vienne, elle arriva chez nous se cachant le visage, et disant:

«Ah! chère ambassadrice, que vous aviez raison; je vous demande pardon de mes folies, j'en suis bien honteuse.»

J'aurais pu partager ses remords, car j'avais pris part à la faute.

Nous assistions à un concert lorsqu'on vint chercher mon père; un courrier l'attendait; il était expédié par le consul français à Livourne et annonçait le départ de Bonaparte de Porto-Ferrajo. Mon père s'occupa tout de suite d'en donner avis. Il expédia une estafette à Vienne à monsieur de Talleyrand, une autre à Paris, et fit partir un secrétaire de légation

pour porter cette nouvelle à Masséna[1], et, chemin
faisant, prévenir toutes les autorités de la côte. Cette
précaution fut déjouée par la célérité de l'Empereur.
Peu d'heures après son départ de Gênes, monsieur
de Château traversait le bivouac de Cannes déjà
abandonné, quoique les feux brûlassent encore.
Nous avions passé la nuit à copier les lettres et les
dépêches qui furent confiées à ces différents courriers ; il n'y avait qu'une partie de la chancellerie à
Gênes où on ne s'attendait pas à de telles affaires.

L'émoi fut grand le lendemain matin. On ne doutait pas que l'Empereur ne dût débarquer sur
quelque point de l'Italie et se joindre aux troupes de
Murat qui armait depuis quelque temps. Les Autrichiens n'étaient pas en mesure de s'y opposer, et le
général Bubna, fort inquiet, reprochait aux Piémontais l'empressement qu'ils avaient eu de faire
abandonner leur territoire par les Allemands avant
d'avoir eu le temps de créer une armée nationale. Le
comte de Valese, de son côté, prétendait que, les
frais de l'occupation absorbant tous les revenus de
l'État, on ne pouvait rien instituer tant qu'elle durait.

Lord William Bentinck arriva à tire-d'aile. Chacun se regardait, s'inquiétait, s'agitait ; on s'accusait
mutuellement, mais l'incertitude du lieu où débar-
querait l'Empereur ne permettait de prendre aucun
parti, ni de donner aucun ordre. Le général Bubna
fut le premier instruit de sa marche ; dès lors, Autrichiens, Anglais et Piémontais, tout se rassura et crut
avoir du temps devant soi.

Bubna demanda à faire entrer ses troupes en Piémont. Monsieur de Valese s'y refusant obstinément,
il fut réduit à les faire cantonner sur les frontières de
Lombardie ; aussi déclara-t-il formellement que, si
l'armée napolitaine s'avançait, il resterait derrière le

1. À Marseille.

Pô, en laissant le Piémont découvert. Le cabinet sarde tint bon ; il ne tarda même pas à admettre l'étrange pensée de pouvoir s'établir dans un état de neutralité vis-à-vis de Napoléon et de Murat. Les rapports avec mon père se ressentirent plus tard de cette illusion. L'ambassadeur sarde fut le seul qui ne rejoignit pas le roi Louis XVIII à Gand.

Monsieur de Château revint porteur des plus belles promesses de Masséna. Il avait vu arrêter madame Bertrand, arrivant de l'île d'Elbe, et il avait trouvé partout autant d'enthousiasme pour monsieur le duc d'Angoulême que d'indignation contre l'Empereur. Cela était vrai en Provence et dans ce moment. Des nouvelles bien différentes étaient portées sur l'aile des vents. On apprenait avec une rapidité inouïe, et par des voies inconnues, les succès et la marche rapide de Bonaparte.

Un matin, un officier français, portant la cocarde blanche, se présenta chez mon père et lui remit une dépêche du général Marchand, tellement insignifiante qu'elle ne pouvait pas avoir motivé son envoi. Il était fort agité et demandait une réponse immédiate, son général ayant fixé le moment du retour. Mon père l'engagea à s'aller reposer quelques heures. Tandis qu'il cherchait le mot de cette énigme, d'autant moins facile à deviner que le bruit s'était répandu que le général Marchand avait reconnu l'Empereur[1], le général Bubna entra chez lui en lui disant :

« Mon cher ambassadeur, je viens vous remercier du soin que vous prenez de payer le port de mes lettres. Je sais qu'on vous demande cinquante louis pour celle que voici. Elle est du général Bertrand qui m'écrit, par ordre de Napoléon, pour me charger d'expédier sur-le-champ par estafette ces autres dépêches à Vienne pour l'Empereur et pour Marie-

---

1. À Grenoble.

Louise. Moi, qui ne suis jamais très pressé, j'attendrai tranquillement une bonne occasion; qu'allez-vous faire de votre jeune homme?»

Mon père réfléchit un moment, puis il pensa que, s'il le faisait arrêter, ce serait trop grave. Il l'envoya chercher à son auberge, lui intima l'ordre de partir sur-le-champ, en le prévenant que, s'il laissait au gouvernement sarde le temps d'apprendre la manière dont il avait franchi la frontière, il serait arrêté comme espion, et qu'il ne pourrait pas le réclamer.

L'officier eut l'imprudence de dire qu'il lui faudrait s'arrêter à Turin où il avait des lettres à remettre. Mon père lui conseilla de les brûler et lui donna un passeport qui indiquait une route qui l'éloignait de Turin. Je n'ai plus entendu parler de ce monsieur qui eut l'audace, après cette explication, de réclamer de mon père les cinquante louis que le général Marchand, dans sa lettre ostensible, l'avait prié de lui remettre pour les frais de son voyage. Bubna garda le secret suffisamment longtemps pour assurer la sécurité du courrier. Elle aurait été fort hasardée en ce moment; car les velléités pacifiques du cabinet sarde n'existaient pas alors, et ses terreurs sur les dispositions bonapartistes des Piémontais étaient en revanche très exaltées.

La déclaration du 13 mars[1] fut expédiée à mon père par monsieur de Talleyrand, aussitôt qu'elle eut été signée par les souverains réunis à Vienne. Il la fit imprimer en toute hâte, et, trois heures après son arrivée, mon frère se mit en route pour la porter à monsieur le duc d'Angoulême. Il le trouva à Nîmes. La rapidité avait été si grande qu'elle nuisit presque

---

1. Par laquelle les puissances alliées dénonçaient en Napoléon le «perturbateur du repos du monde», en ajoutant que par son retour «Napoléon Bonaparte [avait] détruit le seul titre légal auquel son existence se trouvait attachée».

à l'effet et fit douter de l'authenticité de la pièce.
Monsieur le duc d'Angoulême garda mon frère
auprès de lui, le nomma son aide de camp, et bientôt
après l'envoya en Espagne pour demander des
secours qu'il n'obtint pas. Au surplus, si on les avait
accordés, ils seraient arrivés trop tard.

Dans le plan que je me suis fait de noter les plus
petites circonstances qui, à mon sens, dessinent les
caractères, je ne puis m'empêcher d'en rapporter
une qui peut sembler puérile.

Mon frère avait donc apporté à monsieur le
duc d'Angoulême un document d'une importance
extrême. Il avait fait une diligence qui prouvait bien
du zèle. Sur sa route, il avait semé partout des
exemplaires de la déclaration sans s'informer de la
couleur des personnes auxquelles il les remettait, ce
qui n'était pas tout à fait sans danger. Monsieur le
duc d'Angoulême le savait et semblait fort content
de lui. Il l'engagea à déjeuner. Rainulphe, ayant fait
l'espèce de toilette que comportait la position d'un
homme qui vient de faire cent lieues à franc étrier,
s'y rendit. À peine à table, les premiers mots de
monsieur le duc d'Angoulême furent :

« Quel uniforme portez-vous là ?

— D'officier d'état-major, monseigneur.

— De qui êtes-vous aide de camp ?

— De mon père, monseigneur.

— Votre père n'est que lieutenant général ; pourquoi avez-vous des aiguillettes ? Il n'y a que la maison du Roi et celle des princes qui y aient droit... ;
on les tolère pour les maréchaux... ; vous avez tort
d'en porter.

— Je ne savais pas, monseigneur.

— À présent vous le savez, il faut les ôter tout de
suite. En bonne justice, cela mériterait les arrêts,
mais je vous excuse ; que je ne vous en voie plus. »

On comprend combien un jeune homme comme

était alors Rainulphe se trouva déconcerté par une
pareille sortie faite en public. Dans les moments où il
s'animait sur les petites questions militaires jusqu'à
se monter à la colère, monsieur le duc d'Angoulême
se faisait l'illusion d'être un grand capitaine.

Le roi de Sardaigne annonça qu'il allait faire une
course à Turin; ses ministres et le général Bubna
l'accompagnèrent, Le ministre d'Angleterre resta à
Gênes ainsi que mon père qui s'y tenait plus facilement en communication avec monsieur le duc d'Angoulême et le midi de la France.

Bientôt nous vîmes arriver toutes les notabilités
que les mouvements de l'armée napolitaine repoussaient du sud de l'Italie. Le Pape fut le premier; on le
logea dans le palais du Roi. Je ne l'avais pas vu
depuis le temps où il était venu sacrer l'empereur
Napoléon; nous allâmes plusieurs fois lui faire notre
cour. Il causait volontiers et familièrement de tout.
Je fus surtout touchée de la manière digne et calme
dont il parlait de ses années de proscription, sans
avoir l'air d'y attacher ni gloire ni mérite, mais
comme d'une circonstance qui s'était trouvée malheureusement inévitable, s'affligeant que son devoir
l'eût forcé à imposer à Napoléon les torts de sa persécution. Il y avait dans tous ses discours une noble
et paternelle modération qui devait lui être inspirée
d'en haut, car, sur tout autre sujet, il n'était pas à
beaucoup près aussi distingué. On sentait que c'était
un homme qui recommencerait une carrière de tri-
bulation, sans qu'elle pût l'amener à l'amertume ni à
l'exaltation. Le mot *sérénité* semblait inventé pour
lui. Il m'a inspiré une bien sincère vénération.

Bientôt après, il fut suivi par l'infante Marie-
Louise, duchesse de Lucques, plus connue sous le
titre de reine d'Étrurie. Gênes étant comblée de
monde et ne pouvant trouver un logement convenable, elle s'installa dans une grande chambre d'au-

berge dont, à l'aide de quelques paravents, on fit un dortoir pour toute la famille. Elle paraissait faite pour habiter ce taudis ; je n'ai jamais rien vu de plus ignoble que la tournure de cette princesse, si ce n'est ses discours. Elle était Bourbon : il nous fallait bien lui rendre des hommages, mais c'était avec dégoût et répugnance.

Elle traînait à sa suite une fille, aussi disgracieuse qu'elle, et un fils si singulièrement élevé qu'il pleurait pour monter sur un cheval, se trouvait mal à l'aspect d'un fusil, et qu'ayant dû un jour entrer dans un bateau pour passer un bac il en eut des attaques de nerfs. La duchesse de Lucques assurait que les princes espagnols avaient tous été élevés précisément comme son fils. Mon père tâcha de la raisonner à ce sujet, mais ce fut sans autre résultat que de se faire prendre en grippe par elle.

CHAPITRE IV

Monsieur Hill nous arriva un matin avec une figure encore plus triste que de coutume ; sa princesse de Galles[1] était en rade. Sous prétexte de lui

---

1. Caroline de Brunswick (1768-1821) n'était qu'une petite fille écervelée lorsqu'elle épousa le prince de Galles en 1795. La nuit de noces fut une catastrophe et le reste à l'avenant. Dès la naissance de leur fille Charlotte, le 7 janvier 1796, le prince avait signifié à sa femme sa volonté de ne plus avoir aucun rapport avec elle. La popularité que lui valut son rôle de victime ne fit que lui aliéner davantage son mari, qui essaya même de la priver de sa fille sur laquelle elle avait reporté toute son affection. La princesse de Galles répondit à ces persécutions en affichant une liberté de propos, une excentricité grandissante ainsi qu'une passion maniaque pour les enfants.

céder son appartement, il l'abandonna aux soins de
lady William Bentinck, se jeta dans sa voiture et
partit pour Turin. Lady William en aurait bien fait
autant s'il lui avait été possible. La princesse Caroline s'établit chez monsieur Hill.

Le lendemain, nous vîmes apparaître dans les rues
de Gênes un spectacle que je n'oublierai jamais.
Dans une sorte de phaéton, fait en conque marine,
doré, nacré, enluminé extérieurement, doublé en
velours bleu, garni de crépines d'argent, traîné par
deux très petits chevaux pie, menés par un enfant
vêtu en amour d'opéra, avec des paillettes et des tri-
cots couleur de chair, s'étalait une grosse femme
d'une cinquantaine d'années, courte, ronde et haute
en couleur. Elle portait un chapeau rose avec sept ou
huit plumes roses flottant au vent, un corsage rose
fort décolleté, une courte jupe blanche qui ne dépas-
sait guère les genoux, laissait apercevoir de grosses
jambes couvertes de brodequins roses ; une écharpe
rose, qu'elle était constamment occupée à draper,
complétait le costume.

La voiture était précédée par un grand bel
homme monté sur un petit cheval pareil à l'attelage,
vêtu précisément comme le roi Murat auquel il
cherchait à ressembler de geste et d'attitude, et sui-

Devenu prince régent en 1811, le futur George IV ne la ménagea plus. C'est ainsi qu'elle fut exclue des fêtes données au tsar
en 1814. Elle entreprit alors un voyage sur le continent où son
ivresse de liberté aussi bien que son goût du théâtre se donnèrent libre cours. Ce furent successivement Brunswick, puis
Rome où elle fut reçue par le pape, Naples où les Murat firent
sa conquête. Accompagnée du courrier Bartolomeo Pergami,
elle remonta sur Gênes pendant les Cent-Jours, puis, abandonnée par tous les Anglais de sa suite, elle fit en 1816 un
voyage en Orient par Tunis, Athènes, Constantinople, Jérusalem. L'unique but de ce périple semblait être, une fois de plus,
de ridiculiser le plus possible son mari détesté.

vie par deux palefreniers à la livrée d'Angleterre, sur des chevaux de la même espèce. Cet attelage napolitain était un don de Murat à la princesse de Galles qui s'exhibait sous ce costume ridicule et dans ce bizarre équipage. Elle se montra dans les rues de Gênes pendant cette matinée et celles qui suivirent.

La princesse était dans tout le feu de sa passion pour Murat; elle aurait voulu l'accompagner dans les camps. Il avait dû user d'autorité pour la faire partir. Elle n'y avait consenti qu'avec l'espérance de décider lord William Bentinck à joindre les forces anglaises aux armes napolitaines. Elle ne s'épargnait pas dans les demandes, les supplications, les menaces à ce sujet. On peut juger de quel poids tout cela était auprès de lord William qui, au reste, partit le surlendemain de son arrivée.

Elle était aussi fort zélée bonapartiste. Cependant elle témoignait bien quelque crainte que l'Empereur ne compromît le *Roi*, comme elle appelait exclusivement Murat. Elle s'entoura bien vite de tout ce qui était dans l'opposition à Gênes et en fit tant, qu'au bout de quelques jours, le gouvernement sarde la fit prier de chercher un autre asile.

Pendant le dernier carnaval, qu'elle venait de passer à Naples, elle avait inventé de faire donner un bal de souscription à Murat par les Anglais qui s'y trouvaient. La scène se passait dans une salle publique. Au moment où Murat arriva, un groupe, formé des plus jolies Anglaises costumées en déesses de l'Olympe, alla le recevoir. Minerve et Thémis s'emparèrent de lui et le conduisirent sur une estrade dont les rideaux s'ouvrirent et montrèrent aux spectateurs un groupe de génies, parmi lesquels figurait une Renommée sous les traits d'une des jolies ladies Harley. Elle tenait un grand tableau. La Gloire, représentée par la princesse, plus ridiculement

vêtue encore que les autres, s'avança légèrement,
enleva une plume de l'aile de la Renommée et inscri-
vit, en grandes lettres d'or, sur le tableau qu'elle soutenait, le nom des diverses batailles où Murat s'était
signalé. Le public applaudissait en pâmant de rire ;
la reine de Naples haussa les épaules. Murat avait
assez de bon sens pour être impatienté, mais la princesse prenait cette mascarade au sérieux comme
une ovation glorieuse pour l'objet de sa passion et
pour elle qui savait si dignement l'honorer. J'ai
entendu faire la relation de cette soirée à lady Charlotte Campbell, celle des dames de la princesse qui
l'a abandonnée la dernière. Elle pleurait de dépit en
en parlant, mais son récit n'en était que plus
comique. Il fallait avoir l'héroïne sous les yeux pour
en apprécier pleinement le ridicule.

C'était pour tromper le chagrin que lui causait sa
séparation d'avec Murat que la princesse de Galles
avait inventé de faire habiller un de ses gens, qui le
rappelait un peu, précisément comme lui. Ce portrait animé était Bergami, devenu célèbre depuis, et
qui déjà (assurait le capitaine du bâtiment qui l'avait
amené de Livourne) usurpait auprès de sa royale
maîtresse tous les droits de Murat, aussi bien que
son costume ; mais cela ne passait encore que pour
un mauvais propos de marin[1].

Il fallut bien aller rendre les hommages, dus à son
rang dans l'almanach, à cette princesse baladine.
Elle nous détestait dans l'idée que nous étions hostiles au *Roi* ; elle se donna la petite joie d'être fort
impertinente. Nous y allâmes avec lady William
Bentinck, le jour et l'heure fixés par elle. Elle nous fit
attendre longtemps ; enfin nous fûmes admises sous

---

1. Il semble que ce ne fut jamais autre chose, malgré tout
l'argent dépensé par le prince de Galles pour faire établir l'inconduite de sa femme.

un berceau de verdure où elle déjeunait vêtue d'un peignoir tout ouvert et servie par Bergami. Après quelques mots dits à ma mère, elle affecta de ne parler qu'anglais à lady William. Elle fut un peu déconcertée de nous voir prendre part à cette conversation, dont elle pensait nous exclure, et se rabattit à ne parler que des vertus, des talents royaux et militaires de Murat. Bientôt après, elle donna audience à mon père et entama un grand discours sur les succès infaillibles de Murat, sa prochaine jonction avec l'armée de l'empereur Napoléon et les triomphes qui les attendaient. Mon père se prit à rire.

«Vous vous moquez de moi, monsieur l'ambassadeur?

— Du tout, madame, c'est Votre Altesse Royale qui veut me faire prendre le change par son sérieux. De tels discours, tenus par la princesse de Galles à l'ambassadeur de France, sont trop plaisants pour qu'elle exige que je les écoute avec gravité.»

Elle prit l'air très offensé et abrégea l'entrevue. Nous n'étions aucuns tentés de la renouveler. Elle prétendit que mon père avait contribué à lui faire donner l'ordre de partir; rien n'était plus faux. Si le gouvernement avait été stimulé par quelqu'un c'était plutôt par lady William Bentinck qui en était fort importunée. Lord William et monsieur Hill s'étaient soustraits à cet ennui.

Nous étions dans un état cruel. Rien n'est plus pénible que de se trouver à l'étranger, avec une position officielle, au milieu d'une pareille catastrophe, lorsqu'il faut montrer une sérénité qu'on n'éprouve pas. Personne n'entrait dans nos sentiments de manière à nous satisfaire. Les uns proclamaient les succès assurés de Bonaparte, les autres sa chute rapide devant les alliés et l'humiliation des armes françaises. Il était bien rare que les termes fussent

assez bien choisis pour ne pas nous froisser. Aussi,
dès que les événements, par leur gravité irrécusable,
nous eurent délivrés du tourment de jouer la comédie d'une sécurité que nous n'avions pas conservée
un seul instant, nous nous renfermâmes dans notre
intérieur, d'où nous ne sortîmes plus.

Le marquis de Lur-Saluces[1], aide de camp de
monsieur le duc d'Angoulême, arriva porteur de ses
dépêches. Le prince chargeait mon père de demander au roi de Sardaigne le secours d'un corps de
troupes qui serait entré par Antibes pour le rejoindre
en Provence. Il venait d'obtenir un succès assez marqué au pont de la Drôme où, surtout, il avait déployé
aux yeux des deux armées une valeur personnelle
qui l'avait très relevé dans les esprits[2]. Il sentait le
besoin et la volonté d'agir vigoureusement. Quand
une fois monsieur le duc d'Angoulême était tiré de sa
funeste préoccupation d'obéissance passive, il ne
manquait pas d'énergie. Il était moins nul que certaines niaiseries, dont on ferait un volume, donne-

---

1. Président de l'*Institut philanthropique* de Bordeaux
(société royaliste), membre fondateur des Chevaliers de la Foi
en 1813, organisateur en compagnie de Linch de la première
manifestation royaliste importante de 1814 : la réception du
duc d'Angoulême à Bordeaux le 12 mars.
2. C'est dans le Midi qu'eurent lieu, en mars 1815, les seules
tentatives sérieuses de résistance. Le duc d'Angoulême avait
établi son quartier général à Nîmes, réuni 4 000 hommes,
repoussé les Bonapartistes du général Debelle, remonté la vallée du Rhône jusqu'à Valence et pris, le 4 avril, le pont de
Romans sur la Drôme. Mais une série de mauvaises nouvelles
(fin de la résistance à Toulon, entrée de Napoléon à Paris, sou-
lèvement de la garnison de Nîmes par le général Gilly) provoqua une retraite précipitée. Apprenant à Montélimar, le 8 avril,
que Gily lui barrait la route dans la plaine de Donzère, le
prince signa la capitulation de La Palud qui laissait ses troupes
libres de se disperser sans être inquiétées et l'autorisait à s'embarquer à Sète pour l'Espagne.

raient lieu de le croire. C'était un homme très incomplet, mais non pas incapable.

Mon père fit préparer une voiture et partit avec monsieur de Saluces pour Turin. Nous avions appris par celui-ci l'envoi de mon frère en Espagne. Peu de jours après, le *Moniteur* contenait des lettres interceptées de monsieur le duc d'Angoulême à madame la duchesse d'Angoulême ; elles disaient que le jeune d'Osmond en était porteur. Nous eûmes tout lieu de craindre qu'il eût été arrêté ; cette vive inquiétude dura vingt-sept jours.

Les communications avec le Midi furent interrompues ; nous ne savions ce qui s'y passait que par les gazettes de Paris qui parvenaient irrégulièrement. C'est de cette façon que nous apprîmes la défaite de monsieur le duc d'Angoulême, la convention faite avec lui et enfin son départ de Cette. Le nom de mon frère ne se trouvait nulle part ; nous finîmes par recevoir des lettres de lui, écrites de Madrid. Il allait le quitter pour rejoindre son prince qu'il croyait en France et qu'après un long circuit il retrouva à Barcelone.

Monsieur le duc d'Angoulême avait eu le projet d'envoyer mon frère auprès de Madame, ainsi qu'il le lui disait dans sa lettre, puis il avait changé d'idée et l'avait expédié au duc de Laval, ambassadeur à Madrid. C'était là ce qui nous avait occasionné une inquiétude si grande et si justifiée dans ce premier moment de guerre civile où il était impossible de prévoir quel serait le sort des prisonniers et la nature des vengeances exercées de part et d'autre. La suite a prouvé que les colères étaient épuisées aussi bien que les passions et qu'il ne restait des premiers temps de la Révolution que la valeur et les intérêts personnels.

Murat avançait en Italie si rapidement que, déjà, on emballait à Turin. Nous avions bien le désir, ma mère et moi, d'aller y rejoindre mon père ; il s'y refusait de jour en jour. La question d'économie devenait importante et se joignait à celle de sécurité pour ne pas faire un double voyage dans ce moment d'incertitude.

Les demandes de monsieur de Saluces avaient été plus que froidement accueillies par le gouvernement sarde. Elles n'auraient pu avoir de succès effectif, puisque la nouvelle de la catastrophe et de l'embarquement du prince arrivèrent promptement après. Mais, dès lors, mon père remarqua l'accueil embarrassé que lui fit le ministre et aperçut une disposition à écarter l'ambassadeur des affaires, tout en comblant le marquis d'Osmond de politesses.

Comme, dans le même temps, on repoussait tout secours autrichien ou anglais, il restait évident qu'on espérait négocier séparément et se maintenir en position de faire valoir sa neutralité à l'Empereur, s'il réussissait à s'établir. Bubna riait beaucoup de cette politique ; il appelait le roi Victor l'*auguste allié de l'empereur Napoléon*. Mon père n'était pas en situation d'en rire, mais lui aussi croyait à cette préoccupation du cabinet sarde.

Murat, ayant été battu à Occhiobello par les armées autrichiennes, cessa d'avancer, et nos arrêts furent levés. On annonça officiellement que l'arrivée de la reine de Sardaigne était remise indéfiniment ; nous retournâmes à Turin.

Avant de quitter Gênes, je veux parler de deux individus que nous y vîmes passer. Le premier était l'abbé de Janson. Ayant appris le départ de l'île d'Elbe sur la côte de Syrie, où il se trouvait pèlerin de Jérusalem, il avait été si bien servi par les vents et par son activité qu'il était arrivé à Gênes dans un temps presque incroyable. Il n'y resta que deux heures pour s'informer des événements, retroussa sa soutane, enfourcha un bidet de poste et courut joindre monsieur le duc d'Angoulême.

Cet abbé, en costume ecclésiastique, parut fort ridicule aux soldats ; mais lorsque, au combat du pont de la Drôme, on le vit allant jusque sous la mitraille relever les blessés sur ses épaules, leur porter des consolations et des secours de toute espèce, avec autant de sang-froid qu'un grenadier de la vieille garde, *le curé* (comme ils l'appelaient) excita leur enthousiasme au plus haut degré. L'abbé de Janson a depuis mis ce zèle au service de l'intrigue ; on ne peut que le regretter. Devenu évêque de Nancy et un des membres le plus actif de la Congrégation si fatale à la Restauration, il s'est fait tellement détester qu'à la Révolution de 1830 il a été expulsé de sa ville épiscopale.

L'autre personne dont je veux noter le passage à Gênes est Henri de Chastellux. Âgé de 24 ou 25 ans, maître d'une fortune considérable, il était attaché à l'ambassade de Rome. Ce fut là qu'il apprit la trahison de son beau-frère, le colonel de La Bédoyère. Il en fut d'autant plus consterné qu'il aimait tendrement sa sœur et qu'il comprenait combien elle devait avoir besoin de consolation et de soutien, dans une pareille position, au milieu d'une famille aussi exaltée en royalisme que la sienne. Il obtint immédiatement un congé de son ambassadeur et, après avoir rangé ses papiers, fait ses malles, emballé ses livres et ses effets, il se jeta dans la carriole d'un voiturin avec lequel il avait fait marché pour le mener en vingt-sept jours à Lyon.

Les révolutions ne s'accommodent guère de cette allure. En arrivant à Turin, monsieur de Chastellux fut informé qu'il ne pouvait continuer sa route. Il vint à Gênes consulter mon père sur ce qu'il lui restait à faire. Il fut décidé qu'il irait rejoindre monsieur le duc d'Angoulême ; mon père lui dit qu'il le chargerait de dépêches. En effet, deux heures après, un secrétaire alla les lui porter ; il le trouva couché sur un lit, lisant Horace.

« Quand partez-vous ?

— Je ne sais pas encore. Je n'ai pas pu m'arranger avec les patrons qu'on m'a amenés, j'en attends d'autres.

— Vous n'allez pas par la Corniche ?

— Non, je compte louer une felouque. »

Le secrétaire rapporta les dépêches qu'on expédia par estafette.

Henri de Chastellux s'embarqua le lendemain matin ; mais, ayant fait son arrangement pour coucher à terre toutes les nuits, il n'arriva à Nice que le cinquième jour. Il y recueillit des bruits inquiétants sur la position de monsieur le duc d'Angoulême, attendit patiemment leur confirmation et, au bout de dix à douze jours, nous le vîmes reparaître à Gênes, n'ayant pas poussé sa reconnaissance au-delà de Nice.

Cette singulière apathie dans un jeune homme qui ne manque pas d'esprit et que sa situation sociale et ses relations de famille auraient dû stimuler si vivement dans cette circonstance, comparée à la prodigieuse activité d'un homme dont la robe aurait semblé l'en dispenser, nous parut un si singulier contraste que nous en fûmes très frappés et que j'en ai conservé la mémoire.

Mon père s'était mis en correspondance plus active avec le duc de Narbonne, ambassadeur à Naples, le duc de Laval, ambassadeur à Madrid, et le marquis de Rivière qui commandait à Marseille. Il leur faisait passer les nouvelles qui lui arrivaient de l'Allemagne et du nord de la France. La légation de Turin se trouvait fort dégarnie de secrétaires et d'attachés ; mon père, en partant de Gênes, me chargea de ces correspondances. Cela se bornait à expédier le bulletin des nouvelles qui nous parvenaient, en distinguant celles qui étaient officielles des simples bruits dont nous étions inondés. Plusieurs de ces lettres furent interceptées et quelques-unes, je crois, imprimées dans le *Moniteur*.

La malveillance s'est saisie de cette puérile circonstance pour établir que je *faisais l'ambassade*. L'impatience que j'ai conçue de cette sottise m'a tenue volontairement dans l'ignorance des affaires diplomatiques que mon père a dû traiter depuis lors, et probablement plus que je ne l'aurais été sans cette ridicule invention. Car, je crois l'avoir déjà dit, la politique m'amuse ; j'en fais volontiers *en amateur*, pour occuper mon loisir ; et, comme je n'ai jamais eu le besoin de parler des affaires qu'on me confie, mon père me les aurait communiquées si je l'avais souhaité.

CHAPITRE V

Nous continuâmes à mener en Piémont la vie retirée que nous avions adoptée à Gênes. Mon père ne voulait rien changer à l'état ostensible de sa maison, mais les circonstances permettaient de réformer toutes les dépenses extraordinaires et la prudence l'exigeait. Notre seule distraction était de faire chaque jour de charmantes promenades dans la délicieuse colline qui borde le Pô, au-delà de Turin, et s'étend jusqu'à Moncalieri.

Ce serait une véritable ressource si les chemins étaient moins désagréables ; même à pied, il est difficile et très fatigant d'y pénétrer. Les sentiers qui servent de lit aux torrents, dans la saison pluvieuse, sont à pic et remplis de cailloux roulants. Le marcher en est pénible jusqu'à être douloureux, aussi les dames du pays ne s'y exposent-elles guère. On est dédommagé de ses peines par des points de vue admirables sans cesse variés et une campagne enchantée.

Nous apprîmes successivement les détails circonstanciés de ce qui s'était passé à Chambéry et à Grenoble. Tous les récits s'accordaient à montrer monsieur de La Bédoyère comme le plus coupable. Je prêtais d'autant plus de foi à la préméditation dont on l'accusait que je l'avais entendu, avant mon départ de Paris, tenir hautement les propos les plus bonapartistes et les plus hostiles à la Restauration.

La famille de sa femme (mademoiselle de Chastellux) avait commis la faute de le faire entrer presque de force au service du Roi; il avait eu la faiblesse d'accepter. Je ne voudrais pas préciser à quelle époque cette faiblesse était devenue de la trahison, mais il est certain que, lorsque à la tête de son régiment où il était arrivé depuis peu de jours, il se rendait de Chambéry à Grenoble, il dit à madame de Bellegarde, chez laquelle il s'arrêta pour déjeuner, qu'il ne formait aucun doute des succès de l'empereur Napoléon et qu'il les désirait passionnément. Au moment où il montait à cheval, il lui cria : « Adieu, madame, dans huit jours je serai fusillé ou maréchal d'Empire. »

Il paraissait avoir entraîné le mouvement des troupes qui se réunirent à l'Empereur et abusé de la faiblesse du général Marchand, entièrement dominé par lui. La reconnaissance de l'Empereur pour le service rendu ne fut pas portée à si haut prix qu'il l'avait espéré, mais ses prévisions ne furent que trop tristement accomplies dans l'autre alternative.

Il était impossible de n'être pas frappé de la grandeur, de la décision, de l'audace dans la marche et de l'habileté prodigieuse déployées par l'Empereur, de Cannes jusqu'à Paris. Il est peu étonnant que ses partisans en aient été électrisés et aient retrempé leur zèle à ce foyer du génie. C'est peut-être le plus grand fait personnel accompli par le plus grand homme des temps modernes ; et ce n'était pas, j'en suis persuadée, un plan combiné d'avance. Personne n'en avait le secret complet en France ; peut-être était-on un peu plus instruit en Italie. Mais l'Empereur avait beaucoup livré au hasard ou plutôt à son génie. La preuve en est que le commandant d'Antibes, sommé le premier, avait refusé d'admettre les aigles impériales. Leur vol était donc tout à fait soumis à la conduite des hommes qu'elles rencontreraient sur leur route, et la belle expression du vol de *clocher en clocher*, quoique justifiée par le succès, était bien hasardée. L'Empereur s'était encore une fois confié à son étoile et elle lui avait été fidèle, comme pour servir de flambeau à de plus immenses funérailles.

En arrivant à Paris, il apprit la déclaration de Vienne du 13 mars ; il subit en même temps les froideurs et les réticences de la plupart des personnes qui, dans l'ordre civil, lui avaient été le plus dévouées. Son instinct gouvernemental comprit tout de suite que ces gens-là représentaient le pays beaucoup plus que les militaires. Peut-être aurait-il été tenté de le gouverner par le sabre, si ce sabre n'avait pas dû trouver un emploi plus que suffisant dans la résistance à l'étranger. Il ne pouvait donc écraser les idées constitutionnelles, si rapidement écloses en France, qu'en lâchant le frein aux passions populaires qui, sous le nom de liberté ou de nationalité, amènent promptement la plus hideuse tyrannie.

Rendons justice à l'Empereur ; jamais homme au monde n'a eu plus l'horreur de pareils moyens. Il voulait un gouvernement absolu, mais réglé et propre à assurer l'ordre public, la tranquillité et l'honneur du pays. Dès que sa position lui fut complètement dévoilée, il désespéra de son succès, et le dégoût qu'il en conçut exerça peut-être quelque influence sur le découragement montré par lui lors de la catastrophe de Waterloo.

J'ai lieu de croire que, bien peu de jours après son arrivée aux Tuileries, il cessa de déployer l'énergie qui l'avait accompagné depuis l'île d'Elbe. Peut-être, s'il avait retrouvé dans ses anciens serviteurs civils le même enthousiasme que dans les militaires, il aurait mieux accompli la tâche gigantesque qu'il s'était assignée; peut-être aussi était-elle impossible.

Je retournai à Turin. Le Pape nous y avait précédés; sa présence donna lieu à une cérémonie assez curieuse, à laquelle nous assistâmes.

Le Piémont possède le Saint-Suaire. La chrétienté attache un tel prix à cette relique que le Pape en a seul la disposition. Elle est enfermée dans une boîte en or, renfermée dans une de cuivre, renfermée..., enfin il y en a sept, et les sept clefs qui leur appartiennent sont entre les mains de sept personnes différentes. Le Pape conserve la clef d'or. Le coffre est placé dans une magnifique chapelle d'une superbe église, appelée du Saint-Suaire. Des chanoines, qui prennent le même nom, la desservent. La relique n'est exposée aux regards des fidèles que dans les circonstances graves et avec des cérémonies très imposantes. Le Pape envoie un légat tout exprès, chargé d'ouvrir le coffre et de lui rapporter la clef.

La présence du Saint-Père à Turin et l'importance des événements inspirèrent le désir de donner aux soldats, à la population et au Roi la satisfaction d'envisager cette précieuse relique.

Malgré les espérances que le gouvernement sarde conservait, *in petto*, d'obtenir de tous les côtés la reconnaissance de sa neutralité, il avait levé rapidement des troupes considérables et très belles sous le rapport des hommes. On réunit les nouveaux corps sur la *place du château*, et, après que le Pape eut

béni leurs jeunes drapeaux, on procéda au déploie-
ment du Saint-Suaire.

Le Roi et sa petite Cour, les catholiques du corps
diplomatique, les chevaliers de l'Annonciade, les
autres excellences, les cardinaux et les évêques
étaient seuls admis dans la pièce où se préparait la
cérémonie. Nous n'étions pas plus de trente, ma
mère, madame Bubna et moi seules de femmes ;
aussi étions-nous parfaitement bien placées.

Le coffre fut apporté par le chapitre qui en a la
garde. Chaque boîte fut ouverte successivement, le
grand personnage qui en conserve la clef la remettant à son tour, et un procès-verbal constatant l'état
des serrures longuement et minutieusement rédigé.
Ceci se passait comme une levée de scellé, et sans
aucune forme religieuse, seulement le cardinal qui
ouvrait les serrures récitait une prière à chaque fois.

Lorsqu'on fut arrivé à la dernière cassette, qui est
assez grande et paraît toute brillante d'or, les oraisons et les génuflexions commencèrent. Le Pape
s'approcha d'une table où elle fut déposée par deux
des cardinaux ; tout le monde se mit à genoux, et il
y eut beaucoup de formes employées pour l'ouvrir.
Elles auraient été mieux placées dans une église que
dans un salon où cette pantomime, vue de trop près,
manquait de dignité.

Enfin le Pape, après avoir approché et retiré ses
mains plusieurs fois, comme s'il craignait d'y toucher, tira de la boîte un grand morceau de grosse
toile maculée. Il la porta, accompagné du Roi qui le
suivait immédiatement et entouré des cardinaux, sur
le balcon où il la déploya. Les troupes se mirent à
genoux aussi bien que la population qui remplissait
les rues derrière elles. Toutes les fenêtres étaient
combles de monde ; le coup d'œil était beau et imposant.

On m'a dit qu'on voyait assez distinctement les

marques ensanglantées de la figure, des pieds, des mains et même de la blessure sur le saint Linceul. Je n'ai pu en juger, me trouvant placée à une fenêtre voisine de celle où était le Pape. Il l'exposa en face, à droite et à gauche; le silence le plus solennel dura pendant ce temps. Au moment où il se retira, la foule agenouillée se releva en poussant de grandes acclamations; le canon, les tambours, les vivats annoncèrent que la cérémonie était finie. Rentré dans le salon, on commença les oraisons.

Le Saint-Père eut la bonté de nous faire demander, par le cardinal Pacca[1], si nous voulions faire bénir quelque objet et le faire toucher au Saint-Suaire. N'ayant pas prévu cette faveur, nous n'étions munies d'aucun meuble convenable. Cependant nous donnâmes nos bagues et de petites chaînes que nous portions au col. Le Pape n'y fit aucune objection et nous jeta un coup d'œil plein d'aménité et de bonté paternelle. Nous venions de le voir souvent à Gênes. Lui seul et le cardinal, qu'il avait dû nommer légat exprès pour l'occasion, avaient le droit de toucher au Saint-Suaire même. Ils eurent assez de peine à le replier, mais personne ne pouvait leur offrir assistance.

La première boîte fermée, le Pape en prit la clef, puis les cardinaux la placèrent dans la seconde enveloppe. Cette cérémonie faite, le Pape, le Roi et les personnes invitées passèrent dans une pièce où on avait préparé un déjeuner ou plutôt des rafraîchissements, car il n'y avait pas de table mise. Les deux souverains y distribuèrent leurs politesses. On attendit que la clôture de tous les coffres fût terminée et que les chanoines eussent repris processionnellement le chemin de l'église, puis chacun se retira.

---

1. Le cardinal Barthélemy Pacca (1756-1844), doyen du Sacré Collège. Interné au fort de Fénestrelle en 1809, il avait partagé la captivité de Pie VII à Fontainebleau en 1813.

Je ne me rappelle pas si Jules de Polignac assistait à cette cérémonie, mais, vers ce temps, il arriva porteur de pleins pouvoirs de Monsieur, nommé par le roi Louis XVIII lieutenant général du royaume. Il prétendait être en mesure de lever une légion française, à cocarde blanche, sur le territoire sarde, mais le gouvernement ne voulut du tout y consentir. Il obtint à grand-peine la permission de s'établir sur la frontière pour surveiller de plus près les relations qu'il conservait dans le Midi. Il s'installa chez un curé des Bauges. Il était en correspondance presque journalière avec mon père et lui racontait toutes les pauvretés imaginables.

Les renseignements que mon père recevait d'ailleurs lui faisaient prévoir des hostilités prochaines. Il avertit Jules de prendre garde à sa sûreté; celui-ci répondit, en date du 15 juin, qu'il était sûr d'être averti au moins dix jours avant l'ouverture de la campagne qui ne pouvait pas commencer avant quatre ou cinq semaines. En le remerciant de sa sollicitude, il le priait d'être en pleine sécurité, car il était sûr d'être informé plus tôt et mieux que personne.

Le même courrier apportait une lettre du curé (car c'étaient toujours des curés!) de Montmélian qui avertissait mon père qu'après avoir porté sa lettre à la poste, Jules était revenu au presbytère pour prendre son cheval, qu'au moment où il mettait le pied à l'étrier la maison avait été investie par une compagnie de soldats français, entrés dans la ville sans coup férir, et que Jules avait été fait prisonnier. Le curé en était d'autant plus inquiet que la selle portait des sacoches remplies d'une correspondance qui compromettait Jules et tous ses affiliés.

Le curé avait fait porter sa lettre, à travers les montagnes, à un bureau non encore occupé; cependant celle de Jules, timbrée de Montmélian, arriva également. C'est encore une occasion où l'imprévoyance dont ce pauvre monsieur de Polignac paraît si éminemment doué lui a été fatale. Elle est toujours accompagnée d'une confiance en lui-même poussée à un degré fabuleux. Comme il joint à cette outrecuidance une grande témérité, un courage très remarquable, souvent éprouvé, rien ne l'avertit du danger ; il s'y précipite en aveugle. Mais il faut lui rendre cette justice, qu'une fois arrivé, il le considère sans faiblesse et subit les conséquences de ses fautes avec une force d'âme peu commune.

Nous fûmes consternés en le sachant prisonnier. La douceur de ses mœurs, l'urbanité de son langage le rendent fort attachant dans la vie privée. J'oubliai alors que je l'accusais toujours d'être conduit par l'ambition et de faire du prie-Dieu un marchepied pour ne plus me rappeler que l'homme facile et obligeant avec lequel j'étais liée depuis notre mutuelle enfance, et je pleurai amèrement sur son sort. Il était impossible de prévoir comment la politique de l'Empereur l'engagerait à traiter les prisonniers dans la catégorie de Jules, et lui surtout, que la Restauration avait arraché à la captivité du régime impérial, se trouvait dans un prédicament tout à part et périlleux.

Mon père se mit fort en mouvement pour se procurer de ses nouvelles ; il fut longtemps sans pouvoir y réussir. Toutefois, il obtint une déclaration de tous les ministres, résidant à Turin, qui annonçait des représailles de la part de leurs souverains si monsieur de Polignac était traité autrement qu'en prisonnier de guerre. Le cabinet sarde fut le plus récalcitrant, mais consentit enfin à signer le dernier.

Ces démarches se trouvèrent inutiles. Le maréchal Suchet se souciait peu de s'illustrer par cette conquête. Il fit mettre monsieur de Polignac au fort Barraux, lui conseilla de se tenir parfaitement tran-

quille et eut l'air de l'y oublier, tout en l'y faisant
très bien traiter. On lui manda de l'envoyer à Paris ;
il n'en tint compte. Je ne sais s'il aurait pu prolonger longtemps cette bienveillante indifférence, mais
les événements marchèrent vite.

Le gouvernement piémontais avait si complètement
partagé la sécurité de Jules qu'au même moment où
les Français s'emparaient de Montmélian un autre
corps, traversant la montagne, enlevait à Aiguebelle
un beau régiment piémontais qui faisait tranquillement l'exercice avec des pierres de bois à ses fusils.
Ce qu'il y a de plus piquant dans cette aventure c'est
que la même chose était arrivée, au même lieu et de
la même façon, au début de la guerre précédente.

L'émoi fut grand à Turin. On nomma vite monsieur de Saint-Marsan ministre de la guerre, quoiqu'il eût servi sous le régime français. On réclama
les secours autrichiens avec autant de zèle qu'on en
avait mis à les refuser jusque-là. Mais le général
Bubna déclara à monsieur de Valese qu'il fallait porter la peine de son obstination ; il l'avertissait depuis
longtemps que les hostilités étaient prêtes à éclater
et que les négociations occultes et personnelles avec
le gouvernement français, pour établir sa neutralité,
seraient sans succès. Il n'avait pas voulu le croire ;
maintenant il le prévenait formellement que, si les
Français s'étaient emparés du Mont-Cenis avant
qu'il pût l'occuper, ce qui lui paraissait fort probable, il retirerait ses troupes en Lombardie et aban-
donnerait le Piémont.

À la suite de cette menace, il déploya une activité
prodigieuse pour la rendre vaine. C'était un singulier homme que ce Bubna. Grand, gros, boiteux par
une blessure, paresseux lorsqu'il n'avait rien à faire,
il passait les trois quarts des journées, couché sur
un lit ou sur la paille dans son écurie, à fumer le
plus mauvais tabac du plus mauvais estaminet.

Quand il lui plaisait de venir dans le salon, il y était, sauf l'odeur de pipe, homme de la meilleure compagnie, conteur spirituel, fin, caustique, comprenant et employant toutes les délicatesses du langage. Les affaires civiles ou militaires le réclamaient-elles ? Il ne prenait plus un moment de repos ; et ce même Bubna qui avait passé six mois sans quitter, à peine, la position horizontale, serait resté soixante-douze heures à cheval sans en paraître fatigué.

Il me fit la confidence qu'il exagérait un peu ses inquiétudes et la rigueur de ses projets pour se venger de monsieur de Valese et de ses hésitations. Comme j'étais très indignée contre celui-ci de la façon dont il s'éloignait de l'ambassadeur de France, je goûtais fort cette espièglerie. Mon père, avec son éminente sagesse, ne partageait pas cette joie ; il approuvait monsieur de Valese d'avoir réussi à éviter à son pays quelques semaines de l'occupation autrichienne. Il compatissait au désir d'un petit royaume de chercher à obtenir un état de neutralité, tout en croyant ce résultat impossible.

Il est certain que la résistance apportée par le cabinet à la rentrée des Autrichiens sur le territoire piémontais compensa, aux yeux des habitants, beaucoup des torts qu'on reprochait au gouvernement. La population les avait pris en haine et ils lui avaient enseigné à regretter les troupes françaises : « Les Français, disait-elle, nous pressuraient beaucoup, mais ils mangeaient chez nous et avec nous ce qu'ils prenaient, au lieu que les Allemands prennent plus encore et emportent tout. »

Cela était vrai de l'administration aussi bien que des chefs et des soldats. Elle faisait venir d'Autriche jusqu'aux fers des chevaux, n'achetait rien dans les pays occupés ; mais, en revanche, emportait tout, même les gonds et les verrous des portes et fenêtres dans les casernes que les troupes abandonnaient.

Les fourgons qui suivent un corps autrichien éva-
cuant un pays *allié* sont curieux à voir par leur
nombre fabuleux et par la multitude d'objets de toute
espèce qu'ils contiennent pêle-mêle. Ces convois
excitaient la colère des peuples italiens, victimes de
ce système de spoliation générale.

La nouvelle de l'entrée en campagne sur la frontière de Belgique et de la bataille de Ligny livrée le
16 nous parvint avec une grande rapidité à travers la
France et à l'aide du télégraphe qui l'avait apportée
à Chambéry. Mais il fallut attendre l'arrivée d'un
courrier régulier pour nous conter celle de Waterloo. Après celle-là, celles que nous étions contraints
à appeler les bonnes nouvelles se succédèrent aussi
rapidement que les mauvaises trois mois avant. Il
fallait bien s'en réjouir, mais ce n'était pas sans sai-
gnement de cœur.

Le roi de Sardaigne avait la tête tournée de voir le
corps piémontais entrer en France avec l'armée
autrichienne, et se croyait déjà un conquérant. Sa
magnanimité se contentait du Rhône pour frontière.
Il donnait bien quelques soupirs à Lyon, mais il se
consolait par l'idée que c'était une ville *mal pen-
sante*.

J'ai déjà dit qu'il était très accessible; il recevait
tout le monde, était fort parlant, surtout dans ce
moment d'exaltation. Il n'y avait pas un moine, ni un
paysan qu'il ne retînt pour leur raconter ses projets
militaires.

Étant duc d'Aoste, il avait fait une campagne dans
la vallée de Barcelonnette et avait conservé une
grande admiration pour l'agilité et le courage de ses
habitants: aussi voulait-il aller prendre Briançon,
par escalade, à la tête de ses *Barbets*, comme il les
appelait. Il développa ce plan au général Frimont
lorsqu'il passa pour prendre le commandement en
chef de l'armée autrichienne. Bubna, présent à cette

entrevue, racontait à faire mourir de rire l'étonnement calme de l'Alsacien Frimont[1] cherchant vainement ses yeux pour découvrir ce qu'il pensait de ces extravagances et obligé par sa malice à y répondre seul. Heureusement le Roi se laissa choir d'une chaise sur laquelle il était grimpé pour prendre d'assaut une jarre à tabac placée sur une armoire. Il se fit assez de mal, se démit le poignet, et Briançon fut sauvé.

Le physique de ce pauvre prince rendait ses rodomontades encore plus ridicules. Il ressemblait en laid à monsieur le duc d'Angoulême. Il était encore plus petit, encore plus chétif ; ses bras étaient plus longs, ses jambes plus grêles, ses pieds plus plats, sa figure plus grimaçante ; enfin il atteignait davantage le type du singe auquel tous deux aspiraient. Il souffrit horriblement de son poignet qui fut mal remis par une espèce de carabin ramené de Sardaigne. Rossi, un des plus habiles chirurgiens de l'Europe, était consigné au seuil du château pour l'avoir franchi sous le gouvernement français. Toutefois, la douleur se fit sentir ; au bout de dix à douze jours, Rossi fut appelé, le poignet bien remis et le Roi soulagé.

1. Jean-Philippe, baron puis comte de Frimont (1756-1831) était en 1815 commandant en chef des troupes autrichiennes en Italie du Nord. Après avoir arrêté Murat en mai 1815, il dirigea, secondé par Bubna, les opérations des Alpes, contre le maréchal Suchet. Après la capitulation, son armée occupa une partie de la France (quartier général à Dijon) jusqu'en 1818. Chargé de réprimer en 1821 la révolution libérale de Naples, il fut nommé en 1825 gouverneur de la Lombardie

CHAPITRE VI

Les forfanteries du Roi et des siens, tout absurdes qu'elles étaient, portaient pour nous un son fort désagréable. Quelques semaines plus tard, mon père eut occasion d'en relever une d'une manière très heureuse. Le duc de Modène vint voir son beau-père ; il y eut à cette occasion réception à la Cour. Mon père s'y trouva auprès d'un groupe où le premier chambellan de Modène professait hautement la nécessité et la facilité de partager la France pour assurer le repos de l'Europe. Il prit la parole et du ton le plus poli :

« Oserai-je vous prier, monsieur le comte, de m'indiquer les documents historiques où vous avez puisé qu'on peut disposer de la France comme s'il s'agissait du duché de Modène ? »

On peut croire que le premier chambellan resta très décontenancé. Cette boutade, qui contrastait si fort avec l'urbanité habituelle de mon père, eut grand succès à Turin où on détestait les prétentions de l'Allemand, duc de Modène.

Les événements de Belgique arrêtèrent la marche des armées françaises en Savoie, et laissèrent le temps aux Autrichiens de réunir à Chambéry des forces trop considérables pour pouvoir leur résister. L'occupation de Grenoble, où on ne laissa que des troupes piémontaises, acheva d'enorgueillir ces conquérants improvisés, et je ne sais si le chagrin l'emportait sur la colère en pensant à nos canons tombés entre les pattes des *Barbets* du Roi. Quoique le fort Barraux tînt toujours, on avait eu soin d'en laisser évader Jules de Polignac qui rejoignit le quartier général de Bubna et assista à l'attaque de Grenoble.

Ces souvenirs sont très pénibles pour y revenir volontiers ; j'aime mieux raconter deux faits qui, selon moi, honorent plus nos vieux capitaines qu'un de ces succès militaires qui leur étaient si familiers. Ils prouvent leur patriotisme.

Les Alliés admettaient que, partout où ils trouveraient le gouvernement du roi Louis XVIII reconnu avant leur arrivée, ils n'exerceraient aucune spoliation. Mais aussi toutes les places où ils entreraient par force ou par capitulation devaient être traitées comme pays conquis et le matériel enlevé : Dieu sait s'ils étaient experts à tels déménagements ; Grenoble en faisait foi.

L'avant-garde, sous les ordres du général Bubna, s'approchait de Lyon. Monsieur de Corcelles[1], commandant la garde nationale, se rendit auprès du général, lui offrit de faire prendre à la ville la cocarde autrichienne ou la cocarde sarde, toutes enfin plutôt que la cocarde blanche. Mon ami Bubna, qui, tout aimable qu'il était, n'avait pas une bien sainte horreur pour le bien d'autrui, était trop habile pour autoriser les *patriotiques* intentions de monsieur de Corcelles, mais il ne les repoussa pas tout à fait. Il lui dit que de si grandes décisions ne s'improvisaient pas ; il n'avait point d'instructions à ce sujet, mais il en demanderait. Sans doute, il ne serait pas impossible que la maison de Savoie portât le siège de son royaume à Lyon, tandis que le Piémont pourrait se

1. Claude Tirguy de Corcelles (1768-1843). Ce Lyonnais, émigré puis rallié, avait été nommé en 1813 lieutenant colonel des gardes nationales du Rhône par Augereau, qu'il avait suivi dans sa retraite en 1814. Ayant repris son commandement pendant les Cent-Jours, il fut exilé en 1816. Amnistié, député, il se montra un des plus déterminés du parti libéral. Après avoir franchi le Mont-Cenis et le défilé de l'Écluse, les Autrichiens avaient progressé rapidement, pris Grenoble le 9 juin, Mâcon le 10, Lyon le 11.

réunir à la Lombardie. C'était matière à réflexion ; en attendant il ne fallait rien brusquer, et il conseillait *tout simplement* de garder la cocarde tricolore. L'armée autrichienne ferait son entrée le lendemain matin, et il serait temps de discuter ensuite les intérêts réciproques.

Monsieur de Corcelles retourna à Lyon et courut rendre compte de sa démarche et de sa conversation au maréchal Suchet. Celui-ci le traita comme le dernier des hommes, lui dit qu'il était un misérable, un mauvais citoyen, que, quant à lui, il aimerait mieux voir la France réunie sous une main quelconque que perdant un seul village. Il le chassa de sa présence, lui ôta le commandement de la garde nationale, fit chercher de tout côté Jules de Polignac, monsieur de Chabrol, monsieur de Sainneville (l'un préfet, l'autre directeur de la police avant les Cent-Jours), les installa lui-même dans leurs fonctions et ne s'éloigna qu'après avoir fait arborer les couleurs royales. Bubna les trouva déployées le lendemain à son grand désappointement, mais il n'osa pas s'en plaindre.

Au même temps, les mêmes résultats s'opérèrent à Toulon avec des circonstances un peu différentes. Le maréchal Brune y commandait. La garnison était exaltée jusqu'à la passion pour le système impérial et la ville partageait ses sentiments. Un matin, à l'ouverture des portes, le marquis de Rivière, l'amiral Ganteaume et un vieil émigré, le comte de Lardenoy, qui était commandant de Toulon pour le Roi, suivis d'un seul gendarme et portant tous quatre la cocarde blanche, forcèrent la consigne, entrèrent au grand trot dans la place et allèrent descendre chez le maréchal avant que l'étonnement qu'avait causé leur brusque apparition eût laissé le temps de les arrêter. Ils parvinrent jusque dans le cabinet où le maréchal était occupé à écrire. Surpris d'abord, il se remit immédiatement, tendit la main à monsieur de Rivière qu'il connaissait, et lui dit :

« Je vous remercie de cette preuve de confiance, monsieur le marquis, elle ne sera pas trompée. »

Les nouveaux arrivés lui montrèrent la déclaration des Alliés, lui apprirent qu'un corps austro-sarde s'avançait du côté de Nice et qu'une flotte anglaise se dirigeait sur Toulon. Dans l'impossibilité de le défendre d'une manière efficace, puisque toute la France était envahie et le Roi déjà à Paris, le maréchal, en s'obstinant à conserver ses couleurs, coûterait à son pays l'immense matériel de terre et de mer contenu dans la place ; les Alliés n'épargneraient rien ; ils se hâtaient pour arriver avant qu'il eût reconnu le gouvernement du Roi. Ces messieurs, se fiant à son patriotisme éclairé, étaient venus lui raconter la situation telle qu'elle était et lui juraient sur l'honneur l'exactitude des faits.

Le maréchal lut attentivement les pièces qui les confirmaient, puis il ajouta :

« Effectivement, messieurs, il n'y a pas un moment à perdre. Je réponds de la garnison ; je ne sais pas ce que je pourrai obtenir de la ville. En tout cas, nous y périrons ensemble, mais je ne serai pas complice d'une vaine obstination qui livrerait le port aux spoliations des Anglais. »

Il s'occupa aussitôt de réunir les officiers des troupes, les autorités de la ville et les meneurs les plus influents du parti bonapartiste. Il les chapitra si bien que, peu d'heures après, la cocarde blanche était reprise et le vieux Lardenoy reconnu commandant.

Le marquis de Rivière était homme à apprécier la loyauté du maréchal et à en être fort touché. Il l'engagea à rester avec eux dans le premier moment d'effervescence du peuple passionné du Midi. Le maréchal Brune persista à vouloir s'éloigner ; peut-être craignait-il d'être accusé de trahison par son parti. Quel que fût son motif, il partit accompagné d'un aide de camp de monsieur de Rivière ; il le renvoya se croyant hors des lieux où il pouvait être reconnu et recourir quelque danger. On sait l'horrible catastrophe d'Avignon et comment un peuple furieux et atroce punit la belle action que l'histoire, au moins, devra consigner dans une noble page. On voudrait pouvoir dire que la lie de la populace fut seule coupable ; mais, hélas ! il y avait parmi les acteurs de cette horrible scène des gens que l'esprit de parti a tellement protégés que la justice des lois n'a pu les atteindre. C'est une des vilaines taches de la Restauration.

La conduite des maréchaux Suchet et Brune m'a toujours inspiré d'autant plus de respect que je n'ai pu me dissimuler qu'elle n'aurait pas été imitée par des chefs royalistes. Il y en a bien peu d'entre eux qui n'eussent préféré remettre leur commandement, au risque de pertes immenses pour la patrie, entre les mains de l'étranger, à faire replacer eux-mêmes le drapeau tricolore, et, s'il s'en était trouvé, notre parti les aurait qualifiés de traîtres.

Dans les premiers jours de mars, le roi de Sardaigne avait publié l'ordre de chasser tous les Français de ses États. Les rapides succès de l'Empereur lui imposèrent trop pour qu'il osât l'exécuter ; mais, dès que sa peur fut un peu calmée par le gain de la bataille de Waterloo, il donna des ordres péremptoires et trouva des agents impitoyables. Des Français, domiciliés depuis trente ans, propriétaires, mariés à des Piémontaises, furent expulsés de chez eux par les carabiniers royaux, conduits aux frontières comme des malfaiteurs, sans qu'on inventât seulement d'articuler contre eux le moindre reproche. Les femmes et les enfants vinrent porter leurs larmes à l'ambassade ; nous en étions assaillis. Nous ne pou-

vions que pleurer avec eux et partager leur profonde
indignation.

Mon père faisait officieusement toutes les réclamations possibles. Ses collègues du corps diplomatique
se prêtaient à les appuyer et témoignaient leur affliction et leur désapprobation de ces cruelles mesures,
mais rien ne les arrêtait. Enfin, mon père reçut un
courrier du prince de Talleyrand pour lui annoncer
que le gouvernement du roi Louis XVIII était recons-
titué. Il se rendit aussitôt chez le comte de Valese
et lui déclara que, si ces persécutions injustifiables
continuaient contre les sujets de S.M.T.C., il demanderait immédiatement ses passeports, qu'il en pré-
viendrait sa Cour et était sûr d'être approuvé.

Cette démarche sauva quelques malheureux qui
avaient obtenu un sursis, mais la plupart étaient
déjà partis ou au moins ruinés par cette manifestation intempestive de la peur et d'une puérile vengeance exercée contre des innocents.

Cette circonstance acheva de m'indisposer contre
les gouvernements absolus et arbitraires. La maladie
du pays m'avait gagnée à tel point que je ne respirais
plus dans ce triste Turin. J'éprouvais un véritable
besoin de m'en éloigner, au moins pour un temps. Je
me décidai à venir passer quelques semaines à Paris
où j'étais appelée par des affaires personnelles.

Mon père consentit d'autant plus facilement à
mon départ qu'il désirait lui-même avoir, sur ce qui
se passait en France, des renseignements plus exacts
que ceux donnés par les gazettes. Les dépêches étaient
rares et toujours peu explicites ; ma correspondance
serait détaillée et quotidienne. J'étais faite à me servir de sa lunette ; il ne pouvait avoir un observateur
qui lui fût plus commode.

J'ai dit que mon frère avait rejoint son prince à
Barcelone ; il y séjourna et l'accompagna à Bourg-
Madame. Monsieur le duc d'Angoulême l'envoya

porter ses dépêches au Roi dès qu'il le sut à Paris. Le Roi le renvoya à son neveu ; il lui fallut traverser deux fois l'armée de la Loire, ce qui ne fut pas sans quelque danger, à ce premier moment. Toutefois, il remplit heureusement sa double mission et obtint pour récompense la permission de venir embrasser ses parents. J'attendis son arrivée et, après avoir passé quelques jours avec lui, je le précédai sur la route de Paris où il devait venir me rejoindre promptement.

Je quittai Turin, le 18 août, jour de la Sainte-Hélène, après avoir souhaité la fête à ma mère pour laquelle mon absence n'avait pas de compensation et qui en était désolée. Elle devait, le lendemain, accompagner mon père à Gênes où, pour cette fois, la Reine arriva sans obstacles. Elle débarqua de Sardaigne avec un costume et des façons qui ne rappelaient guère l'élégante et charmante duchesse d'Aoste dont le Piémont conservait le souvenir. Elle s'y est fait détester, je ne sais si c'est avec justice ; je n'ai plus eu de rapports personnels avec ce pays et on ne peut s'en faire une idée un peu juste qu'en l'habitant. Il y a toujours une extrême réticence dans les récits qu'en font les Piémontais.

Je m'arrêtai quelques jours à Chambéry. J'y appris les circonstances exactes de la trahison des troupes et surtout celle de monsieur de La Bédoyère. Il était évident qu'il travaillait d'avance son régiment et que les événements de Grenoble avaient été rien moins que spontanés.

Les esprits étaient fort échauffés en Savoie. L'ancienne noblesse désirait ardemment rentrer sous le sceptre de la maison de Savoie. La bourgeoisie aisée ou commerçante, tous les industriels voulaient rester français. Les paysans étaient prêts à crier : « Vive le Roi sarde ! » dès que leurs curés le leur ordonneraient. Jusqu'alors les vœux, les craintes et les répugnances s'exprimaient encore tout bas ; on se bornait à se détester cordialement de part et d'autre.

Peu avant les Cent-Jours, Monsieur avait fait un voyage dans le Midi ; sa grâce et son obligeance lui avaient procuré de grands succès. À Chambéry, il logea chez monsieur de Boigne[1] et le traita avec bonté. Le lendemain, avant de partir, le duc de Maillé lui remit de la part du prince six croix d'honneur, à distribuer dans la ville. Monsieur de Boigne n'avait pas fait de mauvais choix ; mais cela dépendait de lui. Les diplômes avaient été remplis des noms qu'il indiquait, sans autre renseignement.

Il paraît que, dans tout ce voyage, Monsieur payait ainsi son écot à ses hôtes. On a cru que la prodigalité avec laquelle on a semé la croix d'honneur en 1814 avait un but politique et qu'on voulait la discréditer. Je ne le pense pas ; seulement elle n'avait aucun prix aux yeux de nos princes et ils la donnaient comme peu de valeur. On conçoit à quel point cela devait irriter les gens qui avaient versé leur sang pour l'obtenir.

C'est par cette ignorance du pays, plus que par propos délibéré, que les princes de la maison de Bourbon choquaient souvent, sans s'en douter, les intérêts et les préjugés nationaux nés pendant leur longue absence. Ils ne se donnaient pas la peine de les apprendre ni de s'en informer, bien persuadés qu'ils se tenaient d'être rentrés dans leur patri-

---

1. Le général de Boigne s'était retiré définitivement à Chambéry en 1812. Président du Conseil général du département du Mont Blanc, nommé maréchal de camp par Louis XVIII, créé comte par le roi de Sardaigne en 1816 il fut, jusqu'à sa mort, le bienfaiteur de sa ville natale. Il avait fait venir d'Angleterre, en 1815, le fils de son premier mariage oriental, baptisé en 1799 sous le nom de Charles-Alexandre. Il le fit légitimer puis lui fit épouser, le 29 novembre 1816, Césarine Violet de Montbel.

moine. Jamais ils n'ont pu comprendre qu'ils occupaient une place, à charge d'âmes, qui imposait du travail et des devoirs.

J'arrivai à Lyon le 25 août. Avec l'assistance de la garnison autrichienne, on y célébrait bruyamment la fête de la Saint-Louis. La ville était illuminée ; on tirait un feu d'artifice ; la population entière semblait y prendre part. On se demandait ce qu'était devenue cette autre foule qui, naguère, avait accueilli Bonaparte avec de si grands transports. J'ai assisté à tant de péripéties dans les acclamations populaires que je me suis souvent adressé cette question. Je crois que ce sont les mêmes masses, mais diversement électrisées par un petit noyau de personnes exaltées, qui changent et sont entraînées dans des sens différents ; mais la même foule est également de bonne foi dans ses diverses palinodies.

Me voici arrivée à une confession bien pénible. Je pourrais l'épargner, puisqu'elle ne regarde que moi et qu'un sentiment intime ; mais je me suis promis de dire la vérité sur tout le monde ; je la cherche aussi en moi. Il faut qu'on sache jusqu'où la passion de l'esprit de parti peut dénaturer le cœur.

En arrivant à l'hôtel de l'Europe, je demandai les gazettes ; j'y lus la condamnation de monsieur de La Bédoyère[1] et j'éprouvai un mouvement d'horrible joie. « Enfin, me dis-je, voilà un de ces misérables traîtres puni ! » Ce mouvement ne fut que passager ; je me fis promptement horreur à moi-même ; mais, enfin, il a été assez positif pour avoir pesé sur ma conscience. C'est depuis ce moment, depuis le

---

1. Fouché avait fait parvenir en sous-main à La Bédoyère un passeport pour les États-Unis. Le colonel ne voulut pas partir sans revoir sa femme. Sa maison était naturellement surveillée ; il fut arrêté, déféré au Conseil de guerre, fusillé le 19 août.

dégoût et le remords qu'il m'inspire, que j'ai abjuré, autant qu'il dépend de moi, les passions de l'esprit de parti et surtout ses vengeances.

Je pourrais, à la rigueur, me chercher une excuse dans tout ce que je venais d'apprendre à Chambéry sur la conduite de monsieur de La Bédoyère, dans les tristes résultats que sa coupable trahison avait attirés, dans l'aspect de la patrie déchirée et envahie par un million d'étrangers ; mais rien n'excuse, dans un cœur féminin, la pensée d'une sanglante vengeance, et il faut en renvoyer l'horreur à qui il appartient, à l'esprit de parti, monstre dont on ne peut trop repousser les approches quand on vit dans un temps de révolution et qu'on veut conserver quelque chose d'humain.

Je passai deux jours à Lyon où se trouvaient réunies plusieurs personnes avec lesquelles j'étais liée parmi les Français et les étrangers. On me donna les détails des événements de Paris. Les avis étaient divers sur le rôle qu'y avait joué Fouché, mais tout le monde s'accordait à dire qu'il était entré dans le conseil de Louis XVIII à la sollicitation de Monsieur, excité par les plus exaltés du parti émigré. C'est à Lyon que me furent racontés les faits que j'ai rapportés sur la conduite du maréchal Suchet. J'appris aussi une circonstance qui me frappa.

Lorsque Monsieur fit cette triste expédition[1], au

1. Le prince était arrivé à Lyon le 8 mars 1815 pour présider à une concentration de troupes destinées à barrer la route à Napoléon. Mais les 30 000 hommes promis par Soult, ministre de la guerre, n'arrivèrent pas ; les trois régiments de la garnison étaient peu sûrs et la garde nationale hésitante. Le 9, une revue, place Bellecour, se fit dans un silence hostile. Le 10, Monsieur remontait en voiture tandis que le maréchal Mac Donald, venu le rejoindre, essayait de défendre à peu près seul le pont de la Guillotière, avant de se jeter en hâte sur son cheval pour éviter d'être fait prisonnier.

moment du retour de l'île d'Elbe, il fut obligé de quitter la ville par la route de Paris, tandis que toute la garnison et les habitants se précipitaient sur celle de Grenoble au-devant de Napoléon. Deux gendarmes, seuls de l'escorte commandée, se présentèrent pour accompagner sa voiture. Le lendemain, ils furent dénoncés à l'Empereur. Il les fit rechercher et leur donna de l'avancement. On ne peut nier que cet homme n'eût l'instinct gouvernemental.

Mon séjour à Lyon avait été forcé ; il fallait attendre que la route fût *libre*, c'est-à-dire complètement occupée par des garnisons étrangères. Je conserve encore le passeport à l'aide duquel j'ai traversé notre triste patrie dans ces jours de détresse. Il est curieux par la quantité de *visas*, en toutes langues, dont il est couvert.

Si ces formalités étaient pénibles, les routes offraient un spectacle consolant pour un cœur français, malgré son amertume. C'était la magnifique attitude de nos soldats licenciés[1]. Réunis par bandes de douze ou quinze, vêtus de leur uniforme, propres et soignés comme un jour de parade, le bâton blanc à la main, ils regagnaient leurs foyers, tristes mais non accablés et conservant une dignité dans les revers qui les montrait dignes de leurs anciens succès.

J'avais laissé l'Italie infestée de brigands créés par la petite campagne de Murat. Le premier groupe de soldats de la Loire que je rencontrai, en me rappelant ce souvenir, m'inspira un peu de crainte ; mais, dès que je les eus envisagés, je ne ressentis plus que

---

1. Après Waterloo, Davout disposait encore de 117 000 hommes et de 600 canons pour défendre Paris. Pour éviter à la capitale une résistance lourde de conséquences, une convention avait été signée à Saint-Cloud prévoyant que cette armée se retirerait au sud de la Loire. Une des premières préoccupations du gouvernement fut d'obtenir sa soumission, puis sa dislocation.

l'émotion de la sympathie. Eux-mêmes semblaient la comprendre. Les plus en avant des bandes que je dépassais me regardaient fixement comme pour chercher à deviner à quoi j'appartenais, mais les derniers me saluaient toujours. Ils m'inspiraient ce genre de pitié que le poète a qualifiée de *charmante* et que la magnanimité commande forcément quand on n'a pas perdu tout sentiment généreux.

Je ne pense pas qu'il y ait quelque chose de plus beau dans l'histoire que la conduite générale de l'armée et l'attitude personnelle des soldats à cette époque. La France a droit de s'en enorgueillir. Je n'attendis pas le jour de la justice pour en être enthousiasmée et, dès lors, je les considérais avec respect et vénération. Il est bien remarquable en effet, que, dans un moment où plus de cent cinquante mille hommes furent renvoyés de leurs drapeaux et rejetés, sans état, dans le pays, il n'y eut pas un excès, pas un crime commis dans toute la France qui pût leur être imputé. Les routes restèrent également sûres ; les châteaux conservèrent leur tranquillité ; les villes, les bourgs et les villages acquirent des citoyens utiles, des ouvriers intelligents, des chroniqueurs intéressants.

Rien ne fait plus l'éloge de la conscription que cette noble conduite des soldats qu'elle a produits ; je la crois unique dans les siècles. J'étais ennemie des soldats de Waterloo. Je les qualifiais, à juste titre, de traîtres depuis trois mois, mais je n'eus pas fait une journée de route sans être fière de mes glorieux compatriotes.

CHAPITRE VII

Comme pour me faire mieux sentir l'horreur du cruel sentiment que j'avais éprouvé au sujet de monsieur de La Bédoyère, je trouvai Paris encore tout ému de ses derniers moments.

Lorsqu'en 1791, le comte et la comtesse de Chastellux avaient suivi madame Victoire à Rome, deux de leurs cinq enfants (Henri et Georgine) étaient restés en France où leur grand-mère les avait élevés dans la retraite absolue d'un petit château de Normandie. À sa mort, Georgine alla rejoindre, en Italie, ses parents qui bientôt revinrent à Paris. Elle ne put jamais vaincre l'extrême timidité née de la solitude où elle avait vécu jusqu'à dix-huit ans. Elle y avait connu Charles de La Bédoyère ; les terres de leurs mères se trouvaient situées dans le même canton. La petite voisine inspira dès l'enfance une affection qu'elle partagea. Elle devint très jolie et monsieur de La Bédoyère très amoureux. Henry de Chastellux, dont il avait été le camarade de collège, encouragea ce sentiment. Les La Bédoyère, dans l'espoir de fixer leur fils, s'en réjouirent ; les Chastellux y consentirent et, peu de temps avant la Restauration, le mariage eut lieu.

Charles de La Bédoyère faisait des dettes, aimait le jeu, les femmes, et surtout la guerre. Du reste, il était bon enfant, spirituel, gai, loyal, franc, généreux, promettait de se corriger de tous ses travers et comptait de bonne foi y réussir. Tel qu'il était, Georgine l'adorait ; mais c'était à si petit bruit, elle était si craintive de paraître et de se montrer qu'on pouvait vivre avec elle des mois entiers sans découvrir ses sentiments. C'est sans comparaison la personne la plus modestement retirée en elle-même que j'aie jamais rencontrée.

Au retour de Bonaparte, elle se désola du rôle que son mari avait joué. Quoique à peine relevée de couches, elle quitta sa maison, se réfugia chez ses parents et, lorsqu'il arriva à la suite de l'Empereur, elle refusa de le voir. Les événements ayant amené une prompte réaction, elle reprit ses relations avec lui dès qu'il fut malheureux et chercha à dénaturer sa fortune pour lui procurer des moyens d'évasion. Elle comptait le rejoindre avec leur enfant. Je crois que c'est pour compléter ces arrangements qu'il revint à Paris où il fut arrêté.

Aussitôt, cette femme si timide devint une héroïne. Les visites, les prières, les supplications, les importunités, rien ne lui coûtait. Elle alla solliciter sa famille d'employer son crédit, de lui prêter son assistance ; personne ne voulut l'accompagner ni faire aucune démarche. Privée de tout secours, elle ne s'abandonna pas elle-même. Elle heurta à toutes les portes, força celles qu'on refusait de lui ouvrir, parvint jusqu'à madame la duchesse d'Angoulême sans pouvoir l'attendrir, et déploya partout un courage de lion.

Ayant tout épuisé, elle eut recours à madame de Krüdener[1]. Cette dernière visite lui ayant offert un faible rayon d'espoir, la pauvre jeune mère, portant son enfant dans ses bras, courut à l'abbaye pour le communiquer à son mari. Elle trouva la place encombrée de monde : un fiacre environné de troupes était arrêté devant la porte de la prison ; un homme y montait. Un cri affreux se fit entendre ; elle avait reconnu monsieur de La Bédoyère. La scène n'était que trop expliquée. L'enfant tomba de ses mains ; elle se précipita dans la fatale voiture, et perdit

---

1. Sur ce que fut son intervention, consulter le *Journal* de Juliette de Krüdener et une lettre de Mme de Krüdener à Jung Stilling, cités dans *Madame de Krudener et son temps* de Francis Ley, pp. 474-479.

connaissance. Charles la reçut dans ses bras, l'embrassa tendrement, la remit aux soins d'un serviteur fidèle qui, déjà, s'était emparé de l'enfant et, profitant de son évanouissement, fit fermer la portière de la voiture. Sa fin ne démentit pas le courage qu'il avait souvent montré sur les champs de bataille. Madame de La Bédoyère fut ramenée chez elle sans avoir repris le sentiment de sa misère.

À dater de ce moment, elle est rentrée dans sa timidité native. Pendant longtemps elle a refusé de voir sa famille. Elle ne lui pardonnait pas son cruel stoïcisme.

Vingt années se sont écoulées au moment où j'écris, et sa tristesse ne s'est pas démentie un seul jour. En revanche, ses sentiments royalistes se sont exaltés jusqu'à la passion. Le sang de la victime sacrifiée à la Restauration lui a semblé un holocauste qui devait en assurer la durée et la gloire. Elle a élevé son fils dans ces idées ; pour elle, la légitimité est une religion.

J'ai déjà dit avec quelle pacifique lenteur son frère Henry avait habitude de voyager. Je ne sais où il se trouvait lors de la catastrophe. Mais son absence ayant permis à Georgine d'espérer qu'il l'aurait assistée dans ces affreux moments, s'il avait été à Paris, elle avait reporté sur lui toute la tendresse qui n'était pas absorbée par son fils et sa douleur. Ce n'est qu'au mariage d'Henry avec mademoiselle de Duras (à l'occasion duquel il prit le nom de duc de Rauzan) qu'elle consentit à revoir sa famille. Elle a toujours vécu dans la retraite la plus austère.

Le nom de madame de Krüdener s'est trouvé tout à l'heure sous ma plume ; mes rapports avec elle ne sont venus qu'un peu plus tard, mais je puis aussi bien les rapporter ici.

Je fus menée chez elle par madame Récamier. Je trouvai une femme d'une cinquantaine d'années qui avait dû être extrêmement jolie. Elle était maigre, pâle ; sa figure portait la trace des passions ; ses yeux étaient caves mais très beaux, son regard plein d'expression. Elle **avait** cette voix sonore, douce, flexible, timbrée, un des plus grands charmes des femmes du Nord. Ses cheveux gris, sans aucune frisure et partagés sur le front, étaient peignés avec une extrême propreté. Sa robe noire, sans ornement, n'excluait cependant pas l'idée d'une certaine recherche. Elle habitait un grand et bel appartement dans un hôtel de la rue du Faubourg-Saint-Honoré. Les glaces, les décorations, les ornements de toute espèce, les meubles, tout était recouvert de toile grise ; les pendules elles-mêmes étaient enveloppées de housses qui ne laissaient voir que le cadran. Le jardin s'étendait jusqu'aux Champs-Élysées ; c'était par là que l'empereur Alexandre, logé à l'Élysée-Bourbon, se rendait chez madame de Krüdener à toutes les heures du jour et de la nuit.

Notre arrivée avait interrompu une espèce de leçon qu'elle faisait à cinq ou six personnes. Après les politesses d'usage qu'elle nous adressa avec aisance et toutes les formes usitées dans le grand monde, elle la continua. Elle parlait sur la foi. L'expression de ses yeux et le son de sa voix changèrent seuls lorsqu'elle reprit son discours. Je fus émerveillée de l'abondance, de la facilité, de l'élégance de son improvisation. Son regard avait tout à la fois l'air vague et inspiré. Au bout d'une heure et demie, elle cessa de parler, ses yeux se fermèrent, elle sembla tomber dans une sorte d'anéantissement ; les adeptes m'avertirent que c'était le signal de la retraite. J'avais été assez intéressée. Cependant je ne comptais pas assister à une seconde représentation. Elles étaient à jour fixe. Je crus convenable d'en choisir un autre pour laisser mon nom à la porte de madame de Krüdener. À ma surprise, je fus admise, elle était seule.

«Je vous attendais, me dit-elle, *la voix* m'avait annoncé votre visite; j'espère de vous, mais pourtant... j'ai été trompée si souvent!!»

Elle tomba dans un silence que je ne cherchai pas à rompre, ne sachant pas quel ton adopter. Elle reprit enfin et me dit que *la voix* l'avait prévenue qu'elle aurait dans la ligne des *prophétesses* un suc-cesseur qu'elle formerait et qui était destinée à aller plus près qu'elle de la divinité; car elle ne faisait qu'*entendre*, et celle-là *verrait*!

La voix lui avait annoncé que cette prédestinée devait être une femme ayant conservé dans le grand monde des mœurs pures. Madame de Krüdener la rencontrerait au moment où elle s'y attendrait le moins et sans qu'aucun précédent eût préparé leur liaison. Ses rêves, qu'elle n'osait appeler des visions (car, hélas! elle n'était pas appelée à *voir*) la lui avaient représentée sous quelques-uns de mes traits. Je me défendis avec une modestie très sin-cère d'être appelée à tant de gloire. Elle plaida ma cause vis-à-vis de moi-même avec la chaleur la plus entraînante et de manière à me toucher au point que mes yeux se remplirent de larmes. Elle crut avoir acquis un disciple, si ce n'est un successeur, et m'engagea fort à revenir souvent la voir. Pendant cette matinée, car sa fascination me retint plusieurs heures, elle me raconta comment elle se trouvait à Paris.

Dans le courant de mai 1815, elle se rendait au sud de l'Italie où son fils l'attendait. Entre Bologne et Sienne, les souffrances qu'elle ressentit l'averti-rent qu'elle s'éloignait de la route qu'il lui apparte-nait de suivre. Après s'être débattue toute une nuit contre cette vive contrariété, elle se résigna et revint sur ses pas. Le bien-être immédiat qu'elle éprouva lui indiqua qu'elle était dans la bonne voie. Il conti-nua jusqu'à Modène, mais quelques lieues faites sur la route de Turin lui rendirent ses anxiétés ; elles cédèrent dès qu'elle se dirigea sur Milan.

En arrivant dans cette ville, elle apprit qu'un cousin, son camarade d'enfance, aide de camp de l'empereur Alexandre, était tombé dangereusement malade en Allemagne. Voilà la volonté de *la voix* expliquée ; sans doute elle est destinée à porter la lumière dans cette âme, à consoler cet ami souffrant. Elle franchit le Tyrol, encouragée par les sensations les plus douces. Elle se rend à Heidelberg où se trouvaient les souverains alliés ; son cousin était resté malade dans une autre ville. Elle s'informe du lieu et part le lendemain matin n'ayant vu personne.

Mais à peine a-t-elle quitté Heidelberg que son malaise se renouvelle et plus violemment que jamais. Elle cède enfin et, au bout de quelques postes, elle reprend la route de Heidelberg. La tranquillité renaît en elle ; il lui devient impossible de douter que sa mission ne soit pour ce lieu ; elle ne la devine pas encore. L'empereur Alexandre va faire une course de quelques jours et le tourment qu'elle éprouve pendant son absence lui indique à qui elle est appelée à faire voir la lumière. Elle se débat vainement contre la volonté de *la voix* ; elle prie, elle jeûne, elle implore que ce calice s'éloigne d'elle : *la voix* est impitoyable, il faut obéir.

La comtesse de Krüdener ne me raconta pas par quel moyen elle était arrivée dans l'intimité de l'Empereur, mais elle y était parvenue. Elle avait inventé pour lui une nouvelle forme d'adulation. Il était blasé sur celles qui le représentaient comme le premier potentat de la terre, l'Agamemnon des rois, etc., aussi ne lui parla-t-elle pas de sa puissance mondaine, mais de la puissance mystique de ses prières. La pureté de son âme leur prêtait une force qu'aucun autre mortel ne pouvait atteindre, car aucun n'avait à résister à tant de séductions. En

les surmontant, il se montrait l'homme le plus ver-
tueux et conséquemment le plus puissant auprès de
Dieu. C'est à l'aide de cette habile flatterie qu'elle le
conduisait à sa volonté. Elle le faisait prier pour elle,
pour lui, pour la Russie, pour la France. Elle le faisait jeûner, donner des aumônes, s'imposer des privations, renoncer à tous ses goûts. Elle obtenait tout
de lui dans l'espoir d'accroître son crédit dans le
ciel. Elle indiquait plutôt qu'elle n'exprimait, que *la
voix* était Jésus-Christ. Elle ne l'appelait jamais que
la voix et avec des torrents de larmes elle avouait que
les erreurs de sa jeunesse lui interdisaient à jamais
l'espoir de *voir*. Il est impossible de dire avec quelle
onction elle peignait le sort de celle appelée à *voir*!

Sans doute, en lisant cette froide rédaction, on
dira : c'était une folle ou bien une intrigante. Peut-
être la personne qui portera ce jugement aurait-elle
été sous le charme de cette brillante enthousiaste.
Quant à moi, peu disposée à me passionner, je me
méfiai assez de l'empire qu'elle pouvait exercer
pour n'y plus retourner que de loin en loin et ses
jours de réception ; elle y était moins séduisante que
dans le tête-à-tête.

J'ai quelquefois pensé que monsieur de Talleyrand,
se sentant trop brouillé avec l'empereur Alexandre
pour espérer reprendre une influence personnelle
sur lui, avait trouvé ce moyen d'en exercer. Il est certain que la comtesse de Krüdener était très favorable
à la France pendant cette triste époque de 1815 ; et,
quand elle avait fait passer plusieurs heures en
prières à l'empereur Alexandre pour qu'un nuage
découvert par elle sur l'étoile de la France s'en éloignât, quand elle lui avait demandé d'employer à
cette œuvre la force de sa médiation dans le ciel,
quand elle lui avait assuré que *la voix* l'annonçait
exaucé, il était bien probable que si, à la conférence
du lendemain, quelque article bien désastreux pour

la France était réclamé par les autres puissances, l'Empereur, venant au secours du suppliant, appuierait ses prières mystiques du poids de sa grandeur terrestre.

Ce n'était pas exclusivement pour les affaires publiques que madame de Krüdener employait Alexandre. Voici ce qui arriva au sujet de monsieur de La Bédoyère. Sa jeune femme, comme je l'ai dit, vint supplier la comtesse de faire demander sa grâce par l'empereur Alexandre. Elle l'accueillit avec autant de bienveillance que d'émotion et promit tout ce qui lui serait *permis*. En conséquence, elle s'enferma dans son oratoire. L'heure se passait ; l'Empereur la trouva en larmes et dans un état affreux. Elle venait de livrer un long combat à *la voix* sans en obtenir la permission de présenter la requête à l'Empereur. Il ne devait prendre aucun parti dans cette affaire, hélas ! Et la sentence était d'autant plus rigoureuse que l'âme de monsieur de La Bédoyère n'était pas en état de grâce. L'exécution eut lieu.

Alors, madame de Krüdener persuada à l'Empereur qu'il lui restait un grand devoir à remplir. Il fallait employer en faveur de ce malheureux, qu'il avait fait le sacrifice d'abandonner aux vengeances humaines, l'influence de sa puissante protection près de Dieu. Elle le retint huit heures d'horloge dans son oratoire, priant, agenouillé sur le marbre. Elle le congédia à deux heures du matin ; à huit, un billet d'elle lui apprenait que *la voix* lui avait annoncé que les vœux de l'Empereur étaient exaucés. Elle écrivit en même temps à la désolée madame de La Bédoyère, qu'après avoir passé quelques heures en purgatoire, son mari devait à l'intercession des prières de l'Empereur une excellente place en paradis, qu'elle avait la satisfaction de pouvoir le lui affirmer, bien persuadée que c'était le meilleur soulagement à sa douleur.

J'avais eu connaissance de cette lettre et du transport de douleur, poussé presque jusqu'à la fureur, qu'elle avait causé à Georgine. J'interrogeai avec réticence madame de Krüdener à ce sujet; elle l'aborda franchement et me raconta tout ce que je viens de répéter.

Je me rappelle une scène assez comique dont je fus témoin chez elle. Nous nous y trouvâmes sept ou huit personnes réunies un matin. Elle nous parlait, de son ton inspiré, des vertus surnaturelles de l'empereur Alexandre et elle vantait beaucoup le courage avec lequel il renonçait à son intimité avec madame de Narishkine, sacrifiant ainsi à ses devoirs ses sentiments les plus chers et une liaison de seize années.

« Hélas! s'écria Elzéar de Sabran (avec une expression de componction inimitable), hélas! quelquefois, en ce genre, on renonce plus facilement à une liaison de seize années qu'à une de seize journées! »

Nous partîmes tous d'un éclat de rire, et madame de Krüdener nous en donna l'exemple; mais bientôt, reprenant son rôle, elle se retira au bout de la chambre comme pour faire excuse à *la voix* de cette incongruité.

Quel que fût le motif qui dirigeât madame de Krüdener (et pour moi je la crois enthousiaste de bonne foi) elle était parvenue à jouer un rôle très important. Après avoir protégé la France dans tout le cours des négociations pour la paix, elle a été la véritable promotrice de la Sainte-Alliance. Elle a accompagné l'Empereur au fameux camp de Vertus, et la déclaration que les souverains y ont signée, appelée dès lors le pacte de la Sainte-Alliance, a été rédigée par Bergasse, autre illuminé dans le même genre, sous ses yeux et par ses ordres. Les Russes et les entours de l'Empereur étaient fort contrariés du ridicule qui s'attachait à ses rapports avec madame de Krüdener, et le comte de Nesselrode me reprocha, avec une sorte d'impatience, d'avoir été chez cette intrigante, comme il la qualifiait.

Au nombre de ses adeptes les plus ardents semblait être Benjamin Constant. Je dis *semblait*, parce qu'il a toujours été fort difficile de découvrir les véritables motifs des actions de monsieur Constant. Elle le faisait jeûner, prier, l'accablait d'austérités, au point que sa santé s'en ressentit et qu'il était horriblement changé. Sur la remarque qui lui en fut faite, madame de Krüdener répondit qu'il lui était bon de souffrir, car il avait beaucoup à expier, mais que le temps de sa probation avançait. Je ne sais si c'est précisément *la voix* que Benjamin cherchait à se concilier, ou s'il voulait s'assurer la protection spéciale de l'Empereur, car à cette époque sa position en France était si fausse qu'il pensait à s'expatrier.

Madame Récamier avait trouvé dans son exil la fontaine de Jouvence. Elle était revenue d'Italie, en 1814, presque aussi belle et beaucoup plus aimable que dans sa première jeunesse. Benjamin Constant la voyait familièrement depuis nombre d'années, mais tout à coup il s'enflamma pour elle d'une passion extravagante[1]. J'ai déjà dit qu'elle avait toujours un peu de sympathie et beaucoup de reconnaissance pour tous les hommes amoureux d'elle. Benjamin puisa amplement dans ce fonds général. Elle l'écoutait, le plaignait, s'affligeait avec lui de ne pouvoir partager un sentiment si éloquemment exprimé.

Il était à l'apogée de cette frénésie au moment du retour de Napoléon. Madame Récamier en fut accablée ; elle craignait de nouvelles persécutions. Benjamin, trop enthousiaste pour ne pas adopter

---

1. Ce coup de foudre date du 31 août 1814. L'hiver suivant, il rédigea pour elle des *Mémoires de Juliette* que Chateaubriand a réutilisés. C'est chez elle qu'il rencontra Mme de Krüdener, dont la religion exaltée le consola un moment de ses déboires.

l'impression de la femme dont il était épris, écrivit, sous cette influence, une diatribe pleine de verve et de talent contre l'Empereur. Il y annonçait son hostilité éternelle. Elle fut imprimée dans le *Moniteur* du 19 mars. Louis XVIII abandonna la capitale dans la nuit.

Quand le pauvre Benjamin apprit cette nouvelle, la terreur s'empara de son cœur qui n'était pas si haut placé que son esprit. Il courut à la poste : point de chevaux ; les diligences, les malles-postes, tout était plein ; aucun moyen de s'éloigner de Paris. Il alla se cacher dans un réduit qu'il espérait introuvable. Qu'on juge de son effroi lorsque, le lendemain, on vint le chercher de la part de Fouché. Il se laisse conduire plus mort que vif. Fouché le reçoit très poliment et lui dit que l'Empereur veut le voir sur-le-champ. Cela lui paraît étrange ; cependant il se sent un peu rassuré. Il arrive aux Tuileries, toutes les portes tombent devant lui.

L'Empereur l'accoste de la mine la plus gracieuse, le fait asseoir et entame la conversation en lui assurant que l'expérience n'a pas été chose vaine pour lui. Pendant les longues veilles de l'île d'Elbe, il a beaucoup réfléchi à sa situation et aux besoins de l'époque ; évidemment les hommes réclament des institutions libérales. Le tort de son administration a été de trop négliger les publicistes comme monsieur Constant. Il faut à l'Empire une constitution et il s'adresse à ses hautes lumières pour la rédiger.

Benjamin, passant en une demi-heure de la crainte d'un cachot à la joie d'être appelé à faire le petit Solon et à voir ainsi s'accomplir le rêve de toute sa vie, pensa se trouver mal d'émotion. La peur et la vanité s'étaient partagé son cœur ; la vanité y demeura souveraine. Il fut transporté d'admiration pour le grand Empereur qui rendait si ample justice au mérite de Benjamin Constant ; et l'auteur de l'ar-

ticle du *Moniteur* du 19 était, le 22, conseiller d'État
et prôneur en titre de Bonaparte.

Il se présenta, un peu honteux, chez madame
Récamier; elle n'était pas femme à lui témoigner
du mécontentement. Peut-être même fut-elle bien
aise de se trouver délivrée de la responsabilité qui
aurait pesé sur elle s'il avait été persécuté pour
des opinions qui étaient d'entraînement plus que
de conviction. Les partis furent moins charitables.
Les libéraux ne pardonnèrent pas à Benjamin son
hymne pour les Bourbons et la légitimité, les impérialistes ses sarcasmes contre Napoléon, les royalistes sa prompte palinodie du 19 au 21 mars et le
rôle qu'il joua à la fin des Cent-Jours lorsqu'il alla
solliciter des souverains étrangers un maître quelconque pourvu que ce ne fût pas Louis XVIII.

Toutes ces variations l'avaient fait tomber dans un
mépris universel. Il le sentait et s'en désolait. C'était
dans cette disposition qu'il s'était remis entre les
mains de madame de Krüdener. Était-ce avec un but
mondain ou seulement pour donner le change à son
imagination malade? c'est ce que je n'oserais décider. Il allait encore chercher des consolations auprès
de madame Récamier; elle le traitait avec douceur
et bonté. Mais, au fond, il lui savait mauvais gré de
l'article inspiré par elle et cette circonstance avait
été la crise de sa grande passion.

Je n'ai jamais connu personne qui sût, autant que
madame Récamier, compatir à tous les maux et tenir
compte de ceux qui naissent des faiblesses humaines
sans en éprouver d'irritation. Elle ne sait pas plus
mauvais gré à un homme vaniteux de se laisser aller
à un acte inconséquent, pas plus à un homme peu-
reux de faire une lâcheté qu'a un goutteux d'avoir la
goutte, ou à un boiteux de ne pouvoir marcher droit.
Les infirmités morales lui inspirent autant et peut-
être plus de pitié que les infirmités physiques. Elle

les soigne d'une main légère et habile qui lui a concilié la vive et tendre reconnaissance de bien des malheureux. On la ressent d'autant plus vivement que
son âme, aussi pure qu'élevée, ne puise cette indulgence que par la source abondante de compassion
placée par le ciel dans ce sein si noblement féminin.

Quelques semaines plus tard, Benjamin Constant
conçut l'idée d'écrire à Louis XVIII une lettre expli-
cative de sa conduite; la tâche était malaisée. Il
arriva plein de cette pensée chez madame Récamier
et l'en entretint longuement. Le lendemain, il y avait
du monde chez elle; elle lui demanda très bas:

« Votre lettre est-elle faite ?

— Oui.

— En êtes-vous content ?

— Très content, je me suis presque persuadé
moi-même. »

Le Roi fut moins facile à convaincre. Je crois,
sans en être sûre, que cette lettre a été imprimée. Il
n'y a que le parti royaliste assez bête pour tenir
longtemps rigueur à un homme de talent. Au bout
de peu de mois, Benjamin Constant était un des
chefs de l'opposition.

CHAPITRE VIII

Je reviens à mon arrivée à Paris. Quelque disposée
que je fusse à partager la joie que causait le retour
du Roi, elle était empoisonnée par la présence des
étrangers. Leur attitude y était bien plus hostile que
l'année précédente : vainqueurs de Napoléon en 1814,
ils s'étaient montrés généreux; alliés de Louis XVIII
en 1815, ils poussèrent les exigences jusqu'à l'insulte.

La force et la prospérité de la France avaient excité

leur surprise et leur jalousie. Ils la croyaient épuisée
par nos longues guerres. Ils la virent, avec étonnement, surgir de ses calamités si belle et encore si
puissante qu'au congrès de Vienne monsieur de
Talleyrand avait pu lui faire jouer un rôle prépondérant. Les cabinets et les peuples s'en étaient également émus et, l'occasion d'une nouvelle croisade
contre nous s'étant représentée, ils prétendaient bien
en profiter. Mais leur haine fut aveugle, car, s'ils
voulaient abaisser la France, ils voulaient en même
temps consolider la Restauration. Or, les humiliations de cette époque infligèrent au nouveau gouvernement une flétrissure dont il ne s'est point relevé et
qui a été un des motifs de sa chute. La nation n'a
jamais complètement pardonné à la famille royale les
souffrances imposées par ceux qu'elle appelait *ses
alliés*. Si on les avait qualifiés d'ennemis la rancune
aurait été moins vive et moins longue.

Ce sentiment, fort excusable, était pourtant très
injuste. Assurément Louis XVIII ne trouvait aucune
satisfaction à voir des canons prussiens braqués
sur le château des Tuileries. L'aspect des manteaux
blancs autrichiens, fermant l'entrée du Carrousel
pendant qu'on dépouillait l'Arc de Triomphe de ses
ornements, ne lui souriait point. Il ne lui était pas
agréable qu'on vînt, jusque dans ses appartements,
enlever les tableaux qui décoraient son palais. Mais
il était forcé de supporter ces avanies et de les dévorer en silence. D'autre part, c'est à sa fermeté personnelle qu'on doit la conservation du pont d'Iéna[1]
que Blücher voulait faire sauter, et celle de la
colonne de la place Vendôme que les Alliés voulaient
abattre et se partager. Il fut assisté dans cette dernière occurrence par l'empereur Alexandre. Ce sou-

---

1. Il avait menacé de s'y faire porter dans son fauteuil juste
avant l'explosion.

verain toujours généreux, malgré son peu de goût
pour la famille royale et la velléité qu'il avait conçue
au commencement de la campagne de ne point l'assister à remonter sur le trône, employa cependant
son influence dans la coalition à adoucir les sacrifices qu'on voulait nous imposer.

Je n'ai jamais bien su quel avait été son projet lors
de la bataille de Waterloo. Peut-être n'en avait-il pas
d'arrêté et se trouvait-il dans ce vague dont Pozzo
avait montré les inconvénients d'une manière si
piquante au prince royal de Suède en 1813. Quoique
par là je revienne sur mes pas, je veux rappeler cette
circonstance.

Pendant la campagne de Saxe, Pozzo et sir Charles
Stewart avaient été envoyés en qualité de commissaires russe et anglais à l'armée suédoise. Les Alliés
craignaient toujours un retour de Bernadotte en
faveur de l'empereur Napoléon. Il se décida enfin à
entrer en ligne et prit part à la bataille de Leipzig ; la
déroute de l'armée française fut complète. Aussitôt
l'esprit gascon de Bernadotte se mit à battre les buis-
sons et à rêver le trône de France pour lui-même. Il
entama une conversation avec Pozzo sur ce sujet :
n'osant pas l'aborder de front, il débuta par une
longue théorie dont le résultat arrivait à prouver que
le trône devait appartenir au plus digne et la France
choisir son roi.

«Je vous remercie, monseigneur, s'écria Pozzo.

— Pourquoi, général ?

— Parce que ce sera moi !

— Vous ?

— Sans doute ; je me crois le plus digne. Et comment me prouvera-t-on le contraire ? En me tuant ?
D'autres se présenteront... Laissez-nous tranquilles
avec votre *plus digne* ! Le plus digne d'un trône est,
pour la paix du monde, celui qui y a le plus de
droits.»

Bernadotte n'osa pas pousser plus loin la conversation mais ne l'a jamais pardonnée à Pozzo.

Sous une autre forme, celui-ci donna la même
leçon à son impérial maître en 1815. En apprenant
la victoire de Waterloo, l'empereur Alexandre enjoignit au général Pozzo, qui se trouvait auprès du duc
de Wellington, de s'opposer à la marche de l'armée
et de chercher à gagner du temps afin que les Anglais
n'entrassent pas en France avant que les armées
austro-russe et prussienne se trouvassent en ligne.
Selon lui, Louis XVIII devait attendre en Belgique la
décision de son sort.

À la réception de cette dépêche, Pozzo éprouva
le plus cruel embarras. Il savait la malveillance de
l'Empereur pour la maison de Bourbon. Elle se trouvait encore accrue par la découverte d'un projet d'alliance, entre la France, l'Angleterre et l'Autriche,
conclu pendant le congrès de Vienne par monsieur
de Talleyrand dans des vues hostiles à la Russie.

La copie de ce traité, oubliée dans le cabinet du
Roi, avait été envoyée par monsieur de Caulaincourt à l'empereur Alexandre pendant les Cent-
Jours. Il n'y avait pas attaché grande importance,
croyant que c'était une invention de Napoléon pour
le détacher de l'alliance ; mais une seconde copie du
traité ayant été trouvée dans les papiers enlevés à
monsieur de Reinhard, il ne put conserver de doutes,
et cette nouvelle cause de mécontentement s'étant
jointe à tout ce qu'il reprochait dès l'année précédente au Roi, il était peu enclin à souhaiter son
rétablissement. Aussi n'avait-il pas témoigné de
répugnance à écouter les négociateurs envoyés de
Paris, et il était difficile de prévoir ce qui pourrait
en résulter.

Pozzo n'était *brin Russe* et avait grande envie de
s'arranger en France une patrie à son goût, en y
conservant un souverain qui lui avait des obligations

personnelles. Il hésita quelque peu, puis alla trouver
le duc de Wellington :

« Je viens vous confier le soin de ma tête, lui dit-il ;
voilà la dépêche que j'ai reçue, voici la réponse que
vous y avez faite. »

Il lui lut ce qu'il mandait à l'Empereur des dispositions du duc de Wellington qui persistait à avancer
immédiatement sur Paris et à conduire Louis XVIII
avec lui.

« Voulez-vous, ajouta-t-il, avoir fait cette réponse
et tenir cette conduite, malgré les objections que je
suis censé vous adresser ? »

Le duc lui tendit la main.

« Comptez sur moi ; la conférence a eu lieu précisément comme vous la rapportez.

— Alors, reprit Pozzo, il n'y a pas un moment à
perdre, il faut agir en conséquence. »

Personne ne fut mis dans la confidence. Les petites
intrigues s'agitèrent autour du Roi. Monsieur de Talleyrand bouda. Il avait un autre plan qui avait des
côtés spécieux, mais dont le but principal était
de se tenir personnellement éloigné de l'empereur
Alexandre. Il ne savait pas la prise des papiers
de monsieur Reinhard, mais il craignait toujours
quelque indiscrétion. Pozzo ne se fiait pas assez à lui
pour lui raconter la véritable situation des affaires.
Le duc le décida à rejoindre le Roi qui, de son côté,
consentit à se séparer de monsieur de Blacas.

On arriva à Paris à tire-d'aile et le Roi fut bom-
bardé à l'improviste dans le palais des Tuileries,
selon l'expression pittoresque de Pozzo quand il fait
ce récit.

À peine ce but atteint, il se jette dans une calèche
et court au-devant de l'Empereur. Ses logements
étaient faits à Bondy ; Pozzo brûle l'étape et continue sa route. Il trouve l'Empereur à quelques lieues
au-delà : il est venu lui apprendre que Paris est sou-

mis et le palais de l'Élysée prêt à le recevoir. L'Empereur le fait monter dans sa voiture. Pozzo lui fait un tableau animé de la bataille de Waterloo, donne une grande importance à la manœuvre de Blücher, raconte l'entrée en France, la facilité de la marche, la cordialité de la réception, l'impossibilité de s'arrêter quand il n'y a pas d'obstacles, et enfin le parti pris par le duc d'occuper Paris.

L'Empereur écoutait avec intérêt.

« Maintenant, dit-il, il s'agit de prendre un parti sur la situation politique. Où avez-vous laissé le Roi ?

— Aux Tuileries, Sire, où il a été accueilli avec des transports universels.

— Comment ? Louis XVIII est à Paris ! Apparemment Dieu en a ainsi ordonné. Ce qui est fait est fait, il n'y a plus à s'en préoccuper ; peut-être est-ce pour le mieux. »

On comprend combien cette résignation mystique soulagea l'ambassadeur. Malgré la confiance absolue qu'il avait dans la loyauté du duc de Wellington, il ne laissait pas que d'être fort tourmenté de la façon dont l'Empereur prendrait les événements ; car, tout libéral qu'était l'autocrate, il n'oubliait pas toujours ses possessions de Sibérie lorsqu'il se croyait mal servi.

L'Empereur continua sa route et vint coucher à l'Élysée. Il ne conserva de mécontentement que contre monsieur de Talleyrand et monsieur de Metternich. L'Autrichien est parvenu à en triompher ; le Français y succomba peu après.

Mon oncle Édouard Dillon avait accompagné le Roi en Belgique. Il me raconta toutes les misères du départ, du voyage et du séjour à l'étranger. Monsieur et son fils, le duc de Berry, avaient laissé dans les boues d'Artois le peu de considération militaire que la pieuse discrétion des émigrés aurait voulu leur conserver. La maison du Roi avait été congédiée à

Béthune avec une incurie et une dureté inouïes ; plusieurs de ses membres cependant avaient trouvé le moyen de franchir la frontière. Ils étaient venus à leurs frais et volontairement à Gand former une garde au Roi qui recevait leurs services avec aussi peu d'attention qu'aux Tuileries.

Monsieur de Bartillat[1], officier des gardes du corps, m'a dit qu'il avait été à Gand, qu'il y avait commandé un assez grand nombre des gardes de sa compagnie, réunis de pur zèle, sans que jamais ni lui ni eux eussent obtenu une parole du Roi, ni pu deviner qu'ils étaient remarqués. Je crois que les princes craignaient de se compromettre, vis-à-vis de leurs partisans et de prendre des engagements, dans le cas où la nouvelle émigration se prolongerait.

Parlerai-je de ce camp d'Alost, commandé par monsieur le duc de Berry, et si déplorablement levé au moment où la bataille de Waterloo était engagée ? Le duc de Wellington s'en expliqua cruellement et publiquement vis-à-vis du prince auquel il reprochait la rupture d'un pont.

Monsieur le duc de Berry s'excusa sur des rapports erronés qui lui faisaient croire la bataille perdue.

« Raison de plus, monseigneur, quand on se sauve il ne faut pas rendre impossible la marche de braves gens qui peuvent être obligés de faire une retraite honorable ! »

J'aime mieux raconter la farouche énergie d'un soldat. Édouard Dillon avait été chargé par le Roi, après la bataille de Waterloo, de porter des secours aux blessés français recueillis dans les hôpitaux de

---

1. Armand-Jean-Louis de Bartillat, né en 1776, avait passé sept mois à Vincennes en 1808 pour avoir essayé de faire évader le roi d'Espagne Ferdinand VII du château de Valençay. Nommé colonel de cavalerie en 1814, créé marquis héréditaire en 1826, il participa en 1830 à la prise d'Alger.

Bruxelles. Il arriva près d'un lit où on venait de faire l'amputation du bras à un sous-officier de la garde impériale. Pour réponse à ses offres, il lui jeta le membre sanglant qu'on venait de couper.

« Va dire à celui qui t'envoie que j'en ai encore un au service de l'Empereur. »

L'un de mes premiers soins, en arrivant à Paris, avait été d'aller chez monsieur de Talleyrand. J'étais chargée par mon père de lui expliquer très en détail la situation pénible où se trouvaient les Français en Piémont. Je m'en acquittai assez mal ; je n'ai jamais été à mon aise avec monsieur de Talleyrand. Il m'accueillit pourtant très gracieusement et, lorsque je lui annonçai que, vers la fin du mois, je prendrais ses ordres pour Turin, il m'engagea à ne pas presser mes paquets. Je compris qu'il s'agissait d'une nouvelle destination pour mon père, mais je n'osai pas m'en informer.

J'ai toujours eu une extrême timidité vis-à-vis des gens en place, et je ne puis les supporter que lorsque j'ai la certitude morale de n'avoir jamais rien à leur demander. Tant que mon père était employé, je me trouvais dans une sorte de dépendance qui m'était pénible vis-à-vis d'eux, malgré la bienveillance qu'ils me témoignaient.

Notre héros, le duc de Wellington, se fit l'exécuteur des spoliations matérielles imposées par les Alliés[1]. Sous prétexte que les Anglais n'avaient rien à réclamer en ce genre, il trouva généreux d'aller de ses mains triomphantes décrocher les tableaux de nos musées. Ceci ne doit pas être pris comme une forme de rhétorique, c'est le récit d'un fait. On l'a vu sur une échelle, donnant lui-même l'exemple. Le jour où

1. Après avoir déclaré de manière très anglaise qu'ils « ne devaient point laisser passer cette occasion de donner aux Français une leçon de morale ».

l'on descendit les chevaux de Venise de dessus l'arc du Carrousel, il passa la matinée perché sur le monument, vis-à-vis les fenêtres du Roi, à surveiller ce travail. Le soir il assista à une petite fête donnée par madame de Duras au roi de Prusse. Nous ne pouvions cacher notre indignation ; il s'en moquait et en faisait des plaisanteries. Il avait tort pourtant ; notre ressentiment était légitime et plus politique que sa conduite. Les étrangers étaient présentés comme alliés ; ils avaient été accueillis comme tels ; leurs procédés retombaient sur la famille régnante.

La conduite du duc donnait le signal aux impertinences des sous-ordres. Le sang bout encore dans mes veines au propos que j'entendis tenir à un certain vulgaire animal du nom de Mackenzie, intendant ou, comme cela s'appelle en anglais, *payeur* de l'armée. On parlait sérieusement et tristement de la difficulté qu'éprouverait la France à acquitter les énormes charges imposées par les étrangers.

« Ah bah, reprit-il avec un gros rire, on crie un peu puis cela s'arrange. Je viens de Strasbourg ; j'y ai passé le jour même où le général prussien avait frappé une contribution qu'on disait énorme, on avait payé. Eh bien ! tout le monde dînait. »

Je l'aurais tué d'un regard.

Le duc de Duras, premier gentilhomme de la chambre, se trouvait d'année (de toutes les places de la Cour, c'était la seule dont le service ne se fît pas par trimestre) ; madame de Duras logeait aux Tuileries. Liée avec elle d'ancienne date et n'ayant pas d'établissement en ce moment, je passais ma vie chez elle. Sa situation la forçait à recevoir de temps en temps beaucoup de monde, mais journellement son salon n'était ouvert qu'à quelques habitués. On y causait librement et plus raisonnablement qu'ailleurs. Probablement les discours que nous tenions nous étonneraient maintenant. S'ils nous étaient répétés, nous les trouverions extravagants, mais c'étaient les plus sages du parti royaliste.

Madame de Duras avait beaucoup plus de libéralisme que sa position ne semblait en comporter. Elle admettait toutes les opinions et ne les jugeait pas du haut de l'esprit de parti. Elle était même accessible à celles des idées généreuses qui ne compromettaient pas trop sa position de grande dame dont elle jouissait d'autant plus vivement qu'elle l'avait attendue plus longtemps.

Elle ne se consolait pas de l'exclusion donnée à monsieur de Chateaubriand au retour de Gand. Son crédit l'y avait fait ministre de l'intérieur du Roi fugitif, et elle ne comprenait pas comment le Roi rétabli ne confirmait pas cette nomination. Il en résultait un vernis d'opposition dans son langage dont je m'accommodais très bien. Sa fille, la princesse de Talmont, ne partageait pas sa modération ; son exaltation était extrême, mais elle était si jeune et si jolie que ses folies même avaient de la grâce. Elle avait épousé à quinze ans, en 1813, le seul héritier de la maison de La Trémoille. Aussi Adrien de Montmorency disait-il que c'étaient des noces historiques et que sa grossesse serait un événement national. Les fastes du pays n'ont pas eu à le recorder ; monsieur de Talmont est mort en 1815 sans laisser d'enfant. Le duc de Duras s'écriait le jour de l'enterrement :

« Il est bien affreux de se trouver veuve à dix-sept ans quand on est condamnée à ne pouvoir plus épouser qu'un prince souverain. » La princesse de Talmont a dérogé à cette nécessité, mais c'est contre la volonté de son père et même de sa mère.

La mort du prince de Talmont n'avait été un chagrin pour personne, mais notre coterie fut profondément affectée par la catastrophe arrivée dans la famille La Tour du Pin.

Hombert de La Tour du Pin-Gouvernet avait

atteint l'âge de vingt-deux ans. Il était fort bon enfant et assez distingué, quoique une charmante figure et un peu de gâterie de ses parents lui donnassent l'extérieur de quelque fatuité. Dans ce temps de désordre où on *s'enrôlait dans les colonels*, suivant l'expression chagrine des vieux militaires, Hombert avait été nommé officier d'emblée et le maréchal duc de Bellune[1] l'avait pris pour aide de camp. On ne peut nier que ces existences de faveur ne donnassent beaucoup d'humeur aux camarades dont les grades avaient été acquis à la pointe de l'épée.

Hombert eut une discussion sur l'ordre de service avec un de ceux-ci ; le jeune homme y mit un ton léger, l'autre fut un peu grognon ; cela n'alla pas très loin. Toutefois, par réflexion, Hombert conçut quelque scrupule. Le lendemain matin, il entra chez son père et lui raconta exactement ce qui s'était passé ; seulement il eut soin, dans le récit, de faire jouer son propre rôle par Donatien de Sesmaisons, un autre de ses camarades. Il ajouta qu'il était chargé par lui de consulter son père sur la convenance de donner suite à cette affaire. Monsieur de La Tour du Pin l'écouta attentivement et lui répondit :

« Ma foi, ce sont de ces choses qu'on ne se soucie guère de conseiller.

— Vous pensez donc, mon père, qu'ils doivent se battre ?

— Cela n'est pas indispensable et, si Donatien avait servi, cela se terminerait tout aussi bien par une poignée de main ; mais il est tout nouvellement dans l'armée, le capitaine a beaucoup fait la guerre ; vous savez la jalousie qui existe contre vous autres. À la place de Donatien, je me battrais. »

Hombert quitta la chambre de son père pour aller écrire un cartel. La réponse ne se fit pas attendre.

1. Le maréchal Victor.

L'engagement était pris de se trouver à midi au bois de Boulogne.

Avant que la famille se réunît au déjeuner, Hombert annonça à son père qu'il était témoin de Donatien. Son trouble était visible. Il combla sa mère de caresses. Il insista pour qu'elle lui arrangeât elle-même sa tasse de thé. Elle s'y prêta, en riant de cette exigence. Sa sœur Cécile était dans l'habitude de le plaisanter sur l'importance qu'il attachait à une certaine boucle de cheveux retombant sur son front ; elle entama cette taquinerie de famille :

« Hé bien, Cécile, pour te prouver que ce n'est pas ce à quoi je tiens le plus au monde, comme tu prétends, j'y renonce, je te la donne, prends-la. »

Cécile fit semblant de s'approcher avec des ciseaux. Hombert ne sourcilla pas. Elle se contenta de lui baiser le front.

« Va, mon bon Hombert, cela me ferait autant de peine qu'à toi. »

Hombert se leva, la serra contre son cœur et s'éloigna pour cacher son trouble. Madame de La Tour du Pin lui reprocha sa sensiblerie qui les jetait tous dans la mélancolie. Monsieur de La Tour du Pin, croyant être dans le secret d'Hombert, l'aidait à cacher son agitation. Hombert sorti, Cécile trouva sur son panier à ouvrage la boucle de cheveux, elle s'écria :

« Ah ! maman, décidément Hombert renonce à la fatuité, voyez quel beau sacrifice ! Au fond, j'en suis bien fâchée. »

La mère et la fille échangèrent leurs regrets, mais sans concevoir d'alarmes. Monsieur de La Tour du Pin, inquiet pour Donatien, alla se promener dans les Champs-Élysées. Bientôt il aperçut ce même Donatien dont les regards sinistres lui révélèrent un malheur. Hélas ! c'était lui qui était le témoin. Hombert avait reçu une balle au milieu du front, à l'endroit même récemment ombragé par cette mèche de cheveux devenue une si précieuse relique. Il était mort. Monsieur de La Tour du Pin avait condamné son fils le matin.

Le premier aide de camp du maréchal, homme de poids, avait voulu arranger cette affaire sur le terrain ; Hombert avait été récalcitrant. Cependant les motifs de la querelle étaient si légers que l'accommodement allait se faire, presque malgré lui, lorsqu'il se servit malheureusement d'une expression de coterie en disant que l'humeur de son adversaire lui avait paru *insensée*, tant il avait peu l'intention d'offenser. Entendant, par le mot *insensée*, peu rationnelle, l'antagoniste s'écria :

« Quoi ? vous m'appelez un insensé ! »

Hombert haussa les épaules. Deux minutes après, il avait cessé de vivre. Monsieur de La Tour du Pin ne s'est jamais relevé d'un coup si affreux. On peut même dire que sa raison en a été altérée.

Je ne chercherai pas à peindre le désespoir de cette famille désolée ; nous partageâmes son chagrin, et le salon de madame de Duras, où elle était dans la grande intimité, en fut longuement assombri.

Les élections de 1815 se firent dans un sens purement royaliste ; la noblesse y siégeait en immense majorité. C'est la meilleure chance qu'elle ait eue, depuis quarante ans, de reprendre quelque supériorité en France. Si elle s'était montrée calme, raisonnable, généreuse, éclairée, occupée des affaires du pays, protectrice de ses libertés, en un mot, si elle avait joué le rôle qui appartenait à l'aristocratie d'un gouvernement représentatif, dans ce moment où elle était toute-puissante, on lui en aurait tenu compte et le trône aurait trouvé un appui réel dans l'influence qu'elle pouvait exercer. Mais cette Chambre, que dans les premiers temps le Roi qualifia d'*introuvable*, se montra folle, exagérée, ignorante, passionnée, réactionnaire, dominée par des intérêts de caste. On la vit hurlant des vengeances et applaudissant les scènes sanglantes du Midi. La gentilhommerie réussit à se faire détester à cette occasion, comme dix ans plus tard elle a achevé sa déconsidération dans la honteuse discussion sur l'indemnité des émigrés.

Les députés, en arrivant, n'étaient pas encore montés au point d'exagération où ils parvinrent depuis. Toutefois, Fouché tomba devant leurs inimitiés, même avant l'ouverture de la session. Ils montrèrent aussi de grandes répugnances pour monsieur de Talleyrand. Peut-être aurait-il osé les affronter s'il avait été soutenu par la Cour. Mais Monsieur se laissait dire tout haut par le duc de Fitz-James[1] : « Hé bien, monseigneur, le vilain boiteux va donc la danser ? » et approuvait du sourire ce langage contre un homme qui, deux fois en douze mois, avait remis la maison de Bourbon sur le trône.

De son côté, le roi Louis XVIII trouvait de si grands services bien pesants et ressentait le sacrifice qu'il avait dû faire en éloignant le comte de Blacas. Par-dessus tout, l'empereur Alexandre, de protecteur zélé qu'il était de monsieur de Talleyrand en 1814, était devenu son ennemi capital. Il céda devant tant d'obstacles réunis ; il offrit une démission qui fut

---

1. Édouard, duc de Fitz-James (1776-1838) petit-fils du maréchal. Émigré dès 1789, aide de camp du maréchal de Castries, puis réfugié en Angleterre où il épousa Mlle de La Touche. Rentré en France sous le Consulat, il resta en dehors de la vie publique jusqu'en 1814. À la fin de 1813, il avait accepté le grade de caporal dans la garde nationale. Le 30 mars 1814 il débaucha ses camarades, et le lendemain faisait partie de la cohorte de jeunes nobles qui parcouraient Paris en agitant la cocarde blanche. Désormais pair de France, aide de camp et premier gentilhomme de Monsieur, colonel de la garde à cheval, il fut un des ultras les plus acharnés de la Restauration.

acceptée avec plus d'empressement peut-être qu'il n'avait compté.

Le soir, j'allai chez lui ; il s'approcha de moi, et me dit que le dernier acte de son ministère avait été de nommer mon père à l'ambassade de Londres.

En effet, la nomination, quoique signée Richelieu, avait été faite par monsieur de Talleyrand. Il la demandait au Roi dès 1814, mais le comte de La Châtre avait été premier gentilhomme de Monsieur, comte de Provence ; il avait promesse de conserver cette place chez le Roi et, comme il l'ennuyait à mourir, Sa Majesté Très Chrétienne aimait mieux avoir un mauvais ambassadeur à Londres qu'un serviteur incommode aux Tuileries. Il finit pourtant par céder. Malgré les immenses avantages faits à monsieur de La Châtre nommé pair, duc, premier gentilhomme de la chambre, avec une forte pension sur la Chambre des pairs et une autre sur la liste civile, il conçut beaucoup d'humeur de ce rappel.

Mon père reçut, avec sa nomination, une lettre du duc de Richelieu qui le mandait à Paris. Il ne voulait cependant pas quitter Turin avant que le sort de nos compatriotes ne fût définitivement fixé. Cette affaire l'y retint quelques semaines. Ce fut dans cet intervalle que je me trouvai dans des rapports fort désagréables avec monsieur de Richelieu.

Dès la première soirée que j'avais passée chez madame de Duras, j'y vis entrer un grand homme d'une belle figure ; ses cheveux gris contrastaient avec un visage encore assez jeune. Il avait la vue très basse et clignait les yeux avec une grimace qui rendait sa physionomie peu obligeante. Il était en bottes et mal tenu avec une sorte d'affectation, mais, sous ce costume, conservait l'air très grand seigneur. Il se jeta sur un sofa, parla haut, d'une voix aigre et glapissante. Un léger accent, des locutions et des formes un peu étrangères me persuadèrent qu'il

n'était pas français. Cependant son langage et surtout les sentiments qu'il exprimait repoussaient cette
idée. Je le voyais familier avec tous mes amis. Je me
perdais en conjectures sur cet inconnu si intime :
c'était le duc de Richelieu, rentré en France depuis
mon départ[1].

L'impression qu'il m'a faite à cette première rencontre n'a jamais varié. Ses formes m'ont toujours
paru les plus désagréables, les plus désobligeantes
possibles. Son beau et noble caractère, sa capacité
réelle pour les affaires, son patriotisme éclairé lui
ont acquis mon suffrage, je dirais presque mon
dévouement, mais c'était un succès d'estime plus
que de goût.

Le docteur Marshall, dont j'ai déjà fait mention,
arriva un matin chez moi. Il m'apportait une lettre.
Elle était destinée à Fouché, alors en Belgique, et
contenait, disait-il, non seulement des détails sur
une trame qui s'ourdissait contre le gouvernement
du Roi, mais encore le chiffre devant servir aux correspondances. Il ne voulait confier une pièce si
importante qu'à mon père et, en son absence, à moi.
Ses pas étaient suivis et, s'il s'approchait des Tuileries ou d'un ministère, il aurait tout à craindre.

Malgré le peu de succès de ses révélations (qui,
pourtant, je crois, lui avaient été bien payées) il voulait encore rendre ce service au Roi, d'autant qu'il
connaissait l'attachement que le prince régent lui

1. Armand du Plessis, comte de Chinon puis duc de Richelieu (1776-1822), était le petit-fils du maréchal. Premier gentilhomme de la Chambre jusqu'en 1789, il avait émigré. Après
avoir séjourné à la cour de Joseph II, puis fait la guerre contre
les Turcs aux côtés du prince de Ligne, il fut nommé par le
tsar gouverneur d'Odessa, poste dans lequel il fit montre de
grandes capacités administratives. On connaît le mot dépité
de Talleyrand évincé par lui du ministère : « L'homme de
France qui connaît le mieux la Crimée. »

portait. Je le pressai en vain de s'adresser au duc de
Duras ; comme la première fois, il s'y refusa formellement. « La lettre, me dit-il, était cachetée de façon
à réclamer l'adresse des plus habiles pour l'ouvrir.
J'en ferais ce que je voudrais, rien s'il me plaisait
mieux ; il viendrait la reprendre le lendemain
matin. » Il sortit, la laissant sur ma table.

Je me trouvai fort embarrassée avec cette pièce
toute brûlante entre les mains. Je la vois encore d'ici.
Elle était assez grosse, sans enveloppe quoiqu'elle
contînt évidemment plus d'une feuille. Cachetée
d'un pain blanc sortant à moitié en dehors du papier
sur lequel étaient tracés à la plume trois J de cette
façon :

Je savais l'importance attachée par mon père aux
documents procurés naguère par Marshall. Il n'y
avait pas de conseil à demander dans une occasion
qui, avant tout, prescrivait le secret. Après mûre
réflexion, je pris mon parti. J'allai aux Tuileries ; je
fis prier le duc de Duras de venir me parler ; il descendit et monta dans ma voiture. Je lui racontai ce
qui était arrivé et lui donnai la lettre pour le Roi.

Le Roi était à la promenade et ne rentrerait pas
de plusieurs heures. Il trouva plus simple que nous
allassions la porter au duc de Richelieu. J'y consentis. Le duc de Richelieu nous reçut plus que froidement et me dit qu'il n'avait personne dans ses
bureaux qui eût l'habitude ni le talent d'ouvrir les
lettres. Je me sentis courroucée. Je lui répondis
qu'apparemment ce talent-là ne se trouvait pas plus

facilement dans ma chambre, que ma responsabilité
était à couvert, que je n'avais pas cru pouvoir me
dispenser de remettre ce document en mains com-
pétentes. Ce but était rempli et, lorsque l'homme
qui n'avait pas voulu être nommé viendrait le lendemain, je lui dirais qu'elle était restée chez un
ministre du Roi. Monsieur de Richelieu voulut me la
rendre ; je me refusai à la reprendre et nous nous
séparâmes également mécontents l'un de l'autre.

Deux heures après, monsieur d'Herbouville (directeur des postes à cette époque) me rapporta cette
lettre avec des hymnes de reconnaissance ; elle avait
été ouverte et son importance reconnue. Monsieur
Decazes [1], ministre de la police, vint deux fois dans la
soirée sans me trouver.

Le lendemain matin, ma femme de chambre, en
entrant chez moi, me dit que monsieur d'Herbouville attendait mon réveil ; c'était pour me dire combien les renseignements de la veille avaient fait
naître le désir de se mettre en rapport direct avec
l'homme qui les avait procurés. Monsieur Decazes
me priait d'y employer tous les moyens.

Marshall arriva à l'heure annoncée ; je m'acquittai du message dont j'étais chargée. Il fit de nom-

---

1. Élie Decazes (1780-1860). Après avoir fait son chemin
dans la magistrature parisienne, ce Bordelais fut nommé préfet de police en juillet 1815. Il fit son possible pour atténuer les
représailles décidées par Fouché, puis lui succéda au ministère de la police dans le premier cabinet Richelieu. Ce fut le
début de la plus étonnante faveur auprès de Louis XVIII, qu'il
savait distraire en lui racontant les potins de la vie parisienne
venus à la connaissance de ses services. Président du Conseil
en novembre 1819, rendu responsable du progrès libéral, il fut
obligé de se retirer après l'assassinat du duc de Berry en 1820.
Louis XVIII le créa aussitôt duc et pair, puis le nomma ambassadeur à Londres où il précédera Chateaubriand. Il se retira
peu après pour se consacrer à la grande œuvre de sa vie : la
création de Decazeville.

breuses difficultés et finit cependant par indiquer
un lieu où on pourrait le rencontrer *par hasard*. Je
crois que, par toutes ces précautions, il voulait augmenter le prix soldé de ses révélations. Je ne l'ai
jamais revu, mais je sais qu'il a été longtemps aux
gages de la police.

Il avait une superbe figure, une élocution facile et
tout à fait l'air d'un *gentleman*. C'était, du reste, une
véritable espèce. Je me rappelle un trait de caractère
qui me frappa. Il m'avait annoncé que le cachet de la
lettre serait fort examiné par la personne à laquelle il
devait la remettre. Lorsque je la lui rendis, il me fit
remarquer que la queue des J tracés sur le pain à
cacheter en dehors du papier avait été maculée par
l'opération de l'ouverture.

« Il me faudra, ajouta-t-il, avoir recours aux grands
moyens. »

Je lui demandai quels ils étaient.

« Je remettrai la lettre au grand jour, près d'une
fenêtre, et je ne quitterai pas la personne des yeux,
tout en lui parlant d'autre chose, que la lettre ne soit
pas décachetée. Elle n'osera pas l'examiner pendant
que je la tiendrai de cette sorte en arrêt. Cela m'a
toujours réussi. »

Ce honteux aveu d'une telle expérience me fit
chair de poule et me réconcilia presque avec la
maussade brusquerie dont monsieur de Richelieu
m'avait accueillie la veille. Elle trouvait aussi son
excuse dans les abominables intrigues qui l'entouraient. Les noms ne pouvaient avertir sa confiance,
car, malheureusement, les délations d'amateurs ne
manquaient pas dans la classe supérieure ; et, par
excès de zèle, on se faisait espion, parfois au service
de ses passions, parfois à celui de ses intérêts.

Monsieur de Richelieu éprouvait pour ces viles
actions ces haines vigoureuses de l'homme de bien.
Étranger à la société, il ne pouvait apprécier les

caractères. Il m'avait fait l'injustice de me ranger dans la catégorie des femmes à trigauderies. J'en fus excessivement froissée et me tins à distance de lui. De son côté, il fut éclairé et fâché, je crois, de son injustice, mais il était trop timide et n'avait pas assez d'usage du monde pour s'en expliquer franchement. Nos relations se sont toujours senties de ce mauvais début. J'étais de son parti à bride abattue, mais peu de ses amies et point de sa coterie. Nous nous rencontrions tous les jours sans jamais nous adresser la parole.

Les formes acerbes du duc de Richelieu lui ont souvent valu des ennemis politiques parmi les personnes, qu'on me passe cette fatuité, moins raisonnables que moi.

CHAPITRE IX

Monsieur de Talleyrand s'est quelquefois vanté de s'être retiré pour ne pas signer le cruel traité imposé à la France. Le fait est qu'il a succombé sous les malveillances accumulées que j'ai déjà signalées.

Monsieur de Richelieu était porté aux affaires par l'empereur Alexandre, et, quelque dures qu'aient été les conditions qu'on nous a fait subir, elles l'auraient été beaucoup plus avec tout autre ministre. Aussitôt la nomination de monsieur de Richelieu, l'autocrate s'était déclaré hautement le champion de la France. Aussi, lorsque à son départ il distribua des présents aux divers diplomates, il envoya à monsieur de Richelieu une vieille carte de France, servant à la conférence et sur laquelle étaient tracées les nombreuses prétentions territoriales élevées par les Alliés et que leurs représentants comptaient bien exiger. Il y joi-

gnit un billet de sa main portant que la confiance inspirée par monsieur de Richelieu avait seule évité ces
énormes sacrifices à sa patrie. Ce cadeau, ajoutait
l'Empereur, lui paraissait le seul digne de son noble
caractère et celui que, sans doute, il apprécierait le
plus haut. Un tel don honore également le souverain
qui en conçoit la pensée et le ministre qui mérite de
l'inspirer.

Malgré ce succès que monsieur de Richelieu
n'était pas homme à proclamer et qui n'a été su que
longtemps après, son cœur vraiment français sai-
gnait de ce terrible traité. Le son de voix avec lequel
il en fit lecture à la Chambre, le geste avec lequel il
jeta le papier sur la tribune après ce pénible devoir
accompli sont devenus historiques et ont commencé
à réconcilier tout ce qui avait de l'âme dans le pays
à un choix qui d'abord apparaissait comme un peu
trop russe.

Rien au monde n'était plus injuste ; monsieur de
Richelieu était français, exclusivement français,
nullement émigré et point du tout plus aristocrate
que les circonstances ne le permettaient. Il était,
dans le meilleur sens des deux termes, libéral et
patriote. Pendant ce premier ministère, il éprouvait
l'inconvénient de ne point connaître les personnes
et, pour un ministre prépondérant, cela est tout aussi
nécessaire que de savoir les affaires. Cette ignorance
lui fit accepter sans opposition un collègue donné
par Monsieur. C'était monsieur de Vaublanc[1]. Il ne
tarda pas à déployer une sottise si délicieusement

---

1. Député à la Législative, au Conseil des Cinq-Cents puis
au Corps législatif, le comte de Vaublanc (1756-1845) était
entré dans l'administration sous l'Empire. Préfet de la Moselle
(1804-1814), puis des Bouches-du-Rhône en juillet 1815. C'était
un homme énergique, assez capable, mais qui cherchait à
faire oublier, par une bruyante surenchère, qu'il avait servi
Napoléon. Aussi fut-il l'organe des ultras eu ministère de l'In-

ridicule qu'il aurait fallu en pâmer de rire s'il n'avait pas trouvé de l'appui chez les princes et dans la Chambre. Toutes les absurdités étaient contagieuses dans ces parages.

Monsieur de Vaublanc chercha promptement à fomenter une intrigue contre monsieur de Richelieu ; elle fut déjouée par le crédit des étrangers.

Ce fut vers ce temps que Monsieur donna à monsieur de Vaublanc un grand cheval blanc. Il posait dessus, dans le jardin du ministère de l'Intérieur, pour la statue de Henri IV, personne, selon lui, ne se tenant à cheval dans une égale perfection. Si ses prétentions s'étaient bornées là, on s'en serait facilement accommodé ; mais il les réunissait toutes, portées à une exagération sans exemple et manifestées avec une inconvenance incroyable dans sa naïveté.

Quoiqu'elle soit peu digne, même de la macédoine que j'écris, je ne puis me refuser à rapporter une saillie qui a toujours eu le don de me faire sourire. Le bœuf gras se trouva petit et maigre cette année ; on le remarquait devant madame de Puisieux : « Je le crois bien, s'écria-t-elle, la pauvre bête aura trop souffert des sottises de son neveu le Vaublanc. »

C'est cette même madame de Puisieux qui, voyant monsieur de Bonnay, d'une pâleur excessive, se verser un verre d'orgeat, l'arrêta en lui disant : « Ah, malheureux ; il allait boire son sang ! »

Si nous avions vécu dans un temps moins fécond en grands événements, les mots de madame de Puisieux auraient autant de célébrité que ceux de la fameuse madame de Cornuel.

Mon père avait terminé, tant bien que mal, l'af-

---

térieur, qu'il occupa quelques mois dans le premier ministère Richelieu. Il fut commissaire du roi au procès Ney, réorganisa les gardes nationales, présida à des épurations. Il fut remplacé le 8 mai 1816 par Lainé.

faire relative aux Français domiciliés en Piémont, et remis, pour satisfaire au traité de Paris, le reste de la Savoie au roi de Sardaigne.

Le roi Louis XVIII en était aussi joyeux aux Tuileries qu'on pouvait l'être à Turin. Son ambassadeur ne partageait pas cette satisfaction et ce dernier acte de ses fonctions lui fut si désagréable qu'il refusa, même avec un peu d'humeur, le grand cordon qui lui fut offert à l'occasion de cette restitution. À la vérité, mon père espérait alors l'ordre du Saint-Esprit et, si les préjugés de sa jeunesse le lui faisaient désirer avec trop de vivacité, ils lui inspiraient, en revanche, un grand dédain pour toutes les décorations étrangères.

À son arrivée, monsieur de Richelieu le combla de marques de confiance. Les préparatifs qu'il lui fallut faire pour se rendre à Londres le retinrent assez longtemps pour avoir le malheur d'être appelé à siéger au procès du maréchal Ney[1].

Je ne prétends pas entrer dans le détail de cette déplorable affaire. Elle nous tint dans un grand état d'anxiété. Pendant les derniers jours du jugement, les pairs et tout ce qui leur appartenait reçurent des lettres menaçantes. Il est à peu près reconnu que la pairie devait condamner le maréchal. On a fort reproché au Roi de ne lui avoir pas fait grâce. Je doute qu'il le pût ; je doute aussi qu'il le voulût.

Quand on juge les événements de cette nature à la distance des années, on ne tient plus assez compte des impressions du moment. Tout le monde avait eu peur, et rien n'est aussi cruel que la peur. Il régnait une épidémie de vengeance. Je ne veux d'autre

---

1. Le procès du maréchal Ney se déroula devant la Chambre des pairs du 21 novembre au 6 décembre 1815. Déclaré coupable de haute trahison, il fut condamné à mort par 139 voix contre 17 pour la déportation et 5 abstentions.

preuve de cette contagion que les paroles du duc de Richelieu en envoyant ce procès à la Cour des pairs. Puisque ce beau et noble caractère n'avait pu s'en défendre, elle devait être bien générale, et je ne sais s'il était possible de lui refuser la proie qu'elle réclamait, sans la pousser à de plus grands excès.

Nous avons vu plus tard un autre Roi s'interposer personnellement entre les fureurs du peuple et les têtes qu'elles exigeaient[1]. Mais d'abord, ce Roi-là, selon moi, est un homme fort supérieur, et puis les honnêtes gens de son parti appréciaient et encourageaient cette modération. Il risquait une émeute populaire ; sa vie pouvait y succomber, mais non pas son pouvoir.

En 1815, au contraire, c'était, il faut bien le dire, les honnêtes gens du parti, les princes, les évêques, les Chambres, la Cour, aussi bien que les étrangers, qui demandaient un exemple pour effrayer la trahison. L'Europe disait : Vous n'avez pas le droit d'être généreux, de faire de l'indulgence au prix de nos trésors et de notre sang.

Le duc de Wellington l'a bien prouvé en refusant d'invoquer la capitulation de Paris. La grâce du maréchal était dans ses mains, bien plus que dans celles de Louis XVIII. Ajoutons que la peine de mort en matière politique se présentait alors à tous les esprits comme de droit naturel, et n'oublions pas que c'est à la douceur du gouvernement de la Restauration que nous devons d'avoir vu croître et se répandre aussi généralement les idées d'un libéralisme éclairé.

Je ne prétends en aucune façon excuser la frénésie qui régnait à cette époque. J'ai été aussi indignée

---

1. Mme de Boigne fait allusion à l'attitude de Louis-Philippe quinze ans plus tard, pendant le procès des ministres de Charles X (15-21 décembre 1830).

alors que je le serais à présent de voir des hommes de la société prodiguer libéralement leurs services personnels pour garder le maréchal dans la chambre de sa prison, y coucher, dans la crainte qu'il ne s'évadât, d'autres s'offrir volontairement à le conduire au supplice, les gardes du corps solliciter comme une faveur et obtenir comme récompense la permission de revêtir l'uniforme de gendarme pour le garder plus étroitement et ne lui laisser aucune chance de découvrir sur le visage d'un vieux soldat un regard de sympathie.

Tout cela est odieux, mais tout cela est vrai. Et je veux seulement constater que, pour faire grâce au maréchal Ney, il fallait plus que de la bonté, il fallait un grand courage. Or, le roi Louis XVIII n'était assurément pas sanguinaire, mais il avait été trop constamment, trop exclusivement prince pour faire entrer dans la balance des intérêts la vie d'un homme comme d'un grand poids.

Au reste, ce pauvre maréchal, dont on a fait un si triste holocauste aux passions du moment et que d'autres passions ont pris soin depuis d'entourer d'auréole, s'il avait vécu, n'aurait été pour les impérialistes que le traître de Fontainebleau, le transfuge de Waterloo, le dénonciateur de Napoléon. Aux yeux des royalistes, la culpabilité de sa conduite était encore plus démontrée.

Mais ses torts civils se sont effacés dans son sang et il n'est resté dans la mémoire de tous que cette intrépidité militaire si souvent et si récemment employée, avec une vigueur surhumaine, au service de la patrie. La sagesse populaire a dit : « Il n'y a que les morts qui ne reviennent pas. » J'établirais plus volontiers qu'en temps de révolution les morts seuls reviennent.

Je me souviens qu'un jour, pendant le procès, je dînais chez monsieur de Vaublanc. Mon père arriva au premier service, sortant du Luxembourg et annonçant un délai accordé à la demande des avocats du maréchal. Monsieur de Vaublanc se leva tout en pied, jeta sa serviette contre la muraille en s'écriant :

« Si messieurs les Pairs croient que je consentirai à être ministre avec des corps qui montrent une telle faiblesse, ils se trompent bien. Encore une pareille lâcheté et tous les honnêtes gens n'auront plus qu'à se voiler le visage. »

Il y avait trente personnes à table dont plusieurs députés, tous faisaient chorus. Il ne s'agissait pourtant que d'un délai légal, impossible à refuser à moins de s'ériger en chambre ardente. On comprend quelle devait être l'exaltation des gens de parti lorsque ceux qui dirigeaient le gouvernement étaient si cruellement intempestifs.

Mon père et moi échangeâmes notre indignation dès que nous fûmes remontés en voiture ; si nous l'avions exprimée dans la maison, on nous aurait lapidés. Nous étions déjà classés au nombre des *gens mal pensants* ; mais ce n'est qu'après l'ordonnance du 5 septembre qu'il fut constaté que je *pensais comme un cochon*. Ne riez pas, mes neveux, c'est l'expression textuelle de fort grandes dames, et elles la distribuaient largement.

Je rencontrais partout le duc de Raguse, et surtout chez madame de Duras où il venait familièrement. J'éprouvais contre lui quelques-unes des préventions généralement établies et, sans avoir jamais aimé Napoléon, je lui savais mauvais gré de l'avoir trahi. Les étrangers bien informés de cette transaction furent les premiers à m'expliquer combien la loyauté du maréchal avait été calomniée. Je remarquai, d'un autre côté, à quel point, malgré les insultes dont l'abreuvait le parti bonapartiste, il restait fidèle à ses anciens camarades.

Il les soutenait toujours fortement et vivement dès qu'ils étaient attaqués, les louait volontiers sans aucune réticence et se portait le protecteur actif et zélé de tous ceux qu'on molestait. Cela commença à m'adoucir en sa faveur et à me faire mieux goûter un esprit très distingué et une conversation animée et variée, mérites qu'on ne pouvait lui refuser. Le jour approchait où mon affection pour lui devait éclore.

Monsieur de La Valette, fort de son innocence et persuadé qu'aux termes de la loi il n'avait rien à craindre, se constitua prisonnier. Il aurait été acquitté sans un document dont voici la source : le vieux monsieur Ferrand, directeur de la Poste, avait été saisi d'une telle terreur le jour du retour de l'Empereur qu'il n'osait plus rester ni partir. Il demanda à monsieur de La Valette, son prédécesseur sous l'Empereur, de lui signer un permis de chevaux de poste. Celui-ci s'en défendit longtemps, enfin il céda aux larmes de madame Ferrand et, pour calmer les terreurs du vieillard, il mit son nom au bas d'un permis fait à celui de monsieur Ferrand, dans son cabinet, et entouré de sa famille pleine de reconnaissance.

C'est la seule preuve qu'on pût apporter qu'il eût repris ses fonctions avant le terme que fixait la loi. Je suppose que la remise de cette pièce aura beaucoup coûté à la famille Ferrand ; j'avoue que ce dévouement royaliste m'a toujours paru hideux. Monsieur de Richelieu en fut indigné. Il avait d'ailleurs horreur des persécutions, et, plus il s'aguerrissait aux affaires, plus il s'éloignait des opinions de parti. Ne pouvant éviter le jugement de monsieur de La Valette, il s'occupa d'obtenir sa grâce s'il était condamné.

De son côté, monsieur Pasquier[1], quoique naguère

1. Étienne-Denis Pasquier (1767-1862) a duré presque un siècle. Ancien conseiller au Parlement de Paris, il traversa les épreuves de la Révolution puis entra au Conseil d'État. En 1814, le baron Pasquier, préfet de police, fut maintenu en

garde des sceaux, alla témoigner vivement et consciencieusement en sa faveur. Monsieur de Richelieu
demanda sa grâce au Roi. Il lui répondit qu'il n'osait
s'exposer aux fureurs de sa famille mais que, si
madame la duchesse d'Angoulême consentait à dire
un mot en ce sens, il la lui accorderait avec empressement. Le duc de Richelieu se rendit chez Madame
et, avec un peu de peine, il obtint son consentement.
Il fut convenu qu'elle demanderait la grâce au Roi le
lendemain après le déjeuner. Il en fut prévenu.

Lorsque le duc de Richelieu arriva chez le Roi, le
lendemain, le premier mot qu'il lui dit fut :

« Hé bien ! ma nièce ne m'a rien dit, vous aurez
mal compris ses paroles.

— Non, Sire, Madame m'a promis positivement.

— Voyez-la donc et tâchez d'obtenir la démarche,
je l'attends si elle veut venir. »

Or, il s'était passé un immense événement dans le
palais des Tuileries ; car, la veille au soir, on y avait
manqué aux habitudes. Chaque jour après avoir
dîné chez le Roi, Monsieur descendait chez sa belle-
fille à huit heures ; à neuf heures il retournait chez
lui. Monsieur le duc d'Angoulême allait se coucher
et Madame passait chez sa dame d'atour, madame
de Choisy. C'était là où se réunissaient les plus purs,
c'est-à-dire les plus violents du parti royaliste.

Le soir en question, Madame les trouva au grand
complet. Ils avaient eu vent du projet de grâce. Elle
avoua être entrée dans ce complot, et dit que son

---

place par Louis XVIII. Attentiste pendant les Cent-Jours,
garde des Sceaux en juillet 1815 puis disgracié. Membre de la
minorité libérale de la Chambre, il fut de nouveau ministre de
la Justice en 1817, puis des Affaires étrangères en 1819-1821,
enfin pair de France. Très favorable à Louis-Philippe, président de la Chambre des pairs (il dirigea plusieurs procès sous
la monarchie de Juillet) puis Chancelier en 1837, le dernier de
France. Académicien en 1842 ; enfin duc en 1844.

beau-père et son mari l'approuvaient. Aussitôt les cris, les désespoirs éclatèrent. On lui montra les dangers de la couronne si imminents après un pareil acte que, chose sans exemple, elle monta dans la voiture d'une personne de ce sanhédrin et se rendit au pavillon de Marsan où elle trouva Monsieur également chapitré par son monde et fort disposé à revenir sur le consentement qui lui avait été arraché.

Il fut résolu que Madame ne ferait aucune démarche et que, si le ministre et le Roi voulaient se déshonorer, du moins le reste de la famille royale n'y tremperait pas. Voilà à quoi tenait le silence de Madame. Monsieur de Richelieu obtint une audience, mais la trouva inébranlable. Elle était trop engagée. C'est de ce moment qu'a daté leur mutuelle répugnance l'un pour l'autre.

Monsieur de Richelieu vint rendre compte au Roi.

« Je l'avais prévu ; ils sont implacables, dit le monarque en soupirant ; mais, si je les bravais, je n'aurais plus un instant de repos. »

Tandis que ceci se passait chez les princes, on était venu demander au duc de Raguse ce qu'il consentirait à faire en faveur de monsieur de La Valette. « Tout ce qu'on voudra », avait-il répondu. Il se rendit d'abord auprès du Roi, qui lui fit ce que lui-même appelait son *visage de bois*, le laissa parler aussi longtemps qu'il voulut, sans donner le moindre signe d'intérêt et le congédia sans avoir répondu une parole.

Le maréchal comprit que monsieur de La Valette était perdu. Ignorant les démarches vainement tentées auprès de Madame, il n'espéra qu'en elle. Il courut avertir madame de La Valette qu'il fallait avoir recours à ce dernier moyen. Mais ce danger avait été prévu, tous les accès lui étaient fermés ; elle ne pouvait arriver jusqu'à la princesse.

Le maréchal, qui était de service comme major général de la garde, la cacha dans son appartement et, pendant que le Roi et la famille royale étaient à la messe, il força toutes les consignes et la fit entrer dans la salle des Maréchaux par où on ne pouvait éviter de repasser. Madame de La Valette se jeta aux pieds du Roi et n'en obtint que ces mots : « Madame, je vous plains. »

Elle s'adressa ensuite à madame la duchesse d'Angoulême et saisit sa robe ; la princesse l'arracha avec un mouvement qui lui a été souvent reproché depuis et attribué à une haineuse colère. Je crois que cela est parfaitement injuste. Madame avait engagé sa parole ; elle ne pouvait plus reculer. Probablement son mouvement a été fait avec sa brusquerie accoutumée ; mais je le croirais bien plutôt inspiré par la pitié et le chagrin de n'oser y céder que par la colère. Le malheur de cette princesse est de n'avoir pas assez d'esprit pour diriger son trop de caractère : la proportion ne s'y trouve pas.

La conduite du maréchal fut aussi blâmée parmi les courtisans qu'approuvée du public. Il reçut ordre de ne point reparaître à la Cour et partit pour sa terre. L'officier des gardes du corps qui lui avait laissé forcer la consigne fut envoyé en prison.

Ces [faits] préalables connus, on s'étonnera moins du long cri de rage qui s'éleva dans tout le parti lorsqu'on apprit l'évasion de monsieur de La Valette. Le Roi et les ministres furent soupçonnés d'y avoir prêté les mains. La Chambre des députés rugissait, les femmes hurlaient. Il semblait des hyènes auxquelles on avait enlevé leurs petits. On alla jusqu'à vouloir sévir contre madame de La Valette, et l'on fut obligé de la faire garder quelque temps en prison pour laisser calmer l'orage. Monsieur Decazes, fort aimé jusque-là des royalistes, commença à leur inspirer une défiance qui ne tarda guère à devenir de la haine.

Quoique le gouvernement n'eût en rien facilité la

fuite de monsieur de La Valette, je pense qu'au fond
il en fut charmé. Le Roi partagea cette satisfaction.
Il rappela assez promptement le duc de Raguse et le
traita bien au retour. Mais le parti fut moins indulgent et on lui montra autant de froideur qu'il trouvait d'empressement jusque-là. J'en excepte toujours
madame de Duras ; elle faisait bande à part dans ce
monde extravagant. Si elle se passionnait, ce n'était
jamais que pour des idées généreuses, et la défaveur
du maréchal était un mérite à ses yeux. Malgré cette
disposition de la maîtresse de la maison, l'isolement
où il se trouvait souvent dans son salon le rapprocha de moi, et nous causions ensemble. Mais ce
n'est que lorsque sa conduite à Lyon eut achevé de
le brouiller avec le parti ultra-royaliste qu'il vint se
réfugier dans la petite coterie qui s'est formée
autour de moi et dont il a été un des piliers jusqu'à
ce que de nouveaux orages aient encore une fois
bouleversé son aventureuse existence.

J'aurai probablement souvent occasion d'en parler dorénavant.

CHAPITRE X

Mon père partit pour Londres dans le commencement de 1816 ; ma mère l'y suivit. Je ne les rejoignis
qu'au printemps.

Les étrangers s'étaient retirés dans les diverses
garnisons qui leur avaient été assignées par le traité
de Paris. Le duc de Wellington seul, en sa qualité de
généralissime de toutes les armées d'occupation,
résidait à Paris et nous en faisait les honneurs à nos
frais. Il donnait assez souvent des fêtes où il était
indispensable d'assister. Il tenait à avoir du monde

et, notre sort dépendant en grande partie de sa bonne humeur, il fallait supporter ses caprices souvent bizarres.

Je me rappelle qu'une fois il inventa de faire de la Grassini, alors en possession de ses bonnes grâces, la reine de la soirée. Il la plaça sur un canapé élevé dans la salle de bal, ne quitta pas ses côtés, la fit servir la première, fit ranger tout le monde pour qu'elle vît danser, lui donna la main et la fit passer la première au souper, l'assit près de lui, enfin lui rendit les hommages qui d'ordinaire ne s'accordent guère qu'aux princesses. Heureusement, il y avait quelques grandes dames anglaises à partager ces impertinences, mais elles n'étaient pas obligées de les subir comme nous et leur ressentiment ne pouvait être comparable.

En général, le carnaval fut très triste, et cela était convenable de tout point. Nos princes n'allaient nulle part. Monsieur le duc de Berry se trouvait tout à fait éclipsé par son frère; la différente conduite tenue par eux pendant les Cent-Jours justifiait cette position. Cependant monsieur le duc d'Angoulême montrait des velléités de modération qui commençaient à déplaire, et le parti dévot ne lui pardonnait pas son éloignement pour la politique du confessionnal.

Le caractère de monsieur le duc d'Angoulême est singulièrement difficile à peindre. C'est une réunion si bizarre et si disparate qu'on peut, à diverses époques de sa vie, le représenter comme un prince sage, pieux, courageux, conciliant, éclairé, ou bien comme un bigot imbécile et presque stupide, en disant également la vérité. À mesure que les circonstances se présenteront, je le montrerai tel que nous l'avons vu; mais il faut commencer, pour le comprendre, par admettre qu'il a toujours été dominé par la pensée de l'obéissance illimitée due au Roi.

Plus il était près de la couronne, plus, selon lui, il en devait l'exemple.

Tant que Louis XVIII a vécu, cette passive obéissance était un peu modifiée, au moins pour la forme, par celle qu'il accordait à Monsieur ; mais, lorsque l'autorité de père et de roi a été concentrée en Charles X, elle n'a plus connu de bornes et nous avons été témoins des tristes résultats qu'elle a amenés.

On s'occupait de marier monsieur le duc de Berry ; déjà en 1814, il en avait été question. L'empereur Alexandre avait désiré lui voir épouser sa sœur ; la manière dont elle avait été repoussée lui avait donné beaucoup d'humeur. Monsieur le duc de Berry souhaitait cette alliance, mais le Roi et Monsieur trouvaient la maison de Russie trop peu ancienne pour donner une mère aux fils de France.

Madame la duchesse d'Angoulême partageait cette manière de voir. De plus, elle redoutait une belle-sœur à laquelle ses rapports politiques auraient donné une existence indépendante et avec laquelle il aurait fallu compter. Elle craignait aussi une princesse personnellement accomplie qui aurait pu rallier autour d'elle les personnes distinguées par leur esprit pour lesquelles Madame a toujours éprouvé une répugnance instinctive, quelles qu'aient été leurs couleurs.

La princesse de Naples, née Bourbon, appartenant à une petite Cour, n'ayant reçu aucune éducation, réunit tous les suffrages de la famille [1]. Elle fut imposée à monsieur le duc de Berry qui ne s'en souciait nullement. Monsieur de Blacas fut chargé de cette négociation qui n'occupa pas longuement ses talents diplomatiques.

---

1. Marie-Caroline de Bourbon-Sicile (1798-1870), fille du duc de Calabre François-Xavier, futur roi des Deux Siciles (1825-1830), et nièce de la duchesse d'Orléans.

Dans le même temps, on conçut l'idée de marier Monsieur. Cela était assez raisonnable, mais Madame l'en dissuada le plus qu'elle put. Elle aurait trop souffert à voir une autre princesse tenir la Cour et prendre le pas sur elle ; et Monsieur, qui l'aimait tendrement, n'eût-il pas eu d'autres motifs, n'aurait pas voulu lui donner ce chagrin.

Cela me rappelle un mot heureux de Louis XVIII. Il était goutteux, infirme, dans un état de santé pitoyable. Un jour où il parlait sérieusement à Monsieur de la convenance de se marier, celui-ci lui dit en ricanant et d'un ton un peu goguenard :

« Mon frère, vous qui prêchez si bien, pourquoi ne vous mariez-vous pas vous-même ?

— Parce que je ferais des aînés, mon frère », reprit le Roi très sèchement.

Monsieur se tint pour battu.

L'intérieur des Tuileries n'était ni confiant, ni doux ; cependant, à cette époque, le Roi causait avec les siens des affaires publiques ; la rupture n'était pas encore complète.

L'ambassadeur d'Angleterre, sir Charles Stuart[1], épousa lady Élisabeth Yorke, fille de lord Hardwick. La présentation de la nouvelle ambassadrice donna lieu, pour la première fois depuis la Restauration, à ce qu'on appelle en terme de Cour un *traitement*. Nous fûmes appelées une douzaine de femmes, la plupart titrées, à nous trouver chez madame la duchesse d'Angoulême à deux heures. La situation de mon père en Angleterre me valut cette distinction.

Nous étions toutes réunies dans le salon de Madame, lorsqu'un huissier vint avertir madame de

1. Sir Charles Stuart (1779-1845), ambassadeur à Paris, 1815-1830. Il fut créé baron de Rothesay en 1828. C'est pourquoi Mme de Boigne le nomme lord Stuart dans son récit des Journées de 1830.

Damas, qui remplaçait sa mère, madame de Sérent, dans le service de dame d'honneur, que l'ambassadrice arrivait. Au même instant, Madame, qui probablement, selon ses habitudes, guettait à sa fenêtre, entra par une autre porte magnifiquement parée et, comme nous, en robe de Cour. Elle avait eu à peine le temps de nous dire bonjour et de s'asseoir que madame de Damas rentra conduisant l'ambassadrice accompagnée de la dame qui l'avait été quérir, des maîtres des cérémonies, et de l'introducteur des ambassadeurs qui restèrent à la porte. Madame se leva, fit un ou deux pas au-devant de l'ambassadrice, reprit son fauteuil et la fit placer sur une chaise *à dos* préparée à sa gauche. Les dames titrées s'assirent derrière, sur des pliants, et nous autres nous nous tînmes debout. Cela dura assez longtemps : Madame soutint le dialogue à elle toute seule.

Lady Élisabeth, jeune et timide, était trop embarrassée pour rien ajouter aux monosyllabes de ses réponses et j'admirais la manière dont Madame exploita l'Angleterre et la France, l'Irlande et l'Italie d'où arrivait lady Élisabeth pour remplir le temps qu'allongeait outre mesure la marche lente et pénible du Roi.

Enfin il entra ; tout le monde se leva ; le silence le plus profond régna. Il l'interrompit, quand il fut vers le milieu de la chambre, pour dire sans sourciller, du ton le plus grave et d'une voix sonore, la niaiserie convenue depuis le temps de Louis XIV : « Madame, je ne vous savais pas en si bonne compagnie. » Madame lui répondit une autre phrase, probablement également d'étiquette, mais que je ne me rappelle pas. Ensuite le Roi adressa quelques paroles à lady Élisabeth. Elle ne lui répondit pas plus qu'à Madame. Le Roi resta debout ainsi que tout le monde ; au bout de peu de minutes, il se retira.

Alors on s'assit, pour se relever immédiatement à

l'entrée de Monsieur. «Ne devrai-je pas dire que je
ne vous savais pas en aussi bonne compagnie?»,
dit-il, en souriant; puis, s'approchant gracieusement de lady Élisabeth, il lui prit la main et lui fit un
compliment obligeant. Il refusa d'accepter un siège
que Madame lui offrit, mais fit asseoir les dames et
resta bien plus longtemps que le Roi.

Les dames se levèrent à sa sortie, puis se rassirent
pour se relever de nouveau à l'entrée de monsieur le
duc d'Angoulême; pour cette fois, les premiers compliments passés, il prit une chaise *à dos* et fit la
conversation. Il semblait que la timidité de l'ambassadrice lui donnât du courage. Je ne conserve aucune
idée d'avoir vu monsieur le duc de Berry à cette
cérémonie. Je ne sais s'il s'en dispensait ordinairement ou s'il en était absent par accident. J'ignore
aussi comment cela s'est passé depuis pour madame
la duchesse de Berry. Je n'ai pas eu d'autre occasion
d'assister à pareilles réceptions.

La sortie de monsieur le duc d'Angoulême fut
accompagnée du lever et du *rassied* comme les autres;
je ne pas m'empêcher de penser aux génuflexions du
vendredi saint. Au bout de quelques minutes, la
dame d'honneur avertit l'ambassadrice qu'elle était
à ses ordres. Madame lui fit une phrase sur la crainte
de la fatiguer en la retenant plus longtemps, et
elle s'en alla, escortée comme à son arrivée. Elle
remonta dans les carrosses du Roi, accompagnée de
la dame qui l'avait été chercher. Sa voiture à six chevaux et en grand apparat suivait à vide. Madame
s'entretint avec nous un instant de la nouvelle présentée et rentra dans son intérieur à ma grande
satisfaction, car j'étais depuis deux heures sur mes
jambes et j'en avais assez de mes honneurs. Cependant il fallut assister au dîner ou *traitement*.

L'ambassadrice revint à cinq heures. Cette fois,
elle était accompagnée de son mari et de quelques

dames anglaises de distinction. Toutes les Françaises qui avaient assisté à la réception étaient invitées ; il y avait aussi des hommes des deux pays.

Le premier maître d'hôtel, alors le duc des Cars, et la dame d'honneur de Madame firent les honneurs du dîner qui était très bon et magnifique, mais sans élégance comme tout ce qui se passait à la Cour des Tuileries. Immédiatement après, chacun fut enchanté de se séparer et d'aller se reposer de toute cette étiquette. Les hommes étaient en uniforme, les femmes très parées mais point en habit de Cour.

De Roi, de princesses, de princes, il n'en fut pas question ; seulement j'aperçus derrière un paravent Madame et son mari qui, avant de monter dîner chez le Roi, s'amusaient à regarder la table et les convives.

Je n'ai jamais pu concevoir comment, lorsque les souverains étrangers reçoivent constamment et familièrement à leur table les ambassadeurs de France, ils consentaient à subir, en la personne de leurs représentants, l'arrogance de la famille de Bourbon. Ne pas inviter les ambassadeurs chez soi n'était déjà pas trop obligeant, mais les faire venir avec tout cet appareil et cet *in fiochi* dîner à l'office m'a toujours paru de la dernière impertinence. Sans doute cet *office* était fréquenté par des gens de bonne maison ; mais enfin c'était une seconde table dans le château, car, apparemment, celle du Roi était la première.

Le festin ne se passait pas même dans l'appartement du premier maître d'hôtel où cela aurait pu avoir l'apparence d'une réunion de société ; les pièces étaient trop petites et il logeait trop haut. On se réunissait dans la salle d'attente de l'appartement de Madame et on dînait dans l'antichambre de monsieur le duc d'Angoulême, de manière qu'on semblait relégué dans les pièces extérieures, comme lorsqu'on prête un local à ses gens pour une fête qu'on leur donne. Je concevrais que les vieilles étiquettes de Versailles et de Louis XIV eussent pu continuer sans interruption, mais je n'imagine pas qu'on ait osé inventer de les renouveler.

Louis XVIII y tenait extrêmement et, sans l'état de sa santé et l'espèce d'humiliation que lui causaient ses infirmités, nous aurions revu les levers et les couchers avec toutes leurs ridicules cérémonies.

Monsieur en avait moins le goût et, à son avènement au trône, il a continué l'usage établi par son frère de borner le coucher à une courte réception des courtisans ayant les entrées et les chefs de service qui venaient prendre le mot d'ordre. On ne disait plus : *je vais au coucher*, mais *je vais à l'ordre*. Cela était à la fois plus digne et plus décent que ces habitudes de l'ancienne Cour dont le pauvre Louis XVI donnait chaque soir le spectacle.

C'était à *l'ordre* que les personnes de la Cour avaient occasion de parler au Roi sans être obligées de solliciter une audience. Aussi la permission d'aller à *l'ordre* était-elle fort prisée par les courtisans de la Restauration.

Le favoritisme de monsieur Decazes s'établissait de plus en plus ; monsieur de Richelieu y poussait de toutes ses forces. Pourvu que le bien se fît, il lui était bien indifférent par quel moyen et il n'était pas homme à trouver une mesure sage moins sage parce qu'elle s'obtenait par une autre influence que la sienne. Il était très sincèrement enchanté que monsieur Decazes prît la peine de plaire au Roi et le voyait y réussir avec une entière satisfaction. Je crois, à vrai dire, que monsieur Decazes avait le bon sens de ne s'en point targuer vis-à-vis de ses collègues. Il mettait son crédit en commun dans le Conseil, mais, vis-à-vis du monde, il commençait à déployer sa faveur avec une joie de parvenu qui lui valait quelques ridicules.

Le Roi, qui avait toujours eu besoin d'une idole, partageait ses adorations entre lui et sa sœur, madame Princeteau, bonne petite personne, bien bourgeoise, qu'il avait fait venir de Libourne pour tenir sa maison et qui était fort gentille jusqu'à ce que les fumées de l'encens lui eussent tourné la tête.

On a fait beaucoup d'histoires sur son compte ; j'ignore avec quel fondement. Ce que je sais, c'est qu'elle paraissait uniquement dévouée à son frère ; et, si elle a eu un moment de crédit personnel, elle le lui a rapporté tout entier.

Pendant ce premier hiver de faveur, la maison de monsieur Decazes était très fréquentée. La fuite de monsieur de La Valette avait bien apporté un léger refroidissement ; toutefois les plus chauds partisans de l'ancien régime y allaient assidument. On espérait se servir de monsieur Decazes pour maintenir le Roi dans *la bonne voie*. La vanité du ministre l'aurait assez volontiers poussé dans la phalange aristocratique qui, vers cette époque, prit le nom d'*ultra*, si ses exigences n'étaient devenues de jour en jour plus grandes. Quant au monarque, il inspirait toujours beaucoup de méfiance.

Monsieur Lainé avait remplacé monsieur de Vaublanc dont les folies avaient comblé la mesure. Dans cette circonstance, monsieur de Richelieu, selon son usage, avait, en ayant raison dans le fond, mis les formes contre lui et l'avait chassé d'une façon qui fournissait au parti qu'il représentait quelque prétexte de plaintes. Au reste, les fureurs de monsieur de Vaublanc furent si absurdes qu'il se noya dans le ridicule.

Le jour où le nom de son successeur parut dans le *Moniteur*, je crus devoir aller faire une visite chez monsieur de Vaublanc. Je ne m'attendais pas à être reçue ; je fus admise quoique je n'eusse aucun rapport intime avec lui et les siens. La porte était ouverte à tout venant ; il était au milieu de ses paquets de ministre et de particulier, mêlant les affaires d'État et de ménage de la façon la plus comique. Un de ses commensaux vint lui raconter que son ministère serait partagé entre trois personnes :

« Trois, répondit-il sérieusement, trois, ce n'est pas assez ; ils ne peuvent pas me remplacer à moins de cinq. »

Il énuméra sur ses doigts les cinq parties du ministère de l'intérieur qui réclament la vie entière de tout autre homme mais que lui menait facilement toutes cinq de front, sans que rien fût jamais en retard ; et il nous fit faire l'inventaire de ses portefeuilles pour que nous pussions témoigner que tout était à jour. Je n'ai jamais assisté à scène plus bouffonne, d'autant que la plupart des assistants lui étaient aussi étrangers que moi.

Je n'entrerai pas dans le récit des extravagances du parti à la Chambre : elles sont trop importantes pour que l'histoire les néglige ; mais je ne puis m'empêcher de raconter une histoire qui m'a amusée dans le temps.

Un vieux député de pur sang qui, comme le roi de Sardaigne, voulait rétablir l'ancien régime de tous points, réclamait journellement et à grands cris nos *anciens supplices*, comme il disait. Un collègue un peu plus avisé lui représenta que, sans doute, cela serait fort désirable mais qu'il ne fallait pas susciter trop d'embarras au gouvernement du Roi et qu'il n'était pas encore temps.

« Allons, mon ami, reprit le député en soupirant, vous avez peut-être raison, remettons la potence à des temps plus heureux ! »

On ne saurait assez dire combien ce mot : *Il n'est pas encore temps*, qui se trouvait sans cesse dans la bouche des habiles du parti royaliste en 1814 et 1815, a fait d'ennemis à la royauté et l'influence qu'il a eue sur les Cent-Jours. Peut-être ne l'employaient-ils que pour calmer les plus violents des leurs, mais les antagonistes y voyaient une de ces menaces vagues, d'autant plus alarmantes qu'elles sont illimitées, et les chefs des diverses oppositions ne manquaient pas de l'exploiter avez zèle.

D'autres petites circonstances se renouvelaient sans cesse pour inspirer des doutes sur la bonne foi de la Cour.

Jules de Polignac fut créé pair; il refusa de siéger. Il ne pouvait, disait-il, lui, catholique, prêter serment à une charte reconnaissant la liberté des cultes. Le Roi nomma une commission de pairs pour l'arraisonner. Monsieur de Fontanes en était, et je me rappelle qu'un jour où on lui demandait si leurs conférences avaient réussi, il répondit avec un air de componction:

«Je ne sais ce qui en résultera; mais je sais qu'il faut tenir sa conscience à deux mains pour ne pas céder aux sentiments si nobles, si éclairés, si entraînants que je suis appelé à écouter.»

Pour moi qui connaissais la logique de Jules, j'en conclus seulement que monsieur de Fontanes croyait ce langage de mise dans le salon, très royaliste, où il le tenait. Jules finit par céder et prêta serment; mais, pendant toute cette négociation qui dura longtemps, il était ostensiblement caressé par Madame et par Monsieur, quoique ce prince eût prêté le serment que Jules refusait. Toutefois la Congrégation, qui l'avait excité au refus, craignit de s'être trop avancée. Elle voulait se faire connaître sans se trop compromettre. Jules reçut ordre de reculer.

Monsieur le nomma publiquement adjudant général de la garde nationale, et lui confia, secrètement, la place de ministre de la Police du gouvernement occulte, car son existence remonte jusqu'à cette époque, quoiqu'elle n'ait été révélée que plus tard, et qu'il n'ait été complètement organisé qu'après la dissolution de la Chambre introuvable.

Le séjour prolongé de la famille d'Orléans en Angleterre n'était pas entièrement volontaire. On avait contre elle de fortes préventions au palais des Tuileries, et le cabinet commençait à les partager. Presque tous les mécontents invoquaient le nom de monsieur le duc d'Orléans, et la conduite toujours un peu méticuleuse de ce prince semblait justifier plus de défiance qu'elle n'en méritait réellement.

Monsieur de La Châtre, courtisan né, favorisait des soupçons qu'il savait plaire au Roi.

Telle était la situation des affaires lorsque je quittai Paris pour me rendre à Londres. En ma qualité de chroniqueur des petites circonstances, il me revient à l'esprit ce qui se passa devant moi le jour où j'allai prendre congé de madame la duchesse d'Orléans douairière. Je la trouvai très préoccupée et fort agitée dans l'attente du marquis de Rivière. Il partait le lendemain pour son ambassade de Constantinople. La princesse lui avait écrit deux fois dans sa matinée pour s'assurer sa visite. Monsieur de Rivière, mandé chez le Roi, ne pouvait disposer de lui-même. Sa femme était là, promettant à madame la duchesse d'Orléans qu'il viendrait dès qu'il sortirait des Tuileries, sans pouvoir calmer son anxiété. Enfin il arriva. La joie que causa sa présence fut égale à l'impatience avec laquelle il était attendu.

La princesse expliqua qu'elle avait un très grand service à lui demander : monsieur de Follemont prenait du café plusieurs fois par jour ; il était fort difficile et n'en trouvait que rarement à son goût. Madame la duchesse d'Orléans attachait un prix infini à ce que l'ambassadeur de France à Constantinople s'occupât de lui procurer le meilleur café de moka fourni par l'Orient.

Le marquis de Rivière entra avec la patience exercée d'un courtisan dans tous les détails les plus minutieux, enfin il ajouta :

« Madame veut-elle me dire combien elle en veut ?

— Mais, je ne sais pas... beaucoup... le café se garde-t-il ?

— Oui, madame, il s'améliore même.

— Eh bien, j'en veux beaucoup... une grande provision.

— Je voudrais que madame me dît à peu près la quantité ?

— Mais... mais, j'en voudrais bien douze livres. »

Nous partîmes tous d'un éclat de rire. Elle aurait dit, tout de même, douze cent mille livres.

Malgré l'émigration, elle n'avait acquis aucune idée de la valeur des choses ou de l'argent. Les femmes de son âge, avant la Révolution, conservaient une ignorance du matériel de la vie qui aujourd'hui nous paraît fabuleuse. Il n'était pas même nécessaire d'être princesse. Madame de Preninville, femme d'un fermier général immensément riche, s'informant de ce qu'était devenu un joli petit enfant, fils d'un de ses gens, qu'elle voyait quelquefois jouer dans son antichambre, reçut pour réponse qu'il allait à l'école.

« Ah ! vous l'avez mis à l'école, et combien cela vous coûte-t-il ?

— Un écu par mois, madame.

— Un écu ! C'est bien cher ! J'espère au moins qu'il est bien nourri ! »

J'entendais révoquer en doute, il y a quelques jours, que madame Victoire pût avoir eu la pensée de nourrir le peuple de croûte de pâté pendant une disette. Pour moi, j'y crois, d'abord parce que ma

mère m'a dit que madame Adélaïde en plaisantait
souvent sa sœur qui avait horreur de la croûte de
pâté, au point d'éprouver de la répugnance à en
voir servir, et puis parce que j'ai encore vu et su tant
de traits de cette ingénuité vraie et candide sur la
vie réelle que cela m'étonne beaucoup moins que la
génération nouvelle.

SIXIÈME PARTIE

L'ANGLETERRE
ET LA FRANCE
(1816-1820)

CHAPITRE I

Après une absence de douze années, je revis l'Angleterre avec un vif intérêt. J'y retrouvais le charme des souvenirs. Je rentrais dans la patrie de ma première jeunesse; chaque détail m'était familier et pourtant suffisamment éloigné de ma pensée journalière pour avoir acquis le piquant de la nouveauté. C'était un vieil ami, revenu de loin, qu'on retrouve avec joie et qui rappelle agréablement le temps jadis, ce temps où la vie, chargée de moins d'événements, se porte plus légère et laisse, avec plus de regrets peut-être, un penser bien plus doux à repasser dans la mémoire.

Je fus très frappée de l'immense prospérité du pays. Je ne crois pas qu'elle fût sensiblement augmentée; mais l'habitude m'avait autrefois blasée sur l'aspect qu'il présente au voyageur et l'absence m'y avait rendue plus attentive.

Ces chemins si bien soignés, sur lesquels des chevaux de poste, tenus comme nos plus élégants attelages, vous font rouler si agréablement, cette multitude de voitures publiques et privées, toutes charmantes, ces innombrables établissements qui ornent la campagne et donnent l'idée de l'aisance dans toutes les classes de la société, depuis la cabane du paysan jusqu'au château du seigneur, ces fenêtres de la plus petite boutique offrant aux rares rayons du soleil des vitres dont l'éclat n'est jamais terni par une légère souillure, ces populations si propres se transportant d'un village à un autre par des sentiers que nous envierions dans nos jardins, ces beaux enfants si bien tenus et prenant leurs ébats dans une liberté qui contraste avec le maintien réservé du reste de la famille, tout cela m'était familier et pourtant me frappait peut-être plus vivement que si c'eût été la première fois que j'en étais témoin.

Je fis la route de Douvres à Londres par un beau dimanche du mois de mai et dans un continuel enchantement. Il s'y mêlait de temps en temps un secret sentiment d'envie pour ma patrie. Le Ciel lui a été au moins aussi favorable ; pourquoi n'a-t-elle pas acquis le même degré de prospérité que ses voisins insulaires ?

Lorsque les chevaux de poste, suspendant leur course rapide, prirent cette allure fastidieuse qu'ils affectent dans Londres, que l'atmosphère lourde et enfumée de cette grande ville me pesa sur la tête, que je vis ses silencieux habitants se suivant l'un l'autre sur leurs larges trottoirs comme un cortège funèbre, que les portes, les fenêtres, les boutiques fermées semblèrent annoncer autant de tristesse dans l'intérieur des maisons que dans les rues, je sentis petit à petit tout mon épanouissement de cœur se resserrer et, lorsque je descendis à l'ambassade, mon enthousiasme sur l'Angleterre avait déjà reçu un échec.

Quelque prodigieuse que soit la prospérité commerciale de Londres et le luxe qu'on y déploie dans toutes les classes de la société, je crois que son aspect paraîtra bien moins remarquable à un étranger que celui du reste de l'Angleterre. Cette grande cité, composée de petites maisons pareilles et de larges rues tirées au cordeau, toutes semblables les unes aux autres, est frappée de monotonie et d'ennui. Aucun monument ne vient réveiller l'attention fatiguée. Quand on s'est promené cinq minutes, on peut se promener cinq jours dans des quartiers toujours différents et toujours pareils.

La Tamise, aussi bien que son immense mouvement qui attacherait un caractère particulier à cette capitale du monde britannique, est soigneusement cachée de toute part. Il faut une volonté assez intelligente pour parvenir à l'apercevoir, même en l'allant chercher.

On a pu voir partout des rues qui ressemblent à celles de Londres, mais je ne crois pas qu'aucun autre pays puisse donner idée de la campagne en Angleterre. Je n'en connais point où elle soit autant en contraste avec la ville. On y voit un autre ciel; on y respire un autre air. Les arbres y ont un autre aspect; les plantes s'y montrent d'une autre couleur. Enfin c'est une autre population, quoique l'habitant du Northumberland ou du Devonshire soit parfaitement semblable à celui du promeneur de Piccadilly.

On conçoit, au reste, que le nuage orange, strié de noir, de brun, de gris, saturé de suie, qui semble un vaste éteignoir placé sur la ville, influe sur le moral de la population et agisse sur ses dispositions. Aussi n'y a-t-il aucune langue où l'on vante les charmes de la campagne, en vers et en prose, avec une passion plus vive et plus sincère que dans la littérature anglaise. Quiconque aura passé trois mois à Londres comprendra le bien-être tout matériel qu'on éprouve en en sortant.

Malgré les vertiges qu'elle cause aux nouveaux débarqués, cette atmosphère si triste n'est pas malsaine; on s'y accoutume bientôt assez pour ne plus s'apercevoir qu'on en souffre. J'ai entendu attribuer la salubrité de Londres au mouvement que la marée apporte quatre fois le jour dans la Tamise. Ce grand déplacement forme un ventilateur naturel qui agite et assainit cet air qui paraît épais, même à la vue, et laisse sur les vêtements les preuves positives que l'œil ne s'est pas trompé. La robe blanche, mise le matin, porte avant la fin de la journée des traces de souillure qu'une semaine ne lui infligerait pas à Paris. L'extrême recherche des habitants, leur propreté, rendue indispensable par de telles circonstances, ont tiré parti de ces nécessités pour en combattre la mauvaise influence; et l'aspect des maisons aussi bien que des personnes n'offre que les apparences de la plus complète netteté.

Si ma longue absence m'avait rendue plus sensible aux charmes de la route, je l'étais davantage aussi aux inconvénients de Londres qui ne m'avaient guère frappée jusque-là. Dans la première jeunesse, on s'occupe peu des objets extérieurs.

Le surlendemain de mon arrivée, le prince régent[1] donnait un concert à la Reine sa mère[2]. Pour être admis, il fallait être présenté. La Reine, me sachant à Londres, eut la bonté de se souvenir que je l'avais été autrefois et me fit inviter. Mes parents dînaient à Carlton House[3]. J'y arrivai seule le soir, pensant me mêler inaperçue dans la foule. Il était un peu tard; le concert était déjà commencé.

La salle, en galerie, était partagée par des colonnes en trois parties à peu près égales. Celle du milieu

1. George, prince de Galles (1762-1820), régent (1811-1820), roi d'Angleterre sous le nom de George IV (1820-1830).
2. Charlotte de Mecklembourg, épouse de George III.
3. Carlton House, édifié au début du XVIIe siècle en bordure du Mail, non loin du palais de Saint-James, était la résidence du prince de Galles depuis 1783. Le palais fut démoli en 1827 et remplacé par les façades de Nash qui forment aujourd'hui Carlton House Terrace. Les colonnes de son péristyle furent réutilisées à la National Gallery (1832-1838).

se trouvait exclusivement occupée par la Cour et les musiciens placés vis-à-vis de la Reine, des princesses, de leurs dames, des ambassadrices et de quelques autres femmes ayant les grandes entrées qui étaient assises. Tout le reste de la société se tenait dans les parties latérales, séparées par les colonnes, et restait debout. On circulait dans les autres salons, selon l'usage général du pays, où un concert à banquettes paraîtrait horriblement ennuyeux.

Je trouvai à la porte lady Macclesfield, une des dames du palais. Elle m'attendait pour me conduire à la Reine et, sans me donner un instant pour respirer, me mena à travers tout ce monde, toute cette musique, tout ce silence et tout ce vide jusqu'à Sa Majesté. Je n'avais pas encore eu le temps d'avoir grand-peur ; mais, au moment où j'approchai, la Reine se leva en pied, et les quarante personnes qui l'entouraient imitèrent son mouvement. Ce froufrou, auquel je ne m'attendais pas, commença à m'intimider. La Reine fut très bonne et très gracieuse, je crois ; mais, pendant tout le temps qu'elle me parlait, je n'étais occupée que de l'idée de ménager ma retraite.

Lady Macclesfield m'avait quittée pour reprendre sa place parmi ses compagnes. Lorsque la Reine fit la petite indication de tête qui annonçait l'audience terminée, je sentis le parquet s'effondrer sous mes pas. J'étais là, seule, abandonnée, portant les yeux de toute l'Angleterre braqués sur ma personne et ayant un véritable voyage à faire pour regagner, dans cet isolement, les groupes placés derrière les colonnes. Je ne sais pas comment j'y arrivai.

J'avais été présentée à bien des Cours et à bien des potentats. Je n'étais plus assez jeune pour conserver une grande timidité ; j'avais l'habitude du monde et pourtant il me reste de cette soirée et de cette présentation de faveur un souvenir formidable.

Ce n'est pas que la reine Charlotte fût d'un aspect bien imposant. Qu'on se figure un pain de sucre couvert de brocart d'or et on aura une idée assez exacte de sa tournure. Elle n'avait jamais été grande et, depuis quelques années, elle était rapetissée et complètement déformée. Sa tête, placée sur un col extrêmement court, présentait un visage renfrogné, jaune, ridé, accompagné de cheveux gris poudrés à frimas. Elle était coiffée en bonnet, en turban, en toque, selon l'occasion, mais toujours je lui ai vu une petite couronne fermée, en pierreries, ajoutée à sa coiffure. J'ai entendu dire qu'elle ne la quittait jamais. Malgré cette figure hétéroclite, elle ne manquait pourtant pas d'une sorte de dignité ; elle tenait sa cour à merveille, avec une extrême politesse et des nuances fort variées.

Sévère pour la conduite des femmes, elle se piquait d'une grande impartialité ; et souvent un regard froid, ou une parole moins obligeante de la Reine à une de ses protégées, a suffi pour arrêter une jeune personne sur les bords du précipice. Pour les femmes divorcées, elle était inexorable. Jamais aucune, quelque excuse que le public lui donnât, quelque bonne que fût sa conduite ultérieure, n'a pu franchir le seuil du palais.

Lady Holland en a été une preuve bien marquante[1] : son esprit, son influence politique, la domination qu'elle exerçait sur son mari, lui avaient reconquis une existence sociale. Refuser d'aller à Holland House aurait paru une bégueulerie à peine

---

1. Lady Holland, née Élisabeth Vassal, avait épousé en 1786 sir Godfrey Webster. Le mariage fut rompu en 1797 pour adultère avec lord Holland, le neveu de Fox, avec qui elle se remaria aussitôt. Il venait de restaurer Holland House, belle demeure de style Tudor, où sa femme réunit une brillante société, proche du parti Whig, dont elle fut la tyrannique égérie.

avouable. Lady Holland y tenait une cour fréquentée par tout ce qu'il y avait de plus distingué en anglais et en étrangers ; mais, quelques soins qu'elle se soit donnés, quelques négociateurs qu'elle ait employés, et le prince régent a été du nombre, jamais, tant que la vieille Reine a vécu, elle n'a pu paraître à celle de Saint-James.

Je n'oserais dire que la Reine fût aimée, mais elle était vénérée. Le prince régent donnait l'exemple des égards. Il était très soigneux et très tendre pour elle en particulier. En public, il la comblait d'hommages.

Je fus frappée, le soir de ce concert, de voir un valet de chambre apporter un petit plateau, avec une tasse de thé, un sucrier et un pot à crème et le remettre au Régent qui le présenta lui-même à sa mère. Il resta debout devant elle pendant tout le temps qu'elle arrangea sa tasse, sans se lever, sans se presser, sans interrompre sa conversation. Seulement elle lui disait toujours en anglais, quelque langue qu'elle parlât dans le moment : *Thank you, George.* Elle répétait le même remerciement dans les mêmes termes lorsque le prince régent reprenait le plateau des mains du valet de chambre pour recevoir la tasse vide. C'était l'usage constant. Cette cérémonie se renouvelait deux à trois fois dans la soirée, mais n'avait lieu que lorsque la Reine était chez le prince. Chez elle, c'était ordinairement une des princesses, quelquefois un des princes, jamais le Régent, mais toujours un de ses enfants qui lui présentait sa tasse de thé.

Tous les autres membres de la famille royale, y compris le Régent, partageaient les rafraîchissements préparés pour le reste de la société, sans aucune distinction. En général, autant l'étiquette était sévèrement observée pour la Reine, autant il en existait peu pour les autres. Les princes et princesses recevaient et rendaient des visites comme de simples particuliers.

Je me rappelle que, ce même soir où j'avais subi la présentation à la Reine, me trouvant peu éloignée d'une petite femme très blonde que douze années d'absence avaient effacée de mon souvenir, elle dit à lady Charlotte Greville avec laquelle je parlais :

«Lady Charlotte, nommez-moi à madame de Boigne.»

C'était la duchesse d'York[1] ; elle resta longtemps à causer avec nous sur tout et de toutes choses, avec une grande aisance et sans aucune forme princière.

Le lendemain, ma mère me mena faire des visites à toutes les princesses ; nous laissâmes des cartes chez celles qui ne nous admirent pas et la présentation fut faite.

La princesse Charlotte de Galles, mariée au prince de Cobourg[2], était encore plongée dans les douceurs de la lune de miel et ne quittait pas la campagne. Ma mère avait assisté à son mariage, béni dans un salon de Carlton House. Lorsque, plus tard, je lui dis combien je regrettais n'avoir pas partagé cet honneur, elle me répondit :

«Vous avez raison ; c'est un spectacle rare que l'héritière d'un royaume faisant un mariage d'amour et donnant sa main là où son cœur est déjà engagé. En tout, le bonheur parfait n'est pas commun ; je serai charmée que vous veniez souvent en être témoin à Claremont.»

Pauvre princesse !... Je ne fis connaissance avec elle qu'à un autre voyage. En ce moment, j'en entendais beaucoup parler. Elle était fort populaire, affectait les manières brusques attribuées à la reine

---

1. Frédéric-Auguste duc d'York (1763-1827), deuxième fils de George III, avait épousé en 1791 Frédérique de Prusse.
2. Le mariage avait été célébré le 2 mai 1816.

Élisabeth qu'elle portait même jusqu'à avoir adopté ses jurons. Elle était très tranchée dans ses opinions politiques, accueillait avec des serrements de main les plus affectueux tous les hommes, jeunes ou vieux, qu'elle regardait comme de son parti, ne manquait pas une occasion de marquer de l'opposition au gouvernement **de** son père et de l'hostilité personnelle à sa grand-mère et à ses tantes. Elle professait une vive tendresse pour sa mère qu'elle regardait comme sacrifiée aux malveillances de sa famille.

La princesse Charlotte recherchait avec soin les occasions d'être impertinente pour les femmes qui composaient la société particulière du Régent. On lui avait persuadé que son père avait eu le désir de faire casser son mariage et de nier la légitimité de sa naissance. Je ne sais si cela a quelque fondement ; en tout cas ses droits étaient inscrits sur son visage : elle ressemblait prodigieusement au prince. Elle était née neuf mois après le mariage dont l'intimité n'avait pas duré beaucoup de jours. Il est certain que le prince de Galles avait tenu à cette époque beaucoup de mauvais propos que la conduite de sa femme n'a que trop justifiés ; mais je ne sache pas qu'il ait jamais pensé à attaquer l'existence de la princesse Charlotte.

Il accusait miss Mercer d'avoir monté la tête de la jeune princesse en lui racontant cette fable ; il l'avait expulsée du palais et la détestait cordialement. Miss Mercer conservait une correspondance clandestine avec la princesse Charlotte. Elle avait excité ses répugnances contre le prince d'Orange que le cabinet anglais désirait lui faire épouser et encouragé le goût que la grande-duchesse Catherine de Russie avait cherché à lui faire prendre pour le prince Léopold de Saxe-Cobourg. Cette intrigue avait été conduite par ces deux femmes jusqu'au point d'amener la princesse Charlotte à déclarer qu'elle voulait épouser le prince Léopold et était décidée à refuser tout autre parti. L'opposition l'appuyait.

Miss Mercer, fille de lord Keith, riche héritière mais fort laide, prétendait de son côté épouser le duc de Devonshire et lui apporter en dot son crédit sur la future souveraine. Tout le parti whig, applaudissant à cette alliance, s'était ligué pour y déterminer le duc. Je ne sais s'il y aurait réussi ; mais, lorsque le mariage de la princesse semblait avoir assuré le succès de cette longue intrigue, elle échoua complètement devant le bon sens du prince Léopold. Il profita de la passion qu'il inspirait à sa femme pour l'éloigner de la coterie dont elle était obsédée, la rapprocher de sa famille et changer son attitude politique et sociale. Ce ne fut pas l'affaire d'un jour, mais il s'en occupa tout de suite et, dès la première semaine, miss Mercer, s'étant rendue à Claremont après y avoir écrit quelques billets restés sans réponse, y fut reçue si froidement qu'elle dut abréger sa visite, au point d'aller rechercher au village sa voiture qu'elle y avait renvoyée.

Des plaintes amenèrent des explications dont le résultat fut que la princesse manquerait de respect à son père en recevant chez elle une personne qu'il lui avait défendu de voir. Miss Mercer fut outrée ; le parti de l'opposition cessa d'attacher aucun prix à son mariage avec le duc de Devonshire et tout le monde se moqua d'elle d'y avoir prétendu.

Pour cacher sa déconvenue, elle affecta de s'éprendre d'une belle passion pour monsieur de Flahaut que ses succès auprès de deux reines du sang impérial bonapartiste avaient inscrit au premier rang dans les fastes de la galanterie. Il était précisément ce qu'on peut appeler un charmant jeune homme et habile dans l'art de plaire. Il déploya tout son talent. Miss Mercer se trouva peut-être plus engagée qu'elle ne comptait d'abord. Lord Keith se déclara hautement contre cette liaison; elle en acquit plus de prix aux yeux de sa fille. Quelques mois après, elle épousa monsieur de Flahaut, malgré la volonté formelle de son père qui ne lui a jamais tout à fait pardonné et l'a privée d'une grande partie de sa fortune. Madame de Flahaut n'a pas démenti les précédents de miss Mercer: elle a conservé le goût le plus vif pour les intrigues politiques et les tracasseries sociales.

Le prince régent menait la vie d'un homme du monde. Il allait dîner chez les particuliers et assistait aux réunions du soir. Ces habitudes donnaient une existence à part aux ambassadeurs; ils étaient constamment priés dans les mêmes lieux que le prince et il en était presque exclusivement entouré. À tous les dîners, il était toujours à table entre deux ambassadrices; dans les soirées, il se plaçait ordinairement sur un sofa à côté de lady Hertford et appelait une ambassadrice de l'autre côté.

Lady Hertford, qu'on nommait *la marquise* par excellence, était alors la reine de ses pensées[1]. Elle avait été très belle, mais elle avait la cinquantaine bien sonnée et il y paraissait, quoiqu'elle fût très parée et très pomponnée. Elle avait le maintien rigide, la parole empesée, le langage pédant et chaste, l'air calme et froid. Elle imposait au prince et exerçait sur lui beaucoup d'empire, était très grande dame, avait un immense état et trouvait qu'en se laissant quotidiennement ennuyer par le souverain elle lui accordait grande faveur.

La princesse Charlotte avait essuyé ses dédains envers elle, mais elle lui avait rendu impertinence

1. Isabella Ann Ingram Shepherd avait épousé en 1776 Francis Seymour, marquis de Hertford (1743-1822). Elle avait une grande fortune, sans manquer de charmes. Elle exerça longtemps sur le Régent une grande influence.

pour impertinence. La vieille Reine l'accueillait avec des égards qui témoignaient de la bonne opinion qu'elle lui conservait et lady Hertford promenait son *torysme* dans les salons avec toute la hauteur d'une sultane.

Le prince se levait extrêmement tard; sa toilette était éternelle. Il restait deux heures entières en robe de chambre. Dans cet intérieur, il admettait quelques intimes, ses ministres et les ambassadeurs étrangers lorsqu'ils lui faisaient demander à entrer. C'était ce qui lui plaisait le mieux. Si on écrivait pour obtenir une audience ou qu'on la lui demandât d'avance, il recevait habillé et dans son salon, mais cela dérangeait ses habitudes et le gênait. En se présentant à sa porte sans avoir prévenu, il était rare qu'on ne fût pas admis. Il commençait la conversation par une légère excuse sur le désordre où on le trouvait, mais il en était de meilleure humeur et plus disposé à la causerie.

Il n'achevait sa toilette qu'au dernier moment, lorsqu'on lui annonçait ses chevaux. Il montait à cheval, suivi d'un seul palefrenier, et allait au Parc où il se laissait aborder facilement. À moins qu'il ne dît: «Promenons-nous ensemble», on se bornait à en recevoir un mot en passant sans essayer de le suivre. Quand il s'arrêtait, c'était une grande politesse, mais elle excluait la familiarité, et on ne l'accompagnait pas. La première année, il s'arrêtait pour mon père, mais, lorsqu'il le traita plus amicalement, ou il l'engageait à se promener avec lui, ou il lui faisait un signe de la main en passant sans jamais s'arrêter.

Du Parc il se rendait chez lady Hertford où il achevait sa matinée. Plus habituellement sa voiture l'y venait prendre, quelquefois il revenait à cheval. Il fallait être très avant dans sa faveur pour que lady Hertford engageât à venir chez elle à l'heure du prince, et encore trouvait-on souvent la porte fermée. Les ministres y allaient fréquemment.

Lady Hertford, sans avoir beaucoup d'esprit, avait un grand bon sens, n'entrait dans aucune intrigue, ne voulait rien pour elle ni pour les siens ; elle était au fond la meilleure intimité que le prince, à qui la société des femmes était nécessaire, pût choisir. Les ministres ont eu occasion de s'en persuader encore davantage lorsque le Régent, devenu roi, a remplacé cette affection, toute de convenance, par une fantaisie pour lady Conyngham dont le ridicule n'a pas été le seul inconvénient.

Le prince régent avait trois manières d'inviter à dîner. Sur une énorme carte, le grand chambellan prévenait *par ordre* qu'on était convié *pour rencontrer la Reine*. Alors, on était en grand uniforme.

Le secrétaire intime, sir Benjamin Bloomfield, avertissait par un petit billet personnel, écrit à la main, que le prince priait pour tel jour. Alors, c'était en frac de la forme la plus ordinaire. Elle s'adressait aux femmes comme aux hommes. Les dîners n'étaient jamais de plus de vingt et ordinairement de douze à quinze personnes.

La troisième manière était réservée pour les intimes. Le prince envoyait, le matin même, un valet de pied dire verbalement que, si monsieur Untel était tout à fait libre et n'avait rien à faire, le prince l'engageait à venir dîner à Carlton House, mais il le priait surtout de ne pas se gêner. Il était bien entendu cependant qu'on n'avait jamais autre chose à faire, et je crois que le prince aurait trouvé très étrange qu'on ne se rendît pas à cette invitation. Mon père avait fini par la recevoir très fréquemment. Elle ne s'adressait jamais aux femmes. Ces dîners n'étaient que de cinq à six personnes et la liste des invités était fort limitée.

CHAPITRE II

La ligne de démarcation entre les ambassadeurs et les ministres plénipotentiaires est plus marquée à la Cour d'Angleterre qu'à aucune autre. Les ambassadeurs étaient de tout, les ministres de rien.

Je ne pense pas qu'aucun d'entre eux, si ce n'est peut-être le ministre de Prusse et encore bien rarement, ait dîné à Carlton House. Ils n'allaient pas aux soirées de la Reine où l'on admettait pourtant quelquefois les étrangers de distinction qu'ils avaient présentés et, dans les salons, ils ne jouissaient d'aucune prérogative, tandis que les ambassadeurs prenaient le pas sur tout le monde.

Cette grande différence déplaisait à une partie du corps diplomatique, sans nuire pourtant à sa bonne intelligence qui n'a pas été troublée pendant mon séjour en Angleterre. La comtesse de Lieven y tenait la première place : établie depuis longtemps dans le pays, elle y avait une importance sociale et une influence politique toute personnelle qu'on ne pouvait lui disputer.

L'arrivée de la princesse Paul Esterhazy lui avait causé de vives inquiétudes. L'Autriche était alors l'alliée la plus intime du cabinet anglais. Lord Castlereagh subissait l'influence du prince de Metternich. Paul Esterhazy, fort bien traité par le Régent, était dès longtemps très accueilli dans la société. La jeune femme qu'il ramenait se trouvait petite nièce de la Reine, propre nièce de la duchesse de Cumberland[1], cousine et bientôt favorite de la princesse Charlotte.

1. Le prince Paul Esterhazy (1786-1866) était alors ambassadeur d'Autriche à Londres, où il avait commencé en 1806 sa

C'étaient bien des moyens de succès. La comtesse de Lieven en frémit et ne put cacher son dépit, car, en outre de ses autres avantages, la nouvelle ambassadrice était plus jeune, plus jolie, et avait un impertinent embonpoint qui offusquait la désespérante maigreur de sa rivale. Cependant elle s'aperçut promptement que la princesse ne profiterait pas de sa brillante position. Toute aux regrets d'une absence forcée de Vienne, elle périssait de chagrin à Londres et, au bout de fort peu de mois, elle obtint la permission de retourner en Allemagne. Elle était à cette époque fort gentille et fort bonne enfant; nous la voyions beaucoup, elle se réfugiait dans notre intérieur contre les ennuis du sien et contre les politesses hostiles et perfides de la comtesse de Lieven. Je dois convenir lui en avoir vu exercer envers la princesse Esterhazy. Pour nous, elle a été uniformément gracieuse et obligeante; nous n'offusquions en rien ses prétentions.

La France, écrasée par une occupation militaire et les sommes énormes qui lui étaient imposées, avait besoin de tout le monde pour l'aider à soulever quelque peu de ce fardeau et n'était en mesure de disputer le pavé à personne.

La comtesse, devenue princesse de Lieven[1], a un esprit extrêmement distingué, exclusivement appliqué à la diplomatie plus encore qu'à la politique.

---

carrière diplomatique. Il jouera bien plus tard un rôle dans le mouvement national hongrois. La princesse Paul appartenait à la maison de Mecklembourg. Sa tante, Frédérique de Mecklembourg, avait épousé, en 1815, le duc de Cumberland, fils de George III.

1. Dorothée de Benkendorf (1794-1857) avait épousé le général comte de Lieven, qui fut ambassadeur de Russie à Londres (1812-1834). Devenue princesse de Lieven en 1828, séparée de son mari, elle s'installa à Paris en 1838 où son salon fut célèbre. Elle inaugura en 1839 avec Guizot une longue liaison.

Pour elle tout se réduit à des questions de personnes. Un long séjour en Angleterre n'a pu, sous ce point de vue, élargir ses premières idées russes, et c'est surtout cette façon d'envisager les événements qui lui a acquis et peut-être mérité la réputation d'être très intrigante. En 1816, elle était peu aimée mais fort redoutée à Londres. On y tenait beaucoup de mauvais propos sur sa conduite personnelle, et la vieille Reine témoignait parfois un peu d'humeur de la nécessité où elle se trouvait de l'accueillir avec distinction. Madame de Lieven n'aurait pas toléré la moindre négligence en ce genre.

Je ne saurais dire ce qu'est monsieur de Lieven, certainement homme de fort bonne compagnie et de très grandes manières, parlant peu mais à propos, froid mais poli. Quelques-uns le disent très profond, le plus grand nombre le croient très creux. Je l'ai beaucoup vu et j'avoue n'avoir aucune opinion personnelle. Il était complètement éclipsé par la supériorité incontestée de sa femme qui affectait cependant de lui rendre beaucoup et semblait lui être également soumise et attachée. On ne la voyait presque jamais sans lui : à pied, en voiture, à la ville, à la campagne, dans le monde, partout on les trouvait ensemble ; et pourtant personne ne croyait à l'union sincère de ce ménage.

Le prince Paul Esterhazy, grand seigneur, bon enfant, ne manque ni d'esprit, ni de capacité dans les affaires. Il est infiniment moins nul qu'un rire assez niais a autorisé ses détracteurs à le publier pendant longtemps. Il est difficile de se présenter dans le monde avec autant d'avantages de position sans y exciter des jalousies.

Parmi les hommes du corps diplomatique, le comte Palmella était le seul remarquable. Il a joué un assez grand rôle dans les vicissitudes du royaume de Portugal pour que l'histoire se charge du soin d'apprécier tout le bien et tout le mal que les partis en ont dit. Je n'ai aucun renseignement particulier sur lui : on m'a souvent avertie qu'il avait beaucoup d'esprit ; je n'en ai jamais été frappée. Il était joueur et menait à Londres une vie désordonnée qui l'éloignait de l'intimité de ses collègues et lui causait du malaise vis-à-vis d'eux.

Je me retrouvai à peu près étrangère dans le monde anglais ; la société s'était presque entièrement renouvelée. La mort y avait fait sa cruelle récolte ; beaucoup de mes anciennes amies avaient succombé. Un assez grand nombre voyageaient sur le continent que la paix avait enfin rouvert à l'humeur vagabonde des insulaires britanniques ; d'autres étaient établies à la campagne. Les plus jeunes se livraient aux soins de l'éducation de leurs enfants ; celles plus âgées subissaient la terrible corvée de mener leurs filles à la quête d'un mari.

Je ne connais pas un métier plus pénible. Il faut beaucoup d'esprit pour pouvoir y conserver un peu de dignité ; aussi est-il assez généralement admis que les mères peuvent en manquer impunément dans cette phase de leur carrière.

La vie des Anglaises est mal arrangée pour l'âge mûr ; cette indépendance de la famille dont le poète a si bien peint le résultat :

> That independence Briton's prize so high,
> Keeps man from man, and breaks the social tye,

pèse principalement sur les femmes.

L'enfance, très soignée, est ordinairement heureuse ; elle est censée durer jusqu'à dix-sept ou dix-huit ans. À cet âge, on quitte la *nursery* ; on est présenté à la Cour ; le nom de la fille est gravé sur la carte de visite de la mère ; elle est menée en tout lieu et passe immédiatement de la retraite complète à la plus grande dissipation. C'est le moment de la chasse au mari.

Les filles y jouent aussi leur rôle, font des avances très marquées et ordinairement ont grand soin de *tomber amoureuses*, selon l'expression reçue, des hommes dont la position sociale leur paraît la plus brillante. S'il joint un titre à une grande fortune, alors tous les cœurs de dix-huit ans sont à sa disposition.

L'habileté du chaperon consiste à laisser assez de liberté aux jeunes gens pour que l'homme ait occasion de se laisser séduire et engager, et pas assez pour que la demoiselle soit compromise, si on n'obtient pas de succès. Toutefois, le remède est à côté du mal. Un homme qui rendrait des soins assidus à une jeune fille pendant quelques mois et qui se retirerait sans *proposer*, comme on dit, serait blâmé, et, s'il répétait une pareille conduite, trouverait toutes les portes fermées.

On a accusé quelques jeunes gens à la mode d'avoir su *proposer* avec une telle adresse qu'il était impossible *d'accepter*; mais cela est rare. Ordinairement, les *assiduités*, pour me servir toujours du vocabulaire convenu, amènent une déclaration d'amour en forme à la demoiselle et, par suite, une demande en mariage aux parents.

C'est pour arriver à ces *assiduités* qu'il faut souvent jeter la ligne plusieurs campagnes de suite. Cela est tellement dans les mœurs du pays que, lorsqu'une jeune fille a atteint ses dix-huit ans et que sa mère, pour une cause quelconque, ne peut la mener, on la confie à une parente, ou même à une amie, pour la conduire à la ville, aux eaux, dans les lieux publics, en un mot là où elle peut trouver des *chances*. Les parents qui s'y refuseraient seraient hautement blâmés comme manquant à tous leurs devoirs. Il est établi qu'à cet âge une demoiselle entre en vente et qu'on doit la diriger sur les meilleurs marchés. J'ai entendu une tante, ramenant une charmante jeune nièce qu'elle avait conduite à des eaux très fréquentées, dire à la mère devant elle : « We have had no bite as yet this season, but several glorious nibbles[1] », et proposer de l'y ramener l'année suivante, si l'hameçon n'avait pas réussi ailleurs.

Comme on est toujours censé se marier par amour, et qu'ordinairement il y en a un peu, du moins d'un côté, les premières années de mariage sont celles où les femmes vivent le plus dans leur intérieur. Si leur mari a un goût dominant, et les Anglais en professent presque toujours, elles s'y associent. Elles sont très maîtresses dans leur ménage, et souvent, à l'aide de quelques phrases banales de soumission, dominent même la communauté.

Les enfants arrivent. Elles les soignent admirablement ; la maison s'anime. Le mari, l'amour passé, conserve quelque temps encore les habitudes casanières. L'ennui survient à son tour. On va voyager. Au retour, on se dit qu'il faut rétablir des relations négligées, afin de produire dans le monde plus avantageusement les filles qui grandissent. C'est là le moment de la coquetterie pour les femmes anglaises, et celui où elles succombent quelquefois. C'est alors qu'on voit des mères de famille, touchant à la quarantaine, s'éprendre de jeunes gens de vingt-cinq ans et fuir avec eux le domicile conjugal où elles abandonnent de nombreux enfants.

Lorsqu'elles ont échappé à ce danger, et assurément c'est la grande majorité, arrive ce métier de promeneuse de filles qui me paraît si dur. Pour les demoiselles, la situation est supportable ; elles ont des distractions. La dissipation les amuse souvent ;

1. Littéralement : « Pas encore de prise cette saison, mais plusieurs touches magnifiques. »

elles y prennent [goût] naturellement et gaiement. Mais, pour les pauvres mères, on les voit toujours à la besogne, s'inquiétant de tous les bons partis, de leurs allures, de leurs habitudes, de leurs goûts, les suivant à la piste, s'agitant pour les faire rencontrer à leurs filles. Leur visage s'épanouit quand un frère aîné vient les prier à danser ; si elles causent avec un cadet, en revanche, les mères s'agitent sur leurs banquettes et paraissent au supplice.

Sans doute les plus spirituelles dissimulent mieux cet état d'anxiété perpétuel, mais il existe pour toutes. Et qu'on ne me dise pas que ce n'est que dans la classe vulgaire de la société, c'est dans toutes.

En 1816, aucune demoiselle anglaise ne valsait. Le duc de Devonshire arriva d'un voyage en Allemagne ; il raconta un soir, à un grand bal, qu'une femme n'était complètement à son avantage qu'en valsant, que rien ne la faisait mieux valoir. Je ne sais si c'était malice de sa part, mais il répéta plusieurs fois cette assertion. Elle circula et, au bal prochain, toutes les demoiselles valsaient. Le duc les admira beaucoup, dit que cela était charmant et animait parfaitement un bal, puis ajouta négligemment que, pour lui, il ne se déciderait jamais à épouser une femme qui valserait.

C'est à la duchesse de Richemond et à Carlton House qu'il fit cette révélation. La pauvre duchesse, la plus maladroite de ces mères à projets, pensa tomber à la renverse. Elle la répéta à ses voisines qui la redirent aux leurs ; la consternation gagna de banquette en banquette. Les rires des personnes désintéressées et malveillantes éclatèrent. Pendant tout ce temps, les jeunes ladies valsaient en sûreté de conscience ; les vieilles enrageaient ; enfin la malencontreuse danse s'acheva.

Avant la fin de la soirée, la bonne duchesse de Richemond avait établi que ses filles éprouvaient une telle répugnance pour la valse qu'elle renonçait à obtenir d'elles de la surmonter. Quelques jeunes filles plus fières continuèrent à valser; le grand nombre cessa. Les habiles décidèrent qu'on valsait exclusivement à Carlton House pour plaire à la vieille Reine qui aimait cette danse nationale de son pays. Il est certain que, malgré son excessive pruderie, elle semblait prendre grand plaisir à retrouver ce souvenir de sa jeunesse.

La rude tâche de la mère se prolonge, plus ou moins, selon le nombre de ses filles et la facilité qu'elle trouve à les placer. Une fois mariées, elles lui deviennent étrangères, au point qu'on s'invite réciproquement à dîner, par écrit, huit jours d'avance. En aucun pays le précepte de l'Évangile : *Père et mère quitteras pour suivre ton mari*, n'est entré plus profondément dans les mœurs.

D'un autre côté, dès que le fils aîné a atteint ses vingt et un ans, son premier soin est de se faire un établissement à part. Cela est tellement convenu que le père s'empresse de lui en faciliter les moyens. Quant aux cadets, la nécessité de prendre une carrière, pour acquérir de quoi vivre, les a depuis longtemps éloignés de la maison paternelle.

Suivons la mère. La voilà rentrée dans son intérieur devenu complètement solitaire, car, pendant le temps de ces dissipations forcées, le mari a pris l'habitude de passer sa vie au club. Que fera-t-elle ? Supportera-t-elle cet isolement dans le moment de la vie où on a le plus besoin d'être entouré ? On ne saurait l'exiger. Elle ira augmenter ce nombre de vieilles femmes qui peuplent les assemblées de Londres, se parant chaque jour, veillant chaque nuit, jusqu'à ce que les infirmités la forcent à s'enfermer dans sa chambre, où personne n'est admis, et à mourir dans la solitude.

Qu'on ne reproche donc pas aux femmes anglaises

de courir après les plaisirs dans un âge assez avancé pour que cela puisse avoir l'apparence d'un manque de dignité. Les mœurs du pays ne leur laissent d'autre alternative que le grand nombre ou la solitude, l'extrême dissipation ou l'abandon. Si elles perdent leur mari, leur sort est encore bien plus cruel car une pénurie relative, suivant leur condition, vient l'aggraver. La belle-fille arrive, accompagnant son mari, prend immédiatement possession du château, donne tous les ordres. La mère s'occupe de faire ses paquets et, au bout de fort peu de jours, se retire dans un modeste établissement que souvent la sollicitude du feu lord lui a préparé.

Il est rare que son revenu excède le dixième de celui qu'elle a été accoutumée à partager, et elle voit son fils hériter, de son vivant, de la fortune qu'elle-même a apportée. C'est la loi du pays : à moins de précautions prises dans le contrat de mariage, la dot de la femme appartient tellement au mari que ses héritiers y ont droit, même pendant la vie de la veuve dont généralement toutes les prétentions se résolvent en une pension viagère.

Nos demoiselles françaises ne doivent pas trop envier à leurs jeunes compagnes anglaises la liberté dont elles jouissent et leurs mariages soi-disant d'inclination. Cette indépendance de la première jeunesse a pour résultat de les laisser sans protection contre la tyrannie d'un mari s'il veut l'exercer, et de leur assurer l'isolement de l'âge mûr si elles y arrivent.

S'il est permis de se servir de cette expression, les Anglaises me semblent avoir un nid plutôt qu'un intérieur, des petits plutôt que des enfants.

CHAPITRE III

J'examinais les usages d'un œil plus curieux à ce retour que lorsque, plus jeune, je n'avais aucun autre point de comparaison, et je trouvais que, si l'Angleterre avait l'avantage bien marqué dans le matériel de la vie, la sociabilité était mieux comprise en France.

Personne n'apprécie plus haut que moi le noble caractère, l'esprit public qui distinguent la nation.

Avec cet admirable bon sens qui fait la force du pays, l'Anglais, malgré son indépendance personnelle, reconnaît la hiérarchie des classes. En traversant un village, on entend souvent un homme sur le pas de sa chaumière dire à sa petite fille : « Curtsey to your betters, Betsy », expression qui ne peut se traduire exactement en français. Mais ce même homme n'admet point de supérieur là où son droit légal lui paraît atteint.

Il a également recours à la loi contre le premier seigneur du comté par lequel il se pense molesté et contre le voisin avec lequel il a une querelle de cabaret C'est sur cette confiance qu'elle le protège dans toutes les occurrences de la vie qu'est fondé le sentiment d'indépendance d'où naît ce respect de lui-même, cachet des hommes libres.

D'autre part, cette indépendance, ennemie de la sociabilité et qui porterait avec elle un caractère un peu sauvage, est modifiée par la passion qu'a la classe inférieure de ne rien faire qui ne soit *genteel*, et la classe plus élevée rien qui ne soit *gentlemanlike*. C'est là le lien qui unit les Anglais entre eux. Quant à la fantaisie d'être *fashionable*, c'est le but du petit nombre. Elle est poussée souvent jusqu'au ridicule.

En observant les deux pays de près, on remarque

combien des gens, également délicats dans le fond de leurs sentiments, peuvent pourtant se blesser réciproquement dans la manière de les exprimer, je dirai presque de les concevoir. Cette pensée me vient du souvenir d'un dîner que je fis chez une de mes anciennes amies, lady Dunmore, en très petit comité. On s'y entretint de la nouvelle du jour, la condamnation de lord Bective par la cour ecclésiastique de Doctors Commons. Voici à quelle occasion :

Lady George Beresford était, l'année précédente, une des plus charmantes, des plus distinguées, des plus heureuses femmes de Londres. À la suite d'une couche, le lait lui monta à la tête et elle devint folle. Son mari fut désespéré. La nécessité de rechercher quelques papiers d'affaires le força à ouvrir une cassette appartenant à sa femme ; elle contenait une correspondance qui ne laissait aucun doute sur le genre de son intimité avec lord Bective. Le mari devint furieux. Quoique la femme restât folle et fût enfermée, il entama une procédure contre elle. Des témoins, qui la traînèrent dans la boue, furent entendus ; et lord Bective condamné à douze mille louis de dommages envers lord George.

C'était sur la quotité de cette somme qu'on discutait à la table où je me trouvais assise. Elle paraissait aux uns disproportionnée au mérite de lady George ; les autres ne la trouvaient qu'équivalente.

Elle était si blanche, d'une si belle tournure, tant de talents, si gracieuse ! — Pas tant, et puis elle n'était plus très jeune. — Elle lui avait donné de si beaux enfants ! — Sa santé s'altérait, son teint se gâtait. — Elle avait tant d'esprit ! — Elle devenait triste et assez maussade depuis quelques mois.

La discussion se soutenait, avec un avantage à peu près égal, lorsque la maîtresse de la maison la termina en disant :

«Je vous accorde que douze mille louis est une

bien grosse somme, mais le pauvre lord George l'aimait tant!»

La force de cet argument parut irrésistible et concilia toutes les opinions. J'écoutais avec étonnement. Je me sentais froissée d'entendre des femmes de la plus haute volée énumérer et discuter les mérites d'une de leurs compagnes comme on aurait pu faire des qualités d'un cheval et ensuite apprécier en écus le chagrin que sa perte avait dû causer à son mari qui, déjà, me paraissait odieux en poursuivant devant les tribunaux la mère de ses enfants frappée par la main de Dieu de la plus grande calamité à laquelle un être humain puisse être condamné.

Faut-il conclure de là que la haute société en Angleterre manque de délicatesse? Cela serait aussi injuste que d'établir que les femmes françaises sont sans modestie parce qu'elles emploient quelques locutions proscrites de l'autre côté du canal. Ce qui est vrai, c'est que les différents usages présentent les objets sous d'autres faces, et qu'il ne faut pas se hâter de juger les étrangers sans avoir fait un profond examen de leurs mœurs. Quelle société ne présente pas des anomalies choquantes pour l'observateur qui n'y est pas accoutumé? J'admirais en théorie le respect des Anglais pour les hiérarchies sociales, et puis ma sociabilité française s'irritait de les voir en action dans les salons.

Les grandes dames ouvrent leurs portes une ou deux fois dans l'année à tout ce qui, par une relation quelconque mais surtout par celles qui se rapportent aux élections, a l'honneur d'oser se faire écrire chez elles en arrivant à Londres. Cette visite se rend par l'envoi d'une très grande carte sur laquelle est imprimé: la duchesse*** *at home*, tel jour, à la date de plusieurs semaines. Le nom des personnes auxquelles elle s'adresse est écrit derrière, à la main. Dieu sait quel mouvement on se donne pour en recevoir une, et toutes les courses, toutes les manœuvres, pour faire valoir ses droits à en obtenir.

Le jour arrivé, la maîtresse de la maison se place debout à la porte de son salon ; elle y fait la révérence à chaque personne qui entre ; mais quelle révérence, comme elle leur dit : « Quoique vous soyez chez moi, vous comprenez bien que je ne vous connais pas et ne veux pas vous connaître ! » Cela est rendu encore plus marqué par l'accueil différent accordé aux personnes de la société fashionable.

Hé bien, dans ce pays de bon sens, personne ne s'en choque : chacun a eu ce qu'il voulait : les familiers la bonne réception, les autres la joie de l'invitation. La carte a été fichée pendant un mois sur la glace ; elle y a été vue par toutes les visites. On a la possibilité de dire dans sa société secondaire comment sont meublés les salons de la duchesse***, la robe que portait la marquise***, et autres remarques de cette nature. Le but auquel ces invités prétendent est atteint, et peut-être seraient-ils moins fiers d'être admis chez la duchesse*** si elle était plus polie.

Chez nous, personne ne supporterait un pareil traitement. J'ai quelquefois pensé que la supériorité de la société française sur toutes les autres tenait à ce que nous établissons que la personne qui reçoit, celle qui fait les frais d'une soirée ou d'un dîner, est l'obligée des personnes qui s'y rendent et que, partout ailleurs, c'est le contraire. Si on veut y réfléchir, on trouvera, je crois, combien cette seule différence doit amener de facilité dans le commerce et d'urbanité dans les formes.

Les immenses raouts anglais sont si peu en proportion avec la taille des maisons qu'ordinairement le trop-plein des salons s'étend dans l'escalier et quelquefois jusque dans la rue où les embarras de voitures ajoutent encore à l'ennui de ces réunions. La liberté anglaise (et là je ne reconnais pas la haute judiciaire du pays) n'admet pas qu'on établisse aucun ordre dans les files. C'est à coup de timon et en lançant les chevaux les uns contre les autres qu'on arrive, ou plutôt qu'on n'arrive pas. Il n'y a pas de soirée un peu à la mode où il ne reste deux ou trois voitures brisées sur le pavé. Cela étonne encore plus à Londres où elles sont si belles et si soignées.

Les raouts ont exalté le sentiment que je portais déjà à nos bons et utiles gendarmes; mon amour pour la liberté a toujours fléchi devant eux. Je me rappelle entre autres les avoir appelés de tous mes vœux un soir où nous fûmes sept quarts d'heure en perdition, prêts à être broyés en cannelle à chaque instant, pour arriver chez lady Hertford. Nous partions de Portman square; elle demeurait dans Manchester square[1]: il y a bien pour une minute de chemin, lorsqu'il est libre.

Pour éviter au prince régent l'ennui de ces embarras, il arrivait dans le salon de la marquise en traversant un petit jardin et par la fenêtre. C'était fort simple assurément, mais, quand cette fenêtre s'élevait à grand bruit pour le laisser entrer, un sourire involontaire passait sur toutes les figures.

En outre de la fatigue de ces assemblées, ce qui les rend odieuses aux étrangers c'est l'heure où elles commencent. J'en avais perdu le souvenir. Engagée à un bal le lendemain du raout de lady Hertford, j'avais vu sonner minuit sans que ma mère songeât à partir. Je la pressai de s'y décider.

«Vous le voulez, j'y consens, mais nous gênerons.»

Pour cette fois, nous ne trouvâmes pas de file; nous étions les premières, les salons n'étaient pas achevés d'éclairer. La maîtresse de la maison entra tirant ses gants; sa fille n'eut achevé sa toilette

---

1. Hertford House abrite aujourd'hui la Wallace Collection. Portman Square était le siège de l'ambassade de France.

qu'une demi-heure plus tard, et la foule ne commença à arriver qu'à près d'une heure du matin.

Je me suis laissé raconter que beaucoup de femmes se couchent entre leur dîner et l'heure où elles vont dans le monde pour être plus fraîches. Je crois que c'est un conte, mais certainement beaucoup s'endorment par ennui.

Pendant que je suis sur l'article des bals, il me faut parler d'un très beau et très bizarre par la situation des gens qui le donnaient.

Le marquis d'Anglesey[1], après avoir été marié vingt et un ans à une Villiers et en avoir eu une multitude d'enfants, avait divorcé en Écosse où la loi admet les infidélités du mari comme cause suffisante. Il venait d'épouser lady Émilie Wellesley qui, divorcée pour son compte en Angleterre, laissait aussi une quantité d'enfants à un premier mari.

La marquise d'Anglesey avait, de son côté, épousé le duc d'Argyll. Elle n'était pas dans la catégorie des femmes divorcées et continuait à être admise chez la Reine et dans le monde. Toutefois ce second mariage avait été si prompt qu'on tenait qu'elle était, tout au moins, d'accord avec lord d'Anglesey pour amener leur divorce. Plusieurs filles (les ladies Paget) de dix-huit à vingt-deux ans résidaient chez leur père, mais allaient dans le monde menées par la duchesse.

Lord d'Anglesey avait eu la jambe emportée à la bataille de Waterloo. Son état très alarmant pendant longtemps avait excité un vif intérêt dans la société ; il en avait reçu des preuves soutenues. Pour

---

1. Henry William Paget (1768-1854) fut créé marquis d'Anglesey le 4 juillet 1815, en récompense de sa brillante conduite à Waterloo, où il avait été blessé à la tête de la cavalerie. Il avait épousé le 25 juillet 1795 Caroline-Élisabeth Villiers, fille du comte de Jersey, dont il avait eu trois fils et cinq filles. Ils divorcèrent en 1810 pour épouser, elle, le duc d'Argyll, lui, la femme divorcée d'Henry Wellesley, futur lord Cowley.

témoigner de sa reconnaissance, il imagina de donner une grande fête à ses nombreux amis à l'occasion de son rétablissement.

On construisit une salle de bal à la suite des beaux appartements d'Uxbridge House, et tous les préparatifs furent faits par le marquis et la nouvelle lady d'Anglesey sur le pied de la plus grande magnificence. Les billets, dans une forme très inusitée, n'étaient au nom de personne. Lord d'Anglesey, en adressant ses remerciements à monsieur et madame Untel de leurs soins obligeants, espérait qu'ils viendraient passer la soirée du... à Uxbridge House.

Un moment avant l'arrivée de la société, lady d'Anglesey, femme divorcée qu'on ne voyait pas, après avoir veillé à tous les arrangements, partit pour la campagne. Lord d'Anglesey, trop tendre et trop galant pour laisser son épouse dans la solitude, l'accompagna. De sorte qu'il n'y avait plus ni maître, ni maîtresse de maison là où se donnait cette grande fête. Les filles de la première femme en faisaient les honneurs et, par courtoisie, elles s'étaient associé mesdemoiselles Wellesley, filles de la seconde par son premier mari avec lequel elles demeuraient.

Il faut avouer qu'on ne pouvait guère concevoir une idée plus étrange que celle d'appeler le public chez soi dans de pareils prédicaments.

Ce bal fut illustré par une autre singularité. Lady Caroline Lamb avait fait paraître quelques jours avant le roman de *Glenarvon*[1]. C'était le récit de ses aventures avec le fameux lord Byron, aventures

---

1. Lady Caroline Lamb (1785-1828) était mariée depuis 1805. Elle avait eu par la suite une liaison publique avec lord Byron, rompue en 1813. William Lamb avait engagé une procédure de séparation, lorsqu'elle publia *Glenarvon*, son premier roman (1816), où elle faisait une caricature du poète. L'autodafé des lettres qu'elle avait reçues de lui acheva de la réconcilier avec son mari.

poussées le plus loin possible. Elle avait fait entrer dans le cadre de son roman tous les personnages marquants de la société et surtout les membres de sa propre famille, y compris son mari William Lamb (devenu depuis lord Melbourne).

À la vérité, elle lui accordait un très beau caractère et une fort noble conduite ; elle avait été moins bénévole pour beaucoup d'autres, et, comme les noms étaient supposés, on se disputait encore sur les personnes qu'elle avait prétendu peindre.

À ce bal d'Uxbridge House, je l'ai vue, pendue amoureusement au bras de son mari et distribuant la *clef*, comme elle disait, de ses personnages fort libéralement. Elle avait eu le soin d'en faire faire de nombreuses copies où le nom supposé et le nom véritable étaient en regard, et c'étaient ceux de gens présents ou de leurs parents et amis. Cette scène complétait la bizarrerie de cette singulière soirée.

Je renonçai bien vite à mener la vie de Londres ; en outre qu'elle m'ennuyait, j'étais souffrante. J'avais rapporté de Gênes une douleur rhumatismale dans la tête qui n'a cédé que quatre ans après, à l'effet des eaux d'Aix, et qui me rendait incapable de prendre part aux plaisirs bruyants.

Aussi n'éprouvai-je aucun regret de ne point assister aux fêtes données en France pour le mariage de monsieur le duc de Berry. Les récits qui nous en arrivaient les représentaient comme ayant été aussi magnifiques que le permettait la détresse générale du royaume. Elles avaient été plus animées qu'on ne devait s'y attendre dans de si pénibles circonstances. La plupart de ceux appelés à y figurer appartenaient à une classe de personnes qui regardent la Cour comme nécessaire au complément de leur existence. Quand une circonstance quelconque de disgrâce ou de politique les tire de cette atmosphère, il manque quelque chose à leur vie. Un grand nombre d'entre elles avaient été privées d'assister à des fêtes de Cour par les événements de la Révolution; elles y portaient un entrain de débutantes et un zèle de néophytes qui simulaient au moins la gaieté si elle n'était pas complètement de bon aloi.

Je ne sais jusqu'à quel point le public s'identifia à ces joies; j'étais absente et les rapports furent contradictoires. De tous les récits, il n'est resté dans ma mémoire qu'un mot du prince de Poix. Le jour de l'entrevue à Fontainebleau, le duc de Maillé[1], s'adressant à un groupe de courtisans qui, comme lui, sortaient des appartements, leur dit:

«Savez-vous, messieurs, que notre nouvelle princesse a un œil plus petit que l'autre.

— Je n'ai pas du tout vu cela», reprit vivement le prince de Poix.

Mais après avoir réfléchi, il ajouta:

«Peut-être madame la duchesse de Berry a-t-elle l'œil gauche un peu plus grand.»

Cette réponse est trop classique en son genre pour négliger de la rapporter.

Je reviens à Londres. Je ne sortais guère de l'intérieur de l'ambassade, où nous avions fini par attirer quelques habitués, que pour aller chez les collègues du corps diplomatique, chez les ministres et à la Cour dont je ne pouvais me dispenser.

---

1. Charles-Armand de Maillé (1770-1837), premier gentilhomme de la Chambre. Son fils Armand, duc de Maillé (1815-1874), épousa en 1845 la nièce de Mme de Boigne.

CHAPITRE IV

Je ne mets pas au rang des devoirs, car ce m'était un plaisir, de fréquentes visites à Twickenham. Monsieur le duc d'Orléans y était retiré avec les siens ; il y menait une vie simple, exclusivement de famille.

Avant l'arrivée de mon père, la sottise courtisane de monsieur de La Châtre [1] l'avait entouré d'espions à gages qui empoisonnaient ses actions les plus innocentes et le tourmentaient de toutes façons. Mon père mit un terme à ces ignobles tracasseries et les exilés de Twickenham lui en surent gré, d'autant qu'en montrant leur conduite telle qu'elle était en effet, il leur ouvrait les portes de la France où ils aspiraient à rentrer.

Un des agents rétribués par la police française vint dire à mon père, un beau matin, que monsieur le duc d'Orléans se démasquait enfin. Des proclamations factieuses s'imprimaient clandestinement à Twickenham et des ballots allaient s'expédier sur les côtes de France. Le révélateur assurait pouvoir s'en procurer.

« Hé bien, lui dit mon père, apportez-moi, je ne dis pas seulement une proclamation, mais une publication bien moins grave, sortie d'une presse établie à Twickenham et je vous compte cent guinées sur-le-champ. » Il attendit vainement.

Le dimanche suivant, allant faire une visite le soir à madame la duchesse d'Orléans, nous trouvâmes toute la famille autour d'une table, composant une page d'impression. On avait acheté, pour divertir les enfants, une petite imprimerie portative, un véritable joujou, et on les en amusait le dimanche. Déjà

---

1. Le précédent ambassadeur.

on avait tiré quelques exemplaires d'une fable d'une vingtaine de vers, faite par monsieur le duc de Montpensier dans son enfance ; c'était le travail d'un mois : et voilà la presse clandestine destinée à bouleverser le monde !

Ces niaises persécutions ne servaient qu'à irriter monsieur le duc d'Orléans. Louis XVIII l'a constamment abreuvé de dégoûts, en France et à l'étranger. La rencontre à Lille, où le dissentiment sur la conduite à tenir fut si public, avait achevé de fomenter leur mutuelle inimitié.

À la première nouvelle du débarquement de l'Empereur à Cannes, monsieur le duc d'Orléans avait accompagné Monsieur à Lyon. Revenu à Paris avec ce prince, il était reparti seul pour Lille où il avait préparé, avec le maréchal Mortier, la défense de la place. Quand le Roi y fut arrivé, il l'engagea à y établir le siège de son gouvernement. Le Roi, après quelque hésitation, le promit ; il donna parole tout au moins de ne point abandonner le sol français. Ce furent ses derniers mots à monsieur le duc d'Orléans lorsque celui-ci se retira dans l'appartement qu'il occupait. Trois heures après, on vint le réveiller pour lui apprendre que le Roi était parti et prenait la route de Belgique ; les ordres étaient déjà donnés lorsqu'il assurait vouloir rester en France. Monsieur le duc d'Orléans, courroucé de ce secret gardé envers lui, écrivit au Roi pour se plaindre amèrement, au maréchal Mortier pour le dégager de toutes ses promesses et, renonçant à suivre le Roi, s'embarqua pour rejoindre sa famille en Angleterre. Il loua une maison à Twickenham, village qu'il avait déjà habité lors de la première émigration.

Aussitôt que la famille d'Orléans se fut bien persuadée que le successeur de monsieur de La Châtre ne suivrait pas ses errements et qu'elle n'avait aucune tracasserie à craindre de mon père, la confiance la plus loyale s'établit et monsieur le duc d'Orléans ne fit aucune démarche que d'accord avec lui. Il poussa la déférence envers le gouvernement du Roi jusqu'à ne recevoir personne à Twickenham sans en donner avis à l'ambassadeur et toutes ses démarches en France furent combinées avec lui.

L'espionnage tomba de lui-même. Monsieur Decazes rappela les agents que monsieur de La Châtre lui avait représentés comme nécessaires ; et, puisque je dis tout, peut-être la crainte de voir retirer les fonds secrets qu'il recevait pour ce service rendait-elle l'ambassadeur plus méticuleux.

Mademoiselle fut la dernière ramenée à la confiance, mais aussi elle le fut complètement et à jamais. C'est pendant ces longues journées de campagne que j'ai eu occasion d'apprécier la distinction de son esprit et la franchise de son caractère. Mon tendre dévouement pour son auguste belle-sœur se développait chaque jour de plus en plus.

La conversation de monsieur le duc d'Orléans n'a peut-être jamais été plus brillante qu'à cette époque. Il avait passé l'âge où une érudition aussi profonde et aussi variée paraissait un peu entachée de pédantisme. L'impartialité de son esprit lui faisait comprendre toutes les situations et en parler avec la plus noble modération. Son bonheur intérieur calmait ce que sa position politique pouvait avoir d'irritant, et, au fond, je ne l'ai jamais vu autant à son avantage, ni peut-être aussi content, que dans le petit salon de Twickenham, après d'assez mauvais dîners que nous partagions souvent.

De leur côté, les princes habitants de Twickenham [1] n'avaient point d'autre pied-à-terre à Londres

---

1. Ferdinand-Philippe né en 1810, prince royal. Louise née en 1812, future reine des Belges. Marie née en 1813 future duchesse de Wurtemberg, Louis, duc de Nemours né en 1814.

que l'ambassade dans les courses assez rares qu'ils y faisaient.

Monsieur le duc de Chartres, quoique bien jeune, était déjà un bon écolier, mais n'annonçait ni l'esprit, ni la charmante figure que nous lui avons vus. Il était délicat et un peu étiolé comme un enfant né dans le Midi. Ses sœurs avaient échappé à cette influence du soleil de Palerme.

L'aînée, distinguée dès le berceau par l'épithète de la *bonne Louise*, a constamment justifié ce titre en marchant sur les traces de son admirable mère : elle était fraîche, couleur de rose et blanc, avec une profusion de cheveux blonds. La seconde, très brune et plus mutine, était le plus délicieux enfant que j'aie jamais rencontré : *Marie* n'était pas si parfaite que *Louise*, mais ses sottises étaient si intelligentes et ses reparties si spirituelles qu'on avait presque l'injustice de leur accorder la préférence.

Ma mère en raffolait. Un jour où elle avait été *bien mauvaise*, madame la duchesse d'Orléans la fit gronder par elle. La petite princesse fut désolée. À notre prochaine visite madame de Vérac, dame d'honneur de madame la duchesse d'Orléans, dit à ma mère :

« Vous n'avez que des compliments à faire aujourd'hui, madame d'Osmond ; la princesse Marie a été sage toute la semaine. Elle a appris à faire la révérence, voyez comme elle la fait bien ; elle a été polie ; elle a bien pris ses leçons, enfin madame la duchesse d'Orléans va vous dire qu'elle en est très contente. »

Ma mère caressa le joyeux enfant ; ses parents étaient à la promenade ; un instant après nous vîmes la petite princesse à genoux à côté de madame de Vérac :

« Que faites-vous là, princesse Marie ?

Enfin Clémentine née à Twickenham en 1817, future princesse de Saxe-Cobourg.

— Je vous fais de la reconnaissance, et puis au bon Dieu. »

Qu'on me passe encore deux histoires de la princesse Marie. L'année suivante, on donnait sur le théâtre de Drury Lane une de ces arlequinades où les Anglais excellent ; tous les enfants de la famille d'Orléans devaient y assister après avoir passé la journée à l'ambassade. On arriva un peu trop tôt ; le dernier acte d'une tragédie où jouait mademoiselle O'Neil n'était pas achevé. Au bout de quelques minutes, la princesse Marie se retourna à sa gouvernante :

« Donnez-moi mon mouchoir, madame Mallet. Je ne suis pas méchante je vous assure, mais mes yeux pleurent malgré moi ; cette dame a la voix si malheureuse ! »

Plus tard, lorsqu'elle avait près de six ans, je me trouvai un soir au Palais-Royal ; la princesse Marie s'amusait à élever des fortifications avec des petits morceaux de bois taillés à cet effet, et recevait les critiques d'un général dont elle avait sollicité le suffrage. Elle releva son joli visage et avec sa petite mine si piquante, lui dit :

« Ah ! sans doute, général, ce n'est pas du Vauban. »

Monseigneur le duc de Nemours, ou plutôt *Moumours*, comme il commençait à s'appeler lui-même, était beau comme le jour.

Madame la duchesse d'Orléans était accouchée à Twickenham d'une petite princesse qu'elle nommait *la fille de monsieur d'Osmond*, parce que mon père avait été appelé à constater son état civil. Ce maillot complétait la famille.

Tout le monde dans l'intérieur s'entendait pour que ces enfants reçussent dès le berceau la meilleure éducation qu'il fût possible d'imaginer ; je n'en ai jamais connu de plus soignés et de moins gâtés.

Le reste des habitants se composait ainsi : la comtesse de Vérac, née Vintimille, dame d'honneur de madame la duchesse d'Orléans dès Palerme, excellente personne, dévouée à sa princesse et dont la mort a été une perte réelle pour le Palais-Royal ; madame de Montjoie, aussi distinguée par les qualités du cœur que par celles de l'esprit, était attachée à Mademoiselle depuis leur première jeunesse à toutes deux et identifiée de telle façon qu'elle n'a ni autre famille ni autres intérêts. Raoul de Montmorency et Camille de Sainte-Aldegonde, aides de camp de monsieur le duc d'Orléans, se partageaient entre la France et Twickenham.

Monsieur Athalin[1] y résidait à poste fixe. Avant 1814, il était officier d'ordonnance de l'Empereur. Monsieur le duc d'Orléans, suivant son système d'amalgame, l'avait pris pour aide de camp avec l'agrément du Roi ; mais, en 1815, il était retourné près de son ancien chef en écrivant au prince une lettre fort convenable. Les Cent-Jours terminés, monsieur le duc d'Orléans répondit à cette lettre en l'engageant à venir le rejoindre. Monsieur Athalin profita de cette indulgence. Elle fut très mal vue à la Cour des Tuileries, mais elle a fondé le dévouement sans bornes qu'il porte à ses nobles protecteurs.

La gouvernante des princesses et l'instituteur de monsieur le duc de Chartres, monsieur du Parc,

1. Louis Athalin (1784-1856). Polytechnicien, officier du génie, puis officier d'ordonnance de Napoléon, il avait fait toutes les campagnes de la Grande Armée. En 1814 il était colonel, chef du service géographique de l'empereur, qui lui écrivit le 13 avril : «Vous continuerez à justifier la bonne opinion que j'ai conçue de vous en servant le nouveau souverain de la France.» Il conserva jusqu'en 1838 ses fonctions d'aide de camp. Créé baron en 1813, il fut nommé pair de France en 1832. C'était aussi un peintre de talent qui collabora à plusieurs *Voyages pittoresques*, en particulier celui de Charles Nodier et du baron Taylor.

homme de mérite, complétaient les commensaux de cet heureux intérieur. On y menait la vie la plus calme et la plus rationnelle. Si on y conspirait, c'était assurément à bien petit bruit et d'une façon qui échappait même à l'activité de la malveillance.

Je voudrais pouvoir parler en termes également honorables du pauvre duc de Bourbon; mais, si toutes les vertus familiales semblaient avoir élu domicile à Twickenham, toutes les inconvenances habitaient avec lui dans une mauvaise ruelle de Londres où il avait pris un appartement misérable. Un seul domestique l'y servait; il n'avait pas de voiture.

Mon père était chargé de le faire renoncer à cette manière de vivre, mais il ne put y réussir. Après sa triste apparition dans la Vendée, il s'était embarqué et était arrivé à Londres pendant les Cent-Jours. Monsieur le prince de Condé le rappelait auprès de lui et mettait à sa disposition toutes les sommes dont il pouvait avoir besoin; mais lui persistait à continuer la même existence. Il dînait dans une boutique de côtelettes, *Chop house*, car cela ne mérite pas le nom de restaurateur, se rendait alternativement à un des théâtres, attendait en se promenant sous les portiques que l'heure du demi-prix fût arrivée, entrait dans la salle et en ressortait à la fin du spectacle avec une ou deux mauvaises filles qui variaient tous les jours et qu'il menait souper dans quelque tabagie, alliant ainsi les désordres grossiers avec ses goûts parcimonieux. Quelquefois, lord William Gordon était de ces parties, mais plus souvent il allait seul. C'était pour jouir de cette honorable vie qu'il s'obstinait à rester en Angleterre, et toutes les supplications ne purent le décider à partir à temps pour recevoir le dernier soupir de son père.

Par d'autres motifs, la princesse sa sœur refusait

aussi de rentrer en France; c'était à cause de sa haine pour le Concordat. J'avais une grande vénération spéculative pour cette jeune Louise de Condé, pleurant au pied des autels les crimes de son pays et offrant en sacrifice un si pur holocauste pour les expier.

Je m'en étais fait un roman; mais il fallait éviter d'en apercevoir l'héroïne, commune, vulgaire, ignorante, banale dans ses pensées, dans ses sentiments, dans ses actions, dans ses paroles, dans sa personne. On était tenté de plaindre le bon Dieu d'être si constamment importuné par elle; elle l'appelait en aide dans toutes les circonstances les plus futiles de sa puérile existence. Je lui ai vu dire oraison pour retrouver un peloton de laine tombé sous sa chaise: c'était la caricature d'une religieuse de comédie. Mon père fut obligé de lui faire presque violence pour la décider à partir.

CHAPITRE V

J'ai déjà dit que je n'avais eu aucune connaissance détaillée des affaires par mon père. Je n'en ai su que ce qui est assez public pour qu'il n'y ait point d'intérêt à le raconter. Chaque semaine, il recevait deux courriers de Paris toujours chargés d'une longue lettre particulière du duc de Richelieu. Il lui répondait aussi directement, de sorte que les bureaux et la légation n'étaient pas initiés au fond de ces négociations dont le but, pourtant, était patent pour tout le monde. Il s'agissait d'obtenir quelque soulagement à l'oppression de notre pauvre patrie. Le cœur du ministre et de l'ambassadeur battaient à l'unisson; leur vie entière y était consacrée.

Lord Castlereagh [1] était un homme d'affaires avec de l'esprit, de la capacité, du talent même, mais sans haute distinction. Il connaissait parfaitement les hommes et les choses de son pays ; il s'en occupait depuis l'âge de vingt ans ; mais il était parfaitement ignorant des intérêts et des rapports des puissances continentales.

Lorsqu'à la fin de 1813 une mission, confiée à Pozzo, l'attira au quartier général des souverains alliés, il savait seulement que le blocus minait l'Angleterre, qu'il fallait abattre la puissance en position de concevoir une pareille idée, ou du moins la mettre hors d'état de la réaliser, et que l'Autriche devait être l'alliée naturelle de l'Angleterre. Il n'en fallait pas davantage pour le livrer à l'habileté du prince de Metternich. Lord Castlereagh est une des premières médiocrités puissantes sur laquelle il ait exercé sa complète domination.

Toujours et en tout temps les affaires anglaises se font exclusivement par les Anglais et à Londres ; mais, pour tout ce qui tenait à la politique extérieure, Downing Street se trouvait sous la surveillance de la chancellerie de Vienne ; et je crois que cette situation s'est prolongée autant que la vie de lord Castlereagh.

Lorsque je l'ai connu, il ne donnait aucun signe de la fatale maladie héréditaire qui l'a porté au suicide. Il était, au contraire, uniformément calme et doux,

1. Robert Stewart, marquis de Londonderry, lord Castlereagh (1769-1822), était ministre des Affaires étrangères depuis 1812. Il avait commencé par jouer un rôle de premier plan dans le règlement de la question irlandaise après la rébellion de 1798. Puis comme ministre de la guerre (juillet 1805-février 1806, mars 1807-septembre 1809), il avait contribué au succès de Wellington en Espagne, avant de galvaniser toutes les énergies contre Napoléon. Il avait épousé, en 1794, lady Émilie Anne, fille de John Hobart, comte de Buckinghamshire.

discutant très bien les intérêts anglais, mais sans passion et toujours parfaitement *gentlemanlike*. Il parlait assez mal français ; une de ses phrases habituelles dans les conférences était : « Mon cher ambassadeur, il faut terminer cela à *l'aimable* » ; mais, si le mot était peu exact, le sentiment qui l'inspirait se montrait sincère.

Lord Castlereagh avait une grande considération pour le caractère loyal du duc de Richelieu, et la confiance qu'il inspirait a, partout, facilité les négociations dans ces temps de néfaste mémoire.

J'avais connu lady Castlereagh assez belle : devenue très forte et très grasse, elle avait perdu toute distinction en conservant de beaux traits. Elle avait peu d'esprit mais beaucoup de bienveillance, et une politesse un peu banale sans aucun usage du monde.

Au congrès de Vienne, elle avait inventé de se coiffer avec les ordres en diamants de son mari et avait placé la jarretière en bandeau sur son front. Le ridicule de cette exhibition l'avait empêchée de la renouveler, et les boîtes, que les traités faisaient abonder de toutes parts, fournissaient suffisamment à son goût très vif pour la parure et les bijoux. Toutefois, il était dominé par celui de la campagne, des fleurs, des oiseaux, des chiens et des animaux de toute espèce.

Elle n'était jamais si heureuse qu'à Cray où lord Castlereagh avait une véritable maison de curé. On descendait de voiture à une petite barrière qui, à travers deux plates-bandes de fleurs communes, donnait accès à une maison composée de trois pièces. L'une servait de salon et de cabinet de travail au ministre, l'autre de salle à manger, la plus petite de cabinet de toilette. Au premier, il y avait trois chambres à coucher : l'une appartenait au ménage Castlereagh, les deux autres se donnaient aux amis parmi lesquels on comptait quelques ambassadeurs.

Mon père a été plusieurs fois à demeure, pendant quelques jours, à Cray farm ; il m'a dit que l'établissement n'était guère plus magnifique que le local.

Lady Castlereagh avait le bon goût d'y renoncer à ses atours. On l'y trouvait en robe de mousseline, un grand chapeau de paille sur la tête, un tablier devant elle et des ciseaux à la main émondant des fleurs. Derrière cette maison, dont l'entrée était si prodigieusement mesquine mais qui était située dans un charmant pays et jouissait d'une vue magnifique, il y avait un assez grand enclos, des plantes rares, une ménagerie et un chenil qui partageaient, avec les serres, les sollicitudes de lady Castlereagh.

Jamais elle ne s'éloignait de son mari. Elle était près de son bureau pendant qu'il travaillait. Elle le suivait à la ville, à la campagne ; elle l'accompagnait dans tous ses voyages ; mais aussi jamais elle ne paraissait dérangée ni contrariée de quoi que ce fût. Elle passait les nuits, supportait le froid, la faim, la fatigue, les mauvais gîtes sans se plaindre et sans même avoir l'air d'en souffrir. Enfin elle s'arrangeait pour être le moins incommode possible dans la présence réelle qu'elle semblait lui imposer. Je dis semblait, parce que les plus intimes croyaient qu'en cela elle suivait sa propre volonté plus que celle de lord Castlereagh. Jamais, pourtant, il ne faisait la moindre objection.

Avait-elle découvert quelque signe de cette maladie qu'une si affreuse catastrophe a révélée au monde [1], et voulait-elle être présente pour en sur-

---

1. Rançon de la fatigue nerveuse de son long ministère ? Son esprit se dérangea subitement au mois de juin 1822. Son écriture devenait illisible, il était de plus en plus absent. À une audience royale, le 9 juillet, ses manières furent si bizarres que George IV prévint ses médecins. On lui conseilla de se retirer dans sa maison de campagne de North Cray Place, dans le Kent. C'est là qu'il se trancha la gorge le 12 juillet 1822.

veiller les occasions et en atténuer les effets ? Je l'ai quelquefois pensé depuis. Ce serait une explication bien honorable de cette présence persévérante qui paraissait quelquefois un peu ridicule et dont nous nous moquions dans le temps. Quoi qu'il en soit, jamais lady Castlereagh ne permettait à son mari une séparation d'une heure, et cependant on ne l'a point accusée de chercher à exercer une influence politique. J'ai été témoin d'une occasion où elle montra beaucoup de caractère.

Parmi tous ses chiens, elle possédait un *bull-dog*. Il se jeta un jour sur un petit épagneul qu'il s'apprêtait à étrangler lorsque lord Castlereagh interposa sa médiation. Il fut cruellement mordu à la jambe et surtout à la main. Il fallut du secours pour faire lâcher prise au *bull-dog* qui écumait de colère. Lady Castlereagh survint ; son premier soin fut de caresser le chien, de le calmer. Les bruits de rage ne tardèrent pas à circuler ; elle n'eut jamais l'air de les avoir entendus. Le *bull-dog* ne quittait pas la chambre où lord Castlereagh était horriblement souffrant de douleurs qui attaquèrent ses nerfs. Les indifférents s'indignaient des caresses que lady Castlereagh prodiguait à une si méchante bête. Elle ne s'en inquiétait nullement et faisait vivre son mari familièrement avec cet ennemi domestique, évitant ainsi toutes les inquiétudes que l'imagination aurait pu lui causer. Ce n'est qu'au bout de quatre mois, quand lord Castlereagh fut complètement guéri, que, d'elle-même, elle se débarrassa du chien que jusque-là elle avait comblé de soins et de caresses.

Lady Castlereagh n'était pas une personne brillante, mais elle avait un bon sens éminent. À Londres, elle donnait à souper le samedi après l'opéra. Elle avait préféré ce jour-là parce qu'elle n'aimait pas à veiller et que, le rideau tombant à minuit précis, pour que la représentation n'entamât pas sur la journée du dimanche, on arrivait plus tôt chez elle qu'on n'aurait fait tout autre jour de la semaine ; ce qui, pour le dire en passant, donne l'idée des heures tardives que la mode imposait aux fashionables de Londres quoique tout le monde s'en plaignît.

Ces soupers de lady Castlereagh, moins cohue que ses raouts, étaient assez agréables. Le corps diplomatique y était admis de droit, ainsi que les personnes du gouvernement ; les autres étaient invités de vive voix et pour chaque fois.

Au nombre des choses changées, ou que j'avais oubliées, pendant mon absence, se trouvait le costume que les femmes portaient à la campagne. Je l'appris à mes dépens. J'avais été assez liée avec lady Liverpool dans notre mutuelle jeunesse. Elle m'engagea à venir dîner à quelques milles de Londres où lord Liverpool[1] avait une maison fort médiocre, quoique très supérieure au *Cray* de son collègue Castlereagh.

Elle me recommanda d'arriver de bonne heure pour me montrer son jardin et faire une bonne journée de campagne. J'y allai avec mon père. Des affaires le retinrent et nous n'arrivâmes qu'à cinq heures et demie. Lady Liverpool nous gronda de notre retard puis nous promena dans son jardin, ses serres, son potager, sa basse-cour, son poulailler, son toit à porcs, tout cela médiocrement soigné.

Lord Liverpool arriva de Londres ; nous le laissâmes avec mon père et prîmes le chemin de la maison. J'étais vêtue, il m'en souvient, d'une redingote de gros de Tours blanc garnie de ruches tout autour ; j'avais un chapeau de paille de riz avec des fleurs, je

---

1. Robert Banks Jenkinson, comte de Liverpool (1770-1828) était premier ministre depuis le 7 juin 1812. Il avait épousé lady Theodosia Louisa, fille de Frederic Hervey, comte de Bristol.

me croyais très belle. En entrant dans la maison, lady Liverpool me dit :

« Voulez-vous venir dans ma chambre pour ôter votre pelisse et votre chapeau. Avez-vous amené votre femme de chambre ou voulez-vous vous servir de la mienne ? »

Je lui répondis un peu embarrassée que je n'avais pris aucune précaution pour changer de toilette :

« Ah ! cela ne fait rien du tout, reprit-elle, voilà un livre pendant que je vais faire la mienne. »

À peine j'étais seule que j'entendis arriver une voiture et bientôt je vis entrer lady Mulgrave, en robe de satin, coiffée en cheveux avec des bijoux et des plumes, puis parut miss Jenkinson, la nièce de la maison, avec une robe de crêpe, des souliers blancs et une guirlande de fleurs, puis enfin lady Liverpool elle-même, vêtue je ne sais comment, mais portant sur sa tête un voile à l'Iphigénie retenu avec un diadème d'or incrusté de pierreries. Je ne savais où me fourrer. Je crus qu'il s'agissait d'un grand dîner diplomatique et que nous allions voir arriver successivement toutes les élégantes de Londres.

Nous nous mîmes à table huit personnes dont cinq étaient de la maison. On n'attendait pas d'autres convives ; mais c'est l'usage de s'habiller, pour dîner seul à la campagne, comme on le serait pour aller dans le grand monde. Je me le tins pour dit, et, depuis, je n'ai plus commencé les *bonnes journées de campagne* avant sept heures et demie, et vêtue en costume de ville.

Pendant que je suis sur l'article toilette, il me faut raconter celle avec laquelle j'allai à la Cour. Peut-être, dans vingt ans, sera-t-elle aussi commune qu'elle me parut étrange lorsque je la portai. Commençons par la tête.

Ma coiffure était surmontée du *panache* de rigueur. J'avais obtenu à grand-peine du plumassier à la

mode, Carberry, qu'il ne fût composé que de sept
énormes plumes, c'était le moins possible. Les
panaches modérés en avaient de douze à quinze et
quelques-uns jusqu'à vingt-cinq. Au-dessous du
panache (c'est le nom technique), je portais une guirlande de roses blanches qui surmontait un bandeau
de perles. Des agrafes et un peigne de diamants, des
barbes de blonde achevaient la coiffure.

Ce mélange de bijoux, de fleurs, de plumes, de
blondes choquait fort à cette époque notre goût resté
classique depuis les costumes grecs. Mais ce n'est
encore rien.

Le buste était à peu près arrangé comme à l'ordinaire. Lorsque le corsage fut ajusté, on me passa un
énorme panier de trois aunes de tour qui s'attachait
à la taille avec des aiguillettes. Ce panier était de
toile gommée, soutenue par des baleines, qui lui
donnaient une forme très large devant et derrière et
très étroite des côtés. Le mien avait, sur une jupe de
satin, une seconde jupe de tulle garnie d'un grand
falbala de dentelle d'argent. Une troisième un peu
moins longue en tulle lamé d'argent, garnie d'une
guirlande de fleurs, était relevée en draperie, de
sorte que la guirlande traversait en biais tout le
panier. Les ouvertures des poches étaient garnies de
dentelles d'argent et surmontées d'un gros bouquet.
J'en portais un devant moi de façon que j'avais l'air
de sortir d'une corbeille de fleurs. Du reste, tous les
bijoux possibles à accumuler. Le bas de robe de
satin blanc bordé en argent était retroussé en
festons et n'atteignait pas au bas de la jupe, c'était
l'étiquette. La Reine seule le portait traînant, les
princesses détaché mais à peine touchant terre.

Lorsque j'avais vu les immenses apprêts de
cette toilette, j'étais restée partagée entre l'envie
de rire de leur énormité, qui me paraissait bouffonne, et le chagrin de m'affubler si ridiculement. Je

dois avouer que, lorsqu'elle fut achevée, je me trouvai assez à mon gré et que ce costume me sembla seyant.

Comme je suivais ma mère, je profitai des privilèges diplomatiques ; ils nous amenèrent par des routes réservées au pied du grand escalier. On y avait établi tout du long une espèce de palissade qui le séparait en deux. D'un côté de cette balustrade, nous montions très à l'aise ; de l'autre, nous voyions les lords et les ladies s'écraser et s'étouffer avec une violence dont les foules anglaises donnent seules l'exemple. Je pensais, à part moi, que cette distinction, en pleine vue, déplairait bien chez nous. Au haut de l'escalier, la séparation se refit plus discrète ; les personnes ayant les entrées passèrent dans une salle à part. Elles furent admises les premières dans le salon de la Reine.

On lui avait fabriqué une espèce de fauteuil où, montée sur un marchepied et appuyée sur des coussins, elle paraissait être debout. Avec son étrange figure, elle avait tout l'air d'une petite pagode de Chine. Toutefois, elle tenait très bien sa Cour. Les princesses, suivant l'ordre de l'étiquette, étaient placées de chaque côté. En l'absence de la princesse Charlotte qui aurait eu le premier rang, il était occupé par la duchesse d'York.

Le prince régent se tenait debout vis-à-vis de la Reine, entouré de ses frères et de sa maison. Il s'avançait pour parler aux femmes, après qu'elles avaient passé devant la Reine.

Les ambassadrices avaient ou *prenaient* (car on accusait la comtesse de Lieven d'une usurpation) le droit de se mettre à la suite des princesses, après avoir fait leur cour et d'assister au reste de la réception. Je fus charmée de profiter de cet usage pour voir bien à mon aise défiler toute cette riche et brillante procession. Comme à cette époque de la vie de la Reine la Cour n'avait lieu qu'une ou deux fois par an, la foule était considérable et les présentations très nombreuses.

Nulle part la beauté des Anglaises n'était plus à son avantage. Le plein jour de deux immenses fenêtres, devant lesquelles elles stationnaient, faisait valoir leur teint animé par la chaleur et un peu d'émotion. Les jeunes filles de dix-huit ans joignaient à l'éclat de leur âge la timidité d'un premier début qui n'est pas encore de la gaucherie, et les mères, en grand nombre, conservaient une fraîcheur que le climat d'Angleterre entretient plus longuement qu'aucun autre.

À la vérité, quand elles s'avisent d'être laides, elles s'en acquittent dans une perfection inimitable. Il y avait des caricatures étranges, mais, en masse, je n'ai jamais vu une plus belle assemblée.

Ce costume insolite, en laissant aux femmes tous leurs avantages, les dispensait de la grâce dont, pour la plupart, elles sont dépourvues, de sorte que, loin d'y perdre, elles y gagnaient de tout point. L'usage des paniers a cessé depuis la mort de la vieille reine Charlotte. On a adopté le costume de la Cour de France pendant la Restauration.

J'avais été présentée lors de mon mariage, mais c'était dans un autre local et avec des formes différentes. D'ailleurs, j'étais dans ce temps-là plus occupée de moi-même que de remarquer les autres et j'en conserve un très faible souvenir. Au lieu que la matinée que je passai, en 1816, à Buckingham House m'amusa extrêmement.

Le baptême de la petite princesse d'Orléans donna lieu à Twickenham à une fête telle que le permettait un pareil local. L'empereur d'Autriche, représenté par son ambassadeur, le prince Paul Esterhazy, était parrain. Il y eut un grand déjeuner où assistèrent le prince régent, le duc et la duchesse d'York, les ducs de Kent et de Glocester[1]. La vieille Reine et les princesses y vinrent, de Frogmore, faire une visite.

Je m'étais flattée d'y voir la princesse Charlotte, mais le prince Léopold arriva seul, chargé de ses excuses; un gros rhume servit de prétexte. Le véritable motif était sa répugnance à se trouver avec sa grand-mère et ses tantes. Elle l'avoua plus tard à madame la duchesse d'Orléans. Elle l'aimait beaucoup et venait souvent faire des courses à Twickenham, mais je ne l'y ai jamais rencontrée.

On comprend que la journée du baptême fut lourde et fatigante. *Ce diable chargé de princes*, dans une modeste maison bourgeoise, se portait sur les épaules de tout le monde. On fit un grand soupir de soulagement quand la dernière voiture emporta la dernière Altesse Royale et la dernière Excellence et que, selon l'expression obligeante de madame la duchesse d'Orléans, nous nous retrouvâmes en famille.

En outre des affaires de l'État, mon père était encore chargé d'une autre négociation. Le prince de Talleyrand l'avait prié de faire ce qu'il appelait *entendre raison* à sa femme. Elle s'était réfugiée en Angleterre pendant les Cent-Jours et, depuis, il l'y retenait sous divers prétextes. Le fait était que monsieur de Talleyrand, amoureux comme un homme de dix-huit ans de sa nièce, la comtesse Edmond de Périgord, se serait trouvé gêné par la présence de la princesse. On comprend, du reste, qu'il ne fit pas cette confidence à mon père et qu'il chercha d'autres raisons. Cependant cette commission lui était fort désagréable; il la trouva beaucoup plus facile qu'il ne s'y attendait.

1. Édouard-Auguste duc de Kent (1767-1820), frère du Régent, est le père de la reine Victoria. Guillaume-Frédéric, duc de Gloucester (1776-1834), neveu de George III, était son cousin.

Madame de Talleyrand, malgré sa bêtise, avait un bon sens et une connaissance du monde qui lui firent comprendre que ce qu'il y aurait de plus fâcheux pour le prince et pour elle, serait d'amuser le public de leurs dissensions intérieures. Madame Edmond étant logée dans sa maison, elle ne serait plus tenable pour elle à moins de parvenir à la chasser, ce qui ne pourrait s'accomplir sans scènes violentes. Elle prit donc son parti de bonne grâce et consentit à s'établir pour les étés dans une terre en Belgique, que monsieur de Talleyrand lui abandonna, et à passer ses hivers à Bruxelles.

Elle n'est revenue à Paris que plusieurs années après, lorsque la séparation était trop bien constatée pour que cela fût remarqué. Elle fut très douce, très raisonnable, et pas trop avide dans toute cette transaction où elle joua entièrement le beau rôle. Elle dit à ma mère ces paroles remarquables :

«Je porte la peine d'avoir cédé à un faux mouvement d'amour-propre. Je savais l'attitude de madame Edmond chez monsieur de Talleyrand à Vienne ; je n'ai pas voulu en être témoin. Cette susceptibilité m'a empêchée d'aller le rejoindre, comme je l'aurais dû, lorsque le retour de l'île d'Elbe m'a forcée de quitter Paris. Si j'avais été à Vienne, au lieu de venir à Londres, monsieur de Talleyrand aurait été forcé de me recevoir ; et je le connais bien, il m'aurait parfaitement accueillie. Plus cela l'aurait contrarié, moins il y aurait paru... Au contraire, il aurait été charmant pour moi... Je le savais bien, mais j'ai cette femme en horreur... J'ai cédé à cette répugnance, j'ai eu tort... Où je me suis trompée, c'est que je le croyais trop faible pour jamais oser me chasser. Je n'ai pas assez calculé le courage des *poltrons dans l'absence* ! J'ai fait une faute ; il faut en subir la conséquence et ne point aggraver la position en se raidissant contre... Je me soumets, et monsieur de Talleyrand me trouvera très disposée à éviter tout ce qui pourrait augmenter le scandale. »

Sous ce rapport elle a complètement tenu parole.

La douceur inespérée de madame de Talleyrand était compensée pour monsieur de Talleyrand par les tourments que lui causait madame Edmond. Elle s'était passionnée pour un Autrichien, le comte de Clam, et, pendant que la femme légitime lui abandonnait la résidence de la rue Saint-Florentin, elle la fuyait sous l'escorte du comte. Monsieur de Talleyrand en perdait la tête.

Il était, d'un autre côté, persécuté par les désespoirs de la duchesse de Courlande, mère de madame Edmond, qui mourait de jalousie des succès de sa fille auprès de lui. En revanche, la princesse Tyszkiewicz, également passionnée pour monsieur de Talleyrand, n'était occupée qu'à lui adoucir la vie et à faire la cour la plus assidue à l'heureuse rivale à laquelle elle transférait ses hommages aussi souvent que monsieur de Talleyrand transférait son cœur, et, jusqu'à ce que madame Edmond, et peut-être les années, l'eussent fixé définitivement, cela était fréquent.

Jules de Polignac passa une grande partie de cet été en Angleterre. Il y était retenu pour accomplir son mariage avec une Écossaise qu'il avait rencontrée à Paris.

Quoiqu'elle portât le beau nom de Campbell, il fallait peu s'arrêter sur la naissance qui n'était pas légitime, mais elle était belle et fort riche. Sa sœur était mariée à monsieur Macdonald. Mademoiselle Campbell avait été fiancée à un jeune officier tué à la bataille de Waterloo. L'hiver suivant, elle était venue chercher à Paris des distractions à son chagrin. Elle y trouva monsieur de Polignac ; il réussit à lui plaire, et obtint la promesse de sa main. Mais cela ne suffisait pas ; miss Campbell était protestante. Une pareille union aurait dérangé l'avenir de Jules ; il fallait donc obtenir d'elle de se faire catholique. C'était pour travailler à cette abjuration, et l'instruire dans les dogmes qu'elle consentait à adopter qu'il avait transporté son séjour à Londres. Pendant ce temps, il vivait à l'ambassade dans la même commensalité qu'à Turin, y déjeunant et y dînant tous les jours. Les événements n'avaient guère modifié ses opinions, mais son langage était plus mesuré que l'année précédente.

Le mariage civil se fit dans le salon de mon père. Nous nous rendîmes ensuite à la chapelle catholique, puis à l'église protestante. Cela est nécessaire en Angleterre où il n'y a pas d'autres registres de l'état civil que ceux tenus dans les paroisses. Je crois d'ailleurs que miss Campbell n'avait pas encore déclaré son abjuration.

Elle a fait payer chèrement au pauvre Jules les sacrifices qu'il lui imposait de son pays et de sa religion. Il est impossible d'être plus maussade, plus bizarre et plus désobligeante. Elle est morte de la poitrine, trois ans après son mariage, laissant deux enfants qui paraissent avoir hérité de la santé de leur mère aussi bien que de sa fortune. Jules s'était conduit très libéralement au moment de son mariage au sujet des biens de sa femme. Les Macdonald s'en louaient extrêmement. Il a été le meilleur et le plus soigneux des maris pour sa quinteuse épouse. L'homme privé, en lui, est toujours facile, obligeant et honorable.

CHAPITRE VI

L'ordonnance du 5 septembre qui cassait la *Chambre introuvable* de 1815 nous causa plus de joie que de surprise. Ses exagérations furibondes étaient incompatibles avec le gouvernement sage de Louis XVIII. Le parti émigré, qui avait conservé quelques représentants en Angleterre, en eut des accès de rage.

Je ne puis m'empêcher de raconter un colloque qui eut lieu entre mon père et la vicomtesse de Vaudreuil (sœur du duc de Caraman), dame de madame la duchesse d'Angoulême. Elle se trouvait alors comme voyageuse à Londres. Elle arriva toute tremblante d'agitation à l'ambassade. Après avoir reçu la confirmation de cette incroyable nouvelle, elle s'adressa à mon père :

«Je vous plains bien, monsieur d'Osmond, vous allez vous trouver dans une situation terrible.

— Pourquoi donc, madame ?

— Comment pouvez-vous annoncer ici un pareil événement ? Casser une Chambre ! Les Anglais ne voudront jamais croire que ce soit possible ? »

Mon père lui affirma que rien n'était plus commun dans les usages britanniques et qu'il n'en résulterait pas même de surprise.

«Vous m'accorderez bien au moins que, si on cassait le Parlement, on n'oserait pas avoir assez peu de pudeur pour annoncer en même temps des élections et en convoquer un autre ? »

Voilà où en était l'éducation de nos dames du palais sur les gouvernements représentatifs. Madame de Vaudreuil passait pour avoir de l'esprit et exercer quelque influence sur madame la duchesse d'Angoulême. Elle était une des ouailles favorites de l'abbé

Latil. Je pense que toute sa société n'était guère plus habile qu'elle sur la pondération des pouvoirs constitutionnels.

Je ne me rappelle pas, si je l'ai su, comment les négociations s'entamèrent avec les cabinets de la Sainte-Alliance. Elles étaient arrivées au point qu'on était à peu près d'accord que l'occupation de notre territoire pouvait être abrégée en avançant le terme des payements imposés ; mais atteindre ce but était fort difficile.

Le duc de Wellington s'opposait à voir diminuer l'armée d'occupation, en reconnaissant pourtant que la dépense qu'elle occasionnait écrasait le pays et rendait plus difficile le remboursement des contributions, réclamées par les puissances, avant de consentir à l'évacuation complète de la France.

L'armée d'occupation était à peine suffisante, selon le duc, pour se faire respecter. Vainement on lui représentait qu'elle était surtout imposante par sa force morale et qu'une diminution numérique, en calmant les esprits, en témoignant de l'intention de libérer le sol, assurerait mieux la sécurité de l'armée contre le mauvais vouloir du pays que ne pourrait faire l'entrée de nouveaux bataillons.

Le duc ne voulait pas admettre ces arguments auxquels le ministre anglais se montrait moins récalcitrant. Il vint exprès à Londres pour s'en expliquer. Il établit surtout qu'en diminuant le contingent anglais on laisserait trop d'importance relative aux troupes des autres nations, qu'il lui serait difficile alors de conserver sa suprématie et d'empêcher les abus qui, en exaspérant les habitants, rendraient le danger plus imminent.

Le cabinet russe était disposé à se prêter à toutes les facilités qu'on voudrait nous accorder, mais ceux de Vienne et surtout de Berlin se montraient très récalcitrants. Il fallait d'ailleurs s'entendre entre soi et, lorsqu'on fait la conversation à six cents lieues de distance, les conclusions sont longues à arriver. On en vint cependant à peu près à ce résultat que la libération du territoire s'effectuerait en proportion de l'argent préalablement payé.

Maintenant où trouver l'argent ? C'était un second point également difficile à résoudre. Il était impossible de l'enlever directement aux contribuables sans ruiner le pays, et, depuis cinquante ans, la France n'avait pas de crédit. Comment le créer, et l'exploiter tout à la fois, dans un moment de crise et de détresse ? Cette position occupait les veilles du cabinet Richelieu ; mon père s'associait à ses inquiétudes et à ses agitations avec un entier dévouement.

Tel était l'état politique de la situation lorsque je me décidai à venir passer quelques semaines à Paris. Mon frère y était retenu par son service auprès de monsieur le duc d'Angoulême. Il logeait chez moi, de façon qu'en arrivant à la fin de décembre 1816, je me trouvai en ménage avec lui. Il me prévint que les opinions ultras avaient redoublé de violence, depuis l'ordonnance du 5 septembre. J'en eus la preuve quelques instants après. La vicomtesse d'Osmond, ma tante, arriva chez moi ; je la savais le type du parti émigré de Paris, comme son mari l'était du parti émigré des gentilshommes de province.

J'évitai soigneusement tout ce qui pouvait engager une discussion ; mais, croyant rester sur un terrain neutre, je m'avisai de vanter un écrit de monsieur Guizot que j'avais lu en route et qui se trouvait sur ma table. Il était dans les termes de la plus grande modération et sur des questions de pure théorie[1]. La vicomtesse s'enflamma sur-le-champ.

---

1. Sans doute la brochure intitulée *Du gouvernement représentatif et de l'état actuel de la France.*

«Quoi! le pamphlet de cet affreux monsieur Guizot? Il n'est pas possible, chère petite, que vous approuviez une pareille horreur!»

Mon frère témoigna son étonnement de la manière dont elle en parlait. Il n'avait pas lu la brochure, mais il avait entendu monsieur le duc d'Angoulême en faire grand éloge.

«Monsieur le duc d'Angoulême! Ah! je le crois bien! peut-être même ne l'a-t-il pas trouvée assez jacobine, assez insultante pour les royalistes...»

Et, s'échauffant dans son harnois, elle finit par déclarer le livre atroce et son auteur pendable. Quant aux lecteurs bénévoles, ils lui paraissaient également odieux.

Je vis que Rainulphe m'avait bien renseignée. Les folies étaient encore grandies pendant mon absence.

Je me tins pour avertie; mais mes soins pour éviter des discussions, dont je reconnaissais la complète inutilité, avec un parti où les personnalités insultantes arrivent toujours au troisième argument, furent insuffisants. Une prompte retraite était le seul moyen à employer contre les querelles. J'y avais recours toutes les fois que cela était possible, mais je ne pouvais pas toujours éviter les attaques; alors il fallait bien répondre, car, si je consentais à fuir avant l'action, mes concessions n'allaient pas au-delà. Je ne prétends pas n'avoir point modifié fréquemment mes opinions, mais j'ai toujours eu le courage de celles du moment.

Ce fut bien peu de jours après mon arrivée que, causant sérieusement avec une femme d'esprit, très bonne au fond, qui voulait m'effrayer sur la tendance modérée et conciliante du ministère Richelieu, elle me dit:

«Enfin, voyez, chère amie, les sacrifices qu'on nous impose et combien cela doit exaspérer! Les Cent-Jours coûtent plus de dix-huit cents millions.

Eh bien, que nous a-t-on donné pour tout cela, et encore avec quelle peine ? la tête de deux hommes. »

Je fis un mouvement en arrière.

« Ma chère, réfléchissez à ce que vous venez de dire ; vous en aurez horreur vous-même, j'en suis sûre. »

Elle fut un peu embarrassée et voulut expliquer qu'assurément ce n'était pas dans des idées sanguinaires ni même de vengeance, mais qu'il fallait inspirer un salutaire effroi aux factieux et rassurer les honnêtes gens (car ce sont toujours les *honnêtes gens* au nom desquels on réclame des réactions) en leur montrant qu'on les protégeait efficacement.

Au fond, le véritable crime du ministère Richelieu était de laisser en repos les fonctionnaires de l'Empire qui remplissaient bien leurs places. Le parti émigré voulait tout accaparer. La Chambre introuvable et son ministre, Vaublanc, avaient travaillé à cette *épuration* (cela s'appelait ainsi) avec un zèle que la sagesse du cabinet avait arrêté. Aussi monsieur Lainé, le successeur de monsieur de Vaublanc, était-il en butte à une animadversion forcenée. On avait établi qu'il était enfant naturel, de sang de couleur, et qu'il avait dressé la guillotine à Bordeaux. De sorte que, dans les salons, on l'appelait indifféremment le Bâtard, le Mulâtre, ou le Bonnet rouge. Il est devenu plus tard l'idole du parti qui l'avait décoré de ces titres, tous également inventés et sans aucun fondement.

Il faut reconnaître, toutefois, que les royalistes n'étaient pas sans quelques griefs à faire valoir ; mais ils tenaient, en grande partie, à la maladresse de leurs propres chefs. Ainsi, par exemple, en 1814, on avait formé les compagnies rouges de la maison du Roi.

Je conviens, tout d'abord, combien il était absurde d'ajouter aux armées, les plus actives et les plus militaires du monde connu, un corps d'élite, composé de jeunes gens qui n'avaient jamais rien fait que des vœux contre l'Empire du fond de leur castel. Mais il n'en est pas moins vrai que la gentilhommerie française avait achevé de s'épuiser, dans un moment de détresse générale, pour parvenir à équiper ses fils, les armer, les monter à ses frais et les envoyer garder le monarque de ses affections.

La plupart de ces jeunes gens avaient trouvé le moyen de se rendre à Gand pendant les Cent-Jours. Ils furent licenciés sans recevoir même des remerciements. Les chefs tirèrent bon et utile parti de leur situation, mais les simples gardes en furent pour leurs frais. Je ne prétends pas qu'on dût conserver les compagnies rouges, mais il ne fallait pas les renvoyer avec cette *désinvolture*.

Autre exemple : messieurs les capitaines des gardes du corps décidèrent, tout à coup, que leurs compagnies n'étaient pas assez belles et n'avaient pas l'air suffisamment militaire. Un beau matin ils les assemblèrent, firent sortir des rangs ceux d'entre eux qui n'atteignaient pas une taille fixée et les avertirent qu'ils ne faisaient plus partie du corps. Le hasard fit que cette réforme tomba principalement sur des gardes ayant fait le service à Gand. On leur donna, à la vérité, un brevet à la suite d'une armée encombrée d'officiers. Ils devaient aller en solliciter l'exécution dans des bureaux qui ne leur étaient nullement favorables, et les commis leur tenaient peu compte de la campagne à Gand qu'ils appelaient *le voyage sentimental*.

Une circonstance particulière donna lieu à beaucoup de clabauderie. Le colonel Pothier, voulant se marier, demanda, suivant l'usage, l'agrément du ministre de la guerre. Au bout de quelques jours, on lui répondit qu'il ne pouvait pas se marier, attendu qu'il était mort. Fort étonné de cette révélation, il sortait pour aller aux informations lorsqu'il vit entrer chez lui le comte Alexandre de Girardin qui lui présenta, de la façon la plus obligeante, des lettres de grâce. Le colonel fut indigné et s'emporta vivement.

Pendant les Cent-Jours, il avait été retrouver le Roi à Gand. Monsieur de Girardin, qui commandait dans le département du Nord pour l'Empereur, avait présidé un conseil de guerre qui condamnait le colonel Pothier et une douzaine d'autres officiers à mort, pour désertion à l'étranger. Il avait oublié cet incident que, dans la rapidité des événements, les parties les plus intéressées avaient elles-mêmes ignoré.

Monsieur de Girardin devait à son talent incontestable pour organiser les équipages de chasse une existence toute de faveur, et inébranlable par aucune circonstance politique, auprès des princes de la Restauration.

Il eut vent le premier de la révélation faite au colonel Pothier et se hâta d'avoir recours au Roi, espérant que la grâce, portée tout de suite, assoupirait cette affaire. Mais Pothier n'était pas homme à prendre la chose si doucement : il déclara qu'il ne voulait pas être gracié ; il ne reconnaissait pas avoir *déserté à l'étranger*. C'était un acte infamant dont il ne voulait pas laisser la tache à ses enfants.

Monsieur de Girardin eut beau faire ; il ne put empêcher les criailleries et les haines du parti royaliste de se déchaîner contre lui ; mais son talent pour placer les guerrards et faire braconner les œufs de perdrix au profit des chasses royales l'a toujours soutenu en dépit des passions auxquelles, du reste, il a amplement sacrifié par la suite. Il se vantait, dès lors, de n'avoir repris de service auprès de l'Empereur, pendant les Cent-Jours, que pour le trahir et d'avoir conservé une correspondance active avec monsieur le duc de Berry, espèce d'excuse qui m'a

toujours paru beaucoup plus odieuse que la faute
dont on l'accusait.

Le parti royaliste avait donc bien quelques plaintes
rationnelles à faire valoir et il les exploitait avec l'aigreur qui lui est propre. Il acceptait assez volontiers
le nom d'*ultra-royaliste* ; mais, comme monsieur
Decazes était devenu sa bête noire, et qu'il avait peine
à tolérer les personnes qui conservaient des rapports
avec lui, il nous donnait en revanche celui de *quasi-
royalistes*. Les quolibets ne lui ont guère manqué ;
celui-ci était assez drôle ; mais souvent il en adopta de
grossiers qui semblaient devoir être repoussés par des
gens se proclamant les organes exclusifs du bon goût.

J'eus bientôt occasion de voir jusqu'où l'animadversion était portée contre le favori du Roi. Je fis ma
rentrée dans le monde parisien à une grande soirée
chez madame de Duras. Je circulais dans le salon,
donnant le bras à la vicomtesse de Noailles[1], lorsque
j'aperçus madame Princeteau. Je l'abordai, lui pris
la main, et causai avec elle.

Pendant ce temps, madame de Noailles lâchait
mon bras et s'éloignait. Elle s'arrêta à quelques pas,
auprès de la duchesse de Maillé. Je rejoignis ces
dames avec lesquelles j'étais extrêmement liée.

« Nous vous admirons de parler ainsi à madame
Princeteau à la face d'Israël.

— Ah ! c'est un courage de débutante ; si elle était
ici depuis huit jours, elle n'oserait pas.

— Comment voulez-vous que j'aie l'impertinence
de passer à côté d'elle sans lui faire politesse ? je dîne
chez son frère demain.

— Cela ne fait rien, on va chez le ministre et on
ne parle ni à madame Princeteau, ni même à monsieur Decazes quand on les rencontre ailleurs.

---

1. Léontine de Noailles, fille de Natalie de Noailles, veuve
de son cousin Alfred.

— Jamais je n'aurai cette grossièreté.

— Nous verrons.

— Je vous jure que vous ne verrez pas.

— Hé bien, vous aurez un courage de lion.»

Ces dames avaient raison, car, pour ne point faire une absurde lâcheté, il fallait affronter tout, jusqu'à *la mode* ! Je me dois la justice de lui avoir résisté. J'ai toujours eu un grain d'indépendance dans ma nature qui s'opposait à ces exigences de coteries.

À propos de coterie, il s'en était formé pendant mon absence une des plus compactes. Elle n'avait rien de politique ni de sérieux, on l'avait appelée, ou elle s'était appelée, *le château*. Quelques femmes, retenues à Paris pendant l'été, avaient pris l'habitude de passer toutes leurs soirées ensemble, comme elles l'auraient fait dans un château de campagne, et y avaient attiré les hommes de leur société. Rien n'était plus naturel. Mais, lorsque l'hiver avait ramené le monde et les assemblées nombreuses, elles avaient eu la prétention d'y transporter leurs nouvelles habitudes. Elles arrivaient ensemble, s'établissaient en rond dans un salon, entourées de quelques hommes admis à leur familiarité, et ne communiquaient plus avec les vulgaires mortels.

On me fit de grandes avances pour entrer dans ce sanhédrin, composé de mes relations les plus habituelles. Non seulement je m'y refusai, mais je m'y déclarai hostile ouvertement et en face. Mon argument principal pour le combattre (et je pouvais le soutenir sans offenser) était que cette coalition enlevait à la société les personnes les plus faites pour la parer et la rendre aimable.

Petit à petit les hommes de quelque distinction se retirèrent du *château* qui fut pris en haine par tout ce qui n'en faisait pas partie. Quelques dames s'obstinèrent encore un peu de temps à le soutenir, mais il se démolit graduellement. Toutes en étaient déjà bien ennuyées lorsqu'elles y renoncèrent.

L'exclusif a quelque chose d'insociable qui ne réussira jamais en France, pas plus pour les jeunes femmes que pour les savants ou les gens de lettres, encore moins pour les hommes politiques.

Madame de Duras s'était placée vis-à-vis du *château* dans la même position que moi. Elle s'en tenait en dehors, quoique personnellement liée avec tout ce qui le composait. Le duc de Duras n'étant plus de service, elle avait quitté les Tuileries.

J'allais toujours beaucoup chez elle, mais moins journellement. Elle logeait dans la rue de Varenne et la distance m'arrêtait quelquefois. J'y trouvais aussi une opposition assez vive au ministère pour me gêner.

Les mécomptes de monsieur de Chateaubriand[1] s'étaient prolongés et aggravés au point de le rendre très hostile. Ses embarras pécuniaires s'accroissaient chaque jour et sa méchante humeur suivait la même progression. Il conçut l'idée d'aller en Angleterre établir un journal d'opposition, la presse ne lui paraissant pas suffisamment libre à Paris pour attaquer le gouvernement du Roi.

Mon père redoutait fort cet incommode visiteur. Heureusement, les répugnances de madame de Chateaubriand, d'une part, et les sollicitations des *Madames*, de l'autre, le firent renoncer à ce projet.

Le désir de faire effet, autant que le besoin d'argent, l'engagèrent à vendre son habitation du Val-

---

1. Depuis la parution de *la Monarchie selon la Charte*, réplique à la dissolution, le 5 septembre 1816, de la Chambre introuvable. Une ordonnance le raya aussitôt de la liste des ministres d'État. Or la pension de 2 400 francs qui était attachée à ce titre constituait, avec les 12 000 francs de son traitement de pair, le plus clair de ses ressources.

du-Loup[1]. Son mécontentement fut porté à l'excès lorsqu'il reconnut que personne ne s'occupait d'un si grand événement; il avait pourtant cherché à lui donner le plus de publicité possible. La maison avait été mise en loterie à mille francs le billet. Madame de Duras, aussi bien que lui, se persuadait que les souscripteurs arriveraient de toutes les parties du monde connu et que l'ingratitude de la maison de Bourbon pour son protecteur serait tellement établie devant le public que les indemnités en argent, en places et en honneurs, allaient pleuvoir sur la tête de monsieur de Chateaubriand.

Au lieu de cela, la loterie annoncée, prônée, colportée, ne procura pas de souscripteurs, personne ne voulut de billet; je crois qu'il n'y en eut que trois de placés. Mathieu de Montmorency acheta le Val-du-Loup en remboursement d'un prêt fait précédemment à monsieur de Chateaubriand. La Cour, le gouvernement, le public, l'étranger, personne ne

1. Il vendit sa bibliothèque le 28 avril 1817, puis essaya de mettre en loterie *la Vallée aux Loups*. Seize billets seulement furent souscrits, dont dix par Monsieur: «Je n'ai plus à la lettre ni feu ni lieu en France, écrit-il alors au duc de Fitz-James, et il y a trente ans que je combats pour arriver à un pareil résultat. Je ne sais si je serai des vôtres cet hiver; je brûle de sortir de cet ingrat pays.» Il fallut se contenter d'une vente aux enchères le 21 juillet 1818. Mathieu de Montmorency fut l'unique acquéreur, mais Chateaubriand ne toucha rien sur le prix de vente; les 50 000 francs servirent à payer une hypothèque dont la propriété était grevée. Il erra de château en château pendant l'été. C'est lors de son séjour à celui de Montboissier que le hasard d'un chant de grive fit revivre en lui les souvenirs de Combourg et qu'il écrivit le troisième livre des *Mémoires d'outre-tombe*. Vers la fin du mois d'octobre, Chateaubriand rentra à Paris avec une déclaration de guerre contre le gouvernement *(Du système politique suivi par le ministère)*. Retrempé dans les sources vives à la fois de son enfance et du bonheur d'écrire, il reprenait la lutte, qui durera jusqu'à la victoire: le renvoi de Decazes en 1820.

s'en émut, et monsieur de Chateaubriand se trouva dépouillé de sa petite maison sans avoir produit l'effet qu'il en espérait.

L'irritation était restée fort grande dans son cœur. Il la fallait bien vive pour le décider, plus tard, à s'associer aux autres fondateurs du *Conservateur*[1]. Il n'avait rien de commun avec eux, ni leurs préjugés, ni leurs sentiments, ni leurs regrets, ni leurs espérances, ni leur sottise, ni même leur honnêteté. Il n'y a aucun moment de sa vie où ses convenances de position l'aient plus écarté de ses opinions, de ses goûts et de ses tendances personnelles. La plupart des thèmes qu'ils soutenaient répugnaient à son jugement ; il les aurait bien mieux et plus volontiers réfutés s'il s'était trouvé au pouvoir et appelé à les combattre. Au demeurant, il était bien maussade à cette époque et il m'en voulait terriblement d'être ministérielle.

Au reste, ce n'était pas la mode parmi ceux qui se prétendaient les royalistes par excellence. Je me souviens qu'à un grand bal chez le duc de Castries, le prince de Poix, qui pourtant honorait monsieur Decazes de sa bienveillance, lui frappa sur l'épaule en lui disant tout haut :

« Bonsoir, cher traître. »

Monsieur Decazes parut assez surpris de l'interpellation pour embarrasser le prince de Poix qui, pour raccommoder cette première gaucherie, ajouta, avec son intelligence accoutumée :

« Mais, que voulez-vous, ils vous appellent tous comme cela. »

Au fond, le prince de Poix disait la vérité, mais la naïveté était un peu forte. Monsieur Decazes fut très déconcerté et probablement fort irrité.

---

1. Les principaux collaborateurs furent Villèle, Corbière, Vitrolles, Lamennais, Bonald. Inaugurée en octobre 1818, la publication du *Conservateur* cessa le 30 mars 1820.

S'il est vrai, comme je le crois, qu'il se soit un peu trop jeté dans une réaction vers la gauche dans les années 1817 et 1818, certes le parti royaliste peut bien se reprocher de l'y avoir poussé. Il est impossible que des insultes aussi réitérées ne finissent pas par exaspérer ; et, sans en avoir la conscience, l'homme d'État ne résiste pas constamment au besoin de défendre, peut-être même de venger, l'homme privé.

Monsieur Decazes aurait trouvé de grandes facilités à exercer des représailles s'il avait voulu, car, à cette époque, le Roi ne lui aurait rien refusé ; mais sa nature est bienveillante.

CHAPITRE VII

J'ai déjà dit que toutes les sollicitudes du gouvernement portaient sur la libération du territoire et que cette négociation se trouvait ramenée à une question d'argent. Ouvrard, le plus intelligent s'il n'est le plus honnête des hommes de finance, s'offrit à la traiter. Il proposa plusieurs plans.

Les capitalistes français, consultés, déclarèrent unanimement qu'il n'y avait aucun fond à faire sur le crédit. Monsieur Laffitte, entre autres, se moqua hautement de la pensée d'un emprunt et dit textuellement à Pozzo, dont il était le banquier et qui s'était chargé de le sonder, que la France ne trouverait pas un petit écu à emprunter sur aucune place de l'Europe.

Cet esprit de la Bourse de Paris désolait notre cabinet plus encore comme symptôme que comme résultat. Car les puissances, et surtout la Prusse, n'acceptaient pas la garantie de capitalistes français et voulaient que l'emprunt fût consenti par des étrangers. Si donc les banquiers français s'étaient présentés, il y aurait eu une difficulté d'un autre genre à les éconduire.

Ouvrard seul persistait à soutenir la possibilité de rétablir le crédit. On lui donna mission pour s'en occuper et il partit pour Londres. Il se mit en rapport avec mon père qu'il séduisit par des aperçus les plus spécieux et, en apparence, les plus clairs. Il ne doutait jamais de rien. Au bout de peu de semaines, Ouvrard l'avertit que l'emprunt était fait à des conditions fort avantageuses dont il envoyait le détail à monsieur Corvetto. Les maisons Baring et Labouchère s'en chargeaient ; il ne restait plus qu'une difficulté ; elle n'était pas de sa compétence.

Messieurs Baring [1] et Labouchère ne demandaient en aucune façon la garantie de l'Échiquier, mais seulement l'assurance qu'en se chargeant de l'opération ils ne feraient rien de contraire aux intentions du gouvernement et qui pût nuire aux intérêts anglais. Ils désiraient s'en expliquer avec mon père.

La conférence eut lieu. Monsieur Baring y fut conduit par Ouvrard. Il se déclara prêt à traiter dès que lord Castlereagh l'y aurait autorisé. Mon père se rendit chez le ministre ; ils tombèrent d'accord de ce qu'il convenait de faire pour ménager les autres puissances, et principalement les susceptibilités du duc de Wellington. Le lendemain, mon père conduisit messieurs Baring et Labouchère chez lord Castlereagh ; il les y laissa.

Peu de temps après, ces messieurs revinrent lui demander leurs passeports. Non seulement le

1. Alexandre Baring (1773-1848), de la banque londonienne, était membre du comité directeur de la Compagnie des Indes orientales et le beau-frère de Labouchère. Cette négociation fut sa première affaire de taille.

ministre avait autorisé mais il avait approuvé et avait été jusqu'à dire que «ces messieurs feraient un acte de bon citoyen anglais en se chargeant de cette transaction, qu'ils rendraient un service éminent à l'Europe entière.» Ils étaient enchantés.

Monsieur Baring ajouta que lord Castlereagh lui avait recommandé, en souriant, de débarquer chez le duc de Wellington et de prendre ses conseils, attendu que Sa Grâce avait des prétentions toutes particulières à l'habileté en matière de finances et y attachait infiniment plus de prix qu'à ses talents militaires. Ils partirent le soir même en compagnie d'Ouvrard qui les devança et arriva en courrier.

Quoique le secret fût essentiel, j'étais au courant de ce qui se passait et bien heureuse comme on peut croire, d'autant que Pozzo m'annonçait les dispositions du duc excellentes et qu'on ne semblait avoir aucun autre obstacle à vaincre. Aussi c'était avec une satisfaction que je dissimulais de mon mieux que j'entendais chaque jour [discuter] sur l'absurde crédulité du cabinet qui avait eu la folle idée de pouvoir faire un emprunt. Chacun avait connaissance d'un banquier, ou d'un agent de change, qui lui avait démontré la vanité d'un tel projet. Il est vrai qu'on en riait à la Bourse.

Deux heures après son arrivée à Paris, Ouvrard était chez moi. Il avait vu nos ministres; il avait vu le duc de Wellington; il avait vu Pozzo: il était radieux. Ce dernier ne tarda pas à nous rejoindre, enchanté de sa propre visite au duc. Je me rappelle que nous dînions en très petit comité chez monsieur Decazes; je laisse à penser si nous étions joyeux.

Le lendemain matin, je reçus un billet de Pozzo qui me disait de l'attendre afin de pouvoir écrire à Londres après l'avoir vu. Le duc l'avait envoyé chercher. Il entra chez moi la figure toute décomposée. Messieurs Baring et Labouchère étaient arrivés;

rien n'était conclu; Ouvrard avait pris ses vœux pour des faits accomplis: ou il s'était trompé, ou il avait voulu tromper pour faire un coup de Bourse, ce dont il était bien capable. Mais enfin, loin que ces messieurs eussent consenti les arrangements qu'il avait apportés comme conclus, ils déclaraient n'avoir ni accepté, ni même discuté aucune proposition. Ils ne venaient que pour écouter ce qu'on leur demanderait. Ils avaient au moment même une conférence avec monsieur Corvetto; mais, d'après ce qu'ils avaient laissé entendre au duc des bases sur lesquelles ils consentiraient à traiter, elles étaient toutes différentes des paroles portées par Ouvrard et tellement onéreuses qu'il était presque aussi impossible de les accepter que de se passer d'un emprunt. La chute était profonde de notre joie de la veille. Je la sentis doublement et pour Paris et pour Londres.

C'était un grand déboire pour mon père qui semblait pris pour dupe. Je crois bien qu'Ouvrard avait joué tout le monde en réussissant avec beaucoup d'adresse à éviter des paroles explicites sur l'état de la négociation; mais, lui-même, je pense, s'était trompé dans ses propres finesses et avait espéré que ces messieurs, après leur démarche vis-à-vis du cabinet anglais et leur voyage à Paris, se trouveraient trop engagés pour reculer et accepteraient, ou à peu près, ses plans sur l'emprunt.

Je crois aussi que monsieur Baring, avec lequel il s'était principalement abouché à Londres et qui était bien plus facile en affaires que monsieur Labouchère, s'était montré plus disposé à la transaction telle qu'elle était offerte. Il est assez probable que, pendant le voyage qu'ils firent dans la même voiture, monsieur Labouchère n'avait pas employé inutilement son éloquence à engager son collègue à profiter des nécessités de la France pour lui imposer de plus rudes conditions.

Ce qu'il y a de sûr, c'est que les trois conférences que mon père avait eues avec ces messieurs, en présence d'Ouvrard à la vérité, lui avaient laissé l'impression que les bases de la transaction étaient arrêtées. Cela était si peu exact que, lorsqu'ils sortirent du cabinet de monsieur Corvetto, le jour de leur arrivée à Paris, tout était rompu.

Je ne suivrai pas le détail de la manière dont la négociation fut renouée. Le duc de Wellington ne s'y épargna pas[1]. Quand une fois on lui avait fait adopter une idée et qu'on parvenait à la lui persuader *sienne*, il la suivait avec persévérance. Pozzo excellait dans cet art, et c'est un des grands services qu'il a rendus à la France dans ces temps de douloureuse mémoire où notre sort dépendait des caprices d'un vieil enfant gâté.

Je me rappelle une circonstance où ce jeu eut lieu devant nous d'une façon assez plaisante. Monsieur de Barante, parlant à la tribune comme commissaire du Roi dans je ne sais quelle occasion, désigna l'armée d'occupation par l'épithète de *cent cinquante mille garnisaires*. L'expression était juste, mais le duc de Wellington fut courroucé à l'excès et on eut grand-peine à l'apaiser.

Peu de jours après, je dînai chez la maréchale Moreau avec une partie de nos ministres. Ils arrivèrent désolés. Il avait paru le matin une petite brochure intitulée *La France et la Coalition*, c'était le

1. C'est sur les instances du tsar que Wellington finit par accepter, non sans réticences d'ailleurs, une réduction du contingent d'occupation à partir du 1er avril 1817. Pour payer les échéances de l'indemnité de guerre (700 millions par tranche de 45 tous les quatre mois) le gouvernement s'adressa à la banque Hope d'Amsterdam (représentée par Labouchère) et Baring de Londres, auxquelles la situation précaire de la Bourse, dans l'hiver 1816-1817, permit d'imposer des conditions draconiennes.

premier ouvrage d'un très jeune homme, Salvandy [1].
Il était écrit avec un patriotisme plein de cœur et de
talent, et tout franchement il appelait la nation aux
armes contre les cent cinquante mille garnisaires.

On était en pleine négociation pour l'emprunt et
pour la réduction de l'armée d'occupation. Pour
réussir, il fallait maintenir la bonne humeur du duc
et on redoutait l'effet que cette brochure allait
produire sur lui. Le duc de Richelieu était consterné ; monsieur Decazes partageait son inquiétude.
Il avait la brochure dans sa poche ; il en montra
quelques phrases à Pozzo : elles lui parurent bien
violentes.

« Cependant, dit-il, si le duc n'en a pas encore
entendu parler, nous nous en tirerons. »

Après s'être fait attendre une heure, suivant son
usage, le duc arriva avec son sourire impassible sur
son ci-devant beau visage, et son : « Ah ! oui ! Ah !
oui ! » au service de tout le monde ; c'était signe de
bonne humeur.

Pozzo me dit : « Le duc ne sait rien. »

Puis, s'adressant au duc de Richelieu qui était à
côté de moi :

« Soyez tranquille ; je me charge de votre affaire. »

Il s'éloigna des ministres avec une sorte d'affectation, prit l'air très grognon, dit à peine un mot pendant le dîner et eut soin de laisser remarquer sa
maussaderie.

À peine le café pris, il entraîna le duc sur un
canapé et lui parla avec fureur de cette affreuse brochure et de la nécessité de se réunir pour en porter

---

1. Parue chez Delaunnay en 1817. Salvandy (1795-1856)
avait assimilé, non sans talent, la manière de Chateaubriand.
Rédacteur au *Journal des Débats* sous la Restauration. Plus
tard académicien (1835), ministre de l'Instruction publique
(1837-1839, 1845-1848).

les plaintes les plus amères. Il n'y avait plus moyen de supporter de pareilles insolences, etc.

Le duc, tout épouffé de cette sortie, lui demanda des détails sur la brochure. Il lui en rapporta des phrases dont il eut soin d'envenimer les expressions. Le duc s'occupa à calmer les violences de l'ambassadeur, le pria de ne faire aucune démarche sans être entendu avec lui, promit de lire la brochure et lui donna rendez-vous pour le lendemain matin.

Pozzo vint reprendre son chapeau qui se trouvait près de moi et me dit :

« Prévenez-les que tout est accommodé », et partit sans avoir échangé une parole avec nos ministres.

Le duc, en revanche, se rapprocha d'eux et fit mille frais pour compenser la mauvaise humeur de son collègue de Russie. Le lendemain matin, Pozzo se rendit chez le duc. Celui-ci avait lu la brochure ; sans doute elle était inconvenante, mais moins que le général Pozzo ne l'avait annoncé. Les phrases répétées la veille étaient moins offensantes, l'épithète la plus insultante ne s'y trouvait pas ; puis c'était l'œuvre d'un tout jeune homme qui n'avait aucune importance personnelle ; enfin la lecture n'avait pas excité la colère du duc autant que celle de Pozzo.

Celle-ci s'était un peu apaisée pendant la nuit. Il se laissa persuader par l'éloquence du duc et consentit à ne point faire d'éclat, d'autant qu'il avait appris que le gouvernement français était indigné et désolé de cette intempestive publication. Il fut donc convenu qu'on la tiendrait pour non avenue ; tout au plus en ferait-on mention *amiablement* pour témoigner en avoir connaissance et n'en tenir aucun compte.

Nous nous amusâmes fort de cette espèce de proverbe. On comprend que Pozzo n'abusait pas de ces formes et qu'il en usait assez sobrement pour que le duc ne pût jamais se douter de l'empire qu'il exerçait sur lui.

Il ne faut pourtant pas croire que le duc de Wellington fût un homme nul. D'abord, il avait l'instinct de la guerre à un haut degré quoiqu'il en sût mal la théorie, et le jugement sain dans les grandes affaires quoique dépourvu de connaissances acquises. Avec peu de moralité dans quelques parties de sa conduite, il était éminemment loyal et franc, c'est-à-dire qu'il ne cherchait jamais à dissimuler sa pensée du jour, ni son engagement de la veille; mais une fantaisie suffisait pour faire changer sa volonté du tout au tout. C'était à combattre ses fréquents caprices, à empêcher qu'ils ne dirigeassent ses actions, que le général Pozzo s'employait habilement, et souvent avec succès. Le duc l'écoutait d'autant plus volontiers qu'il le savait dans sa dépendance par l'événement de 1815 dont j'ai déjà rendu compte.

Les négociations pour l'emprunt avaient été reprises et tout était conclu; on devait signer le lendemain. J'allai passer la soirée chez la duchesse d'Escars, aux Tuileries (son mari était premier maître d'hôtel). Je fus frappée, en arrivant, de voir un groupe nombreux au milieu du salon. Un homme y pérorait.

C'était un certain Rubichon, espèce de mauvais fou, qui avait fait des banqueroutes à peu près frauduleuses dans plusieurs contrées, mais qui n'en était pas moins l'oracle du parti ultra et le financier du pavillon de Marsan. Pour se mieux faire entendre, il était monté sur les barreaux d'une chaise et dominait la foule de la moitié de sa longue et maigre personne. Il prophétisait malheur au gouvernement du Roi, accumulait argument sur argument pour prouver le désordre des finances, l'impossibilité de payer l'impôt et la banqueroute immanquable avant quinze jours. Pour compléter le scandale de cette parade, dans le palais même du Roi et à la clarté des bougies qu'il payait, monsieur Rubichon avait

pour auditeurs monsieur Baring et monsieur Labouchère.

Je remarquai en cette occasion l'attitude différente
de ces deux hommes. Baring haussait les épaules
et, au bout de peu d'instants, s'éloigna. Monsieur
Labouchère écoutait avec une grande attention,
hochait la tête, sa physionomie se rembrunissait et
il éprouvait ou feignait de l'anxiété. Je sus que le
lendemain, lorsqu'il s'agit de signer, il voulut faire
valoir les inquiétudes de Rubichon pour aggraver
les conditions ; mais la franche loyauté de Baring
s'y opposa, et il combattit lui-même les arguments
de son associé.

Il n'en restait pas moins vrai que les plus intimes
serviteurs du Roi avaient fait tout ce qui dépendait
d'eux pour augmenter les embarras de la position.
Ils continuèrent leurs manœuvres. Ils avaient, la
veille, déclaré l'emprunt impossible à aucun taux ; le
lendemain, ils le trouvèrent trop onéreux ; et, après
avoir proclamé l'augmentation imminente de l'armée d'occupation qui devait, selon eux, s'emparer
de nos places fortes, ils se plaignirent amèrement
que la conclusion de l'emprunt n'amenât qu'une
réduction de trente mille hommes. Voilà le langage
des soi-disant amis.

L'opposition, de son côté, faisait des phrases sur
ce qu'on ne devait pas expulser les étrangers avec
de l'*or* mais avec du *fer*. C'étaient autant de nouveaux Camilles. Cela était assurément d'un fort beau
patriotisme ; mais, hélas ! il y avait autour de nos
frontières un million de *Brennus* tout prêts à leur
répondre : *Malheur aux vaincus !*

À la Bourse, les mêmes gens, qui se riaient de pitié
quand monsieur Corvetto avait annoncé le désir de
faire un emprunt et le déclaraient impossible à
aucun prix, se plaignaient de n'en être pas chargés et
protestaient qu'ils l'auraient pris à des termes moins

onéreux, de manière que ce succès inespéré fut tellement atténué par les haines du parti qu'il n'en resta
presque rien au gouvernement du Roi.

J'en fus aussi surprise que désappointée. Depuis
plusieurs mois, je voyais négocier cette affaire ; je
l'avais sue faite et manquée plusieurs fois. J'avais
suivi les craintes et les espérances de tous ces bons
esprits, de tous ces cœurs patriotiques. Je savais les
insomnies qu'ils avaient éprouvées, les anxiétés avec
lesquelles on avait attendu un courrier de Berlin…,
un assentiment de Vienne… Je voyais l'emprunt fait à
un taux supportable par des capitalistes étrangers
inspirant assez de confiance aux puissances pour
qu'elles consentissent à des termes de paiement qui
le rendaient possible. Elles nous donnaient un témoignage immédiat de leur bonne foi en retirant trente
mille hommes de l'armée d'occupation. Il était pré-
sumable, dès lors, que l'évacuation complète du territoire suivrait prochainement, et la suite l'a prouvé.

C'était assurément le plus beau succès qu'une
administration, placée dans une position aussi difficile, pût obtenir ; mais il lui fallait interroger sa
propre conscience pour en jouir, car, amis et ennemis, tout le monde l'avait si bien escompté par
avance que l'effet en fut fort atténué.

Le duc de Richelieu était un des hommes qui pouvait le mieux se replier sur son noble cœur et se trouver suffisamment payé par les services qu'il rendait.
Je dis *lui*, particulièrement, parce que la confiance
inspirée par sa loyauté avait contribué plus qu'aucune autre chose au succès de la négociation ; mais
ses collègues avaient partagé ses veilles et ses travaux ; ils méritaient une part de reconnaissance si
les nations savaient en avoir quand elles souffrent.

Pour moi, qui ne me piquais pas d'autant de philosophie, je fus indignée de cette ingratitude ; Pozzo
en rugissait.

CHAPITRE VIII

J'avais fait ma cour en arrivant, mais je n'avais pas vu madame la duchesse de Berry qu'un commencement de grossesse retenait chez elle. Je l'aperçus pour la première fois au bal chez le duc de Wellington ; elle me parut infiniment mieux que je ne m'y attendais.

Sa taille, quoique petite, était agréable ; ses bras, ses mains, son col, ses épaules d'une blancheur éclatante et d'une forme gracieuse ; son teint beau et sa tête ornée d'une forêt de cheveux blond cendré admirables. Tout cela était porté par les deux plus petits pieds qu'on pût voir. Lorsqu'elle s'amusait ou qu'elle parlait et que sa physionomie s'animait, le défaut de ses yeux était peu sensible ; je l'aurais à peine remarqué si je n'en avais pas été prévenue.

Son état l'empêchait de danser ; mais elle se promena plusieurs fois dans le bal donnant le bras à son mari. Elle n'avait ni grâce, ni dignité.

Elle marchait mal et les pieds en dedans ; mais ils étaient si jolis qu'on leur pardonnait, et son air d'excessive jeunesse dissimulait sa gaucherie. À tout prendre, je la trouvai bien. Son mari en paraissait fort occupé ainsi que Monsieur (le comte d'Artois) et madame la duchesse d'Angoulême. Quant à monsieur le duc d'Angoulême, il s'y trouvait si mal à son aise que, dès qu'il entrait dans un salon, sa seule pensée était le désir d'en sortir et qu'il n'y restait jamais plus d'un quart d'heure, se contentant de faire acte de présence quand cela était indispensable.

Madame la duchesse de Berry était arrivée en France complètement ignorante sur tout point. Elle savait à peine lire. On lui donna des maîtres. Elle aurait pu en profiter, car elle avait de l'esprit naturel et le sentiment des beaux-arts ; mais personne ne lui parla raison, et, si on chercha à lui faire apprendre à écorcher un clavier ou à barbouiller une feuille de papier, on ne pensa guère, en revanche, à lui enseigner son métier de princesse.

Son mari s'amusait d'elle comme d'un enfant et se plaisait à la gâter. Le Roi ne s'en occupait pas sérieusement. Monsieur y portait sa facilité accoutumée. Madame la duchesse d'Angoulême, seule, aurait voulu la diriger, mais elle y mettait des formes acerbes et dominatrices.

Madame la duchesse de Berry commença par la craindre, et bientôt la détesta. Madame la duchesse d'Angoulême ne fut pas longtemps en reste sur ce sentiment que monsieur le duc de Berry combattit faiblement ; car, tout en rendant justice aux vertus de sa belle-sœur, il n'avait aucun goût pour elle. Menant, d'ailleurs, une vie plus que légère, il ne se souciait pas de contrarier sa femme et lui soldait en complaisances les torts qu'il avait d'un autre côté.

C'était un bien mauvais calcul pour tous deux, car la petite princesse avait fini par devenir aussi exigeante que maussade. Son mari lui répétait sans cesse qu'elle ne devait faire que ce qui l'amusait et lui plaisait, ne se gêner pour personne et se moquer de ce qu'on en dirait. De toutes les leçons qu'on lui prodiguait, c'était celle dont elle profitait le plus volontiers et dont elle ne s'est guère écartée.

Il était curieux de lui voir tenir sa Cour, ricanant avec ses dames et n'adressant la parole à personne. Il n'y a pas de pensionnaire qui ne s'en fût mieux tirée, et pourtant, je le répète, il y avait de l'étoffe dans madame la duchesse de Berry. Une main habile en aurait pu tirer parti. Rien de ce qui l'entourait n'y était propre, excepté peut-être la duchesse de Reggio, sa dame d'honneur ; mais elle n'avait aucun crédit.

Cette nomination avait fait honneur au bon jugement de monsieur le duc de Berry et à la sagesse du Roi.

Madame la maréchale Oudinot, duchesse de Reggio, représentait le régime impérial à la nouvelle Cour d'une façon si convenable et si digne que personne n'osait se plaindre de la situation où on l'avait placée, quoique les charges de Cour excitassent particulièrement l'envie du parti royaliste qui les regardait comme sa propriété exclusive.

Il avait fallu à la duchesse beaucoup de tact et d'esprit pour fonder sa position dans un monde tout nouveau et tout hostile. Elle y avait réussi sans aucune assistance, car le maréchal Oudinot, brave soldat s'il en fut, ne savait que jouer, fumer, courir les petites filles et faire des dettes. Il fallait donc que sa femme eût de la considération pour deux et elle y réussissait. Ajoutons que le maréchal avait de grands enfants d'une première femme dont elle avait su se faire adorer.

Il aurait été bien heureux qu'elle prît de l'ascendant sur madame la duchesse de Berry; cela n'arriva pas. La duchesse de Reggio lui inspirait du respect; elle avait recours à elle pour réparer ses gaucheries, mais elle la gênait : elle n'avait pas de confiance en elle et, à proportion que sa conduite est devenue plus légère, elle s'en est éloignée davantage.

Je ne comptais rester que peu de semaines à Paris; un événement de famille m'y retint plus longtemps que je n'avais présumé. J'avais trouvé mon frère en grande coquetterie avec mademoiselle Destillières. Nous l'avions connue dans sa très petite enfance. Elle était ravissante et ma mère en raffolait. Il paraît que, dès lors, elle disait ne vouloir épouser que monsieur d'Osmond.

La mort de ses parents l'avait laissée héritière d'une immense fortune et maîtresse de son sort. Sa main était demandée par les premiers partis de

France, et mon frère ne songeait point à se mettre sur les rangs ; mais elle lui fit de telles avances qu'il en devint sincèrement épris et s'engagea, quoique avec réticence, dans le bataillon des prétendants. Elle ne l'y laissa pas longuement dans la foule. Au bout de peu de temps, elle l'autorisa à charger mon père de la demander en mariage, pour la forme, à son oncle qui était son tuteur mais dont elle ne dépendait en aucune façon.

Cet oncle s'était accoutumé à l'idée qu'elle resterait fille et qu'il continuerait à disposer de sa fortune. Ce sort lui paraissait assez doux pour en souhaiter la prolongation indéfinie. Ainsi, loin de combattre les répugnances de mademoiselle Destillières à accepter les partis qu'on lui avait jusqu'alors proposés, il cherchait à les accroître en lui faisant insinuer, par des personnes à sa dévotion, que sa santé, très délicate, lui rendait le célibat nécessaire.

Lors donc que la lettre *officielle* de mon père lui fut remise, par un ami commun, monsieur de Bongard articula très poliment un refus absolu et alla rendre compte à sa nièce de la demande et de la réponse, fondée, comme à l'ordinaire, sur ce qu'elle ne voulait pas se marier.

« Vous vous êtes trompé, mon oncle, je ne voulais pas épouser les autres ; mais je veux épouser monsieur d'Osmond. »

Monsieur de Bongard pensa tomber à la renverse. Il fallut bien reprendre ses paroles, mais tous ses soins furent employés à retarder le mariage. Soit qu'il se flattât de quelque circonstance qui pût le faire rompre, soit qu'il eût besoin d'un long intervalle pour régulariser l'illégalité de la gestion de sa tutelle, portée à un point fabuleux autant, je crois, par incurie que par malversation, il épuisait tous les prétextes pour gagner du temps.

Les jeunes gens, en revanche, étaient très pressés

et me demandaient de rester de jour en jour, prétendant que mon départ fournirait un argument de plus
à monsieur de Bongard pour éloigner la noce. Il en
vint pourtant à ses fins, car le mariage, arrangé au
mois de février et qui devait s'accomplir le premier,
le dix, le vingt de chaque mois, n'eut lieu qu'en
décembre.

Quoique le mariage de mademoiselle Destillières
fût de toutes les nouvelles du jour celle qui m'inté-
ressait le plus, je m'occupais encore cependant des
événements publics; et je fus très consternée, un
matin, en apprenant que le roi Louis XVIII était
très mal. Il donna de vives inquiétudes pendant un
moment.

La loi d'élection se discutait à la Chambre des
députés. Les princes étaient en opposition directe
au gouvernement, car alors le cabinet était composé
de gens raisonnables. Monsieur le duc de Berry
ameutait contre la loi et, dans une soirée chez lui,
cabala tout ouvertement pour grossir l'opposition.
Le Roi en fut informé, le fit appeler, et le tança vertement.

Monsieur le duc de Berry se plaignit à son père et
à sa belle-sœur. Ils mirent en commun leurs griefs,
s'échauffèrent les uns les autres, et enfin, le soir
après le dîner, Monsieur, portant la parole, les
exposa durement au Roi. Le Roi répondit vivement.
Madame et le duc de Berry s'en mêlèrent; la querelle s'exalta à tel point que Monsieur dit qu'il quit-
terait la Cour avec ses enfants.

Le Roi répondit qu'il y avait des forteresses pour
les princes rebelles. Monsieur répliqua que la charte
n'admettait pas de prison d'État (car cette pauvre
charte est invoquée par ceux qui l'aiment le moins)
et on se quitta sur ces termes amicaux. Monsieur
le duc d'Angoulême avait seul gardé un complet
silence. Le respect dû au père rachetait en lui le res-

pect dû au Roi, de façon qu'il se serait fait scrupule de donner tort ou raison à aucun des deux.

La colère une fois passée, tous furent fâchés de la violence des paroles. Le pauvre Roi pleurait le soir en en parlant à ses ministres ; mais cette scène l'avait tellement éprouvé qu'elle avait arrêté la digestion de son dîner. La goutte dans l'estomac s'y ajouta ; il pensa étouffer dans la nuit et, pendant plusieurs jours consécutifs, il fut assez mal.

Ce fut une occasion pour sa famille de lui témoigner une affection à laquelle il feignait de croire pour acquérir un peu de repos, mais dont il faisait peu d'état. Le public savait aussi bien que le Roi l'opposition des princes ; et la plaisanterie du moment était d'appeler les boules noires mises au scrutin les *prunes de Monsieur*.

Je m'applique à ne point parler des événements connus sur lesquels je ne sais aucun détail particulier. Ainsi je ne dirai rien de la représentation de *Germanicus*, tragédie de monsieur Arnault[1], alors proscrit de France, qui exalta au dernier degré les passions des partis impérialiste et royaliste.

Les sages précautions prises par l'autorité pour empêcher une collision entre les jeunes gens de l'ancienne armée et les gardes du corps leur parurent à tous entachées de partialité, et les deux partis se proclamèrent lésés et persécutés par l'autorité.

---

1. Vincent-Antoine Arnault (1766-1834) se rendit célèbre au début de la Révolution par deux tragédies «républicaines», jouées avec un grand succès au Théâtre-Français : *Marius à Minturnes* en 1791, *Lucrèce* en 1792. Fidèle admirateur de Napoléon, il fut exilé après 1815 et se réfugia en Belgique (apparaissant jusque-là comme le pendant littéraire du peintre David). C'est en 1816 que le Théâtre-Français représenta *Germanicus*. La pièce fut entendue dans le calme, mais de violentes manifestations éclatèrent à la fin lorsqu'on voulut nommer l'auteur.

On pourrait peut-être en conclure qu'elle avait été seulement sage et paternelle ; mais les hommes, quand ils sont animés par la passion, ne jugent pas si froidement et la fermentation était restée grande.

C'est dans ce moment que je reçus de Londres le premier exemplaire du *Manuscrit de Sainte-Hélène*[1]. Je le lus avec un extrême intérêt ; mais je me rappelle avoir mandé à ma mère qu'il arrivait trop à propos et répondait trop bien aux passions du moment pour me permettre de croire à son authenticité. C'était le manifeste du parti bonapartiste tel qu'il existait en ce moment à Paris, et il était presque impossible de penser que, tracé au-delà de l'Atlantique, il pût arriver précisément à l'instant opportun. Au reste, il me parut tellement propre à servir de mèche que je ne voulus prendre aucune part à faciliter l'explosion. Ce livre, renfermé sous clef, ne sortit pas de chez moi et je n'en soufflai mot.

Le surlendemain, madame de Duras me demanda si mes lettres de Londres parlaient d'un écrit de l'Empereur. Je répondis hardiment que non. Au bout d'une dizaine de jours, je reçus un petit billet d'elle pour me recommander de ne pas manquer à venir passer la soirée chez elle. J'y trouvai une cinquantaine de personnes réunies, la table, les bougies, le verre d'eau sucrée de rigueur pour le lecteur ; on allait commencer. Quoi ? le *Manuscrit de Sainte-Hélène* ! La même représentation se renouvela le lendemain chez la duchesse d'Escars.

Pendant ces soirées, j'étais poursuivie d'une idée que je ne pouvais chasser. Je voyais Bonaparte

1. Paru sous le titre suivant : *Manuscrit venu de Sainte-Hélène d'une manière inconnue*, London, J. Murray, 1817, in-8°, 109 p., il fut attribué notamment à Benjamin Constant, à Sieyès, à Mme de Staël. Napoléon en a eu connaissance vers la fin de 1817, puisqu'il a pris la peine de le réfuter dans des notes publiées en 1821 par le général Gourgaud.

apprenant que, chez le maréchal Duroc, une troupe de chambellans et de dames du palais étaient réunis pour entendre et se passionner du récit bien pathétique de l'expulsion de Louis XVIII de Mitau, des gardes du corps pleurant sur ses mains, de Madame leur distribuant ses diamants pour les empêcher de mourir de faim, de leur vieux Roi les bénissant, de l'abbé Marie quittant volontairement un monde où l'injustice seule triomphait, etc., et toute la société impérialiste, émue jusqu'aux larmes, surprise par l'entrée de l'Empereur au milieu d'elle !

Quelles auraient été ses frayeurs ! Comme Vincennes aurait été peuplé le lendemain ! Au reste, personne ne s'y serait risqué. Grâce au ciel, et honneur en soit rendu à la Restauration, la lecture, chez les dames que je viens de citer, pouvait être déplacée, inconvenante, dangereuse même pour le pays ; mais elle ne pouvait troubler la sécurité de ceux qui y assistaient.

Jamais aucune publication, de mon temps, n'a fait autant d'effet. Il n'était plus permis d'élever un doute sur son authenticité, et, plus on avait approché l'Empereur, plus on soutenait l'ouvrage de lui.

Monsieur de Fontanes reconnaissait chaque phrase. Monsieur Molé entendait le son de sa voix disant ces mêmes paroles. Monsieur de Talleyrand le voyait les écrire. Le maréchal Marmont retrouvait des expressions de leur mutuelle jeunesse dont lui seul avait pu se servir, etc. Et tous et chacun étaient électrisés par cette émanation directe du grand homme.

Je finis par me laisser persuader, tout en conservant mon étonnement de l'à-propos de la publication : tant de gens plus compétents affirmaient reconnaître l'auteur qu'il y aurait eu de l'obstination à en douter.

Je restais persuadée de l'inopportunité de ces

lectures. Toutefois, les gens qui s'y prêtaient étaient de nature à lever tous les scrupules que j'avais conçus.

Je possédais deux exemplaires de la brochure, et je trouvai qu'il n'y avait plus que de la désobligeance à les tenir enfermés. Je les prêtai donc et ne tardai pas à m'en repentir, car chaque matin je recevais vingt billets qui me les demandaient. On se faisait inscrire à tour de rôle pour les obtenir.

Aucune mystification n'a eu un succès plus complet ni plus utile à un parti. La semi-publicité ajoutait tout le prix de la mode et du fruit défendu à un ouvrage devenu une sorte de manifeste; et les lectures faites en commun, appelant cette espèce d'électricité que les hommes réunis exercent les uns sur les autres, le rendaient d'autant plus propre à exciter toutes les passions. Je n'ai jamais assisté à une de ces représentations dans une société impérialiste; mais, à en juger par l'effet qu'elles faisaient dans nos salons bourboniens, on peut supposer qu'elles remuaient profondément les âmes, exaltaient toutes les haines et tous les regrets.

Le *Manuscrit de Sainte-Hélène* restera au moins fameux dans les cabinets des bibliophiles comme contrefaçon. Il est de monsieur Bertrand de Novion qui n'a aucune autre réputation littéraire, n'a jamais vu l'Empereur de près et n'a eu de rapports avec lui que pendant les Cent-Jours.

Je sais bien que, depuis que l'auteur est connu, on a beaucoup dit qu'il était impossible de s'y méprendre; mais, au moment où cette brochure parut, il était encore plus impossible d'élever un doute sans se faire lapider.

(Note de 1841). — Après avoir profité vingt-cinq ans du succès de cette publication et en avoir même reçu le salaire, monsieur Bertrand de Novion vient d'en restituer l'honneur à son véritable auteur, mon-

sieur de Châteauvieux [1]. J'avais eu révélation de son nom dans le temps ; mais les habitudes, les relations, les opinions de monsieur de Châteauvieux, toutes hostiles à l'Empire, m'avaient éloignée d'y attacher aucune importance. Il faut son assertion, la reproduction du manuscrit écrit de sa main et l'aveu de monsieur Bertrand de Novion pour y croire à l'heure qu'il est.

CHAPITRE IX

L'exaltation des bonapartistes, loin de calmer, servait même de stimulant à celle des ultras. Ils accusaient la longanimité du Roi et la modération du ministère. Selon eux, de sévères répressions, des procès, des condamnations, des échafauds, mais surtout des destitutions auraient assis la Restauration sur des bases bien autrement solides.

Monsieur de Chateaubriand avait, depuis longtemps, fait paraître sa *Monarchie selon la charte* où il ne demandait que sept hommes dévoués par département, au nombre desquels il plaçait le grand prévôt, et la liberté de la presse avec la peine de mort largement affectée à ses délits. Ces concessions paraissaient encore trop libérales aux ultras, et il était obligé de modifier ses doctrines pour rester un de leurs chefs. À plus petit bruit, il s'en élevait un autre bien moins brillant mais plus habile, monsieur de Villèle.

Son humble origine, ses formes vulgaires, sa tournure hétéroclite, sa voix nasillarde le tenaient encore éloigné des salons ; mais il commençait à avoir une

1. Voir note 1, p. 303.

grande influence à la Chambre des députés et à grouper autour de lui le bataillon de l'opposition ultra. Toutefois, la Cour n'était pas d'humeur à attendre les résultats des manœuvres constitutionnelles et elle en prépara une pour son compte.

Depuis le mariage de madame la duchesse d'Angoulême, madame de Sérent et ses deux filles, les duchesses de Damas et de Narbonne, étaient restées constamment auprès d'elle. Madame de Narbonne avait tout l'esprit que sa sœur croyait posséder. Le roi Louis XVIII n'avait pas manqué de saisir la différence qui existait entre le prétentieux bel esprit de madame de Damas et la distinction de bon aloi de madame de Narbonne. Il avait pris à Hartwell l'habitude de causer assez confidentiellement avec cette dernière. Il aimait la société des femmes spirituelles ; madame de Balbi lui en avait donné le goût.

Les deux sœurs étaient, quoique à des degrés différents, liées avec monsieur de Blacas. Son absence affligeait l'une et déplaisait à l'autre qui se voyait privée du crédit qu'elle exerçait pendant son ministère. Tant que monsieur de Blacas avait été tout-puissant près du Roi, Monsieur et Madame l'avaient en horreur. Son expulsion les avait charmés. Mais *mal passé n'est que songe*, on détestait encore plus les ministres présents.

Le favoritisme du bourgeois et impérialiste Decazes fit regretter le noble et émigré Blacas. Avec celui-là du moins, on s'entendait sur bien des points et la langue était commune. Madame de Narbonne n'eut donc pas grand-peine à faire reconnaître aux princes qu'ils avaient beaucoup perdu au change. Restait à ramener le Roi à ses anciennes préférences ; elle entreprit de l'accomplir.

Louis XVIII, homme du temps de sa jeunesse, était, en matière de religion, philosophe du dix-huitième siècle. Les pratiques auxquelles il s'astreignait très exactement n'étaient pour lui que de pure étiquette. Toutefois, malgré son scepticisme établi, il ne manquait pas d'une sorte de superstition. Il croyait, assez volontiers, que, si le bon Dieu existait et qu'il s'occupât de quelque chose, ce devait être sans aucun doute du chef de la maison de Bourbon.

Madame de Narbonne profita de l'accès qu'elle avait auprès de lui pour lui parler d'une certaine sœur Marthe, religieuse, et d'un cultivateur des environs de Paris, nommé Martin[1], qui, tous deux, avaient des visions tellement étranges par leur importance et leur similitude qu'elle se faisait un devoir d'en avertir le Roi.

Déjà, selon elle, toutes les consciences timorées étaient bouleversées par ces dénonciations de l'abîme vers lequel on s'avançait. Elle revint plusieurs fois à la charge ; le Roi consentit à voir la sœur Marthe. Bien stylée, probablement par les entours immédiats du Roi, elle lui fit des révélations intimes sur son passé, et parla comme il le fallait, pour le présent et l'avenir. Le Roi fut ébranlé.

Madame de Narbonne manda à monsieur de Blacas, alors ambassadeur à Rome, de venir sur-le-champ n'importe sous quel prétexte ; elle était autorisée à lui promettre l'appui des princes et elle ne doutait pas de son succès auprès du Roi.

En conséquence, un beau matin un valet de

---

1. C'est dans le cadre de plusieurs «affaires Louis XVII» (en 1815-1816), qu'il faut replacer le cas de ce visionnaire. Amené à Paris, interrogé par Decazes, examiné par les psychiatres qui conclurent en faveur de son bon sens, Thomas Martin fut interné à Charenton où ses visions se poursuivirent. Le roi le vit enfin, pour s'entendre dire (Royer-Collard a laissé une relation de cette entrevue) qu'il était un usurpateur, qu'il avait essayé de faire assassiner son frère et qu'il mourrait s'il se faisait sacrer. Il fut renvoyé dans son village en avril 1816. On le soupçonna d'être manœuvré par la Congrégation.

chambre du Roi, très dévoué à monsieur de Blacas,
remit à Sa Majesté, en entrant dans sa chambre, un
billet de monsieur de Blacas. Ne pouvant plus résister au besoin de son cœur, il était arrivé à Paris uniquement pour voir le Roi, le regarder, entendre sa
voix, se prosterner à ses pieds et repartir, ayant fait
provision de bonheur pour quelques mois.

Monsieur de Blacas avait trop spéculé sur la faiblesse qu'il connaissait à Louis XVIII du besoin
d'être aimé pour lui-même. Le Roi répondit sèchement et verbalement :

« Je ne reçois les ambassadeurs que conduits par
le ministre des Affaires étrangères. »

Monsieur de Blacas se trouva donc forcé d'aller
d'abord chez le duc de Richelieu. Fort étonné de
voir entrer un ambassadeur qu'il croyait à Rome, il
ne douta pas que Louis XVIII ne l'eût mandé. Il lui
demanda s'il avait vu le Roi.

« Mais non, reprit monsieur de Blacas, vous pensez bien que je ne m'y serais pas présenté sans
vous. »

Cette déférence inattendue parut singulière au
duc qui, malgré toute sa loyauté, démêlait bien une
intrigue au fond de ce retour inopiné. Il fut confirmé
dans cette opinion lorsqu'en arrivant le Roi ne
témoigna aucune surprise de voir monsieur de Blacas, et la froideur qu'il lui montra ne lui parut qu'un
jeu concerté entre eux. Monsieur de Blacas en jugea
autrement, et comprit, dès lors, qu'il avait été mal
conseillé.

Le Roi dînait toujours exclusivement avec la
famille royale ; mais les déjeuners se passaient plus
sociablement aux Tuileries, hormis pour Monsieur
qui prenait seul, chez lui, sa tasse de chocolat. Monsieur le duc d'Angoulême déjeunait avec son service
du jour, le duc de Damas et le duc de Guiche. Monsieur le duc de Berry ajoutait aux personnes de sa

maison celles de sa familiarité et souvent même faisait des invitations de politesse.

Le Roi avait tous les matins une table de vingt couverts. En outre du service du jour, les grandes
charges de la maison y assistaient quand elles voulaient, toujours sans invitation. Madame la duchesse
d'Angoulême, accompagnée de la dame de service,
déjeunait chez son oncle. Messieurs de Richelieu
et de Blacas avaient le droit de s'asseoir à cette
table, en leur qualité de premier gentilhomme de la
chambre et de premier maître de la garde-robe; car,
comme ministre et ambassadeur, ils n'y auraient pas
été admis, et le Roi aurait passé dans la salle à manger sans leur dire de le suivre.

Leur audience avait eu lieu peu avant l'heure du
déjeuner; ils accompagnaient le Roi lorsqu'il entra
dans le salon où les convives se trouvaient assem-
blés. La surprise égala le malaise en voyant monsieur de Blacas qu'on croyait à Rome. On cherchait
à lire sur la figure du Roi l'accueil qu'il lui fallait
faire, mais sa physionomie était impassible. La présence de monsieur de Richelieu gênait aussi ceux
qui auraient voulu montrer les espérances que peut-
être ils ressentaient.

Tout le monde, selon l'usage, était réuni lorsque
Madame arriva précédée d'une petite chienne que
monsieur de Blacas lui avait autrefois donnée; celle-
ci sauta autour de son ancien protecteur et le combla
de caresses.

«Cette pauvre Thisbé, dit le Roi, je lui sais gré de
si bien vous reconnaître.»

Le duc d'Havré se pencha à l'oreille de son voisin
et lui dit:

«Il faut faire comme Thisbé, il n'y a pas à hésiter.»

Et monsieur de Blacas fut entouré des plus affectueuses démonstrations. Madame ne montra pas
plus de surprise que le Roi, mais accueillit monsieur

de Blacas avec grande bienveillance. Il y a à parier qu'elle n'ignorait pas l'intrigue qui se manœuvrait.

Monsieur le duc d'Angoulême déjeunait plus tard que le Roi, et la princesse en sortant de chez son oncle venait toujours assister à la fin de son repas où elle mangeait, toute l'année, une ou deux grappes de raisin.

Ce jour-là elle raconta l'arrivée de monsieur de Blacas. «Tant pis», répondit sèchement monsieur le duc d'Angoulême. Elle ne répliqua pas. Mon frère, qui, en sa qualité d'aide de camp, déjeunait chez son prince, fut frappé de l'idée qu'il y avait dissidence dans le royal ménage sur cet événement.

Au reste, cela arrivait très habituellement. Monsieur le duc d'Angoulême rendait une espèce de culte à sa femme qui avait pour lui la plus tendre affection, mais ils ne s'entendaient pas en politique. Sous ce rapport, Madame était bien plus en sympathie avec Monsieur, et ni l'un ni l'autre n'exerçaient d'influence sur monsieur le duc d'Angoulême.

Lorsque Madame commençait une de ses diatribes d'ultra-royalisme, il l'arrêtait tout court :

«Ma chère princesse (c'est ainsi qu'il l'appelait) ne parlons pas de cela ; nous ne pouvons nous entendre ni nous persuader réciproquement.»

Aussi toutes les intrigues du parti s'arrêtaient-elles devant la sagesse de monsieur le duc d'Angoulême qui refusait constamment de témoigner aucune opposition au gouvernement du Roi. Elles trouvaient, en revanche, des auxiliaires bien actifs dans les autres princes et leurs entours, y compris ceux du Roi.

La nouvelle de l'arrivée de monsieur de Blacas fit grand bruit comme on peut penser. Je sus promptement le peu d'étonnement témoigné par le Roi, l'histoire de Thisbé et le *tant pis* de monsieur le duc d'Angoulême. Selon le parti auquel on appartenait, on brodait le fond de diverses couleurs.

Les courtisans avaient remarqué qu'après le déjeuner monsieur de Blacas ayant parlé bas au Roi, il avait répondu tout haut de sa voix sévère :

« C'est de droit, vous n'avez pas besoin de permission. »

On sut qu'il s'agissait de s'installer dans l'appartement du premier maître de la garde-robe aux Tuileries. Cet appartement, arrangé pour monsieur de Blacas dans le plus fort de sa faveur, communiquait avec celui du Roi par l'intérieur.

On se rappela que le major général de la garde y avait été logé provisoirement pendant qu'on travaillait à son appartement, mais que les réparations avaient été poussées avec un redoublement d'activité depuis quelque temps ; et que, deux jours avant, il avait pu s'installer [chez lui] et laisser libre l'appartement de monsieur de Blacas. J'avoue que cette circonstance, de la facilité des communications, me parut grave. La franchise du monarque n'était pas assez bien établie pour que la froideur de la réception semblât tout à fait rassurante.

Monsieur de Blacas affecta de passer la matinée tout entière au Salon du Louvre où il y avait alors exposition de tableaux ; il ne parla pas d'autre chose pendant le dîner chez le duc d'Escars. Il jeta en avant quelques phrases qui indiquaient le projet d'un prompt départ pour Rome.

Très anxieuse de savoir ce qui se passait, j'allai le soir chez monsieur Decazes. Le même sentiment y avait amené quelques personnes, la malice quelques autres, la curiosité encore davantage, si bien qu'il y avait foule. Tous les esprits y paraissaient fort agités, hormis celui du maître de la maison. Lui semblait dans son assiette naturelle.

Je n'en pourrais dire autant de monsieur Molé, alors ministre de la Marine ; il était dans un trouble impossible à dissimuler. Je le vois encore assis sur un petit sofa, dans le recoin d'une cheminée, et avançant un écran sous prétexte de se défendre de la lumière, mais évidemment pour éviter les regards à sa figure renversée.

Ordinairement monsieur Decazes n'allait pas faire sa visite quotidienne au Roi les jours de ses réceptions ; cette fois il s'échappa de son salon. Peu après, quelqu'un (monsieur de Boisgelin, je crois), arrivant de l'ordre, me raconta que monsieur de Blacas, reprenant ses anciennes habitudes, avait suivi le Roi dans son intérieur lorsqu'il y était rentré.

L'absence du ministre de la Police ne fut pas longue ; son attitude était parfaitement calme au retour ; et je fis la remarque qu'avec moins d'esprit de conversation et bien moins d'élégance de formes que monsieur Molé il avait, dans cette occasion, beaucoup plus le maintien d'un homme d'État. Le monde s'étant écoulé, je m'approchai de lui et je lui dis :

« Que dois-je mander demain à mon père ? le courrier part.

— Que je suis son plus dévoué serviteur, aussi bien que le vôtre.

— Vous savez bien que ce n'est pas vaine curiosité qui me fait faire cette demande. Les gazettes ultras vont entonner la trompette ; répondez-moi sérieusement ce qu'il convient de dire à l'ambassadeur.

— Hé bien, sérieusement, mandez-lui que monsieur de Blacas est arrivé aujourd'hui vendredi de Rome à Paris et qu'il repartira jeudi de Paris pour Rome.

— Jeudi ! et pourquoi pas demain ?

— Parce que ce serait faire un événement de ce voyage et qu'il vaut infiniment mieux qu'il reste un ridicule.

— Je comprends la force de cet argument, mais ne craignez-vous pas de voir prolonger la facilité de ces communications entre les deux appartements ?

— Je ne crains rien ; faites comme moi. »

Et il accompagna ces derniers mots d'un sourire pas mal arrogant. J'avoue que j'étais loin de partager sa sécurité, connaissant la faiblesse du Roi et la cabale qui l'entourait. Toutefois, monsieur Decazes avait raison. Le Roi était capable d'intriguer contre ses ministres, mais il se serait fait scrupule de faire infidélité à ses favoris. Toutes les fois qu'ils lui ont été enlevés, c'est par force majeure et jamais il n'en avait été complice.

Au déjeuner du lendemain, le Roi affecta de parler du désir qu'il avait que le temps s'adoucît pour rendre le retour de monsieur de Blacas [plus agréable]. Au moment où on allait se séparer, il lui dit tout haut :

« Comte de Blacas, si vous avez à me parler ce soir, venez avant l'ordre ; après, c'est l'heure du ministre de la Police. »

Or, la famille royale quittait le Roi à huit heures ; l'ordre était à huit heures un quart, ainsi le tête-à-tête ne pouvait se prolonger d'une façon bien intime.

Monsieur de Blacas s'inclina profondément, mais on sentit le coup et, dans ce moment, Thisbé l'aurait caressé sans trouver d'imitateurs. Néanmoins le parti dit du pavillon de Marsan, toujours prompt à se flatter, affirmait et croyait peut-être qu'il y avait un dessous de carte, que les froideurs n'étaient qu'apparentes, qu'une faveur intime en dédommageait et ferait prochainement explosion.

Je le croyais un peu, et surtout lorsque, la veille du jour fixé pour son départ, monsieur de Blacas se déclara malade. Il garda sa chambre quarante-huit heures, puis reparut avec une extinction de voix qui ne permettait pas d'entreprendre un grand voyage. Il gagna une dizaine de jours par divers prétextes. Le dernier qu'il employa fut le désir d'accompagner le Roi dans la promenade du 3 mai, anniversaire de son entrée à Paris. Il parcourait les rues en calèche, sous la seule escorte de la garde nationale; cela plaisait à la population.

Monsieur de Blacas espérait que le droit de sa charge le placerait dans la voiture du Roi; mais celui-ci fit un grand travail d'étiquette pour lui enlever cette satisfaction. Je ne me rappelle plus quelle en fut la manœuvre, mais monsieur de Blacas ne figura que dans une voiture de suite. En rentrant, le Roi s'arrêta à la porte de son appartement, et, la tenant lui-même ouverte, ce qui était sans exemple, il dit bien haut:

«Adieu, mon cher Blacas, bon voyage, ne vous fatiguez pas en allant trop vite; je recevrai avec plaisir de vos nouvelles de Rome.»

Et *pan*, il frappa la porte à la figure du comte qui s'apprêtait à le suivre. Monsieur de Blacas, très déconcerté de la brièveté de ce congé amical, partit le soir[1].

Le résultat de ce voyage fut de faire nommer un ministre de la maison du Roi. Sans en être précisément titulaire, monsieur de Blacas en touchait les appointements, en conservait le patronage; et la charge était faite par un homme à sa dévotion, monsieur de Pradel. En revanche, quelque temps après, il fut fait duc et premier gentilhomme de la chambre.

L'intrigue ayant manqué, on ne s'occupa plus alors de Martin, d'autant que le Roi l'avait fait remettre entre les mains de monsieur Decazes. Il passa quelques semaines à Charenton sans que les

1. On était en pleines négociations avec le Saint-Siège (v. note, p. 692), lorsque, en avril 1817, Blacas quitta Rome sans autorisation pour se rendre à Paris où il arriva inopinément. Les choses se passèrent à peu près comme le raconte Mme de Boigne. Soutenu par Richelieu, Decazes en profita pour consolider son influence en faisant entrer au Conseil le maréchal Gouvion-Saint-Cyr et le comte Molé.

médecins osassent affirmer dans son exaltation un état de folie constatée.

On le renvoya dans son village d'où la Congrégation l'a évoqué plusieurs fois depuis. Une de ses principales visions portait sur l'existence de Louis XVII dont, de temps en temps, on voulait effrayer la famille royale. Il a été question de lui pour la dernière fois pendant le séjour de Charles X à Rambouillet, en 1830.

Je ne sais si ce fut tout à fait volontairement que la duchesse de Narbonne alla rejoindre son mari qu'elle avait fait nommer ambassadeur à Naples. Le rôle actif qu'elle venait de jouer dans cette intrigue Blacas avait déplu au Roi, plus encore à monsieur Decazes ; et, quoiqu'il n'y eût plus d'exil sous le régime de la Charte, on sut généralement qu'elle avait reçu l'ordre de ne point paraître à la Cour et le conseil de s'éloigner.

CHAPITRE X

Le favoritisme de monsieur Decazes se trouva mieux établi que jamais. Le Roi ne voyait que par ses yeux, n'entendait que par ses oreilles, n'agissait que par sa volonté.

Les souverains ne se gouvernent guère que par la flatterie. Louis XVIII était trop accoutumé à celles des courtisans d'origine pour y prendre grand goût ; il en avait besoin pour lui servir d'atmosphère et y respirer à l'aise, mais elles ne suffisaient pas à son imagination.

Sa fantaisie était d'être aimé pour lui-même ; c'était le moyen employé par tous les favoris précédents, excepté par madame de Balbi, je crois, qui se contentait de se laisser adorer et ne se piquait que d'être aimable et d'amuser, sans feindre un grand sentiment.

Monsieur Decazes inventa un nouveau moyen de soutenir sa faveur ; il se représenta comme l'ouvrage du Roi, non seulement socialement mais politiquement. Il feignit d'être son élève bien plus que son ministre. Il passait des heures à se faire endoctriner par lui. Il apprenait, sous son royal professeur, les langues anciennes aussi bien que les modernes, le droit, la diplomatie, l'histoire et surtout la littérature.

L'élève était d'autant plus perspicace qu'il savait mieux que le maître ce qu'on lui enseignait ; mais son étonnement de tout ce qu'on lui découvrait dans les sciences et les lettres ne tarissait jamais et ne cédait qu'à la reconnaissance qu'il éprouvait. De son côté, le Roi s'attachait chaque jour davantage à ce brillant écolier qui, à la fin de la classe, lui faisait signer et approuver tout le contenu de son portefeuille ministériel ; après avoir bien persuadé à S. M. T. C. que d'elle seule en émanaient toutes les volontés.

L'espèce de sentiment que le Roi portait à monsieur Decazes s'exprimait par les appellations qu'il lui donnait. Il le nommait habituellement *mon enfant*, et les dernières années de sa faveur *mon fils*. Monsieur Decazes aurait peut-être supporté cette élévation, sans en avoir la tête trop tournée, s'il n'avait été excité par les impertinences des courtisans. Le besoin de rendre insolence pour insolence lui avait fait prendre des formes hautaines et désobligeantes qui, jointes à sa légèreté et à sa distraction, lui ont fait plus d'ennemis qu'il n'en méritait.

On signala vers ce temps une conspiration à Lyon qui donna de vives inquiétudes. L'agitation était notoire dans la ville et les environs, et les désordres imminents. On y envoya le maréchal Marmont muni de grands pouvoirs. Les royalistes l'ont accusé d'avoir montré trop de condescendance pour les bonapartistes. Je n'en sais pas les détails. En tout cas, il souffla sur ce fantôme de conspiration; car, trois jours après son arrivée, tout était rentré dans la tranquillité et il n'en fut plus question.

Les troubles mieux constatés de Grenoble avaient rapporté l'année précédente de si grands avantages au général Donnadieu que les autorités de Lyon furent soupçonnées d'avoir fomenté les désordres pour obtenir de semblables récompenses. La réputation du général Canuel rendait cette grave accusation possible à croire; il pouvait aspirer à se montrer digne émule du général Donnadieu. Le préfet de police, homme peu estimé, s'était réuni à lui pour entourer et épouvanter monsieur de Chabrol, préfet du département, qui n'agissait plus que sous leur bon plaisir[1].

1. «Le 8 juin 1817, s'était produit à Lyon un mouvement insurrectionnel. Dans onze communes des environs s'étaient formés des rassemblements armés qui marchèrent sur la ville en arborant le drapeau tricolore. Dans le même temps, des attentats étaient dirigés à Lyon même contre les autorités. Celles-ci, qui étaient sur leurs gardes, réprimèrent facilement le mouvement, procédèrent à de nombreuses arrestations. La cour prévôtale entra en action et onze accusés furent guillotinés. Le gouvernement avait approuvé la répression. Mais l'instruction judiciaire révéla que la police avait eu quelque part au complot par des agents provocateurs et les mesures de sécurité déchaînées par les autorités locales parurent, à la réflexion, excessives. Le gouvernement se décida alors à envoyer à Lyon le maréchal Marmont, avec des pouvoirs extraordinaires d'enquêteur. Il était accompagné du colonel Fabvier, son chef d'état-major, très libéral, et une tête chaude. Celui-ci crut découvrir que l'affaire avait été montée de toutes pièces par le préfet du Rhône, le comte de Chabrol et le général Canuel, commandant militaire de la région, afin de s'assurer par un succès facile des honneurs et des récompenses. Marmont fit

La vérité sur la conspiration de Lyon est restée un problème historique. Les uns l'ont complètement niée ; les autres l'ont montrée tout à fait flagrante. Probablement ni les uns ni les autres n'ont complètement raison. Les opinions toujours vives dans cette ville, et encore exaltées depuis les Cent-Jours, étaient disposées à faire explosion. Quelques excitations des chefs de parti, ou quelques gaucheries de l'administration, pouvaient également amener des catastrophes. Dans cette occasion, elles furent conjurées par la présence du maréchal.

Il recueillit pour salaire l'animadversion des deux partis et même le mécontentement du gouvernement. Il le mérita un peu par la publicité intempestive qu'il laissa donner aux événements dont il avait été témoin, en rejetant tout le blâme sur l'administration. Il crut même devoir personnellement certifier de leur exactitude. Au reste, j'étais absente lorsque cela eut lieu ; je ne sais qu'en gros les circonstances de cet événement.

Les généraux Donnadieu, Canuel et surtout Dupont, qui ont été triés sur le volet par la Restauration comme gens de haute confiance, étaient sous

---

arrêter les poursuites et demanda la mise en accusation du général Canuel. À vrai dire, ce dernier était un sacripant, mais le préfet Chabrol était un honnête homme, incapable d'avoir collaboré à une telle infamie. Le gouvernement, très embarrassé, se décida à déplacer Chabrol et Canuel, mais en leur confiant des positions plus importantes ; l'affaire ne devait pas en rester là : Fabvier et Marmont la portèrent devant l'opinion par des brochures auxquelles répondirent vigoureusement les intéressés. Decazes fut heureux de laisser s'envenimer cette polémique : elle permettait de rejeter sur le parti royaliste tout entier les agissements suspects de Canuel et de faire croire que les ultras étaient disposés à provoquer des soulèvements pour faire échec à la politique de réconciliation et de pacification du ministère. » (Bertier de Sauvigny, *la Restauration*, pp. 148-149).

l'Empire très peu considérés. Leur faveur a toujours fait un fort mauvais effet dans l'armée.

Les négociations pour le retour de monsieur le duc d'Orléans avaient réussi ; le prince était venu seul tâter le terrain. Cette course avait été assez mal préparée par un discours d'un député de l'opposition, monsieur Laffitte[1], où il avait fait entrer très inconvenablement le nom de Guillaume III d'Orange, de manière à soulever les clameurs de tout le parti royaliste.

Malheureusement, monsieur le duc d'Orléans s'était déjà annoncé et il y aurait eu encore plus d'inconvénient à reculer devant ces cris qu'à les braver. Il arriva donc. Le Roi le reçut avec sa maussaderie accoutumée, madame la dauphine poliment, Monsieur et ses deux fils amicalement et madame la duchesse de Berry, qui se souvenait de Palerme et ne l'avait pas vu depuis son mariage, avec une joie et une affection (l'appelant *mon cher oncle* à chaque instant) qui la firent gronder dans son intérieur.

Elle pleura beaucoup à la suite de cette visite et, depuis, ses façons ont tout à fait changé avec le prince qu'elle n'a plus appelé que : Monseigneur. Elle avait toujours conservé le *ma tante* pour madame la duchesse d'Orléans.

La conduite toute simple du prince fit tomber les mauvais bruits qui ne trouvaient nulle part plus d'écho que chez la duchesse sa mère. Son entourage était bruyamment hostile et elle était trop faible pour s'y opposer, ou trop sotte pour s'en apercevoir.

À mon retour d'Angleterre, j'avais été lui faire ma cour, et, parce que j'avais cherché à la distraire des inquiétudes que lui causait la maladie de l'épagneul de monsieur de Follemont en lui parlant de ses petits-enfants que je venais de quitter à Twicken-

---

1. Le banquier Jacques Laffitte (1767-1844) était depuis 1815 député libéral.

ham, le noyau d'ultras qui formaient sa commensalité m'avait déclarée *orléaniste* et avait répandu ce
bruit qui m'impatientait fort, non pour moi, j'étais
de trop peu de conséquence, mais pour mon père.

Il importait aussi, dans l'intérêt de monsieur le
duc d'Orléans, que l'impartialité de l'ambassadeur
fût reconnue. Cette accusation tomba comme tant
d'autres. Il n'y en avait pas de moins fondée, car, si
monsieur le duc d'Orléans avait voulu lier quelque
intrigue à cette époque en Angleterre, il aurait
trouvé mon père très peu disposé à lui montrer la
moindre indulgence.

Pendant le peu de jours que monsieur le duc d'Orléans passa à Paris, il vint deux fois chez moi.
Quelque honorée que je fusse de ces visites, je craignais qu'elles ne fissent renouveler les propos de
l'hiver, mais cela était usé.

La malveillance excitée au plus haut point par le
succès obtenu par mon frère auprès de la jeune
héritière, courtisée par beaucoup et enviée par tous,
avait trouvé un autre texte.

Pensant probablement que la situation de mon
père avait influé sur ce mariage, on raconta qu'à la
suite d'une espèce d'orgie où ma mère s'était *grisée*
avec le prince régent, il avait voulu prendre des
libertés auxquelles elle avait répondu par un soufflet,
que les autres femmes s'étaient levées de table, que
le prince s'était plaint à notre Cour, que depuis ce
temps mon père et ma mère n'étaient point sortis de
chez eux et qu'ils allaient être remplacés à Londres.

Cette charmante anecdote, inventée et colportée à
Paris, fut renvoyée à Londres[1]. Quelques gazettes

---

1. Chateaubriand dans *Mémoires d'outre-tombe* semble y
faire allusion lorsqu'il écrit: «La comtesse de Lieven avait
eu des histoires assez ridicules avec Mme d'Osmond et
George IV», IIIe part., livre 3, § 3.

anglaises y firent allusion et il y eut recrudescence de cabale à Paris. Tous mes excellents amis venaient à tour de rôle me demander ce qui en était au *juste*... sur quoi l'histoire était fondée... quel était le canevas sur lequel on avait brodé, etc.; et, lorsque je répondais, conformément à la plus exacte vérité, qu'il n'y avait jamais eu que des politesses, des obligeances et des respects échangés entre le prince et ma mère et que rien n'avait pu donner lieu à cette étrange histoire, on faisait un petit sourire d'incrédulité qui me transportait de fureur. J'ai peu éprouvé d'indignation plus vive que dans cette occasion.

Ma mère était le modèle non seulement des vertus, mais des convenances et des bonnes manières. Inventer une pareille absurdité sur une femme de soixante ans, pour se venger d'un succès de son fils, m'a toujours paru une lâcheté dont, encore aujourd'hui, je ne parle pas de sang-froid.

Le prince régent fut d'une extrême bonté. Il rencontra mon père au Parc, le retint près de lui pendant toute sa promenade, s'arrêta longuement dans un groupe nombreux de seigneurs anglais à cheval et ne s'éloigna qu'après avoir donné un amical *shake hand* à l'ambassadeur. Mon père s'expliqua ces faveurs inusitées en apprenant plus tard les sots bruits répandus à Paris et répétés obscurément à Londres.

Le dégoût que j'en éprouvais me donna un vif désir de m'éloigner. Le mariage de mon frère étant décidément reculé jusqu'à l'automne, je me décidai à retourner à Londres pour en attendre l'époque.

Pendant que cette odieuse histoire s'inventait et se propageait, toute la famille d'Orléans vint s'établir au Palais-Royal. Elle arriva tard le soir; j'y allai le lendemain matin. Le déjeuner attendait les princes; ils avaient été faire leur cour à la famille royale. Je les vis revenir, et il ne me fut pas difficile de voir que cette visite avait été pénible.

Madame la duchesse d'Orléans avait l'air triste, son mari sérieux; Mademoiselle se trouva mal en entrant dans la salle à manger. Elle venait d'être extrêmement malade et à peine remise.

Nous nous empressâmes autour d'elle; elle revint à elle et me dit en me serrant la main:

«Merci, ma chère, ce n'est rien, je vais mieux; mais je suis encore faible et cela m'éprouve toujours.»

Le nuage répandu sur les visages se dissipa à l'entrée d'un grand plat d'échaudés tout fumants: «Ah! des échaudés du Palais-Royal!» s'écria-t-on; et l'amour du sol natal, la joie de la patrie, effaça l'impression qu'avait laissée la réception des Tuileries.

Je passai une grande partie du peu de journées que je restai encore à Paris auprès de ces aimables princesses qui m'accueillaient avec une extrême bonté et partageaient mon indignation des fables débitées sur ma mère. Au reste, elles connaissaient par expérience toute la fécondité des inventions calomnieuses.

On répandait alors le bruit du mariage secret de Mademoiselle avec Raoul de Montmorency dont elle aurait facilement pu être mère, tant la disproportion d'âge était grande. Lorsqu'il épousa madame Thibaut de Montmorency, il fallut bien renoncer à ce conte.

Je ne sais pas si on remplaça immédiatement Raoul par monsieur Athalin; ce n'est que longtemps après que j'en ai entendu parler. La seconde version n'a pas plus de vérité que la première; elles sont également absurdes et calomnieuses.

CHAPITRE XI

Quelque horreur que j'aie pour la mer, je fus amplement payée des fatigues du voyage par le bonheur que mon retour à Londres causa à mes parents. Je trouvai grande joie à me reposer près d'eux des petites tracasseries d'un monde toujours disposé à faire payer, argent comptant, le genre de succès qu'il apprécie le plus, parce qu'il est à la portée de toutes les intelligences.

Il n'y a personne qui ne comprenne vite combien il eût été agréable pour son fils, son frère, ou son ami d'épouser une riche héritière, et qui ne trouve la préférence accordée à un autre une espèce de passe-droit. J'ai remarqué depuis, lorsque cela me touchait de moins près, qu'aucune circonstance ne développe davantage l'envie et l'animadversion de la société. Ce que tout le monde veut, c'est de la fortune. Il n'y a guère de façon moins pénible et plus prompte d'en acquérir ; chacun regrette de voir un autre l'élu du sort.

Je me rappelle, à ce propos, les projets d'un de mes camarades d'enfance, le jeune Pelham. Il était cadet, avait atteint sa seizième année et rentrait à la maison paternelle pour la dernière fois avant de quitter le collège. Le lendemain de son arrivée, son père, lord Yarborough, petit homme sec, le plus froid, le plus sérieux, le plus empesé que j'aie connu, le fit entrer dans son cabinet et lui dit :

« Tom, le moment est arrivé où vous devez choisir une profession ; quelle qu'elle soit, je vous y soutiendrai de mon mieux. Je ne cherche pas à vous influencer ; mais, si vous préfériez l'Église, je dois vous avertir que j'ai à ma disposition des bénéfices qui vous mettront tout de suite dans une grande aisance.

Je le répète, je vous laisse une entière liberté ; seulement je vous préviens que, lorsque vous aurez décidé, je n'admettrai pas de fantasque changement. Songez-y donc bien. Ne me répondez pas à présent ; je vous questionnerai la veille de votre retour au collège. Soyez prêt alors à m'apprendre votre choix.

— Oui, monsieur. »

À la fin des vacances où Tom s'était très bien diverti et où son père ne lui avait peut-être pas adressé une seule fois la parole, il l'appela derechef à cette conférence de cabinet, effroi de toute la famille, et, de la même façon solennelle, il l'interrogea de nouveau :

« Hé bien, Tom, avez-vous mûrement réfléchi à votre sort futur ?

— Oui, monsieur.

— Êtes-vous décidé ?

— Oui, monsieur.

— Songez que je n'admettrai pas de caprice et qu'il vous faudra suivre rigoureusement la profession que vous adopterez.

— Je le sais, monsieur.

— Hé bien, donc, parlez.

— S'il vous plaît, monsieur, j'épouserai une héritière. »

Tout le flegme de lord Yarborough ne put résister à cette réponse, faite avec un sérieux imperturbable. Il éclata de rire. Au reste, mon ami Tom n'épousa pas une héritière ; il entra dans la marine et mourut bien jeune de la fièvre jaune dans les Antilles. C'était un fort beau, bon et aimable garçon. Mais je raconte là une aventure de l'autre siècle ; je reviens au dix-neuvième.

Le 18 juin 1817, deuxième anniversaire de la bataille de Waterloo, on fit avec grande pompe l'inauguration du pont, dit de Waterloo. Le prince régent, ayant le duc de Wellington près de lui, suivi de tous les officiers ayant pris part à la bataille et des régiments des gardes, y passa le premier. On avait fait élever des tribunes pour les principaux personnages du pays.

Sachant qu'on préparait une tribune diplomatique, mon père avait fait prévenir qu'il désirait n'être pas invité à cette cérémonie à laquelle il avait décidé de ne point assister. Ses collègues du corps diplomatique déclarèrent qu'ils ne voulaient pas se séparer de lui dans cette circonstance et que cette cérémonie, étant purement nationale, ne devait point entraîner d'invitation aux étrangers. Le cabinet anglais se prêta de bonne grâce à cette interprétation. Mon père fut très sensible à cette déférence de ses collègues, d'autant qu'il n'aurait pas manqué de gens aux Tuileries même pour lui faire un tort de la manifestation de ses sentiments français. Il était pourtant bien décidé à ne point sacrifier ses répugnances patriotiques à leurs malignes interprétations.

Ce fut le prince Paul Esterhazy qui, spontanément, ouvrit l'avis de refuser la tribune préparée. Il ne rencontra aucune difficulté et vint annoncer à mon père la décision du corps diplomatique et le consentement du cabinet anglais.

C'est en 1817 que je dois placer mes rapports avec la princesse Charlotte de Galles. Sous prétexte que sa maison n'était pas arrangée, elle s'était dispensée de venir à Londres, et, quoique ce fût le moment de la réunion du grand monde, elle restait sous les frais ombrages de Claremont qu'elle disait plus salutaires à un état de grossesse assez avancé.

Je fus comprise dans une invitation adressée à mes parents pour aller dîner chez elle. La curiosité que m'inspirait cette jeune souveraine d'un grand pays était encore excitée par de fréquents désappointements. J'avais toujours manqué l'occasion de la voir.

Nous fûmes reçus à Claremont par lady Glenlyon,

dame de la princesse, et par un baron allemand, aide de camp du prince, qui, seul, était commensal du château. Une partie des convives nous avaient précédés, d'autres nous suivirent. Le prince Léopold fit une apparition au milieu de nous et se retira.

Après avoir attendu fort longtemps, nous entendîmes dans les pièces adjacentes un pas lourd et retentissant que je ne puis comparer qu'à celui d'un tambour-major. On dit autour de moi : «Voilà la princesse.»

En effet, je la vis entrer donnant le bras à son mari. Elle était très parée, avait bon air ; mais évidemment il y avait de la prétention *à la grande Élisabeth* dans cette marche si bruyamment délibérée et ce port de tête hautain. Comme elle entrait dans le salon d'un côté, un maître d'hôtel se présentait d'un autre pour annoncer le dîner.

Elle ne fit que traverser sans dire un mot à personne. Arrivée dans la salle à manger, elle appela à ses côtés deux ambassadeurs ; le prince se plaça vis-à-vis, entre deux ambassadrices. Après avoir vainement cherché à le voir en se penchant de droite et de gauche du plateau, la princesse prit bravement son parti et fit enlever l'ornement du milieu. Les nuages qui s'étaient amoncelés sur son front s'éclaircirent un peu. Elle sourit gracieusement à son mari, mais elle n'en fut guère plus accorte pour les autres. Ses voisins n'en tirèrent que difficilement de rares paroles. J'eus tout le loisir de l'examiner pendant que dura un assez mauvais dîner.

Je ne puis parler de sa taille, sa grossesse ne permettait pas d'en juger. On voyait seulement qu'elle était grande et fortement construite. Ses cheveux étaient d'un blond presque filasse, ses yeux bleu porcelaine, point de sourcils, point de cils, un teint d'une blancheur égale sans aucune couleur. On doit s'écrier : «Quelle fadeur ! elle était donc d'une figure bien insipide ? » Pas du tout. J'ai rarement rencontré une physionomie plus vive et plus mobile ; son regard était plein d'expression. Sa bouche vermeille, et ornée de dents comme des perles, avait les mouvements les plus agréables et les plus variés que j'aie jamais vus, et l'extrême jeunesse des formes compensant le manque de coloris de la peau lui donnait un air de fraîcheur remarquable.

Le dîner achevé, elle fit un léger signal de départ aux femmes et passa dans le salon ; nous l'y suivîmes. Elle se mit dans un coin avec une de ses amies d'enfance, nouvellement mariée et grosse comme elle, dont j'oublie le nom. Leur chuchotage dura jusqu'à l'arrivée du prince, resté à table avec les hommes.

Il trouva toutes les autres femmes à une extrémité du salon et la princesse établie dans son tête-à-tête de pensionnaire. Il chercha vainement à la remettre en rapport avec ses convives. Il rapprocha des fauteuils pour les ambassadrices et voulut établir une conversation qu'il tâcha de rendre générale ; mais cela fut impossible. Enfin la comtesse de Lieven, fatiguée de cette exclusion, alla s'asseoir, sans y être appelée, sur le même sofa que la princesse et commença à voix basse une conversation qui, apparemment, lui inspira quelque intérêt car elle en parut entièrement absorbée.

Les efforts du prince pour lui faire distribuer ses politesses un peu plus également restèrent complètement infructueux. Chacun attendait avec impatience l'heure du départ. Enfin on annonça les voitures et nous partîmes, aussi légèrement congédiés que nous avions été accueillis. Quant à moi, je n'avais pas même reçu un signe de tête lorsque ma mère m'avait présentée à la princesse.

En montant en voiture, je dis : « J'ai voulu voir, j'ai vu. Mais j'en ai plus qu'assez. » Ma mère m'assura que la princesse était ordinairement plus polie ; je dus convenir que l'agitation du prince en faisait foi.

Probablement il lui reprocha sa maussaderie ; car, peu de jours après, lorsque nous méditions, à regret, notre visite de remerciements de l'obligeant accueil qu'elle nous avait fait, nous reçûmes une nouvelle invitation.

Cette fois, la princesse fit mille frais ; elle distribua ses grâces plus également entre les convives ; cependant les préférences furent pour nous. Elle nous retint jusqu'à minuit, causant familièrement de tout et de tout le monde, de la France et de l'Angleterre, de la réception des Orléans à Paris, de leurs rapports avec les Tuileries, des siens avec Windsor, des façons de la vieille Reine, de cette étiquette qui lui était insupportable, de l'ennui qui l'attendait lorsqu'il faudrait enfin avouer sa maison de Londres prête et aller y passer quelques mois.

Ma mère lui fit remarquer qu'elle serait bien mieux logée que dans l'hôtel où elle avait été au moment de son mariage :

« C'est vrai, dit-elle ; mais, quand on est aussi parfaitement heureuse que moi, on craint tous les changements, même pour être mieux. »

La pauvre princesse comptait pourtant bien sur ce bonheur ! Elle disait, ce même soir, qu'elle était bien sûre d'avoir un garçon, car rien de ce qu'elle désirait ne lui avait jamais manqué.

On vint à parler de Claremont et de ses jardins. Je les connaissais d'ancienne date ; monsieur de Boigne avait été sur le point d'acheter cette habitation[1]. La princesse Charlotte assura qu'elle était bien changée depuis une douzaine d'années, et nous engagea fort à venir un matin pour nous la montrer en détail. Le jour fut pris *s'il faisait beau*, sinon

1. V. note 1, p. 174.

pour la première fois que le temps et les affaires de mon père le permettraient ; Elle ne sortait plus que pour se promener à pied dans le parc et, de deux à quatre heures, nous la trouverions toujours enchantée de nous voir.

Nous nous séparâmes après des shake-hands réitérés et d'une violence à démettre le bras, accompagnés de protestations d'affection exprimées d'une voix qui aurait été naturellement douce si les mémoires du seizième siècle ne nous avaient appris que la reine Élisabeth avait le verbe haut et bref.

Je ne nie pas que la princesse Charlotte ne me parut infiniment plus aimable et même plus belle qu'au dîner précédent. Le prince Léopold respirait plus à l'aise et semblait jouir du succès de ses sermons.

Le matin fixé pour la visite du parc de Claremont, il plut à torrent. Il fallut la retarder de quelques jours ; aussi, lorsque nous arrivâmes, la fantaisie de la princesse Charlotte était changée. Elle nous reçut plus que froidement, s'excusa sur ce que son état lui permettait à peine de faire quelques pas, fit appeler l'aide de camp allemand pour nous accompagner dans ces jardins qu'elle devait prendre tant de plaisir à nous montrer, et eut évidemment grande presse à se débarrasser de notre visite.

Lorsque nous fûmes tout à l'extrémité du parc, nous la vîmes de loin donnant le bras au prince Léopold et détalant comme un lévrier. Elle fit une grande pointe, puis arriva vers nous. Cette recherche d'impolitesse, presque grossière, nous avait assez choqués pour être disposés à lui rendre froideur pour froideur. Mais le vent avait tourné. Léopold, nous dit-elle, l'avait forcée à sortir, l'exercice lui avait fait du bien et mise plus en état de jouir de la présence de *ses amis*. Elle fut la plus gracieuse et la plus obligeante du monde. Elle s'attacha plus particulièrement à moi qui marchais plus facilement que ma mère, me prit par le bras et m'entraînant à la suite de ses grands pas, se mit à me faire des confidences sur le bonheur de son ménage et sur la profonde reconnaissance qu'elle devait au prince Léopold d'avoir consenti à épouser l'héritière d'un royaume.

Elle fit avec beaucoup de gaieté, de piquant et d'esprit, la peinture de la situation du *mari de la reine*; mais, ajouta-t-elle en s'animant:

«Mon Léopold ne sera pas exposé à cette humiliation, ou mon nom n'est pas Charlotte», et elle frappa violemment la terre de son pied (assez gros par parenthèse) «si on voulait m'y contraindre, je renoncerais plutôt au trône et j'irais chercher une chaumière où je puisse vivre, selon les lois naturelles, sous la domination de mon mari. Je ne veux, je ne puis régner sur l'Angleterre qu'à condition qu'il régnera sur nous deux. Il sera roi, roi reconnu, roi indépendant de mes caprices; car, voyez-vous, madame de Boigne, je sais que j'en ai, vous m'en avez vu, et c'était bien pire autrefois... Vous souriez... Cela vous paraît impossible...; mais, sur mon honneur, c'était encore pire avant que mon Léopold eût entrepris la tâche assez difficile, de me rendre une bonne fille (a good girl), bien sage et bien raisonnable, dit-elle avec un sourire enchanteur. Ah! oui, il sera roi ou je ne serai jamais reine, souvenez-vous de ce que je vous dis en ce moment et vous verrez si Charlotte est fidèle à sa parole.»

Elle s'appelait volontiers Charlotte en parlant d'elle-même, et prononçait ce nom avec une espèce d'emphase, comme s'il avait déjà acquis la célébrité qu'elle lui destinait.

Hélas! la pauvre princesse! ses rêves d'amour et de gloire ont été de bien courte durée! C'est dans cette conversation, dont la fin se tenait sous la colonnade du château où nous étions arrivées avant le reste de la société, qu'elle me dit cette phrase que j'ai déjà citée sur le bonheur parfait dont Claremont était l'asile et qu'elle m'engageait à venir souvent visiter.

Je ne l'ai jamais revue. Là se sont terminées mes relations avec la brillante et spirituelle héritière des trois royaumes.

J'avais déjà quitté l'Angleterre lorsque, peu de semaines après, la mort vint enlever en une seule heure deux générations de souverains : la jeune mère et le fils qu'elle venait de mettre au monde. Ils périrent victimes des caprices de la princesse.

Le prince Léopold avait réussi à la raccommoder avec son père le prince régent, mais toute son influence avait échoué devant l'animosité qu'elle éprouvait contre sa grand-mère et ses tantes. Dans la crainte qu'elles ne vinssent assister à ses couches, elle voulut tenir ses douleurs cachées le plus long-temps possible.

Cependant, le travail fut si pénible qu'il fallut bien qu'on en fût informé. La vieille Reine, trompée volontairement par les calculs de la princesse, était à Bath, le Régent chez la marquise d'Hertford à cent milles de Londres. La princesse n'avait auprès d'elle que son mari auquel l'accoucheur Croft persuada qu'il n'y avait rien à craindre d'un travail qui durait depuis soixante heures.

La faculté, réunie dans les pièces voisines, demandait à entrer chez la princesse. Elle s'y refusait péremptoirement, et l'inexpérience du prince, trompé par Crofft, l'empêcha de l'exiger. Enfin, elle mit au monde un enfant très bien constitué et mort uniquement de fatigue ; l'épuisement de la mère était extrême. On la remit au lit. Croft assura qu'elle n'avait besoin que de repos ; il ordonna que tout le monde quittât sa chambre. Une heure après, sa garde l'entendit faiblement appeler :

«Faites venir mon mari», dit-elle, et elle expira.

Le prince, couché sur un sofa dans la pièce voisine, put douter s'il avait reçu son dernier soupir. Sa désolation fut telle qu'on peut le supposer; il perdait tout[1].

Je ne sais si, par la suite, le caractère de la princesse Charlotte lui préparait un avenir bien doux; mais elle était encore sous l'influence d'une passion aussi violente qu'exclusive pour lui, et lui en prodiguait toutes les douceurs avec un charme que ses habitudes un peu farouches rendaient encore plus grand.

Il l'apprivoisait, s'il est permis de se servir de cette expression; et les soins qu'il lui fallait prendre pour adoucir cette nature sauvage, vaincue par l'amour, devaient, tant qu'ils étaient accompagnés de succès, paraître très piquants. On voyait cependant qu'il lui fallait prendre des précautions pour ne pas l'effaroucher et qu'il craignait que le jeune tigre ne se souvînt qu'il avait des griffes.

La princesse aurait-elle toujours invoqué cette loi de droit naturel, qui soumet la femme à la domination de son mari? Je me suis permis d'en douter; mais, au moment où elle me l'assurait, elle le croyait tout à fait, et peut-être le prince le croyait aussi. Probablement, après l'avoir perdue, il n'a retrouvé dans sa mémoire que les belles qualités de sa noble épouse.

Il est sûr que, lorsqu'elle voulait plaire, elle était parfaitement séduisante. Avec tous ses travers, rien ne peut donner l'idée de la popularité dont elle jouis-

---

1. Ainsi mourut en 1817 celle que Byron appela «la fille des îles aux blonds cheveux», après avoir mis au monde un enfant mort-né. Son médecin, sir Richard Croft, lui avait imposé pendant toute sa grossesse un régime végétarien accompagné de saignées fréquentes, qui l'avait épuisée.

sait en Angleterre : c'était la fille du pays. Depuis sa plus petite enfance, on l'avait vue élever comme l'héritière de la couronne ; et elle avait tellement l'instinct de ce qui peut plaire aux peuples que les préjugés nationaux étaient comme incarnés en elle.

Dans son application à faire de l'opposition à son père, elle avait pris l'habitude d'une grande régularité dans ses dépenses et une extrême exactitude dans ses paiements. Lorsqu'elle allait dans une boutique à Londres et que les marchands cherchaient à la tenter par quelque nouveauté bien dispendieuse, elle répondait :

« Ne me montrez pas cela, c'est trop cher pour moi. »

Cent gazettes répétaient ces paroles, et les louaient d'autant plus que c'était la critique du désordre du Régent.

Claremont faisait foi de la simplicité dont la princesse affectait de donner l'exemple. Rien n'était moins recherché que son mobilier. Il n'y avait d'autre glace dans tout l'appartement que son miroir de toilette et une petite glace ovale, de deux pieds sur trois, suspendue en biais dans le grand salon. Les meubles étaient à l'avenant du décor.

Je vois d'ici le grand lit, à quatre colonnes, de la princesse. Les rideaux pendaient tout droit sans draperies, sans franges, sans ornements ; ils étaient de toile à ramages doublés de percale rose. Nul dégagement à cette chambre où des meubles, plus utiles qu'élégants, deux fois répétés, prouvaient les habitudes les plus conjugales, selon l'usage du pays.

Cette extrême simplicité, dans l'habitation d'une jeune et charmante femme, contrastait trop avec les magnificences, les recherches, le luxe presque exagéré dont le Régent était entouré à Carlton House et à Brighton pour ne pas lui déplaire, d'autant qu'on savait, d'autre part, la princesse généreuse et donnant au mérite malheureux ce qu'elle refusait à ses fantaisies.

Elle avait assurément de très belles qualités et un amour de la gloire bien rare à son âge et dans sa position. Sa mort jeta l'Angleterre dans la consternation, et, lorsque j'y revins au mois de décembre, la population entière, jusqu'aux postillons de poste, jusqu'aux balayeurs des rues, portait un deuil qui dura six mois. L'accoucheur Croft était devenu l'objet de l'exécration publique, au point qu'il finit par en perdre la raison et se brûler la cervelle.

Je me rappelle deux propos de genre divers qui me furent tenus par des ministres anglais.

Cette année, ma mère était souffrante le jour de la Saint-Louis ; je fis les honneurs du dîner donné à l'ambassade pour la fête du Roi. Milord Liverpool était à côté de moi. Un petit chien que j'aimais beaucoup, ayant échappé à sa consigne, vint se jeter tout à travers du dîner officiel à ma grande contrariété. Les gens voulaient l'emporter mais il se réfugiait sous la table. Afin de faciliter sa capture, je l'attirai en lui offrant à manger. Lord Liverpool arrêta mon bras et me dit :

« Ne le trahissez pas, vous pervertiriez ses principes (You will spoil its morals). »

Je levai la tête en riant, mais je trouvai une expression si solennelle sur la physionomie du noble lord que j'en fus déconcertée. Le chien *trahi* fut emporté, et je ne sais encore à l'heure actuelle quel degré de sérieux il y avait dans la remarque du ministre, car il était méthodiste jusqu'au puritanisme.

On ne saurait imaginer, lorsqu'on n'a pas été à même de l'apprécier, à quel point, dans l'esprit d'un Anglais, l'homme privé sait se séparer de l'homme d'État. Tandis que l'un se refuse avec indignation à la moindre démarche qui blesse la délicatesse la plus susceptible, l'autre se jette sans hésiter dans l'acte le plus machiavélique et propre à troubler le sort des nations, s'il peut en résulter la chance d'un profit quelconque pour la vieille Angleterre.

De la même main dont lord Liverpool arrêtait la mienne dans ma trahison du petit chien, il aurait signé hardiment la reddition de Parga, au risque de la tragédie qui s'en est suivie.

L'autre propos me fut tenu par lord Sidmouth, assis à ma gauche le même jour; il m'est souvent revenu à la mémoire et même m'a fait règle de conduite. Nous parlions de je ne sais quel jeune ménage auquel un petit accroissement de revenu serait nécessaire pour être à son aise.

«Cela se peut dire, répondit lord Sidmouth, cependant je leur conseillerais volontiers de se contenter de ce qu'ils ont; car ils n'y gagneraient rien s'ils obtenaient davantage. Je n'ai jamais connu personne, dans aucune circonstance ni dans aucune position, qui n'eût besoin d'un peu plus pour en avoir assez (A little more to make enough).»

Cette morale pratique m'a paru très éminemment sage et bonne à se rappeler pour son compte. Toutes les fois que je me suis surprise à regretter la privation de quelque fantaisie, je me suis répété que tout le monde réclamait «a little more to make enough» et me suis tenue pour *satisfaite*.

CHAPITRE XII

Mon frère sollicitait vivement mon retour qu'il croyait devoir hâter l'époque de son mariage. J'en jugeais autrement, mais je cédai à ses vœux et ne tardai guère à m'en repentir.

J'arrivai à Paris vers le milieu de septembre[1]. C'est le moment où la ville est la plus déserte, car c'est l'époque de l'année où les personnes qui ne la quittent jamais en sortent en foule et où ceux qui habitent longuement la campagne se gardent bien d'y revenir. Mon séjour en était d'autant plus remarquable ; et je m'aperçus bientôt que ma présence ne servirait qu'à faire mieux apprécier des longueurs qui devenaient un ridicule lorsqu'il s'agissait d'épouser une riche héritière ne dépendant en apparence que d'elle seule.

Quelque déserte que fût la ville, je trouvais encore de bons amis pour me répéter :

« Prenez-y garde, la petite est capricieuse. Déjà plusieurs mariages ont été arrangés par elle, elle les a fait traîner et les a rompus à la veille de se faire. Pour celui de monsieur de Montesquiou, la corbeille était achetée, etc. »

J'avais au service de tout le monde la réponse banale que, si elle devait se repentir d'épouser mon frère, il valait mieux que ce fût la veille que le lendemain. Mais ces propos, auxquels des retards qu'il était impossible d'expliquer et qui se renouvelaient de quinze jours en quinze jours, donnaient une apparence de fondement quoiqu'ils n'en eussent aucun et que la jeune personne fût aussi contrariée que nous, me firent prendre la résolution de vivre en ermite. Même lorsque la société commença à se reformer pour l'hiver, ma porte était habituellement fermée et je n'allai nulle part.

Ma famille occupait aussi le public par un autre bruit de mariage qui ne m'était guère plus agréable. Le roi de Prusse était devenu très amoureux de ma cousine Georgine Dillon, fille d'Édouard Dillon,

1. 1817.

jeune personne charmante de figure et de caractère. Il voulait à toute force l'épouser.

Madame Dillon[1] avait la tête tournée de cette fortune ; mon oncle en était assez flatté. Georgine seule, qui, avec peu de brillant dans l'esprit, avait un grand bon sens et tout le tact qui peut venir du cœur le plus simple, le plus naïf, le plus honnête, le plus élevé, le plus généreux que j'aie jamais rencontré, sentait à quel point la position qu'on lui offrait était fausse et repoussait l'honneur que le prince Radziwill était chargé de lui faire accepter.

Elle devait être duchesse de Brandebourg et avoir un brillant établissement pour elle et ses enfants. Mais enfin cette main royale qu'on lui présentait ne pouvait être que la gauche ; ses enfants du Roi marié ne seraient pas des enfants légitimes. Sa position personnelle, au milieu de la famille royale, ne serait jamais simple, et elle avait trop de candeur pour être propre à la soutenir.

Le Roi obtint cependant qu'elle vînt passer huit jours à Berlin avec ses parents. Ils furent admis deux fois au souper de famille et les princes les comblèrent de caresses. Le mariage paraissait imminent ; ils retournèrent à Dresde où mon oncle était ministre de France.

Tout était réglé. Le Roi demanda que la duchesse de Brandebourg se fît luthérienne ; Georgine refusa péremptoirement. Il se rabattit à ce qu'elle suivît les cérémonies extérieures du culte réformé ; elle s'y refusa encore. Du moins, elle ne serait catholique qu'en secret et ne pratiquerait pas ostensiblement, nouveau refus de la sage Georgine, malgré les vœux secrets de sa mère, trop pieuse pour oser insister formellement. Son père la laissait libre.

---

1. Émilie Pocquet de Puilhery, que le comte de Dillon avait épousée en 1796.

Les négociations traînèrent en longueur ; la fantaisie que le Roi avait eue pour elle se calma. On lui démontra l'inconvénient d'épouser une étrangère, une Française, une catholique ; et, après avoir fait jaser toute l'Europe avec assez de justice comme on voit, ce projet de mariage tomba sans querelle et sans rupture. La petite ne donna pas un soupir à ces fausses grandeurs ; sa mère qui l'adorait se consola en la voyant contente. Mon oncle demanda à quitter Dresde pour ne pas se trouver exposé à des relations directes avec le roi de Prusse. Cela aurait été gauche pour tout le monde après ce qui s'était passé.

Sa Majesté prussienne avait l'habitude de venir tous les ans à Carlsbad, et une nouvelle rencontre aurait pu amener une reprise de passion dont personne ne se souciait. Mon oncle sollicita et obtint de passer de Dresde à Florence. Cette résidence lui plaisait ; elle convenait à son âge, à ses goûts et elle était favorable pour achever l'éducation de sa fille ; car cette Reine élue n'avait pas encore dix-sept années accomplies[1].

Je trouvais les Orléans très irrités de leur situation à la Cour. Le Roi ne perdait pas une occasion d'être désobligeant pour eux. Il cherchait à établir une différence de traitement entre madame la duchesse d'Orléans, son mari et sa belle-sœur, fondée en apparence sur le titre d'Altesse Royale qu'elle portait, mais destinée au fond à choquer les deux derniers qu'il n'aimait pas.

Tant qu'avait duré l'émigration, il avait protégé monsieur le duc d'Orléans contre les haines du parti royaliste, mais, depuis sa rentrée en France, lui-même en avait adopté toutes les exagérations, et, surtout depuis ce qui s'était passé à Lille en 1815, il

1. Elle épousa le 25 mai 1820 le comte Istvan Karolyi, magnat hongrois.

poursuivait le prince avec une animosité persévérante.

La famille d'Orléans avait été successivement
exclue de la tribune royale à la messe du château, de
la loge au spectacle dans les jours de représentation,
enfin de toute distinction princière, à ce point qu'à
une cérémonie publique à Notre-Dame, Louis XVIII
fit enlever les carreaux sur lesquels monsieur le duc
d'Orléans et Mademoiselle étaient agenouillés pour
les faire mettre en dehors du tapis sur lequel ils
n'avaient pas droit de se placer.

Il faut être prince pour apprécier à quel point ces
petites avanies blessent. Monsieur le duc d'Orléans
me raconta lui-même ce qui lui était arrivé à l'occasion de la naissance d'un premier enfant de monsieur le duc de Berry qui ne vécut que quelques
heures.

On dressa l'acte de naissance. Il fut apporté par le
chancelier dans le cabinet du Roi où toute la famille
et une partie de la Cour se trouvaient réunies. Le
chancelier donna la plume au Roi pour signer, puis à
Monsieur, à Madame, à messieurs les ducs d'Angoulême et de Berry. Le tour de monsieur le duc d'Orléans arrivé, le Roi cria du plus haut de cette voix de
tête qu'il prenait quand il voulait être désobligeant :

«Pas le chancelier, pas le chancelier, les cérémonies.»

Monsieur de Brézé, grand maître des cérémonies [1],
qui était présent s'avança :

«Pas monsieur de Brézé, les cérémonies.»

Un maître des cérémonies se présenta.

«Non, non, s'écria le Roi de plus en plus aigre-

---

1. Le marquis de Dreux-Brézé occupait déjà cette charge en
1789, ce qui lui valut une réplique célèbre de Mirabeau («Allez
dire à votre maître que nous sommes ici par la volonté du
peuple», etc.).

ment, un aide des cérémonies, un aide des cérémonies ! »

Monsieur le duc d'Orléans restait devant la table,
la plume devant lui, n'osant pas la prendre, ce qui
aurait été une incongruité, et attendant la fin de ce
maussade épisode. Il n'y avait pas d'aide des cérémonies présent ; il fallut aller en chercher un dans
les salons adjacents. Cela dura un temps qui parut
long à tout le monde. Les autres princes en étaient
eux-mêmes très embarrassés. Enfin l'aide des cérémonies arriva et la signature, qui avait été si gau-
chement interrompue, s'acheva, mais non sans
laisser monsieur le duc d'Orléans très ulcéré.

En sortant, il dit à monsieur le duc de Berry :

« Monseigneur, j'espère que vous trouverez bon
que je ne m'expose pas une seconde fois à un pareil
désagrément.

— Ma foi, mon cousin, je vous comprends si bien
que j'en ferais autant à votre place. »

Et ils échangèrent une cordiale poignée de main.

Monsieur le duc d'Orléans disait à juste titre que,
si telle était l'étiquette et que le Roi tînt autant à la
faire exécuter dans toute sa rigueur, il fallait avoir la
précaution de la faire régler d'avance. Il lui importait peu que ses carreaux fussent sur le tapis, ou que
la plume lui fût donnée par l'un ou par l'autre, mais
cela avait l'air de lui préparer volontairement des
humiliations publiques. C'est par ces petites tracasseries, sans cesse renouvelées, qu'en aliénant les
Orléans on se les rendait hostiles.

Je suis très persuadée que jamais ils n'ont sérieusement conspiré ; mais, lorsqu'ils rentraient chez
eux, blessés de ces procédés qui, je le répète, sont
doublement sensibles à des princes et qu'ils se
voyaient entourés des hommages et des vœux de
tous les mécontents, certainement ils ne les repoussaient pas avec la même vivacité qu'ils l'eussent fait

si le Roi et la famille royale les avaient accueillis comme des parents et des amis.

D'un autre côté, les gens de l'opposition affectaient d'entourer monsieur le duc d'Orléans et de le proclamer comme leur chef, et, à mon sens, il ne refusait pas assez hautement ce dangereux honneur. Évidemment ce rôle lui plaisait. Y voyait-il le chemin de la couronne ? Peut-être en perspective, mais de bien loin, pour ses enfants, et seulement dans la pensée d'accommoder la légitimité avec les besoins du siècle.

L'existence éphémère de la petite princesse de Berry donna lieu à une autre aventure très fâcheuse. Je ne me souviens plus si, dans ces pages décousues, le nom de monsieur de La Ferronnays[1] s'est déjà trouvé sous ma plume, cela est assez probable, car j'étais liée avec lui depuis de longues années.

Il avait toujours accompagné monsieur le duc de Berry, lui était tendrement et sincèrement dévoué, savait lui dire la vérité, quelquefois avec trop d'emportement, mais toujours avec une franchise d'amitié que le prince était capable d'apprécier. Les relations entre eux étaient sur le pied de la plus parfaite intimité.

Monsieur de La Ferronnays, après avoir reproché ses sottises à monsieur le duc de Berry, après lui en avoir évité le plus qu'il pouvait, employait sa vie entière à pallier les autres et à chercher à en dérober la connaissance au public. Il avait vainement espéré qu'après son mariage le prince adopterait un genre de vie plus régulier ; loin de là, il semblait redoubler le scandale de ses liaisons subalternes.

1. Le comte de la Ferronnays (1772-1842) avait été pendant l'émigration aide de camp du duc de Berry. Nommé pair de France en 1816, il fut ambassadeur à Pétersbourg en 1819, puis ministre des Affaires étrangères dans le cabinet Martignac (janvier 1828-mai 1829).

Jamais monsieur de La Ferronnays n'avait prêté la moindre assistance aux goûts passagers de monsieur le duc de Berry; mais, à présent, il en témoignait hautement son mécontentement, tout en veillant jour et nuit à sa sûreté, et les relations étaient devenues hargneuses entre eux.

Monsieur de La Ferronnays était premier gentilhomme de la chambre ostensiblement et de fait maître absolu de la maison où il commandait plus que le prince. Sa femme était dame d'atour de madame la duchesse de Berry; ils habitaient un magnifique appartement à l'Élysée et y semblaient établis à tout jamais.

Lors de la grossesse de madame la duchesse de Berry, on s'occupa du choix d'une gouvernante. Monsieur le duc de Berry demanda et obtint que ce fût madame de Montsoreau, la mère de madame de La Ferronnays.

L'usage était que le Roi donnait la layette des enfants des Fils de France; elle fut envoyée et d'une grande magnificence. La petite princesse n'ayant vécu que peu d'heures, la liste civile réclama la layette. Madame de Montsoreau fit valoir les droits de sa place qui lui assuraient *les profits de la layette*. On répliqua qu'elle n'appartenait à la gouvernante que si elle avait servi. Il y eut quelques lettres échangées.

Enfin on en écrivit directement à monsieur le duc de Berry (je crois même que le Roi lui en parla). Il fut transporté de fureur, envoya chercher madame de Montsoreau et la traita si durement qu'elle remonta chez elle en larmes. Elle y trouva son gendre et eut l'imprudence de se plaindre de façon à exciter sa colère. Il descendit chez le prince. Monsieur le duc de Berry vint à lui en s'écriant:

«Je ne veux pas que cette femme couche chez moi.

— Vous oubliez que cette femme est ma belle-mère. »

On n'en entendit pas davantage ; la porte se referma sur eux. Trois minutes après, monsieur de La Ferronnays sortit de l'appartement, alla dans le sien, ordonna à sa femme de faire ses paquets et quitta immédiatement l'Élysée où il n'est plus rentré.

Je n'ai jamais su précisément ce qui s'était passé dans ce court tête-à-tête ; mais la rupture a été complète et il en est resté dans tous les membres de la famille royale une animadversion contre monsieur de La Ferronnays qui a survécu à monsieur le duc de Berry, et même au bouleversement des trônes. Je n'ai jamais pu tirer de monsieur de La Ferronnays ni de monsieur le duc de Berry d'autre réponse, si ce n'est qu'il ne fallait pas leur en parler. Si monsieur de La Ferronnays perdait une belle existence, monsieur le duc de Berry perdait un ami véritable, et cela était bien irréparable.

Monsieur de La Ferronnays tint une conduite parfaite, modeste et digne tout à la fois. Il était sans aucune fortune et chargé d'une nombreuse famille. Monsieur de Richelieu, toujours accessible à ce qui lui paraissait honorable, s'occupa de son sort et le nomma ministre en Suède.

Lorsqu'il en prévint monsieur le duc de Berry, il se borna à répondre : « Je ne m'y oppose pas. » Les autres princes en furent très mécontents et cette nomination accrut encore le peu de goût qu'ils avaient pour monsieur de Richelieu, d'autant que bientôt après monsieur de La Ferronnays fut nommé ambassadeur à Pétersbourg. La joie de son éloignement compensait un peu le chagrin de sa fortune. Nous le retrouverons ministre des affaires étrangères et toujours dans la disgrâce des Tuileries.

Une nouvelle grossesse de madame la duchesse de Berry ayant forcé à remplacer madame de Montsoreau, monsieur le duc de Berry demanda madame de Gontaut[1] pour gouvernante de ses enfants. Ce choix ne laissa pas de surprendre tout le monde et de scandaliser les personnes qui avaient été témoins des jeunes années de madame de Gontaut, mais il faut se presser d'ajouter qu'elle l'a pleinement justifié.

L'éducation de Mademoiselle a été aussi parfaite qu'il a dépendu d'elle, et il aurait été bien heureux pour monsieur le duc de Bordeaux qu'elle eût été son unique instituteur.

Madame de Gontaut était depuis bien longtemps dans l'intimité de Monsieur et de son fils, cependant elle n'a jamais été ni exaltée ni intolérante en opinion politique. L'habitude de vivre presque exclusivement dans la société anglaise, un esprit sage et éclairé l'avaient tenue à l'écart des préjugés de l'émigration. Sa grande faveur du moment auprès de monsieur le duc de Berry venait de ce qu'elle éloignait de sa jeune épouse les rapports indiscrets qui troublaient leur ménage.

Madame la duchesse de Berry était fort jalouse et, quoique le prince ne voulût rien céder de ses habitudes, il était trop bon homme dans le fond pour ne pas attacher un grand prix à rendre sa femme heureuse et à avoir la paix à la maison. Il savait un gré infini à madame de Gontaut, qui pendant un moment remplaça madame de La Ferronnays comme dame d'atour, de chercher à y maintenir le calme.

Le prince de Castelcicala[2] avait amorti les pre-

---

1. Marie-Joséphine de Montaut-Navailles, duchesse de Gontaut (1772-1857), dame de la duchesse de Berry depuis 1816, puis gouvernante en 1819. Après 1830, elle accompagna la famille royale à Prague, où elle demeura jusqu'en 1833.
2. Fabrice Ruffo, prince de Castelcicala (1755-1832) fut, de 1813 à 1832, ambassadeur de Naples à Paris où il mourut du choléra. Très antilibéral, il refusa de quitter son poste après la courte insurrection de 1820.

mières colères de madame la duchesse de Berry.
Il racontait, avec ses gestes italiens et à faire mourir de rire, la conversation où, en réponse à ses
plaintes et à ses fureurs, il lui avait assuré d'une
façon si péremptoire que tous les hommes avaient
des maîtresses, que leurs femmes le savaient et
en étaient parfaitement satisfaites, qu'elle n'avait
plus osé se révolter contre une situation qu'il
affirmait si générale et à laquelle il ne faisait exception absolument que pour monsieur le duc d'Angoulême.

Or, la princesse napolitaine aurait eu peu de goût
pour un pareil époux. Elle s'était particulièrement
enquise de monsieur le duc d'Orléans, et le prince
Castelcicala n'avait pas manqué de répondre de lui :

« Indubitablement, madame, pour qui le prenez-
vous ?

— Et ma tante le sait ?

— Assurément, madame ; madame la duchesse
d'Orléans est trop sage pour s'en formaliser. »

Malgré ces bonnes instructions de son ambassadeur, la petite princesse reprenait souvent des
accès de jalousie, et madame de Gontaut était également utile pour les apaiser et pour écarter d'elle
les révélations que l'indiscrétion ou la malignité
pouvait faire pénétrer. Elle continua à jouer ce
rôle tant que dura la vie de monsieur le duc de
Berry.

Madame la comtesse Juste de Noailles fut nommée dame d'atour, monsieur le duc de Berry vint
lui-même la prier d'accepter. Ce choix réunit tous
les suffrages ; personne n'était plus propre à remplir
une pareille place avec convenance et dignité.

L'éminent savoir-vivre de madame de Noailles lui
tient lieu d'esprit et sa politesse l'a toujours rendue
très populaire, quoiqu'elle ait été successivement
dame des impératrices Joséphine et Marie-Louise et

dame d'atour de madame la duchesse de Berry dont elle n'a jamais été favorite mais qui l'a toujours traitée avec beaucoup d'égards.

CHAPITRE XIII

Le mariage de mon frère se remettait de jour en jour. J'étais au plus fort de l'impatience de ces retards incompréhensibles, lorsqu'un soir une comtesse de Schwitzinoff, dame russe avec laquelle madame de Duras s'était assez liée, nous parla d'une visite qu'elle avait faite à mademoiselle Lenormand, la devineresse, et de toutes les choses extraordinaires qu'elle lui avait annoncées.

J'avais bien quelque curiosité d'apprendre si le mariage de mon frère se ferait enfin cette année; mais la duchesse en avait encore beaucoup davantage de se faire dire si elle réussirait à empêcher le mariage de sa fille, la princesse de Talmont, avec le comte de La Rochejacquelein, car la seule pensée de cette union faisait le tourment de sa vie.

Elle me pressa fort de l'accompagner chez l'habile sibylle, en nous donnant parole de ne lui adresser qu'une seule question. J'aurais peut-être cédé sans la promesse que j'avais faite à mon père de n'avoir jamais recours à la nécromancie, sous quelque forme qu'elle se présentât. Le motif qui lui avait fait exiger cet engagement est assez curieux pour que je le rapporte ici.

Lorsque mon père entra au service, il eut pour mentor le lieutenant-colonel de son régiment, le chevalier de Mastyns, ami de sa famille, qui le traitait paternellement. C'était un homme d'une superbe figure; il avait fait la guerre avec distinction et son caractère bon et indulgent sans faiblesse le rendait cher à tout le régiment.

Dans un cantonnement d'une petite ville en Allemagne, pendant une des campagnes de la guerre de Sept Ans, une bohémienne s'introduisit dans la salle où se tenait le repas militaire. Sa présence offrit quelques distractions à l'oisiveté du corps d'officiers dont le chevalier de Mastyns, fort jeune alors, faisait partie. Il éprouva d'abord de la répugnance contre elle et fit quelques remontrances à ses camarades, puis il céda et finit par livrer sa main à l'inspection de la bohémienne.

Elle l'examina attentivement et lui dit :

«Vous avancerez rapidement dans la carrière militaire ; vous ferez un mariage au-dessus de vos espérances ; vous aurez un fils que vous ne verrez pas, et vous mourrez d'un coup de feu avant d'avoir atteint quarante ans.»

Le chevalier de Mastyns n'attacha aucune importance à ces pronostics. Cependant, lorsqu'en peu de mois il obtint deux grades consécutifs, dus à sa brillante conduite à la guerre, il rappela les paroles de la diseuse de bonne aventure à ses camarades. Elles lui revinrent aussi à la mémoire quand il épousa, quelques années plus tard, une jeune fille riche et de bonne maison. Sa femme était au moment d'accoucher ; il avait obtenu un congé pour aller la rejoindre. La veille du jour où il devait partir, il dit :

«Ma foi, la sorcière n'a pas dit toute la vérité, car j'aurai quarante ans dans cinq jours, je pars demain et il n'y a guère d'apparence d'un coup de feu en pleine paix.»

La chaise de poste dans laquelle il devait partir était arrêtée devant son logis, une charrette l'accrocha, brisa l'essieu ; il fallait plusieurs heures pour le raccommoder. Le chevalier de Mastyns se désolait devant sa porte ; quelques officiers de la garnison passèrent en ce moment ; ils allaient à la chasse à l'affût. Le chevalier l'aimait beaucoup ; il se décida à les suivre pour employer le temps qu'il lui fallait attendre.

On se plaça ; la chasse commença, le chevalier était seul en habit brun. Un des chasseurs l'oubliant, ou l'ignorant, et se fiant sur le vêtement blanc de ses camarades, tira sur quelque chose de foncé qu'il vit remuer dans un buisson. Le chevalier de Mastyns reçut plusieurs chevrotines dans les reins ; on le transporta à la ville.

La blessure quoique très grave n'était pas mortelle ; on le saigna plusieurs fois ; il se rétablit assez pour que le chirurgien répondît de sa guérison et fixât même le jour où il pourrait partir, à une époque assez rapprochée. On lui apporta les lettres arrivées pour lui pendant son état de souffrance. Il en ouvrit une de sa mère ; elle lui annonçait que sa femme était accouchée, plus tôt qu'on ne comptait, d'un fils bien portant :

«Ah ! s'écria-t-il, la maudite sorcière aura eu raison ! Je ne verrai pas mon fils ! »

Soudain les convulsions le prirent, le tétanos suivit, et, douze heures après, il expira dans les bras de mon père.

Les médecins déclarèrent que l'impression morale avait seule causé une mort que l'état de sa blessure ne donnait aucun lieu d'appréhender. Cette aventure, dont mon père avait été presque acteur dans sa première jeunesse, lui avait laissé une impression très vive du danger de fournir à l'imagination une aussi fâcheuse pâture.

Le chevalier de Mastyns était homme de cœur et d'esprit, plein de raison dans l'habitude de la vie. En bonne santé, il se riait des décrets de la bohémienne ; mais, affaibli par les souffrances, il succomba devant cette prévention fatale. Mon père avait donc exigé de

nous de ne jamais nous exposer à courir le risque de
cette dangereuse faiblesse.

Mon séjour forcé à Paris me rendit spectatrice
des élections de 1817[1]. C'étaient les premières
depuis la nouvelle loi ; elles ne furent pas de nature
à rassurer. Les mécontents, qu'à cette époque nous
qualifiions de jacobins, se montrèrent très actifs et
eurent assez de succès pour donner de vives inquiétudes au gouvernement. Il appela à son secours les
royalistes de toutes les observances afin de combattre les difficultés que leurs propres extravagances
avaient amenées. Comme ils avaient peur, ils écou-
tèrent un moment la voix de la sagesse et se conduisirent suffisamment bien à ces élections pour
conjurer le plus fort du danger.

J'avais quelquefois occasion de rencontrer monsieur de Villèle : il s'exprimait avec une modération
qui lui faisait grand honneur dans mon esprit. On
l'a depuis accusé de souffler en dessous les feux
qu'il semblait vouloir apaiser. Je n'ai là-dessus que
des notions vagues, venant de ses ennemis. Ce qu'il
y a de sûr c'est qu'il commençait à prendre l'attitude de chef. Il tenait un langage aussi et peut-
être plus modéré qu'on ne pouvait l'attendre d'un
homme qui aspirait à diriger un parti soumis à des
intérêts passionnés. Il influa beaucoup sur la bonne
conduite des royalistes aux élections. L'opposition
n'eut pas tous les succès dont elle s'était flattée ;
mais elle était redevenue fort menaçante.

Monsieur Benjamin Constant répondait au duc de

1. Un nouveau système électoral défavorable au parti ultra
avait été promulgué le 8 février 1817. Les premières élections
partielles, le 20 septembre, furent marquées par un glissement
à gauche. Les ultras perdirent une douzaine de sièges au profit du parti ministériel (constitutionnel), lequel en perdit
autant au profit de la gauche libérale (La Fayette, Laffitte,
Benjamin Constant).

Broglie qui, avec sa candeur accoutumée, quoique très avant dans l'opposition, faisait l'éloge du Roi et disait que, tout considéré, peut-être serait-il difficile d'en trouver un d'un caractère plus approprié aux besoins du pays :

« Je vous accorderai là-dessus tout ce que vous voudrez ; oui, Louis XVIII est un monarque qui peut convenir à la France telle qu'elle est, mais ce n'est pas celui qu'il nous faut. Voyez-vous, messieurs, nous devons vouloir un roi qui règne par nous, un roi de notre façon qui tombe nécessairement si nous l'abandonnons et qui en ait la conscience. »

Le duc de Broglie lui tourna le dos, car lui ne voulait pas de révolution ; mais il était bien jeune. Il était et sera toujours trop honnête pour être chef de parti. Malheureusement, il y avait plus de gens dans sa société pour propager les doctrines de monsieur Constant que celles toutes spéculatives et d'améliorations progressives de monsieur de Broglie.

Ce fut vers cette époque que monsieur de Chateaubriand, dans je ne sais quelle brochure[1], honora les hommes de la gauche du beau nom de *libéraux*. Ce parti réunissait trop de gens d'esprit pour qu'il n'appréciât pas immédiatement toute la valeur du présent ; il l'accepta avec empressement, et il a fort contribué à son succès.

Bien des personnes honorables, qui auraient répugné à se ranger d'un parti désigné sous le nom de jacobin, se jetèrent tête baissée, en sûreté de conscience, parmi les libéraux et y conspirèrent sans le moindre scrupule. C'est surtout en France, où la

---

1. C'est, en réalité, dans *la Monarchie selon le Charte* que Chateaubriand emploie ce terme pour la première fois, d'ailleurs dans un sens ironique. Dans le contexte de la dissolution de la Chambre introuvable, il souligne en effet la contradiction de ces prétendus apôtres de la liberté qui passent outre la volonté du pays lorsqu'elle ne leur est pas favorable.

puissance des mots est si grande, que les qualifications exercent de l'influence.

Ma présence n'ayant pas suffi pour amener la célébration du mariage décidé depuis huit mois, les jeunes gens réclamèrent celle de mon père. Il obtint un congé de quinze jours. Après des tracasseries et des ennuis qui durèrent encore cinq semaines, tous les prétextes de retard étant enfin épuisés, il assista le 2 décembre 1817 au mariage de son fils avec mademoiselle Destillières.

Huit jours après, il conduisit le nouveau ménage à Londres où ma mère était restée et nous attendait avec impatience.

Le deuil de la princesse Charlotte était porté par toutes les classes et ajoutait encore à la tristesse de Londres à cette époque de l'année où la société y est toujours fort peu animée. Ma jeune belle-sœur n'y prit pas grand goût et fut charmée, je pense, de revenir au bout d'un mois retrouver sa patrie et ses habitudes avec un mari qu'elle aimait et qui la chérissait.

Je prolongeai quelque peu mon séjour en Angleterre, promettant d'aller la rejoindre pour lui faire faire ses visites de noces et la présenter à la Cour et dans le monde.

Mes parents avaient déjà été deux fois à Brighton pendant mes fréquentes absences. Me trouvant à Londres cette année, je fus comprise dans l'invitation. À la première visite qu'ils y avaient faite, un maître d'hôtel du prince était venu à l'ambassade s'informer des habitudes et des goûts de ses habitants, pour que rien ne leur manquât au *pavillon*.

Il est impossible d'être un maître de maison plus soigneux que le Régent et de prodiguer plus de coquetteries quand il voulait plaire. Lui-même s'occupait des plus petits détails. À peine avait-on dîné trois fois à sa table qu'il connaissait les goûts de chacun et se mettait en peine de les satisfaire. On est toujours sensible aux attentions des gens de ce parage, surtout les personnes qui font grand bruit de leur indépendante indifférence. Je n'en ai jamais rencontré aucune qui n'en fût très promptement séduite.

Le deuil encore récent pour la princesse Charlotte ne permettait pas les plaisirs bruyants à Brighton, mais les regrets, si toutefois le Régent en avait eu de bien vifs, étaient passés, et le pavillon royal se montrait plus noir que triste.

Ce pavillon était un chef-d'œuvre de mauvais goût. On avait, à frais immenses, fait venir des quatre parties du monde toutes les magnificences les plus hétéroclites pour les entasser sous les huit ou dix coupoles de ce bizarre et laid palais, composé de pièces de rapports ne présentant ni ensemble ni architecture. L'intérieur n'était pas mieux distribué que l'extérieur et assurément l'art avait tout à y reprendre; mais là s'arrêtait la critique. Le confortable y était aussi bien entendu que l'agrément de la vie, et, après avoir, pour la conscience de son goût, blâmé l'amalgame de toutes ces étranges curiosités, il y avait fort à s'amuser dans l'examen de leur recherche et de leur dispendieuse élégance.

Les personnes logées au pavillon étaient invitées pour un certain nombre de jours qui, rarement, excédaient une semaine. On arrivait de manière à faire sa toilette avant dîner. On trouvait ses appartements arrangés avec un soin qui allait jusqu'à la minutie des habitudes personnelles de chaque convive. Presque toujours l'hôte royal se trouvait le premier dans le salon. S'il était retardé par quelque hasard et que les femmes l'y eussent précédé, il leur en faisait une espèce d'excuse.

La société du dîner était nombreuse. Elle se composait des habitants du palais et de personnes invitées dans la ville de Brighton, très brillamment habitée pendant les mois d'hiver. Le deuil n'admettait ni bals, ni concerts. Cependant le prince avait une troupe de musiciens, sonnant du cor et jouant d'autres instruments bruyants, qui faisaient une musique enragée dans le vestibule pendant le dîner et toute la soirée. L'éloignement la rendait supportable mais très peu agréable selon moi. Le prince y prenait grand plaisir et s'associait souvent au gong pour battre la mesure.

Après le dîner, il venait des visites. Vers onze heures, le prince passait dans un salon où il y avait une espèce de petit souper froid préparé. Il n'y était suivi que par les personnes qu'il y engageait, les dames à demeure dans la maison et deux ou trois hommes de l'intimité. C'était là que le prince se mettait à son aise.

Il se plaçait sur un sofa, entre la marquise de Hertford et une autre femme à qui il voulait faire politesse, prenait et conservait le dé dans la conversation. Il savait merveilleusement toutes les aventures galantes de la Cour de Louis XVI, aussi bien que celles d'Angleterre qu'il racontait longuement. Ses récits étaient semés parfois de petits madrigaux, plus souvent de gravelures. La marquise prenait l'air digne, le prince s'en tirait par une plaisanterie qui n'était pas toujours de bien bon goût.

Somme toute, ces soirées, qui se prolongeaient jusqu'à deux ou trois heures du matin, auraient paru assommantes si un particulier en avait fait les frais ; mais le parfum de la couronne tenait toute la société éveillée et la renvoyait enchantée des grâces du prince.

Je me rappelle pourtant avoir été très intéressée un soir par une de ces causeries. Le Régent nous raconta sa dernière visite au Roi son père ; il ne l'avait pas vu depuis plusieurs années. La Reine et le duc d'York, chargés du soin de sa personne, étaient seuls admis à le voir. Je me sers du mot propre en disant *le voir*, car on ne lui parlait jamais. Le son d'une voix, connue ou étrangère, le mettait dans une agitation qu'il fallait des jours et quelquefois des semaines pour calmer.

Le vieux Roi avait eu des accès tellement violents que, par précaution, tous ses appartements étaient matelassés. Il était servi avec un extrême soin, mais dans un silence profond ; on était ainsi parvenu à lui procurer assez de tranquillité. Il était complètement aveugle.

Une maladie de la Reine l'ayant empêchée d'accomplir son pieux devoir, le Régent la suppléa. Il nous dit qu'on l'avait fait entrer dans un grand salon où, séparé par une rangée de fauteuils, il avait aperçu son vénérable père très proprement vêtu, la tête entièrement chauve et portant une longue barbe blanche qui lui tombait sur la poitrine. Il tenait conseil en ce moment et s'adressait à monsieur Pitt en termes fort raisonnables. On lui fit apparemment des objections, car il eut l'air d'écouter et, après quelques instants de silence, reprit son discours en insistant sur son opinion. Il donna ensuite la parole à un autre qu'il écouta de même, puis à un troisième conseiller, le désignant par son nom que j'ai oublié. Enfin il avertit dans les termes officiels que le conseil était levé, appela son page et alla faire des visites à ses enfants, causant avec eux longuement, surtout avec la princesse Amélie, sa favorite (dont la mort inopinée avait contribué à cette dernière crise de sa maladie). En la quittant, il lui dit :

« Je m'en vais parce que la Reine, vous savez, n'aime pas que je m'absente trop longtemps. »

En effet, il suivit cette idée et revint chez la Reine. Toutes ces promenades se faisaient appuyé sur le bras d'un page et sans sortir du même salon. Après un bout de conversation avec la Reine, il se leva et alla tout seul, bien que suivi de près, au piano où il se mit à improviser et à jouer de souvenir de la musique de Haendel en la chantant d'une voix aussi touchante que sonore. Ce talent de musique (il l'avait toujours passionnément aimée) était singulièrement augmenté depuis sa cruelle maladie.

On prévint le prince que la séance au piano se prolongeait ordinairement au-delà de trois heures, et, en effet, après l'avoir longuement écouté, il l'y laissa. Ce qu'il y avait de remarquable c'est que ce respectable vieillard, que rien n'avertissait de l'heure, pas même la lumière du jour, avait un instinct d'ordre qui le poussait à faire chaque jour les mêmes choses aux mêmes heures, et les devoirs de la royauté passaient toujours avant ceux de famille. Sa complète cécité rendait possible le silence dont on l'environnait et que les médecins, après avoir essayé de tous les traitements, jugeaient indispensable.

Je dois au Régent la justice de dire qu'il avait les larmes aux yeux en nous faisant ce récit, un soir bien tard où nous n'étions plus que quatre ou cinq, et qu'elles coulaient le long de ses joues en nous parlant de cette voix, chantant ces beaux motets de Haendel, et de la violence qu'il avait dû se faire pour ne pas serrer dans ses bras le vénérable musicien.

Le roi George III était aussi aimé que respecté en Angleterre. Son cruel état pesait sur le pays comme une calamité publique. Il est à remarquer que, dans un pays où la presse se permet toutes les licences et ne se fait pas faute d'appeler un *chat* un *chat*, jamais aucune allusion désobligeante n'a été faite à la position du Roi, et, jusqu'à Cobbett [1], tout le monde en a

---

1. William Cobbett (1766-1835), célèbre par sa passion combative et sa violence de langage, fit une carrière de publiciste au service du parti radical. Il deviendra membre du Parlement en 1832.

parlé avec convenance et respect. Les vertus privées servent à cela, même sur le trône, lorsqu'on n'est pas en temps de révolution. Toutefois ce respect n'a pas empêché sept tentatives d'assassinat sur George III.

Les invités du pavillon avaient l'option de déjeuner dans leur intérieur ou de prendre part à un repas en commun dont sir Benjamin et lady Bloomfield faisaient les honneurs.

À moins d'indisposition, on préférait ce dernier parti, excepté, toutefois, quelques-unes des anciennes amies du prince qui, cherchant encore à cacher du temps l'*irréparable outrage*, ne paraissaient jamais qu'à la lumière, soin fort superflu et sacrifice très mal récompensé. La marquise d'Hertford en donnait l'exemple.

Je fus très étonnée en sortant de mon appartement de trouver le couvert mis sur le palier de l'escalier. Mais quel palier et quel couvert ! tous les tapis, tous les fauteuils, toutes les tables, toutes les porcelaines, toutes les vaisselles, toutes les recherches de tout genre que le luxe et le bon goût peuvent offrir à la magnificence y étaient déployés. Le prince mettait d'autant plus d'importance à ce que ce repas fût extrêmement soigné qu'il n'y assistait jamais, et qu'aucune délicatesse de bon goût pour ses hôtes ne lui échappait.

Il menait à Brighton à peu près la même vie qu'à Londres, restait dans sa chambre jusqu'à trois heures et montait à cheval ordinairement seul. Si, avant de commencer sa promenade, il rencontrait quelques nouveaux débutants au pavillon, il se plaisait à le leur montrer lui-même et surtout ses cuisines entièrement chauffées à la vapeur sur un plan, tout nouveau à cette époque, dont il était enchanté.

En rentrant, le prince descendait de cheval à la porte de lady Hertford qui habitait une maison séparée mais communiquant à couvert avec le pavillon royal. Il y restait jusqu'au moment où commençait la toilette du dîner.

Pendant la semaine que nous passâmes à Brighton, la même vie se renouvela chaque jour. C'était l'habitude.

Je m'y retrouvai l'année suivante avec le grand-duc, devenu depuis empereur Nicolas[1]. Il était trop jeune pour que le Régent se gênât beaucoup pour lui. La seule différence que je remarquai, c'est qu'au lieu de laisser chacun libre de sa matinée en mettant chevaux et voitures à sa disposition, le Régent faisait arranger une *partie* tous les jours pour le jeune prince, à laquelle, hormis lui, tous les habitants du pavillon se réunissaient.

On visitait ainsi les lieux un peu remarquables à quinze milles à la ronde. Je me rappelle que, dans une de ces promenades, le grand-duc adressa une question à l'amiral sir Edmund Nagle que le Régent avait spécialement attaché à sa personne. Celui-ci ôta son chapeau pour répondre :

« Mettez donc votre chapeau. »

Et, en disant ces mots, le grand-duc donna un petit coup de cravache au chapeau. L'amiral le tenait mal apparemment ; il lui échappa et le vent bien carabiné sur la falaise élevée de Brighton l'emporta en tourbillonnant dans un champ voisin, séparé de nous par une haie et une haute barrière devant laquelle nous étions arrêtés pour examiner un point de vue.

Avant que l'amiral, gros, court et assez âgé, eût pu descendre de cheval, l'Altesse Impériale était sautée à terre, avait deux fois franchi lestement et gracieusement la barrière et rapportait le chapeau à sir

---

1. Le troisième fils de Paul Ier. Né en 1796, il était en train de faire un voyage en Europe occidentale. C'est au retour qu'il épousa la princesse Charlotte de Prusse.

Edmund en lui adressant ses excuses. Cette prouesse de bonne grâce et de bonne compagnie donna beaucoup de popularité au grand-duc dans notre coterie de Brighton qui réunissait à cette époque le corps diplomatique presque en entier.

L'étiquette plaça ma mère constamment auprès du grand-duc Nicolas pendant tout son voyage. Avec ses habitudes de Cour et sa vocation pour les princes, elle ne tarda pas à lui plaire. Ils étaient très joliment ensemble ; il l'appelait sa gouvernante et la consultait plus volontiers que la comtesse de Lieven dont il avait peur. Ma mère en était, de son côté, tout affolée et nous le vantait beaucoup. Pour moi, qui ne partage pas son goût pour les princes en général, il me faut plus de temps pour m'apprivoiser aux personnes de cette espèce que ne dura le séjour du grand-duc.

Je le trouvai très beau ; mais sa physionomie me semblait dure, et surtout il me déplut par la façon dont il parlait de son frère, l'empereur Alexandre. Son enthousiasme, porté jusqu'à la dévotion, s'exprimait en véritables tirades de mélodrame et d'un ton si exagéré que la fausseté en sautait aux yeux.

Je n'ai guère vu de jeune homme plus complètement privé de naturel que le grand-duc Nicolas ; mais aurait-il été raisonnable d'en exiger d'un prince et du frère d'un souverain absolu ? Je ne le crois pas. Aussi ne prétends-je pas lui en faire reproche, seulement je m'explique pourquoi, malgré sa belle figure, ses belles façons, sa politesse et les éloges de ma mère, il n'est pas resté gravé d'un burin fort admirateur dans mon souvenir.

CHAPITRE XIV

Si j'avais l'intention de faire le récit des petits événements de ma vie privée, ou plutôt si j'avais le talent nécessaire pour les rendre intéressants, j'aurais dû placer en 1800 un combat naval que le bâtiment sur lequel je revenais d'Hambourg soutint à la hauteur du Texel et, en 1804, la description d'un orage qui m'assaillit à l'entrée de la Meuse. On me fit grand honneur, dans ces deux occasions, de mon courage. Je suis forcée de l'expliquer d'une façon excessivement peu poétique; j'avais abominablement le mal de mer.

Peut-être pourrais-je réclamer à plus juste titre quelque éloge pour avoir montré du sang-froid dans une position très périlleuse qu'amena la courte traversée de Douvres à Calais, au mois de février 1818.

Par la coupable incurie du capitaine, nous échouâmes sur une petite langue de sable placée entre deux rochers à un quart de lieue de la côte. Chaque lame nous soulevait un peu, mais nous retombions plus engravés que jamais. C'était encore heureux, car, si nous avions heurté de cette façon sur les rochers dont nous étions bien rapprochés, peu de secondes auraient suffi à nous démolir.

Le bâtiment était encombré de passagers. La seule petite chaloupe qu'il pût mettre à la mer ne contenant que sept personnes, dont deux matelots pour la conduire, je compris tout de suite que le plus grand danger de notre situation périlleuse était l'effroi qui pouvait se mettre parmi nous et l'empressement à se jeter dans cette embarcation.

Ma qualité de fille d'ambassadeur me donnait d'autant plus d'importance à bord que j'étais accompagnée d'un courrier de cabinet pour lesquels les capitaines des paquebots ont des égards tout particuliers.

J'en profitai pour venir au secours du commandant. Il voulait me faire passer la première ; je l'engageai à placer dans le bateau une mère accompagnée de cinq petits enfants qui jetaient les hauts cris. Un monsieur (je suis fâchée de dire que c'était un Français) s'y précipita sous prétexte de porter les enfants, et le bateau s'éloigna.

Je ne nierai pas que les quarante minutes qui s'écoulèrent jusqu'à son retour ne me parussent fort longues. Toutefois le parti que j'avais pris m'avait donné quelque autorité sur mes compagnons de malheur, et j'obtins qu'il n'y aurait ni cris, ni mouvement impétueux. Tout le monde se conduisit très bien. Les femmes qui restaient, nous étions cinq et deux enfants, devaient s'embarquer au second voyage. Les hommes tirèrent au sort pour les suivants. Tout s'exécuta comme il avait été convenu.

Le capitaine m'avait expliqué que le moment du plus grand danger serait celui où la marée tournerait. Si alors le vent poussait à terre, avant que son bâtiment fût gouvernable, il y avait fort à craindre qu'il ne se brisât sur les rochers ; si, d'un autre côté, il était assez engravé pour ne pouvoir se relever, il serait rempli par la marée montante. Les deux chances étaient également admissibles, mais nous avions encore un peu de temps devant nous. Au reste, la nuit s'approchait et il neigeait à gros flocons.

Lorsque je quittai le bâtiment, il était tellement penché que les matelots eux-mêmes ne pouvaient traverser le pont qu'à l'aide d'une échelle qu'on avait couchée dessus. Notre départ se conduisit avec un grand ordre et un entier silence. Une jeune femme refusa péremptoirement de se séparer de son mari. Il avait tiré un des derniers numéros, mais un officier qui devait partir par le prochain bateau fut tellement touché de ce dévouement, fait au plus petit bruit possible, qu'il exigea du mari de prendre sa place.

Je pourrais faire un volume de toutes les circonstances touchantes et ridicules qui accompagnèrent cet épisode de mes voyages, depuis le moment où le bâtiment toucha jusqu'à celui où, après une route de sept heures au milieu de la nuit, de la neige, et par des chemins impraticables, la charrette qui nous portait pêle-mêle sur la paille nous fit faire notre entrée dans Calais.

Le capitaine, débarrassé de ses passagers, manœuvra fort judicieusement. Il lui arriva enfin quelques secours de la côte et il parvint à relever son bâtiment et à l'amener à Calais, quoique très avarié. Le lendemain, il me fit faire des excuses et de grands remerciements sur l'exemple que j'avais donné et qui, assurait-il, avait tout sauvé. J'ai remarqué que les grands dangers trouvent toujours du sang-froid, et les grandes affaires du secret. Les cris et les caquets sont pour les petites circonstances.

J'étais partie de Londres malade; j'arrivai à Paris très bien portante. Je payai cher ce faux bien-être; la réaction ne tarda pas à se faire sentir. J'eus d'abord un anthrax qui fut précurseur d'une fièvre maligne; les médecins l'attribuèrent à avoir eu ce qui s'appelle vulgairement le *sang tourné*. Plus on prend sur soi dans un danger évident et apprécié, plus ce résultat peut arriver. Toutefois j'étais souffrante depuis fort longtemps et aurais peut-être été malade sans mon naufrage.

Je présentai ma belle-sœur le lendemain de mon arrivée. Je me rappelle particulièrement ce jour-là parce que c'est le seul mouvement patriotique que j'aie vu à Monsieur et que j'aime à lui en faire honneur. On conçoit qu'un *naufrage* est un argument trop commode pour que les princes ne l'exploitent pas à fond. J'avais fait ma cour à ses dépens chez le Roi, chez Madame, et même chez monsieur le duc d'Angoulême.

Arrivée chez Monsieur, après quelques questions préliminaires, il me dit d'un ton assez triste :

« C'était un paquebot français.

— Non, monseigneur, c'était un anglais.

— Oh ! que j'en suis aise ! »

Il se retourna à son service qui le suivait, et répéta aux dames qui m'environnaient : « Ce n'était pas un capitaine français » avec un air de satisfaction dont je lui sus un gré infini. S'il avait souvent exprimé de pareils sentiments, il aurait été bien autrement populaire.

Je précédai de peu de jours à Paris mon oncle, Édouard Dillon, qui y passait en se rendant de Dresde à sa nouvelle résidence de Florence. Il était de la maison de Monsieur, et, je crois l'avoir déjà dit, dans des habitudes de familiarité qui dataient de leur jeunesse à tous deux. Un matin où il quittait Monsieur, il me raconta une conversation qui venait d'avoir lieu. Elle avait roulé sur l'inconvenance des propos tenus par l'opposition et plus encore par le parti ministériel sur le prince.

On cherchait, selon lui, à le déjouer parce qu'il était royaliste et avertissait le Roi des précipices où on entraînait la monarchie, etc. Édouard, qui se trouvait une des personnes les plus raisonnables pouvant l'approcher, combattit ces impressions de Monsieur. Il lui assura qu'il lui serait bien facile de se faire adorer, s'il voulait se montrer moins exclusivement chef d'un parti.

« Mais je ne suis pas chef d'un parti.

— Monseigneur, on vous en donne les apparences.

— C'est à tort, mais comment l'éviter ?

— En étant moins exclusif.

— Jamais je n'accueillerai les jacobins, c'est pour cela qu'on me déteste.

— Mais les gens qui vous servent bien ne sont pas des jacobins.

— C'est selon. Vois-tu, Ned, le vieux levain révolutionnaire, cela reparaît toujours, fût-ce au bout de vingt ans. Quand on a servi les autres, on ne vaut rien pour nous.

— Je suis fâché d'entendre tenir ce langage à Monseigneur ; cela confirme ce que l'on dit.

— Ah ! ah ! et que dit-on ? conte-moi cela, toi.

— Hé bien, Monseigneur, on dit que vous avez envie de faire Mathieu ou Jules ministre. »

Monsieur, qui se promenait dans son cabinet, s'arrêta tout court, partit d'un grand éclat de rire.

« Ah ! parbleu, celui-là est trop amusant, ce n'est pas sérieusement que tu me dis cela ?

— Sérieusement, Monseigneur.

— Mais tu connais trop Jules pour que j'aie besoin de te dire ce que c'est ; hé bien, Mathieu c'est la même espèce tout juste, un peu moins hâbleur peut-être, mais pas plus de fond ni de valeur. Puisqu'on veut bien me prêter des intentions, il faudrait au moins qu'elles fussent de nature à ce que quelqu'un pût y ajouter foi. Allons, allons, mon vieil ami, tranquillise-toi ; si on ne fait jamais d'autre fable sur mon compte, cela n'est pas bien alarmant. Mathieu ! Jules ! Ah ! bon Dieu, quels ministres ! on me croit donc extravagant ? mais il faudrait être fou à lier ! Il n'est pas possible que qui que ce soit y ait cru sérieusement ; on s'est moqué de toi. »

Édouard lui témoigna grande satisfaction des dispositions où il se trouvait. Il vint en toute hâte me conter la sagesse de son prince. J'ai souvent repensé à cette conversation, sur laquelle je ne puis avoir aucun doute, lorsque plus tard Mathieu de Montmorency[1] d'abord et Jules de Polignac[2] ensuite ont été successivement ministres des Affaires étrangères.

Monsieur avait-il changé d'opinion sur leur compte, ou bien trompait-il Édouard en 1818? Il peut y avoir de l'un et de l'autre.

Il est indubitable que, dès lors, Jules était dans sa plus intime confiance et jouait le rôle de ministre de la Police du gouvernement occulte.

L'opposition au Roi avait gagné toute la Cour, et

1. Mathieu, vicomte puis duc de Montmorency (1766-1826), était le cousin du duc de Laval. Il avait fait ses premières armes en Amérique aux côtés de son père, colonel du Régiment d'Auvergne. Au début de la Révolution, il faisait figure de libéral. C'est alors qu'il entra dans le cercle de Mme de Staël dont il resta l'ami. Retiré à Coppet en 1792, rentré en France en 1795, il ne s'occupa plus de politique, mais la mort de son frère, le jeune abbé de Laval, l'orienta de plus en plus vers la religion. Cette réserve ne l'empêcha pas de se voir interdire le séjour de Paris par Napoléon à cause de ses amitiés subversives. Bien accueilli par Monsieur en 1814, il fut nommé chevalier d'honneur de la duchesse d'Angoulême, puis pair de France en 1815. À la Chambre haute, il attaqua souvent les opinions qu'il avait défendues à la Constituante et se crut même obligé de faire amende honorable de ses anciennes erreurs à la session de 1822. Grand maître des Chevaliers de la foi, pilier de la Congrégation, il fut nommé ministre des Affaires étrangères en décembre 1821 après la démission de Richelieu. Il fut remplacé par Chateaubriand au lendemain du Congrès de Vérone (fin 1822) et créé duc. Nommé gouverneur du duc de Bordeaux, il mourut le 24 mars 1826 d'une attaque dans l'église Saint-Thomas d'Aquin, à Paris. On lui reconnaissait beaucoup de vertus privées, peu de publiques. Il avait épousé sa cousine Hortense de Luynes.

2. Après avoir passé dix ans dans les prisons impériales, Jules de Polignac fut chargé de plusieurs missions sous la Restauration et se signala très vite par une bigoterie provocante. C'est ainsi qu'il n'accepta de prêter le serment de pair qu'avec la permission du pape. C'est également de Pie VII qu'il reçut, en 1820, le titre de prince. Successeur de Chateaubriand à l'ambassade de Londres en 1823, il fut nommé ministre des

pour conserver un peu de tranquillité dans l'intérieur de sa famille, il n'osait pas en témoigner de
ressentiment. La loi de recrutement[1] déplaisait
particulièrement à la noblesse. De tout temps, elle
regardait l'armée comme son patrimoine. C'était
bien à titre onéreux, il faut l'accorder, car elle l'avait
exploitée, plus honorablement que lucrativement,
pendant bien des siècles, mais elle tenait à en jouir
exclusivement et ne voulait pas comprendre combien les temps étaient changés. Elle s'opposa donc
au système d'avancement par l'ancienneté avec une
extrême passion.

La loi fut emportée à la Chambre des députés ; on
savait qu'elle ne parviendrait à passer à celle des
pairs qu'à une faible majorité. Le Roi, n'osant pas se
prononcer hautement, emmena à sa promenade
accoutumée les pairs de service auprès de lui qui,
tous, devaient voter contre son gouvernement.

Le Roi ne sortait pas le dimanche ni le mercredi
où il tenait conseil. Pour les cinq autres jours de la
semaine, il avait cinq promenades, toujours les
mêmes, qui revenaient à jour fixe chaque semaine.
Celle de la matinée où l'on devait voter était une des
plus courtes et les pairs y avaient compté ; mais le Roi,
ce qui était sans exemple, avait changé les ordres pour
les relais et, de plus, commandé d'aller doucement.

Affaires étrangères, le 8 août 1829, dans le cabinet de résistance dont il devait prendre la direction le 17 novembre, et
qui, inspiré par les visions que son chef avait de la Vierge
Marie, devait conduire à la Révolution de 1830. Arrêté à Gran-
ville le 15 août 1830, Polignac fut condamné le 21 décembre à
la détention perpétuelle. Amnistié le 29 novembre 1836, il se
retira en Angleterre. Il avait épousé en 1816 une Anglaise,
Miss Campbell puis, en secondes noces (1825), la marquise de
Choiseul, fille de lord Rancliffe.

1. Dite loi Gouvion-Saint-Cyr, du nom du ministre de la
Guerre

En général, il voulait aller excessivement vite et toujours sur le pavé. Quelque poussière, quelque verglas qu'il pût y avoir, il ne ralentissait jamais son allure. Il en résultait des accidents graves pour les escortes, mais cela le laissait complètement impassible. Quand un homme était tombé on le ramassait ; cela ne faisait aucun émoi. Si c'était un officier, on envoyait savoir de ses nouvelles, et, si son cheval était estropié, on lui en donnait un. Il n'en était pas davantage.

Il fallait un motif politique pour influer sur les usages établis ; mais la niche du Roi n'eut pas de succès. Ses zélés serviteurs avaient eu la précaution de demander leur voiture dans la cour des Tuileries. Ils s'y jetèrent, en descendant du carrosse royal, et arrivèrent encore au Luxembourg à temps pour donner leur *non* aux demandes des ministres[1]. Ils n'en furent pas plus mal traités dans les grands appartements, et beaucoup mieux au pavillon de Marsan.

Nous autres, constitutionnels ministériels, étions indignés ; mais les ultras, et même les courtisans plus raisonnables, étaient enchantés de cet acte d'indépendance.

Monsieur Canning se trouvait alors pour quelques jours à Paris. Je me souviens que, le soir même où la discussion sur ce procédé était assez animée, il entra chez madame de Duras. Elle l'interpella :

« N'est-ce pas qu'en Angleterre les personnes attachées au Roi votent selon leur conscience et ne sont nullement forcées de soutenir le ministère ?

— Je ne comprends pas bien.

— Mais, par exemple, si le grand chambellan trouve une loi mauvaise, il est libre de voter contre ?

1. Louis XVIII semble en réalité avoir réussi à prolonger sa promenade assez longtemps ce jour-là pour retenir auprès de lui les ducs d'Havré, d'Avaray et de La Châtre, hostiles au projet.

— Assurément, très libre, chacun est complètement indépendant dans son vote. »

Madame de Duras triomphait.

« Mais, ajouta monsieur Canning, il enverrait sa démission avant de prendre ce parti ; sans cela on la lui demanderait tout de suite. »

Le triomphe fut un peu moins agréable. Toutefois, comme elle avait de l'esprit, elle se rabattit sur ce que notre éducation constitutionnelle n'était pas assez faite pour appeler cela de l'indépendance, et, ramenant la discussion à une thèse générale, tourna le terrain où elle s'était engagée si malencontreusement.

Le parti soi-disant royaliste était tombé dans une telle aberration d'idées que, lorsque monsieur de Marcellus, alors député, fut nommé de la commission pour examiner la loi qui devait accompagner le concordat et garantir les libertés de l'Église gallicane[1], il n'imagina rien de mieux que d'en référer au Pape en lui envoyant la copie du projet de loi et de tous les documents confiés à la commission.

---

1. Dès 1814, des négociations discrètes avaient été amorcées par Mgr Cortois de Pressigny pour annuler le Concordat de 1801. Elles furent poursuivies par Polignac puis par Blacas en 1816 (v. note, p. 639). On parvint à un accord en juillet 1817 sur la création de quarante-deux diocèses et la nomination de trente-quatre évêques et de trois cardinaux. La publication de cette bulle, par laquelle un gouvernement étranger modifiait une loi française, alors que la Chambre n'avait pas eu connaissance du projet, provoqua une grosse émotion à la fois chez les gallicans et dans le parti doctrinaire. Dans un but d'apaisement, le gouvernement proposa un nouveau projet de loi qu'un chevalier de la foi, le comte de Marcellus, crut bon de soumettre directement au pape qui le déclara inacceptable. On était dans l'impasse. Portalis ayant remplacé Blacas à l'ambassade de Rome, on en revint finalement au Concordat de 1801. Néanmoins, après l'engagement pris par l'État de les doter, le nombre des diocèses passa progressivement de cinquante à quatre-vingts en 1822.

Le Pape lui répondit qu'il fallait s'opposer à la promulgation de cette loi par tous les moyens possibles, l'autorisant même textuellement à employer en sûreté de conscience la *ruse* et l'*astuce*.

Monsieur de Marcellus, plus bon que méchant dans le fond, profita mal du conseil car il alla porter ce singulier bref au duc de Richelieu qui entra dans une fureur extrême. Il le menaça de le traduire devant les tribunaux pour avoir révélé le secret d'État à une Cour étrangère, lui dit que, si cet ancien régime, qu'il affectait de regretter, subsistait encore, on le ferait pourrir dans une prison d'État et, par grâce encore, pour éviter que le Parlement ne le décrétât de prise de corps et ne lui fît un plus mauvais parti, etc.

Monsieur de Marcellus fut tout ébahi d'une scène si bien carabinée ; il comprit même son tort ; mais le parti jésuite, très puissant et tout ultramontain, lui donna de grands éloges. Monsieur le prit sous sa protection spéciale et le bruit s'apaisa.

Seulement, il me semble que les négociations à Rome furent retirées à monsieur de Blacas, soupçonné d'avoir eu connaissance de cette intrigue, et qu'on y envoya monsieur Portalis. Celui-ci parvint à faire signer un concordat où les libertés gallicanes étaient aussi bien ménagées que les circonstances le permettaient. Le roi Louis XVIII n'y tenait pas assez pour les défendre vivement contre son frère.

CHAPITRE XV

Peu de jours après mon arrivée à Paris, nous fûmes tous mis en grand émoi par une tentative d'assassinat commise sur la personne du duc de Wellington. Un coup de pistolet avait été tiré sur sa voiture au milieu de la nuit, comme il rentrait dans son hôtel de la rue des Champs-Élysées.

Cet événement pouvait avoir les plus fâcheuses conséquences. Le duc de Wellington était le personnage le plus important de l'époque ; tout le monde en était persuadé, mais personne autant que lui. Son mécontentement aurait été une calamité. Tout ce qui tenait au gouvernement fit donc une très grosse affaire de cet attentat et le lendemain le duc était d'assez bonne humeur.

Mais on ne découvrait rien. Personne n'avait été blessé ; on ne retrouvait point de balle ; le coup avait été tiré en pleine obscurité contre une voiture allant grand train. Tout cela paraissait suspect. L'opposition répandit le bruit que le duc, d'accord avec le parti ultra, s'était fait tirer un coup de pistolet à poudre pour saisir ce prétexte de prolonger l'occupation.

Il faut rendre justice au duc de Wellington ; il était incapable d'entrer dans une pareille machination ; mais il conçut beaucoup d'humeur de ces propos, et, il le faut répéter, notre sort dépendait en grande partie de ses bonnes dispositions, car lui seul pouvait prendre l'initiative et affirmer aux souverains que la présence en France de l'armée d'occupation, dont il était généralissime, avait cessé d'être nécessaire au repos de l'Europe.

Toute la police était en mouvement sans rien découvrir. Les ultras se frottaient les mains et assuraient que les étrangers séjourneraient cinq années de plus. Enfin on eut des révélations de Bruxelles. Milord Kinnaird, fort avant dans le parti révolutionnaire mais en deçà pourtant de l'assassinat, dénonça l'envoi d'un nommé Castagnon par le comité révolutionnaire séant à Bruxelles où tous les anciens jacobins, présidés par les régicides expulsés du royaume,

s'étaient réfugiés. On acquit la preuve que ce Castagnon avait tiré contre le duc. Il fut déféré aux tribunaux et sévèrement puni et le duc se tint pour
satisfait. Il entrait consciencieusement dans le projet
de libérer la France des troupes sous ses ordres,
mais on pouvait toujours redouter ses caprices.

La diminution de l'armée obtenue l'année précédente donnait droit à de grandes espérances. Toutefois, les traités portaient cinq ans de cette occupation,
si onéreuse et si humiliante, et la troisième était à
peine commencée. Tous les soins du gouvernement
étaient employés à obtenir notre délivrance. Il était
contrecarré par le parti ultra qui éprouvait, ou feignait, une grande alarme de voir l'armée étrangère
quitter la France.

Monsieur avait dit au duc de Wellington, et malheureusement assez haut pour que cela fût entendu
et répété :

« Si vous vous en allez, je veux m'en aller aussi.

— Oh ! que non, Monseigneur, avait répondu le
duc ; vous y penserez mieux. »

Quelques semaines plus tard, un petit écrit pro-
fessant la convenance de prolonger l'occupation,
loin de chercher à l'abréger, fut distribué à profusion ; il était anonyme, mais l'enveloppe portait
pour timbre : *Chambre de Monsieur*.

On l'attribua à monsieur de Bruges[1]. C'était le
précurseur de la fameuse *Note secrète*. Toutes ces
petites circonstances fondaient l'immense impopularité sous laquelle Charles X a succombé en trois
jours, quelques années après.

Ces intrigues agissaient même sur les personnes
qui n'y prenaient aucune part. Il régnait une inquié-

---

1. Louis-André-Hyacinthe, comte de Bruges (1761-1841)
avait été nommé inspecteur général de la garde nationale au
retour de Gand et à ce titre faisait partie de l'entourage de
Monsieur.

tude générale qui ne paraissait pas justifiée par la
situation où nous nous trouvions. Dès en arrivant,
j'avais eu les oreilles rebattues par l'annonce de la
grande conspiration. Je demandais qui en faisait
partie, on me répondait:

«Je n'en sais rien», mais on ajoutait avec un air
capable: «Tenez pour sûr que nous marchons sur
un volcan, et certes ce n'est pas monsieur Decazes
qui nous sauvera!»

Il était, de plus en plus, en butte à la haine du
parti de la Cour.

À force d'entendre répéter ces paroles, je finissais
par être ébranlée à mon tour, lorsqu'une circonstance
puérile me rétablit dans mon assiette en me montrant
sur quels fondements fragiles on échafaudait les nouvelles. J'assistais à ténèbres à la chapelle des Tuileries; on frappe un coup léger à la porte de la tribune
royale. Une fois, pas de réponse; Madame jette un
coup d'œil irrité derrière elle. Une seconde; pas
encore de réponse. Une troisième; le Roi ordonne
d'ouvrir. On lui remet un billet, il le lit, fait signe au
major général de la garde royale, lui dit quelques
mots tout bas. Celui-ci sort et ténèbres s'achèvent au
milieu de l'agitation de la Congrégation.

Plus de doute, la grande conspiration a éclaté. Des
courtisans trouvent moyen de sortir de la chapelle
pour aller en répandre la nouvelle, même à la Bourse,
assure-t-on. Rendu dans ses appartements, le Roi
annonce que la salle de l'Odéon a pris feu et que le
ministre de la police demande des troupes pour maintenir l'ordre. Aussitôt les dévots de se récrier sur le
scandale de troubler le service divin pour un théâtre
qui brûle et les courtisans de s'indigner qu'on vienne
déranger le Roi pour si mince affaire.

«Comment trouvez-vous monsieur Decazes? Il
fait passer ses ordres par le Roi à présent! C'est une
nouvelle méthode assurément!»

Le soir, il était répandu dans la ville que l'incendie de l'Odéon était le commencement d'exécution d'une grande conspiration ; et, à la Cour, où on était un peu mieux informé quoique beaucoup plus bête, il n'était question que de l'insolence de ces coups répétés frappés à la porte de la tribune royale. Il semblait qu'on l'eût abattue à coups de hache. C'était aux Tuileries un bien plus grand événement que la destruction d'un des beaux monuments de la capitale.

Cette scène de la chapelle me rafraîchit la mémoire d'un incident dont je fus témoin à Saint-Sulpice, ce même carême, un jour où l'abbé Frayssinous[1] y prêchait. Les sermons étaient fort courus et, le ministre de la Police ayant annoncé le projet d'y assister, le banc de l'œuvre lui fut réservé.

Un équipage avec plusieurs valets en grande livrée s'arrêta au portail. Un homme en uniforme en sortit, c'était évidemment le ministre. Le suisse arriva en toute hâte, hallebarde en main, ouvrant la route à Monseigneur. Le bedeau suivait ; il s'adressa à Alexandre de Boisgelin (passablement gobeur de son métier) pour lui demander s'il était de la suite de Son Excellence.

« De quelle Excellence ?

— Du ministre de la Police.

— Où est-il ?

— Là, le suisse précède.

---

1. Denis Frayssinous (1765-1841) avait commencé à se faire connaître par ses conférences de Saint-Sulpice, suspendues en 1809. Il fut le prédicateur le plus en vogue de la Restauration, qui ne lui ménagea pas les honneurs : Premier Aumônier de Louis XVIII en 1821, évêque *in partibus* d'Hermopolis en 1822, successeur de l'abbé Sicard à l'Académie, pair de France avec le titre de comte, grand-maître de l'Université en 1825. Il avait publié en 1818 *Des vrais principes de l'Église gallicane...* Il fut à Prague le précepteur du duc de Bordeaux.

— Mais ce n'est pas le comte Decazes, c'est le
duc de Rohan. »

Aussitôt voilà le bedeau au petit galop courant
après le suisse pour le ramener à son poste du portail, et le duc de Rohan, dépouillé de ses honneurs
usurpés, laissé tout seul au milieu de l'église, obligé
d'établir son habit de pair sur une simple chaise de
paille, à nos côtés, comme le plus humble d'entre
nous. Les rieurs furent contre monsieur de Rohan,
en dépit des préjugés aristocratiques qui lui auraient
volontiers donné précédence sur monsieur Decazes.
Ses ridicules étaient trop flagrants.

Auguste de Chabot, jeune homme qui ne manquait
ni d'esprit, ni d'instruction, avait été *presque* forcé
d'être chambellan de l'Empereur. Il se conduisit
avec dignité, convenance et simplicité à la Cour
impériale. À la Restauration, il prit le titre de prince
de Léon et les fumées de la vanité lui montèrent à la
tête.

Il perdit sa femme, mademoiselle de Sérent, riche
héritière, par un horrible accident, et peu de mois
avant [l'époque à] laquelle je suis arrivée, la mort de
son père l'avait mis en possession du titre de duc de
Rohan et de la pairie. Ces honneurs, bien prévus
pourtant, achevèrent de l'enivrer d'orgueil. Il devint
le véritable émule du marquis de Tuffières.

Il portait ses prétentions aristocratiques jusqu'à
l'extravagance. Son château de la Roche-Guyon fut
décoré de tous les emblèmes de la féodalité. Ses gens
l'appelaient monseigneur. Il était toujours en habit
de pair, et en avait fait adapter le collet et les pare-
ments brodés à une robe de chambre dans laquelle il
donnait ses audiences le matin, rappelant ainsi feu le
maréchal de Mouchy qui s'était fait faire un cordon
bleu en tôle pour le porter dans son bain.

Aussi madame de Puisieux disait-elle, en voyant
un portrait fort ressemblant du duc de Rohan :

«Oh! c'est bien Auguste; et puis voyez, ajoutait-elle en indiquant un écusson de ses armes peint dans le coin du tableau, voyez, voilà l'expression de sa physionomie.»

Le duc de Rohan vint étaler son importance en Angleterre dans l'espoir que son titre lui procurerait la main d'une riche héritière. Celle de ma belle-sœur avait été demandée par lui l'année précédente et, pour ennoblir cette alliance qui lui paraissait bien un peu indigne de lui, il s'était servi de l'intermédiaire du Roi. Cet auguste négociateur ayant échoué auprès de mademoiselle Destillières, le duc n'avait plus vu en France de parti assez riche pour aspirer à l'honneur de partager son nom et son rang.

Le voyage de spéculation matrimoniale en Angleterre étant resté également sans succès, il se décida à embrasser l'état ecclésiastique. Il s'entoura de jeunes prêtres et fit son séminaire dans les salons de la Roche-Guyon. Je ne sais comment cela put s'arranger, mais il est avec le ciel des accommodements.

Les mauvaises langues prétendaient que le célibat n'imposait pas trop de gêne à monsieur de Rohan. J'ai su très positivement un fait dont chacun tirera les conséquences qu'il lui plaira.

En 1813, Auguste de Chabot, alors chambellan de l'Empereur, d'une jolie figure, plein de talent, dessinant très bien, chantant à ravir, assez spirituel et surtout Français arrivant de Paris, obtint à Naples de doux regards de la Reine, femme de Murat et régente en l'absence de son mari.

Une vive coquetterie s'établit entre eux. Des apartés, des promenades solitaires, des lettres, des portraits s'ensuivirent. La Reine avait la tête tournée et ne s'en cachait pas. Les choses allèrent si loin, quoique monsieur de Chabot professât dès lors les principes d'une certaine dévotion ostensible, qu'il reçut la clef d'une porte dérobée conduisant à l'appartement de la Reine. Le moment de l'entrevue fut fixé à la nuit suivante. Auguste s'y rendit.

Le lendemain matin, il reçut un passeport pour quitter Naples dans la journée. Un messager plus intime vint en même temps lui redemander l'élégante petite boîte qui contenait la clef.

Depuis ce jour, la Reine, qui en paraissait sans cesse occupée jusque-là, n'a plus prononcé son nom. Monsieur de Chabot n'a jamais pu comprendre le motif de cette disgrâce, car il se rendait la justice d'avoir été parfaitement respectueux.

Le portrait lui resta, et je l'ai vu entre les mains de la personne confidente de cette intrigue à laquelle il en fit don au moment où il entra dans les ordres.

Quoi qu'il en soit, son choix de l'état ecclésiastique ne l'empêcha pas de conserver toutes les habitudes du *dandysme* le plus outré ; ses recherches de toilette étaient sans nombre. Il entama avec la Cour de Rome une longue et vive négociation pour faire donner à la chasuble une coupe nouvelle qui lui paraissait élégante. Au reste, il faut reconnaître qu'il disait la messe plus gracieusement qu'aucune autre personne et pourtant très convenablement.

Ces ambitions futiles n'arrêtaient pas les autres. Il devint promptement archevêque et cardinal ; je crois qu'au fond c'était là le secret véritable de sa vocation. Les carrières civiles et militaires se trouvaient encombrées ; il se croyait de la capacité, avec raison jusqu'à un certain point, et s'était jeté dans celle de l'Église[1]. Mais j'anticipe ; revenons au printemps de 1818.

1. Louis-François-Auguste de Rohan-Chabot (1788-1833) fut chambellan de Napoléon puis officier des «Compagnies rouges» de la maison du Roi au début de la Restauration. C'est alors qu'il s'y lia avec Lamartine, qui fréquenta beaucoup son château de La Roche-Guyon au moment des *Méditations*. Entré au séminaire de Saint-Sulpice en 1819, il fit une carrière extrê-

J'avais laissé monsieur de Talleyrand honni au pavillon de Marsan; je le retrouvai dans la plus haute faveur de Monsieur et de son monde. Elle éclata surtout aux yeux du public à un bal donné par le duc de Wellington où les princes assistèrent.

Je me le rappelais l'année précédente dans cette même salle, se traînant derrière les banquettes pour arriver jusqu'à la duchesse de Courlande; elle lui avait réservé une place à ses côtés où personne ne vint le troubler. Monsieur le duc d'Angoulême, seul de tous les princes, lui adressa quelques mots en passant; mais, cette fois, l'attitude était bien changée. Il traversait la foule qui s'écartait devant lui; les poignées de main l'accueillaient et le conduisaient droit sur Monsieur; monsieur le duc de Berry s'emparait de cette main si courtisée pour ne la céder qu'à Monsieur. Les entours étaient également empressés.

---

mement rapide: vicaire général de Paris en 1822, archevêque de Besançon en 1828, cardinal en 1830. Il servit de modèle à Stendhal pour le personnage de l'évêque d'Agde dans *le Rouge et le Noir* et a inspiré à Chateaubriand des lignes mordantes qui rendent le même son:

«Le duc de Rohan était fort joli; il roucoulait la romance, lavait de petites aquarelles et se distinguait par une étude coquette de toilette. Quand il fut abbé, sa pieuse chevelure éprouvée au fer avait une élégance de martyr. Il préchaillait à la brune, dans des oratoires, devant de jeunes dévotes, ayant soin, à l'aide de deux ou trois bougies artistement placées, d'éclairer en demi-teinte comme un tableau son visage pâle. Il chantait la Préface à faire pleurer...», mais il a soin d'ajouter: «La religion et la mort ont passé l'éponge sur quelques faiblesses après tout bien pardonnables du cardinal de Rohan. Prêtre chrétien, il a consommé à Besançon son sacrifice, secourant le malheureux, nourrissant le pauvre, vêtissant l'orphelin et usant en bonnes œuvres sa vie dont une santé déplorable abrégeait naturellement le cours.» (*Mémoires d'outre-tombe*, IIIe partie, livre VII, § 16.)

Je n'ai pas suivi le fil de cette intrigue dont le résultat se déployait avec tant d'affectation sous nos yeux. J'ai peine à croire que monsieur de Talleyrand eût flatté les vœux de Monsieur qui, à cette époque, désirait par-dessus tout le maintien de l'occupation.

Monsieur de Talleyrand était trop habile à tâter le pouls du pays pour ne pas reconnaître que la fièvre d'indépendance s'accroissait chaque jour et ferait explosion si on ne la prévenait ; mais certainement il s'unissait à toutes les intrigues pour chasser le duc de Richelieu, et c'était là un suffisant motif d'alliance.

J'eus encore, à ce bal, occasion de remarquer le peu d'obligeance de nos princes. Le duc de Wellington vint proposer à Madame, vers le milieu de la soirée, de faire le tour des salles. Il était indiqué de prendre son bras, et tout grand personnage qu'il était il en aurait été flatté. Mais Madame donna le bras à monsieur le duc de Berry, madame la duchesse de Berry à Monsieur (monsieur le duc d'Angoulême, selon son usage, était déjà parti) et le duc de Wellington fut réduit à marcher devant la troupe royale en éclaireur.

Elle arriva ainsi jusqu'à un dernier salon où Comte[1] (le physicien) faisait des tours. Il lui fallait en ce moment un compère souffre-douleur. Il jeta son dévolu sur monsieur de Ruffo, fils du prince Castelcicala, ambassadeur de Naples, dont la figure niaise prêtait au rôle qu'il devait jouer. Il fit trouver des cartes dans ses poches, dans sa poitrine, dans ses chausses, dans ses souliers, dans sa cravate ; c'était un déluge.

Les princes riaient aux éclats, répétant de la voix

---

1. Louis Comte (1788-1859), prestidigitateur et ventriloque auquel Louis XVIII avait accordé le titre de « Physicien du roi ».

qu'on leur connaît : c'est monsieur de Ruffo, c'est monsieur de Ruffo. Or, ce monsieur de Ruffo était presque de leur intimité, et pourtant, lorsque le tour fut achevé, ils quittèrent l'appartement sans lui adresser un mot de bonté, sans faire un petit compliment à Comte dont la révérence le sollicitait, enfin avec une maussaderie qui me crucifiait car j'y prenais encore un bien vif intérêt.

Peu de semaines avant, j'avais vu chez mon père, à Londres, le prince régent, qui pourtant aussi était assez grand seigneur, assister à une représentation de ce même monsieur Comte, et y porter des façons bien différentes.

Je me suis laissé raconter que rien n'était plus obligeant que la reine Marie-Antoinette. Madame avait repoussé cet héritage, peut-être avec intention, car la mémoire de sa mère lui était peu chère. Toutes ses adorations étaient pour son père, et, avec ses vertus, elle avait pris ses formes peu gracieuses.

Il y eut vers ce temps une révélation bien frappante des sentiments de Madame. Monsieur Decazes retrouva dans les papiers de je ne sais quel terroriste de 1793 le testament autographe de la reine Marie-Antoinette qui, assurément, fait le plus grand honneur à sa mémoire. Il le porta au Roi qui lui dit de l'offrir à Madame. Elle le lui remit quelques heures après, avec la phrase la plus froide possible, sur ce qu'en effet elle reconnaissait l'écriture et l'authenticité de la pièce.

Monsieur Decazes en fit faire des fac-similés et en envoya un paquet à Madame ; elle n'en distribua pas un seul, et témoigna plutôt de l'humeur dans toute cette occurrence. Toutefois ce testament a été gravé dans la chapelle expiatoire de la rue d'Anjou qui se construisait sous son patronage.

Si Madame était sévère à la mémoire de sa mère, elle était passionnément dévouée à celle de son père et cette corde de son âme vibrait toujours jusqu'à l'exaltation.

Comme je sortais du bal du duc de Wellington, je me trouvai auprès du duc et de la duchesse de Damas-Crux[1], ultras forcenés, qui, comme moi, attendaient leur voiture. Édouard de Fitz-James passa ; je lui donnai une poignée de main, puis monsieur Decazes, encore une poignée de main, puis Jules de Polignac, nouvelle poignée de main, puis Pozzo, encore plus amicale poignée de main.

«Vous en connaissez de toutes les couleurs», me dit le duc de Damas.

— Oui, répondis-je, ceux qui se proclament les serviteurs du Roi ; et ceux qui le servent en effet.»

Il était si bête qu'il me fit une mine de reconnaissance ; mais la duchesse me lança un regard furieux et ne me l'a jamais pardonné.

La famille d'Orléans, dont les formes affables et obligeantes faisaient un contraste si marqué à celles de la branche aînée, n'assistait pas à ce bal, autant qu'il m'en souvient. Elle était dans la douleur. La petite princesse, née en Angleterre, était à toute extrémité et mourut, en effet, peu de jours après.

La mort frappait à la fois à deux extrémités de la maison de Bourbon. Le vieux prince de Condé achevait en même temps sa longue carrière en invoquant vainement la présence de ses enfants pour lui

1. Étienne-Charles duc de Damas (1754-1846), de la branche de Crux, après avoir servi contre les Anglais, puis en Hollande, à Quiberon, en Pologne contre les Républicains, était attaché depuis 1801 à la personne du duc d'Angoulême qui le prit pour aide de camp en 1815. À ce titre, il suivit le prince dans le midi, puis en Espagne, en 1815, et rentra en France après Waterloo à la tête d'un corps basque. Premier gentilhomme de la chambre du duc d'Angoulême, il fut nommé pair de France puis créé duc en 1816. Il avait épousé la fille de la duchesse de Sérent.

fermer les yeux. J'ai déjà dit la vie qui retenait monsieur le duc de Bourbon sur les trottoirs de Londres.

Madame la princesse Louise se refusa également à adoucir les derniers moments de son père, prétendant ne pouvoir quitter sa maison du Temple où elle s'était cloîtrée, quoique toutes les autorités ecclésiastiques l'y autorisassent et que le cardinal de Talleyrand, archevêque de Paris, allât lui-même la chercher. Ce sont de ces vertus que je n'ai jamais pu ni comprendre, ni admirer.

Monsieur le prince de Condé mourut dans les bras de madame de Rouilly, fille naturelle de monsieur le duc de Bourbon ; elle lui prodigua les soins les plus filiaux et les plus tendres.

Monsieur le duc de Bourbon arriva quelques heures après la mort de son père : il parut fort malheureux de n'avoir pu le revoir, et d'autant plus que le vieux prince semblait, dans ses derniers jours, avoir repris la mémoire qu'il avait perdue depuis quelques années et regretter amèrement l'absence de son fils. Monsieur le duc de Bourbon conserva son nom, disant que celui de Condé était trop lourd à porter. Il s'établit au Palais-Bourbon et à Chantilly où il ne tarda pas à donner de nouveaux scandales.

Le service pour monsieur le prince de Condé à Saint-Denis fut très magnifique[1] ; je ne me rappelle plus en quoi on dérogea aux usages, mais il y eut quelque chose de très marqué, en ce genre, pour honorer plus royalement sa mémoire. Le roi Louis XVIII affectait de lui rendre plus qu'il n'était dû à son rang, selon l'étiquette de la Cour de France, peut-être pour marquer encore plus la sévère désobligeance avec laquelle il l'imposait à monsieur le duc d'Orléans.

1 Le 26 mai 1818

Je me souviens que cet enterrement fut une grande affaire à la Cour. Pendant ce temps, le public et le ministère se préoccupaient du discours. Le pas était glissant ; il s'agissait du général des émigrés. Il était difficile d'aborder ce sujet de manière à satisfaire les uns et les autres ; car, si *les uns* étaient au pouvoir, *les autres* c'était le pays.

L'abbé Frayssinous, chargé de l'oraison funèbre, s'en tira habilement. Je me rappelle entre autres une phrase qui eut grand succès. En parlant des deux camps français opposés l'un à l'autre, il dit : « *La gloire était partout, le bonheur nulle part.* » En résultat, le discours ne déplut absolument à aucun parti ; c'était le mieux qu'on en pût espérer.

CHAPITRE XVI

J'ai négligé de parler dans le temps de la mort de madame de Staël. Elle avait eu lieu, pendant un de mes séjours en Angleterre[1], à la suite d'une longue maladie qu'elle avait traînée le plus tard possible dans ce monde de Paris qu'elle appréciait si vivement. Elle y faisait peine à voir au commencement des soirées. Elle arrivait épuisée par la souffrance mais, au bout de quelque temps, l'esprit prenait complètement le dessus de l'instinct, et elle était aussi brillante que jamais, comme si elle voulait témoigner jusqu'au bout de cette inimitable supériorité qui l'a laissée sans pareille.

La dernière fois que je la vis, c'était le matin ; je partais le lendemain. Depuis quelques jours, elle ne quittait plus son sofa ; les taches livides dont son

1. Le 14 juillet 1817.

visage, ses bras, ses mains étaient couverts n'annonçaient que trop la décomposition du sang. Je sentais la pénible impression d'un adieu éternel et sa conversation ne roulait que sur des projets d'avenir. Elle était occupée de chercher une maison où sa fille, la duchesse de Broglie, grosse et prête d'accoucher, serait mieux logée.

Elle faisait des plans de vie pour l'hiver suivant. Elle voulait rester plus souvent chez elle, donner des dîners fréquents. Elle désignait par avance des habitués. Cherchait-elle à s'étourdir elle-même ? Je ne sais ; mais le contraste de cet aspect si plein de mort et de ces paroles si pleines de vie était déchirant ; j'en sortis navrée.

Il y avait une trop grande différence d'âge et assurément de mérite entre nous pour que je puisse me vanter d'une liaison proprement dite avec madame de Staël, mais elle était extrêmement bonne pour moi et j'en étais très flattée. Le mouvement qu'elle mettait dans la société était précisément du genre qui me plaisait le plus, parce qu'il s'accordait parfaitement avec mes goûts de paresse.

C'était sans se lever de dessus son sofa que madame de Staël animait tout un cercle ; et cette activité de l'esprit m'est aussi agréable que celle du corps me paraît assommante. Quand il me faut aller chercher mon plaisir à grands frais, je cours toujours risque de le perdre en chemin.

Sans être pour moi une peine de cœur, la mort de madame de Staël me fut donc un chagrin. Le désespoir de ses enfants fut extrême. Ils l'aimaient passionnément et la révélation faite sur son lit de douleur et dont j'ai déjà parlé n'affaiblit ni leur sentiment ni leurs regrets.

Auguste de Staël se rendit l'éditeur d'un ouvrage auquel elle travaillait et qui parut au printemps de

1818[1]. Il produisit un effet dont les résultats n'ont pas été sans importance. Pendant l'Empire, la Révolution de 1793 et ceux qui y avaient pris part étaient honnis. La Restauration ne les avait pas réhabilités et personne ne réclamait le dangereux honneur d'avoir travaillé à renverser le trône de Louis XVI. On aurait vainement cherché en France un homme qui voulût se reconnaître ouvrier en cette œuvre. Les régicides mêmes s'en défendaient ; une circonstance fortuite les avait poussés dans ce précipice, et, somme toute, le *petit chat*[2] (peut-être encore parce qu'il ne savait pas s'en expliquer) se trouvait le seul coupable.

Le livre de madame de Staël changea tout à coup cette disposition, en osant parler honorablement de la Révolution et des révolutionnaires. La première, elle distingua les principes des actes, les espérances trompées des honnêtes gens des crimes atroces qui souillèrent ces jours néfastes et ensevelirent sous le sang toutes les améliorations dont ils avaient cru doter la patrie. Enfin elle releva tellement le nom de révolutionnaire que, d'une cruelle injure qu'il avait été jusque-là, il devint presque un titre de gloire. L'opposition ne le repoussa plus. Les libéraux se reconnurent successeurs des révolutionnaires et firent remonter leur filiation jusqu'à 1789.

Messieurs de Lafayette, d'Argenson, de Thiard, de Chauvelin, de Girardin, etc., formèrent les anneaux de cette chaîne. Les Lameth, quoique réclamant le nom de patriotes de 89, et repoussés par les émigrés et la Restauration, ne s'étaient pas ralliés à l'opposition antiroyaliste. Ils demeuraient libéraux assez modérés, après avoir servi à l'Empereur avec bien moins de zèle que ceux dont je viens de citer les noms.

---

1. Ce sont les *Considérations sur la Révolution française.*
2. Robespierre.

Je crois que cet ouvrage posthume de madame de Staël a été un funeste présent fait au pays et n'a pas laissé de contribuer à réhabiliter cet esprit révolutionnaire dans lequel la jeunesse s'est retrempée depuis et dont nous voyons les funestes effets. Dès que le livre de madame de Staël en eut donné l'exemple, les hymnes à la gloire de 1789 ne tarirent plus. Il y a bien peu d'esprits assez justes pour savoir n'extraire que le bon grain au milieu de cette sanglante ivraie. Aussi avons-nous vu depuis encenser jusqu'au nom de Robespierre.

Le troisième volume est presque entièrement écrit par Benjamin Constant ; la différence de style et surtout de pensée s'y fait remarquer. Il est plus amèrement républicain ; les goûts aristocratiques qui percent toujours à travers le plébéisme de madame de Staël ne s'y retrouvent pas.

Une fièvre maligne, dont je pensai mourir, me retint plusieurs semaines dans ma chambre. Je n'en sortis que pour soigner ma belle-sœur qui fit une fausse couche de quatre mois et demi et ne laissa pas de nous donner de l'inquiétude pour elle et beaucoup de regrets pour le petit garçon que nous perdîmes. Aussitôt qu'elle fut rétablie, je retournai à Londres.

L'affaire des liquidations, fixée enfin à seize millions pour les réclamations particulières, avait fort occupé mon père[1]. Il avait sans cesse vu renaître les

---

1. Outre les indemnités évoquées dans la note 1, p. 615, le traité de Paris avait imposé une autre obligation ; le remboursement des dettes qu'avaient contractées, depuis 1792, dans les anciens territoires occupés, les forces françaises. Les créances présentées au gouvernement français atteignirent la somme colossale de 1 600 millions (non pas 16), ramenée après arbitrage de Wellington au chiffre plus modeste de 240 millions. Le remboursement s'effectua grâce à un nouvel appel au capital étranger (les banques Hope et Baring réali-

difficultés, qu'il croyait vaincues, sans pouvoir comprendre ce qui y donnait lieu. Une triste découverte expliqua ces retards.

La loyauté de monsieur de Richelieu avait dû se résigner aux roueries inhérentes aux nécessités gouvernementales. Il s'était apprivoisé depuis mon aventure au sujet du docteur Marshall. Le *cabinet noir* lui apporta les preuves les plus flagrantes de la façon dont monsieur Dudon, commissaire de la liquidation, vendait les intérêts de la France aux étrangers, à beaux deniers comptants.

Des lettres interceptées, écrites à Berlin, et lues à la poste de Paris, en faisaient foi. Le duc de Richelieu chassa monsieur Dudon honteusement; mais, ne pouvant publier la nature des révélations qui justifiaient sa démarche, il se fit de monsieur Dudon un ennemi insolent. Devenu, immédiatement, royaliste de la plus étroite observance, monsieur Dudon se donna pour victime de la pureté de ses opinions et n'a pas laissé d'être incommode par la suite.

Dès qu'il eut été remplacé par monsieur Mounier, les affaires marchèrent. L'intégrité de celui-ci débrouilla ce que l'autre avait volontairement embrouillé. Les liquidations furent promptement réglées et la conclusion fut un succès pour le gouvernement. C'est à cette occasion que s'est formée la liaison intime du duc de Richelieu avec monsieur Mounier.

À mesure que les affaires d'argent s'aplanissaient, l'espoir de notre émancipation se rapprochait et les fureurs du parti ultra s'exaspéraient dans la même

---

sèrent encore une fois de fructueux bénéfices, quoique ayant accepté de traiter sur la base de 67 F. le titre de rente au lieu de 55 en 1817) et grâce à un emprunt lancé sur le marché national en mai 1818, qui fut un grand succès. En août 1818, la rente atteignait 80 F.

proportion. Sa niaiserie était égale à son intolérance.

Je me souviens qu'avant de quitter Paris j'entendais déblatérer contre le gouvernement qui exigeait des capitalistes français 66 d'un emprunt nouveau, tandis qu'il n'avait pu obtenir que 54 l'année précédente de messieurs Baring et Cie ; faisant crime au ministère que le crédit public se fût, en quelques mois, élevé de 12 pour 100 sous son administration ! Il faut avoir vécu dans les temps de passion pour croire à de pareilles sottises.

Nous vîmes arriver successivement à Londres plusieurs envoyés de Monsieur, les Crussol, les Fitz-James, les La Ferronnays, les de Bruges, etc. Mon père était très bien instruit de leur mission ; les ministres anglais en étaient indignés. Le duc de Wellington signalait d'avance la fausseté de leurs rapports. Tous venaient représenter la France sous l'aspect le plus sinistre et le plus dangereux pour le monde et réclamaient la prolongation de l'occupation étrangère.

Le duc de Fitz-James força tellement la mesure que lord Castlereagh lui dit :

« Si ce tableau était exact, il faudrait sur-le-champ rappeler nos troupes, former un cordon autour de la France et la laisser se dévorer intérieurement. Heureusement, monsieur le duc, nous avons des renseignements moins effrayants à opposer aux vôtres. »

L'expression de ces messieurs, en parlant de mon père, était que c'était dommage mais qu'il avait passé à l'ennemi. Quel bonheur pour la monarchie, si elle avait été exclusivement entourée de pareils ennemis ! Monsieur de Richelieu, selon eux, avait eu de bonnes intentions mais il était perverti.

Quant aux autres ministres, c'étaient des gueux et des scélérats : messieurs Decazes, Lainé, Pasquier, Molé, Corvetto ; il n'y avait rémission pour personne.

À mesure que la libération de la patrie approchait, l'anxiété du parti redoublait. Je crois que c'est à cette époque que parut le *Conservateur*. Cette publication hebdomadaire avait pour rédacteur principal monsieur de Chateaubriand, mais tous les coryphées parmi les ultras y déposaient leur bilieuse éloquence. Cet organe a fait bien du mal au trône.

Jules de Polignac arriva le dernier en Angleterre ; il était porteur de la fameuse *note secrète*, œuvre avouée et reconnue de Monsieur, quoique monsieur de Vitrolles l'eût rédigée [1].

Jamais action plus antipatriotique n'a été conseillée à un prince ; jamais prince héritier d'une couronne n'en a fait une plus coupable. Les cabinets étrangers l'accueillirent avec mépris, et le roi Louis XVIII en conçut une telle fureur contre son frère que cela lui donna du courage pour lui ôter le commandement des gardes nationales du royaume.

Depuis longtemps les ministres sollicitaient du Roi de rendre au ministère de l'intérieur l'organisation des gardes nationales et de les remettre sous ses ordres ; le Roi en reconnaissait la nécessité mais reculait effrayé des cris qu'allait pousser Monsieur.

Il avait été, dès 1814, nommé commandant général des gardes nationaux de France. Il avait formé un état-major à son image. Des inspecteurs généraux allaient chaque trimestre faire des tournées et s'occupaient des dispositions des officiers qui tous étaient nommés par Monsieur et à sa dévotion. La plupart étaient membres de la Congrégation. Leur correspondance avec Jules de Polignac, premier inspecteur général, était journalière et sa police s'exerçait avec activité et passion.

---

1. Elle était destinée à être communiquée à toutes les puissances alliées et avait pour but de leur démontrer les dangers qu'il y avait à retirer trop vite leurs forces d'occupation.

C'était un État dans l'État, un gouvernement dans le gouvernement, une armée dans l'armée. Ce qu'à juste titre on a nommé le *gouvernement occulte* était alors à son apogée. L'ordonnance qui ôtait le commandement à Monsieur[1] enlevait au parti une grande portion de son pouvoir en le privant d'une force armée aussi énorme dont il pouvait disposer et qui ne recevait d'ordres que de lui.

Jules de Polignac en apprit la nouvelle (car cela avait été tenu fort secret) par ma mère qui lui donna le *Moniteur* à lire. Malgré sa retenue habituelle, il fut assez peu maître de lui pour prononcer quelques mots, trouvés si coupables par ma mère qu'elle lui dit vouloir aller aussitôt les rapporter à mon père pour qu'il en donnât avis au Roi. Averti de son imprudence, il chercha à les tourner en plaisanterie ; mais ne pouvant réussir à faire prendre le change à ma mère, il eut recours à des supplications, qui allèrent jusqu'aux larmes et aux génuflexions, et obtint enfin la parole qu'elle ne répéterait pas un propos qu'il assurait n'avoir pas l'importance qu'elle voulait y donner.

Je n'ai jamais su précisément les mots. Seulement le nom de monsieur de Villèle y était mêlé et j'ai eu lieu de croire que la conspiration, dite du bord de l'eau, dont la réalité n'est révoquée en doute par aucune des personnes instruites des affaires à cette époque, cette conspiration, qui avait pour but de faire régner Charles X avant que le Ciel eût disposé de Louis XVIII, n'était que le commentaire des paroles échappées à la colère de Jules.

Je n'entre pas dans plus de détails sur cet événement, quoique la plupart des acteurs parmi les conspirateurs, aussi bien que parmi ceux qu'ils devaient attaquer, fussent des personnes avec les-

1. Le 30 septembre 1818.

quelles nos relations étaient intimes; mais j'étais absente lors de la découverte, et le projet remontait si haut que le ministère et le Roi ne voulurent pas aller jusqu'à la source. On se borna à l'éventer sans donner aucune suite aux recherches.

Le Roi en conçut un mortel chagrin et ne laissa pas ignorer à son frère qu'il en était instruit. Je ne sais pas si monsieur le duc de Berry était dans le secret; j'espère que non. Quant à monsieur le duc d'Angoulême, le parti s'en cachait avec plus de soin que d'aucune autre personne.

Quoique la sagesse du gouvernement eût assoupi le bruit de cette affaire, le parti ultra se trouva un peu gêné par cette découverte. Il était en position de garder des mesures avec le pouvoir; il devint, ou du moins chercha à paraître, plus modéré pendant quelque temps.

Cela ne l'empêcha pas d'avoir au Congrès d'Aix-la-Chapelle des agents occupés à déjouer auprès des étrangers les négociations du duc de Richelieu. Elles réussirent cependant et il eut la gloire et le bonheur de signer le traité qui délivrait son pays d'une garnison étrangère[1]. Sans doute c'était encore à titre onéreux, mais la France pouvait payer les charges qu'elle acceptait; ce qu'elle ne pouvait plus supporter, c'était l'humiliation de n'être pas maîtresse chez elle.

Le respect et la confiance qu'inspirait le caractère loyal de monsieur de Richelieu entrèrent pour beaucoup dans le succès de cette négociation qui nous combla de joie.

Je me rappelle que, le jour où la signature du traité fut apprise à Londres, tout le corps diplomatique et

---

1. C'est le 15 novembre 1818 que Richelieu signa les protocoles de conclusion du Congrès et le 30 que les troupes alliées achevèrent leur évacuation.

les ministres anglais accoururent chez mon père lui faire compliment et partager notre satisfaction. Les hommages pour le duc de Richelieu étaient dans toutes les bouches ; chacun avait un trait particulier à citer de son honorable habileté.

CHAPITRE XVII

On devait croire qu'après ses succès d'Aix-la-Chapelle le président du conseil reviendrait à Paris tout-puissant. Il en fut autrement. Les deux oppositions de droite et de gauche se coalisèrent pour amoindrir le résultat obtenu, et le parti ministériel, sous l'influence de monsieur Decazes, ne se donna que peu de soins pour le montrer dans toute son importance.

Monsieur de Richelieu était personnellement l'homme le moins propre à exploiter un succès, mais monsieur Decazes s'y entendait fort bien. Dans cette circonstance, il négligea de le vouloir. Des intrigues intérieures dans le sein du ministère en furent cause. Monsieur Decazes s'était uni à un parti semi-libéral qui, depuis, a produit ce qu'on a appelé *les doctrinaires*. Ce parti avait longtemps crié contre le ministère de la police et il persuada à monsieur Decazes qu'en faisant réformer ce ministère au départ des étrangers il semblerait n'avoir été créé que pour un moment de crise et que le Roi ferait un acte habile dont la popularité rejaillirait sur lui.

Monsieur Decazes goûtait cette pensée mais à condition, bien entendu, qu'il resterait ministre et ministre influent. Il en parla à monsieur de Richelieu qui adopta l'idée. Monsieur Lainé, ministre de l'Intérieur, professait sans cesse de son désintéressement, de son abnégation de toute ambition et de son ennui des affaires.

Monsieur de Richelieu, qui avait, à cette époque, parfaite confiance en lui et en ses paroles, alla avec la candeur de son caractère lui demander de céder son portefeuille à Decazes qui en avait envie. Monsieur Lainé se mit en fureur contre une telle proposition, et le duc de Richelieu, avec la gaucherie habituelle de sa loyale franchise, s'en alla rapporter à monsieur Decazes qu'il ne fallait plus penser à son projet parce que monsieur Lainé ne voulait pas y consentir. Il reconnaissait bien du reste la convenance de renoncer à avoir un ministère spécial de la Police ; il avouait tous les inconvénients que monsieur Decazes signalait à le maintenir, mais il faudrait aviser à un autre moyen de le supprimer.

Après avoir donné ces étranges satisfactions à messieurs Decazes et Lainé, il partit pour Aix-la-Chapelle en complète sécurité des bonnes dispositions de ses collègues envers lui. Il put en voir la vanité au retour.

Je ne sais pas au juste les intrigues qu'on fit jouer ni les dégoûts dont on l'entoura, mais, à la fin de l'année, il dut donner sa démission ainsi que messieurs Pasquier, Molé, Lainé et Corvetto. Le général Dessolle devint le chef ostensible du nouveau cabinet dont monsieur Decazes était le directeur véritable.

Je n'ai jamais pu comprendre que monsieur Decazes n'ait pas senti que le beau manteau de cristal pur, dont la présidence de monsieur de Richelieu couvrait son favoritisme, était nécessaire à la durée de son crédit. Il ne pouvait soutenir le poids des haines dirigées contre lui que sous cette noble et transparente égide.

Monsieur de Richelieu ne lui enviait en aucune façon sa faveur et lui en laissait toute la puissance, toute l'importance, tous les profits et aussi tous les ennuis ; car ce n'était pas tout à fait un bénéfice sans charge de devoir amuser un vieux monarque valétudinaire tourmenté dans son intérieur.

Monsieur Decazes avait épousé depuis quelques mois mademoiselle de Saint-Aulaire, fille de qualité riche et ayant par sa mère, mademoiselle de Soyecourt, des alliances presque royales. Ces relations flattaient monsieur Decazes et plaisaient au Roi. Aussi ce mariage lui avait été assez agréable pour qu'il s'en mêlât personnellement, et cette circonstance avait été une occasion de rapprochement avec une nuance d'opposition hostile à laquelle appartenait monsieur de Saint-Aulaire[1]. Je professe pour celui-ci une amitié qui dure tantôt depuis trente ans. Toutefois je dois avouer que, dans les premiers moments de la Restauration, il s'était conduit, au moins, avec maladresse.

Il avait successivement renié Napoléon dont il était chambellan en 1814, et Louis XVIII en 1815, dans les deux villes de Bar-le-Duc et de Toulouse dont il se trouvait préfet à ces deux époques, d'une manière ostensible et injurieuse qui ne convenait pas mieux à sa position qu'à son caractère et à son esprit, un des plus doux et des plus agréables que je

1. Louis de Beaupoil, comte de Saint-Aulaire (1778-1854) avait représenté, à sa sortie de l'École polytechnique, la grâce aristocratique dans la société mélangée du Consulat. Nommé chambellan (1809) puis préfet de la Meuse (1813), il suivit en 1814 l'impératrice à Blois. Nommé préfet de Toulouse par Louis XVIII, il se rallia en avril 1815 à Napoléon, ce qui le plaça en demi-disgrâce au début de la seconde Restauration. Plusieurs fois député, c'est lui qui proposa de décerner au duc de Richelieu une récompense nationale, lui qui défendit contre les ultras son gendre Decazes. Nommé pair de France en 1829 (sous le ministère Martignac), il accueillit bien la révolution de Juillet. Il fut ambassadeur du nouveau régime à Rome (1831-1832), à Vienne (1833-1841), puis à Londres (1841-1847).

connaisse. Mais il y a des circonstances si écrasantes qu'elles trouvent bien peu d'hommes à leur niveau, surtout parmi les gens d'esprit. Les bêtes s'en tirent mieux parce qu'elles ne les comprennent pas.

Sa conduite pendant les Cent-Jours avait jeté monsieur de Saint-Aulaire dans les rangs de la gauche. Le mariage de monsieur Decazes avec mademoiselle de Saint-Aulaire, au lieu de rapprocher le ministre du parti aristocratique auquel elle appartenait par sa naissance, l'avait mis dans la société de l'opposition et lui donnait, fort à tort, une nuance de couleur révolutionnaire que les ultras enluminaient de leur palette la mieux chargée.

Je n'oserais pas assurer que leurs cris, sans cesse répétés, n'eussent exercé, à notre insu, quelque influence même sur nous à Londres.

La nouvelle de la retraite de monsieur de Richelieu, à laquelle il ne s'attendait nullement, fut un coup très sensible à mon père. J'ai déjà dit que les affaires importantes de l'ambassade se traitaient entre eux, sans passer par les bureaux, dans des lettres confidentielles et autographes. Mon père n'avait aucun rapport personnel avec monsieur Dessolle et ne pouvait continuer avec lui une pareille correspondance.

Il reçut du nouveau ministre une espèce de circulaire fort polie dans laquelle, après force compliments, on l'avertissait que la politique du cabinet était changée.

Mon père avait déjà bien bonne envie de suivre son chef ; cette lettre le décida. Il répondit que sa tâche était accomplie. Ainsi que le duc de Richelieu, il avait cru devoir rester à son poste jusqu'à la retraite complète des étrangers, les négociations entamées devant, autant que possible, être conduites par les mêmes mains, mais qu'une nouvelle ère semblant commencer dans un autre esprit, il profitait de l'occasion pour demander un repos que son âge réclamait.

Nous fûmes charmées, ma mère et moi, de cette décision. La vie diplomatique m'était odieuse, et ma mère ne pouvait supporter la séparation de mon frère. D'ailleurs, nous nous apercevions que le travail auquel il s'était consciencieusement astreint fatiguait trop mon père. Sa bonne judiciaire conservait toute sa force primitive, mais déjà nous remarquions que sa mémoire faiblissait.

Lorsqu'un homme a été depuis l'âge de trente ans jusqu'à soixante hors des affaires et qu'il y rentre, ou il les fait très mal, ou bien elles l'écrasent. C'est ce qui arrivait à mon père.

Monsieur Dessolle lui répondit en l'engageant à revenir sur sa décision, mais il y persista. Ce n'était pas, disait-il, avec l'intention de refuser son assentiment au gouvernement du Roi, mais dans la pensée qu'un ambassadeur nouvellement nommé serait mieux placé vis-à-vis du cabinet anglais qu'un homme qui semblerait appelé à se contredire lui-même.

Une négociation, par exemple, était ouverte pour obtenir du roi des Pays-Bas d'expulser de Belgique le nid de conspirateurs d'où émanaient les brochures et les agitateurs qui troublaient le royaume. Monsieur Decazes mettait la plus grande importance à son succès et en parlait quotidiennement au duc de Richelieu qui, pressé par lui, réclamait les bons offices du cabinet anglais. Un des premiers soins du ministère Dessolle fut d'adresser des remerciements au roi de Hollande pour la noble hospitalité qu'il exerçait envers des réfugiés qu'on espérait voir bientôt rapporter leurs lumières et leurs talents dans la patrie. La copie de cette pièce fut produite à mon père par lord Castlereagh, en réponse à une note qu'il avait passée d'après les anciens documents. Cela était peut-être sage, mais il fallait un nouveau négociateur pour une nouvelle politique.

Il y eut encore une réponse de monsieur Dessolle qui semblait disposé, plus qu'il ne se l'était d'abord proposé, à suivre les traces de son prédécesseur ; mais mon père avait annoncé ses projets de retraite à Londres, et, malgré toutes les obligeantes sollicitations du Régent et de ses ministres, il resta inflexible.

Le marquis de La Tour-Maubourg[1] fut nommé pour le remplacer. Avec la franchise de son caractère, mon père s'occupa tout de suite activement de lui préparer les voies, de façon à rendre la position du nouvel ambassadeur la meilleure possible dans les affaires et dans la société.

Monsieur de La Tour-Maubourg, qui est aussi éminemment loyal, ressentit vivement ces procédés et en a toujours conservé une sincère reconnaissance. Mon père y ajouta un autre service, car, de retour à Paris et n'y ayant plus d'intérêt personnel, il démontra clairement que l'ambassade de Londres n'était pas suffisamment payée et fit augmenter de soixante mille francs le traitement de son successeur.

Si monsieur de La Tour-Maubourg était touché des procédés de mon père, monsieur Dessolle, en revanche, était piqué de son retour, et monsieur Decazes en était assez blessé pour avoir irrité le roi Louis XVIII contre lui.

Le favori n'avait pas tout à fait tort. La retraite d'un homme aussi considéré que mon père et qui avait jusque-là marché dans les mêmes voies pouvait s'interpréter comme une rupture, et, malgré l'ex-

---

1. Marie-Victor-Nicolas de Fay, marquis de La Tour-Maubourg (1768-1850) fut ambassadeur à Londres en 1819, puis ministre de la Guerre (1819-1821). Nommé par la suite gouverneur des Invalides, il sera membre en 1832 du gouvernement secret de la duchesse de Berry, puis gouverneur du duc de Bordeaux auprès duquel il vécut à partir de 1835.

trême modération des paroles de mon père et de sa famille, les ennemis de monsieur Decazes ne manquèrent pas de s'emparer de ce prétexte pour en profiter contre lui.

Quelques semaines s'étaient écoulées dans les pourparlers entre mon père et le ministre. Quoique sa démission eût suivi immédiatement celle de monsieur de Richelieu, elle ne fut acceptée qu'à la fin de janvier 1819. Je partis aussitôt pour Paris afin d'y préparer les logements.

Je trouvai le Roi fort exaspéré et disant que, jusqu'à cette heure, il avait cru que les ambassadeurs accrédités par lui le représentaient, mais que le marquis d'Osmond aimait mieux ne représenter que monsieur de Richelieu. On voit que le père de la Charte n'avait pas encore tout à fait dépouillé le petit-fils de Louis XIV et tenait le langage de Versailles. Il aurait probablement mieux apprécié la conduite de mon père si elle avait été agréable au favori.

Celui-ci, au reste, m'accueillit avec une bienveillance que j'ai eu lieu de croire peu sincère. Non seulement mon père, qu'on avait comblé d'éloges pendant tout le cours de son ambassade, ne reçut aucune marque de satisfaction, mais il eut même beaucoup de peine à obtenir la pension de retraite à laquelle il avait un droit acquis et indisputable, sous prétexte que les fonds étaient absorbés. Au reste, il ne fut pas seul à souffrir le *ben servire e non gradire* : les ministres sortants, et surtout monsieur de Richelieu, firent une riche moisson d'ingratitude, à la Cour, aux Chambres et jusque dans le public.

Monsieur et Madame me traitèrent avec plus de bonté que de coutume lorsque j'allai faire ma cour à mon arrivée de Londres. Monsieur le duc de Berry voulut me faire convenir que mon père quittait la partie parce que enfin il la voyait entre les mains des jacobins. Je m'y refusai absolument, me retranchant sur son âge qui réclamait le repos, sur la convenance de quitter les affaires lorsque l'œuvre de la libération du territoire était accomplie, et sur la santé de ma mère. Le prince insista vainement et m'en témoigna un peu d'humeur, mais pourtant avec son amitié accoutumée.

Quant aux autres, lorsqu'ils virent qu'aucune de nos allures n'était celles de l'opposition et que, dans la Chambre des pairs, mon père votait avec le ministère, ils renoncèrent à leurs gracieusetés et rentrèrent dans leur froideur habituelle.

Ma mère était tombée dangereusement malade à Douvres et nous donna de vives inquiétudes. Elle put enfin passer la mer et nous nous trouvâmes réunis à Paris à notre très grande joie.

Mon père ne tarda pas à éprouver un peu de l'ennui qui atteint toujours les hommes à leur sortie de l'activité des affaires. Son bon esprit et son admirable caractère en triomphèrent promptement. Il n'y a pas de situation plus propre à faire naître ce genre de regret que celle d'un ambassadeur rentrant dans la vie privée. Toutes ses relations sont rompues ; il est étranger aux personnes influentes de son pays ; il n'est plus au courant de ces petits détails qui occupent les hommes au pouvoir, car, après tout, le commérage règne parmi eux comme parmi nous ; il s'est accoutumé à attacher du prix aux distinctions de société, et elles lui manquent toutes à la fois.

Il n'y a pas de métier plus maussade à mon sens, où l'on joue plus complètement le rôle de l'âne chargé de reliques et où les honneurs qu'on reçoit soient plus indépendants de toute estime, de toute valeur, de toute considération personnelle.

Je sais qu'il est convenu de regarder cette carrière comme la plus agréable, surtout lorsqu'on arrive au rang d'ambassadeur. Je ne l'ai connue que dans cette phase et je la proclame détestable. Lorsqu'on a veillé la nuit pour rendre compte des travaux du jour et qu'on a réussi dans une négociation difficile, épineuse, souvent entravée par des instructions maladroites tout l'honneur en revient au ministre qui, dans la phrase entortillée de quelque dépêche, vous a laissé deviner ses intentions, précisément assez pour pouvoir vous désavouer si vous échouez. En revanche, si l'affaire manque et s'ébruite, on hausse les épaules et vous êtes proclamé maladroit d'autant plus facilement que, le secret étant la première loi du métier, vous ne pouvez rien apporter pour votre justification.

J'ai vu la carrière diplomatique sous son plus bel aspect, puisque mon père, occupant la première ambassade, y a joui de la confiance entière de son cabinet et d'une grande faveur près de celui de Londres, et pourtant je la proclame, je le répète, une des moins agréables à suivre.

Je comprends qu'un homme politique, dans les convenances duquel une absence peut se trouver entrer momentanément, aille passer quelques mois avec un caractère diplomatique dans une Cour étrangère.

Rien n'est plus mauvais pour les affaires du pays que de pareils ambassadeurs qui s'occupent de tout autre chose; mais j'admets l'agrément de cette espèce d'exil. Il ne faut pas toutefois s'y résigner trop longtemps, car aucun genre d'absence n'enlève plus promptement et plus complètement la clientèle.

Nous avons vu monsieur de Serre, le premier orateur de la Chambre, ne pouvoir être renommé député après avoir été deux ans ambassadeur à Naples et en mourir de chagrin. Certainement, s'il avait passé ces deux années à la campagne chez lui, dans une retraite absolue, son élection n'aurait pas été contestée et sa carrière d'homme politique serait restée bien plus entière.

Je parle ici pour les hommes à ambition politique, car ceux qui ne veulent que des places et des appointements ont évidemment avantage à préférer l'ambassade à la retraite ; mais aussi, s'ils prolongent leur absence, ils reviennent, au bout de leur carrière, achever dans leur patrie une vie dépourvue de tout intérêt, étrangers à leur famille, isolés de toute intimité et ne s'étant formé aucune des habitudes qui, dans l'âge mûr, suppléent aux goûts de la jeunesse.

Plus le pays auquel on appartient présente de sociabilité, plus ces inconvénients sont réels. Cela est surtout sensible pour les Français qui vivent en coteries formées par les sympathies encore plus que par les rapports de rang ou les alliances de famille. Rien n'est plus solide que ces liens et rien n'est plus fragile. Ils sont de verre. Ils peuvent durer éternellement, un rien peut les briser. Ils ne résistent guère à une absence prolongée. On s'aime toujours beaucoup, mais on ne s'entend plus. On croit qu'on aura grande joie à se revoir, et la réunion amène le refroidissement, car on ne parle plus la même langue, on ne s'intéresse plus aux mêmes choses. En un mot, on ne se devine plus. Le lien est brisé. Les Français ont si bien l'instinct de ce mouvement de la société que nous voyons nos diplomates empressés de venir fréquemment s'y retremper ; et, de tous les Européens, ce sont ceux qui résident le moins constamment dans les Cours où ils sont accrédités.

Ces réflexions, je les faisais alors aussi bien qu'à présent, et j'eus pleine satisfaction à me retrouver *Gros-Jean comme devant.*

Notre *parti pris* de n'être point hostiles au nouveau ministère reçut un échec par la décision de monsieur Decazes de nommer une fournée de soixante pairs (6 mars 1819). Ce n'est pas après avoir retrempé mon éducation britannique, pendant trois années, dans les brouillards de Londres que je pouvais envisager de sang-froid une pareille mesure.

Mon père exigeait mon silence, mais il partageait la pensée que c'était un coup mortel à la pairie. Il a porté ses fruits, car il ne serait pas bien difficile de rattacher la destruction de l'hérédité à la création de ces énormes fournées dont Decazes a donné le premier exemple. La liste de 1815, quoique très nombreuse, porte un caractère tout à fait différent. Il s'agissait de fonder l'institution et non pas de forcer une majorité.

Les nominations de 1819 eurent lieu à l'occasion d'une proposition faite par monsieur de Barthélemy pour la revision de la loi d'élection, loi dont M. Decazes lui-même demanda le rappel peu de mois après. Je ne me suis jamais expliqué comment on était parvenu à obtenir de monsieur de Barthélemy d'attacher le grelot[1].

Lorsqu'il s'aperçut, à la fin, de tout le bruit qu'il faisait, il pensa en tomber à la renverse. La même chose lui était arrivée lorsque, presque à son insu, il s'était trouvé directeur de la République. La chute avait été plus rude à cette occasion puisqu'elle l'avait envoyé sur les plages insalubres de la Guyane.

---

1. Les mesures libérales du ministère Decazes avaient suscité bien des inquiétudes. Le 20 février 1819, Barthélemy soumit à ses collègues de la Chambre des pairs un projet de résolution en vue de modifier la loi électorale de 1817 dans un sens moins favorable au centre gauche, projet qui fut adopté par 98 voix contre 55. C'est alors que Louis XVIII nomma une fournée de cinquante-neuf pairs par un coup de force qui exaspéra les ultras.

François Barthélemy (1747-1830) avait fait, grâce à l'amitié du duc de Choiseul pour son oncle l'abbé Barthélemy, une carrière diplomatique assez brillante. Ce fut lui qui négocia en 1795 le traité de Bâle. Membre du Directoire en 1797, proscrit après Fructidor, il revint en France sous le Consulat. Sénateur en 1800, pair de France en 1815.

Je l'ai beaucoup connu et je n'ai jamais compris ces deux circonstances de sa vie. C'était le plus honnête homme du monde, le plus probe. Il avait de l'esprit et des connaissances, une conversation facile et quelquefois piquante ; mais il était timide, méticuleux, circonspect. Il avait toujours l'inquiétude de déplaire et surtout le besoin de se mettre à la remorque et de se cacher derrière les autres. Jamais homme n'a été moins propre à jouer un rôle ostensible et n'a eu moins d'ambition. Loin de tirer importance d'avoir été *un cinquième de roi*, il était importuné qu'on s'en souvînt.

Lorsque ce qu'on appela la *proposition Barthélemy* fit une si terrible explosion dans la Chambre et dans le public, il en fut consterné. Je l'ai vu épouvanté de faire tout ce vacarme au point d'en tomber sérieusement malade. Au reste, ce sont de ces événements dont on s'occupe fort pour un moment et qui laissent moins de trace dans le souvenir qu'ils n'en méritent peut-être, car souvent ils ont porté le germe d'une catastrophe que d'autres événements, également oubliés, ont mûrie jusqu'à ce qu'une dernière circonstance la fasse éclore tout à coup.

Nous eûmes un remaniement du ministère avant la fin de l'année. Monsieur Pasquier devint ministre des Affaires étrangères. C'était rentrer dans les errements du cabinet Richelieu, et mon père en fut d'autant moins disposé à s'enrôler sous les drapeaux ultras. Monsieur Roy arriva aux Finances et monsieur de La Tour-Maubourg eut le portefeuille de la Guerre. Il déploya dans cette nouvelle position la même honnêteté, la même probité, la même capacité qu'il avait portées à Londres.

Mes fréquents voyages en Angleterre m'avaient empêchée d'aller en Savoie. Je profitai de l'été de 1819 pour faire une visite à monsieur de Boigne et prendre les eaux d'Aix.

Au commencement de l'hiver, je vins m'établir avec mes parents dans une maison que j'avais louée dans la rue de Bourbon[1]. C'est là où j'ai passé les dix années qui ont préparé et amené la chute de cette Restauration que j'avais appelée de vœux si ardents et vu commencer avec des espérances si riantes.

1. Aujourd'hui rue de Lille

INDEX

A

ADÉLAÏDE (Eugénie-Louise, princesse d'Orléans, dite mademoiselle puis madame): 401-405, 580, 583, 647, 663, 664.

ADÉLAÏDE (Marie-Adélaïde de France, dite Madame): 31, 36, 49, 53, 54, 63-65, 69-73, 82, 83, 85, 86, 90, 97, 113, 120, 543.

ALBANI (Joseph): 114.

ALBANY (comtesse d'): 116.

ALDOBRANDINI BORGHÈSE (prince): 239, 263.

ALEXANDRE Ier (empereur): 318, 321-324, 330-338, 345, 348, 350, 359-362, 365-368, 381, 491-497, 501-505, 513, 519, 520, 532, 683.

ALIGRE (Étienne d'): 280.

ALIGRE (Mlle d'): 280.

AMÉLIE (Marie-Amélie de Bourbon-Sicile, duchesse d'Orléans, princesse puis reine): 92, 118, 119, 400-406, 578-583, 595, 647, 663, 670.

ANGIVILLERS (M., Mme Charles d'): 34, 35.

ANGLESEY (Caroline-Élisabeth Villiers, marquise d'): 574, 575.

ANGLESEY (Henry William Paget, marquis d'): 574, 575.

ANGOULÊME (duc d', Monsieur le Dauphin): 84, 365, 366, 373, 374, 378, 450-453, 459-463, 475, 481, 527, 531, 532, 535, 536, 601, 602, 621, 625, 626, 633, 635, 644, 664, 670, 687, 701, 702, 714.

ANGOULÊME (duchesse d'), voir Royale (Mme).

ANTOINETTE (Mme, princesse des Asturies): 119.

ARAGO (M.): 339, 343.

ARBUTHNOT (mistress): 396.

AREMBERG (duc d') · 263

ARGENSON (M. d'): 708.

ARGOUT (Apollinaire d'): 209.

ARGOUT (Eugène d'): 309.

ARGYLL (duc d'): 574.

ARNAULT (Vincent-Antoine): 626.

ARRAS (Mgr de Conzié, évêque d') : 145, 147, 148.

ARTOIS (comte d'), voir Charles X.

ARTOIS (comtesse d') : 49, 69.

ASTON (Miss, lady Legard) : 118, 127-130.

ASTON (Mme) : 127.

ATHALIN (Louis) : 583, 647.

AUBUSSON (Pierre d'Aubusson de La Feuillade, comte d') : 227.

AUTRICHE (François Ier, empereur d') : 350, 363, 364, 594.

AUVERGNE (M. d') : 149.

AYEN (duc d') : 76.

B

BADE (grand-duc, grande-duchesse de) : 263.

BADE (princesse) : 266.

BALBE (Mme de) : 431, 432.

BALBE (Prosper, comte de) : 420, 431-432.

BALBI (Anne de Caumont, Mme de) : 48, 69, 261, 262, 631, 640, 641.

BALZAC (Honoré de) : XI.

BARANTE (M. de) : 80, 615.

BARING (M.) : 612-614, 619, 711.

BARNAVE : 106.

BAROLLE (Mme de, née Colbert) : 427.

BAROLLE (Ottavio Falletti Barolo, marquis de) : 426, 427, 431.

BARRAL : 187, 275.

BARTHÉLEMY (François de) : 725, 726.

BARTILLAT (M. de) : 506.

BEAUHARNAIS (Eugène) : 225.

BEAUJOLAIS (Louis-Charles, comte de) : 158, 159, 401.

BEAUMONT (Mme de) : X, 288.

BEAUVEAU (Mme la maréchale de) : 232.

BECTIVE (lord) : 570.

BELLEGARDE (Mme de) : 465.

BELLUNE (maréchal Victor, duc de) : 510.

BELLY (M. de) : 93, 94.

BENTINCK (lady William) : 455, 457, 458.

BENTINCK (William Cavendish, lord) : 446, 456, 458.

BÉON (M. de) : 36.

BÉRENGER (Mlle de Lannois, duchesse de Châtillon-Montmorency, puis Mme de) : 293, 294, 295, 297.

BÉRENGER (Raymond de) : 297.

BERESFORD (lady George) : 570.

BERGAMI : 457, 458.

BERGASSE : 496.

BERMONT : 97, 107, 124-125, 135-137.

BERNADOTTE (prince puis roi de Suède) : 305, 502-503.

BERRY (Charles-Ferdinand, duc de) : 84, 175-177, 182, 198, 366, 378-379, 382-383, 403-404, 505, 506, 531, 532, 535, 576, 605, 621, 622, 623, 625, 633-634, 644, 664, 665, 666-670, 701, 702.

BERRY (Marie-Caroline de Bourbon-Sicile, duchesse de) : 376, 532, 577, 621-623, 644, 667-671, 702.

BERRY (Mlle la duchesse de) : 669.

BERTHE (princesse): 219.

BERTRAND (général comte): 264, 265, 304, 338, 450.

BERTRAND (Mme), voir Dillon (Fanny).

BÉTHIZY: 187.

BEUGNOT (M.): 358.

BEZERRA (Mme de): 204, 205, 207.

BINS: 431.

BLACAS (comte, puis duc Pierre-Louis de): 383, 384, 409, 504, 513, 532, 631-639, 693.

BLAGNAC (M. de): 77, 78-79.

BLOOMFIELD (lady): 681.

BLOOMFIELD (sir Benjamin): 559, 681.

BLÜCHER: 501, 505.

BOIGNE (comtesse de, née d'Osmond): III-XIX et *sqq*.

BOIGNE (général de): VII-X, 154-161, 162, 169-170, 174-175, 190, 195, 198, 202, 207, 212, 213, 222, 230, 238, 245, 246, 267, 483, 653, 726.

BOISGELIN (Alexandre de): 321, 637, 697.

BONAPARTE (Joseph, roi d'Espagne): 94, 340.

BONAPARTE (M., Mme): 94.

BONGARD (M. de): 624, 625.

BONNAY (M. de): 521.

BOOTLE (M. Wilbraham): 116, 117.

BORDEAUX (Henri de Bourbon, duc de, puis comte de Chambord): 358, 669.

BORDESOULLE (général): 348.

BORGHÈSE (prince): 423, 432, 434

BORGHÈSE (princesse): 269, 423.

BORGO (marquis del): 428-429, 431.

BORGO (marquise del): 429.

BOUILLÉ (comte Louis de): 99, 104, 106, 142.

BOURBON (duc de): 47, 50, 150, 151, 197, 198, 372, 383, 584, 705.

BOURBON (Louise-Marie d'Orléans, duchesse de): 401.

BOURBON-PENTHIÈVRE (Louise-Marie-Adélaïde de, duchesse d'Orléans): 24, 399-404, 541-542.

BOURDONNAIS (Arthur de La): 382.

BOUTTIGNY: 251.

BRANDLING (M.): 132-133.

BRETEUIL (Louis-Auguste le Tonnelier, baron de): 107.

BRÉZÉ (M. de): 664.

BRIGES (marquis de): 102.

BROGLIE (duc de): 253, 391, 675.

BROGLIE (duchesse de): 253, 707.

BRUGES (Louis-André-Hyacinthe, comte de): 695, 711.

BRUIX (amiral Eustache de): 222, 223.

BRUIX (Mme de): 223.

BRUNE (maréchal): 478-480.

BUBNA (Ferdinand de Bubna-Littiz, dit comte): 435, 436, 449, 451, 453, 461, 472-473, 474-475, 476.

BUBNA (Mme): 435-436, 468.

BURGESH (lady): 381.

BURLEIGH (chancelier): 171.

BYRON (lord): 249, 575.

C

CALONNE (Charles-Alexandre de) : 46, 52, 133, 139, 140.

CALUSO (abbé Valperga di) : 432.

CAMBACÉRÈS : 262, 263.

CAMELFORD (Thomas Pitt, lord) : 116.

CAMPAN (Mme) : 232, 233.

CAMPBELL (lady Charlotte) : 457.

CAMPBELL (miss) : 597, 598.

CANILLAC (Mme de) : 50.

CANNING (M.) : 691, 692.

CANOUVILLE (M. de) : 203.

CANUEL (général) : 642.

CARAFFA : 114.

CARAMAN (duc de) : 599.

CARBERRY : 592.

CARDAILLAC (M. de) : 25.

CARDAILLAC (Mme de) : 25.

CARIGNAN (Charles-Albert, prince de, puis roi de Sardaigne) : 410, 411, 432-434.

CARIGNAN (Charles-Emmanuel de Savoie Carignan, prince de) : 409, 425.

CARIGNAN (Marie-Christine de Saxe-Courlande, princesse de) : 409, 411.

CARIGNAN (Villefranche) : 410, 411, 434-435.

CARS (duc des) : 536.

CASTAGNON : 694, 695.

CASTELCICALA (Fabrice Ruffo, prince de) : 669, 670, 702.

CASTLEREAGH (lady Émilie Anne) : 587-590.

CASTLEREAGH (Robert Stewart, lord, puis marquis de Londonderry) : 381, 560, 586-590, 612, 613, 711, 719.

CASTRIES (Armand-Charles, duc de) : 610.

CATALAN (Mme de) : 257.

CATHERINE (impératrice) : 97.

CATHERINE DE RUSSIE (grande-duchesse) : 555.

CAULAINCOURT (Armand de, duc de Vicence) : 225, 226, 280, 350, 361, 362, 503.

CAUMONT (Mme de) : 246.

CAVOUR : 432.

CAYLA (Mme du, née Talon) : 277, 278.

CAYLUS (Mme de) : 9.

CHABANNES (M. de) : 38.

CHABOT (Auguste de, duc de Rohan) : 698-700.

CHAMBORD (comte de), voir Bordeaux (duc de).

CHARLES X (M. le comte d'Artois, dit Monsieur, puis roi de France) : 24, 42, 43, 46, 47, 49, 50, 86, 99, 106, 109, 140, 144-147, 150, 177-183, 192, 194, 195, 198, 204, 315, 354-365, 370-374, 376, 379, 388, 389, 393, 394, 440, 442, 470, 483, 485, 505, 513, 520, 521, 527, 528, 532, 533, 535, 537, 540, 579, 621, 622, 625, 633, 635, 640, 644, 664, 669, 686-689, 695, 701, 702, 711, 712-714, 721.

CHARLES-EMMANUEL III (roi de Sardaigne) : 428.

CHARLOT (Mlle) : 225.

CHARLOTTE (Charlotte de Mecklembourg, reine d'Angleterre, dite Reine) : 259,

550-554, 558-560, 567, 574, 592-595, 653, 656, 679.

CHARLOTTE DE GALLES (princesse): 554-557, 560, 593, 595, 650-659, 676.

CHARTRES (duc de): 32.

CHARTRES (duchesse de): 30, 31.

CHARTRES (Ferdinand, duc de Chartres puis duc d'Orléans, dit): 401, 581, 583.

CHASTELLUX (comtesse de): 79, 80, 90, 113, 488.

CHASTELLUX (Henri de, duc de Rauzan): 462, 463, 488-490.

CHÂTEAU (M. de): 449, 450.

CHATEAUBRIAND (M. de): IV, XIII, 236, 249, 284-288, 292-297, 321, 334-336, 509, 608-610, 630, 631, 675, 712.

CHATEAUBRIAND (Mme de): 286-287, 294, 608.

CHÂTEAUVIEUX (Jacob Lullin de): 255, 303, 304, 629, 630.

CHÂTENAY (comtesse de): 398, 399.

CHÂTILLON (duchesse de): 142, 214, 215.

CHÂTILLON-MONTMORENCY (duc de): 297.

CHAUVELIN (M. de): 708.

CHÉRIN: 77, 78.

CHEVREUSE (Ermesinde de Narbonne-Pelet, duchesse de): 228, 257-261.

CHIO (prince de): 50-52.

CHOISEUL (duc de): 39, 105, 106.

CHOISEUL (Étienne de): 298-300.

CHOISY (Mme de): 527.

CIMAROSA: 119.

CIVRAC (Mme de, née Monbadon): 65, 69, 76-80.

CLAM (comte de): 597.

CLARKE (général): 337.

CLIFFORD (lady): 134.

CLOTILDE (reine): 429.

COBBETT (William): 680.

COIGNY (comte de): 68.

COMMINGES (évêque de): 23, 25-27, 29-31, 126, 143, 232, 233.

COMMONS (Doctors): 570.

COMTE (Louis): 702, 703.

CONDÉ (Louis-Joseph de Bourbon, prince de): 188, 189, 197, 198, 372, 383, 584, 704-706.

CONDÉ (Mme de Monaco, princesse de): 197.

CONDÉ (princesse Louise de): 584, 585, 705.

CONFLANS (marquise de): 219.

CONFLANS (Mlle de): 219.

CONSALVI (Mgr Ercole): 114, 115, 116, 118, 272, 273, 385.

CONSTANT (Benjamin): 242-245, 247, 497-500, 674, 675, 709.

CONSTANTIN (grand-duc): 381, 382.

CONTI (princesse de): 402.

CONYNGHAM (lady): 559.

CORCELLES (Claude Tirguy de Corcelles, dit M. de): 477, 478.

CORNUEL (Mme de): 521.

CORRADINI (cardinal): 118.

CORVETTO (M.): 612, 614, 615, 619, 711, 716.

COURLANDE (duc de): 219.

COURLANDE (duchesse de): 225, 270, 597, 701.

CRAFFT (baronne de): 101.
CRÉQUI (M. de): 68, 75.
CROFT (sir Richard): 656, 659.
CRUSSOL: 711.
CUMBERLAND (Frédérique de Mecklembourg, duchesse de): 560.
CUVIER (Georges): 395.

D

DAMAS (Charles, comte puis duc de): 103, 189, 190, 354, 358, 388, 633.
DAMAS (M., Mme Étienne-Charles de): 704.
DAMAS (Mme Charles de): 388, 534, 631.
DAMBRAY (chancelier Charles): 386, 387.
DAUPHIN (Louis, M. le): 71, 72.
DAUPHIN (Louis-Joseph, M. le): 84.
DAUPHIN (Monsieur le), voir Augoulême (duc d').
DAUPHINE (Mme la): 40.
DAUPHINE (Mme la), voir Royale (Madame).
DAUZÈRE (M.): 432.
DECAZES (Élie): 517, 529, 537-538, 580, 606, 610-611, 613, 616, 631, 636-641, 696-698, 703, 704, 711, 715-721, 725.
DENIS (colonel): 240.
DESSOLLE (général): 342, 716, 718-721.
DESTILLIÈRES (Mlle): 623-625, 676, 686, 699.
DEVONSHIRE (duc de): 556, 566.
DIANE DE POLIGNAC (comtesse): 45, 50.

DILLON (Arthur): 55, 230, 408.
DILLON (Édouard): 191-196, 393, 404, 407, 408, 505-507, 661-663, 687-689.
DILLON (Fanny, Mme Bertrand): 55, 230, 263-265 304, 310, 338, 450.
DILLON (Franck): 195.
DILLON (Georgine): 661-663
DILLON (lord): 55.
DILLON (Mlle), voir Osmond (Mme d').
DILLON (Mme Arthur, née de Rothe): 31, 55, 56, 230.
DILLON (Mme de La Touche, puis Mme Arthur, née de Girardin): 55, 151, 230, 231, 263-265, 310.
DILLON (Mme Édouard): 662, 663.
DILLON (Mme Robert, née Dicconson): 27, 28, 59.
DILLON (Robert): 27-28.
DINO (comtesse Edmond de Périgord, puis duchesse de, née de Courlande): 270, 271, 409, 595, 597.
DONISSAN (Marie-Louise Victoire de, Mme de Lescure, puis Mme de La Rochejaquelein): 79-81.
DONNADIEU (général): 642, 643.
DRAGONETTI (Domenico): 185, 186.
DRESNAY (Mme du): 189.
DROUET: 103-106.
DROUOT (général): 341.
DUBARRY (Mme): 79.
DUBOIS: 51.
DUBOURG (Mme): 227.
DUDON (M.): 710.
DUNMORE (lady): 570.

DUPONT (général) : 643.

DURAS (Antoine de Durfort, marquis, puis duc de) : 152, 295, 296, 376, 395, 444, 508, 509, 516.

DURAS (duchesse de, née de Kersaint) : 152, 288, 293-297, 508, 509, 512, 514, 525, 530, 606, 608, 609, 627, 671, 691, 692.

DURAS (maréchal de) : 78.

DURAS (Mlle de) : 490.

DUROC (maréchal) : 628.

E

ÉLISABETH Iʳᵉ (reine d'Angleterre) : 171, 555, 654.

ÉLISABETH (Mme) : 50, 83, 101, 102, 107, 373.

ENGHIEN (duc d') : 196, 197, 204, 211, 213, 225, 285, 361.

ESCARS (duc d', duchesse d') : 618, 627, 636.

ESPINASSE (Mlle de L') : 247.

ESTERHAZY (prince Paul) : 560, 562, 594, 650.

ESTERHAZY (princesse Paul) : 560, 561.

ÉTIENNE (Charles-Guillaume) : 335.

EXETER (lord) : 171, 172.

EXETER (marquis, marquise d') : 171-174.

F

FABVIER : 345, 346, 349.

FERRAND (Antoine) : 386, 526.

FERRAND (Mme) : 526.

FERREY (M., Mme) : 360.

FERSEN (comte de) : 44, 45, 101, 102.

FINCH (lady Charlotte) : 92.

FINOT (M.) : 247.

FITZ-GERALD (colonel Henri-Gérard) : 163-169.

FITZ-GERALD (Mme) : 163, 166, 167, 169.

FITZ-HERBERT (Mme) : 91, 290.

FITZ-JAMES (duc Édouard de) : 152, 263, 513, 704, 711.

FITZ-JAMES (duchesse de) : 141.

FITZ-JAMES (Mme de, née La Touche) : 151, 230, 263, 265.

FLAHAUT (Mme de), voir Mercer (miss).

FLAHAUT DE LA BILLARDERIE (comte de) : 268, 556, 557.

FLAMARENS (Mme de) : 75.

FLEURY (Mme de) : 31.

FOLLEMONT (M. Rozet, dit de) : 399-401, 403, 541, 644.

FOLLEMONT (Mme de) : 399.

FONCHAL (comte de) : 185.

FONTANES (Louis de) : 282, 283, 540, 628.

FORESTER (lady) : 55.

FOUCHÉ : 228, 485, 498, 513, 515.

FRAYSSINOUS (abbé Denis) : 697, 706.

FRÌMONT (Jean-Philippe, baron, puis comte de) : 475.

FROTTÉ (Charles-Pierre de) : 144-147.

FROTTÉ (général Louis de) : 144, 146.

G

GALITZIN (princesse Serge) : 224.

GALLES (Caroline de Brunswick, princesse de) : 454-458.

GALLES (prince de), voir George IV.

GANTEAUME (amiral): 478.

GENLIS (Mme de): 126, 206, 402.

GEORGE III (roi d'Angleterre): 678-681.

GEORGE IV (prince de Galles, prince régent, puis roi d'Angleterre): 91, 92, 177, 182, 290, 365, 444, 515, 550, 553, 555, 557-560, 573, 593, 646, 649, 656, 658, 676-682, 703, 720.

GEORGE (lord): 570.

GIANONI: 17.

GIRARDIN (général comte Alexandre de): 336-338, 360, 605, 708.

GIRARDIN (Mme de): 337.

GLANDEVÈSE (M. de): 316, 317.

GLENLYON (lady): 650.

GLOUCESTER (Guillaume-Frédéric, duc de): 595.

GONTAUT (Marie-Joséphine de Montaut-Navailles, duchesse de): 669, 670.

GORDON (lord William): 584.

GRAILLY (M. de): 34.

GRAMONT (Mme de): 79.

GRASSINI (Joséphina): 184, 185.

GREFFULHE (Mme): 337.

GREVILLE (lady Charlotte): 554.

GREVILLE (M.): 121.

GROS-GUILLOT, voir Chio (prince de) et Justiniani (prince).

GUÉMÉNÉ (prince de): 55-57, 62.

GUÉMÉNÉ (princesse de): 59, 61-63, 214, 219, 221.

GUI: 197.

GUICHE (duc de): 80, 86, 633.

GUICHE (duchesse de): 178-180.

GUILLAUME Ier (roi des Pays-Bas): 719.

GUILLAUME III d'Orange: 644.

GUILLAUME LE CONQUÉRANT: 17.

GUINES (duc de): 39.

GUISE (M. de): 348.

GUIZOT (M.): XII, XIV, 601, 602.

H

HADGES (M., Mme): 127.

HAMILTON (duc d'): 170.

HAMILTON (lady): 120-124.

HAMILTON (sir William): 121, 122, 124.

HARCOURT (lady): 134, 165, 166.

HARDWICK (lord): 533.

HARINGTON (lady): 177, 182, 183.

HARLEY (lady): 456.

HAUTEFORT (Mme d'): 230.

HAVRÉ (duc d'): 634.

HERBOUVILLE (Charles-Joseph, marquis d'): 209, 241, 517.

HERTFORD (lady): 557-559, 573, 656, 678, 681.

HILL (M.): 435, 438, 454, 455, 458.

HOLLAND (lady, née Vassal): 552, 553.

HUMBOLDT (baron de): 390.

I

INFANTE (Mme): 64.
ISABEY: VI.

J

JANSON (abbé de): 461, 462.
JAUCOURT (M. de): 444.
JENKINSON (miss): 591.
JOHNSON (Richard): 153.
JORDAN (Camille): 242.
JOSÉPHINE (impératrice): 150, 230-232, 258, 263, 264, 266, 268, 269, 272, 298, 670.
JOURDAN (maréchal): 359.
JUSTINIANI (prince): 50, 52.

K

KEITH (lord): 556.
KENT (Édouard-Auguste, duc de): 595.
KERSAINT (comte, comtesse de): 295.
KERSAINT (Mlle de), voir Duras (Mme de).
KINGSTON (colonel): 168, 169.
KINGSTON (lady, née Fitz-Gerald): 162-166, 168.
KINGSTON (lord Robert): 163, 166-169.
KINNAIRD (Milord): 694.
KOSLOVSKI (prince): 435.
KOURAKIN (prince de): 262.
KRASSALKOLWITZ (princesse): 448.
KRÜDENER (Mme de): 489-497, 499.

L

LAAGE (Mme de): 178.
LA BÉDOYÈRE (colonel Charles Huchet, comte de): 392, 393, 462, 465, 482, 484, 485, 488-490, 495.
LA BÉDOYÈRE (Mme de, née de Chastellux): 465, 488-490, 495, 496.
LABORDE (comte Alexandre de): 288.
LABOUCHÈRE (M.): 206, 612-615, 619.
LA CHÂTRE (comte de): 389, 514, 541, 578-580.
LAFAYETTE (M. de): 39, 102, 708.
LA FERRONNAYS (comte de): 666-668, 711.
LA FERRONNAYS (Mme de): 667.
LAFFITTE (Jacques): 611, 644.
LA GARENNE (Mlle de): 22.
LA GUICHE (comtesse de): 398.
LAINÉ (Joachim): 538, 603, 711, 715, 716.
LAMB (lord, lady): 575, 576.
LAMBALLE (Mme de): 69.
LAMBALLE (princesse de): 410.
LAMETH (comte Théodore de): 58, 59, 708.
LANGERON (M. de): 322.
LARDENOY (comte de): 478, 479.
LA ROCHEFOUCAULD (Mme de): 259.
LA ROCHEFOUCAULD (Sosthène de): 320, 323.
LA ROCHEJAQUELEIN (Louis du Vergier, comte de): 671.

La Rochejaquelein (Mme de), voir Talmont (princesse de).

Latil (abbé): 178, 179, 181.

La Touche (Alexandre de): 310, 338.

La Touche (Mlle de), voir Fitz-James (Mme de).

La Tour (abbé de): 150.

La Tour (Mme de): 149, 150.

La Tour du Pin (Cécile de): 511.

La Tour du Pin (M. de): 509-512.

La Tour du Pin (Mme de): 511.

La Tour du Pin-Gouvernet (Hombert de): 509-512.

La Tour-Maubourg (Marie-Victor-Nicolas de Fay, marquis de): 106, 720, 726.

La Trémoille (duchesse de): 215.

La Trémoille (princesse de): 227, 228.

Lauriston (marquis de): 226.

Lauzun (duc de): 56, 217, 218.

Laval (Adrien de Montmorency-Laval, duc de): 218, 247, 279, 317, 318, 460, 463, 509.

Laval (duc de): 216-218, 228.

Laval (duchesse de): 395.

Laval (maréchal de): 55, 60.

Laval (marquise, puis duchesse de): 60, 61, 215, 216.

Laval (vicomtesse de, née de Boullongne): 233.

La Valette (M. de): 526, 528-530, 538.

La Valette (Mme de): 528, 529.

Lavallière (duchesse de): 215.

La Vauguyon (duc de): 42, 435.

La Vauguyon (Mlle de): 221, 411.

Lavie (M., Mme de): 39, 40.

Leborgne: VII.

Lebrun (Mme): 117, 118, 148.

Legard (sir John): 118-120, 125-135, 169.

Lenormand (Mlle): 671.

Léon (Mme de): 141.

Léopold Ier, voir Saxe-Cobourg (prince de).

Léopold (empereur): 114, 115.

Lépine: 83.

Leroi: 231.

Lescour (M. de): 336-338.

Lescure (Mme de): 80, 81.

Lévis (duchesse de): 293-295.

Lieven (Dorothée de Benkendorf, comtesse, puis princesse de): 560-562, 593, 652, 683.

Lieven (général comte de): 562.

Ligne (prince de): 162.

Liverpool (lady Theodosia Louisa): 590, 591.

Liverpool (Robert Banks Jenkinson, lord): 590, 659, 660.

Lorge (duc de): 79.

Lorge (maréchal, maréchale de): 77, 78.

Louis (baron): 211.
Louis (prince): 229.
Louis XIV: 66, 366, 534, 537.
Louis XV: vi, 19, 21, 24, 31, 34, 63, 64, 71, 79.
Louis XVI: 32, 36, 37, 39-42, 47, 49, 50, 59, 65-68, 71, 72, 76, 81, 83, 84, 86, 89, 90, 96, 99-109, 118, 143, 145, 190, 193, 259, 296, 401, 537, 678, 703, 708.
Louis XVII (dauphin de France): 96, 99, 101-103, 640.
Louis XVIII (comte de Provence, dit Monsieur, puis roi de France): xii, 47, 63, 66, 69, 106, 109, 146, 147, 204, 278, 296, 315, 316, 319, 356, 363, 365, 366, 368-374, 376-378, 380, 384, 387, 388, 390, 391, 393, 405, 411, 420-422, 439, 441, 444, 450, 465, 469, 470, 477-479, 481, 482, 485, 498-501, 503-506, 508, 509, 513-517, 522-524, 527-541, 579, 580, 583, 599, 605, 611, 615, 618-620, 622, 625, 626, 628, 630-641, 644, 659, 662-667, 675, 687, 689, 690, 693, 696, 703-705, 712-715, 717, 719-721.
Louis d'Outremer: 18.
Louise (Mme): 64, 65.
Louise (princesse, reine des Belges): 401, 581.
Louis-Philippe (duc d'Orléans, puis roi de France): 24, 25, 158, 159, 233, 400, 401, 403-406, 523, 541, 578-580, 583, 644, 645, 647, 663-666, 670, 705.
Luc de Vintimille (M. du): 290, 291.
Lucques (infante Marie-Louise, duchesse de): 453, 454.
Lur-Saluces (marquis de, dit M. de Saluces): 459-461.
Lusson (M. de): 38.
Lussot (général): 343.
Luxembourg (duc de): 395.
Luxembourg (maréchale de): 53, 215.
Luynes (duc de): 258, 259.
Luynes (duchesse de): 260
Lyon (comte de), voir Comminges (évêque de).

M

Macclesfield (lady): 551.
Macdonald (maréchal): 343-345, 350, 597, 598.
Macdonald (Mme): 203.
Machault (Jean-Baptiste de): 71-73.
Machiavel: 281.
Mackenzie: 508.
Madame (Marie-Joséphine de Savoie, dite): 48, 66, 68.
Mademoiselle, voir Adélaïde (Mlle).
Magnoz (Mme la comtesse de, puis Mme Constant, née d'Hardenberg): 244.
Magon (Mlle): 410.
Maillé (duc Charles-Armand de): 337, 338, 483, 577.
Maillé (duchesse de): 606.
Maillebois (M. de): 47.
Malesherbes (M. de): 52.
Malibran (Mme): 152.

MALLET (Mme): 582.
MALOUET (M.): 93, 210, 211, 229.
MARBEUF (M. de): 94, 280.
MARCELLUS (M. de): 692, 693.
MARCHAND (général): 450, 465.
MARIE (abbé): 628.
MARIE (princesse): 401, 581, 582.
MARIE-ANTOINETTE: 35, 37-41, 42-47, 49, 55, 61, 63, 68, 79-81, 83, 95, 96, 99-108, 143, 148, 152, 192, 193, 369, 373, 375, 703.
MARIE-CAROLINE (reine de Naples): 118, 120, 124, 134, 154, 403, 404, 406.
MARIE-LOUISE (archiduchesse d'Autriche, puis impératrice): 269, 272, 282, 308, 350, 450, 451, 670.
MARION: 415-418.
MARMONT (Auguste Viessé de Marmont, duc de Raguse, général, puis maréchal): 206, 207, 306, 311, 328, 333, 339-349, 352, 359, 525, 526, 528-530, 628, 642, 643.
MARSHALL: 443, 444, 515-518, 710.
MARTHE (sœur): 632.
MARTIN (Thomas): 632, 639, 640.
MARY (lady): 162-169.
MASSÉNA: 449, 450.
MASTYNS (chevalier de): 671-673.
MAUBREUIL: 320.
MAUGIRON (M., Mme de): 75, 76

MAUREPAS (comte de): 19-21, 51, 52, 71-73, 75, 432.
MAUREPAS (Mme de): 75.
MAURY (Jean Siffrein, abbé puis cardinal): 114, 239-241, 273.
MAZIN (comtesse): 431, 432.
MEDINA-SIDONIA (duc de): 263.
MÉNAGEOT (François-Guillaume): 429, 430.
MERCER (miss, Mme de Flahaut): 555-557.
MERCY (M. de): 107.
METTERNICH (prince de): 262, 505, 560, 586.
METZ (évêque de): 55, 59, 60, 216.
MINTO (sir Gilbert Elliot, lord): 190.
MODÈNE (duc de): 19-22.
MODÈNE (François IV, duc de): 410, 411, 434, 476.
MODÈNE (Marie-Béatrice, duchesse de): 410.
MOLÉ (comte): XIV, 628, 636, 637, 711, 716.
MONCEY (maréchal): 317.
MONSIEUR, voir Louis XVIII et Charles X.
MONTANSIER (Marguerite Brunet, dite Mlle): 362, 363.
MONTBAZON (duc de): 219.
MONTBOISSIER (Mlle de): 403.
MONTESQUIOU (abbé François-Xavier de): 386, 661.
MONTESSON (Mme de): 26, 30, 31.
MONTESSUIS (M. de): 342, 343.
MONTJOIE (comtesse Mélanie de): 403, 583.
MONTJOIE (M. de): 159, 402.

MONTLÉARD (M. de) : 410.

MONTMORENCY (duchesse de) : 142.

MONTMORENCY (Eugène de) : 218.

MONTMORENCY (Mathieu, vicomte, puis duc de) : 218, 242, 255, 317, 609, 688, 689.

MONTMORENCY (Mlle de) : 31.

MONTMORENCY (Mme Thibaut de) : 647.

MONTMORENCY (Raoul de) : 583, 647.

MONTMORENCY-LAVAL (Adrien de), voir Laval (duc de).

MONTMORIN (M. de) : 99.

MONTPELLIER (évêque de) : 57.

MONTPENSIER (Antoine-Philippe, duc de) : 159, 401, 402, 579.

MONTSOREAU (Mme de) : 667-669.

MOORE (général) : 184.

MOREAU : 198.

MOREAU (maréchale) : 615.

MORERI (Louis) : 17.

MORTEFONTAINE (M. de) : 323.

MORTIER (maréchal) : 579.

MOUCHY (Charles de Noailles, duc de) : 289-291, 321, 354, 355, 357.

MOUCHY (maréchale de) : 289.

MOUCHY (Mme Charles de Noailles, duchesse de, née de Laborde) : 288-294.

MOUCHY (Philippe de Noailles, maréchal de) : 698.

MOUNIER (M.) : 710.

MULGRAVE (lady) : 591.

MURAT (Joachim) : 225, 449, 455-458, 460, 461, 486, 699.

N

NADAR : VI.

NAGLE (sir Edmund) : 682, 683.

NANCY (Eustache-Antoine d'Osmond, évêque de Comminges, puis de) : 23, 143, 187, 222-224, 274-276.

NANTOUILLET (M. de) : 176.

NAPOLÉON Ier (Napoléon Bonaparte, Premier Consul, puis Empereur des Français) : 150, 191, 195, 211, 213, 222-224, 226, 227, 229, 233, 239, 253-255, 258, 259, 263-270, 272-277, 279, 280, 282-284, 298, 302-307, 310, 315, 320-321, 327-330, 333, 338-351, 355, 367, 368, 371, 391, 403, 410, 419, 423, 427, 431, 435, 436, 440, 443, 447-450, 453, 456, 458, 461, 465-467, 471, 480, 486, 489, 497-500, 502-504, 507, 524-526, 579, 583, 605, 627-629, 698, 699, 708, 717.

NAPOLÉON II (roi de Rome) : 268, 282, 345, 350.

NARBONNE (Arthur Dillon, archevêque de) : 31, 55-57, 187-189.

NARBONNE (comte Louis de) : 53, 69, 70, 98.

NARBONNE (duc de) : 463, 640.

NARBONNE (duchesse de) : 65, 69-71, 90, 113, 631, 632, 640.

NARBONNE (Louise de): 113.
NARISHKINE (Mme de): 496.
NAVARO (M. de): 204.
NECKER (M.): 86, 89.
NECKER (Mlle): 244.
NELSON (amiral): 124, 443.
NEMOURS (duc de): 401, 582.
NESSELRODE (comte de): 205, 262, 317, 320-323, 326, 329, 335-337, 350, 351, 354, 360, 496.
NESSELRODE (Mme de): 397.
NEUFCHÂTEL (prince de): 263.
NEY (maréchal): 344-346, 350, 522, 524.
NEY (maréchale): 375.
NICOLAS Ier (grand-duc, puis empereur): 682, 683.
NICOULLAUD (Charles): XIX.
NOAILLES (Alexis de): 276-279.
NOAILLES (comtesse Juste de): 670, 671.
NOAILLES (duc Louis de, maréchal): 76.
NOAILLES (M., Mme Charles de), voir Mouchy (duc, duchesse de).
NOAILLES (vicomtesse, Léontine de): 606.
NORMANDIE (duc de): 18.
NORPOIS: XVII.
NORTHUMBERLAND (ducs de)· 170.
NOVION (M. Bertrand de): 629, 630.

O

O'BRIEN (M.): 251.
O'CONNEL (comte Daniel): 153-155.
O'CONNEL (Mme): 153.

O'NEIL (Mlle): 582.
ORANGE (prince d'): 95, 555.
ORLÉANS (chevalier d'): 233.
ORLÉANS (duc d'), voir Chartres.
ORLÉANS (duc d'), voir Louis-Philippe.
ORLÉANS (duchesse d'), voir Amélie.
ORLÉANS (duchesse douairière d'), voir Bourbon-Penthièvre.
ORLÉANS (monseigneur le duc d'): 24-26, 54.
ORLÉANS (princesses d'), voir Louise, Marie.
ORLOFF (Michel): 321.
OSMOND (abbé d'): 23, 25, 88, 109.
OSMOND (Charles-Eustache-Gabriel, dit Rainulphe d'): 175, 229-231, 237, 317, 319, 323, 332, 354, 390, 397, 398, 406, 452, 453, 460, 481, 602, 624, 635, 645, 660, 661, 671, 676, 719.
OSMOND (chevalier d'): 19-23, 25-27, 29, 30.
OSMOND (comte Charles d'): 318.
OSMOND (comte d'): 23, 24, 26, 29-31.
OSMOND (Mme d', née Dillon): VI, 10, 27, 29-33, 37, 39, 54, 56, 59-61, 63, 65, 69-71, 73, 82, 85, 87-90, 92, 95, 97, 98, 108, 109, 113-115, 118, 120, 124, 133-136, 139, 145, 152-155, 162, 165, 166, 176, 177, 183, 198, 213, 229, 231, 308, 310, 316, 317, 319,

369, 385, 390, 391, 397,
398, 403, 425, 438, 448,
458, 460, 468, 482, 530,
542, 543, 550, 573, 581,
593, 596, 623, 627, 645-
647, 652, 653, 655, 659,
676, 683, 713, 719, 722.

OSMOND (René-Eustache, marquis d') : IV-X, XIX, 10, 13,
18, 23, 25-27, 29-33, 35,
37, 53, 54, 56, 60, 61, 71,
81, 82, 84-90, 92-95, 97-
100, 106-109, 113, 115,
119, 120, 125-127, 133-
136, 139, 142, 143, 154,
155, 162, 165, 175, 187,
188, 190, 198, 210, 229,
237, 239-241, 262, 274,
275, 309, 316-319, 321,
323, 326, 354, 356, 357,
369, 384, 385, 388-390,
398, 400, 406, 409, 411,
415, 421, 423, 425, 434,
436, 438, 439, 443, 444,
448, 450, 451, 453, 458-
464, 470, 471, 473, 476,
481, 482, 507, 514, 516,
521, 524, 525, 530, 533,
550, 558, 559, 578, 582,
584, 585, 588, 590, 595,
599, 601, 612, 614, 615,
624, 637, 645, 646, 648,
650, 654, 671, 673, 676,
703, 709, 711, 713, 715,
718-723, 725-727.

OSMOND (seigneur) : 18.

OSMOND (vicomte d') : 23, 25,
109, 388, 601.

OSMOND (vicomtesse d') : 601,
602.

OUDINOT (maréchal) : 623.

OUDINOT (maréchale), voir
Reggio (duchesse de).

OUVRARD (Gabriel-Justin) :
223, 611-615.

OWAROW (général) : 361, 362.

P

PACCA (cardinal Barthé-
lemy) : 469.

PADERBORN (évêque de) : 58,
59.

PALFY (comte de) : 279.

PALMELLA (comte) : 562, 563.

PARC (M. du) : 583.

PASQUIER (baron Étienne-
Denis, chancelier) : VI, XVII,
323, 342, 395, 526, 711,
716, 726.

PAUL Ier (empereur) : 362.

PELHAM : 648, 649.

PÉRIGORD (comte Edmond
de, duc de Dino) : 270.

PÉRIGORD (comtesse Edmond
de), voir Dino (duchesse
de).

PHILIPPE V : 366.

PHILIPPE-ÉGALITÉ : 158, 402.

PICHEGRU : 195.

PIE VI (Pape) : 114.

PIE VII (Pape) : 187, 274,
440, 453, 467-469, 692,
693.

PIGNATELLI (prince Alphonse) :
263.

PITT (M.) : 183, 184, 679.

POIX (Philippe de Noailles,
prince de) : 35, 289, 295,
296, 355, 610.

POLASTRON (comtesse de) :
147, 178-183.

POLE (miss) : 381.

POLIGNAC (Armand, comte
de) : 196.

POLIGNAC (duc de) : 179.

POLIGNAC (duchesse de, née de Polastron): 45, 46, 61, 63, 69, 148, 193.

POLIGNAC (Jules, comte, puis duc de): 86, 196, 279-281, 440-442, 470-472, 476, 478, 540, 541, 597, 598, 688, 689, 704, 712, 713.

POLIGNAC (Mlle de): 80.

POMEREU (M. de): 281.

PORTALIS (M.): 187, 693.

POTHIER (colonel): 604, 605.

POZZO DI BORGO (Charles-André, dit comte Pozzo): 94, 190-192, 332, 350, 351, 360, 365-367, 502-505, 586, 611, 613, 615-618, 620, 704.

PRADEL (M. de): 639.

PRADT (abbé de): 304.

PRENINVILLE (Mme de): 542.

PRINCETEAU (Mme): 538, 606.

PROUST: XIV-XVII.

PROVENCE (comte de), voir Louis XVIII.

PRUSSE (Frédéric-Guillaume III, roi de): 329, 350, 351, 381, 508, 661-663.

PRUSSE (prince Auguste de): 255, 330.

PUISIEUX (Mme de): 521, 698.

PUYSÉGUR (chevalier de): 145, 181, 393-395.

R

RACINE: 81.

RADZIWILL (prince): 662.

RAGUSE (duc de), voir Marmont (général).

RAUZAN (duc de), voir Chastellux (Henri de).

RÉCAMIER (M.): 256, 318, 319.

RÉCAMIER (Mme): V, VI, XI, 221, 225, 234-236, 243, 244, 247, 255-257, 318, 490, 497-499.

REGGIO (maréchale Oudinot, duchesse de): 623.

REINHARD (M. de): 504.

REMIREMONT (chanoinesse de): 18.

RÉMUSAT (Mme de): 150.

RENOUARD (Marguerite de Bouvier de Cépoy, comtesse de Buffon, Mme): 233, 234.

RENOUARD DE BUSSIÈRE (M.): 234.

REUILLY (Mme de): 197, 383.

REUSS (Gasparine de Rohan, princesse de): 220.

RICHELIEU (Armand du Plessis, comte de Chinon, puis duc de): XII, 514-523, 527, 528, 537, 585, 587, 616, 620, 633, 634, 668, 693, 702, 710, 711, 714-719, 721.

RICHEMOND (duchesse de): 566, 567.

RIVIÈRE (Charles-François de Riffardeau, marquis, puis duc de): 179, 182, 358, 463, 478-480, 541, 542.

RIVIÈRE (Mme de): 541.

ROBESPIERRE: 135, 709.

ROBURENT (comte de): 421.

ROCCA (Jean-Albert-Michel): 251-253.

ROHAN (duc de), voir Chabot (Auguste de) et (comte Fernand de).

ROHAN (prince Louis de): 219, 224.

ROHAN (prince Victor de): 219.

Rohan (princesse Herminie de): 220.

Rohan-Rochefort (prince, princesse Charles de): 219.

Roll (baron de): 145-147.

Romanzow (comte de): 262.

Rome (roi de), voir Napoléon II.

Rossi: 475.

Rothe (M., Mme de): 55, 187-189.

Rothe (Mlle de), voir Dillon (Mme Arthur).

Rouilly (Mme de): 705.

Rousseau (Jean-Jacques): 53.

Roussel (M.): 416-418.

Rovigo (duchesse de): 281.

Rovigo (Savary, duc de): 278.

Roy (M.): 726.

Royale (Marie-Thérèse-Charlotte de France, duchesse d'Angoulême, dite Madame, puis Mme la Dauphine): 62, 84, 296, 366-369, 372-379, 398, 404, 405, 460, 489, 527-529, 533-536, 540, 599, 622, 628, 631, 634, 635, 664, 687, 696, 702, 703, 721.

Rozamowski (princes): 389, 390.

Rubichon (M.): 618, 619.

Ruffo (M. de): 702, 703.

S

Sabran (Elzéar de): 242, 246, 496.

Sabran (M. de): 178.

Sacken (général): 371.

Sagan (duchesse de): 219, 224.

Sainneville (M. de): 478.

Saint-Aulaire (Louis de Beaupoil, comte de): 717, 718.

Saint-Aulaire (Mlle de): 717, 718.

Saint-Chamans (colonel de): 305.

Saint-Chamans (M. de): 305.

Sainte-Aldegonde (Camille de): 583.

Sainte-Croix (M. de): 18.

Saint-Marsan (comte de): 429, 472.

Saint-Maurice (princesse de): 227.

Saint-Priest (François-Emmanuel Guignard, comte de): 89.

Saint-Simon (M. de): 376.

Saluces (M. de): 433.

Salvandy (M. de): 616.

Sappio: 152, 153.

Sardaigne (reine de): 410, 420, 423, 444, 461, 482.

Sardaigne (rois de), voir Charles-Emmanuel III et Victor-Emmanuel Ier.

Saxe-Cobourg (prince Bernard de): 263.

Saxe-Cobourg (prince Léopold de, puis roi des Belges): 554-556, 595, 651-657.

Schlegel: 242.

Schwarzenberg (prince de): 262, 333, 339, 343-345, 347-348, 350, 351.

Schwitzinoff (comtesse de): 671.

Ségur (Eugène, comte de): 299, 300

Ségur (Louis-Philippe, comte de) : 29.

Ségur (Mme Octave de, née d'Aguesseau) : 285, 297-301.

Ségur (Octave-Henri-Gabriel de) : 297-301.

Ségur (Philippe de) : 299.

Ségur (vicomte de) : 73, 74, 97.

Ségur-d'Aguesseau (Raymond-Joseph-Paul de) : 299, 301.

Ségur-Lamoignon (Adolphe-Louis-Marie, comte de) : 299, 301.

Sémallé : 320.

Semffts : 262.

Sémonville (Charles-Louis Huguet, marquis de) : 202-204, 207.

Sémonville (Mme de) : 203.

Serant-Walsh (Mme de) : 150.

Sérent (Mlle de) : 698.

Sérent (Mme de) : 374, 534, 631.

Serre (M. de) : 723.

Sesmaisons (Donatien de) : 510, 511.

Sidmouth (lord) : 660.

Simiane (Mme de) : 39.

Sindiah : 156.

Smith : 133.

Sontag (Henriette) : 152.

Sophie (Mme) : 65.

Soubise (prince de) : 62.

Soult (maréchal) : 304.

Soyecourt (Mlle de) : 717.

Stackelberg (comte de) : 205.

Staël (Albert de) : 250.

Staël (Albertine de) : 247, 250, 391.

Staël (Auguste de) : 250, 253, 256, 707.

Staël (Mme de) : v, x, 236, 242-257, 391, 392, 706-709.

Stahrenberg (prince de) : 436.

Stanhope (lady Esther) : 183, 184.

Stanhope (lord) : 183.

Stendhal : xi.

Stewart (sir Charles, marquis de Londonderry) : 381 382, 390, 502.

Stuart (Marie) : 140.

Stuart (sir Charles) : 533.

Suchet (maréchal) : 304, 471, 478, 485.

Suède (roi), voir Bernadotte (M.).

Sullivan (Mme, puis Mme Crawford) : 101.

Swinburne (lady) : 27.

T

Talleyrand (cardinal de, archevêque de Paris) : 705.

Talleyrand (Charles-Maurice de, prince de Bénévent) : 233, 259, 272, 321, 322, 327, 351, 356, 359, 368, 383, 384, 386, 388-390, 396, 406-409, 444, 448, 451, 481, 494, 501, 503-505, 507, 513, 514, 519, 595-597, 628, 701, 702.

Talleyrand (Mme Grant, puis Mme de) : 407-409, 596, 597.

Talleyrand-Périgord (Archambault-Joseph, duc de) : 268.

TALMA : 242, 243.

TALMONT (prince de) : 509.

TALMONT (princesse de, puis Mme de La Rochejaquelein, née de Duras) : 509, 671.

TANCRÈDE DE BAROLLE (Carlo Tancredi, dit comte) : 426, 427.

TARENTE (princesse de) : 97.

TASCHER DE LA PAGERIE (Stéphanie, duchesse d'Aremberg) : 263.

TAYLOR (miss) : 116, 117.

TERRE (Mlle de) : 23.

THEIL (Louis-François du) : 145, 180.

THIANGE (M. de) : 97.

THIARD (M. de) : 73, 74, 708.

TOLSTOÏ (comte) : 262.

TOSCANE (grande-duchesse de) : 119.

TOURZEL (Mme de) : 101.

TUFFIÈRES (marquis de) : 698.

TYSZKIEWICZ (princesse) : 597.

U

UZÈS (duchesse d') : 215

V

VALESE (comte de) : 419, 420, 439, 449, 472, 473, 481.

VAUBAN (Jacques, comte de) : 144.

VAUBLANC (comte de) : 520, 521, 524, 525, 538, 539, 603.

VAUDÉMONT (Mme de) : 161.

VAUDÉMONT (princesse de) : 337.

VAUDREUIL (comtesse de) : 148, 151, 218

VAUDREUIL (Joseph-Hyacinthe, comte de) : 45, 145, 148.

VAUDREUIL (Mme de) : 148 149.

VAUDREUIL (vicomtesse de) 599, 600.

VÉRAC (comtesse de, née Vintimille) : 581-583.

VÉRAC (M. de) : 322.

VERNEREL (Mme) : 417

VESTRIS : 430.

VICENCE (duc de), voir Caulaincourt (Armand de).

VICTOIRE (Mme) : 65, 66, 76, 78, 80, 90, 114, 488, 542.

VICTOR (maréchal), voir Bellune (duc de).

VICTOR-EMMANUEL Ier (roi de Sardaigne) : 390, 410, 419-423, 425, 428, 431-434 439, 441, 446, 447, 453 459, 461, 467, 468, 469 474-476, 480, 482, 522, 539.

VIGNÉ (Mme de) : 151.

VILLEFRANCHE (comte de). 410, 411, 434.

VILLÈLE (M. de) : 630, 674, 713.

VILLEPARISIS (marquise de) : XVII.

VINTIMILLE (Mme de) : 337.

VIOMÉNIL (comte de) : 176.

VIOMESNIL (baron de) : 101.

VIOTTI (Jean-Baptiste) : 185, 186.

VITROLLES (M. de) : 369, 712.

VOISIN (M. du, évêque de Nantes) : 275.

VOLTAIRE : 189, 239

W

WELLESLEY (lady Émilie, puis Mme d'Anglesey): 574.
WELLESLEY (Mlles): 575.
WELLINGTON (duc de): 381, 397, 503-508, 523, 530, 600, 612, 613, 615-617, 621, 649, 693-695, 701, 702, 704, 711.
WESTMEATH (lord): 393, 394.
WINCHILSEA (comte de): 92.
WINDHAM (M.): 180.
WITTGENSTEIN (comte): 390.
WOLKONSKI (prince Nikita): 317, 318, 321, 352, 356, 397.
WOLKONSKI (princesse Zénéide): 397.

Y

YARBOROUGH (lord): 648, 649.
YORK (Frédéric-Auguste, duc d'): 594, 679.
YORK (Frédérique de Prusse, duchesse d'): 554, 593, 594.
YORK (Henri-Benoît Stuart, cardinal d'): 115, 116.
YORKE (lady Élisabeth): 533-535.

Introduction   I

RÉCITS D'UNE TANTE

Au lecteur, s'il y en a   9

PREMIÈRE PARTIE
VERSAILLES

CHAPITRE I

Origine de ma famille. – Mon grand-père : aventure de sa jeunesse. – Mariage de mon grand-père. – Envoi de ses fils en Europe. – Mes grands-oncles. – Étiquettes de Cour. – Jeunesse de mon père. – Famille de ma mère. – Mariage de mon père. – Ma mère a une place à la Cour. – Mes parents s'établissent à Versailles. – Ma naissance. – Anciens usages de la Cour. – Le roi Louis XVI. – La Reine. – Madame de Polignac. – Monsieur, comte de Provence. – Monseigneur le comte d'Artois. – Madame, comtesse de Provence. – Madame la comtesse d'Artois. – Madame Élisabeth. – Les princes de Chio   17

CHAPITRE II

Vie de Versailles. – Séjours de campagne. – Hautefontaine. – Frascati. – Esclimont. – La princesse de

Rohan-Guéméné. – Cour de Mesdames, filles de
Louis XV. – Madame Adélaïde. – Madame Louise. –
Madame Victoire. – Bellevue. – Vie des princesses
à Versailles. – Souper chez Madame. – Coucher du
Roi. – La duchesse de Narbonne. – Anecdote sur le
masque de fer. – Anecdote sur monsieur de Maurepas. – Le vicomte de Ségur. – Le marquis de Créqui. – Le comte de Maugiron. – La duchesse de
Civrac   52

CHAPITRE III

Mon enfance. – Belle poupée. – Bonté du Roi. –
Commencement de la Révolution. – Ouverture des
États généraux. – Départ de monsieur le comte
d'Artois. – Le 6 octobre 1789. – Voyage en Angleterre. – Madame Fitzherbert. – Boucles du prince
de Galles. – Séjour à la campagne. – Princesses
d'Angleterre   81

CHAPITRE IV

Retour en France. – Position de mon père en 1790.
– Aventure pendant un voyage en Corse. – Séjour
aux Tuileries. – Rencontre de la Reine, scène touchante. – Départ de Mesdames. – Fuite de
Varennes. – Récit de la Reine. – Louis XVI désap-
prouve l'émigration. – Acceptation de la Constitution. – Opinions de mon père. – Il donne sa
démission. – Bonté du Roi pour lui. – Départ de
France et arrivée à Rome. – L'abbé d'Osmond massacré à Saint-Domingue. – Le vicomte d'Osmond
rejoint l'armée des princes   92

Table 751

DEUXIÈME PARTIE
ÉMIGRATION

CHAPITRE I

Séjour à Rome. – Querelles dans l'intérieur de Mesdames. – Société de ma mère. – L'abbé Maury. – Le
cardinal d'York. – La croix de Saint-Pierre. –
Madame Lebrun. – Séjour d'Albano. – Arrivée à
Naples. – La reine de Naples et les princesses ses
filles. – Parti pris de quitter l'Italie. – Lady Hamilton. – Ses attitudes. – Bermont. – Passage du Saint-
Gothard. – Mademoiselle à Constance. – Arrivée en
Angleterre   113

CHAPITRE II

Séjour en Yorkshire. – Sir John Legard. – Son
mariage. – Lady Legard. – Caractère de sir John
Legard. – Son influence sur la jeunesse. – Ses opinions politiques. – Mademoiselle Legard. – Monsieur Brandling. – Séjour en Westmoreland. – Mon
éducation. – Départ de mes parents pour Londres.
– Je vais les y rejoindre. – Promenade avant mon
départ. – Encore Bermont. – Bizarrerie de sa
conduite   127

CHAPITRE III

Séjour à Londres. – Mon portrait à quinze ans. –
Ma manière de vivre. – Monsieur de Calonne. –
Âpreté d'un légiste. – Société des émigrés. – Les
prêtres français. – Mission de monsieur de Frotté. –
Le baron de Roll. – L'évêque d'Arras. – Le comte de
Vaudreuil. – La marquise de Vaudreuil. – Madame
de La Tour. – Le capitaine d'Auvergne. – L'abbé de
La Tour. – Madame de Serant-Walsh. – Monsieur le
duc de Bourbon. – La société créole   137

CHAPITRE IV

Concerts du matin. – Le général de Boigne. – Mon
mariage. – Caractère de monsieur de Boigne. – Les
princes d'Orléans. – Monsieur le comte de Beaujolais. – Monsieur le duc de Montpensier. – Monsieur
le duc d'Orléans. – Tracasseries domestiques. –
Voyage en Allemagne. – Hambourg. – Munich. –
Retour à Londres. – Histoire de lady Mary Kingston   152

CHAPITRE V

Voyage en Écosse. – Alnwick. – Burleigh. – La marquise d'Exeter. – Départ de monsieur de Boigne. –
Monsieur le duc de Berry. – Ses sentiments patriotiques. – La comtesse de Polastron. – L'abbé Latil.
– Mort de la duchesse de Guiche. – Mort de
madame de Polastron. – L'abbé Latil. – Supériorité
de monsieur le comte d'Artois sur le prince de
Galles. – Société de lady Harington. – Lady Hester
Stanhope. – La Grassini. – Dragonetti. – La tarentelle. – Viotti   169

CHAPITRE VI

Querelles parmi les évêques. – *Les treize*. – Mort de
la comtesse de Rothe. – Regrets de l'archevêque de
Narbonne. – Réponse du comte de Damas. – Pozzo
di Borgo. – Sa rivalité avec Bonaparte. – Édouard
Dillon. – Calomnies sur la reine Marie-Antoinette. –
Duel. – Un mot du comte de Vaudreuil. – Pichegru.
– Les Polignac. – Mort de monsieur le duc d'En-
ghien. – Je quitte l'Angleterre   186

Table 753

TROISIÈME PARTIE
L'EMPIRE

CHAPITRE I

Départ d'Angleterre. – Arrivée à Rotterdam. – Monsieur de Sémonville. – Séjour à La Haye. – Camp de Zeist. – Douaniers français. – Anvers. – Monsieur d'Argout. – Monsieur d'Herbouville. – Monsieur Malouet. – Arrivée à Beauregard   201

CHAPITRE II

Mes opinions. – La duchesse de Châtillon. – La duchesse de Laval, le duc de Laval. – La famille de Rohan. – La princesse Berthe de Rohan. – La princesse Charles de Rochefort. – La princesse Herminie de Rohan. – Scène pénible. – Mon premier bal à Paris. – L'amiral de Bruix, sa mort. – Paroles de l'Empereur. – La princesse Serge Gallitzin. – La duchesse de Sagan. – Monsieur de Caulaincourt. – Scène entre la princesse de La Trémoille et monsieur d'Aubusson. – La duchesse de Chevreuse   213

CHAPITRE III

Je m'habitue à la société de Paris. – Arrivée de mes parents en France. – Madame et mademoiselle Dillon. – Je donne des plumes à l'impératrice Joséphine. – Société de Saint-Germain. – Madame Récamier. – Premiers bains de mer   228

CHAPITRE IV

Le général de Boigne s'établit en Savoie. – Le cardinal Maury. – Madame de Staël. – Séjour à Aix. – Benjamin Constant. – Dîner à Chambéry. – Coppet. – Madame Rocca   238

CHAPITRE V

Plaisirs à Coppet. – Exil de Mathieu de Montmorency et de madame Récamier. – Madame de Chevreuse. – Sa conduite à la Cour impériale. – Son exil. – Sa mort. – Madame de Balbi. – Le comte de Romanzow. – Bal à l'occasion du mariage du grand-duc de Bade. – Costume de l'Empereur. – Singulière conversation. – Formes de la Cour impériale. – Bal à l'occasion de la naissance du roi de Rome. – L'impératrice Marie-Louise. – L'Empereur veut être gracieux   255

CHAPITRE VI

La duchesse de Courlande. – La comtesse Edmond de Périgord. – Monsieur de Talleyrand. – Le cardinal Consalvi. – Fêtes du mariage de l'Empereur. – Mon oncle, l'évêque de Nancy, nommé archevêque de Florence. – Triste résultat de cette nomination. – Résistance d'Alexis de Noailles. – Brevets de sous-lieutenant. – Madame du Cayla. – Jules de Polignac   270

CHAPITRE VII

Esprit des émigrés rentrés. – L'Empereur et le roi de Rome. – Les idéalistes. – Monsieur de Chateaubriand. – Une amie de Chateaubriand. – Les *Madames*. – La duchesse de Lévis. – La duchesse de Duras. – La duchesse de Châtillon. – Le comte et la comtesse de Ségur   281

CHAPITRE VIII

Derniers temps de l'Empire. – Gardes d'honneur. – Situation des esprits. – Illusions de parti. – Désorganisation des armées. – Les Alliés s'approchent. – Les autorités quittent Paris. – Bataille de Paris. – Capitulation. – Retraite des troupes françaises   301

Table 755

QUATRIÈME PARTIE

RESTAURATION DE 1814

CHAPITRE I

Mes opinions en 1814. – Dispositions du parti royaliste. – Arrivée du premier officier russe. – Message
du comte Nesselrode. – Prise de la cocarde
blanche. – Aspect du boulevard. – Entrée des Alliés.
– Dîner chez moi. – Déclaration des Alliés. –
Conseil chez le prince de Talleyrand. – Le marquis
de Vérac. – Réunion chez monsieur de Mortefontaine. – Attitude des officiers russes. – Bivouac des
cosaques aux Champs-Élysées   315

CHAPITRE II

Billet du prince de Talleyrand. – Craintes des
Alliés. – Représentation à l'Opéra. – Représentation
aux Français. – Fautes du parti royaliste. – Visite
du général Pozzo di Borgo. – L'empereur Alexandre.
– Sa noble conduite. – Brochure de monsieur de
Chateaubriand. – Son effet. – Sa réception par
l'empereur Alexandre. – Récit fait par monsieur de
Lescour. – Il se dément   326

CHAPITRE III

Le maréchal Marmont. – Bataille de Paris. – Séjour
à Essonnes. – Mot du général Drouot. – Le maréchal Marmont entre en pourparlers avec les Alliés.
– Arrivée des maréchaux à Essonnes. – Ils viennent
à Paris. – Conférence chez l'empereur Alexandre. –
Le maréchal Marmont apprend que son corps d'armée quitte Essonnes malgré ses ordres. – Son chagrin. – Intrépidité de sa conduite à Versailles. –
Erreur de sa conduite. – Lettre du général Bordesoulle. – Réponse donnée aux maréchaux. –

Conduite du maréchal Ney. – Dangers courus à notre insu. – Sauvegarde envoyée chez moi. – Pêche russe. – Bonhomie des cosaques. – Formation d'une garde d'honneur. – Intrigues qui en résultent   339

CHAPITRE IV

Te Deum russe. – Mission à Hartwell. – Entrée de Monsieur. – On prend la cocarde blanche. – Le lieutenant général du royaume. – Le duc de Vicence. – Le général Owarow. – L'empereur Alexandre à la Malmaison et à Saint-Leu. – Première réception de Monsieur. – Représentation à l'Opéra. – Attitude du parti émigré   356

CHAPITRE V

Le Roi part d'Angleterre. – Visite de l'empereur Alexandre à Compiègne. – Son mécontentement. – Monsieur de Talleyrand est mal reçu. – Costume étranger de madame la duchesse d'Angoulême. – Déclaration de Saint-Ouen. – Son succès. – Entrée du Roi. – Attitude de la vieille garde. – Maintien des princes. – Encore l'Opéra   365

CHAPITRE VI

Première réception du Roi et de Madame. – Costume et étiquette de la Cour pendant la Restauration. – Arrivée de monsieur le duc d'Angoulême et de monsieur le duc de Berry. – Bal chez sir Charles Stewart. – Le duc de Wellington. – Le grand-duc Constantin. – Dispositions de monsieur le duc de Berry. – Préventions contre monsieur de Talleyrand. – Jalousie du comte de Blacas. – Mon père refuse l'ambassade de Vienne. – Sagesse du cardinal Consalvi   374

Table   757

CHAPITRE VII

Séance royale. Nomination de pairs. – Mon père accepte l'ambassade de Turin. – Motifs qui le décident. – Madame et mademoiselle de Staël. – Monsieur de La Bédoyère. – Maladie de Monsieur. – Le chevalier de Puységur. – Le pavillon de Marsan. – Maintien des dames anglaises. – La comtesse de Nesselrode. – La princesse Wolkonski. – Mon frère obtient un grade. – La comtesse de Châtenay   386

CHAPITRE VIII

Madame la duchesse douairière d'Orléans. – Madame de Follemont. – Monsieur le duc d'Orléans. – Mademoiselle. – Madame la duchesse d'Orléans. – Scène à Hartwell. – Monsieur le duc d'Orléans refuse une place à mon frère. – Monsieur de Talleyrand part pour le congrès de Vienne. – Madame de Talleyrand. – La princesse de Carignan. – Les deux princes de Carignan   399

CINQUIÈME PARTIE

1815

CHAPITRE I

Séjour en Piémont. – Restauration de 1815. – Passage à Lyon. – Marion. – Arrivée à Turin. – Dispositions du Roi. – Son gouvernement. – Le cabinet d'ornithologie. – Le comte de Roburent. – Les *Biglietto regio*. – La société. – Le lustre. – Les loges. – Le théâtre. – L'Opéra. – Détail de mœurs. – Le marquis del Borgo   415

CHAPITRE II

Les visites à Turin. – Le comte et la comtesse de Balbe. – Monsieur Dauzère. – Le prince de Cari-

gnan. – Le corps diplomatique. – Le général
Bubna. – Ennui de Turin. – Aspect de la ville. –
Appartements qu'on y trouve. – Réunion de Gênes
au Piémont. – Dîner donné par le comte de Valese.
– Jules de Polignac   430

CHAPITRE III

Révélation des projets bonapartistes. – Voyage à
Gênes. – Expérience des fusées à la congrève. – La
princesse Grassalcowics. – L'empereur Napoléon
quitte l'île d'Elbe. – Il débarque en France. – Officier envoyé par le général Marchand. – Déclaration
du 13 mars. – Mon frère la porte à monsieur le duc
d'Angoulême. – La duchesse de Lucques   443

CHAPITRE IV

La princesse de Galles. – Fête donnée au roi Murat.
– Audience de la princesse. – Notre situation est
pénible. – Message de monsieur le duc d'Angoulême. – Inquiétudes pour mon frère. – Marche de
Murat. – Il est battu à Occhiobello. – L'abbé de Janson. – Henri de Chastellux   454

CHAPITRE V

Retour à Turin. – Monsieur de La Bédoyère. –
Marche de Cannes. – L'empereur Napoléon. –
Exposition du Saint-Suaire. – Retour de Jules de
Polignac. – Il est fait prisonnier à Montmélian. –
Prise d'un régiment à Aiguebelle. – Conduite du
général Bubna. – Haine des Piémontais contre les
Autrichiens. – Espérances du roi de Sardaigne   464

CHAPITRE VI

Réponse de mon père au premier chambellan du
duc de Modène. – Conduite du maréchal Suchet à
Lyon. – Conduite du maréchal Brune à Toulon. –
Catastrophe d'Avignon. – Expulsion des Français

Table 759

résidant en Piémont. – Je quitte Turin. – État de la
Savoie. – Passage de Monsieur à Chambéry. – Fête
de la Saint-Louis à Lyon. – Pénible aveu. – Gendarmes récompensés par l'Empereur. – Les soldats
de l'armée de la Loire. – Leur belle attitude   476

CHAPITRE VII

Madame de La Bédoyère. – Son courage. – Son
désespoir. – Sa résignation. – La comtesse de Krüdener. – Elle me fait une singulière réception. –
Récit de son arrivée à Heidelberg. – Son influence
sur l'empereur Alexandre. – Elle l'exerce en faveur
de monsieur de La Bédoyère. – Saillie de monsieur
de Sabran. – Pacte de la Sainte-Alliance. – Soumission de Benjamin Constant à madame de Krüdener. – Son amour pour madame Récamier. – Sa
conduite au 20 mars. – Sa lettre au roi Louis XVIII   488

CHAPITRE VIII

Exigences des étrangers en 1815. – Dispositions de
l'empereur Alexandre au commencement de la
campagne. – Jolie réponse du général Pozzo à
Bernadotte. – Conduite du duc de Wellington et
du général Pozzo. – Étonnement de l'empereur
Alexandre. – Séjour du Roi et des princes en Belgique. – Énergie d'un soldat. – Obligeance du
prince de Talleyrand. – Le duc de Wellington
dépouille le musée. – Le salon de la duchesse de
Duras. – Mort d'Hombert de La Tour du Pin. –
Chambre dite introuvable. – Démission de monsieur de Talleyrand. – Mon père est nommé ambassadeur à Londres. – Le duc de Richelieu. –
Révélation du docteur Marshall. – Visite au duc de
Richelieu. – Désobligeante réception. – Son excuse   500

CHAPITRE IX

Nobles adieux de l'empereur Alexandre au duc de
Richelieu. – Sentiments patriotiques du duc. –

Ridicules de monsieur de Vaublanc. – Arrivée de
mon père à Paris. – Procès du maréchal Ney. – Son
exécution. – Exaltation du parti royaliste. – Procès
de monsieur de La Valette. – Madame la duchesse
d'Angoulême s'engage à demander sa grâce. – On
l'en détourne. – Démarches faites par le duc de
Raguse. – Il fait entrer madame de La Valette dans
le palais. – Sa disgrâce. – Fureur du parti royaliste
à l'évasion de monsieur de La Valette　　　　　519

CHAPITRE X

Fêtes données par le duc de Wellington. – Monsieur le duc d'Angoulême. – Refus d'une grande-
duchesse pour monsieur le duc de Berry. – On se
décide pour une princesse de Naples. – Traitement
d'une ambassadrice d'Angleterre. – Faveur de
monsieur Decazes. – Monsieur de Polignac refuse
de prêter serment comme pair. – Mot de monsieur
de Fontanes. – Séjour de la famille d'Orléans en
Angleterre. – Demande de madame la duchesse
d'Orléans douairière au marquis de Rivière　　　530

SIXIÈME PARTIE
L'ANGLETERRE ET LA FRANCE
(1816-1820)

CHAPITRE I

Retour en Angleterre. – Aspect de la campagne. –
Londres. – Concert à la Cour. – Ma présentation. –
La reine Charlotte. – Égards du prince régent pour
elle. – La duchesse d'York. – La princesse Charlotte
de Galles. – Miss Mercer. – Intrigue déjouée par le
prince Léopold de Saxe-Cobourg. – La marquise
d'Hertford. – Habitudes du prince régent. – Dîners
à Carlton House　　　　　547

Table 761

CHAPITRE II

Le corps diplomatique. – La comtesse de Lieven. – La princesse Paul Esterhazy. – Vie des femmes anglaises. – Leur enfance. – Leur jeunesse. – Leur âge mûr. – Leur vieillesse. – Leur mort. – Sort des veuves   560

CHAPITRE III

Indépendance du caractère des Anglais. – Dîner chez la comtesse Dunmore. – Jugement porté sur lady George Beresford. – Salon des grandes dames. – Comment on comprend la société en Angleterre et en France. – Bal donné chez le marquis d'Anglesey. – Lady Caroline Lamb. – Mariage de monsieur le duc de Berry. – Réponse du prince de Poix   569

CHAPITRE IV

La famille d'Orléans à Twickenham. – Espionnage exercé contre elle. – Division entre le roi Louis XVIII et monsieur le duc d'Orléans à Lille en 1815. – Intérieur de Twickenham. – Mots de la princesse Marie. – La comtesse de Vérac. – Naissance d'une princesse d'Orléans. – La comtesse Mélanie de Montjoie. – Le baron de Montmorency. – Le comte Camille de Sainte-Aldegonde. – Le baron Athalin. – Monsieur le duc de Bourbon. – La princesse Louise de Condé   578

CHAPITRE V

Lord Castlereagh. – Lady Castlereagh. – Cray Farm. – Dévouement de lady Castlereagh pour son mari. – Accident et prudence. – Soupers de lady Castlereagh. – Partie de campagne chez lady Liverpool. – Ma toilette à la Cour de la Reine. – Beauté de cette assemblée. – Baptême de la petite princesse d'Orléans. – La princesse de Talleyrand. –

Elle consent à se séparer du prince de Talleyrand.
– La comtesse de Périgord. – La duchesse de Cour-
lande. – La princesse Tyszkiewicz. – Mariage de
Jules de Polignac   585

CHAPITRE VI

Ordonnance qui casse la Chambre. – Réflexion de
la vicomtesse de Vaudreuil à ce sujet. – Négociation avec les ministres anglais. – Opposition du duc
de Wellington. – Embarras pour fonder le crédit. –
Mon retour à Paris. – Exaltation des partis. – Brochure de monsieur Guizot. – Regrets d'une femme
du parti ultra-royaliste. – Monsieur Lainé qualifié
de bonnet rouge. – Griefs des royalistes. – Licenciement des corps de la maison du Roi. – Le colonel Pothier et monsieur de Girardin. – Les
quasi-royalistes. – Soirée chez madame de Duras. –
La coterie dite *le château*. – Monsieur de Chateaubriand veut quitter la France. – Il vend le Val-du-
Loup au vicomte de Montmorency. – Propos tenu
par le prince de Poix à monsieur Decazes   599

CHAPITRE VII

Négociations pour un emprunt. – Ouvrard va en
Angleterre. – Il amène monsieur Baring chez mon
père. – Conférence avec lord Castlereagh. – Arrivée
de messieurs Baring et Labouchère à Paris. – Espérances trompées. – Dîner chez la maréchale
Moreau. – Brochure de Salvandy. – Influence du
général Pozzo sur le duc de Wellington. – Soirée
chez la duchesse d'Escars. – Monsieur Rubichon. –
L'emprunt étant conclu, l'opposition s'en plaint   611

CHAPITRE VIII

Madame la duchesse de Berry. – La duchesse de
Reggio. – Le mariage de mon frère avec mademoiselle Destillières est convenu. – Scène aux Tuile-

Table 763

ries. – Le Roi en est malade. – Le *Manuscrit de Sainte-Hélène*. – Lectures chez mesdames de Duras et d'Escars. – Succès de cette publication apocryphe 621

CHAPITRE IX

Monsieur de Villèle. – Intrigue de Cour pour ramener monsieur de Blacas. – La duchesse de Narbonne. – Martin et la sœur Récolette. – Arrivée de monsieur de Blacas. – Déjeuner aux Tuileries. – La petite chienne de Madame. – Sagesse de monsieur le duc d'Angoulême. – Agitation des courtisans. – Trouble de monsieur Molé. – Bonne contenance de monsieur Decazes. – Délais multipliés de monsieur de Blacas. – Il est congédié par le Roi 630

CHAPITRE X

Faveur de monsieur Decazes. – Son genre de flatterie. – Affaires de Lyon. – Le duc de Raguse apaise les esprits. – Discours de monsieur Laffitte. – Monsieur le duc d'Orléans revient à Paris. – Histoire inventée sur ma mère. – Ma colère. – Arrivée de toute la famille d'Orléans. – Déjeuner au Palais-Royal. – Calomnies absurdes 640

CHAPITRE XI

Tom Pelham. – Inauguration du pont de Waterloo. – Dîner à Claremont. – Maussaderie de la princesse Charlotte. – Son obligeance. – Un nouveau caprice. – Conversation avec elle. – Mort de cette princesse. – Affliction générale. – Caractère de la princesse Charlotte. – Ses goûts, ses habitudes. – Suicide de l'accoucheur. – Singulier conseil de lord Liverpool. – Maxime de lord Sidmouth 648

CHAPITRE XII

Le roi de Prusse veut épouser Georgine Dillon. – Rupture de ce mariage. – Désobligeance du roi

Louis XVIII pour les Orléans. – Il la témoigne en diverses occasions. – Irritation qui en résulte. – Le comte de La Ferronnays. – Son attachement pour monsieur le duc de Berry. – Madame de Montsoreau et la layette. – Scène entre monsieur le duc de Berry et monsieur de La Ferronnays. – Irritation de la famille royale. – Madame de Gontaut nommée gouvernante. – Conseils du prince Castelcicala. – Madame de Noailles   660

CHAPITRE XIII

Je refuse d'aller chez une devineresse. – Aventure du chevalier de Mastyns. – Élections de 1817. – Le parti royaliste sous l'influence de monsieur de Villèle. – Le duc de Broglie et Benjamin Constant. – Monsieur de Chateaubriand appelle l'opposition de gauche *les libéraux*. – Mariage de mon frère. – Visite à Brighton. – Soigneuse hospitalité du prince régent. – Usages du pavillon royal. – Récit d'une visite du Régent au roi George III. – Déjeuner sur l'escalier. – Le grand-duc Nicolas à Brighton   671

CHAPITRE XIV

Je fais naufrage sur la côte entre Boulogne et Calais. – Effet de cet accident. – Excellent propos de Monsieur. – Singulière conversation de Monsieur avec Édouard Dillon. – La loi de recrutement. – Les pairs ayant des charges chez le Roi votent contre le ministère. – Réponse de monsieur Canning à ce sujet. – Le Pape et monsieur de Marcellus   684

CHAPITRE XV

Coup de pistolet tiré au duc de Wellington. – On trouve l'assassin. – Inquiétude de Monsieur sur la retraite des étrangers. – Agitation dans les esprits. – Ténèbres à la chapelle des Tuileries. – Le duc de Rohan à Saint-Sulpice. – Ses ridicules. – Le duc de

Table   765

Rohan se fait prêtre. – Une aventure à Naples. –
Faveur du prince de Talleyrand. – Bal chez le duc
de Wellington. – Testament de la reine Marie-
Antoinette. – Mort de la petite princesse d'Orléans,
née à Twickenham. – Mort de monsieur le prince
de Condé. – Son oraison funèbre

693

CHAPITRE XVI

Mort de madame de Staël. – Effet de son ouvrage
sur la Révolution. – Je retourne à Londres. – Agents
du parti ultra. – Présentation de la note secrète. –
Le Roi ôte le commandement des gardes nationales
à Monsieur. – Fureur de Jules de Polignac. –
Conspiration du bord de l'eau. – Congrès d'Aix-la-
Chapelle. – Le duc de Richelieu obtient la libération du territoire

706

CHAPITRE XVII

Le comte Decazes veut changer de ministère. –
Intrigues contre le duc de Richelieu. – Il donne sa
démission. – Le général Dessolle lui succède. –
Mariage de monsieur Decazes. – Le comte de
Sainte-Aulaire. – Mon père demande à se retirer. –
Il est remplacé par le marquis de La Tour-Maubourg. – Le Roi est mécontent de mon père. – Mes
idées sur la carrière diplomatique. – Une fournée
de pairs. – Monsieur de Barthélemy

715

Index   729

Composition Interligne.
Impression Société Nouvelle Firmin-Didot
à Mesnil-sur-l'Estrée, le 2 octobre 2000.
Dépôt légal : octobre 2000.
1ᵉʳ dépôt légal dans la même collection : octobre 1999.
Numéro d'imprimeur : 52932.

ISBN 2-715-22178-9/Imprimé en France.

98600